Cronache Forlivesi Di Andrea Bernardi (novacula) Dal 1476 Al 1517: Pubblicate Ora Per La Prima Volta Di Su L'autografo, Volume 2...

Andrea Bernardi, Giuseppe Mazzatinti

DEI

MONUMENTI ISTORICI

PERTINENTI

· ALLE PROVINCIE DELLA ROMAGNA

SERIE TERZA

CRONACHE

CRONACHE FORLIVESI

DI

ANDREA BERNARDI (Novacula)

BOLOGNA

PRESSO LA R. DEPUTAZIONE DI STORIA PATRIA

1897

FORLI, BORDANDINI, 1897

CRONACHE FORLIVESI

DI

ANDREA BERNARDI (Novacula)

DAL 1476 AL 1517

PUBBLICATE ORA PER LA PRIMA VOLTA

DI SU L'AUTOGRAFO

A CURA DI

GIUSEPPE MAZZATINTI

SOCIO EFFETTIVO DELLA R. DEPUTAZIONE DI STORIA PATRIA

PER LE PROVINCIE DI ROMAGNA

VOLUME II.

BOLOGNA

PRESSO LA R. DEPUTAZIONE DI STORIA PATRIA

1897

Abiando già le molte volte contenplato io Andrea de Bernardo historico niuna cosa esere più delitevole et proficuva a tucti li soblimo inzegno quanto è al nostro le cose digno de memoria, le quale avere intexo da persona non suspecta cognosere; pertanto noi deliberato semo quanto ad noi darà suficiencia al nostro debile e basso inzegno, benchè non dubito serano alcuno, non considirando la intentione nostra hoptima e studiosa de dare cognotione e dilecto a nostri sucessore dele cose che nanto a lore serano proceduto, culparano questa nostra inculta hopra: noi chiamamo Idio testimonio, che non se denegando lui al so alturio, che tucte quelle che nela prexente scrivirema, mai non serà da noi notato se prima non scremo per vero e digno homino testificata. Pregamo adoncha chi vederà le cose qui notato non atenda al nostre basse parlare e debile inzegno, ma la intentione nostra, come di sopra. Comentiarema adoncha, come l'alturio delo eterno Idio e dela suova inmaculata Maria regina de vita eterna e de sam Zohane Batista et Mercurialo et Valeriano sancto nostro protetore e de tucta la corte celestiale, a dare prencipio a questo nostro secondo libro, come noi habiamo promesso; del che ne sia laudato al nostro Redemptore. Dichamo, adoncha. Già era li anni del Verbo divino pervenuto al numero 1502, al tempo che presedea nela sedia 'postolica papa Alesandro sesto pontifico, et siamo inditione quinta et ali zurne quatordese del mese de zugno, die martis, cercha l'ora undecima, nela nostra magnifica ciptà de Forlì, regnante Cesaro Borgia Valentinensis ducha de Romagna (*). Per al che noi volema che questo secondo nostro libro sia intitulato ala Excellentia dal dito Cesaro Borgia nostro signore Confalonerio e Capitanio generalo dela sancta romana Eclesia; che Dio la salva e mantenga.

<hr>

(*) Fol. 1 b.

Primo so introito.

Al prefacto illustrisimo signore dom Cexare Borgia de Ferancia e per Dio gratia duca dla Romagna e de Valentia, prencipo de Adria e de Venafri, signore de Pionbino e dela S. R. E. Confalonerio et Capitanio generalo, questo anno dal Signore 1502, die 14 dal mese di zugno, die martis, cercha l'ora undecima, se fui la suova tercia partita da Roma per venire al grando aquisto del duquato et ciptate de Orbino e de ogne altra suoa bramosa voglia; dela quale in questo ne farò parero perpetua memoria, in quanto che l'onipotento eterno Idio me voglia conservare in felice stade. La quale dita partita se fu de volontà et comissione d'Alesandro sesto pontifico e de tuta sova lega. Al quale era: dito pontifico, et la M.⁴ª de Lodovico rc cristianisimo de Ferancia, come la magna Signoria de Venetia e de Ercole da Este marcheso dela nobile ciptà de Feraria, como lor soi ederenti. En al presente zornei aspeti celesti se retrovavano in queste moti: al Sole in grade primo e menuti quatre de Cancer; la Luna in g. 21 et m. 52 dela Libra, e uno trino dal Sol como la Luna hor 22 dipo' meze zorno, et uno trino de Saturno como la Luna hor nove dipo' meze zorno, et Luna in cauda Draconis, e la coniontione de Venero com Mercurio. Deli quale aspeti de continuvo noi pregaremo la devina Maestà che se voglia degnare che per suoa Excellentia debiano beno inflovire de fornire hogne suoa bramosa voglia.

Ora, partito che al fui, cavalcò per insino ala ciptà de Spolito; et lì arivato che al fui, in suoa roca feze alquanto resistentia. Et infra quele tenpo spatiò uno so cavalaro, fiolo de uno Guielmo Tenpione del contà de Imola, al quale avese a venire a stafeta per tucto suoe ciptà de Romagna, e qui darie piena informatione a soli loro tenento che aveseno a notificaro a soi signuri Antiane che inmediate debiano lore provedero de fare gram vituvaria da portaro in campo di suoa Ex.⁴ᵗⁱᵃ; e più, che debiano mandare uno bando ducalo che tucto suoe ciptà debiano staro vigilanto, che, como al segno dela campana se serà fato intendro, che uno homo per casa se debiano aredure como sove armo in mano in piaza (*) et lì fare la voglia de che sora ie serà meso. E qui arivò a Forlì a dì 9 dito, die dominica, cercha l'ora quarta dela note. Fato tal prenontia, al nostro Locotenento, chiamato M. Galavoto de Gualdo da Rimino, inmediate fece notificare per via dal dito in publica forma notificare e poi feze intendre al tema a' nostri signore Antiani; e fu al tempo che presedea so capo uno M. Maso Maldento doctore e cavalere. Fato questo, di subito fecene gram quantità de vivaria: al simile fecene altre so-

---

(*) Fol. 2 a.

ve ciptà como suoa voglia alegra et peregrina, per farie intendre d'esere lore tucto soi boni e fideli servitore, a ciò che suoa Ex.^{tia} possa perseverare in ogne suoa vitoria. Fate tale provisione, di subito sua Ex.^{tia} infinse de volere andare a metre al campo ala ciptà de Camarino; e lì fece fare le molte spianati. Fato questo, di subito al campo s'aviò, et li meso inenti uno M. dom Michelo spagnolo so condutero como alquanto cavalo ligeri. Partito che al fui, feze la via dala ciptà de Caglia, nel teritorio del duquato de Orbino, dove al prexento Guidobaldo duca de Orbino. Et lì infra la suoa via dito dom Michelo se inschontrò int uno M. Dolce da Spolito, auditore et secritario generalo dal dito Guidoubaldo, et altre soi sequaci; e tuto de compagnia fune a gram parlamento, per modo che tucto introne nela dita ciptà de Caglie. E intrato che lor fune, in brevità dito dom Michelo prese dita ciptà a petitione ed instantia de suoa Ex.^{tia} dal dito Cesaro; e fu a di 19 dito, die dominica. Pur seguitando la istoria.

Cesaro Borgea signor de Caglio criato.

Al prefato illustrisimo signor dom Cesaro Borgea de Francia queste anno dal Signore 1502, die decima nona iunii, die dominica, fu instituito e criato e deputato signore de dita ciptà de Caglie de volontà e comisione de tucta suoa lega, nela quale insemo como dito Alesandro papa i era la M.^{tà} de Lodovico re di Ferancia et al Senato venetiano, con ciò fuse cosa che al prexento suoa Ex.^{tia} fuse in campo per andare ala ciptà de Camarino. Alora uno so conditero, chiamato Domenego Spagnolo, fe' infinta e da lui se parti et andò per la via de dito Caglio et inschontrose int uno dito M. Dolcio da Spolito, secritario zenerale dal dito Guidoubaldo in quel tenpo duca de Orbino, e de altre soi sequaci. E tuto de compagnia se introne in dita ciptà, et li ne fecene signor dito dom Cesaro; che fu a dì de zugno dito, como ut supra, come hogne sua potestate.

(*) L'altre zorne che fu a dì 20, die luni, intendando tal mala nova, al prefacto Guido Ubaldo signor dela ciptà molte grandemente se maravegliò de dito soi Cagliese e dito M. Dolce che lore abiano dato tal ciptà a suoa Ex.^{tia}; e per queste dubitande lui grandamento per suoa poca ventura, se partì la note prosima cerca l'ora quarta come M. Dionises da Santa Agato come certi altri soi confidati per più suoa salvatione per andare nela forteza de Sam Lei a riponsare. Et se partì como grando ordino e bona schorta innanti. Arivato che al fui non tropo deinstanto, li fece alcuna suoa resistentia, aspetando che suoa guardia, ch'è in dereto, retornaso: tamen già era stato presa dal prefato dom Michelo, per aver lui già circondato al monte intorno. Alora vedando al dito povere mischino dito Guido Ubaldo al

(*) Fol. 2 b.

tucto dala fortuna eser abandonato, molto lui dubitò dela posanza
dal gram bratio de suoa Ex.^{tia}, et altiando lui li soi hochi al ciele
et la divina M.^{tà} quela pregande che lui dovese luminare che quala
bona via per lui dovese piare. Et li fune a gram parlamento, dicando dove potiva derivare tal suoa infortunia, considirando lui de reponsare sota al manto de Sam Piero per esere lui in porteciome d'A-
lesandro sesto pontifico e de tucta suova lega; e po' considirando lui
d'esere senpro stato so bone servitore, avando lui senpre servito a
tuto soi bisogne, come al prexente avea lui de comissione dal dito
pontifico eservito d'alquanto cappe de suoi artegliarie el capitanio Vi-
teloze zià de M. Vitelo dai Viteli dala Ciptà de Castelle, che al presento duca prese la ciptà de Recio de Toschana nel teritorie del Senato fiorentino, e de multe altre suoi inportune bisogne. Tamen vedando lui de non avere alcuno soccorse per al quale lui se potese
salvare, feze lui ferma deliberatione de quele loco volere partire et
ala ciptà magnifica de Mantuva volere andare, dove in quele loco se
ritrovava madona Isabeta suoa consorta et sorella de Zohano Francescho da Gonzagua marchese de quela; la quale dita madona de contenuvo in quele loco era stato di poi la compagnia che lei avea fato
a madona Lecoretia Borgia quando la se menò nela ciptà de Feraria;
considirando dito Guido pur che la furia non passa al segno che la
santa patientia vinza hogne desdegno. Et feze suova partita, et vene
a Castele Novo nela proventia dela Romagna nel teritorio de dito signor Venitiano, tutavia como gram pèricolo de' contadino per quela
rivera. Et li trovò uno Alovise fiole del bariselo de Ravena, et tose-
le a condure ala ciptà de Ravena a salvamento, prometandole per
suoa mercede duquato cento d'ore, come serà conduto là (*). Et
qui lui e 'l dito M. Dionisio erano vestito da contadino, tutavia andando incognito. Et breviter de quelle loco se partino e venne per al
traverse dala Cave de Cole et alogiò quella note nela Vila di Sam Za-
charia nel teritorio de dita Ravena in casa de una famiglia chiamate
li Gelusi. L'altre zorne arivò a Ravena, e qui alogiò in casa di Zirotto Gocimanne, e po' andò ala ciptà de Feraria, senpre incognito.
Dipo' arivò ala dita ciptà de Mantova, dove li si trovava la sova bella Duchesa, come ut supra. Pensa mo' tu, discreto mio lectore, che
alegretia poté eser la sova. Per che retorna al mio riporto. Lei si trovava bela e polita e formosa di so corpo, e di conseglio e de loquentia uno altre Tulio, come lei li molte volte tale sove infortunio ie
l'avea predito. E che queste sia al vere, lei a sova parteta s'avea
aducto hogni so potere, considirande lei di più in quelle loco come
lei tornare. E infra queste tempo la magna prefacta Signoria di Venetia intendande el grande erore comese per dito fiole del bariselle
d'avere dal dito Guido tale sova pensione contra hogne debito de ra-

___
(*) Fol. 3 a.

sone, vogliando sove Signorie che hogne sove teritorio sia libro come per li soi previlegio è manifesto, di subito al fecene menare et metre ali feri a dita soa ciptà.

Ora mai dipo' ch' io ó reposte al dito Guido Ubaldo, al presente me resta a tornare nel duchate prefacto di Orbino, e qui farone la piena institutione ala Ex.^{tia} del prefacto nostro signor Duca de Romagna, come in queste inento a partita per partita serà manifesto.

Partito che al fu, la note predita sova Ex.^{tia} arivò alla ciptà de Orbino.

Cesare Borgea ducha de Orbino creato.

El prefacte dom Cesaro Borgea Valentinensis e per Dei gratia Ducha de Romagna, queste anno del Signore 1502 a dì 20 dal mese di zugno, die luni, cercha l'ora setima dela note prosima venire, sova Ex.^{tia} fece la sova prima intrata nela ciptà de Orbino. E nel prefacto zorne li i aspecti celesti se retrovava in queste motti. El Sole in grati sette e menuti 22 dal Cancari; la Luna in grati sei e menuti 57 del Capricorne, et Luna in oppositione come Solis hor 4 et menute 51 dipo' meze zorne. Deli quali especti de continuo pregarò la divina Maiestà che per sova excellentia et per hogne soi boni subdito le posano inflovire e godere in felice stati. Con ciò fuse cosa che nel presento in dita ciptà se retrovase posedere sova breta duchale uno Guido Ubaldo, (*) già fiole de uno Federico da Montefeltro, pure ancora lui ducha del prefacto duchato de Orbino. Arivato che fu, sova Ex.^{tia} inmediate se ne fece signor a bacheta, per esere già in tale notte partito al dito et esere andato ala ciptà de Mantova, come in quelle loco si trovava M.ª sova Duchesa, come in drete in queste pinamente ne parla. Pasate quella notte, al zorne propinque, che fu a di 21 dito, die martis, sova Ex.^{tia} se fui alette et creati et deputati signore oniversale de tuto el resto del dito duquato insemo come el castelle de Sam Marino de Romagna. Seguita pure.

Cesare Borgea signor di Sam Marino creato.

Il prefacto Cesare Borgea, corando li anno del Signor 1502 a dì 21 dal mese di zugno, die luni, per la Comunitá del prefacto castelle de Sam Marino nela proventia dela nostra Romagna fui instituviti de loro comuna concordia so signore come piena rasone, come le loro pacti et conventione. Fate che fu queste, uno so Comisario prese la posesione e li corse la piaza come sove gram solenità. E seconde al mio reporto, tale sova invistitura de tale signoria era stato per inter-

(*) Fol. 3 b.

cesione del so castelane dela ciptá de Rimino, chiamato M. Roderi-
cus Maldonati spagnole.

Cesare Borgea signor de Camerino creato.

El prefacto Cesaro Borgea de Ferancea, corande li anne del Signor
1502, cercha la seconda mediatá del mese de luglio, sova Ex.^{tia} fui
creato e diputato signor de dita ciptá de Camerino de volontà et comisione del so popule. Con ciò fuse cosa che in quelle tenpo si ie
retrovaro per so signor Zulio Cesaro Varano come tri soi fiole, zoé
Venantio et Anebalo ligiptimo e naturalo; el tertio era inlegiptimo. E
perchè sova Ex.^{tia} abiando già preso tuto al duchato de Orbino e de
quelle loco partito, et avere già prese et asidiato alquanto del so teritorio del dito Camerino, e per eser sova Ex.^{tia} Capitanio zeneralle
dela santa madre Eclesia, dito signor Julio per questo gram paura se
avea messe. Et infra al predicto tenpo già avea tolte termine otte
zorne da sova Excellentia, solom per volere aterminare hogne sova
facenda e po' darie dita ciptá a sova Excellentia, come la sova bene-
neditione, da poi che lui non aspetava alcuno (*) secorse per al quale lui per via alcuna mai se potese salvare dale fortie del gram bratio de sova Ex.^{tia} come sova legha. Alora intendando tale so popule
quelle che determenato avea dito Julio, fecene infra lore gram concistorio, dicando: — Se lui dá tale nostra ciptá a sova Ex.^{tia}, lui
conciarà li fatti soi e de soi fiole e po' s' andarà con Dio e non cer-
charà di guastare li nostri facti, e per questo lui seria so ver favorito e nui per contrario. — E per queste alora fui concluso per so concistorio de piare dito Julio e soi fiole et per lore sia data dita ciptá
a sova Ex.^{tia}, come di sopra. E qui prese che lore l' abene, comencione a cridare — Libertà, libertà —. Intendando questo sova Ex.^{tia} che
al presento se ritrovava nel Castelle Duranto, dove in quelle loco e-
ra stato alquanto zorne sova Ex.^{tia} e le molte volte era andato ala
cacia nel so barcho, in mode che uno zorne a sova Ex.^{tia} i era ca-
scato al cavale adose, alquanto l' avea inavorato, tamen per la Dei
gratia non abe male alcuno; intese che abe tale nova, di subito li
fece andare uno Comesario apostolico al quale ie fece intendre come
era volontate d' Alesandre sesto pontifico e sova legha che tale sova
ciptá s'avese a dare a suoa Ex.^{tia} Fate la domanda, fu prese al partito e qui mandone al dito signore Julio come la moglie e dite dui
soi fiole nele fortio de sova Ex.^{tia} che se trovava a Rubino, e qui
fece metre nela sova roca, zoé li dui fiole e 'l padre, e la madre
fune menate nela rocha   (**). Fate che fu queste, inmediate per
dito Comesario fu corsa dita ciptá a petitione ed instantia di sova

_____

(*) Fol. 4 a.
(**) Lacuna del ms.

Ex.^{tia} come gram solenitá. Fate che fui questo, el resto tuto al só campo, che era alogiato al castelle de Fermigliano ne' teritorio de dita ciptà de Orbino, sova Ex.^{tia} al devise come a lui ie parbe. E queste fece per andare a rivisitare la M.^{tà} de Lodovico re di Ferantia, che ziá era arivato nela ciptà de Milano. Pure seguitando la instoria se partì.

Cesare Borgea andò a Milano a rivisitare la M.^{tà} de Lodovico re di Ferancea.

Il prefacto et prodentisimo Cesare Borgea de Francia, questo anno del Signor 1502, cercha al primo zorne dal mese d'agosto, atrovandese nela sova ciptà de Orbino fece la sova partita per andare a rivisitare la prefacta M.^{tà} del dito Lodovico re de Ferantia, al quale presente momento se retrovava nela magna ciptà de Milano. Partito che al fui, senpre andò incognito da cavalcare a poste, et arivò ala nostra ciptà de Forlì (*) a dì 2 dite, die martis, come quatre cavale. Arivato che al fui, di subito per la magnificentia del nostro tesavorerio le fu properato cavalo frischo, al quale se chiama M. Berto ziá de uno altre nostre ser Berto; e qui presentialemente l' acompagnò come bone sove guido per infine ala Nave de Vico, e po' s' aviò inverse Feraria in nomine Domini, che potè esere cercha l'ora vigesima tertia. Fate queste, di subito la M.^{tà} del re n'abe nova e in brevità di tempo sova M.^{tà} abe a dire per la grandenisima sova alegretia che lui n' abe come al so Locotenento dela ciptà de Milano, chiamato monsignor de Sam Monte, abe a dire: — Bona nova abiamo. Uno mio secreto te voglie revelare, come al presento la Ex.^{tia} del nostro signor Cesare Borgea se retrova ala ciptà de Feraria vestito de cavalerio de Sam Zohano per venirme a rivisitarme, vignando lui incogneto come cavalare da posta —. Alora le rispose dito Locotenento: — Una miore nova a vostra M.^{tà} voglio dare, che lui se ritrova qui propinque, come preste vel farò vedere —. E inmediate chiamò uno so fiole come certe veste nobile per sova Ex.^{tia} e soi compagne, et mandoc al' incontra. Arivate che al fui, sova Ex.^{tia} per alcune modi non volea eser cognosuto; tamen per al gram tema che tale ie riplicó, di subito lui se placoe e qui fece tuta la sova voglia e de compagnia s' aviglione. E come loro fune alquanto deinstanto da dita ciptà, el prefacto autore s' avigliò inanti per fare intendere a sova M.^{tà} hogne cosa per lui facto. Arivato che al fu, atrovò sova M.^{tà} che se partiva da casa de uno M. Zohane Jacome da Trautio, nobile melanese, de conpagnia de quasi tute anbasarie li potentati de Italia e masime alcune di lore principale, come fui Zohane Francescho da Gongiaga marchese de Mantova et multe altre. E qui lui se fece ali sove orechie coram populo, dicando a sova M.^{tà} come di sopra. Fate tale prenontia, inmediate sova M.^tà se partì e venne incontra a sova Ex.^tia come poca sova comitiva, che tute el resto rimasene in quelle loco tute stupefacto. Arivato che al fu, di subito sova M.^tà ie butò al so bratio al cole et basandole più volte dicando: — Bene sia venuto al mio mom cosino e bom parento —; e tuto di conpagnia s'aviglione et nel castelle de Milane introne. Intrate che lore fune, di subito ie fu properato tre digne camare come soi lecti bene aparati. Pasato quelle zorne a mi incognito, la note propinqua, cerca l'ora seconda, sova M.^tà se partì sentia alcuna sova conpagnia, et andò a rivisitare sova Excellentia. Et qui al prese per sova mane et andone in camera regale. Fate che fu questo, (*) inmediate dito so Locotenento spaciò uno cavalare a Roma ala Santità del nostre Signore et a quella fare intendre hogne sova splendidisima alegretia, come ut supra. L'alegretia che n'abe sova Santità a ti, discreto mio lecture, lase dare tale sententia, con ciò fuse cosa che inmediate sova Santità de tale cosa ne fece copia; mandola al rev.^mo monsignor cardinale Borgea che presentialemento se retrovava nela ciptà de Cesena, dove in quella era romase Locotenento ducale e avea date comiato a tute el canpo che andase alle lore stantie. Intese che abe sova R.^a Signoria tale sove alegretia, di subito per hogne suova ciptà ne fece copia: per molto gram contento facea de tute loro solene festa. E qui stete sova Ex.^tia come sova M.^tà in gram gaudio et alegretia a godere de quele bone capuni, per infine ala prima setimana del mese de setenbro, che sova Maiestà, atrovandese ala ciptà de Genuva, se partì e tornò in Francea. E qui inento sova partita abe a dire queste infra scripto parole a sova Ex.^tia: — Mon cosine, stato come la pace delo eterno Idio e torna a godere hogne tuoe potere e sta' di bona voglia, che io te ó facto grando, ancora te farò mazore —. Alora sova Ex.^tia respose dicando: — Sacra Maistà, ve ne rende infinite gratie del magne benefitio da voi receuto, hoferandome aparatisimo a tute li vostre bisogne dal regne de Napole andarie io presentialemento come dece milia combatanti pagati per tri anne —. E qui pregando sova M.^tà che al voglia acetare volontiera, e che lui nonn abia alcune respecto ala Santità dal papa. Alora sova M.^tà replicò dicando che de tale regno non avea pasione alcuna, per potere lui inpizare el fogo et amortare a tuta sova voglia.

Fate queste, in nomine Domini hogn'ome de lore se partì e andone ale lore viaze, per mode che sova Ex.^tia arivò ala ciptà de Imola a dì 10 dal mese de setenbro, die sabati, 1502, dove già in quelle loco i era arivato al dito rev.^mo monsignore cardinale Borgea et M. Ramirio da Lorche. E po' arivò dom Michelle spagnolo a dì primo otobre, e qui stete al dito dom Michelle per infine a dì 6 dal mese de otobro, che era venuto nova che el prefacto Sam Lei se era rebelate per la Ex.ᵗⁱᵃ dal nostre signor Duca e dato a Guidobaldo ; che fu cercha la prima setemana dal mese d' otobre, seconde al mio reporto, anno Domini 1502. Con ciò fuse cosa che quelle so castelane spagnole aveva già facto la molte fabrica de legnano in dita fortetia, in tale modo e forma che, per la gram lunghetia de dita sova fabrica, tale so maiestro avea presa tanta familiarità come al dito castelano, che in tale zorno l' avea prese e tolte come soi conpagne suta la sova iuriditione (ⁱ). Alora intendando la Ex.ᵗⁱᵃ dal nostro signor Duca tale sova mala nova, inmediate ie fece tornare el rev.ᵐᵒ monsignor Cardinale e dom Michelle e Ramiro, le quale andone per fine a Pesare e a Fane provedando ale lore fortetie più debile.

Dipo' questo, a dì 8 dal dite mese d' otobre, die sabati, 1502, li contadino dela ciptà prefacta de Orbino fecene uno gram sfortio e per fortia introne in dita ciptà come sova voce piena dicando — Duca, Duca ; Ubaldo, Ubaldo —; per mode come poche alturio d' altre soi ciptadino presene la piaza et al so Locotenento, chiamato M. Zohane zià d' Andrea dali Selle nostre forluvese, et mese sove robe a sacoman, e lui fu mese nel palatio di Priuri. E qui stete cercha una hora: dopo fu dato nele mano de uno so nobile, chiamato Zohane zià de Paule de Guido. L' altre zorne, che fui a dì 9 dito, die dominica, fecene dare la bataglia ala rocha, che poteva eser hore 19; e durò cercha hor tre. E qui l' abene d' acorde, salve le persone e le robe. Fate che fu queste, liberalemento fu prese dita ciptà e dita rocha a petitione ed instantia dal dito Guido Ubaldo.

Dipo' queste, vedando al popule dila ciptà de Fosambrone e dela Pergula che dita ciptà de Orbino, come quella che teneva sova sedia ducale, zià era rebelata, ancora lore se levone in arme e fecene al simile. Alora intendando tale sova mala nova, al dito dom Michello et M. Ramiro da Lorcha di subito fecene hogne so potere et andone a sachegiare dito Fosambrone e Pergula, che fu a dì XI dito dal mese d' octobre, die martis, 1502: al quale sacomanne se fui de granda utilità per quile che se retrovò.

Facte che fu queste, a dì 16 dito, die dominica, al dite dom Michelle e Ramir come tute al so esercipto andone ala ciptà de Orbino per volere darie la bataglia. Arivato che loro fune, el popule ie respose gaiardamento.

E infra questo tenpo una gram legha nova, zià partorita contra la Ex.ᵗⁱᵃ dal nostre signor Duca contra li prefacti, si scoperse, la quale legha particularemento se fu questa: li signor Orsino, al capitanio Vitilocio, zià de M. Nicolò dai Vitelli dalla Ciptà de Castello, Zohane Paole Bagliune da Perusa, Livirote da Firmo, come tuti lore aderento, che poteano eser cercha 40   (ⁱⁱ) e molta fantaria. E qui

---

(ⁱ) Fol. 5 b.
(ⁱⁱ) Lacuna del ms.

come gram sova furia se cavone le sove maschare in tale zorne et qui per altre viglie lore desendando, fatiando a lore gram guerra et amaciando numero infinito et sachigiande perfine in suso al fosse di dita ciptà (*) de Fosoambrone, in tale mode e forma che al dito dom Michelle quasi fu prese in tale loco: si che per quelle zornc li poverite nostre fune molte male tractato per al gram numero di loro morti che per quella rivera ie romase; in tale mode e forma che più zorne e mise stete de quile tale corpo in quelle loco da grando dilecto ale fere salbadico, et molte lontano per altra via andavano per al gram fetore che loro menavano. Ora intendando questo al dito Guido Ubaldo che già era propinque, che venea per la rivera dela ciptà di Ravena, dipo' questo, l'altro zorne che fu a dì 17 dal mese de otobre, die luni, 1502, al dito Guido Ubaldo intrò nela fortecia del dito Sam Lei e qui steto quella note. L'altre zorne, che fu a dì 18 dal dito, die martis, al dito Guido intrò nela ciptà de Orbino cercha l'ora vigesima seconda. E per più so recordo in tale zorne per la vertù dela positione del Sole come la Luna e de Marte in oposicione come dita Luna prosima passata, la mazore parte de tale zorne fui molte crotiata dala piogia; e per questa, secondo al mio reporto, sova Ex.tia alquanto se infermò per tala sova granda umidità e fadicha. E intrato che al fui, tuta sova lega inseme con esa lui fune a gram parlamento per volere al tuto cavare la Ex.tia dal nostre S.º Duca dela proventia de Romagna. E qui come so grande hordine fecene intendre ali mei signure Bolognese che, in quanto che loro voleseno, al tenpo se ritrova adese de volere florire hogne sova palma; con ciò fuse cosa che la Excellentia dal nostre Duca de Romagna s'atrovase presentialemente dentro dala ciptà de Imola come cercha 6 milia persone; el so resto, che se trovava neli parte dela Marcha, la mazure parte zià se trovava rotto e fracasato, come di sopra. — E per queste, quande sove Signorie volese venire come hogne so sfortio a dita Imola al'incontre de sova Ex.tia, e nui altre se farema inente a Fanne e Pesare e Arimino; per tale mode e forma come al dicto M. Galiazio Sforcia, già signor de Pesare, e de Pandolfo Malatesta, già signor de Rimino, noi retorema tale ciptà. Fate queste, nui meterema el fracasso per tuto el so resto dela Romagna. Dipoi tute insemo meterema el canpo a dita ciptà de Imola; e per questo serà fortia ala Ex.tia dal nostre Duca de quelle loco partire: se ne no, come brevità de tenpo piarema tale ciptà, e lui in persona, se voi ie farite bona guardia, che de tale loco non se parta incognito. E per questo se sove Signorie farane la voglia nostra, molte bene ie poteria zoare, considirando nui se sova Excellentia se conquistarà più al dito duquato de Orbino, che dipoe lui, siando (**) insaciabile,

(*) Fol. 6 a.
(**) Fol. 6 b.

dipo' inmediate la sorta tocarà a voi; perchè senctia niune falle ve torà vostra ciptà de Bologna, come altre volte n' avile viste vera esperientia, considirando nui che zorne e notte senpre in quelle lui studia —. A queste, secondo al mio riporto, li prefacti signor Bolegnese, come quelle che senpre per sova natura fune fidelisimo come come soi animi generose, per niento a questo vosene consentire, considirando loro che tale soi grande segno non potese avere efecti per non avere alcune so boni fondamento, sperande lore zorne uno che mai per alcun tenpo al gram bratio della M.ta de Lodovico re de Ferantia come sova lega non consentiria tale cosa. E per queste a lore è necesario per niento a tale cosa consentire per le rasone sopra asegnato, e po' eser lore in portetione de sova M.ta Dipo' queste, inmediate dite signuri Bolignese mandone prima e posa el rev.mo monsignor Protonitario Bentivoglie per anbasatore a sova Ex.tia Alora vedande al dito Guido Ubaldo e sova legha che zià soi penseri ie comentia a mancare, faceano come cane rabiato, corando per al tenitorio de Fano, de Pesaro e per infino a Rimine; tutavia schusando, come più inento pinamente ne parlarò.

Et infra queste tenpo già la Santità dal nostre Signore avea criato per soe Presidento el rev.mo Monsignor M.r Antonio da Monte Sam Savino Protonotario apostolico sopra tuto el Stato di sova Ecilentia, come da qui inento pienamente ne parlaroe.

R.mo Monsignor M.r Antonio da Monte apostolico e ducali Presidento creato.

Il prefacto reverendisimo Monsignor Miser Antonio dal Monto Sam Savino Protonetario apostolico, corande li anne del Signor MCCCCCII a dì 14 d' agosto, per volontà divina e per al so alto gentile e peregrino ingegnio fui alecto e creato e diputato per la Santità dal nostre santissimo in Cristo patre per la devina providentia papa Alesandro sesto de volontà dela Ecelencia delo ilustrisimo signor dom Cesaro Borgea de Francea e per Dei gratia duca dela Romagna, so Presidento dignissimo in ogne sua occurentia e masime in dita nostra proventia de Romagna e dela Marcha et generalemento de hogne altro loco dove lore (*) avesene auto iuriditione. E qui sova Santità ie ne fece la piena invistitura, de tale tenore e forma che io credo veramento che mai nel tenpo de sova vita sova Santità facese mai la più amplia e digna cosa, quanto se retrovava quella de snoa petento, come in quela se conteno a dì, anne e mese come di sopra. Fate che fu queste, la sova Santità ie dete la beneditione, comandande a lui che dovesse venire a tore el gram tema de ogne sua administratione da sova Ecelentia del prefacto nostre signor Duca, che al presento se

(*) Fol. 7 a.

retrovava per abitatione nela sova ciptà de Imola. Fate che fui hogni cosa, sova rev.ma S.ª fece la sova partita in nomine Domini. Arivato che al fui, sova Ex.tia ne fece gram festo, et in brevità al mandò ala sova ciptà de Faientia. Fatte che fu queste, sova Ex.tia tose hogne iuriditione che avese M. Ramirio da Lorcha spagnole so governatore generale, e qui al fece sopra tute le sove gento d'arme insemo come dom Michel (*) spagnolo, e mandole ala sova rebilione del ducato di Urbino. E qui stete soa R.ª Signoria in dita ciptà de Faientia bene amati e reverite da quelle popule per infine a dì 5 dal mese di novembre 1502, die sabati, che l'arivò ala nostra ciptà de Forlì cercha l'ora vigesima tertia. E qui se ne fece gram solenità. Pasate quella notte, al zorne propinque, die dominica, se partì et andò ala ciptà de Cesena. E qui li Cesenate n'abene gram piacere. E lì stete per infine a dì 24 dal dito, die iovis, che lui retornò a dita nostra ciptà de Forlì, che pote eser cercha l'ora vigesima seconda.

Arivato che al fui, io l'andato a rivisitare; tamen io non ie potete parlare a lui, che io parlate a uno M.r Piero Francescho da Spolito, poeta secritario ducale, in tale mode e forma che cercha la seconda hora dela note sova R.ª Signoria fece mandare per mio che io dovese andare a fare la carità dela cena con esa lui e che dovese portare l'opra mia. Arivato che io fui, per sova infenita gratia me fece gram feste, e qui me mese ala sova mensa, dove li si ritrovava el reverendo Monsignor M. Nicolò Bonafede Protonitario e nostro Locotenento, dito M.r Piero Francescho e M.r Lodovico da Fano, M.r Tiberto Brandolino, M.r Matio Pamsechio, tramedui forluvese, et M.r Berto già de uno nostre ser Berto tesorerio ducale. E qui dipo' nostra cena stetene in gram piacere recognisando dita mia hopra. E po' a mi feci la (**) reconfermatione dal mio ofitio sopra el nostre fiune Montone. L'altre zorne, che fu a dì 25 dito, la Signoria sova reverendisima se partì e tornò a Imola nele bratio de sova Ex.tia

Ora mai voglie metre fine quante al presento a dita sova invistitura per poter siguitare mia instoria. Basta, che in questo inente seguitarò ogni sova iustitia, dele quale io credo veramente che tuto serano hotimo e bone. Dipo' questo, al reverendo monsignore M.r Nicolò Bonafede de Sam Justo Protonitario apostolico, siando stato creato per la Ecelentia dal nostre signor Duca nostre prefacto Locotenento, arivò a dì 23 d'otobre, die dominica, e in dita sova venuta fu molte reverito e sempre amato. Arivato che al fu, se partì l'altro pure nostre Locotenento, chiamato M.r Galavote de Gualdis da Rimino; e qui stete dito monsignore per infine a dì 26 dal mese de dicembre anno Domini 1502, che dipo' lui arivò el M.co e generose M.

(*) In margine « de Coreglia ».
(**) Fol. 7 b.

Gabrielle Ronarelle, per sova nacione anconitano, per dito nostro Locotenento.

Pur siguitando mia instoria, vedando el signor Paule Orsine che già li soi penseri insemo come el prefacto Guido Ubaldo come tuta sova lega già manchare, molte lui si turboe; e qui lui prese per soi prencipale capitolo de volere retornare ala viglia sova vechia, idest seguire la placatione come la Ex.tia dal nostre signor Duca, considerando lui come el proverbio spande, al quale dice: chi lascia la viglia vechia per la nova, quel vai cerchando brighe e asai ne retrova. Fate tale deliberatione, se partì per venire da sova Ex.tia che presencialemento abita a Imola; che arivò ali zurne 25 dal mese d'otobre, die martis. E con esa lui avea cercha tri cavalle. E qui stete poche zorne, e po' fece sova partita, e tornò da sova legha; et lì stete per infine a dì 27 dal mese de novembre, die dominica, 1502. E po' retornò da sova Ex.tia E qui infra sova Ex.tia, el rev.mo Presidento e lui fu concluse e deliberate hogne sova voglia, in tale mode e forma che a dì 29 dito se partì insemo come el rev.mo Presidento per andare ala ciptà de Orbino per voler placare ogne lor core. Arivato che lore fune, fecene sova entrata a dì 6 dal mese de dicenbre, die martis, 1502. Alora al povere mischino prefacto Guido Ubaldo, vedando lui al tuto che la fortuna i é nomicha, tu poi pensare, (*) discrepto mio lecture, che animo dovea eser lo soe, vedando al tuto de quelle loco dover partire. Alora Rev.mo Presidento, come quelle che nauti ch' el secol fo in lui ordinatò da Dio nel cielo, e pui quagiù mandato, che rare o non mai in questa nostra Italia natura produse homo a lui simile, e qui come sova sapientia e gram sova dolcetia de so pelegrino parlare, di subito al dito Guido abe placato in tale mode e forma che dipo' questo, ali zorne otto dal dito, die iovis, 1502, fece sova partita de dito Orbino per andare ala Ciptà de Castello. Con ciò fuse cosa che lo episcopo de dita Ciptà de Castello, fratello del capitanio Vitilotio, fuse venuto per lui; e qui al fece portare parte de sova viglia come uno mule int uno pare de sove cesto, per eser per sova natura al povere Signor molte copiose del male dele pedagro, e tante piui per li gram sinistre zià per lui ricento. Partito che al fui al prefacto R.mo Presidento prese la posesione et stati e iuriditione de dita ciptà de Orbino come tute el resto del dito so ducato, salvo che la fortitia de Sam Lei e de Maiole in nome et in visenda dela prefacta Ex.tia dal nostre signor Duca. Fate che fu queste, lui fece intendre a tute li soi popule che atendese al bem vivero et eser bom servitor de sova Ex.tia, notilicandie che la Santità dal nostre Signor liberalmento come sova Ex.tia i áne perdonato e mai per alcun tenpo lore cognoser per soi nomice. E qui per sova parte ie dete la beneditione. Fato queste, dicto monsignor mese

(*) Fol. 8 a.

in dita ciptà de Orbino per so Locotenento quelle primo che si trovava a sova rebilione, al quale se chiama M.ʳ Zohane dali Selle, nostre
forluvese: al quale per sova più inmortalità la prima volta che lui
era partito da casa se fu a dì primo del mese de luglio 1502, e lì
stete per infine a sova rebilione che fu a dì 8 d'otobre; e la seconda volta se partì da casa a dì 20 de decenbro, die martis, e lì stete
per infine a dì 1 d'aprile, die mercurio, 1503, che l'arivò a casa
sova come so grandenisimo honore dal so prencipio ala fino.

Dipo' questo, la Ex.ᵗⁱᵃ dal Duca per sove litre fece notificare per
tuto sove ciptà, che da mo' inento non fusse alcuna persona né soldate che ardischa e non presoma fare alcuno despiacere nel ducato
del prefacto Horbine e Montefeltro nele lore robe e persone, suta la
pena dela forcha et rebilione come fuschatione de soi bene. E qui a
dita nostra ciptà a dì 9 de decenbre ne fui facto bando soleno. Dipo'
questo, pure a dì dito, sova Excelentia fece venire sove forcre ala ciptà
de Faientia e de Forlì a hordenare per al so (*) transito, che volea
retornare a dita sova ciptà de Orbino, notificando che tuto soi populo
avese a provedere de lore vituarie et alogiamento de fora per al
contà.

L'altre zorne, che fu a dì 10 dal mese de decenbre, die sabati,
1502, sova Excelentia in nomine Domini fece sova partita et venando per sove ciptà de Faientia a cavale a cavale fece cavaliere uno
Cesaro da Vigliarana al quale ie donò la melitia dal cavalerato a
sperone d'ore. E infra queste tenpo dito fantino n'abe gram piacere
faciando gram feste e solenità. E de quelle loco se partì come sova
guardia e venne al so castelle de Oriole: el reste de sova cometiva
venne per al nostro teritorio. E per più so recorde, le influse celeste per tuta quela notte messe neve de statura de uno gram palme.

L'altre zorne a dì XI, die dominicha, sova Excelentia arivò ala
ciptà de Cesena; e qui presentialemento andò per nostra ciptà come
tanto hordino, che veramento seria stato bastanto aver lui spirito divino come al so gram bratio dela misericordea aperto, fatiando gratia liberale ad ogne persona che degnato se fuse a lui aricomandare,
come fui certe povere done che donò la vita a soi marite per eser
lore incalcerati: e tutavia aconpagnato da tute le colegio de nostre
Savie, faciando hogne lore solenità come gram copia de vituarie. A-
rivato che al fui a Cesena, sova Excelentia come sova guardia alogiò
nela ciptà; el resto per al contà. E infra queste tenpo vedando sova
Excelentia che meglio ie parca la conservatione de soi populo che
per altra via, dete comigliate a cercha tre milia franciose de sova comitiva, dagande lore servito come bone sove patento del bem servito
per eser cercha dui mise prosime pasato la loro venuta; aricomandan-
do a soi populo che ie debia dare pase e vituaria per li soi dinare,

tutavia faciandeic bona cera. E qui se partino a dì 22 dite, die iovis. Et era una belitissima et formosa gente; e qui andavano da cavalare come sova granda honestate.

Pur siguitando mia instoria, a dì dito, cercha l'ora decima otava, sova Excelentia mandò uno so secritario chiamato M. Cipriano Nomaie nostre forluvese per al dito M. Ramirio, al quale era alogiato in dita Cesena in casa de M. Domenego de Ugolino so tesorcrio, che novamento lui era venuto. Fate che lui abe tale comisione, inmediate lu' andò da sova Ecelentia. Arivato che al fui, in brevità al fece menare in soa rocha come pocha quandità de parole infra lore.

Acade l'altre zorne (*) che fu a dì 23 dito, die venus, siando suoa Excelentia feruto dala saleta divina dela santa zosticia, come quella che per soa natura senpre cercare suova iustificatione, e masime contra al prosimo, determinò et fece una suoa litra ducale a tute li signor Antiane dela Romagna sota lui, la quale se trovava de questo tenore (**): — Magnifici fidelesque nostri dilecti salutem. Per coniectura deli nostri progressi haveti possuti cognosere che nui de natura semo d'ogni avaritia alieni et continenti da qualonque exattione et mantinimenti con li nostri subditi, ali quali, ultra le remissione et dani et affanni del'imprese e guera che avema sustinute, ce semo adurati de non l'impori mai novo graveze. Onde possete essere certi che ce sonno stati dure et molestissime le exantioni et corrutele et aspereze che havemo inteso sono fate in questo nostro dominio da Ramiro de Lorque; el quale fra'l principio che foi da noi deputato al governo dele Stato nostro, finchè da nui se ordinava el nostro conseglio, el quale sotto lo R.do nostro Presidente havea senpre ad tenere lo regimento predicto, fo da nui instantissimamenti admonito che da hogni indebita exatione se abstrese totalemente, proponandoli gravisima punitione de quanto facese in contrario. Et non guardando nui ad fare in eso qualonque gravi constituvito salario de mile ducento duchati de oro per ogne anno et da mese in mese pagatolo interamento, et permessoli lo emolumento dela nostra Cancelaria dela quale posseva po' farre la spesa ordinaria dal vivere suoi, ultra che li havemo [fatto] gratia et doni de diverse robbe de granda valuta. E no' de mancho sì gravi sono le corruptele, extorsioni et rapine le quali trovamo che generalmento hai facti in qualonque persona, faccenda et iudicio li [sia] prevenuto ale mane, et sì continuvate le fraude, che uniformimento ha comesse in tuti li nostre intrate, che non i è ciptà, terra e castello, nè loco in tucto el dominio nostro, nè officiale et ministre de nostra Camera ducale non ce siano facto sapere de questo gravissime querelle; e tra l'altre sopre la penuria de' formenti, causata da lui per el trafico ha facto contra le

---

(*) Fol. 9 a.

(**) Di questa notificazione ducale ho sott'occhio per le opportune correzioni il testo pubblicato dall'ALVISI *Il Duca Valentino*, pag. 554.

nostro expresse prohibitioni in mandarne fora tanta quandità che soppilito haveria soffitientemente al' uso di nostri exerciti et a biso- gno deli stati da noi aquistati novamente; per subsentatione deli quali semo adistretti mandarlo ad cercarre et con grandisimo dispen- dio condurelo da paeso loutani. Dela qual cosa tucte oramai resultano (*) mali nostri, danni et proiudicio ad nui et ali nostri suditi con- tra quanto li havemo expressamente prohibito con admonitioni et repren- sioni continuve et con protesti et menatie le quale ha tucti [pos]po- sti et despriciati. Astrecti adunque et isfortiati da così vergenti casio- ni, lo avena facto pigliare e teneri in questa nostra roca, come ut supra, ad efecto che per l' ordine debito de rascione se li formi al processo et ioridicamento siano intesi et cognosceuti soi errori ad sa- tisfatione dela zusticia et dell' onore nostro et dele persone offese et ad saluberimo exemplo de tucti li altri officiali presenti et fucturi. Exortamove adunque et cometemo che sicome fine ad mo' per zene- rale querela havite fatto, cossi per spitiale informatione debiate in- vistigare [gli] inscripti portamenti facti dal predicto contra nostri ci- tadino distrituali et contadini, tenendove tanto più certi et securi dela nostra deliberata et ferma intentione che siato per l' avenire con iu- stitia et con integratà recti et governati, sicome tucta intendemo se habia ad fare per modi et stili che oportunamente ad tale efecto or- dinamo et stabilemo. Datum Cesene 23 decembris anno Domini nostri 1502 —. La soprascritione: — Dux Romandiole Valentinensisque princeps Andrie et Venafri dominus Plumbini etc. Magnificis Viris fi- delibus nostris dilectis Antianis civitatis nostre Forlivii. Cesar. *Aga- bitus* —. La quale litra se fu lecta per li nostri dicti signore Antiani in publico; tamen hogn'oine se contentava dela volontà de suoa Ex- celentia, bem visto et calculate hogne termine de raxone comesse a santa zusticia che facese suoa hoperatione, como qui di sota inten- deriti al tucte.

M. Ramire da Lorcho morto a Cesena.

Al prefacto M. Ramiro da Lorcha spagnole intraveno la dicta suoa prefacta morte corando li anni dal Signor 1502 a dì 25 dal mese de decenbro, la note benedeta prosima ad venire del zorne dela Natività dal nostre vere Redemptore, cercha l' ora decima, die dominica: fu dicapitato in suso la piaza de dita ciptà de Cesena, per suova dritu- ra tra la ciptadella e la roca de verso Porta da Fiumi: al quale lui avea una suoa vesta dalmaschino indoso, como soi guanto in mano como le sove braze (**) legato ala centura da hogne cante. Fate che fu dita sova iusticia, quele corpo fu mese in suso una stora, come

---

suoa testa mesa a loco soi, como dui capeze di cira biancha inpizato; e qui steto per insino al' ora vigesima seconda del' altre zorne
che fu al dì dal primo martire Santo Stefano: e poi fu sepelito ala
ghiesa dal saralico Sam Francescho, e fu portato da soi familiari,
come so cape inento, come sova gram solenità. E li nel suo andare
se inschontrò neli soi stendardo divino come li nostri tenporale. Con
ciò fuse cosa che in tale hora arivava dui capitanio de fantaria come
suove condute cerca 800 soi piduni: e qui tucte de conpagnia andava atorne a dita piaza ale lore viaze, remescolando suoe croze como
soi stendardo. E per queste dite corpo dal' arte melitaria fu venerato
e fu sepelito nel soi cimiterio.

E di poi che sepelito abiamo al povere zentilomo, al prexento ad
noi se resta ad notaro alcuna parte dele vesticie de suoa vita, bemchè nel' altra nostra cronica de tenpo in tenpo noi n' abiamo parlato. In prima noi pregarema la divina Maestà che se voia degnare de perdonare li soi pecati, e poi donarie la gloria beata. Secondario, non era per suoa statura tropo grando, come suoe membre asa'
beno proporzionato; capile negro, barba negra, hochie grese, faza
larga, cole curto, suova vista intera, suoe mane de dreto tenendole
ala centura, andava largo de suoe ganbe in pete a soi zinochie; e
per suoa natura potea avere cercha anne 50. Tamen male noi potevano iudicare per dita suoa gram barba che lui portava: e non tropo abondanto de suoe parole: tamen deva lui gratissima odentia, ed
era stato gram tenpo familiare d'Alesandre sesto pontifico et dela Excelentia dal dito Cesaro Borgia so patrone. Et avandole lore de contenuvo adoperato in ogne so oportuno bisogne, tamen senpre lui a-
vea auto la palma fiorita et avea lore fate cavalere et conduteri sopra
tucto soe zente. Et prima era stato so Governatore zenerale come
hogne suoa gram feducia de hogne so fondamente, secondo nostri riporti.

Homine tri inpicato ala ciptà de Pesaro.

I prefati tri homine inpicato ala ciptà de Pesaro per suspeto fune
quiste: M. Ridolfo cavalere di suoa guardia; 2, Marco Antonio da
Rimino; 3 et ultimo, Tonio da Sogliano. E fu ali finestro dal palazo
dal Podestato a dì 31 dal mese d'otobre prosimo pasato 1502, la note prosima ad venire a hor 7 (*).

Dui capitanio ducalo che intrò in Forlì per forcea.

Le prefati dui capitanie dela Excelentia dal Duca, zoè uno Zanote
Savoglino como uno so conpagne che avea fate venire sova Excelen-

(*) Fol. 10 b.

tia per sova soventione, che era stato a dì 24 dal dito meso de de-
bro 1502, zoè el zorno benedeto dela dita vizilia dela Natività dal
nostre Redemptore per eser sova Excelentia al presento per suoa a-
bitatione in dita ciptà de Cesena, le quale de numero cercha 800;
et a dì dito arivono et per forcea introne in nostra dita ciptà de Forlì per forcia in queste mode e forma. Avando nostra Comunità proviste suoa vituaria per al precepto dal nostre monsignor Locotenento
de suoa Excelentia M. Nicolò Bonafides, e arivato che lore fune, andone intorno ala ciptà per insino ala porta de Codugno di verso dita
Cesena, doe lì zià era di fora e drento hogne so bisogne de cara de
vituaria, per modo che dentro da dita porta i era ala costodia de tal
cosa dui nostri signuri Antiani: al primo avea nome ser Zoane già
d' Antonio de Sasino, l' altre Bartole zià de Cristofano de Castelino.
Per mode che dite Zanoto, arivato che lore fune come dita suoa fantaria, chiamone a suoa voce pina dito Antiano, dicando che lore i
aperisene dita porta, che voleano intrare a fare colatione con esa
noi, e che non dubitasine de cosa alcuna, che lore inmediato poi
tornarebeno foru et andare bene al dito suo viazo. Alora dito Antiano ie respose che non era volontà dal Duca che lore intrase; tamen
dito Zanoto ie pregò che aperisino al ponto, che volea alquanto como
lore parlaro. Aperte che lore abene, di subito lui butò zose la porta
et per forcia intro a bela ordenantia. E come lore fune intrato, dito
Locotenento ie vene incontra dicando; se non s' andasene con Dio,
che farebe dare ala canpana dal popule, che tuto sarebbeno taiato a
pezo; per al che queste non era de volontà dela Excelentia dal Duca
che lore doveseno intrar per forza, como lore aveano facto. Tamen
non al temevano per cosa alcuna. Butava fogo per bocha ché parea
uno serpento: per al che a lui ie fu forcia a retornare in dreto, et
lore venero inanto a bela hordenancia. Como fune in piaza li fecene
alto et comentione a far suova mostra come tanto hordine che faceano stupefar la zente. Alora nostro popule se trovava de mala voglia
(*) dubitando più preste de male che de bene; perché zià era andato el bando per parte de Monsignor che el popule avese a ponsare
l' arma. Tamen pur se ritrovava alquante nostre homine d' arme in
su la sella ali cantone dela piacia: tamen per queste lore non stevano d' andare batando in le botego che erano serato intorno ala
piaza, perché tale maestre erano aredute ale lor case, non vogliando
loro lasare el proprio per l' apelativo. Et in queste estante atrovandise
li nostre S. Antiane nel so conseglio a contemplare la devina M.ta che
quela se volese dignar de mostrarie la via bona per la quale loro e
noi tute sove pegorelle se potesene salvare; come a dita Maiestà piaque, uno so familiare sindico et canzelario, chiamato Stasio zià de
Bertolino Prongnole, aperse la porta dal suo unsire (?) et lì se fer-

mò : come gram frevore cominciò a considirare che modo e viglia lui
potese pigliare de poterie placarie li suoi rabiose dente, per erse
gram numero de lore tutaviglia intorno ala nostra Croce dal canpe,
et qui faciando lore gram strepete l'une coutra l'altre, mostrande
a dito che quellé se retrovava li sepulcri deli lor parente. Ora vedando queste al dito ser Stasio, sentia respeto alcune ala paura de quelle loco : se parti et andò in quele loco dove li se ritrovava tale suo
capitanio. Et arivato che al fu, come el suo alte et zentile e peregrino inzegno, prese per la mane tale capitanio et qui come le suoe
dolce parole le aconpagnò nela residencia dal dito suo ecelso Conseglio ala presentia de tale suoi S. Antiane ; in mode, come alo eterno
Idio piaque, tuto di conpagnia placone tale capitanio. Et qui inmediate fecene properare una bela e digna colatione de pam papato,
renciata et confitione de piùi sorte, come suoi vino delicati in suoe
taule, mantile de tela de rense, per tale mode e viglia che remasino
molte bene satisfate. Fate queste, dite S. Antiani fecene properare alquante tavole intorne ala piacia pure di verse la porta dal cortile ; et qui
properone, che tuto el resto de tale suoa cometia potese fare ancora
lore colatione. Fate queste, tale suo capitanio di subito come el suo
gram tema fecene venire et qui tuto loro fune proviste a soi bisogne (*).
Fate che fu queste, dite capitanio tose bona licentia da dito nostre
magistrato come al contento dal dito monsignore Governatore, faciandie gram suoe ringratiamento, dicande : come lore serano arivato dala Excelencia dal S. Duca, ie farane intendre che in Italia i è stato
facto mazore honore come è stato a dita nostra magnifica ciptà de
Forlì. E tute de conpagnia come bele spose se partino et andone ad
alogiare nel tenitorio de Bertenore. Fate queste, nostre dite Magistrato ie mandò drete le molte cara de vituaria le quale già erano properate. Siché, amantisimo mei, io ce vide in tale zorno benedeto,
che se retrovava la vegilia dela Natività dal nostre ver Redemptore,
questa nostra dignisima ciptà a gram pericole, s'el non fuse state per vertù de quela et per la gram sapientia de dito nostre Magistrato, che veramento de nui se seria fate uno Vesper de Cecilia
per la mala volontà che lore contra nui aveano, e masime per tale
suoi sepulcre, come ut supra. Et sole queste seria stato per al gram
partito che lore contra nui aveano per avere retrovato sprevezuto,
vignando loro come vere e nostre amice ; perchè nui invere aveano
sole proviste ali vituarie et non ale arme ; et anche più, se nui se
fuseno voltati et pugnare con esa lore, forse la Excelentia dal Duca
molte al poteria aver apute per male et per queste a nui fare portá
la penitentia ; per che le omine per al suo gram bisone i avea
conparate a pese de orre, come ut supra. Siché per la devina gratia
tute nostre cose pasone bene.

_____

(*) Fol. 11 *b*.

Sia note a voi, discreto mio lectore, come in questo inento voglie tractare come a hogne fornita deli suoi anne uno capituletto suota brevità de hogne momento che se perdura sopra la tera per la vertù deli influse celeste, ciovè carestia, abondantia, pestilentia, teremoti, fulghere, tenpesta et altre soi prodicio; a ciò che le criature rationale che dipo' nui vegnirano posano intendre de verità le cose passato; a ciò che ali suoe presento debano stare per contento, per che tale influse ab eterno fui hordenato in mente devina per li nostre vicio et gram pecato.

Del' anne presento MDII, fui le molte et varie cose sopra la tera creato per tale influse celesto, dele quale a partita per partita in queste farò apparere de tenpo in tenpo, come in quele serano acaduto. In prima per al conseglió de tale constelatione (*) nela suoa revolutione del dito anne per lore fui alecti et criate e deputate per suo signor la Luna, ciovè: la prima suova quarta che al Sole intrò nel prime punte d'Ariete se fu a dì XI dal mese di marze a hor 18 e menute 13, nela quale asai bene siguitò suoa natura. Nela prima quarta valse el stare del grane s. 30; nela seconda s. 50: la fava s. 24; vino L. 3 l'asaze. La seconda quarta, tornò dal mese de luglio al grane a s. 30: d'agosto, 35: di setenbre, 40: fava, 30. Et questa tale quarta fui molte tenperata e non tropo gram calde. La quarta otonale fu tenperata; bona vendema. Valse al care dil' uva L. 6, 7; vino L. 3 l'asaze: al grane a dì 10 d'octobre montò al grane a s. 50; di novenbre, 55; fava s. 40. La quarta vernale fu molte fredosa, siguitando sova natura et più che natura. A dì 14 de zenari cerca l'ora vigesima seconda, die sabati, vene una gram tenpesta de statura de una chuchela, che se coperse tuta la tera: et queste se fui per la posantia de uno quadrato de Jove come la Luna. Nevo de gram statura a dì 26 de februari, e de contenuo durò 6 zorne, che senpre mese neve o poche o asai. In questa valse el stare del grane s. 30; la prima setemana de februari L. 3; farina, s. 40 al cento; fava, s. 40; e tute altre nostre vituarie ali suoi pretie comune. Legne et strame per le bestie, carisimo; infermità per lor nature dite rationale: fu pur alquante febre cotidiane et tertiane. Sichè per la divina gratia le cose pasone come voi intendite.

Litra ducale mandata a Forlì per guastare Tedurani.

La prefacta litra mandata a dita nostra magnifica ciptà de Forlì per la Excelentia dal nostre S. Duca se fu per volere fare guastare al castelle de Tidurane, al quale se ritrova nela proventia de Romagna

---

(*) Fol. 12 a.

suota la iuriditione del R.^{do} Monsignor M. Phyliasco de casa Roverella arcioveschove dela ciptá de Ravena. Con ciò fuse cosa parande a suova Excelentia che al tempo pasate dito Monsignor per suo subdito non avese volute aceptare uno Guido de Vaglino et altre suoi familiari che lui i avea mandate in quele loco ad alogiare, come dite Monsignor i avea promese per suova suventione, ance più presto i aveano cridato dreto e come suoe artigliarie salutati, tamen, seconde al mio riporte, era stato contra la volontà dal dito Monsignor; et più, che suoa Excelentia dicea che tale castele avea acetà altri suoi nomice per eser loco de molti confini, come in quel loco è manifesto. Al tenor dela quale dicea: — R.^{do} patri et M.^{co} viri fidelesque nostri dilectisimi salutem. Perchè havemo deliberato provederi che el castelle de Tidurani et altri suoi vicini non possano per l'avenire, (*) cuomo áno fatto ad pasati, dari recepti ali nostri nimici et offendere li teri et subditi nostri, cuomitemovi e comandemovi debiato subitamenti comandare trecento homine come arme et 200 guastanti, le quale suotta persona suficiente adputata per voi se conferiscano et adpresentano domatina ad Tudurano ala presentia deli nostri Cuomisari, e de lì non partire finchè abatute serà totalmente le mure d'epso castelle et fatte l'altre cuose che per dito Cuomisario serà hordenato; dandove potestate de poteri ad quisti efecto cuomandare et inpore pene riali et personali. Datum Cesene XX^a decenbris 1502 —. La suoa dritura: — R.^{do} patri et magnifici viri fidelibus nostris dilectisimis Locuntenenti et Antianis populi et Comuni civitatis nostre Forlivii —. Suotascritione: — Dux Romandiole Cesar S. R. E. Confalonerius et Capitanius zeneralis etc. — Arivato che la fui dita litra, di subito dito Monsignor come la representatione del nostro Magistrato fece che tuto nostri simico dentre e di fora et etiam li vicario de nostre castelle comandone tale homino, come ut supra. Pasato quelé zorne, l'altre prosimo ad venire, che fu a dì 26 dito la matina per tenpo, vedando dito Monsignor che al nostre populo poche se n'apresentava, molte se turbò dicando: alcuno se non ce andase, che sopra suova fede al faria inpicare per la gola. Et dipo' fece sonare la caupana dal populo quanto più potea. Tamen le molte poche ce n'andò deli nostre e d'altre castelle, perchè infra el populo se facea gram disputa, dicando che tale castelle siando de dito Monsignor, che seria gram pecati: alcune altre dicea per contrario: e la rasone era questa, che avande lore date recapite ali nostre nomice dal Duca, eser lu' Capitanio e Confalonerio, come ut supra, che la Santità dal nostro S. sirà stato contento, perchè tuta la Romagna ne patea; et per queste veramento se doveria andarele a displinarle. Tamen per quela volta al povere castello la schapulò.

Partita dal Duca. Andò metre canpe a Sinighaglia.

La prefacta partita de sova Excelentia per andare a metre el suo canpe a dita ciptà de Sinighaglia se fu a dì 26 dal mese de dicenbre, die luni, anno Domini MDII, dove in quel loco se retrovava M.ª Zohana et Francescho sue fiole, già mogliere de Zohane dala Rovere, dominatore et profecto de dita cità et fratele del R.ᵐᵒ Monsignor (*) cardinalo de Santo Petri ad Vincola et nepote de Sisto quarto pontifico; et lei fiola già de Federicho da Montefeltro duca de Orbino. Partito che al fui da Cesena, andò ad alogiare al castello de Santo Arcangelo, e poi a Gradara e po' ala cità di Fane. Dipo' a dì 31 dito, die sabati, arivò a dita cità de Sinighaglia, dove in quel loco se retrovava al capitanio Vitilocio, già de M. Nicolò da Castello, inseme come al S. Paule Orsino et al Duca de Grevina et al cavaleri Orsino et Leverotto da Fermo come la conduta de tre milia cavale legieri e balestrere. Le quale pare che già avese tolte dita ciptá a dita M.ª per volere darela a suoa Excelentia. Et qui in modi, innente l'arivata de sova Excelentia, si era partite al dite S. Paule, el Duca, el cavalere e Liverote, et erano venuto incontra alquante deinstante a dita ciptà a sova Excelentia. Arivato che lore fune, l'une a l'altre faceano gram festo come gratulandese dela venuta de suoa Excelentia. Et lui come bela suoa facia ie prese la suoa mane di tutto, e po' le mese di mezio a dui suo squadrone, e tuto di conpagnia introne in dita ciptà; che potea eser cercha l'ora vigesima seconda quando arivone in suso la suoa piacia, dove in quel loco se retrovava dito Vitilotio. Arivato che al fui, di subito se fece inento et andò a tocare la mane di suoa Excelentia. Alora lui ie strese la mane et come l'altre bratio ie prese al cole, dicando suoa Excelentia a suoa voce piena: — Sta' salde, false ribalde; tu sei al mio presone come tanto tenpo te ó disidirato —: et qui lui voltandese, faciande lui recorde a suoa comitiva de hogne sue tema a lore date, zoè per li suoi secritario. Fate queste, int uno estante fu prese tute li altre 4 suoi conpagne. Prese che lor fune, di subito fece andare uno bande solene che tuta la famia et conduta hederente de quiste con que' tale tuti fusene sachigiato dentre e de fuora; come bem fu al vere, che non inschapulò alcune: per mode che li povere mischine fune maltrattati. Fate queste per al maestre dila iustitia fu prese dite capitanio Vitilotio et Leverotte, et ie mese uno sache indose a suoa carne nuta. Dipo' a dì 31 dite li strangolò come una cordia, la strenzande come dui capi. Fate queste, fune portate int una ghiesia, chiamata Santo Martino, propinque a porta ("') a mano sinestra; et qui fune mese nuti sencia alcuna

altra suoa vestimenta ìn̄ uno molimento come li pedi inn alti. El reste de suoi conpagne remasene incarcerati. Fate queste, suoa Excellentia feze chiamare el suo castelano, domandandie dita suoa rocha.
Lui ie fece risposta che in quelle (*) loco se retrovava a peticione ed instantia dela M.ᵗᵃ de Lodovico re de Ferancia. Alora sua
Excelentia respose dicando; per suoa parte de dita M.ᵗᵃ la domandava per retrovarse in dite loco vicio re: in mode che iufra lore acade
poche parole.

Cesare Borgea S. de Sinighaglia criato.

El prefacto S. dom Cesaro Borgea et per Dei gratia duca dela Romagna, queste anno del Signore MDIII a dì primo del mese de zenare, die dominico, prese la vera posesione e domio de dita città de
Sinighaglia. Con ciò fuse cosa che in quel tenpo fuse morte Zohane
dala Rovere dominatore et profeta chiamate de quela, et era romase
Zohana suoa mogliere et Francescho suo fiole dominatore de tale so
stati come piena rasone, come n' aparea la vera investitura per Sisto 4 pontifico suo cío, come ut sopra: in modo che suoa Excelentia
i era venuto a canpo et l' avea presa al zorne denante inseme come
suoa roca d' acorde per intercesione et ordine del capitanio Vitilocio,
el S. Paule Orsine, el conte de Gravina, el cavalere et Leverotte da
Fane, come iudrete in queste ad plenum n' ó parlati. Dipo' queste,
in tale zorne arivò el R.º Monsignor M. Antonio da Monte presidento.
Arivato che al fui, lasò a tale suo governo, avande sua Excelentia
aquistate tale dominio et castigate dite Vitilocio e Leverote, et etiam
avere li altre soi conpagne caturati, le quale erano stato molte soi
nomici secrete e palese et ave' contra lui fate lega nova et venute
per infine al castelle de Curiano nel teritorio dela ciptá de Rimino,
et avere sachizato uno suo contestabile, chiamato Zoane Batista Man-
zine: che era stato a dì 13 del mese novembre, die dominica, 1502.
Et altre suoe estrusione, come per al tenore di tale litra intenderete,
dicaudo: — Magnificis fidelibus nostris dilectis Locumtenenti et An-
cianis nostre Civitatis Forlivii salutem. Superflua cosa seria narare da
cappo la malignità venefica del Corsine e dele lore complici contra
la S.ᵗᵃ del nostre S.ᵉ et contra de nui, esendo zià nota e manifesta
et detestabile a tute el mondo, li quale non obstante che fusero subditi dela S.ᵗᵃ prefata e soldati de quella et nostri [ben] veducti et
acareciati da figlioli et fraterli, come vuoi sapite; et oltra de queste, beneficiate et acrisuti da espa e da nui de stati a doppio de
quello che prima haveano, ce sono mancati al tenpo de mazori bisogne et voltate le arme nostri contro noi medesimi adoperando con
tuta lore force contra li stati et contra li persoui dela prefata [San-

(*) Fol. 13 b.

tità] et nostra, per hopra dela quali el dominio, ciptà et terre (*) e
populi nostri de Romagna et de Orbino, Montefeltro et de Camerino
hano tante calamità patute e pateno, del che ce dole infino al' anima. Et non contenti a questi né considerando la clementia dela prefata S.ta e nostra de averli tucto remese e perdonato, novamento da
se medesimi suone voluto venire al' anpresa nostra de Seneghaglia,
facendo credere che erano cum poca genti, dove che conducevano
tuto le fortio lore cum lo quale et cum la inteligentia et aiuto dela
rocha de Sinighaglia machinavano contra nostra persona quello che
havendelo noi presento et chiaramento inteso elli avemo saputo pre-
venire et exequire in lore medesimi. Et cusì in uno medesimo momento havemo presi in Sinighaglia la ciptà vecchia e la nova e lle
persone del Duca de Grevina e de Paule Orsine e de cavaleri Orsine
e de Vitilocio da Castello et de Livirotte da Fermo, et tute lore zente publico ed oculto havemo desvalisato et destructe: per la quale
cosa el castelano, veduto che li disegni erano mancati, ce rese de
subito la rocha. Vitilocio et Livirote predicti, perché le malifici et
l' atroce iniquità loro sono universale et notissime, furono immediate
punite per morte più subita et crudelle, imperhò che la natura nostra
non haveria possuto permeter una milesima parte deli suplici et vili-
pendi che la loro seleragine meritava. Li altre Ursini menamo presi ad simile fine. Et procedemo cum lo exercito nostro ali punitione et extreminio de tuti li altre con sperantia tanto tradimento et
exterminio che hano facti et erano per fari. Del che credemo che tucto el mondo habia ad esserno contento et lieto et masime Italia, vedendo che in questi e represa et extracta la publica et calamitosa
peste deli populi. Et maiormente devite relegrarve vuoi che tanto ha-
vete da lore paduto et erae per patere si el nostro Signor Idio non
ce havese per so antevederi [dato?] el remedie e repremeri tanta
malignità lore, dela quale cosa ce pare debito et ve comitemo debia-
ti rendre gratia ad epso nostre Signor Dio et farne conveniento demostratione et festa solenisima. Datum Sinighaglie die primo iannuari
1503. CESAR S. R. E. Confalonerius generalis. *Agapitus* —.

Fate che fu queste, suo Excelentia se partì come suove zente et
andò a Fabriano, che fu a dì 2 di zenare 1503. Dipo' se partì et
andò al Castelle dela Peri, e qui lei fece alcune so conseglio come
li soi magistrato de ordenare al suo canpe per siguitare la suoa vitoria; et fece fare la suoa mostra, ordenare hogne suoe importune
bisogne per andare ala ciptà di Piencie; dipo' a Viterbo (**).

Fate che abe suo Excelentia hogne suoe hordinatione, inento a
suoa partita per al maestre de iusticia fece strangolare al dito Duca
e dito S. Paule, a dì 21 de zenari, in quel mode me[desi]mo de

---

(*) Fol. 14 a.
(**) Fol. 14 b.

che aveano fato al dito capitanio Vitilocio et a Leveroto. Fate queste remase el cavalere pur suota suoa bona guardia ala misericordia di suoa Excelentia. Dipoe cavalcò et andò a Pienteno e da Pientene a Viterbo, che fu a dì 30 dite zenari, die luni, 1503. Dipo' se partì, andone a metre campo al castel de Cere, al quale era de Horsino. Et qui al comencione grandamente a pugnare. E infra queste tenpo la Excelentia dal Duca retornò a Roma, che poté esere la prima mediatà del mese di marze, vel circha, a congratularse come la S.ta del nostre S.e notificandie la sua gram vitoria auta contra dite Vitilocio e suoi conpagne, et ogni altre suoe ceremonie acadute nel'aquisite dela ciptà de Sinighaglia, et le molte altre varie suoe facende che a mi seria dificile a riplicare. Fornite hogne lor facende, suoa Excelentia retornò a canpo al dito castelle di Cere, dove già era mese in termino, dentre dal quale se ritrovava al Signor Iulio Orsino et multe altre parente et hederenti; in modo che più inento loro poteva andare. Arivá che al fui, fece questa litra per tuto suoe ciptà dela gram vitoria, come lui legiande intenderai al tenore suoe.

— Al Magnifico et nostro dilectissimo Maiordomo et Comissiario Christopharo dela cTore dux Romandiole Valentinensisque S. R. E. Confalonerius et Capitanius generalis. Per satisfatione et contentezia vostra et de quilli nostri fidelisimi populi ve notificamo che nui venuti hogi da Roma alo exercipto nostro, al quale già molti giorni contenuo semmo ala obsidione de Cere terra fortissima et più che altra de Italia, et havendoli nui facti de subito aplicare certe nove machine et scoperto lo cave per nostro ordine facte, quelli dentro stimandose perduti mandorno fora el signor Zulio Orsino, al quale pro parte suoa et di tuti parenti che con lui soli erano inclusi se sone resi et posti in arbitri nostri et potestà la terra, le loro vitte et lo havere. Et così per gratia del nostre S. Idio ce semo obsoluti et libri de questa impresa. El che farite intendre incontinenti a tute quelle nostre ciptà, officiale et terre per lore consulatione. Datom in pontificiis castris ad Cere 25 aprilis 1503. CESAR. *Agapitus*.

M. Gabriele Bonarel d'Ancona vene Locotenente a Forlì.

Il prefacti M. Gabriele, conte apostolice et già (*) fiole de uno M. Iacome Bonarelle conte nobile Anconitane, fu criato et deputati nostre Locotenente ala ciptà de Forlì per la Excelentia dal nostre S. Duca de Valentia et Confalonerio et Capitanio generale dela S. R. E.; al quale arivò a dita nostra magnifica ciptà a dì 9 dal mese de zenare, die luni, 1503. Arivate che al fui, fece lezere suoa petento et qui prese tale soa administratione come gram fervore; e tose per suo Auditore uno M. Zohane Andrea già de ser Nicolò da Casale nobile faventine. Fate queste, inmediate comenciò a tenere rasone suomaria. Dipo' più volte fece convocare al nostre excelsio Conseglio sopra la penuria del grane che molte male se ne potea avere; in modo che per dito Conseglio a lui fu concesse hoctorità plenaria da esequire o- gne suoa voglia. Et qui fece al numero dele nostre boche et stara de grane et altre beave; in mode che viste et beni calcolato, mese al stare del grane a libre tre, et mai per alcun tenpo non vose che mon- tase. Et qui presentialemento andava ale case de nostri nobili come gran numero di poveri misarabile drete, et a tuto come suoa dolcetia de parole come li suoi dinare provedea. Dipo' per suo amore del pa- pa dal Duca e de lui e de nostre popule, M. Berto da Horiole tesore- rio ducale ie prestò libre 1000, et mandone per tanto grane ala ciptà de Imola. Et infra el tenpo fece fare molte acorde e pace come fu quela deli fiole de uno nostre M. Cristofaro dal Tronbeta spiciale, che mai per alcune tenpo la nostra madona Catelina Riaria non i aveva potute acordare tale fiole come al patre, nè etiam multe altre prelati che se n'erano inpaciati. Al simile fece una pace tra uno Nane Mo- ratino et Iacome marischalco et Goielmo Garavella, et come suoe pro- prie mane i avea tolte le arme, e detie da desenare; et li ala mensa ie fece fare la vera paze come la fede dal Duca, come n'apare piene roghe dil' una e dil' altra per mane de uno suo cauzelerio ser Fran- cescho Nomaglie; che fu a dì 7 di zugno 1503. Item fu al primo lui che cominciò a fare contiare le fatiate per nostre burghe, et masime quele boteghe nove che se retrovano suso al ponte dal pane, et in più loco per dita ciptà; et al simile fare selegare per la cità.

Et infra queste tenpo per la nostra Dei gratia intravene la morte del papa, a dì 18 de luglio; per mode che come uno cane rabiato comentiò a fare reparare intorne ale mure dela nostra ciptà, che lui zorne e note ie steva presentialemente. Et qui steto come gram fadi- co (*) per fine a dì 22 dal mese d'octobre 1503, che Antonio Maria Ordelafo retornò in dita nostra ciptà e a lui se rebelò. Alora al po- vere mischino se ne fusé in roca come uno M. Antonio presidente al presento qui si ritrovava. E in brevità de tenpo uno so castelano, chiamato Consalvo Mirafonte spagnole, tramedui de note tenpo se fe- ce aconpagnare a Cesena; si che veramento per al poco tenpo che lui ie steto fece de gram facende. Dele quale le lasarò per mazore bre- vità, non avando mai lui avero apude alcune respeto ala paura.

Litra ducale del' acordé suoi come Orsino et Viteli.

La prefacta litera, la quale più preste venuta che adese, a mi in- cognita per fine al presente, la quale nara l'acorde già facto tra di- te Orsino e Viteli, come per al tinor et modela de quela intendirà dicando : — M.^{et} fidelesque nostri dilecti salutem. Per la presente ve faciame note che li signuri Orsine et Vitelli, esendo stati chiari et satisfacti dele [so]spitione haveano conceputo, se sono reducti ad hobidentia dela Santità del nostre Signore et alli soldati nostri; per la qual cosa retirarano incontinenti le zente et fantaria dove per nostro servitio havemo commesso, et nui con esa et con l'altre zente nostre le quale hogio sono comenciati a sopra zunzere in grande numere procederemo ala reparatione deli terri rebelati. De che ce parse per nostre contentamento darve advise per lo presento. Datum Imole, die penultima octobris, 1502. CESAR. *Agapitus Geraldinus* —.

Più preste non la poté averi.

L'aquiste dela fortecia de Maiole per al duca Valentino.

La prefacta forteza de Maiole, posta nel teritorio del duquate de Orbine, già rebelata dala Excelentia dal prefacto Duca et eser retornata nele force de Guido Ubaldo, al presente era stato Duca de dito Orbino, che fu a dì 2 dal mese d'aprile, die dominico, 1502, che el R.^{mo} M. Antonio da Monte presidento ducale atrovandise per abitatione nela ciptá de Orbino al governo de essa, in mode che vedande lui che el Duca giá avea requistati tute al dito duquate de Orbino sencia la fortecia de Sam Lei e dito Maiolo, de subito ie mandò uno so comisario come l'asercipto, chiamato Pieri deli Visidomine da Cesena come gram copia di vituaria da Cesena, Veruchie, Santo Arcangelo et da Rimino (*) come certa quandità di cape d'artigliarie tolti da Orbino, zoè uno canone, dui sacri et uno falconeto, le quale fune menati da boi perfine al castello, dipo' portato in suso al monte come bratii: e lí fune poste, che fu a dì 15 d'aprile dite, die sabati de resuretione. Dipo' a dì 17, die luni, comentione a trare, per mode che in tale zorne butone zose uno peze dal meze dal palatio. Alora al castelano se vide a male partite, non aspetando secorse alcune per al quale lui se potesse salvare. Di subito fece fare domanda de suoi partiti a uno M. Piere Ramiri spagnole, Comesario de quela proventia duquale; et fata la domanda, dito Comisario, insemo come uno M. Daniello da Fosanbrone, et uno Ruberto da Cimine, tuto introne in dita rocha faciando suoi capitole come dito castelano, salve suoi robe et persone, che se ritrovava la quandità de numero dodece: tuto funo salve, fora dui traditore che s'erano retrovate nela fortitia di Sam Lei a suoa rebilione. Et qui ie rese dita roca a dì 18 dite, die martis. Dipo' inmediate dito R.^{do} Monsignore presidento per tuto al teritorio de suoa Excelentia feze fare festa solena, pregando Idio che ie debia prestare tale vitoria per Sam Lei.

_____

(*) Fol. 16 a.

L' acorde dela Excelentia dal Duca come al magnifico Regimento de Bologna.

Al prefacto dito acorde fate tra la Excelentia prefacta dal Duca de Valentia, Confalonerio et Capitanio dela S. R. E., come al dito magnifico Regimento dela celeberima ciptà de Bononia, al tenpo che presedea lo inlustri M. Zohane Bentivoglio, fu fate cercha al mese de decenbre anno Domini MDII, come innerò narerò a partita per partita. In prima atrovandise suoa Excelentia al presento per abitatione ala suoa ciptà de Imola come cercha 6 milia armigeri, che de continuvo era state in quel loco dipo' suoa retornata dala M.tà de Lodovico re de Francia, al quale in quel tenpo si era ritrovato nela suoa ciptà de Milano; et per queste dito magnifico Regimento de Bologna dubitando dal gram bratio de suoa Excelentia come avea fate le anno precedento, aveano facto fabricare uno grando et inespugnabile bastione di fora da suoa ciptà di verse meze zorne, propinque ala ghiesia de Sam Michele in Bosco, non trope lontà dala ciptà, quasi nele introito dal monte, a meza costa, per conseglio et fabricato de volontà de quisti dui Comisario; zoè, uno chiamato Mancino zià fiole de uno Domenego dela Paduana cavaleri et armizere; l'altre, Nicolò da Bazane. Et qui a tale soventione ie intravenne tute el suo clerico e tute li suoi colegio de hogne facultade et castelle e vile de suoi destrituali. Et hogne zorne durante el tenpo i andava le suoi Conseli come (*) soi stendarde in mano; in mode che infra al dito tenpo più volte dito Regimento i avea mandato per Comesario el R.do Monsignor Protonitario Bentivoglio a pregare suoa Excelentia che quela volese cognosere tale suo Regimento per soe bone et fidelisimo servituri, et conservandie hogne altre suoi capitole a lore per lui facte le anne precedento, non avando mai loro pretirito alcuni suoi precepti. In mode, come alo eterno Idio piaque, infra suoa Excelentia e lore fu concluse novamente quiste infrascripte capitole. Prima per suoa pensione duquati decemilia d'ore hogne anno per fine in cape de anne otto prosimo ad venire, comentiando al zorne de tale pagamento. Item per aiute cento omine d'arme e ducento cavale lizeri, pagati per loro de tuto punte, a tenpo dui mise a metre in punte. Et qui per al dite M.co Regimento, al quale suoi primate erano quisti: al dito illustri M. Zoane Anzelo Ranutio Confalonerio et Ghinolfo de Bianche Capitanio, di conpagnia deli suoi signor Sedece; et qui per suo ecelso Conseglio fu determinato hogne loro capitole come lor patto et conventione, che tuta suoa ciptà et destretuali dovese venire per la prima paga hogn' onie per suoa rata. Fate queste, el rev.mo signor Proto-

---

(*) Fol. 16 b.

notario come tute li suoe frateloti fecene per similitudine de M. Y.º X.º
quando al dise — Chi me vuol siguitare toga la mia croce sopra li
suoe spale —; perché tale Monsignor e soi frateli, secondo al mio riporto, inmediate erano andato in multe loco piatuse in dita suoa ciptà come la sacha sopra suove spale et suoa borsa aperta. Et qui
mandava per molte suoi amice et altre particular persone, et qui i
aricomandava dita suoa ciptà che lore potesse pagare la dita prima
paga per poterse reparare dali rabiose force dal dito Duca de Valentia, come ut supra. Et simile facea a qualque zentile done, rico e
povere: la mazor parte per paura oferevano a tale bursa, sole perché tale suoi franciosi non andase a piari al suo alogi et che lore non
je dicise patrone e po' di lore eser schiave. In mode per la divina
gratia in brevità per tuto so teritorio se ricose li primo dece milia duquato et mandose a suoa Excelentia nela ciptà de Imola. El li romase dito M.co Regimento properati in dita suoa ciptà como 300 armate
e ducento cavalegerio et cercha dece miglia peduni molte bene armati, aspetando quel che de lor vole fare fortuna. Et queste si è per
quante a mi fu reporto.

Litra del'acorde dal Duca de Valentia come al M.co Regimento de Bononie.

La prefacta litera ducale per al dito acorde e conventione (*) facta tra la Excelentia dal Duca et dito M.co Regimento de Bononia se
fu de questo tenore, dicando: — Per parte de ill.mo Principe e serenissimo Signor don Cesare Borgea de Francea per Dio gratia Duca de
Romagna et de Valentia, Princi de Adria et de Venafri, Signor de
Pionbino et dela S. R. E. Confalonerius et Capitanius generalis de as-
senso del santissimi in Cristo padre et signor nostro signore Alessan-
dre per la divina providentia papa sesto, a ciaschuno se notifica et
bandisce che tute le differentie del'una parte tra suoa Excelentia e
dal'altra parte lo M.co Regimento de Bononie e lo M.co M. Zohane Bentivoglio et suoi fioli, sonno totalmento remesse per amichevole com-
positione, et tra essi firmata solida et perpetua amicitia et unione et
perpetuo stabilimento de lor stati per le conditione in li capitole expre-
xe; tra li quali ognuna deli parte predicta haverà li amice e li nemici del'altra per soi. Et però ad tucti et de soa Excelentia se co-
mette et comanda che nullo presuma fare inverse li bene et persone
de citadino, destrituali et contadine de Bologna et in specie al prefacti M. Zoane e suoi figlioli che ali loro per più far se debbia et verse amici peculiari suoa Excelentia et de questo nullo ardischa farre
le contrario per quanto li sia caro de non incorere in l'andignatione
dela prefacta suoa Santità e de suoa Excelentia —. Et qui ala nostra

(*) Fol. 17 a.

magnifica ciptà de Forlì fu bandita solenemento in loco consuveto a
dì 25 dal mese de zenari 1503, die mercurio, de comision dela Signoria del nostre Locotenento M. Gabriello Bonarele, conte apostolico
et nobile anconitano. — CESAR. *Agapitus*. Dat. in pontificis castris ad
Castelum Plebie die 13 ianuari 1503 —.

Piero Sedorno primo Duci de Fiorentia nove criato.

Al prefacto Pieri Sedurine questo anne del Signor MDII per al conseglio del gram magistrato dela Signoria dela ciptà de Fiorentia fu
alette et criato e deputato Duci et Confalonerio et primo de tale suo
magistrato. Con ciò fuse cosa che per fine al tenpo che vivea el reverendo patri frate Ieronimo Savonarole, vicario zenerale dela con-
gregation deli frati de Sam Dominico e de Sante Marco in dita ciptà,
per lui molte volte fu predito in pergole che bona cosa seria reducere
tale suo duminio ala fogia venitiana, zoè fare al primo de dito suo
magistrato vocatur Ducis, et che questa a lui parea santa et utilissi-
ma cosa. Tamen in quele tenpo mai lui non potete aver tale gratia;
ance abe, quante el corpo, al povere mischino gram desgratia; che
in quele loco fui brusate: et seconde al mio reporto, al fui per invidia, per eser lui uno celeberimo et dignissimo filosofo et deli gram
predicature (*) che ali zurne nostre se fusse retrovato in questa nostra proventia de Italia. Criato che al fui, de consenso de tale suo
magistrato fui coronato de suoa breta ducale a dì primo del mese de
novembre anno Domini MDII come gram solenità.

La compagnia del Corpo de Criste et la campana grosa de Sam Mer-
curiale facte.

Le prefacte doe dignisimo cose fate memorando nela ghiesia del
nostre patrone Sante Mercuriale dala nostra magnifica ciptà de Forlì
se fu queste infrascripte; zoè una congregatione de compagnia d'andare a compagnare el Corpus Domini quando el va per mane del sa-
tiardote per dita ciptà ali nostre inferme, come inento in questo ne
parlarò ad plenum: secondario se fu una suoa campana grosa del pese
de libre 4 miliglia, la quale se fu zetata doe volte per eser stato rota
in suo campanile. La prima zetò uno nostre sacerdoto, chiamato Zoane Albanese, padrino dela ghiesia de Sam Michele dala Vila de Bagnole; che fu a dì primo del mese di setenbro 1501, la prima ora
dela note, die mercuri; e fu al tenpo del' Abati   (**) da Fioncia
(sic). Di po' fu mesa in campanile a dì 7 d'octobre prosimo advenire, perchè più presto non se potè metre per avere dato la sacta dal

(*) Fol. 17 *b*.
(**) Lacuna del ms.

cieli nello campanile, et molte forte l' avea inavorato. Fu forcia a dite M. l' Abati a fare una gran spesa. La prima sepultura che la sonò se fu la matre de uno Zanino dale Cara. Di po' queste, per non si trovare dita campana in quela prosicione che dite monici e i populi arebene voluti, in brevità de tenpo di nove la fu rota incognito, per mode che di nove la fecene regitare a dì 18 de novenbro 1502, die veneris, hor 17 ¹/₂. Et in suso i è queste brevo: *Tempore domini Blasius zeneralis de Valumbrosia adiurante populo som. nontiat mortis Iovanis et Stefanus del Castello de Lorenno dela proventia de Ferantia me fecerunt anno predictis.* Al tempo de dito M. l' Abato, la suoa asontione in canpanile se fu a dì 26 dito, die sabati, hor. 17. La prima suoa seputura se fu uno M. Iacome d' Alchino (?) pilizare, che fu l' altro so primo zorne. Et se ritrovava bona canpana.

Pur siguitando, dita conpagnia del' anne 1502, come ala divina Maistà piaque, atrovandise in dita ghiesia uno frato Francescho da Cutignola del' observantia de Santo Ieronimo a predicare, per mode per al suo bene opperare fece le introito de dita conpagnia, nela quale se scripse le multi homine come ordine deli suoi principale ministri, et ordinone le suoi capitole come gram delizentia, come per suoi libre apare; et masime fare una digna processione a hogne seconda dominica del mese, et qui (*) lore fare suoe oferte, del quale al tenpo volen fare una capela nela quale debia contenuamente reponsare al dito Sacramento Corpus Domini. Fate queste, la suoa prima procesione se fui a dì 10 dal mese d' aprile, die dominico, come ut supra. Et qui fecene fare uno bel stendardo, dove era dipinto al dito Corpus Domini. Et fu al tenpo del' Abate don Iacome da Fiorenza. Di po' l' anne 1505 fu fornita la predicta capela, dove debia reponsare dito Sacramento, come ut supra; la quale se ritrova in dita eclesia la quinta di verso mezo zorno, comenciandi propinque di verso la piatia et seghitando verse oriente. Et fui al tenpo de l' Abate Filipo da Vercelli. In modo che se retrovava una devota cosa a vedere al gram numero de tala compagnia, homine e done, che andavano acompagnare al dito Sacramento per dita nostra magnifica ciptà. Et per queste lo eterno et magne Idio ne renda merti neli bene de vita eterna a tale frato, home da bene, come ut supra.

Lodovico re di Ferancia: suoa prima venuta a Milano.

Al prefacto Lodovico re dela nobile proventia de Francia, queste anne dal Signor MDII cerca la prima setimana dal mese di luglio, fu soa prima venuta a Milano dapoe el suo aquisti de tale duquate, per eser suoa M.ᵗᵃ alquanto desiderose de quelle, siando a lui toche per linia parentela di suoa madre, già di casa Vischonte, come in-

---

(*) Fol. 18 a.

drete int uno altre mie libro ho parlato ad plenum. Arivato che al fui, tuto li anbasatore de Italia andone a rivisitarele; et a tuto fece gram feste, salve che ala Excelentia dal Duca de Valentia ie ne fece più che tute l' altre. Et qui sova M.^{tà} stete come tale suoi boni servi a manzare de quile suoi buone cappune per infine ala prima setimana de setenbre; che, fornite che abe suoa M.^{ta} hogne suoe facende, lui se parti et andò ala suoa ciptà de Zenua. Et li montò in barca et arivò al porte de Marsilia. Fate queste, tute dito anbasature tornone ale loro case.

Per selegare la nostra ciptà de Forlì.

Lo prefacto seleghato, fate a dita nostra ciptà de Forlì, fue ordenato in queste mode e forma. In prima uno M. Nicolo Tornelle, nostre doctore civili, habitatore nel borgo di Codugne, di conpagnia de uno M.º Antonio da Quregio, al presento nostre abitadore, et fabricava per suo inzustre l' arte dela barbaria et medicava et cavava rasuri come uno M. (*) Paule orevese, già fiole de M.º Cristofano deli Mirlino, et multi altre nobile suoi vicine se andone a parlare a uno nostre Governatore M. Ramirio da Lorqua spagnole, et qui presare suoa S.ª che quela volese eser contenti che loro potesene selecare al suo borghe deli Codugne; credando lore veramento che tute el reste dela ciptà ancora lore farà el simile per nostre utilità, per suspete dela infecione, per amore di tale putritudine et etiam per onore dela tera, per avere lore intese che la Excelentia dal Duca avea molte altre città et casteli selegati. Alora in brevità fece adunare al nostre Conseglio, et qui lui dise che era molte contente. Et qui per dite Conseglio fu determinato de selegare al presente li 4 borghe maestro; zoè Schiavania et Codugne, Sam Pieri et Ravaldino. Fate queste, fecene andare uno bande che tuto le abitante in dito burghe se dovesene metre in punte infra termino de zorne 15 prosimo ad venire, comentiande a dì 10 dal mese d'aprile, die dominico, anno Domini 1502, al tempo che signoregiava dita Excelentia dal signor Duca di Valentia. Fate queste, dito nostre S. Antiane fecene l' alicione de 4 oficiale, uno per borgo:

Pro Sante Crucis et Valeriani: Ator Moratino
Pro Sante Mercurialis: Pieri Francescho di Canbino
Pro Sante Petri: Bartolo di Castelino
Per Santo Blase: Bernardino zià di Gratiole de Checo dal Dedo.

Et qui per dito nostre Conseglio ie fu dato octorità plenaria. Fate queste, fecene venire uno M.º Iacome zià de frate Selvestre de Guarino da Bologna, al presento abitadore a Imola, et qui per suoa mer-

(*) Fol. 18 b.

cede ie davane soldi 17 per ciascheduna pertega de lavore quadrá et l'abitatione de bando et uno manegio per ciascheduna casa franco. Et qui tose al borgo di Schiavania e di Codugne, et comentiò a di 9 dal mese di magio, die luni, hor 13, a borgo di Codugne, 1502. El suo prencipio se fu nel prencipio dela chiavigha che vene al borgo di Sam Pieri et che va 'la ghiesia deli Serve in suso quela crosara propinque ala casa de Bernardine Paulucio et M.° Francescho Morande. Dipo' forni a dì 15 di luglio, die veneri hor. 15. Infra queste tenpo li omine del borgo a Santo Petri condusene uno M. Gotardo de Manfrede da Crema, abitadore a Imola, con consentimento deli dito nostre signore Antiane, et per suoa mercede ie devano s. 14 per pertegha : tamen qui molte fu da fare infra li maistre, perchè dito M.° Iacomo dicea che lui era stato conduto per al tuto. Tamen tale omine per eser desidirose de torse tale putritudine denante ale lor case, conduse tale maistro come bona licentia, come ut supra. (*) Et qui comentione in nomine Domini a dì 18 de maze, die mercuri, cercha al'ora undecima. Al quale suo prencipio se fu in suso quela crosara che va inverso la ghiesia del monesterio deli sore di Sam Dominico et inverso la porta di Codugne al'introito de quela chiaviga granda che va ala cepada dal'albare, confine la casa de M.° Francescho Roseto et i aredi de Pieri Zoane Capoli; et po' forni per fine in piatia, a dì 5 di luglio, die martis. Infra queste tenpo quile dal borgo di Schiavania avea tolte uno M.° Iacome da Vighuvano et comentione in suso quela crosara che è propinque ala Masone, zoè la prima dentro dala porta di Schiavania; che fu a dì 25 del mese di maze 1502, die mercuri, a hor decima nona. Et tale M.° era pagato a zornata ; per modo che al primo quadre che fu mise in dite loco, per eser più memorande, se fu per mane de uno Zulio Roverela cavaleri ierosulimitano de dita nostra Masone. Et infra questo tenpo li omine dal borgo di Ravaldino fecene conseglio nela ghiesia de Santo Antonio suoa parochia, dove in quele loco se ritro' al suo padrino M. Andrea fiole de M. Iacomo dali Sele et uno M. dom Iacome da Masa, tramedui canonice de Santa Cruce, et uno M. Andrea di Bonutio, doctor civile et asator in quel tenpo dela Camera ducale, et multe altre. Et qui per lore conseglio crione uno M.° Cristofaro di Beze moratore al quale avese a tore tale cura per eser dili nostre forluvese; et qui per suova mercede ie devano s. 16 per pertiga : et comencione a di 31 dal mese di maze 1502, hor 21, die martis, zoè el zurne benedecto dal biato Jacome deli frate predicature. Et fui in suso quela prima crosera propinquo a dita ghiesia de Santo Antonio, ala prima viola vinando inverse la nostra piatia, in suso quel cantone che va verse la ghiesia deli Servi. Et qui la suoe primo quadre dela guidana fu mese per mane dal dito padrino in pete a quele spirone che se ritro-

---

va in suse al cantone dela casa dal dito M. dom Jacomo, di verse dita ghiesia, ala presentia de tute li prefacto et di M. Lufo Nomaglia, come gram iubilatione di oficio divino et com gram musicha de campane et pifari. Dipo' forni tuto al borgo a di 9 d'agosto, die luñi, 1502. Et qui ogni cosa fu fato come ut supra. Laus Deo.

Litera ducale de 4 Comisario per la Romagna criato.

(*) La prefacta litera ducale se fu mandata al reverendo monsignor presidento M. Antonio dal Monto Sam Savino, la quale narava la criatione deli prefacti quatre Comisario suopra tuto el stato e dominatione de sua Excelentia, dicando: — R.do patri vobis dignisime salutem. In loco del capitanio de iostitia el quale era preposito de farise ad exequutione de quante per la P.ᵃ vostra cum al Colegio de nostri Conseglio se ordinava, constituviti havemo quiste quatre infrascripti Comisare, ciaschaduno suopra uno quarto del nostro dominio, li quali oltra l'exquicione da farse da essi predicte hordine Colegio, habbano ancora speciale cura sopra le cose del Stato, come per la fuorma deli lor patento vederà V. P.ᵃ Esi sono electo: al nostro mazordome M. Cristofano Vectore spagnole suopra Forlì, Faentia, Imola; et M. Zeronimo Bonadia spagnole suopra Cesena, Rimino et Pesaro; et M. Andrea Cossa suopra Fane, Sinighaglia et Fuesaanbrone come la Pergula; et M. Pieri Remirre spagnole suopra al duquato de Orbino come el contá de Montofeltro. Li quale V. P.ᵃ voglia a bocha et per sove litre animari et instrui ali officii predicti et potissimamente ala guardia delo Stato et ad obviari a qualoncha mala pratica de subditi et cům lore concorrere ad quanto sia bisogna, afinché possane elegere et presentari ala P.ᵃ V.ᵃ inili tenpi ordinari idonie persone ali menori hofici et potissimamento a quelle che arano la guardia deli ter' e lochi et ancho ali benifici eclesiastico che non asendano al valore de duquate vinto; le quale persone V. P.ᵃ instituvischa ali oficie predicti per nostre patento, et curi che le benefici siano bem preveduto. Datum Sutri, penultima februari, 1503. CAESAR. *Agapitus* —.

◦ Litra ducale che lui era intrato in protecione de Vinitiani.

La prefacta litera ducale per drictura al dito R.do monsignor Presidento se fu di tale natura, dicando: — R.do patri. Avando più volte intese da V. P.ᵃ come bom zelator delo Stato nostre che dite S. Venitiano áno fato tanto gram proparamento di zente d'armo nel teritorio dela ciptà de Ravena et masime al presento, dove che atrovandise qui suoe anbasature, et a quili avema facto (**) intendre tale

---

(*) Fol. 19 b.
(**) Fol. 20 a.

cosa —, inmediate lore spatione uno corere ala serenisima suoa Signoria de Venecia pregande quela che voglia chiarire suoa Excelentia tale suoc dubitatione. Retornate che al fui suoa Excelentia ne dete per tale altra avise a dito Monsignor dicando che suoa excelsa Signoria avea tolte suoa Excelentia suota la granfa de Santo Marco in protectione, come ut supra. Et fu a dì 27 d'marce 1503. Dipo' dito Monsignor se ne fece copia a nostra ciptà de Forlì, che stesene di bona voglia et no dubitaseno de tale zente d'arme in dito teritorio de Ravena, come ut supra; perché tute erano nostre amice, come ut supra. Et arivato che la fui, a dì 2 d'aprile, fui letta in e' nostre excelso Conseglio, 1503.

M. Cristofaro dala Tore Comesario venno a Forlì.

Al prefacto Vettore spagnole et Comesario ducale suopra la ciptà de Forlì e de Faientia e de Imola venne la suoa prima volta a Forlì; che fu a dì 13 dal mese di marze, die luni, anno Domini 1503. Arivato che al fu, andò a rivisitare tuto le nostre roche. Dipoe fece scrivere tute le creature mascholine dala suoa nativnever fine ala decrepità et ala morte per tuto al teritorio de dite tre ciptà, zoè castelle et vile. Dipo' in brevità le andò a rivisitare tuto; et altre suoe gram facende, come inento in queste farò aparere.

La morte de Vinantio et d'Anebale S. zià de Camarino.

Li prifacti Vicentio et Anibal fracteli insemo et fiole de Iulio signor già de Camarino, siande stato caturato per la fuorcia del gram bracio del Duca de Valentia nela roca dela suoa ciptà de Rimine, che era stato a dì 20 dal mese di luglio prosimo passato 1502, die mercuri, per fine al presente, zoè a dì 8 dal mese de februari 1503, che suoa Excelentia per ordene fate a uno nepote de dom Michel spagnole li fece strancolare come li altre suoi nomice, die mercuri, la note prosima ad venire, cercha l'ora quarta, luntano da Rimino cercha tre miglia, in loco chiamato el Tercio, propinque a una suoa ghisiola diverse la marina. Et li fune sepelito. Deli quale Dio ie perdona soe pecati.

Litera duquale venne a Monsignor Presidento del' acorde che avea fate suoa Excelentia come S. Senisi et Perosine et Città de Castel.

(*) La prefacta litera ducali venuta al dito R.do Monsignor Presidento la quale facea intendere che s'avese a fare festa per tuto suoe ciptà et casteli del' acorde et conventione grande che avea fatto la

Santità dal nostre S. papa Alesandre sesto et suoa Excelentia come li signur Senisi, le quale siano tenuto et obligato de darie hogn'ane duquate 60 miglia d'ore et caciare fora l'andolfo Petrucio et tuto el resto dei suoe nomice. Secondario che li Perosine siano tenuto de dare per anali duquati 30 miglia et caciare fuora tuta la parte deli Bagliune. Tercio ed ultimo che el M.*o Regimento dela Ciptà de Castelle sia tenuto de dare duquate 10 milia, come di suopra, caciando via tuta la parte deli Vitilischo e de Guido Ubaldo zià duca de Orbino. Dopo queste, inmediate ne fece fare festa solene per tuta la proventia dela Romagna; che fu a dì 7 februari 1503.

Litra ducale ala magnifica Comunità de Forlivii.

La prefacta litera ducale per drictura venuta a li nostri magnifici S. Antiane, la medóla dela quale era questa, dicando: — Magnifici viri fideles nostri delectissimi, salutem. Per che havemo intesso che de nove sone venuto zente venitiana da Ravena et Cervia et stimano che forse ne pigliarite unbra con dubitationi de haveri esser offesei et agrevati et anche patire dele genti che nui avisime mandarli all'incontre, ce parse chiarirne che noi semo in ferma oponione che quelle siano venute più presto a tutella dele cose loro che ad offesa deli nostri, le quali sempre siano stati per defenderle et renderli secure, et più che mai al prexente, havendo noi castigati et oppressi quilli inimici nostri che ce posseano più offendere, et reducte le cose ad tanto nostro proposito. Exhortamove adunque ad stari di bone animo et ad non temere le offese deli predicte genti, le quali non possono sperare alcuno loro effecto de populi come siti voi et altri nostri de Romagna, uniti, ghaiarde et fideli, com tutella de cossì forte roche. Neanche dubitate che ve abiamo ad mandare exerciti, suopra le quali non reputamo sia bisogno mandarle, confidandoce in vuoi per le predetti rasone et suopra tucto per quella fidelità la qual' in tenpo dela più grave adversità nostri ce haviti (*) demostrata. Per la qual cosa remettemo ad voi propri la guardia dela ciptà et lo investigar et castigatione de qualunque deli nostri ardissce malignare. Secundo l'ordine ve serà dato dal R.^do Presidente del nostro Conseglio, farite adunque per modo che habiamo ad perseverare in la opinione havemo dela fede et devotione vostra verso de noi, et usarne quella grata remuneratione che usata havemo al' altri, li quale per el pasato hano fortemente repugnato ali forci deli nostri adversarie. Datum Viterbii in castris pontificiis VIII februari. Magnificis viris fidelibusque nostris dilectissimis Antianis populi et Comunis civitatis nostre Forlivii. CESAR. *Agapitus* —. Arivate che la fui, di subito dito nostre S. Antiani la ficeno legere in suo excelso Conseglio ala presentia del nostre Loco-

---

(*) Fol. 21 a.

tenente. Et in quela era un' altra inclusa de questo tenore, et fu bandita, che se bandì solenemente dicando per parte de suoa Excelentia che dal momento non sia alcune suo destrituali home che ardisca andare al sirvitio del suolde fora de suoi destreti ala pena dela forca et rebilione et confischatione de suoi beni; et chi se ritrovase debia venire ale lore case in fra termino de zurne 15 prosimo ad venire, comenciando a dì 17 de februari die venus anno Domini 1503. Dipo' tale litera fu registrata a nostra Camera.

Canpe dal Duca che andò a Sam Lei.

Al prefacte canpo dal Duca andò per requistare dita fortecia de Sam Lei la quale si era stato tolte a suoa Excelentia, come indreto in questo ad plenum ne parle: che fu la prima mediatà del mese de magio 1503, et fu per ordine et comissione del R.^{do} monsignor Presidento, al quale se retrovava per abitatione ala ciptà de Rimine, suopra al quale ie messe per suoa custodia al dito M. Pieri Ramir Comesario ducale. Arivato che lore fune, ie fecene dui gram bastiune et ie mandò uno M. Dioniso de Val de Lamone come le molte boche de artigliarie et qui ie facea una gram guerra. Al simile facea quile dentre, perchè come suoe artigliarie ne guastava quanto lore volea. Et infra queste tenpo dite monsignor Presidento fece ordenare le guardie per tuta la Romagna zorne e note avesene a stare drete ale strate maestre, dove fusse stato alcuna viotela che fuse venuto del teritorio de Ravena, (*) le quale andase per suova dritura nel teritorie deli signur Fiorentino. Et queste facea suol perchè li Vinitiane non potese mandare litre alcuna a quile che se retrovavano in dita fortecia de Sam Lei. Tamen ie stete a canpe per infra a dì 24 d'agoste et mai non al potene aver per eser già morte el papa: ie fu forcia al dito M. Dionise de quele loco partire come suoe artigliarie; et arivò a Forlì a dì dito, die iovis, a salvamento.

Bancho de rota facto in Cesena.

Al prefacto bancho de rota, facte a dita ciptà de Cesena, dito suo primo introite se fu in queste mode e forma. Con ciò fuse cosa che nel presento tenpo fuse signor de quela Cesaro Borgea et Duca de Valentia e di tucta la proventia dela Romagna al tenpo che regnava Alesandre sesto pontifico, in mode che infra suoa Santità et suoa Excelentia come al contento deli signur cardinale erano state le multe volte infra lore a contenplare le gram rapine e strusione che ozedì faceva li advocati et procuratorie in questa nostro proventia de Romagna per le lor gram lungheze deli tenpo che lore ic intreponeva;

(*) Fol. 21 b.

per mode che li poveri orfaneli a quel non potea resistre. Et per queste vedando suoa Sta tale suo male operare, determenò che in dita
ciptà s' avese a criare lo introito de tal banche per eser più comito
per tale povere orfanelle che non potea andare al banco de Roma
per la lungheza dela via; et per queste le molte piati se perdea per
tale lungheza, et eciam per tuta Lonbardia. Et qui loro de comuna
concordia alesene et crione et deputone queste infrascripto. Prima el
R.^{do} Monsignor Presidento M. Antonio dal Monte Sam Savino cape et
catedrante de quile; al seconde suopra al duchate de Orbino el R.^{do}
priore dela canonicha; per la ciptà de Pesaro M. Zohane Matio; et
per Rimine M. Galavotto di Gualde; per Cisena M. Oddo Antonio
(*); per Forlì M. Guielmo Lanbertelle, per Faienzia M. Andrea Re-
cupperati; per Imola Anibale da Verona. E tute queste prefacti per
la suoa Sta Et qui in nomine Domini fecene al so introito a dì 5 dal
mese di luglio, die mercuri, anno Domini MDIII a hor 13, che lore
se ritrovone nela suoa murata nela suoa sala magna. Et qui tuto
fune vestite in questa forma: veste morle et capuze fodrate [di] del-
maschio rosso. Fato queste, tuto di conpagnia come gram (**) solenità andone ala mesa nel suo Domo, chiamato Sam Zohane Batista. Et
qui lo episcopo de Sarsane ie cantò una misa solene, infra la qual,
dipo' il suo evangelio, uno M. Lodovico Paduano, zià secritario di
Federico da Montefeltro duca de Orbino, ie feze una bela oratione.
Fornite che fu dita misa, retornone in dita sala, dove in quel loco
i era properate tute le suoe sedie seconde le lor gradi. Et qui per
suoe cavalerio fu lette in publico tale suoc patente et tuto per nome
chiamato. Fate queste, da quel loco se partino et andone nela camera dal dite monsignor Presidento. Dipo' tornone fuora ali suoi loco·
deputadi, che potea eser cercha l' ora decima quarta. Fate queste,
nente che tolesene causa alcuna, fu fate la prenontia deli ferie: et
mai più altre non se potè fare per dito suo introi', perché intraven
la morte dal papa.

Guera de Ferdinando re di Spagna contra Lodovico re de Francia a Napole.

La prefacta guera nel regne de Napole per dito re Ferdinando,
zoè re di Spagna, contra la M.^{ta} del dito Lodovico re de Ferancia se
fu queste anne dal Signor MDIII, come al contento del gram bracio
dela Santità d' Alesandre sesto pontifico; per mode che dito re Ferdinando creò uno Consalvo spagnole soe Locotenente come uno grando axercipto, fra li quale per soi centurione se fu per suo capitanio
al signor Bartolomeo d' Alvigliano de casa Orsina et Marco Antonio

---

(*) Lacuna del ms.
(**) Fol. 22 a.

Colona. Et qui come grande ordine andone nela proventia dela Puglia a metre el canpo ala ciptà de Canossa come cercha XI milia conbatante, dove che in quela dentro se ritrovava la Excelentia del Duca dela Mora come cercha 5 milia conbatante. Come la furtuna vose, dite spagnole introne et sachezola. Et qui venne morte le molte de tale franciose et masime la Excelentia dal dite capitanio et locotenente Duca dela Mora, che fu a dì 28 dal mese d'aprile 1503, et uno suo fiole et multe altre nobile dil' una parte e l'altra. Per mode, pur siguitande le lor vitorie, non pasò trope tenpo che i arivone nela Ca[la]bria, dove li se ritrovava Monsignor de Bignine; et qui faceano gram pugnare; tamen non pasò tuto al mese de luglio prosimo che dito spagnole conquistone tuto al dito regne de Napole, salve che la ciptà de Ghaieta et l'Aquila. Alora intendando la M.tà dal dito re Lodovico la gram vitoria che contra lui avea aute tale spagnole, molte se maravegliò che in tanta brevità del tenpo avese ariquistá tanto gram numero (*) de tal suo regno et suol parea a suoa M.tà che parte ne fuse stato gram casone la Santità dal dito papa Alesandro. Tamen suoa M.tà fece convocare una dieta come li signur et potentati dela proventia de Lonbardia et per al suo Locotenento da Milane fece convocare tale dieta nela ciptà de Parma, dove in quel loco si ritrovò li signur Fiorentino, Ercole da Este marchese de Feraria, li signur Bolognese, Zohane Francescho da Gongiaga, marchese de Mantova. Et qui tuto lore introne in porticione de sua M.tà et promesene d'andare come hogne suo potere al' incontra de dito re di Spagna et etiam a chi contra volese eser a suoa M.tà Fate queste, fece venire tra Franciose et Vascone cercha 6 milia pedune et altri per la via de Mantova e da Mantova a Castelo Sam Zoane del contà de Bologna, che fu la seconda media[tà] d'agosto 1503; e dipo' a Bologna, in Tuschana, e po' ala ciptà de Perusa per metre dentro Zoane Paule Bagliuno. A dì 9 de setenbro, arivato che loro fune, li signor Fiorentino molto se fortificone, dubitando che la Excelentia dal Duca de Valentia, che se retrovava dentre da Roma come 12 milia conbatante bem pagati, non andase a metre canpo al Borgo. Fate queste, dite Franciose come el reste di nostre Talice andone come gram verilità nel dite regno de Napole et masime dove se ritrovava più necessità, come fui ala dita Gaieta, dove che dentro se ritrovava le multe barune et bem provite. Et qui arivato che lor fune luntane cercha 6 miglia drete al fiume Garane, et qui se aveano molte bene fortificato et fabricato tri punte per poter pasare per andare a dare la bataglia a dite Franciose che erano al'asedio de dita Gaieta; in modo, siando tuto tale esercipto ala vera obbidentia del dito capitanie Zoane Francescho da Mantua, parse che non se potesene acordare; in mode che tra per quel et per altre suoa alte-

(*) Fol. 22 b.

ratione de suoa infermità, de quel loco lui se partì, et secondo al
mio riporto arivò a casa al zorne dela vigilia dela dita nativid del
nostre Redemptore, che fu a dì 24 dal mese de decenbre. Partito
che al fui, dito Consalvo, vicio et locotenente dela M.^{ta} del dite re
de Spagna, come dite S. Bartolomio d'Alviano e de dito Marco Antonio Colona come tuto li soi esercipto, detene adose el reste del canpo de dite Franciose et ropele in modo che a dì 27 dal mese predito
de decenbre abene la fortecia de dita Ghaieta, 1503; che fu al zorne benedeto del' avangialista Sam Zohano. Fate queste, fu preso tuto
al dito regne de Napole per la Maistà de Lodovico re de Ferancia.
Dipo' quile resto (*) deli Franciose che se erano salvato in le lor
forteze et etiam che si erano rese et canpato nell'altre loco, la Santità dal papa ie fece uno breve, che fine ala suova ciptà de Milano
ie fuse dato passo et vituaria per li suoi dinari.

Amantisime mei licturi, se io a vi parise che tale instoria non
fuse precisamento come la doveria eser, abiatime per schusà, perché
in quel tenpo era intrato al signor Antonio Maria Ordelafo in dita
nostra ciptà contra la volontà dal Duca de Valentia, che se trovava
signor in quel tenpo; et per fuortia stevano zorne e notte a porte
serato; et per queste male potea intendre tale nove.

Papa Alesandro sesto morto.

Al prefacto Alesandro per la divina providencia papa sesto, queste
[anno] dal Signor MDIII a dì 17 dal mese d'agosto, die iovis, cercha
l'ora decima octava, intraven' la suoa prefacta dicta morte la quale,
seconde li mei riporto, era stato molte contrafacta per la poca suoa
infermità che se potese iudicare. Per la plebe gram disputa se ne
facea. Alcune dicea che l' era stato atosegato lui per la Excelentia
dal suo capitanio Duca de Valentia et altre suoi confidati. Altre dicea per contrario, che pur era stato male naturale, per eser decrepto.
Ultimatamento per alcune altre se dicea che veramento non era stato per male naturale, ance potea eser stato per ocidentalo: con ciò
fuse cosa che suoa S.^{tà} avese fate bem calcolare suoa nativid per
bone estrolici, et parando che, seconde lore, suoa S.^{tà} avese a canpare al molte più tenpo. Tamen, fuse come la se volese, lo eterne
Idio sapea al tuto. Inver custui fu home preclarissimo et molte amate dala M.^{ta} regale de Lodovico re de Ferancia, per al quale avando
inparentà come dita M.^{ta} per aver consentite una suoa parente dela
casa del regno de Navre per moglie ala Excelentia dal dito suo capitanio Duca de Valentia, per al bratic dela quale l'avea fate de tal
potentia che lui si era fato Duca de tuta la Romagna; non estanto
quelle, facea paura a tute le Potentati de Italia, come apare per suoe

(*) Fol. 23 a.

instorie de quel tenpo che ad ogn' ome era manifeste. Dipo' queste, per al contente del braze de sua S.ta, Ferdinando re de Spagna, se avea prese tuto el regne de Napole et infra le altre cose avea acumulati al molte terore et masime quase a tute li Potentati de Italia, più volte metandie la mane neli suoe borse per fare richo li suoi parenti e confidati (*). Tamen avea apute le molte contraverse e dischordie come li suoi conpagne S.e Cardinale et masime Sam Petri ad Vicola et Aschanio Sforcea et Sam Severino et altre che io lase per l' onor suoe; che in brevità dapo' suoa coronatione era stato forcia al dito Santo Petri ad Vicola e dito Ascanio et aver dito Sam Petri ad Vicola tolte al porte de Ostia contra la volontà de suova Santità, et po' lui lasato fornito, et po' lui partito et andato nele parte de Ferancia a 'ntercedre la M.ta del re Carle che dovese venire neli parte de Italia, che per la gram teranie del papa et altre soi potentati sua M.ta in brevità la conquistaria, come bem fu al veri; perchè quande l' arivò a Roma, suoa Santità ie fu fortia de quel loco partirse et lasare suoa M.ta Dipo' nante che l' andase al'aquisto del regno de Napole vose menare per suoa cautione el R.mo Monsignore Cardinale de Valentia, al quale è quel che al presente si chiama Cesare Borgea Duca de dita Romagna. Fate queste avea besognati requistare dito porte de Ostia et avea fate piare dito Escanio et multe altre cose che fadica seria narare al tuto. Basta, che nel' altra mia hopra nel' instorie suoe n' è parlà ad plenum. Siché veramente in suoa vita suoa S.ta si á receuti grande alegretie come suoa gramecia. Et qui era viuti nel dito suo pontificato anno XI, dì 7, hor 16. Et po' fu sepelite come grande onore.

Morte che fu, la Excelentia dal Duca retrovandise in quele loco alquante amalato et aver cercha 12 milia persone bem pagati come la suoa prestantia, di subito se fortificò nel borgo de Santo Petri. Fate queste, fece andare el conte suo fratelle come suoa moglie e fiole in Castele Sante Agnole. Fate queste, secondo al mio reporto, per al popule romane de novo fu reconfermato capitanio, per infine ala creatione del papa novello, et qui aspetando dito Sam Petri ad Vicula et Aschanio et el cardinale (**) che veniva dela proventia de Francea, per eser in quel tenpo dito Eschanio caturati neli fuorte di suoa M.ta Arivato che lor fune, di subito tuto el colegio deli signor cardinale introne in conclavi. In brevità de tenpo, dubitando suoa Excelentia che li signor cardinale non piase alcuna miratione suopra li facti suoi per la criatione del dite papa novello, tose bona elicentia et audò ad abitare nela ciptà de Nepo et fece piare Julio de Albici a dì 23 d'agoste. Et già morte che fu al papa, suoa Excelentia avea mandato una litra per tuto el suo Stati, notificandie el gram

---

(*) Fol. 23 b.
(**) Lacuna del ms.

caso acaduto per la morte de suoa Santità; e più, che ancora (') lui era alquanto amalato, et notificando come al Senato romane l'avea reconfermato capitanio, come ut supra; confortande le soi popule a stare de bona voglia, che preste crede che se farà al papa novelle. Lo quale era stato facto a dì 22 dito; et a dì 29 se ne fece festa a-la nostra ciptà de Forlì e in ogne altre loci de suoi stadi. Alora el R.^{do} monsignor Presidente che era ala ciptà de Cesena fece retenere M. dom Bartolomio Moratino e 'l conte Baldisera. Arivato che era stato suo Excelentia a dita ciptà de Nepo, di subito avea fate intendre al Locotenento dela M.^{tà} del re de Ferancia che se ritrovava per salvatione del regno suo de Napole, che lui e tuto suoe zente erano a suo piacere, perchè al presento lui se retrova home libero. Fate queste, dito Locotento al tose in suoa porticione, tamen pur che lui stese a fenire suove cose da Roma. Fate che fu queste, suoa Excelentia mandò uno Diogramir spagnol nela proventia dela Romagna come una suoa patento et litre de credentia, la quale lui dovese e-ser obedito come la suoa persona propria, dubitando che li popule non se movese; et arivò a Forlì a dì 12 de setenbro, die martis. A-rivato che al fui, di subito andò ad alogiare nela nostra roca, do-ve in quel loco se ritrovava uno Consalvo Mirafonte per suo caste-lano, ed era per natione spagnolo et homo de grando inzegno. Et dipoe mandò per nostri S. Antiani, et qui ie feze lezere suoa paten-to in publico, confortandie per parte dela Excelentia dal Duca che lore ie vogliano eser suoi boni subdito come sonc stato per li tenpo passato; et fate che serà el papa novele che lui virà. L'altre zorne, che fu a dì 13 dito setenbre, die mercuri, 1503, Diogramire fece a-retenere uno nostre nobile cavaleri a speron d'ore inperiale, chia-mato M. Lufo già de Rogerio Nomaglie; con ciò fuse cosa che sian-do uno altre dicto M. Cristofaro Vichiote Comisario particolare in dita nostra ciptà, in mode che lui mandò per al dito M. Lufo che venese da lui in suo palatio magno. Arivato che al fu, infinse dito Comisa-rio di volere andare a vedere la porta de Codugne nostra, che lui facea aterare; et qui tuto de conpagnia andone. Viste che lore l'a-bene, iterum de nove infinse de volere andare a vedere certi ripare che volcano fare intorno a dita nostra roca. Arivato che lore fune, n'usì fuora dito Diogramir come le multe ('') fante et qui lo meno-ne in dita rocha per suspeto; et in quele loco stete per infine al dì del martire Sam Laurentio, che se ritrova eser ali dece zurne del mese d'agoste anno Domini 1504, come inenze in suoa instoria ad plenum parlarò: che fu quando dito castelano dete tale roca al papa, che ven' lui a stare in dita roca, mise XI manche tri zurne.

(') Fol. 24 a.
('') Fol. 24 b.

Jacome de santa Croce di casa Orsina dicappitato.

Al prefacte Iacome de casa Orsina et segnor del castelo de Santa Croce già inento ala morte del dito pontifico ai zurne 8 dal mese di zugno, die iovis, 1503, la note prosima ad venire, per la forcia del bratio dela Excelentia dal Duca de Valentia come al contento dal dito pontifico fu inpicate in Castelle Santo Agnelo. Dipo' l'altre zorne, che fu a dì 9, fu tolte et dicapitato in suso al ponte Santo Agnello; et in quello loco ie stelo tuto quel zorne, a ciò che hogn' ome che avese la suova vista al potea vedere. Perché se fuse tale suoa morte, io de verità mai non al poteto intendere: per la plebe molte suoi iuditio se facea. Fuse come la volese, lo eterno Idio sapea al tuto, come nostre ministre de tuta la machina mondiale. Po' ie debia perdonare suoe peccate.

Rimine tolte al Duca per Pandolfo Malatesta la prima volta.

Al prefacto Pandolfo Malatesta, siando già al tenpo pasato insito de dita ciptà de Rimine et averla date ala Excelentia dal Duca de Valentia, come l'altre mio libro deli croniche apare per suoa instoria; e perché siando morte la Santità de papa Alesandre seste et la Excelentia dal Duca s'atrova stare in gram pericolo, et lui vedere totalmente che venire non potea, se mise insemo come hogne suo potere et andò come una fusta a dita ciptà de note tenpo; che era stato a dì 13 dal mese de setenbro, cercha l'ora decima, 1503, a porta del Porte. Et in quele loco intrò a salvamento come la volontá de quile che potea contra volontà dal Duca.

Pesaro tolto al Duca per al S. Zoane Sfortia prima volta.

Al prefacto Signor Zoane intrò in Pesare contra la voglia dal Duca, per eser già morte papa Alesandro sesto, 1503 de setenbre, come al contento dal popule (*).

Cesena asidiata da Palmere Tiberto.

El prefacto Palmeri Tiberti siando fuora de dita ciptà per suspeto, secondo al mio reporto, avea volute più volte intrare et mai non avea potuto per la gram vigilia che facea el R.do monsignore Presidento M. Antonio dal Monto, che in quello loco abitava; per mode che ali zurne 11 dal mese de setenbro, die luni, zoè 1503, dito Palmero si era partito del teritorio de Ravena come certa quandità de

---

zente bene in punto et erano andato a dì dicte de note tenpo asidiare dove suoe porte et come certe boco de artigliaria, et taione suoe rastele, faciande gram strepede a suoa voce piena — Marco, Marco; Tiberto Tiberto —: tamen dicto Monsignore com l'aiuto del suo popule per quella volta non potene intrare.

Primo cavalare dal Duca depo' la morte dal papa.

Al prefacto primo cavalero mandato dal Duca com suoe litre, chiamato Schiavina, per tuta la Romagna, al quale Schiavina arivò ala nostra magnifica ciptà de Forlì a dì 18 dal mese de setenbro 1503, dicando come suoa Excelentia per la Dei gratia se retrovava sano di bona voglia, e qui confortando tute suoi popule a stare forte e constante come aveano fato per al passato tenpo, et avisandise com le multe ziorne prosimo passato erano intrato li signuri cardinale in conclavi, che presto lore criarano papa novello; sperando suoa Excelentia in Dio che tale papa i arichoglia nele suoe braze suota al manto de Santo Pietro com l'aiuto del gram brazo dela M.tà del re de Francia, com de prima. Depoi respondea a certe litere de nostra Comunità, le quale ie aveano domandato zento armigero per reparatione de nostra ciptà, dubitande lore dela Signoria de Venecia per al gram numaro de soldati che se retrovano nel teritorio de Ravena, dicando suoa Excelentia che al presente zente non si po mandare per non volere suenbrare al suoi canpo, mo che dinare non ce mancaria de fare zente nova per nostre bisogne: che sencia quelle tre milia duquato che avea portato Diogramiro, che ancora ne mandaria sei milia deli quale farite fantaria e cavale legiere. Arivato che al fui, di subito fu lete tali litre in publico. Dipoi inmediate dicto nostri signuri Antiane comentione dala porta di Codugne a fortificare et in ogne altre loco che ie fuse stato di gram necessità, come suoi buoni subdito come de prima (*). E dipoi queste al dite M. Cristofaro dala Tore nostre mazordomino, come al contento dal dito Diogramir, fece inmediate otto cento fanto e ducento cavale lizeri che aria voluto andare a Roma per l'aiute dal Duca: tamen lui si era partito da Faientia a dì 8 d'agosto et era mese in via. Et non potete andare, che già li Rubinato erano in gran conbustione; benchè zià al suo Duca era retornato a casa, come qui di sota ne parlaroe.

Guido Ubaldo l'ultima volta che al tornò ad Orbino.

Al prefacto Guido Ubaldo, zià duca de Orbino, siando morte la Santità de Alesandro sesto pontifico, al quale secondo lui era stato grande inemico, che per la Excelentia de Valentia zià più volte l'avea caciato fora dal suo duquato, come al presento lui si era trová, e vedando al Duca a Roma asidiato, a lui ie parbe al tenpo de volere retornare in casa suoa. Et siando lui ala ciptà de Venetia, se partì et vene per la via de Ravena e po' andò a Medula, che era stato a dì 27 agusto, die dominico, 1503. E dipo' arivò a casa suoa a salvamento mediante la divina gratia. Et al so populo l' arecose nele suoe braze com suo cuore buom signore Duca. Et lì per tuto al so teritorie de novo lore ie conceseno la melia de suoa breta ducale. A laude de Dio, amen.

Rimine sachezato a petitione dal Duca contra Pandolfo.

Rimine prefacto questo anno dal Signore 1503, a dì 30 dal mese di setenbro, die sabati, hor 22, fu sachezato per la forcia de M. Cristofano dala Tore mazordomine ducale. Con ciò fuse cosa che dicta ciptà fuse ziá prevenuta ale mane dela Excelentia dal Duca de Valentia per conventione facta com Pandolfo Malatesta ziá signor de quella, et al presento lui era intrato in dita sua ciptà contra la voglia di suoa Excelentia et lì abitava; in modo che dito M. Cristofano i era andato a canpo a dì dito, et erasi lui partì da Forlivio. Arivato che lui fui, di subito ie comentione a dare la bataglia a una suoa porta et butola zose che tuto li cavale poteseno intrare; e ziá era intrato tuta la fantaria per la via dela roca che ancora se tenea per al Duca, dove in quela i era per suo castelano Rodorico Maledonati spagnole, et avean facto gram pugnare come al populo; per modo s' el non fusse stato uno conditero de cavale lizeri, chiamato Imola da Imola che avea butato zose tal porta, seria durate el so pugnare. Intrato che (*) lore fune, di subito lor comentione alozare senza discritione; la mese a sacoman al suo gram danno e detrimento. Et ziá dito Pandolfo, vedando de non potere avere aputo alcuno secorse per al quale lui s' avese potuto salvare, ziá lui se era partito incognito et andato ala ciptà de Pesare, sole per fare intendre ala Excelentia de Guido Ubaldo Duca de Orbino et al signor Zohano Sforcia signore del dito Pesaro, a ciò che lore se avesene advertire che la forca non i avesse a tocare. Alore, facto questo, inmediate al fecene intendre a M. Zohane Paule Baglione e a tuti li Vitilische et ad altri suoi hederenti, come inento ad plenum parlaroe.

M. Piero Ramiro da Pesaro veno al governo de Forlì.

Al prefacto M. Piero Ramire, partito che al fu al dito M. Cristofano dala Tore mazordommino, che era andato a requisitaro la ciptà de Rimino rebelato al Duca e dato a Pandolfo Malatesta, ziá suo si-

_____

(*) Fol. 26 a.

gnor de quella, per al che lui era venuto a dì 30 dal mese de setenbro al governo de dita nostra ciptà de Forlì, 1503, die sabati; arivato che al fui a dì 3 dal mese d'octobre fece andare al nostre Conselio deli Antiane notificandie le molte cose utile per al governo dal Stado dela Excelentia dal nostre Duca, et fece serare la porta de Sam Piero per suspeto che Antonio Hordelafo non intrase per quella, et altre nostre inportune bisogne proviste intorne a nostra ciptà.

Castelo Santo Archanzole sachezato dala lega.

Al prefacto canpo dal Duca de Orbino e de tucta la suoa legha ziá facta contra dal papa e dela Excelentia dal Duca de Valentia, la la quale era questa: prima sova Excelentia e po' al signor Zohane da Pesaro e Pandolfo Malatesta, Zohane Paole Baione e tucta la parte Vitilescha dala Ciptà de Castello et Levirotto da Fermo, zoé tuta suoa parte; et qui tucto insemo aveno meso numaro asai de zente insemo et venene a dì 5 dal mese d'octobre, die iovis, 1503, a metre canpo al castello de Santo Arcanzelo nela proventia de Romagna suota la iuriditione de Cesena. Arivato che lore fune ie deteno una gram bataglia; tamen per quela prima volta non l'abeno. Depo' l'abe et al mese a saconian ala descriptione de Fraporano che facea quelle facto à suoa madre: e di poi domandava se tal cosa era pecato. Et ziá al zorne denanto dito Pandolfo avea tolte e prese homine 14 com 5 cariaze, che mandava per ostadise de quili da Rimine a Cesena nela roca al mazordome che era a Rimino (*).

Castello de Savignano sacheziato dala lega.

È' prefacto castelo de Savignano de Romagna queste anno 1503 a dì 9 dal mese d'octobre, die luni, fu prese e sachezato dala forza dal brazo de Guido Ubaldo Duca de Orbino, al quale al presento era suota al duca Valentino.

. . . . (**)

Al prefacto capitanio dela lega de Guido Ubaldo Duca de. Orbino vene asidiare dita ciptà de Cesena che se retrovava suota al governo et iuridicione dela Excelentia dal Duca de Valentia, al quale al presento se retrovava nele parte de Roma asidiato, per eser ziá morto la Santità de papa Alesandro, che era stato a dì 10 dal mese d'octobre, die martis, 1503; et qui alozone lontano dala ciptà di verso la marina cercha doe mia, dove in quel loco se retrovava uno ponto de preda, perché già aveano preso al porte e tucta quela rivera a ciò che non potese andare alcuno secorse ala ciptà nela rocha de' Rimino. L' altre zorne che fu a dì 11 dito, die mercurio, arivò al canpo ala dita ciptà et alozò a Santa Maria dal Monte, traschorando tucto al paese de Bertenore e de Fuorumpopilio. Alora intendando tale suoa fortuna el R.^{do} monsignor Presidento M. Antonio dal Monto Sam Savino che se retrovava al governo di tale ciptà, et zià avea facto tri contestabile che facea zento per tuto el resto dela Romagna, le quale erano quisti: uno Imola da Imola, uno Guielmo Tenpione et et uno Zohane Spiga da Forlì; et avea mandato uno M. Tiberto Brandolino a fare 200 fante e cavale lezeri nel teritorio de Feraria. Item avea mandato uno M. Anibalo Foraseni conte e cavaleri ala ciptà de Parma a levare zente franciosa. Et infra al tenpo gram desturbido e danno se deva certi cativo homine ventureri che abitavano nel teritorio de Ravena, perché hogne zorne stracorevano per al teritorio de Forlì in Populi et de Forlì, tolande nostre bestiame e altre robe sencia la volontà dela Signoria de Venecia; e dipo' a noi era forcia a darie qualque suoa merceda. Alora al nostre magistrato mandò uno M. Bernardino Oliveri et uno ser Bartolomio Exelio per fare intendre tale latrocinie a uno M. Cristofano Moro in quello tenpo provididore ala ciptà de Ravena, et ie feseno intendre, come ut supra. Di subito lui ie fece tale resposta, che tal cosa non se trovava dela volontà dela excelsa suoa Signoria, né etiam de lui; et che ie provederia. E dipoi ie feceno domanda se lui era contento che nostre donne et suoe robbe andare nel teritorio de Ravena eser salve; lui respose che era contento per eser de volontà dela Signoria, che lui avese a stare bene come suoi vicino: ed al molte ie rencresea de suoe controverse, e dal beno era contento (*) che lore mandasene quel che lore piacese a tuta suoa voglia, che serebene salvo come suoe cose proprie; che fu a dì XI d' octubre dito, die iovis. Et infra queste tenpo era fate di nove dui altre nostre contestabile: Andriolo Stanbacia et uno Rastiano zià de ser Andrea Moratine. Et aveane acumulato gram numero de zente insemo per queste altre nostre ciptà. Alora intendando queste la Excelentia del capitanio Guido Baldo, che tutavia facea gram guera come dito suo canpe a dita ciptà de Cescena et masime come suoe cinque boche d' artigliarie che erano posto suopra al dito suo monte, le qual erano uno canone et 4 serpentine, che non potea aparere alcuna persona ala schoperta che tute le levava da trebe; in mode che vedando dito capitanio che le Cescenate stevano forte e constante al stato dela Excelentia dal Duca, et non avando sperancia alcuna de suo aiuto, benché già fuse criato papa Pio tercio, tamen avea retolte al Duca suota el suo manto, come i-nento ad plenum parlarò. Et o per queste o per altre, dito capitanio

(*) Fol. 27 a.

fece portare via tale suoe artigliarie de note tenpo, che fu a dì 14 d' octobre, die sabati. L' altre zorne, che fu a dì 15, die dominico, cercha l' ora decima octava, se partì el canpo da dita ciptà retirandise ala dritura del castele di Sam Marino per suoa salvatione. Tamen nel suo partimento li nostre i andone drete et ne prese et amazone le multe; infra le quale venne morto a' m.° del canpo, chiamato el Rose da Castello. Intendando queste al nostro mazordome M. Cristofano dala Tor, che se ritrovava ala guardia dela ciptà de Rimine, inmediato insì fora et ne prese alquante. Alora intendando al dito Guido capitanio che se ritrovava in Santo Arcanzole tale terore, di subito se ritirò in dicto Sam Marino; e dipo' hogn' ome facea a salum me fac.

Papa Pio tercio creato.

Al prefacto papa Pio tercio per natione dala ciptà de Sena, chiamato Francescho de Picolehomini et diacone cardinale del titole de Santo Ostachi, queste anne dal Signor MDIII a dì 21 del mese de setenbro, die iovis, fu creati nel pontificato dito papa Pio tercio. Dipo' queste, a dì 3 dal mese d' octobre, die martis, suoa Santità mandò per la Excelentia dal duca che se ritrovava a Nepe, come di suopra, che venese come suoe zente al' aiute de suoa coronatione; che fu a dì 8 d' octobre dite, die dominico. Coronato che al fu, inmediate reconfermò (*) la Excelentia dal dito Duca Confalonerio come l' era et signore e vicario de tuto suoe ciptà de Romagna. Fato queste, sponte et per al contento de suoa Excelentia fece criare uno brevo a tuto li subdito de suoa Excelentia de questa sentencia, dicando: — Dilecti fioli et apostolica benedicione. Abiando inteso come per alcune cerconstanti era stato suolevati li populi et voi subdito al nostro Confalonerio et Vicario Duca de Romagna, deli quale siano state a gram pericolo de qualque alteratione et contraversia per tale ciptà, deli qual cose a nui molte se rencrese, et qui ve asortema e comandema, per tanto quanto per nostre pastoraie hoficio se conteno, che vuoi siate bum servo dal dito nostre fiole e Confalonerio et Vicario prefacto signor Duca nela nostra proventia de dita Romagna; et così faciande tute vuoi serite nostre bum figliole —. Arivato che fui a Forlì, li nostre S. Antiane al fece notificare per al nostre banditore in loco consuvete, a ciò che nui suo populo potese intendere, come ut supra. Dipo' queste, come al contento de suoa Santità et aver fato hogne suo conte come lui, suoa Excelentia deliberato avea de venire nele parte de Romagna a reponsare; et qui iterum de novo fece fare doe milia fante per suoa fortificatione, et qui a tute ie dete le suoe paghe. Dipoe era hordenato che dom Michelle spagnole,

(*) Fol. 27 b.

che se trovava a rocha Suoriana come el reste del suo esercipto, ie dovese venire al'incontra; per mode che a dì 15 dal mese d'octobre, die dominico, sua Excelentia era montato in sella per volere venire a reponsar, come ut supra. Et avease mise 15 suoi mul carghe i- nente de tute suoe robe, insemo come el conte de Schilatio suo fra- tele et M. Alisandre Spanochia et altre soi confidato, come et la suoa guardia, zoè uno M. Zoane già de uno M. Franceschо da Sasadelle da Imola, alias al Cagnazo, aconpagnato da 300 todischo et otto cen- to homine d'arme. Et qui se partivano dal palacio de Santo Clemen- to, dove lui abitava; in mode che in quele estanto siando le doe dite milia fate nela piacia de Santo Petro, che li aveano fate suoa mostra, fate che la fui, comentione a cridar a suoa voce piena — dinare, dinare —; casu che noe più inento non voleano andare. Alora intendando queste, suoa Excelentia s' atrevò di mala voglia; et qui ie fece dire che lore andase come lui suopra la suoa fede, che come lore fusene di fora da Roma in certe suo loco deputato, che in quel loco ie daria la prestanza. Tamen tutavia lore stevano forte e con- stanto: per niento lore volere partire. Alora la Santità del nostre S., come quel che amava suoa Excelentia cordialmento, cognobe vera- mento che questo era uno tratato contra suoa Excelentia, et imme- diate fece comandamento ala suoa guardia (*) che tuto tale doe mi- lia fante fusene serato nela ghiesia de Santo Petri, che già era rivato la nova che la parte Orsina venea e già aveano brusato una porta non trope lontano dal castello et aveano morte tuta suoa guardia. Fate queste, suoa Excelentia fece ferma deliberatione sencia alcune respe- te ala papura (sic) che prima volere morire in sella che in lecte: et arivò in piacia. Arivato che al fui, di subito al dito M. Zoane da Sa- sadelle fece de quile trecento fante uno squadrone et i al mese di meze; et reste de tale omine d'arme ale soe poste de dita piacia. Fate queste, lui se mese l'alme in testa, aconpagnate da dui altre suoi homine d'arme, et qui sencia alcune respete se partì come uno cane rabiato, et arivò a dita porta dove in quel loco se ritrova el si- gnor Fabie e 'l S. Bartolomio Orsine come gram numero de suoa cometiva. Et qui comentione a pugnar, per mode come le suoe ma- ne amaciò uno suo favorito chiamato Spoletino, et caciò fora la par- te come gram impito; e po' retornò al Duca al quale già la San- tità del nostre S. l' avea salvato nel suo palacio et quase tuto tale todischo per eser stato valente homine che mai non l'aveano abau- donato. Tamen la mazore parte de dito homine d'arme per gram dubitatione non se ritrovavano ala mostra, faciando lore cume fecene li sante Apostole ala catura del nostre ver Redemptore, dubitando suo S.tà ancora de non al poter salvare per eser novamente criato et poca ubidentia aver. Alora suoa Excelentia e dito M. Zoane comen-

(*) Fol. 28 a.

cione alo eterno Idio contemplaro et quel caramento pregaro che se
degnase de inluminare suoa Excelentia che lui cognosese la via per
la quale lui se potese salvare. Et come al contento de suoa S.ta, lui
de quello loco se partì come dito conte suo fratelle e dito M. Alesandre Spanochia, et andone a Castele Sante Aguele: et romase el reste ala guardia de dita piacia. In modo che come lui fu arivato, se
scoperse drete al cardinale Escanio e Rafaiel da Riaria e 'l cardinale
de Sam Zorze, et qui a suoa voce piena fece comandamento al dito
castelano che al metese in persone a posta dal papa. A queste al castelano fece risposta che lui l'avea tolte suopra la suoa fede et non
d'altre; et qui fu salvato al presento lui e tuto soi 15 mule, come
tale so fratele e dito M. Alesandro. Fate queste, una gram parte de
quile todische suoa guardia fu tolte dal Senato e dato solde per omine valente come erano, et M. Zoane da Sasadelle fu salvate nela
casa dal dito Ascanio, e Sam Zorze, e tuto el reste fune svalisato.
Fate queste, alcune de quile brave andone ala casa de uno cognato
dal (*) Duca, chiamato Rencio Matucio et qui se tose la moglie sorela dal Duca et menola in piacia, sole per volerla metre in zardino,
ciovè uno loco da femene da partito. Tamen per homine da bene ie
fune date, e tornò ala suoa casa salvamente. Et qui stete le cose
tranquile per fine ala morte de suoa Santità.

Papa Pio morto.

Al prefacto pontifico papa Pio tercio per la suoa poca ventura,
come alo eterno Dio piaque, intraven' la suoa prefacta morte la quale fu molte propinqua ala suoa creatione del suo pontificato, perchè
lui moré a dì 17 d'octobre, die martis, cercha l'ora sesta dela suoa
note prosima ad venire, 1503. Et per queste non canpò in dito pon-
tificate se nè giurne 27. Del quale lo eterno et magnio Idio i apia
perdonate li suoi peccati; perchè, secondo al mio riporto, era stato
home bene amato et bene vivuti et temorato del timor divino et senpre era stato vigilanto nel bene operare per al stato de santa matre
Eclesia. Et grande afanne abe al popule de sue ciptà.

Pandolfo Malatesta seconda volta tornò a Rimino.

Al prefacto Pandolfo Malatesta retornò a piare la suoa ciptà de
Rimine la seconda et ultima volta, dela quale al presento n'era signor la Excelentia dal Duca Valentino, nela quale i era per suo governo uno M. Cristofano dala Tore mazordomo ducale. Et già per
un' al' suoa rebilione pur al dito Pandolfo l'avea sachegiata a dì e
mese e anne come in dreto in queste nela suoa instoria parla. Et

(*) Fol. 28 b.

avando intese al dito mazordomo che la Excelentia dal Duca, volando venire a casa, era stato prese e retenuto in castel Santo Agnele, da Roma et per tale origine lui si era partito et venuto ala ciptà de Cesena per suoa salvatione, che fu a dì 21 dal mese d' octobre, die sabati, anno Domini 1503. Partito che al fu, dito Pandolfo intrò et qui cacciò via tuta la parte duquale et abe la ciptà sencia la roca. Dipo' a dì 29 dito, die dominico, abe la roca per pensione et dipoe abe al castele de Medula sencia roca d'acorde a dì 21 dito, die martis. Dipo' abe la roca a dì 26, che ziá el suo popule l' avea tolte al suo castelano et fornita ale lore peticione quase per volé fare altru' signor, secondo al mio reporto: tamen fecene bene a darela al suo signor (*).

Sr Antonio Maria Ordelafo seconda volta tornò a Forlì.

El prefacto Antonio Maria, già fiole legiptimo e naturalo de uno Cecho Ordelafo, queste anno dal Signor MCIII a dì 22 dal mese d'octobre, die dominico, cercha l' ora decima, se fui la suoa prefacta rectornata per presidento nela nostra magnifica ciptà de Forlì, dove in questo tenpo se retrovava signor la Excelentia dal Duca de Valentia. Con ciò fuse cosa che inento in questo narerò a partita per partita, in prima per la forcea e ordine dela casa Moratina lui fece tale suoa intrada in queste mode e forma: che uno Zohane già de uno Batista Palmegiano come altre suoi sequaci come al contento de dita casa Moratina, avando intese che era morte la Santità de papa Alesandre sesto e la Excelentia dal Duca inferme e incalcerati, et più che al dito Antonio Maria se ritrovava al castelo de Castrocario nel teritorio deli S. Fiorentino nela proventia dela nostra Romagna; in mode che avando le molte atentato tale nostre popule et quel pregato che al voglia retore nele suoe bracie, zoè reternare in dita suoa ciptà de Forlì, come dito suo padre e lui altre volte n' era stato signor; et qui al dito Zohane Francescho come al contento, come ut supra, prese al castelano dela roca de Schiavania, chiamato Zuam Zuvar spagnolo, per eser lui suo compadre. Con ciò fuse cosa che dito castelano i avea dito: — Compatre mio, facilime rendre certe cara de cioche —. Fate la proposta, dicto Zoane Francescho tose alquante suoe confidate con esa lui et andò a vedere tale cioche, et fece venire dito suo compatre zose nel suo cortile. Arivato che al fui, di subito al preseno et menole in casa de uno M.° Lorencio spiciale, suoceri dal dito Zohane Francescho in loco de salvacione; e li stete per infino a dì 30 dite, die martis, che dite Zoane Francescho lo fece aconpagnar al dito Castrocario. Prese che lore l' abe, comencione a levar suo voce piena — Hordelafo, Hordelafo —, a ciò che

tute el resto dela parte avese a intendre et masime el quarteri de
Schiavania. Et in uno momento fune armato et vene in piacia. Et
infra queste tenpo el R.^{do} Monsignor Presidento M. Antonio da Monte
siando venuto al zorne denanto da Cesena a Forlì, et qui avea confortato nostre popule che stese forte e constante (*) a eser bom subdito ala Excelentia dal Duca che per la Dei gratia che el steva bené,
et che in brevità se faria l'altre papa; dipoe che lui tornaria a casa. Dipo' suoa note era alogiato in roca, et in quela ora era in sela
lui et uno nostre comisario M. Pieri Ramirio da Pesare di conpagnia
dal nostre Locotenento el conte Gabriele Bonarele d'Ancona, et erano
insite de dita roca per volere andare a Faiencia et a Imola asortan-
do tale suoi popule, come ut supra. Et già avea mandato inento li
suoi cariaze le quale ie fu tolto a Faiencia, et erano drete ale nostre
mure per andare ala porta de Schiavania in pete ala ghiesia de Sam
Zoane, et già dita porta era presa, come ut supra. Et intendande
tale suoa voce, inmediate retornone in roca a salvamente. Et infra
queste la voce arivò in piacia e sonande tutavia la canpana dal popule quanto più potea; et qui de comune concordia presene la piacia.
Dipo' andone aperire la porta de Sam Pieri che era aterata, et li
mise la famia deli Zaule; et al simile ala porta di Cotugne et ie mese in brevità la famia deli Pedrignane. Fate queste, vedando la
granda unione del popule, andone al dito Castrocario et menone al
dito Antonio Maria, et con esa lui avea Franceschо, zià fiole inlegiptimo de Galavoto Manfrete già signor de Faientia, et altre suoi cosine fiole già de Federico suo epischopo e de Lancilotto suoe fratelle
et uno contestabile chiamato el Pritone de Mutigliana et uno M. Baptista Pecenino da Ravena come cercha 40 caval legieri. Arivato che
al fui in piacea, la corse faciande ogne suoa ceremonia; che fu a dì
22 dito, come ut supra, a hor decima nona, die dominico, vacante
la sedia 'postolica. Fate che fu queste, inmediate fece andare
el primo suo bando, come se retrova per antica usancia, che tuto
le pace et treghe et altre fede dovesene stare ali loco suo suota la pena de suoa indignatione. Dipo' andone nela nostra ghiesia
dal Domo et qui suoa S.ª per al iuramento suo promesse a Dio et al
popule d'esere bom et fidel S. et mai per alcun tenpo volere cognosere inzuria alcuna facta ala benedecta anima del suo patre et etiam
de lui; et simile fece el popule in verse lui come le lagrime suopra
li suoi hochie, zoé picole e grande et maschie et femina. Fate queste, li nostri S. Canonici ie deto la benedicione. Dipo' se partì et
ven' alogeare nel suo palatio nela seconda camera in volta (**) che
se ritrova di verso Faientia e Ravena; et li abitò per più salvatione
dele artigliarie dela roca. Fate queste suoa S.ª ordenò la suo guardia

---

(*) Fol. 29 b.
(**) Fol. 30 a.

et suoa famia. La guardia si era: al parentá di Pedrignane e Savorelle e Zughi; suoi credentieri, uno Bastiàne Moratino et multe altre nostre donzelle dela ciptà: el suo medico, uno M. Bartolomio Pamsecho, perché al prexento suoa S.ᵃ avea la febra quartana: suo capitanio zenerale, Nano Moratino: suoi comensale, M. dom Gaspara Moratino et multe altre.

Et dipo' queste, a dì 24 dito, la voce se levò per la ciptà che l'era sta' prese al nostre castelano, chiamato Consalvo Mirafonte spagnolo. Alora li multe deli nostre andone a vedere: al castelano ie fece dire che lore se terase indré; se ne no, che per fuorcia ie faria farre. Intese che abe dito castelano tale cosa. molte se indignò et comentiò a trare per la tera zorne et note et non aver reguardo ad alcune loco piatuse.

L'altre zorne che fu a dì 25, die mercuri, fu coniunto la maligna stela de Saturne come quela de Marte in gradi 14 e m. 52 del Cancaro, che fu a hor 19 et menuti XI; et per queste alquante à nui potea nocere. La casone era questa, che, secondo la sentenția d'alcune digne estrolico, questa nostra magnifica ciptà se fu adificata in gradi 19 del Capricorno, al quale se retrova casa de Saturno, et per queste siguiria qualque gram contraversia contra nui, come era state già dito castelano che trasea come ut supra.

L'altre zorne, che fu a dì 26, die iovis, come vose la suoa poca ventura, siando andato uno M. Guielmo Lambertelo a rivisitare sua S.ᵃ come uno M. Zoane dali Sele, tramedui doctore civile celeberimo, in mode che ala retornata dal dito M. Guielmo, come al fu in capo dela schala granda in pete ala porta dal cortile, per la forcia del bracio de dito capitanio Nane Moratino, seconde al mio riporto, in tale loco lui se fu ferito da morte. Alora intendando suoa S.ᵃ, molte ie ne rencrebe et qui al piangea come tute suoi hochie, reprendando grandemente dito suo capitanio, et che più per niente tal erore debia cometre suota la pena di suoa indignatione. Et inmediate al fece portare a casa de uno nostre nobile, chiamato Antonio Todole, et qui al fece curare come hogne suoa diligentia: tamen, per eser tale botte mortale, lui rese al spirto a Dio; che fu a dì 28 de dito octobre, die sabati. Dipoi fu mese int uno (*) sepulcro in la ghiesia de Santo Agostino; et li steti per inflne in capo del' anne, che Matio suo flole al fece portare ala ghiesia de Santo Mercuriale. Et li int una suoa capella fu mese int una suoa sepultura; et qui ie fece fare uno belo oficio. Dipo' dito S.ᵉ avea fato aconpagnare dito M. Zoane de note tenpo a casa.

Dipo' questo, a dì 29 dito, die dominico, la note prosima ad venire, Monsignor Presidento che era in roca e dito M. Piero Ramir et dito M. Gabriele nostre locotetento, aconpagnato et guidato da u-

_____

(*) **Fol. 30 b.**

no nostre Galupino, fiole di uno Jacome de Dando dala Vila de Carpene, al quale era compadre dal dito castelano, et in quel tenpo in
quel loco, insieme come dui altre da Bertenore, se partino et audone
a Cesena, et qui menone certa quandità de caval grose dela Excelentia dal Duca, che si ritrovava in dita roca, et multe altre caval
de pocho pretio. Dito castelano li caciò fora de dita roca, mozandie
le lor lingue che non potesene per mode alcune revelare li secreti
de suoa roca, et detele per mancia ali nostre zuvene. Aconpagnato
che le abe, dito Galupino vene a suoa S.ª a fare suoa schusa che
lui i era andate per force; tamen non ie valse, che suoa S.ª al fece
metre nela roca de Schiavania in conpagnia dal Todescho e de Lan-
berto Laubertelle parento dal dito M. Guielmo. Dipo' queste dito Galupino abe la multe corda, et per suoa penitentia pagò le multi duquate, e po' abe la gratia.

L'altre zorne, che fu a dì 30 dite, die luni, la note prosima pasata, come vose la suoa poca ventura, fu morte uno M.º Zuliano Roseto al quale lui et uno suo cosino M.º Francescho già de M.º Cristofano Roseto et multe altre erano stato mese per guardia da certi homine che faceano repare ala roca di fora in pete ala suoa gabelina:
in mode che quile dela roca ven' fora cercha oto et asaltone dito
Zuliano dicando; — Rendete a nui —: lui per niento se vose rendre,
ance vose morire da valento omo come la spada in mane. Et qui ie
taglione al cole e ganbe et po' al butone nel canale: tamen dito M.º
Francescho scapulò come le multe altre et abe lui alquante ferite.
La matina per tenpo dito castelano fece chiamare nostre guardie che
stevano inte la ghiesia de Valverde, dicando che lore andasene a tore al dito corpo et sepelirle, che lui non ie faria alcune nocimento:
mo che una altra volta lore stesene più vigilante a dita suoa guardia, perché suole oto dili suoi se avea prese et ferito et morte. Li
nostro ancora per tale strepeto ven ferito, et come al tenpo morto
uno nostre Francescho di Alberto, alias Gerchino. Item a dì dito (*)
al castelano fece scharegare sete boche de fogo e uno trato per drictura dela nostra piacia, per eser quel zorne al dì del lune, per al
nostre mercato per volerse dare ricorde dela vigilia dela comomora-
tione deli Sante, che se retrovava eser l'altre zorne. Tamen per la
Dei gratia non fecene male alcune, salve che una sola dona che fu
feriti de una pietra int una ganba, per mode che al fu forcia de fare tale nostre mercato nela piacia del Dome, finché al dito castelano piaque, che lui se de la fede di più non trare in tale zorne,
perchè più volte se l'avea fate intendre.

L'altre zorne che fu a dì 31 dicto octobre, die martis, arivò ala
nostra cità de Forlì M. Marco di Antinori comisario deli signor Fiorentino per nostre socorse. L'altre zorne che fu a dì primo de no-

---

(*) Fol. 31 a.

vembre, die mercuri, dito Fiorentino ce mandone cercha 50 cavale legeri et tre boche di fogho, zoè uno canone, uno falconeto et una spingarda. Dipo' queste vene M. Cnaco dal Bogo et quando al fu nela Vila de Sam Martino li nostre contadino le prese et menone al signor. Arivato che al fu, suoa S.ᵃ se n'arise, considirando che li suoi homine faceano bona guardia. Et arivato che al fu, fece fare gram repare intorne ala roca di verse la ghiesia de Valverde, lavorandie zorne e note come grande ordine; suopra dele quale i avea mese dui nostre Forluvese: uno S.ʳ Jeronimo fiole de Pieri Francesco Alberino et Paule de Guarine.

Dipo' queste, a dì 7 dal mese de novenbre, die martis, arivò et vene al dito Lodovico Ordelafo a Forlì, perché al' introito dal signor suo fratelle nonn era potute venire per eser absente in Ghiaradata al servitio dela serenisima S.ᵃ de Venetia. L' altre zorne fece fare la mostra et dete dinare, dove che al signor suo fratelle se retrova ali fenestre del palacio amalato a veder tale mostra, che inver la fu una bela mostra. Et qui in nomine Domini prese la cura et qui steva zorne e note in sella con gram proparamento et rengratiando al populo dela benignità che lore aveano facto a recogliere lore pover orfanele nele lor bratie. Et dipo' queste a dì 8 de novenbre, die mercuri, al signor Antonio fece andare uno bande, che suota la pena de suoa indignatione non sia alcuna persona che ardischa e non presoma dare inpace ala famia già de M. Guielmo Lanbertele, nè etiam nele robe suoe, nè etiam suoi altre parento et adirente, perché ci era alcune cativo omine che ancora non voleano reponsare nel male operare contra la voglia de suoa Signoria e de altre che volese (*) atendre al bom vivere. Fate queste, suoa S.ᵃ, siando già criato el papa novelle, ciovè Julio secondo, fece deliberatione de volere mandare dui anbasatore ali pede de quele e fare pregare che suoa Santità al volese inovare de dita nostra ciptà: le quale fune queste: uno nostre M. Nicolo Tornei, doctor civile, et M. Zohano dali Selle, pur al simile. Et qui fecene suoa partita a dì 14 de novembre, die martis, e po' retornò a dì 8 de zenari 1504, die luni. Et qui aduse uno brevo apostolico che testificava che lui atendese pur a ricostare la roca, che dipo' suoa Santità ie faria cosa agrata per eser senpre stato amice de Cecho suo patre et aver receuto bene asai da lore; et più, che ancora adusene una litera de credentia de monsignor cardinale Sedurino al quale testificava le suoe gram vigilio che lor aveano facto al tenpo de dita suoa anbasaria a Roma.

Et infra queste tenpo al castelano facea gram trare zorne e note non avande alcune resguarde ali loco piatuse; per mode che a dì 21 de novenbre, die luni, trese al mortari groso e dete nel° monesterio de Sam Francescho int uno suo orticelo et amazò al dito suo guar-

diano frate, chiamato M.° Bernardi da Caxal Magiore, che potea eser
cercha l'ora vigesima; et al molte fu redolute in questa nostra ciptà per eser stato homo da bene. Et ancora inente a queste poco zurne avea dato uno canone in uno camine del nostre palacio magno,
per mode che tale suoe prede l'abene amaciare per retrovarse lui in
quele loco; per modo che la pecura che de' eser dal lupe male si
potere (?); così intraven a lui povere mischino. Alora al Signor come
tuto al popule molte s'atristò de tale homo da bene che fuse morto
tanto vetuperosamento come l'era, perché tale palota i avea data
proprio di colpo nela persona, che pesava 400 libre; per mode che
l'avea tuto devorato naspande suoe budelle drete a tale palota et altre suoi menbre. Et così Idio abia perdonato suoe pecati.

. Et a dì 21 dito arivò el signor Pieri dal Monto a Forlì, mandato
da dito S. Fiorentino per nostre secorse, che al venea dala ciptà de
Faiencia da secorere el signor Francesco Manfreto che già ancora lui
era stato chiamato da quel popule. Arivato che al fui, comenciò grandamento a voler reparare dentre e di fora a dita roca et alogiò nel
borgo di Ravaldino in casa di uno Zohane Ciavata dal Roncho. Et qui
al Signor nostre ne feze gram feste per eser lui homo da bene e suo
amico (*). Dipo' queste, a dì 5 dal mese de decenbre 1503 la Comunità dal dito Forlinpopule, avando loro già consultato de volere
dare dite Castel al dito S.° Antonio et per quel avere lore alecte questi 6 infrascripto: R.do patri fra Simone di Gali ordinis servorum; secondo, M. Pieri Antonio di Rosi doctore et cavaleri; tercio, S. Pieri
Paule Butrigelo; 4, Gaspara de Berto; quinto, Ranaldino; sesto ed
ultimo, Maso Bonole: et a questo prefacti ie fu dato per dito suo colegio lecentia come piena potestate de poter dare dita suoa ciptà de
Forlinpopule a dito S. Antonio come li capitole lor concordante insemo. Fate queste mandone uno corero a Forlì da suoa Signoria a fare intendre come ut supra, et che lui avese a mandare li suoi con-
fidate a piare la posesione de tal suoa ciptà et a fare li capitole secretamento, a ciò che el castelano non se ne sentese, et che lore
dovesene andare infra la note che lore le meterano dentre che le
guardie non sentirano, perché zorne e note suoe porte stevano serato.
Fate queste, el S. ie mandò tri nostre nobile; Antonio Todole, Bartolomio Moratino et Nano Moratino dito, cappitanio. Arivate che lor
fune per niente non potene intrare; fu forcia a lore ad alogiare per
quele suoe vile. Fate questo, quiste tale 6 prefacte insine fuora incognite et vene a Forlì dal signor. Arivate che lore fune, el Signor
era in leto; se levò suso e tuto li basò per boca, dicando: — Bem
siate venute, fiole mio. Io per mile volte a voi m'aricomando —. A-
lora al dito M. Pieri Antonio cavò fora la suoa litra de credentia e
suoi capitole. Fate que', infra lore acade le molte parole e po' ando-

---

(*) Fol. 32 a.

ne a fare colatione a casa di Galete de Conde. Infra queste tenpo al Signor convochò al suo Conseglio secreto et qui signò tale suoe capitole. Segnato che lore fune, dite oratore tornone a casa, che fu a dì 6 dite. Dipo' queste, a dì 8 dite, al Signor ie mandò al suo fratel Lodovico, dubitando dela Signoria de Venecia; perchè, seconde al mio riporte, lore se retrovavano in doe parte: una volea tal signoria e l'altra al signore. Et fu forcia intrare per al foso in suso al ghiaze. Arivato che al fui, per al contento de quela parte fecene core tale suoa ciptà secretamento per 'mor dal castelano a honor dela conceptione dela immaculata Maria che se (*) retrovava eser quele zorne benedeto, die venus. Corse che l'abe, al castelano intese tale strepito: comentiò a trare aspramente; et qui amaciò uno nostre forluvese, fiole de Tomase Valentino et multe altre male fece: nela casa dal dito Gaspara de Berto abo amaciare uno S. Antonio so fiole.

L'altre zorne, che fu a dì 9, vene uno M. Melagra, già fiole d'Antonele de Cavidone armigere, per nacione da dita ciptà de Forlinpopule, conditeri dela ecelsa Signoria de Venecia, come cercha 200 caval legeri et fantaria co.ne al contento dal Podestà de Ravena, propinque al dito Fronpopule. Arivato che al fu, di subito mandò dui suoi tronbeta ala porta dela roca et qui a suoa voce piena cridavano: — Marco, Marco —; credando che tale popule se dovese levare: ma fu per contrario, che tuto lore se faceano ale mure dove la roca non potea, cridando: — Ordelafo, Ordelafo —. Alora al Castelano ie fece comandamente che tale tronbeta se partise. Partite che lore fune, dito conditere se retornò a Ravena schufando per nostre teritorio hogne nostra bona.

Dipo' queste, a dì 13 dito, al Signor fece apicare uno spagnol, famie del mazordomo, che portava litre a Cesena; et fu per intercesione de uno nostre nobile Ludovico d'Ancona che tale spagnole volea alogiare come lui et per dubitatione al fece intendre al Signore; et per queste, atrovandile al Signor in pecato, al fece apicare a di dito, come ut supra.

Dipo' queste, al Signor andò a stare in casa de M. Lufo Nomaglie, che fu a dì 18 di decenbre dite, die luni, per più suo riposo, 1503. Arivato che fu in quele loco al povero zentilomo molte pogirò; et qui non ie mancava cosa alcuna, se non la propria sanedate; tamen zorne e note quel suo catare salso mai non al lasava reponsare. Et qui tuto li signure medice nostre al curava come granda delegentia, et masime dal dito M.° Bartolomio Pamseche che senpre ie steva a tute li suoe bisogne.

E infra quel tenpo fu fate intendre a suoa Signoria che li signure Fiorentino non i andavano de buom sigille; per modo che suoa Signoria fece adunare el suo conseglio secreto et in quele propore

(*) Fol. 32 b.

tale suoa dubitatione, per mode che per lore fu otenuto de dare comiato al dito M. Croco e tute el reste de suoe zente de dito signor Fiorentino; (*) che fu a dì 22 de decenbre dito, die venus, 1503.

Dipo' queste, se comenciò la pratica come al castelano dela rocha de Forlinpopule, et qui mandò dal nostre Signor a fare intendre come al volea fare, come che ie daria tale rocha: al quale castelano si chiamava Bravo da Stela spagnole; in mode che romasene d'acorde in duquate otto cento. Fate che fu dito acordi, al castelano mandò Marco suo nepoto a Forlì per cautione dal Signor per fine che serà atrovato dito deposito; et per al Signor intrò in dita roca per cautione dal castelano uno Gaspara de Serto. Fate queste, di subito fu alete dui omine per quarteri che avesene andare per la ciptà nostra a recoglie' tale dinare per infine che serà reschoste una inposta che per conseglio sarà a metre a soldi 14 per cento dela valuta de suoe robe; la quale fu mese a dì 5 de zenare, die venus. Et se cose tale dinare et più, che fune mile duquate; le quale per al dito deposito se ne mancò oto cento a Ravena per mane de uno frate Jeronimo del' ordine de Santa Maria deli Servi. Arivato che al fu, asegnò tale deposito al dito Marco so nepoto. Dipo' tornò al dito Forlinpopule, et intrò in dita roca, et fece aconpagnare dito castelano; che fu a dì 9 de zenare dite 1504, die martis.

Dipo' queste, stete le cose pacifico per infine a dì 27 dal mese de zenare dite, die sabati, che suoa S.ª fece inpicare queste dui infrascripto: Antonio dal Granceri et uno spagnole già ferere dal duca Valentino. Con ciò fuse cosa che dito Antonio fuse venuto al zorne denante a casa de uno nostre M. Neri Girardino suo parento et parbe. Come al fu arivato vose andare a vedere la roca, aconpagnato come dite ferere et uno fiole dal dito M. Neri; in mode che siando bando la forca che alcune non potese pasare certe suoe repare, tamen dito Antonio pasò per più appropinquarse a dita roca. Alora tale fiole dal dito al prese et menole a casa. Dipo' al fece intendre al Signor; per mode, o per quel o per altre, fece apicare tramedui a dì dito ali finestre dal palatio. Dipo' queste, parse che li ditracturi avisene achiusato Berto già de Jacome de Berto da Oriole al Signor; per mode che a dì 27 dal mese de zenari, die sabati, la note prosima ad venire, fu data la bataglia ala sua casa; per mode che siande lui (**) in leto, de subito se levò in camisa incognito e insì per altra via, et andò per suoa salvatione nel monesterio de Sante Jacome. Et qui, seconde al mio reporto, fu salvato int uno suo molumento. Tamen introne in casa, et qui la sachezone de quele che a lore parbe. Fate questo per dito suo capitanio Nane ie mese la guardia deli fanti che de contenuvo steva in quel loco; tamen reservando la moglie

(*) Fol. 33 a.
(**) Fol. 33 b.

dal dito Berto in casa come la conservatione del suo honore de lei e di suoa madona. Dipo' queste, suoa Signoria fece andare uno baudo : chi avese dito Berto, over chi savese che l'avea, inmediate al debia revelare a suoa S.ª suota la pena de suoa indignatione; che fu a dì 29 dite, die luni. Dipoe a dì 31 dal mese de zenare, die mercuri, suoa Signoria, vedande che in casa dal dito M. Lufo senpre era pezorate, per al conseglio deli suoi signor medici andò a stare in casa dal dito Berto, parande quele loco molto più secure per[chè?] la roca non trese, o che una nota non insise fora qualque quandità de zento et per forcia portarele in rocha come qualque aiute che dali omine dela tera ie fuse dati, et per non odire tanto strepede de tale suoe artigliarie; et anche, seconde al mio reporto, suoa Signoria i andava volontiera per le rasone asegnato et masime per salvare quela casa e dita moglie di Berto; perchè lei senpre ie fu bona zorne e note per secorso a quele cose che lei potea. Et a dì 31 de zenare dite, die mercuri, la note prosima ad venire a hor 4, al castelano mandò fuora al Signore uno S. Baldino fiole de uno nostre M.º Jacome dali Sele, al quale era suo cancelerio, come la copia deli capitole che al volea come suoa Signoria, come più volte se n'era tramato per intercesione de M. Lufo Nomaglie, al presente in quele loco retenuto per la forcia de M. Cristofano dala Tore mazordome dela Excelentia dal Duca de Valentia, et etiam de uno M. Pieri Antonio medico. Arivato che al fu dito S. Baldino, di subito la voce se spante per la ciptà et cridande — Ordelafo, Ordelafo —; al simile se fece a Forlinpopule. L'altre zorne sua Signoria per suoa devocione fece stare serato le botego et cantare a tuto li loco deli ghiesie la mesa dal Spiritu Santo. Fate queste, di subito fece adunare al Conseglio, et qui ie fece intendre tale copia; per mode che fu otenute come in quela se contenea, zoè de darie   (*) miara de duquate et some

(**) di mule careghe condute a Ravena o donde (***) a lui piacerà. Dipo' queste, a dì 3 de februare, la note prosima ad venire cercha l'ora quarta, suoa Signoria mandò nela rocha uno nostre notario S. Pieri Antonio giá de Jeronimo de Michilino a hotenticare come al dite signor castelano tale suoi capitole, a tenpo de zorne 20 a pagare tale dinare, come ut supra, comentiande a dì 5 dite, die dominicha, et aver acordate hogne altre lore facendo. Fate queste, suoa Signoria di subito mandò a Venecia da certi suoi confidate et masime da suo sosere per retrovare tale dinare.

Dipo' queste, come alo eterno Idio piaque, siando venuto al Signor uno grando acidento, fece domandare al priore de Santa Maria da Fornoi, et qui suoa Signoria fece la suoa santa confesione; che fu a

(*) Lacuna del ms.
(**) Lacuna del ms.
(***) Fol. 34 a.

dì 3 de februari, die sabati. Dipo' l' altre iorne, die dominico, per tenpo vose la santisima comunione, et la fece come tanta reverentia et fervore che veramente seria stato bastante ali santo patri. L' altre zorne, che fu a dì 5, stasande suspeto suoa S.ª dela morte, come de' fare ciaschadune fiole cristiane, avande lui fate rasone come lo eterno Idio, deliberò al tuto volere conciare ancora li fati suoi in tenporale. Et qui mandò a dì dito per al dito S. Pieri Antonio de Michilino cerca la seconda ora dela note. Et qui fece al suo testamento. In prima lasava l' anima suoa alo eterno Idio; depoe institui le nostre signor Antiane per suo fedecomesarie come otorità plenaria; dipo' lasa la suoa sepultura ala ghiesia de Santa Maria da Fornoe. Item lasa tute le suoe veste et mobile et inmobile in dui forciere ala ghiesia de Santo Agostino da dita nostra ciptà de Forlí. Item instituise et vole che sia suo erede oniversá al dito Lodovico suo fratele, renonciando el Stato et lasandile nele bratic de dita nostra Comunità. Item l' altre zorne, che fu a dì 6 dal mese de februari, die martis, cercha l' ora decima sesta, 1504, suoa Signoria rese al spirto al' onipotente eterno Idio come tanta contritione, che già era morto, che al priore de Santo Agostino et altri patri religiose, che lì si ritrovavano, non si n' ecorgiano; che a lore fu forcia a metre la mano inento ala suoa bocha per sentire al tuto. Morte che al fui, di subito fu vestite del' ordine de dita congregatione de Sancta Maria da Fornoe. Dipo' al portone (*) in suso uno tribunale et ordenone di fare una bela sepultura, et lì metre in uno deposito per fine che lore al poteria portare a dita Santa Maria, dove lui avea lasato per dito suo legato: tamen la note prosima se turbò al popule, che la matina non se fece tale sepultura; ance fu mese in dito deposito nela capela dala Calonicha in peto al suo altare mazore; et lì reponsò. Che lo eterno magno Idio i abia perdonati suoi pecati.

Morte che al fu, se criò Antiane novele, el cape deli quale se fu uno nostre M. Bernardino già d'Andrea Solonbrine doctore civile. Dipo' fecene zunta de homine 4 per quarteri; et qui tute inseme fecene bona fraternità inseme, et che quele che lore concludeseno avese rata e ferma. Fate queste, di subito fecene andare al suo primo bando che pace e treghe e fede et altre cose pertinento avesene a stare al termine suoi, suota la pena dela indignatio' de suove signorie. Et de comuna concordia alesene et crione et deputone uno capo de parentá per ciascune quarteri, le quale se chiamase centurione, et quiste tale debiano avere hoctorità plenaria sopra tale pace, treghe e fede: a chi contrafese, che tale suoe male facture lore posane fare de rasone e de forcia.

Pro Sante Mercuriale: Tibaldo di Aremucio

Pro Sante Valeriani: M.º Brandole di Lachine

(*) Fol. 34 b.

Pro Sante Petri: M.° Francescho Rosete
Pro Sante Blasio: M. Forluveso Savorello.

Dipo' queste, fu armato tuto al palacio et la piacia per stare vigilanto, per fine che Lodovico fratelle dal Signor serà criato, come
per suo legato lui avea lasato. Et nel cantone dela piacia di verse
Ravena la famia deli Nomaglie avea in quele loco forte sbarati et suoa
casa fortificate come artigliarie, dove li steva el R.do patre M. Rogerio archidiacone et Cecho so fratelle. Et infra queste tenpo già era
tornato al dito Lodovico dala cura del dito Forlinpopule: per mode
che la note prosima, cercha la prima ora, se levò una voce che venea di verse el nostre epischopato come multa zente cridando: —
Ordelafo, Ordelafo —; per mode come lore fune in pete a dita casa
Nomaglia, la parte de fora et ricaciò indreto, dicando che queste non
se ritrova l'ordine dela fraternita del Conseglio; che l'era oficio de
dito Conseglio a criare tale nostre Signor, come per lore conventione
era stato deliberato; et per queste non ie seria l'onore de tale (*)
Magistrato quando voi homine incerti come vostra voce criasie tale
nostre Signor; perché qui hogn'ome serà de bona voglia a fare tanto quanto per dito Signur Antiane serà determinato. In mode che pure non voleano queste tale in drete tornare; per mode che ne ven'
feriti asai et morte uno M.° Nicolo dal Tenpio sarto da uno arcobuse
che trese de dita casa; tamen ie fu forcia a retornare in dreto.

L'altre zorne, che fu a dì 7 de februari, die mercuri, la matina
per tenpo, insì M. Lufo Nomaglie dela roca a cavale tuto armato come
4 staferi mandate dal castelano et una celata in testa, come una pena bianca nentre, capel rose, sopra la coratia una vesta de pane
d'ore, uno stoco avorato da cavaleri come l'era, borgichino rose
lavorate; sopra hogni cosa uno mantele negro. Arivato che al fu in
piacia, di subito s'avigliò per al borgo de Schiavania per andare a
casa de M. Gaspara Moratino. Come al fu dalo espitale de Santo Antonio, se incontrò in lui e tute di conpagnia venene al Domo, dove
in quile loco se retrovava una gram parte deli altre, dove l'era al
corpo del Signor predicto: e tuto di conpagnia vene in piacia a parlare al reste deli signor Antiano che in quele loco se ritrovano in
conseglio. Et qui ie fece saluti, et po' dicando: — Signor Antiane
nostre e voi altre nobile che sì qui de presento, io me ritrovo in queste loco mese mandato dal signor castelano et qui per suoa parte et per
la mia a nui molte ce rencrese dela morte del nostre S. Antonio; tamen per forcia se convene a tuto stare per contente de quelle che a
Dio è piaciuto. l'Iterius per suoa parte ve oferisce che lui ve darà
la roca volentiera come quile modesimo capitolo che lui facea a dito
S.° Antonio, e de queste che vostre Signorie ie ne debia dare piena
risposta infra el tenpo de ore quatro prosimo; recordandive che dale

multe Potentati hogne zorne ie n' è stato fato gram domanda. E de
queste io ne pose rendre bona testimoniancia; perché aprese a Dio
queste vante ne pose dare, che lui non facia poche cose che io non
sia participo. Et che sia al vere, dito castelano ie ne seria bom testimonio, che per mio amore lui avea concese tale capitole al dito
Signore; perché siando stata domandata dita roca da asai e non pocho, e tuto i avea volute dare più dinare che lui, tamen fu contento
che lui l' avese, come ut supra —. A queste respose dite signur
Antiane dicando (*) che tale termine ie pare trope breve; che infra
tuto el zorne ie responderebeno, come era per conventione facta tra
el dito castelano e lore. A questo lui ie respose dicando che tale termine lui non i al potea consentire, mo che pregava bene suoe S.
che volesene aperire suoi ochie et orechie et bem a questo considirare quele che ne posa risultare a questa nostra magnifica Comunità:
perchè al presente la si ritrova in gram pericole per tale domanda
che fa dite Potentati. — Et masime se al ce fuse la voglia d' alcune
de volere retronare li fiole già del nostre S. conte Jeronimo Reario
in dita nostra ciptà, a queste io responde che mai per alcune tenpo
el vere non se debia negare; tale fiole sone tuto homine dabeno. Ma
io ve reciptarò uno proverbio groso, al quale dice: chi de galina
nascrà convenne che al raspa —. Et per queste che lore ponese gram
cura; et che tale cose non dicea per lui, ance dicca per l' amore
che al portava a dita suoa patria; che lui s' avea otenuto infra le
capitole che avea fate dito castelano a dito S. Antonio de questa nostra ciptà volerse partire et in altre loco andare a rempatriare per
volere alquante cedre ala fortuna. Dito che lui abe queste, tose bona licentia da lore et andò dal dito R.^{do} M. Rogerio e de Cecho suo
fratele, et qui tuto i abraciò basande per la bocha; el simile a tuto
el resto del suo parentá che in quele loco se ritrovava, picole e grande, dasandic quel tema che a lui parea. Fate queste, se ritirò alquante in verso a Santo Mercuriale, et qui fu a gram parlamento come uno M. Brunor già fiole d' Antonelle di Cavedone da Forlinpopule: et qui ie riplicò come ut supra. Dipo' se partì et andò a casa
suoa; et già avea fate portare certa quandità de vino in dita roca.
Et lì se ritrovava dui nostre da Forlì che per lui aveano apude la
gratia dal castelano, che ancora lore erano stato calcerati. Al nome deli quale se fu: uno Nicolò di Medico et uno dili Sibone. Fate
queste, tose uno so fiole et portò con esa lui nela dita roca, dove
già lui n' avea lasiato uno altro per suoa cautione. Partito che al
fui, le multe se vide a malo partito, considirando al gram pericole
che potea cadere perchè già era tuta la parte de casa Moratina armate in suso al ponte dal pane al' encontre de la parte parte Noma-

---

(*) Fol. 35 b.

glia. Non se poteva ancora intendre le lor voglie: (*) tam[en] per
al popule chi dicia una cosa, chi dicia un' altra. Tamen ali omine
da bene ie parbe per al meglie a fare intendre a dito Moratino che
lore debiano ben guardare a quele che lore vogliano fare, sapiande
che tute lore erano da Forlì et dui nobile parentá e de gram potentia l' une e l' altro; et per queste l' una parte e l' altra doveria a-
stimare le lor pericole, a semilitudine a dui feri forte, perché fa bisogna che uno se piga e l' altre se rompa; et per queste qualeon-
cha de lore parte vada in tera, ne resulterà gram danne et vergogna
ala ciptà et a lore parte. Et a queste tale vedere de dito popule fu
mandate uno nostre Alberto Roseto a fare intendre a dita parte Moratina. Fate tal proposta, di subito uno so Bertolomio Moratino molte ie piaque; et qui chiamò dui nostri nobile, zoè Antonio Todele et
Cristofare da Lugo et mandò ala casa de dito Nomagle, et qui farie
intendre che lore volesene eser contento che al fuse criato Lodovico
Ordelafo per nostre Signor, come per rasone de legato d'Antonio giá
suo fratele aparea et per multe altre rasone. Tamen parande ad alcune de dito Moratino che suoa risposta fuse tardá, se fecene uno
squadrone et ven' a dita casa, dicande che lore debiano eser contento, come ut supra, et che lore debiano cridare — Ordelafo, Ordelafo —: tamen mai non vosene cridare. Alora ie comencione a dare
la bataglia ala casa, dicando che lore voleano dare dita nostra ciptà
ala Signoria de Venecia et non al dito Lodovico: tamen, seconde lore, era per contrarie; ance erano contento de quel che era stato
d' acorde al dito conseglio che tale Signor s' avese a criare in quel
loco et non altre loco. Tamen secondo dita parte Moratina, lore dicea che tal nostre conseglio era contento che lore corese nostra piacia per al dito Lodovico. E che al fuse, o che non al fuse, andò
molte male per la parte de dito Nomaglie, perché fu sachegiato la
casa dal dito M. Rogerio e de Jeronimo ziá de Fiorencio et Tadio pur
Nomaglie: tamen lore erano schapolati tuto, salvo che dito M. Rogerio et M. dom Batista et dito Jeronimo et uno deli fiole de M. Lufo
che in dita casa erano rechiuse in una suoa camera; et li funo preso. Et già Cecho e S. Franceschho et uno fiole giá de Franceschho de
Franceschino, pur tute Nomaglie, se n' era andate in conservo nela
ghiesia del nostre Santo Jeronimo; et qui fu prese dite Cecho et Antonio già de Bertolomio pur Nomaglie; et qui tute 4 fune menate (**)
nela rocha de Forlinpopule; zoè dito Zecho e Antonio et Galiatio et Jeronimo dite, fiole de M. Lufo. Et qui stete Jeronimo perfine a dì primo
de marzo, die veneri, che uno nostre doctore e cavaleri M. Maso
Maldento al cavò fora per suoa cautione. Dipo' a dì 7 dito Galiacio,
die iovis, e Zecho et Antonio stete per infine che al papa prese no-

stra ciptà, come inento ad plenum parlarò. Pure a dì dito sachegiato che lore abene dito case, di subito andone a sachegiare quela di
M. Tiberto Brandolino che si era retrovato in casa de dito Nomaglie;
et perchè pugnando lui in scharamucia in quel cantone dala forcia
fu caciato et schapulò per al borgo de Santo Petri et andò a casa de
dito Bartolomio Moratino che era so compadre: di subito lui al fece
aconpagnare di fora dala ciptà in loco de salvatione.

Fate tute le predite cose, fu criato al signor Lodovico, che fu a
dì 7 dal mese de februari, die mercuri, cercha l'ora decima setima,
anno Domini 1504. Criato che al fu, di subito suoa Signoria fece
suoi bando: che paze e trego aveseno a stare ali suoi termine. Fate
queste, inmediate per eser lui menbre nostre se mose de conpasione
e di subito mese selentia ala casa nobile de dito Nomaglie, faciando
serare le loro porte et ala guardia de quele metrie al parentà de Ro-
siti. Fate queste, fece desarmare suoa piacia. Dipo' fece menare quile
dui fiole de dito M. Lufo in dita roca de Forlinpopule et Zecho e
Antonio, come ut supra. Dipo' fece la criatione de suoi S. Antiani dal
Conseglio secreto. Criato che lor fune, di subito suoa S.* come al
suo contento fecene andare uno bande: che tute quele persone che
avesene apude roba in dito caso sachegiato, che inmediate la debiano rendre ala pena dela forca. Fate queste, fece retornare dite M. Rogerio, a dì 10 dito, e suoi conpagne nele case suoe e tuto el resto,
salvo che quele che se retrovavano in dita roca de Forlinpopule.

Da mo inento pasamo le cose come a Dio piacia e vole, che a mi
molte ne reucrese d' aver tale fadicha de tener tale conte de dita nostra magnifica Comunità: suopra la fede mia, s' al non fuse lo gram
privilegio che io ó receuto dali nostre Signor pasato et per eser da
lor professo, che veramento io non scriviria per la gram pasione che
al mio core patise; considirando io già eser anne 29 dal mio introito dal scrivere che li tri quarte deli tempo è sto contra nui (*).

Julius papa secondus creato.

Al prefacto Zuliano dala Rovre per natione da Savona rev.mo Cardinale titole Sancto Petro ad Vinchola, questo anno dal Signore 1503
a dì primo dal me' de novenbro, fu facta dicta lecione del papato
per eser morto Alesandro sesto pontifico; et Zulio dito papa novello
in quello tenpo era absento nela provcntia dela Ferancea, con ciò
fuse cosa che dipoe suoa criatione de dito papa Alesandro in brevità
de tenpo a dito p. J. era stato forcia de partirse et transferire nel
porto de Ostia per le gram deferentie già partorito fra dito papa A-
lesandro e dito papa Zulio. Con ciò fusse cosa che dito papa Zulio fuse
stato participo et prencipalo insemo come Aschanio Sforcea cardenalo

a dita criatione de dito papa Alesandro, da quelle zorne inento, parse che mai più volese vedere dito J. p. novello, nè etiam dito Escanio: per mode che dito J. p. per suoa salvatione era intrato in dito porto de Hostia, come ut supra. Et in quello loco si era molte beno fortificato. Alora intendando tale suo introito, dito papa Lesandro di subito al fece intendro ad Alfonso de Ragona duca de Calabria che dovese venire a tale anpresa et cavar dito papa J. Alora intese che abbe dito p. J. tale cosa di subito lui fece ferma deliberatione (*) de quele loco partire et transferire in dita proventia de Francea nanto al conspeto dela M.ᵗᵃ de Carlo re de quella: considerando lui pur che la furia non pasa al segno, la sancta pacientia vince hogne desdegno. Nel so partimento lasò uno Comesario, che se 'l popule romano ie venese a canpo, che liberalemento lui i al doveso restituvire. E po' se parti in barcha; andò incognito nanto dita M.ᵗᵃ, et qui lui ie fece intendre hogne suoa rapina de dito p. Alisandro et etiam de tuta Italia: perchè ora mai a suoi popule non era romaste se nè carne e osse, et che suo M.ᵗᵃ dovese venire a tale anpresa, che brevemento conquistarebbe tuta dita Italia: con ciò fuse cosa che tale popule non aspetava altre che suoa venuta zorne e notte. E di subito suoa M.ᵗᵃ l' avea facto intendro al so Senato. Et intese che lore l' abene, de subito al fecene per viglia de so conseglio obtenero; et veneno l' anno 1494 suoa M.ᵗᵃ in persona e dito p. J. con esa lore de volontà dela excelsa S.ᵃ de Venetia e de Lodovico Sforcea et de Ercolo da Esto marcheso de Feraria et de Zohane Francescho da Gonzagha marcheso de Mantova et suoe hederento, contra la voglia del dito papa Lesandro et dela M.ᵗᵃ dal dito Alfonso in quello tenpo Re de Napolo, per eser già morto Ferando de Ragona so padre, come le multe soi ederento et (**) masime li Fiorentino ed altre; per modo, come suoa M.ᵗᵃ fu arivato in Talia, fece la via de Fiorencia, et qui fece acordo come dito signore Fiorentino, dele quale ne intravenno le multo suoe capitole fra l' una parte e l' atra, et masime per deferentie de Piero de Medice e de Lorencino già fiole de Lorentio e dito signor Fiorentino. Et più ancora, siando stato la ciptà de Pisa al molte tenpo suota la iuridicione de dito signore Fiorentino, suoa M.ᵗᵃ ie fece fare la vera suoa liberatione de tale suoa servitù, et le molte altre deferencio acunzò come Perosino e Senese e Luchese. Dipo' se partì et andò a Roma. E già era dito papa Lesandro intrato in castelo Sancto Agnelo; per mode che a dito p. Lesandre ie fu forcia, se de quelle loco volere insire, che lui avese a fare 35 capitole al senno de suoa M.ᵗᵃ, ciovè de tute quelle cose che volese lui. In prima coronarle del regno de Napole, per eser già morto dito re Ferdinando, come ut supra; et più, che per suoa vera cautione dite p. Alesandro

(*) Fol. 37 b.
(**) Fol. 37 bis a.

ie dovese mandare el so fiole cardenalo de Valentia et el fratello del gram Turcho, che al presente se retrovava caturato nele forcio de dito p. Alesandro, già a lui asegnato dipo' la morto de Nocentio octavo, al quale ie l'avea mandato al gram M.° de Rode a pensione de 40 m. duquato d'ore dare a dito Nocentio per ciaschuno anno de suoa tenuta. Et più ancora, che nel vigesimo septimo so capitole se contenea che dito p. Alesandro (*) avese a rentegraro dito p. J. novelo dela legatione de Vignune de dita proventia de Ferancia et castele e terre, loci, signoria, libertà, privilegio, oficio, gratie, rasone et altre cose a lui tolte: al simile a uno Zohane dala Rovre so nepoto, che hogne deferentia che lui s'atrovase aver apude a fare come dito papa Nocentio, che tuto foseno remesso liberalemento nel pecto de suoa M.tà, che infra tenpo de 6 mise prosimo ad venire che lui ne potesse fare la voglia suoa. Fate tuto le suopra dite cose, di subito al coronò del dito regno de Napole. Dipo' se partì et andò al'aquiste dal dito regno. A suoa retornata già dito papa Lesandre per suspeto era transferito fuora de Roma, e tuto dito Franciose alogione sencia descriptione. In brevità suoa M.tà venno a morte. Depo' fu creato Lodovico re. Creato che al fui, ven' a castigare Lodovico Sforcea. Tose al duquato da Milano. Infra el tenpo dito p. Alesandro venno ala morto. Morto che al fui, fu criato Pio tercio. E già era tornato dite p. J. novello de Ferancia come el cardenale Nerbona per volere eser a tale creatione de dito Pio; per mode che breviter dito Piglio venno ancora lui ala suoa morte. Morte che al fu, per licione divina fu creato dita S.tà del papa J. novello, che fu a dì 1 de novenbro, ciovè quello zorne benedecto che facea la ghiesia melitanto comemuratione de tuto li Sancto insemo come lui. Dipo' questo, suoa coronatione a mi fu incognito per eser asidiata in nostra ciptà de Forlì per lo introito d'Antonio Ordelafo per lui tolta al duca Valentino: per questo abiame per schusá nel mio scrivero (**).

Capitole dal Signore come dito Castelano.

A dì 14 dite, die mercuri, feze suoa Signoria de nove li capitole dela rocha come al castelano per intercesione de uno nostre M.° Pieri Antonio medico, et ne fu rogato dito S. Pieri Michiline, et tose termine dece zorne. Fate queste, siande venuto a dì 28 de febrere, die mercuri, al conte Francescho Maria Rangone a rivisitare suoa Signoria et qui aver promeso che ie prestaria duquati dece milia d'ore; el reste, che sone 5, questa ciptà ne paghi doe milia et uno lo nostre castele; el reste, che serano doe milia, pure lui al meteria per fine a dita quandità de duquate 15 milia, come ut supra. Fate queste

(*) Fol. 37 bis b.
(**) Fol. 37 ter a.

d' acordi, se partì dito conte Francescho et andò per fare deposito de dodici milia duquate; che fu a dì 7 del mese di marzo, die iovis; et tose termine dece zurne a fare tale deposito. Dipo' queste, a dì 9 i andò drete uno canzelerio et secritario dal castelano, in mode che in capo dal tenpo non se ritrovò eser nula per dito conto Francescho; per mode che el comesario et legato dal papa M. Zoane di Sache arcioveschove de Ragosa et nobile anconitano, che se ritrovava già aver prese la ciptà de Cesena ed peticione ed instancia de Iulio papa secondo, se mese drete a Forlinpopule et l' abe a dì 28 di marze, die luni, 1504. Et lì remese 150 fante bolognese sencia la roca. Fate queste, al nostre Podestato in quel loco, chiamato Cecho Zecho Moratino, se partì et ven' a fare intendere al Signore tale cosa. Di subito suoa S.ª fece fare dui zurne procesione solena, portande quela carta miraculosa de nostra Dona che se ritrova nel nostre Dome nela capela di Santa Maria dal fogo. Et infra queste tenpo el Signor avea fate menare dom Lodovico Tomasole et Gaspara Nomaglia nela roca del dito Forlinpopule; che era stato a dì 27 de februari prosimo pasato. Dipo' al dito dom Lodovico fu lasati a dì 6 de marze predeto, die mercuri, et Gaspare per fine al' aquiste de tale rocha per dita santa matre Eclesia. Depo' queste, dito Monsignore mandò al suo primo tronbeta ala nostra ciptà de Forlì come litre te tale tenore; faciando intendere dito Monsignor come già li omine da Forlimpopule sone retornato ala vera obbidentia dela santità dal nostre Signore et ancora aria a care suoa Santità che la nostra magnifica Comunità retornase per eser cape de dito Forlinpopule. (*) Et più, che lore debiano lasare uno Gratiano Salvatera da Bertinore et uno suo nepote che a Forlì se ritrovava calcerati, per eser stato prese dali nostri omine che lore andavano per al teritorio deli Fiorentino. A queste respose suoa S.tà che l' era molte bem rasone, et lasò li prefacti. Fate queste, fece adunare al Conseglio et fu notificato tale litre de Monsignor. Et qui ie detene risposta dicando: — R.do Monsignore, nui avea' intese quante per vostre litre se conteno. Nui molte se maravegliamo che voi se faciate tale domanda, preterendie li tenpe nostre, considirande che voi se avito dato zurne vinte per delicione de tenpo a ciò che nui avisene a mandare nostre ambasature ali pedi dal papa, come oze suol fa zurne 15, et ancora non sone tornate. Dipo' che lore serano venuto, responderema a suoa Santità. Se quele pur vorà che nostra Comunità retorna nel gremio de santa matre Eclesia, queste per nui male al poterema negare. Et se per case ne volese investire altre Signor, al presento per questa nostra a voi respondema che per niento non volema altre Signor che dito nostre Lodovico, pregande quela che voglia eser contento. Et contrafasand nui, ve advisema che nui farema inseme come lui hogne nostre potere —. Et a dì dito arivò dui anba-

(*) Fol. 37 ter b.

satore de Guido Ubaldo a pregare suoa Signoria che quela volese eser
so bone intercesore come al castelano, che ie volese rendre la suoa
roba, che già l' avea mese al duca Valentino. Et a dì 20 de marze
dito vene la prima volta li soldate dela Ghiesia per infine ala Vila de
Carpene, et prese uno familiare de Galupino de Dande, et menone le
molte bestiamo. Alora al Signore cognobe bem veramente che al tuto
la fortuna l' avea tolte per nomico, et inmediate montò in sela et
fece dare ala canpana dal popule; per mode che veramento s' adunò
int uno momento più de doe milia persone; e tuto vene in piacia et
qui tuto oferandese a suoa Signoria per lui volere recevere la morte.
Fate queste, tute andone drete ale mure e po' andone atorne ali fose
dela rocha, dove in quelle reveline di verse nui se ritrova el castelano e dito M. Lufo et altre nostre ostadise, che già i avea date al
Signore nel colcludre di suoi capito'; che era stato a dì 14 de marze. Le quale fune (*) queste: per al nostre Signor i entrò uno Ieronimo già de Guardo Moratino et Iacome fiole de Galete Rodonde, et
per al castelano uno dom Michele spagnolo so nepoto et uno Gianote
suo familiare; et qui avese a stare perfine ala partita dal dito castelano. Alora dito castelano dicea: — Su, valente omine, siate fidele
al vostre S. come l' aria in bocha —; e tuto le sue guardie che se
ritrovava intorne a dita roca cridavano — Consalvo et Ordelafo — a
suoa voce piena. Et infra queste tenpo al Signor vene incognito per
infine ali nostre repare per veder al tuto; et po' tornone tuto in piacia, che potea eser cercha l' ora vigesima seconda. Et in quel estanto
el ciele facea gram piogia.

L' altre zorne che fu a dì 21 dal mese de marze, die iovis, cercha l' ora decima sesta, vene al canpo la prima volta a Forlì a peticione dela Santità dal nostre S. et ven' per infine ala nostra Vila
de Rubano, che poteano eser cercha 400 cavale et 1200 pedune. Et
in quele estanto al Signor fece dare ala canpana dal popule, et inmediate tuto fune come l' arma in mane. Et qui come paladino mesene al Signor ala guardia de nostra piacia, et lore la mazor parte
insine fora a pugnar come li nomice. E tutavia la roca bona scorta
facea come suoe artigliarie. Tamen vene morte deli nostri uno fiole
de Sarasino da Feraciane. Partite che fu al canpo, l' altre zorne, che
fu a dì 22 dito, se devise in più parte et andone ale lore case per
eser la più parte venturere, over homine comandate, per al teritorio
dal duquato de Rubino. Item a di dito vene una ciancia da Forlinpopule, che al Signor ie volea perdonare, che lore retornarebene subdito de suoa Signoria; per modo che lui ie mandó al dito Cecho Moratino suo podestato et uno Antonioto dali Antendre le lor volontate:
tamen non se trovò la verità, ance più preste tuto pugnavano contro
suoa rocha.   •

.

_____

(*) Fol. 38 a.

Item dipo' queste vene la seconda volta al canpo a dì 27 di marze, die mercuri, per la strada dal Ronche per infine ali confine dela
Casina e tute (?) Bosechie, Sam Martino, Carpeno, menande nostre
bestiamo. Alora al populo insì fora; li caciò per fine al flune dal
Ronche. Et qui al cele fecea gra' piogia in quele estanto. L'altre
zorne, che fu a dì 28 dito marze, die iovis, tornò dito canpo et venne per infine a Casa Lapara et ala Vila dela Pianta, scufendo (*) hogne cosa che lore trovavano. Alora al Signor per niento non vose
che alcune de suoi omine andasene di fora per suoa dubitatione. L'altre zorne, che fu a dì 29 dite, die veneri, vene al seconde tronbeta
dal canpe come suoe litre et a lui fare intendre che volese piare partite ali fate suoi; se ne no, che el papa de quele loco per forcia a'
faria cavare. Inmediate suoa S.ª fece adunare el suo Conseglio, per
al quale se fu aleti queste tri anbasature che avesene andare nela
roca et qui fare intendre al dito castelano tuta la voglia dela Santità
del papa: et quile per mile volte pregando che voglia cognoser la
suoa inocentia et non guarda ala dipocagine dal dito suo conte Francescho che tanto grandamento l'apia inganato, et che voglia metre
fine a tale suoa donna, che lui se debia tore tante deli bene de dita
rocha che sia per cuntento. A queste lui fece risposta dicando che
l'altre zorne ie responderebe. Fate queste, dite anbasatore insine fora
et vene al dito Conseglio, faciande suoa resposta. Al nome deli quale
fune quiste: M. Nicolò Torniele, M. Bernardino Suolonbrine, tuto
doctore civile; tercio ed ultimo se fu uno Simone Fiorino. L'altre
zorne, che fu a dì 30 dite, die sabati, al dito castelano fece questa
risposta, dicando che de ogne suoa contraversia acaduta per dito conte Francescho Rangone, come ut supra, a lui molte ie ne rencrese;
mo che uno sol partito se ritrova bone per suoa Signoria, quando
quela sia contento et etiam al so populo; de volere fare a lui al deposito de deci milia duquati d'ore nel teritorie de Ravena sopra li
bene che se ritrova nostri citadino; e dal reste, che serano duquate
5 milia, lui vole potere vendre tante deli bene de dita rocha che
asenderà a dita quandità. Et quiste volea da poter pagare li suoi debito, et po sete mule cargo, come se contene per dito suoi capitole,
le quale ie debiano eser conduto in loco de suoa salvatione sencia
alcuna suoa mercede. Et così faciando suoa Signoria, che veramente
ie daria dita rocha come piena rasone. Tornato che fu dito anbasatore, fecene intendre al gram tema a suoa Signoria: per mode che
lui montò in pratica come tale nostre citadino (**) che avea tale suoi
bene in dite teritorio de Ravena. Et qui lore fune a gram contraste;
chi volea, chi non volea, considirando che suoa Signoria facea fogo
de paglia; et faciande queste lore, che tale suoe robe erano zughato,

(*) Fol. 38 b.
(**) Fol. 39 a.

et che mai più non le arebene. In mode che vene gram descordia infra le Moratino e Todoli et Simon Fiorine et i arede ziä del' Orse, dicando: quanteoncha tale cosa se facia, seria bem fatte, per eser dito S. Lodovico nostre menbre, molte più preste che non serebe a darela al papa; perchè, come lui l'avese, di subito, seconde al tema che avea dito M. Lufo Nomaglia, dipoi la daria ali fiole già del conte Ieronimo. Alora fui aposti a dito Simone Fiorino che non avia volute che l'avese non papa e non nostre Signor, ance più preste la Signoria de Venecia, per eser stato senpre persiguitato da M.ª Catelina Rearia, mogliere de dito conte Ieronimo, et etiam quile Urse et altre dela parte; per mode che dito Simone s'atacò de parole come uno Todole fiole d'Antonio de Todele, et qui se abene amaciare, dicando dito Simone che dito Todole voleano pure dare dita ciptà al papa. Alora li Moratino come tuta la parte del Signore serebene andate a metere la casa de dito Simon a sacho, s'al non fuse stato la gram prudentia dal Signore che a tute fece ponsare l'arma, metando gram selentia a dito suoa pecurele come fano li buoni pastore.

L'altre zorne che fu a dì 31 di marze, die dominico, al dito Antonio Todole, come home zuste che lui si ritrovava per fare mentire le ditrature, di subito se partì come tuta suoa famiglia et de questa ciptà s'abisentò insemo come al Giglio suo fratelle, et l'altre suo fratello Nicolò se ritrovava per castelano ala nostra Preda. Partito che fu, le cose pure alquanto se aquiatone, et senpre al Signore pregando dito populo che volese eser contento de retenerlo nele suoe braze, et qui tutavia pratigando come ut supra.

Infra queste tenpo la rocha de Forlinpopule se dete ala Ghiesa, che fu a dì primo d'aprile, die luni, per acorde fate come al suo castelano Bartolomio Aricolano, fratello dal Signore, et Batista pur Aricolano, de conpagnia de uno S. Andriole de Ruse, S. Lodovico so fiole, M.º Redolfo de Pasite da Feraria, m.º de lignano, et (*) Vagnalista ziä de Jacome di Garzone et dui fiole de fra Magnone Pedrignano ed altre, che asenda ala quandità de 15; per mode, siande già stata batuta et molte contraverse per lore, per le quale non avando auto alcune secorse da poterse salvare, dito castelano la dete al rev.mo Monsignor M. Zoane di Sachi nobile anconitano et legato apostolico a nome e in visenda dela Santità de Julio seconde pontifico, come pate et conventione infra lore fate. Et qui romase in dita rocha Gaspara et Cecho et Antonio Nomaglie caturate, come ut supra. Acordate che lore funo, dito castelano se partì et andò al so primo riposo nel' ostaria dela Cocolla nel tenitorio de Ravena. Arivato che al fu come alcune deli suoi conpagne, fece intendere al Signor Lodovico suo fratele che l'abia per ischusá; per la carastia del suo secorse a lui è stato forcia a fare come ut supra. Partito che al fui,

---

(*) Fol. 39 b.

ie intrò per suo castelano el R.^{do} M. Zohano fiole d'Antonio Todoli a dì dite, cercha l'ora decima setima.

Dipo' queste, a dì dito, ven' al canpo transcorando per la Vila de Bagnole et amaciò un Zohane de Cecho dal None per mane de certi suoi nomici per costione già infra lor fate. Item vene morte uno fiole de Franceschô Ricardino dala Piduquinta che si ritrovava nela Vila de Masa nel tenitorio de Ravena. L'altre zorne, che fu a dì 2 d'aprile, corse al canpo di sopra da Strata per nostre teritorio infine a Calancho, et qui prese alcune deli nostre et molti bestiame. Dipo' queste, la note prosima ad venire, pur a dì dito cercha l'ora quarta, vene nova al nostre Signor che dito Nicolò Todole castelano dela Preda avea dato dita rocha ala Ghiesia et eser rebelate al Signor et aver mise fora suoe banderi. Intese che abe al Signor tale nova, di subito fece chiamare uno suo contestabile, chiamato Mamaluco, et qui ie fece comisione che inmediate lui dovese andare a metre a sache la casa dal dito Antonio Todole sencia alcuna remisione, e po' de quele loco non partire che tuta in tera sia zetata. Intese che abe dito Nano capitanio tale ordino, di subito andò dal Signor et qui pregò suoa S.^a che queste non volese consentire, perchè seria biasomato e tenute male facte, per non eser dito Antonio suo fratele involute in tale conventione de dito Nicolò castelano; et se suo Signoria (*) non corese a furia, che veramente lui intenderia la verità. Intese che lui aria, ie seria forcia a tolerare come l'avea fate al dito so fratele castelano dela rocha del dito Forlinpopule che già l'avea dato ala Ghiesia, come ut supra. Alora suoa Signoria se richò la barba al pete, et più inento non fece dito Mamaluco andare, quasi cognisando al tuto che la suoa mala ventura se aprosimava. Fate queste, dito Nane, come quele che s'atrovava una bela conduta de valentomine, perchè veramente avea tale ome che come altri potentati aveano aputi duquati dece al mese, et masime quel Mamaluco che più volte era stato contestabile, e tutavia per la dolcetia dal dito Nane erano state tuta quela vernata come pocho dinare et lì più volte per le spese; benchè io prego tale valentomine che m'apia per schiusá perché l'oficio mio si è de dire la verità; et qui tute la parte Moratina se convocone come dito Nane. Et qui avande lore viste tante ordine che si era fate in dita ciptà per tore dita roca, come era stato quile tri punte fate come tanto ordine, le dui nela Casa de Dio e l'altro in piacia, sole per dare la bataglia a dita rocha, le quale erano fate come granda arte se lore avesene potuto aver al so secorse debito, et ultimatamente hogne altra cosa si era fate per dito populo, sole per potere tener dito so Signor, tamen posibile non era a poterle tenere; et qui per suoa convocatione deliberone de volere dare dita nostra ciptà ala Santità dal nostre Signore et retornare nel gre-

(*) Fol. 10 a.

mio de santa matre Eclesia. Et qui feceno nostre capitole per mandare a dito Legato. Et qui fu aleti questi dui infrascripte anbasature che avesene a portare tale capitole al dito Monsignor Legato ala ciptà de Cesena: al nome deli quale se fu uno M. Bernardino Suolonbrino, capo de Conseglio, et Cecho Moratino. Fate queste, fecene suoa partita a dì 3 d'aprile, die mercurio, cercha l'ora decima otava, 1504. Dipo' queste, la note prosima ad venire, vedando suoa Signoria che la mala ventura per lui già era arivata, che in queste loco più non potea stare, andone per suoa salvatione ad abitare in la roca di Schiavania, dove in quele loco se ritrova uno Bertolomio Moratino; et qui aspetare che dito anbasatore debiano retornare per saper al fine de ogne suoa cosa (*).

Dipo' queste, l'altre zorne, che fu a dì 14 d'aprile, die iovis, retornò dito anbasatore et andone dal Signore, et qui ie dene certe pensione che i avea mandato dito Legato, come lui i avea domandato. Fate questo, remase d'acorde come al popule, et la note prosima ad venire fece suoa partita et andò ala ciptà de Faientia, aconpagnato dale molto balestriere dal conte de Petigliano, perchè in quele tenpo era capitanio dela serenisima Signoria de Venecia. Dipo' de quele loco se partì et andò ad abitare ala ciptà de Ravena. Et qui stete per infine a dì 29 dal mese de magio, die mercurio, a hor 4 dela prima parte dela note, anno Domini MDIIII. Et po' rese al spirto alo eterno Idio; et fu sepelite nela suoa ghiesia de Sam Mane, zoè frate observanto de Sam Jeronimo. Al quale povere zentilomo se fu quele che mese fine ala linia dela casa Ordelafescha, nobile e digna che la era stata, per avere poseduta più de ane 150 a parte a parte la dominatione dela nostra magnifica ciptà de Forlì et le multe altre loco de dita Romagna, le quale lase per brevità, come nele altre cronicho ad plenum n'apare, che voi legiande intenderito. Ultimatamento io prego la devina Maiestà che a tute ie perdona suoi peccati.

Forlì retornato suota a stado dela Ghiesia.

La prefacta magnifica ciptà de Forlì, a laude et honore e gloria del'onipotento Idio e dela inmaculata suoa Madre regina de vita eterna e del'Apostole Petri et Paule et deli nostri patruni Mercuriale et Valeriani e de tuta la corte celestiale Amen, queste anno dal Signor MDIIII a dì 3 dal mese d'aprile, die mercurio, li nostri magnifici signor Antiane fecene li soi capitole per volere dare questa nostra ciptà ala Santità del nostre santisimo in Cristi patri per la duvina providentia papa Julio secondo, et nui retornare liberalemente nel gremio de santa matre Eclesia. Fate che lore abeno dito capitole, fu aleti dui anbasatore che li portase ala ciptà de Cesena; le quale se fu

---

(*) Fol. 40 b.

uno M. Bernardino Solonbrino, capo de Conseglio, et Cecho Moratino, dove in dita Cesena se ritrovava el rev.ᵐᵒ Monsignor Legato de
latare M. Zohane de Sachi (*) nobile anconitano et arcioveschovo de
Ragusa, cioè Legato de Bologna e de tuta la Romagna e Governatore zenerale, et già piùi volte eser stato Governatore del Consolato romano et etiam Refrendario apostolico; et in suoa conpagnia se retrovava el R.ᵈᵒ M. Pietro Paule cavalere ierosolomitano, nobile chaglie-
se, et ancora lui Comesario apostolico. Et fu al tenpo che presedea
in dita nostra ciptà uno Lodovico Ordelafo, instituito per rasone de-
legato da uno Antonio Maria so fratello, zià lui morte, che tramedui
aveano tenuto tale posesione mise cinque e zurne 12. Arivato che
fu tale nostre anbasatore, di subito per al dito Monsignor Legato fune
spaciato et segnato li capitole. Dipo' tornone a casa che fu a dì 4
dito. Tornato che loro fune, la note prosima ad venire, cercha l'ora
seconda, per la forcea del gram bracio de casa Moratina, lore corse
la piacia e tucta la ciptà in nome et in visenda de dita sancta matre
Eclesia. Facto queste, fu mese suoi bandere nel nostro palacio magno nel suo locho consuveto. Dipo' queste, ala quarta ora de dita,
dito S. Lodovico se partì come ut supra, et andò ala ciptà de Faiencia. L'altre zorne, che fu a dì 15 dito, die veneri, ciovè quello giorne benedecto che el nostre ver Redemptore patì pasione in suso al
legno dela sancta Croce per salvare nui miser peccatore, dipoe suoc
predicatione, nostre signur Antiane feccne legere tal nostre capitole
et bolla in publico come al suon dela tronba in suso la nostra croce
dal canpo, a ciò che tuto el nostre popule de talle cibo s'avese a
cibare. Dipo' metando lore hogne suoe rancore da canto et poi andare
ala sancta confesione, intercedando lore la devina M.ᵗᵃ che quella se
voglia conservar in felice stado. Et al zorne denanto già era facto
conventione tra al dito Legato et castelano che l'una parte e l'altra
aveano dato suoi hostadise. Per Monsignor i era intrado uno Tomase
fiole de uno nostre nobile Antonio di Totole; et per dito castelano a-
vea dato el suo capitanio de suoa ciptadella dato neli mano al dito
Antonio Todole, per insine che serà espidito hogne lor acorde.
Facto queste per a' Conseglio fu determinato che dito Monsignore (**)
venire a piare la vera investitura et posesione de dita nostra magnifica ciptà i' nome et in visenda de dita sancta matre Eclesia. Et qui
fecene aperire la porta de Codugne.

L'altre zorne, che fu a dì 6 dal mese d'aprile predicto, die sabati, cercha l'ora decima nona, sua S. R.ᵐᵃ era arivato dreto ala
strata che vene di verso Forlinpopule, al confine dele prate dela nostra Casina, dove in quelo loco se ritrovava una casa d'uno nostro
nobile M.° Bartolomio Lombardino. Et arivato ch'el fu, feci alquanto

resistencia in dito loco per aspetare al nostre clericho et signur Antiano come altre nostre nobile che al' incontre ie dovese andare per
siguitare l' anticha usantia; in mode come in quele loco al fu de-
smontá da cavallo, et infra queste tenpo tutavia arivava zente de piú
sorta; per mode che siando come dito Monsignor uno nostro M. Tiberto Brandolino et Berto già de Jacome da Iloriole et Jacome suo
fiole, che tute quiste tale erano rebelato in quelle tenpo de Antonio
Maria Ordelafo predicto presedea in dita nostra ciptá per Vichario a-
postolicho, et per la potentia de suoe braze dito M. Tiberto e dito
Berto erano stato sachezato le suoe case et eser stato fra li altre cose tolte uno cavallo de selino ala casa del dito Berto, al qual al
presento dito cavale era in dicto loco suotta al dominio de uno Bastiano ziá d' uno S. Andrea Moratino; in modo che dito Jacomo viste
tal cavale, parse per le ditrature fuse achiusato al dito Bastiano, che
lui avese a dire, se Dio ie prestava gratia, che lui potesse retornar
dentro da Forlì, che lui come suove mane ie torebbe tale dito cavallo in suso la piacia per suoe dispeto come cosa suova, che lui dicea che la era. Alora dito Bastiano fece intendre tale cosa a uno
Nanno suo cosino pur Moratino, che se trovava ala guardia dela porta de Codugne come tuta suoa cometiva, che potea eser cercha 300
tra omine e soldato. Intese che lui abbe, di subito venno dal dito
Monsignore et quelle pregare che volese intendre tale suoe deferentie e quele aquiatar et metre qualque selentie; casu che no, le cose
poterebbono andare con gram male. Alora Monsignor feze chiamare
dito Jacome et qui ne cavò parangone: tamen, secondo al mio reporto, parse non eser stato la verità. Facto questo, dito Monsignore
montò a cavale come dito Comesario apostolico come tuta (*) suoa
cometiva la quale è dito M. Zoane da Sasadello et M. Ramaciote del
teritorio de Bologna; tercio, al dito R.do Comesario; quarto ed ultimo,
suoa S. R.ma come le multe altre. E qui i' nomine Domini feceno hogne suo partimento; per modo come lor fune de quelle loco non tropo denstanto, propinque a una certe ghisolette guasta, et in quello
estanto arivava uno nostro doctore civille M. Bernardino Solonbrino,
in quel tenpo cape del nostre Conselio, come ut supra. E con esa lui
i cra el conte Baldisera Moratino, et veniano a pedi quanto piúi lor
poteano, perchè già la terra per tale remore de dite Jacomo era tuta solevata in armo, dicando che dito Monsignor già era fermo in
quello loco per aspetar la parte delii arede che fum dal conte Jeronimo Rcarie, che se dovese levar in so favore, et che lui piava dita
nostra ciptà in so nome, come già era stato patto et conventione infra la Santità del nostre Signore et Ascanio cardenalo Sforcea et Ra-
faelo da Riaria cardenale de Sam Giorgio, quando era sto suoa creiatione de suoa Santità. Et più ancora, che per a' Conseglio nostre

(*) Fol. 48 a.

.

se octenea che dito Monsignor volea alogiare tale suova cometiva a descritione, et che per parte del dito nostre Conseglio a lui ie faceano intendere che queste non serebbe la suoa volontà de niuna dele predito cose, come per nostre capitole non se contenea; che suova Signoria R.ᵐᵃ aperisse bene li occhie, et a questa tale suoa preposita bem considerare; con ciò fuse cosa che se per al contrario lui facesse, che male asai ie potrebbe incontrare; cognisando lore veramento che queste nostre populo eserre tanto inamorato et svisarato de dita linea Hordelafeschа, che lore non cognoscevano non Dio e non Sancte per aver la bocha suoa amara, che più preste áno lore voglia de fare male che bene. Et già infra queste tenpo era arivato uno M. Masio Maldento et quase tuto el resto de nostre signuri Antiano, le quale tuto confermando, come ut supra, a queste feze resposta dito Monsignor come gram dolcetia de suoe parole dicando: — Signore nostre Antiano, io me maraveglio grandamento dela proposita a mi facta da vostre Signorie, et che una volta la Sanctità dal nostre S. l'avea mandato in quello loco sol per piare dita nostra magnifica cіptà i' nome de dicta sancta matre Eclesia et non per altre persone, come per dito vostre capitolle se contenea; le quale ve ó signato, come vostre Nobilità sáno. Siché stato di bona voglia e posati vostre rancore, che io nonn ó se nè una fede — (*). Dipo' se voltò al dito Comesario, dicando che lui facese suoa risposta. Et qui dicando che non cadea altra resposta; quanto per lui, era contentissimo che suoa S. R.ᵐᵃ avese resposto per l'une e per l'altre, considirando lui che quelle fuse stato la vera volontate dal nostro Signor, al qual lui mai non consentirebbe tale grande errore, come serebbe quele. Infra queste tenpo arivò uno nostro nobile Cecho Moratino, pregando caramento dito Monsignore che volese intrare e li fare suove cerimonie seucia alchun respeto dal populе; et quanto per lui prometerebbe per tuta la linea de suoa casa Moratina, per eser lui al più anticho de lore quanto al seculo, perché lore non farebeno alcune momento contra suoa voglia. Facto tale preposta, di subito uno suo R.ᵈᵒ dom Bartolomio, che in quello locho presento se ritrovava, di subito revoltò il so caval indreto, et qui venea quanto più lui al potea: et io venea dreto a lui, dubitando asai dela mia casa per eser sola de altre homine. Arivato che nui fune ala porta dei Codugne, dito M. dom Bartolomio fece comandamento al dito Nane che lui dovese aver granda advertentia nel suo intrare che lui andarebbe ala guardia dela piacia. Et a questo lui resposo: — Andate via, non dubitate de cosa alchuna —. Alora alcune de lor a sua voce piena cridone — Ghiesia, Ghiesia; Moratino —. Arivato che lui fu in piacia, di subito fece sonare la canpana dal populo quanto più potea, et la piacia fece armare come grande guardie ala porta dal cortile che niuno non potese intrare. Intese che abbe queste M. Tiberto Brandolino e dito Berto di subito tosene buona licentia da Monsignor. Andone a Forlinpopule, et che già dito Jacome Berto so padre ie l' avea mandato per suspeto. Alora dito Monsignor se partì et venne ala porta. Alora dito Nane comese al dito M. Zoano da Sasadello et dito M. Ramozoto, come dito Monsignore fuse intrato et facto suoe cerimonie, che di subito lore dovese retornare ali suoi logiamento di fora da nostra ciptà; et lor pasò via al so camino. Dipo' introì dito Monsignor aconpagnato dal coñte Baldisera Moratine e dito M. Masc Maldente, uno da hogne canto, et qui per dito Nane ie fu asegnato le chiave de dita porta i' nome de sancta matre Eclesia. Fate queste, lui ie venno dreto. Arivato che fu dito M. Zohane da Sasadello in piacia, dinanto a lui se butò al dito M. dom Bartolomio Moratino armata mane, dicando: — Chi viva? — Lui respose: — Viva la sancta Ghiesia —. Arivato che fu Monsignore in piacia, per uno Bastiano Moratino fu meso suoa (*) bandera nele porta dal so palacio, perché altre cerimonie non acadeva. per eser stato corsa la piacia la dita zobia sancta per dita casa Moratina. Fornite ogne suoa cosa de suoe cerimonie, potea eser cercha l' ora viginte ¹/₂ a dì dito, die sabati, ciove el sabato de resuratione del nostre ver Redemptore M. Jhesù Christo. Fate queste, se partino et andone al Domo. Fornite hogne cosa, dito Monsignore andò a schavalcare in casa de uno M. Lufo Nomaglie, che lui al presente se retrovava caturato nela nostra rocha suota la forcia dal dito Consalvo Mirafonto castèlano. Dipoe dito Comesario andò ad alogiare in casa de uno nostre nobile, chiamato Bernardino già flole de maistre Bevenuto Becho, e dito M. Zohano retornò di fora come suoa comitia, come i avea comesso dito Nane.

Ora pensato moi, discrepto mei lecture, che anime dovea eser moi quello del popule de dita nostra magnifica ciptà, et masime li omine temorate de Dio, già aver lore intese tanto contraverso che avea apude dito Monsignor nel so introito, considerando lore che in tal loco lui presedea per al papa, primo homo de tuta la Cristianità; dubitando lore asai che suoa Santità non ie facese contra tale nostra ciptà qualque granda demostratione, a ciò che al buom non portase pena per al cativo, et per altre rasone che operase li segne celeste, per eser la maligna stela de Saturno et Marte e Iove de oposito come la Luna in tal giorne: et perché, secondo li autore astronomine, questa nostra dita magnifica ciptà fu adificata in grado 19 dal Capricorno, al quale segno mobile et casa dl dito Saturno è sota l' asenso dela stela de Lione; et per questo li nostre cervelle andavano in pratica vacilando. Dipo' dita stela de Marto i avea dato l' arma in mano che lore facese hogne so potere: tamen per la gram vertù de dita resuratione caciò la dita benigna stela de Iove di meze a Saturne e Marto, che veramento spuntò li suoi rabiose dento, che a persona alguna non ie fu facto dispiacer.

L'altre zorne, che fu a dì 7, dito Monsignor retornò al Domo e cantò suoa mese epischopale. Dipo' ie concese 40 zurne de induzentia. Dipo' queste, come lui abbe desenato, tuto al nostre regimento l'andò a rivisitare et lui per el so tem[a] ie comenciò a pregare che lore volesene comenciare el vivero eclesiastico, come facea li altre suove ciptà, et ordenare el suo Conseglio grando per numaro de 108: el simile li suoi Consolate, Signure Conservatore et supra numerate, le quale debiano eser tuto reponsato in suove borse a grado per grado. Dipo' ali soi zurne debito, lore debiano eser cavato per mane de uno puto (*) infantia.

L'altro zorne, che fu a dì 8, die luni, dito nostre Signor Antiano come al conte dal dito Monsignore fecene adunare el suo Conseglio grando in casa dal dito M. Lufo, dove abitava dito Monsignore, al qual era de numaro 72: et qui in queste s'avesse a consultare et a zuzere tanto per quartere al dito Conseglio che asendese ala quandità del numero 108 homine. Item che s'avese alezere 272 altre supranumerate del popule, le quale tucto idonio et come suoe istrutione debiano eser inbursato, come ut supra: et al simile inbursato tale suoi hoficiale e cavato, come ut supra. Adunato che lor fune, dito Monsignor prepose dicando: — Nobile eviro et altre egregio nostre amantissime, la casone per la quale in questo loco io suom venuto si è per farve intendre ale vostre Nobilità come alo eterno Idio e a Santo Petro et Paulo e Sam Valeriano et Mercuriale vostre proptetore e a tuta la corte celestiale d'avere illuminate li vostro hochie et aperte li vostre orechie, che voi avite cognosute tanto beneficio per voi, quante se ritrova eser stato d'eser retornato suota el manto de sancto Petro ala vera obbidentia dela sancta matre Eclesia. Et però come menbre de quella ve conforto che vivato come suoe visticie, come ut supra —. A queste respose principalemento al dito M. Bernardino Solonbrino, cappo de nostro Consiglio, et a quello hoferando lui de faro hogne suo poter a tuta suoa voglia: et che per altre lore non erano congregato in tale loco, se nè per areducere le cose al buom camino. Depo' lui uno legum doctor M. Nicolò Torniello replicò, dicando che hogne cosa dita per al dito cappo eser bem dita e vera; tamen quanto al fuse in piacere al dito Monsignore R.ᵐᵒ, che queste nostre popule averia molte a care de tenere le vestigie del so vivere et governo, come già avea suota la obidentia d'uno Martino quarto pontifico et suota al'obidentia del R.ᵐᵒ Monsignor cardinale Egilio, in queste loco suo Presidento, come in questa nostra ciptà n'apare la copia aprese a nui. A queste resposo dito Monsignor: quanto per lui, era contentissimo. Dipo' se voltò al dito Comesario: lui

(*) Fol. 43 b.

dise d'eser contento, vedando tale copia la quale al presento in quelle loco ie fu notificata, per la quale niuna cosa se retrovava dal vivero moderno che se potese indicare ; salvo che la gram (*) potentia
a lor concessa per li suoi dito pontifice. A queste respose dito Monsignor, dicando, bemchè a lore parese d'aver tale potentia, tamen
che lore doverebbene acordare la pistola come el suo evangelio, ciovè
zusticia come la sancta misericordia, ciovè honorare li bone et casti-
care li cativo. Facto questo, come al contento del dito Monsignor fu
ordenato che per al so primo conseglio lore aveveno a farc la lecione
de 16 homine idonio dal suo conseglio, cioè quatre per ciascuno suo
quartero. Ultimamente dito Monsignor fece dare al iuramento a tute
quile che in quele loco se ritrovava sopra el sacro evanzelio nel me-
salo, le quale dovese eser buom e fidelle zelatore [d]el stato pacifico
de sancta matre Eclesia. Facto tuto le predite cose, respose uno nostre notario S. Franceschino, già de S. Federico dala Maseria, dican-
cando: — R.ᵐᵒ Monsignore, hogne vostra preposta a mi molte me
piace, salve che dito nostre signor Antonio a mi pare che per niento lore non doverebbe aver tale autoritate de poter alegere dito 4 homino per quartero da deputare dito 108 et 272 di popule, come ut
supra —. La rasone era questa, che lore non poteano eser vere Antiano per eser stato constituvito e deputato per uno Antonio Maria
Ordelafo morto et per Lodovico so fratelle reconfermato ; le quale tramedui erano facto presidento in dita nostra magnifica ciptà sencia alcune iuramento de nostre popule et etiam inovato dal suom pontifice.
Et per queste tale rasone la constituicione n'al potea consentire
che tale Antiano fusene stato constituvito iniuridicamento. Fate tale
preposta, tuta la parte Ordelafescha in quele loco fecene uno gram
contrasto, dicando contra lui non estante che tale suoe cerimonie fusene facto al presente : mo che Cecho suo patre era stato inovato da
Paule secondo pontifice per lui e soi herede legiptimo e naturale. Et
a queste respose Monsignor : di novo le reconfermò per tuto quelle meso, comenciando a dì 8 dito. Fato questo, hogn'ome se partì et introne in conseglio. Et qui crione e deputone le dite 16 homine.

Per al quartere de Sam Mercuriale: M.° Piero Garavoto
    M.° Tomase Talente, arcium medicum doctor :
    3, Francescho Aspino
    4, Piero Francescho Albecino.
Per Sam Valeriano : M.° Piero Antonio medico
    M. Antonio Chilino
    3, S. Piero Antonio Michilino
    4, Cecho Moratino.
Pro Sam Piero : M. Zoane de Mirculino
    Simone d'Agostino

(*) Fol. 44 a.

S. Bartolomio Eselis

4, S. Zohane de Sase.

Pro Sante (*) **Blasio**: el conte Baldisera Moratino

2, M. Maso Maldento

3, Tomase de Mingho

4, en ultimo Bernardino Castelino.

Criato che lor fune al dito Conseglio, ie fu data et comesa octo-
retà plenaria de poter alegere et criare li dito 108 homine dal conseglio et eciam li 272 dito supra numerato de popule.

L' altre zorne, che fu a dì 9 dito, die martis, al dito Monsignore
Comesario fece andare li soi primo bando, infra le quale se contenea
queste infrascripte cose. In prima per al nostre banditor in loco consuveto fu notificato come domenega prosima ad venire dito R.ᵐᵒ Monsignor Legato per la saluto deli anime nostre, come al contento dal
nostre popule, volea fare nela ghiesia dal Domo le sove cerimonie cre-
simale, come lui feze come gram numero del popule infancia. Nel secondo bande facea intendre che da mo' inento pace e treghe e fede
che se ritrovava eser stato creato per rasone de legato, over per promisione de parole, che tuto lore debiano stare ali termine suoi, sota
la pena de suoa indignatione e de duquate 1000 d' ore in ore, le
quale debiano concedere ala Camera apostolica. Tercio, che non sia
persona alcuna che da queste zorne inento possa portare arme d' alcuna rasone, sota la pena che se contene nel nostre Statuto. 4 ed
ultimo, che non sia persona alcuna che posa portare biava alcuna nè
etiam farina fora dal nostre teritorio, che per dito nostre Statuto se
conteno.

L' altro zorne, che fu a dì 10 dito, die mercurio, dito Monsignor
feze adunare al dito nostro excelso Conseglio, et qui come al so contento fu aleto queste 4 infrascripto homine che avese andare ali pede
dal papa a portare dito nostre capitole: al primo se fu al conte Baldisera Moratino; 2, se fu M. Zohane Antonio Bicio; 3, M. Bernardino
Eselis; 4, S. Zohane de Sase. Et per eser dite M. Bernardino Eselis
absento nel Castelo Duranto, l' altre zorne s' adunò al Conseglio, et
qui di novo (**) fu ordenato che s' avese a mandare per lui. Et fu
ordenato dita inbursacione per al Magistrato.

In prima: **Pro Santo Mercurialis**: Jeronimo dali Aste

2, Bernardino Paulucio

3, S. Nano de Porci

4, Bernardino de Matio

5, Batista de ser Vanino

6, S. Piero Paule Rafaino

7, Jeronimo dal Bello

8, Paulo Cortesone

9, M. Lufo Nomaglio

10, M. Nicolò Tornielo

11, M.° Piero Garavotto

12, M. Antonio Beltracano

13, S. Jacomo Corbino

14, M. Andrea Bonutio

15, M.° Tomase Talento

16, S. Federico Maseria

17, S. Andriole di Rusio

18, S. Andrea Valeria

19, Francescho dal Sere

20, Piero Francescho Albezino

21, Jacomo Fachino

22, Fran.co Aspino

23, Francescho Pontrole

24, S. Jacomo Corbino

25, Francescho Marcobello

26, Zuliano Beltracano

27, Simone Fiorino

28, Bernardino de Gratiole

29, M.° Bernardino de Bevenuto Becho

30, Jeronimo da Lere

31, Laurentio de Zafo

32, Lodovico Albertino (*)

34, Pole de Castelino

35, Baioze Pontirolo

36, Marco Antonio Paulucio

37, Bernardino Tronchino

38, Bernardino Becio.

Pro quarterio Santo Valeriano: 39, Bernardino de Aliote

40, M.° Piero Antonio medico

41, M.° Bartolomio de Pamsecho

42, M. Zohane Antonio Bicio

43, M. Antonio Chilino

44, M. Bernardino Oliverio

45, M. Anibale de Balde

46, M. Piero Paulo Palmezano

47, S. Piero Pamsecho

48, S. Zohane Andrea dali Aste

49, S. Piero Antonio Michilino

50, S. Tomase Gocimanne

51, S. Jeronimo Crepenterio

(*) Manca il num. 33.

52, S. Andrea de Baldo
53, Checho di Contrario
54, Tomase da Lugo
55, Simono Orseli
56, Almerico Garatone
57, Berto de Iacome da Horiolo
58, Antonio Todole
59, Antonio Neri
60, Zohane Batista Paladino
61, Galetto Ranaldino
62, Bartolomio del' Orso
63, Cecho Moratino
64, Bernardino Orseli
65, Bornacino Oliverio
66, Bernardino d'Alberico Dento
67, Pino de Bertolino
68, al Bruno de Francescho Marzare
69, Paulo Laciose.

quarterio Santo Petro. 70, M. Tiberto Brandolino
71, M. Bernardino Exelis
72, M. Bernardino Solonbrino
73, S. Bartolomio Eselis
74, S. Zohane de Saso .
75, S. Matio de Matio
76, S. Stasio de Prugnole
77, S. Dedo de Saso
78, M.° Zohano de Mercolino spicialo
79, Simone d' Agostino
80, Francescho d' Agostino
81, Bartole Castelino
82, Zohane Batista Fachino
83, Gaspara Nomaglia
84, Lodovico Ponzeto ('),
85, Bartolomio Capodeferro
86, Tomase Nomaglia
87, Tomase Palmezano
88, Cremagnole Palmezano
89, Zohane de Lencio
90, Matio Lanbertelo
91, Marco Antonio Zuntino.

quarterio Sancto Blasio. 92, M. Maso Maldento
93, el conto Baldisera Moratino
94, M. Bartolomio Lonbardino

. 65 b.

95, M.º Simone dal' Organo medico
96, S. Jacomo Moratino
97, S. Paule Crepenterio
98, S. Provole di Provole
99, Zohane Batista Befulcio
100, Cecho Maldento
101, Tolomio Moratino
102, Tomase de Mingo
103, Bernardino Castelino
104, Lodovico Aricolano
105, Timidio da Oriolo
106, Jacomo dal Toresano
107, Jeronimo già de M.º Lodovico calciolare alias al Fiacha
108, ed ultimo, S. Paule de Guarine.

Questa serà la rasegna dele dito 272 supranumerate a nome per nome, come era ricolto per dito suoi lecture.

Al primo, Felipo de Guardo marzaro
M.º Paulo de Merlino orevese
M.º Andrea so fratelle
Francescho dai Porce
Bernardino de Lapo
Tomaso da Sam Zilio
Antonio Cortoneso
Jeronimo Cortoneso
Michilino Mirando
Nicolò Mirando
Nicolo d' Anbrosino
Forlovesio Bornatino
S. Jacome de Zohane Pezenino
Pino so fiolo
Piero Jacomo dela Penghina
Jeronimo de Nesole
Bernardino suo fratello
Andriole Stanbacia
Antonio dela Penghina
Nicolo de Becho
Bartolomio Torniello
Bernardino dale Carra
S. Felipo Becho
Jeronimo de Morusio spiciale
S. Spenucio Aspino
Andrea de Marchion speciale
Grato de Zafo
Tomaso so fiolo
Zohane Batista de Menghino

Vicentio de Albicino
Bastiano de Magno
Valerano Fachino
Bartolomio Balducio
S. Cristofano Albezino
S. Jeronimo so fratello
Sabastiano da Sam Zilio
Jeronimo de Piracino piliciaro
M.º Rigo marciaro
Manfrete suo fiole
Lorentio de Sam Zilio
Felipo da Milano
S. Jacomo de Diaterno mareschalco
Bernardino de Maso marzare
Jeronimo so fratello
Piero Antonio de Perlino calciolaro
Andrea del' Andrelina tentore
Bastiano de Perline
Nigusante dale Coracino
Piero Jacome de Bonole becare
Zohane Batista de Chilino
Batista de Lufo
Piero Iacomo de Folfo
Zohane suo fratello
Macino de Rusio
Piero Santo de S. Conto
M.º Jacomo dali Sello
Felipo so fiolo
Baldino so fiolo
Nicola de Folfo (*)
Piero Paule di Chilino
Piero Paule de Chiarucio
Biasio dal' Oso
Jeronimo Befulcio
Berto Ravaglioso
Bondo de Bonde
Matio suo fratello
Piero Paule Biondino
Zuliano de Marchione spicialo
Vilano de Baldo
Checo Lacioso
Mase dal Bruno peliciaro
Paule Olivere

(*) Fol. 46 a.

Jeronimo Beltracano
Tadio Paulucio
Camile de S. Vanino
Lodovico dai Orzole
Francescho de Salego
Francescho dale Caso
S. Lodovico Beltracano
Jeronimo dal Conte
Luca de Asto
Galiazo Nomaglie
Stefano Moratino
Batista Corbino
Antonio d' Albertino spicialo
Piero Antonio Paulucio
Antonio Gualdolino
Simone de Zaffo
Alesandro Marcobello
Felipo Silinbeno
Hanibal de Bertolino
Bernardino de Minghe
Valentino Silinbeno spicialo
Domenego de Gualterio
Federico Ponterollo
Piero Zohano Maldento
S. Bernardino Aspino
Vagnalista de Aspino
Andrea Bonucio
Piero Valeria
S. Nicola Pamsecho
S. Bernardino Pamsecho
S. Zohane de Mechelino
Mior d' Albertino
Cristofano da Lugo
Bartolomio de Chilino
Lodovico suo fratello
Bernardino dal Bruno marzare
M. Contino Brandolino
Lodovico dal Bruno marzare
Nicolò Todole
Todole d' Antonio
Lorencio de Todole
Zorze Mainardo
Zorzo de Nero
Tibaldo Aspino
Zohane Batista del' Orso

Lodovico de Mingo
Andrea de Mingo
Paule Becio
Tomase Becio
Lodovico Aspino
Felipo Dento
Jeronimo de Bertolino
Bartolomio Muratine
M.° Andrea de Checho calzolaro
Jeronimo Moratino
S. Bastiano Moratino
Jeronimo Laciose
Zohane Felipo Moratino
Polo Moratino
Tomase Oliverio
Batista Oliverio
Piero Aricolano
Francescho Aricolano
Carlo Aricolano
S. Juliano Muratino
Marchione Barisano
Stefano de Matio
Bernardino Girardino mazaro
Jeronimo di Minghi
Zohane Francescho Maldento
Zohane Francescho Palmezano
Zohane Maldento
S. Francescho Maldento
Camile Budelino
Jeronimo Aricolano
Cristofano Ponterolo
Bernardino Maldento
Jacome da Milano marciare
Zohane dal Sero
Carubino de Zeso
Antonio d' Albertino
Piero Ieronimo d' Aleoto
Piero Paule de Magno
Zohane de Francino piliciaro
Bartolino Tomasolo
Marco suo fratello
Zohane de Castelino
Francescho Tomasole
M.° Bernardino de Muzele sarto
Hetor Tomasole

Cecho Nomaglie
S. Tomase Palmezano
Lodovico Eselio
Maiole Nomaglie
Zohane Eselis
S. Antonio Nomaglio
Jeronimo Nomaglie
(*) S. Gasparino de Lencio
Andrea Nomaglie
S. Nicolò Crepenterio
Piero Crepenterio
S. Paule Bonutio
S. Jacomo Maria Aspino
Piero Francescho da Monsignani
Marcolino suo fratello
Bernardino de Morusino
Bernardino de Baioce Pontirelo
Ponterole de Cristofano Pontrolo
S. Lodovico de Rusis
Andrea Pontirolo
Andrea di Alioto
Redolfo de Redulfo
Michelo so fratelle
M. Benedeto da Mutigliana
Alesandro suo patre
Matio de Benciovenno
·M. Pino Nomaglio
Zohane Andrea Moratino
Piero de Vergerio
Andrea de Sesto
Francescho de Sesto
M.° Jacomo dai Peteno
Piero Nicolò Fachino
Cesaro de S. Mucilo de Pronole
Hotavigliano Palmizano
Nicolò d' Agostino
Brasio Lanbertello
S. Valirani Pamsecho
Bernardino Fachino
Mate' de Bezo
Francino da Tridocio
M.° Lorencio spicialo
Zohane Batista Aleoto

M.° Marco Palmizano
Bese de Cristofano
Lodovico de Jacomino becario
Francescho de Jacomino
Gabriello dela Vechia
Bartole de Rondone
Lupido d' Albertino
Bartole Morendo
Bernardino d' Alesio alias Buzanegra
M.° Piero Matio de Aledusio
Zohano Fachino
Nofrio de Matio
M.° Antonio de Guarise magnano
Bernardo Manzanto
Antonio da Ronche da Faientia
M.° Nerio Girardino
Bastiano Palmezano
Andrea Bernardo historico
Bello Palmezano
M.° Antonio de Ostole
M.° Girardino dali Balestro spicialo
M.° Francescho Roseto
Antonio Bonde m.° de legnano
Jeronimo Bisighino alias Jone
Bartolomio Bisighino
Alberto Roseto
Batista Tomasolo
S. Vidello de Saso
Piero Paulo dai Peteno
Nicolò de Paladino
Antonio de M.° Cristofano de Cichino
S. Antonio de Morosino
Cristofano de Bufalo
Paule de Ducio
S. Guielmo Prugnolo
Ranero Moratino
Bartolomio da Veruchio
Cecho Aspino
Alberto Spinello
Tomase Garavoto
S. Franceschino Maseria
Roberto Aricolano
Zohane de Matio de Zohano Foscho
Jeronimo Silinbeno
Lodovico d' Ancona

Antonio Solonbrino
Marco Manzanto
Conte Jacomo Crepenterio
Alesandre Crepenterio
Batista Crepenterio, tuto fratelle. Finis.

Nano Moratino a confino a Cesena mandato.

Al prefacto capitanio dito Nano Moratino per (') hogne mior suo buom respeto al fece andare a stare ala ciptà de Cesena, et a lui i era dato hogne suoa provisione per dito Monsignore; che fu a dì 10 dal mese d'aperile anno Domini 1504. Et in quele loco stete bem visto et amato per insine tuto al mese de magio, e po' de volontà dal dito Monsignor retornò a dita suoa e nostra magnifica ciptà de Forlì come la bandera de dita sancta matre Eclesia, reponsande lui hogne suo rancore.

Primo Signore facto ala magnifica ciptà de Forlì.

Le prefacti prime Signor Consolate Conservatore dala nostra dita magnifica ciptà de Forlì che funo cavato per suoa polcia, al tenpo che presedea nela sancta sedia postolicha Julio per la divina providentia papa secondo, se fune quiste infrascripto, per ordine facto dal dito nostro excelso Conseglio, come ut supra, de volontà et comisione del dito Monsignor R.mo Legato e del dito R.do Monsignor Pietro Paule da Caglio dito Comesario. Al primo se fu uno M. Aneballe de Baldo legum doctor: secondo se fu uno S. Piero Antonio de Michilino; tercio, Antonio Neri; 4, Bernardino Diotringhe spiciale; tuto de Conseglio: quinto se fu uno Francescho Dento; el sesto ed ultimo supra numerate se fu uno Alesandro Crepenterio. Cavato che lor funo, le cose steteno così mediocramento per insine da quele zorne, che fu a dì 21 dal mese d'aprile, die dominico, per insine a dì 13 dal mese de magio, che l'onipotento Idio retirò al dito secondo Signore S. Piero Antonio Michilino nele bene de vita eterna. Dipo' fu sepelito ala ghiesia dal sarafico Sam Francescho, aconpagnato dal dito Monsignor Legato e dito Comesario et altre suoi Signor conpagne come tute altre nostre colegio, sonando la canpana dali cavalere. Sepelito che al fu, di subito fu adunato al Conseglio grando per cavare uno schontre dal dito S. Piero Antonio et d'altre dui soi conpagne che non aveano volute aceptare. Perchè al se fuse, io non potè intendere suoa casone. Le quale era stato al dito M.° Bernardino Tronchino a dito Alesandro Crepenterio. Per mode che per al dito Conseglio ne fui cavati per sorta quiste altre tri: per al dito S. Piero Antonio fu

---

cavato uno S. Tomaso (*) Gocimano: per dito Bernardino fu cavato uno Gaspara Nomaglie: per dito Alesandro fu cavato uno Piero Martiro de Baldo, alias al Vilano. Cavate che lore fune, inmediate era stato cavato quiste 12 soi infrascripto Antiano.

Al primo se fu uno doctor M.º Piero Antonio, gia de Anzole deli Paduane faventino, al presente capo de so Conseglio:

  2, Almerico Garatono
  3, Checho deli Contrario
  4, Lodovico Punzeto
  5, S. Piero Pamsecho
  6, Bartolomio già de Checho de l'Orso: tuto 6 de Consiglio.
  7, M.º Rigo Todescho marciaro
  8, S. Francescho Nomaglie
  9, Simone già de uno Zaffo de Zaffo nostre mercadanto
  10, Antonio Solonbrino
  11, S. Nicolò Crepenterio: et per eser absento nela Marca, per lu' fu cavato uno Francescho dale Asto.
  12 ed ultimo se fu uno Zohane Batista de Aloto.

Cancelerio deli Signure se fu uno S. Andrea Valeria. Cancelerio dela Comunità se fu uno S. Antonio già de Fiorencio Nomaglio. Asatore fu cavato dito M. Anibalo capo de dito Signore; et per lui fu cavato uno M. Matio Pamsecho legum doctor. Suo notario, al dito S. Francescho Nomaglie. Cavalerio dela guardia, M. Bernardino Exelio legum doctor.

Dipoe fu criato la famiglia deli magnifici Signore. Prima: so capelano, uno R.ᵈᵒ padre dom Simone già d'Andre' Bordone. Secondario, Jo. Andrea Bernardo historico fu criato indignamento per suoe seschalco de volontà et comisione deli dito Monsignor Legate et dito Comesario. 3; so spenditore, uno Zorgio de Neri deli Contrario. 4; so credenterio, uno Dominico Sibone. Macére, uno Zohane, alias Calandino, et fiole de uno Agostino chiavarollo; secondo, uno M.º Batista sarto, fiole de uno M.º Bertone da Regio, al presente nostre abitadore; item altre sei soi donzele; item uno Laurencio so canpanare, per suoa origino dala cíptà de Regio de Lonbardia: et cogho e guatare.

Criato che lor fune, dito magnifice Signore fecene so introito in queste modo. In primis dito Signor Conservatore fecene el so introito a dì 5 dal mese de magio dito, die dominico: tamen lore per el so ordine facto al doveano fare al primo zorne dal dito meso; tamen per più rasone, avidentisimo secondo lore, non al fecene, se né a dì dito. Con ciò fuse cosa che dito Monsignor Legato avando inteso al so core pasionate, et più volte lui i avea fate dire e dite lui che lore se dovese metre in punto per dover intrare a dì primo (**) dito: tamen

(*) Fol. 47 b.
(**) Fol. 48 a.

senpre lore i aveano dato parole zenerale, dubitando asai che dito Galiacino Riario non tornase per nostre Signor, per aver tolte una parenta del papa per moglie, come ut supra. Secondario, ancora Lodovico Ordelaffo se retrovava ala ciptà de Ravena come el conte de
Pitigliano, in quel tenpo capitanio dela Signoria de Venecia; et per
tale suoa resistencia de non volere intrare, dito Monsignore Legato
se era absentato a Cesena: tamen vedando dito Monsignor Comesario
queste, di subito lui fece ferma deliberatione che tale Signor intraseno, et a mi comesso che io facesse fare uno pare de mazo le quale costone solde 35, et lui le pagò. Dipo' mandò per dito Monsignore,
et qui i' nomine Domini fecene so introito a dì dito come gram solenità de canpane et altre. Arivato che lor fune nela camera dale
Ninfo i' nostre palacio magno, aconpagnato da tuto nostre colegio,
per dito Monsignor Legato fu facto hogne suoe cerimonie, confortandie lore che dovesene piagliare tale magistrato come la suoa facia
alegra, sentia alcune so cordoglio; et che per niento lore avesene
alcuna dubitatione de dito Galiacino, nè etiam de Lodovico Ordelafo;
che una volta la Santità dal papa ce avea tolto suoa el manto e 'l
stato de dita sancta matre Eclesia, et così lui se conservaria, come
per nostre capitole aparea. Dipo' ie deto al so iuramento de esere
buom fiole de sancta matre Eclesia. Fate queste, andò ala ghiesia
dal Domo, et qui per el so R.do Capelano al' altario del nostre patrone Sancto Valeriano ie fu celebrato la mesa del Spiritu Santo. Dipo' ie deto la suoa benedicione, et retornone in dito so palacio. Et
qui per al dito M. Matio Pamseco nostre asatore ie fu facto una ha-
legantissima oratione. Depo' io avea properato de comisione de dito
magnifice Signure una bela colatione zucharina, et qui ie recevito
come grando ordine; con ciò fuse cosa che io avea criato per mio
conpagno quiste tri altre seschalcho: primo se fu uno S. Vicentio de
Zafo, secondo se fu uno S. Jac.o Aspino; tercio M.o Francescho Ta-
rella libraro. Le quale tuto aveano per suòa obidentia 6 altre donzelle come uno vase d' arizento in mane, al quale arizento a mi a-
vea prestato i' nome de dita Signoria dito Monsignor Legato. Et qui
per tuto nui fu despensata tale colatione. Fate questo dito Monsignor
e dita Signoria per quela volta andò a casa (*) a desenaro: perchè
al proverbio se spando che casa nova che non i e porta no se retrova; per eser stato tale suo introito pro forma, come ut supra. Depo'
che lor abene desenato, dito Monsignore ie comandone che da mo'
inanto lore doveseno andare a manzare in dito so palatio, che lore
non avesene alchuna suoa dubitatione, come ut supra. Et a mi co-
meseno che io dovese fare l' apareche per la cena. E fu nel palacio
la suoa prima abitacione di verso Faiencia, in cavo la schala che va
in verso la montagna.

(*) Fcl. 48 b.

Et qui stetene de continuvo, faciando fare la lore cosina a casa tutavia come poco dinare, perchè ancora non era ordenato nè dacio nè gabele: tamen lore aveano mese uno sustituto ala gabella, al quale poco ne potea reschodre per eser dita ciptà ancora in conbustione. Perche li era dito M. Zohane da Sasadelo e dito Ramazoto a la guardia dal dito palacio et era in gram discorda come dito Nane Moratino, parando al dito Nane che a lui ie fuse facto gram torto per aver lui come la suoa parte date dita nostra ciptà a dita Ghiesia. Per al che a lui pareria d'eser al primato in queste loco. Pur tutavia dito M. Zohane e Ramazoto a queste non volcano consentire, per eser stato lore constituvito in dito loco dali dite Monsignore; per modo che in brevità de tenpo dito Nano hordinò come al nostro castelano una suoa pratica, che lore, ciovè dito castelano, mandò fora alquante deli soi che venne persine in piacia, a ciò che dito M. Zohane e Ramazoto ie dovese siguitare dreto. E dito Nano era in piazia armato come suoa cometiva. Dipo' lui per altra via ie dovea andare dreto et metre di mezo, et in quele loco fare hogne suo poter; tamen dito M. Zohane abe dal prudento, che mai lore non abandone la piacia. Tutavia i andò drete alquanto deli soi et se feze gram scharamucia e mai Nano non se motò. Alora dito M. Zohane e Ramazote l'altre zorne, la matina per tenpo, se partino et andone ad alogiare nela Vila de Baguole e a Bertenore. Facto questo, dito Nano romase ala guardia de nostra ciptà per insine che al dito Monsignor piaque, che lore po' retornone: sì che per queste dito povere Signore aveano granda afanno; che le più volte che lore erano a tavola, i era forcea (*) a venire in piacia per caciare via li parentado che erano in quelo loco armato. Perchè non era observato bando alcuno, che tute le trego erano desdito, che hogn'ome potea andare a suoa bandera: per mode che per tuto al tenpo de dito povere Signure le cose pasone come gram fadica per non esere resa dita roca. Tamen lore fune homine da bene e non abene alcuno rispeto ala paura et multe bene teneno suoa famia e bem pagato; in modo che a meze al mese de zugno fu cavato per ordine facto la seconda muda de dito Signor Conservatore le quale fune quisto infrascripto.

Al primo se fu uno M. Nicolo Torniello legum doctor.

Secondo, uno S. Matio già de Zohano de Matio

3, S. Andrea de Baldo

4, Timidio da Oriolo: le quale erano de Conselio.

5, Paule Oliverio

Sesto ed ultimo, uno Lodovico di Bonarelle nobile anconitano.

Dipo' fecero al su introito come grando ordine e perseverone in dito suo oficio come benevolentia.

Basta queste quanto per li primo Signor.

(*) Fol. 49 a.

4 homine che andon a Roma come nostre capitole.

Le prefacte anbasature, zoe el conto Baldisera Moratino et M. Zohane Antonio Bicio et M. Bernardino Exelio, tramedui legum doctor, quarto ed ultimo se fu uno S. Zohano de Sasis, le quale erano stato alecto per dito nostro Conseglio che doveseno andare a Roma ali pede dela Santità dal nostre Signore a portare dite nostre capitole, le quale già erano partito a dì 29 dal mese d'aprile, die luni, hor 18, anno Domini 1504. Arivato che lore funo a Roma, al secondo zorne suoa Santità fece mandare per lore che dovese andare a suoa odentia, che lui se ritrovava nel suoe zardino. Et qui per lui ie fu fato gram festo, dicando che senpro da suoa infancia per insine al presento avea amato cordialemento dito nostre popule de dita nostra magnifica ciptà, per aver suoa Santità receuto per insine al tenpo dela bona memoria de Sisto 4 pontifico so cio alchune grande apiacere dal dito nostre magnifico popule: per al quale al presento suoa Sanctita se ne volea remunerare, per eser lui al presento nostre Signore et ver pastore. Fate tale suoa preposta, nostre anbasatore a queste lore resposene, rendandie infinite gratie a suoa Santità (*) per parte de dita nostra magnifica Comunità. Facto questo, di subito ie comencione a fare suoa horatione. Facte che lore abbeno, di subito i apresentone tale nostre capitole. Lecto che lor fune, suoa Santità fece comisione a tale suoi secritario che al più presto che lore poteseno le dovese spaciare, mostrando suoa Sanctità de cuntenuvo suoa alegra facia et hoferandiie hogne zorne de bene in meglio. Tamen come vose la nostra mala ventura, fu revelato per li tre de nostre Monsignor Legato tale momento fate per dito Nano Moratino ala nostra ciptà de Forlì contra dito M. Zohano da Sasadello et Ramazotto, in queste loco suoe conditere, come ut supra: per mode che inmediate suoa Sanctità feze piare dito conto Baldisera Moratino dito anbasatore: el simile uno altre M. Zohano pure Moratino, che al presento se ritrovava a Roma al presento nanto ali soi per anbasatore de uno predito Antonio Hordelafo, che al presento avea preseduto in dita nostra ciptà de Forlì; per modo, come dito M. Zohane abe intese la catura del dito conto so parento, lui s'avea mese gram paura dele forcio del gram bracio de suoa Santità. Et qui steva zorne e note repiatato come gram paura inte li più sterile loco de Roma e masime in certe suoi vignale: per modo che in brevita suoa Santità al feze piare et mese in catura come dito conto: et tamen per queste suoa Santita non guardò a tale male operare dal dito Nano. Come l'abe intese la verita, di subito feze spaciare el reste de dito anbasatore, che lo-

(*) Fol. 19 b.

re poteseno tornare a casa per cavare dita nostra magnifica ciptà de tanto suspeto, come la era. Alora li scriture de dito nostre capitole e bole ie domandavano per suoa mercede duquato trecento d' ore per hotentigaro hogne lor cose: tamen intendando queste suoa Santità, di subito la concluse sole in duquato setto d' ore per le signature. Fato queste, lui ie deto la suoa benedicione e po' lore fecene suoa partita. E dito conte e M. Zohane in quelo loco remasino caturato ad beneplacipto de suoa Sanctità. Per modo, come alo eterno Dio piaque, lore arivone a Forlì a dì 2 dal mese de luglio, die martis, cerca l' ora vigesima seconda.

L' altre zorne, che fu a dì 3. (*) dito Monsignor feze adunare al Conseglio grando nel nostro epischopato, dove lui abitava presentialemento, et qui fu lete tale nostre bole e capitole: et li fu viste come quanto ordene erano composto, come la mane suoa scripta del numero de vinte nove cardenale, come inente ad plenum parlaroe. Depo' al dito suo Conseglio, per li dite Monsignor tale capitoli e bolla a mi fune asegnato, dele quale n' avese a far fare tri zurne procesione solenissima ali nostre clerice per solenità et alegrecia che suoa Santità s' avea aceptato in dito so gremio de santa matre Eclesia, e dele grando proferto per suoa Sanctità in verse de nui suoe pecurello facto, come per dito litre de nostre ambasator a nui advisato, come ut supra. L' altre zorne io feze come a mi era stato inposto per suoe Signoria R.ma de volontà dal dito Conseglio, et a dito bole e capitole le feze portare tri zurne intorne per la ciptà come dita procesione, aperto et involuto neli grilande de fiure et altre cose preciosisimo, come gram solenità. Fornito al tempo, di subito io le feze volgarigiare, e poi come al so' dela tronba le feze notificare per al banditore in suso la nostra croce dal canpo, a ciò che, rico e povere, hogn' ome de tale cibo santo se potesse saciaro, zoè intendre el gram done e precio che s' avea donato suoa Sanctitado, come per lui c' era stato promeso. Dipo' queste, stete dito bole e capitole nel nostre senato per insine a dì   (**).

Depositacione de nostre bole e capitole.

Le prefacte bole et capitole facto per la Santità de Julio per la duina providentia papa secondo, come ut supra, per al nostre dito excelso Conseglio de dita magnifica ciptà de Forlì fu obtenuto et deliberata de volere depositare tale dito suove bole e capitole aprese al monesterio dele monice de Sancta Maria dala Ripa dela observantia de Sam Jeronino, posta in dita nostra ciptà, come questa infrascripto instrucione. In primis, come la representacione de unb M. Malate-

sta dal Monto Albodio nostro Locotenente per al Signor Acostantino
Cominato nostre Governatore e de dui signure Conservatore e dui Anciano e 'l nostro advocato e dui regulatore e 'l Sindico et cancelerio
de dita Comunità, le quale debiano portare una (*) medaglia d'octone
come queste litre maiuscole in suso, le quale dicano: PAPA ZULIO.
Secondo: posto int una caseta nova da cipreso come una chiava dura, la quale suoa chiave debia de continuvo stare aprese de quile
tesorerio che pro tenpore presederano in dita nostra Comunità: la
quale caseta debia eser depositata aprese dela R.da M.e Badesa che
in quel tenpo presederà in monesterio. Et in quele loco dita medaglia
debia eser spacata pro medio: una parte dare a dita M.a Badesa, e
l'altra parte aprese al nostre dito Magistrato. Et che mai per alcuni
tenpo dita M.a Badesa non posa asegnare dita caseta, dove serà poste
dito nostre bole et capitole, se prima no ie serà la representatione
de tuto le prifacto infrascripto come tuto dito suove instrucione daro
et asegnaro a quele tesorerio che in quele tenpo presederà per dita
Comunità. E tale ceremonie dito nostro excelso Conseglio sole el fa
per reparatione deli superchie et contraverse che contra nui potese
venire pro tenpore in dita nostra magnifica ciptà: le quale dito capitole e bole non andasene in perdicione, come altre volte ce sone acaduto per vera sperientie: et masime al tenpo che M.a Caterina Sforcia
signoregiava questa nostra ciptà insemo come Ilotavigliano Riario so
fiole, per suspeto de dita ciptà andò a stare in roca et portò nostre
canpione et hogne altre nostre decrete, che mai piu non sono stato
viste per nui et altre. Facta tale deliberatione, a dì 14 dal mese de
marce anno 1505, die veneri, cercha l'ora decimo sesta, per dito
M. Malatesta et uno M. Antonio Chilino, cape de' Conservatore, inseme come tuto li soi conpagne e tuto le infrascripto, me fecene asegnare questa infrascripta caseta, aconpaguato dai molte dal nostre
popule, et andone al dito monesterio. Et qui in sopra ie fecero dire
la mesa dal Spiritu Santo. Dipo' coram populo fu chiamato dita M.a
Badesa et a lei asegnata. Et qui se ne feze rogo de mano de uno S.
Paule Bonutio notario dela Comunità in carta menbrana e de tuto
suove instrucione, al quale rogo fu mese in dita caseta e asegnata
a dita M.a Badesa de volontà e comisione del dito M. Malatesta Lo-
cotene[n]s et dito magnifico signor Conservatore, a dì dito in l'ora
predita. A laude e gloria del' onipotento eterno e magno Idio. Amen.

(**) **Porta de Schiavania tolta e resa per Bartolomio Moratino al Stado dela Ghiesia.**

La prefacta porta de Schiavania dala nostra magnifica ciptà de For-

----

(*) Fol. 50 b.
(**) Fol. 51 a.

li, corande gli anne dal Signore 1504, a dì 4 dal mese di luglio, die iovis, cercha l' ora decimo setima, fu restituito per al dito Bartolomio Moratino al dito R.^{mo} Monsignor Legato a peticione dela S.^{tà} dal papa, la quale lui l' avea tenuta in suota suoa potentia dal' introito d' Antonio già de Carlo Ordelafo in la dita nostra ciptà de Forlì per insino al prexento. E per questo vogliando dito Bartolomio mostrare la vera fede in verso de suoa Santità et eser contento de tuto el so volere et etiam de dita nostra magnifica Comunità de Forlì, non a- vando lui alcune respeto ala catura dela M.^{cia} de N. Zohane suo fra- telo et etiam del conte Baldisera suoe, che al presente s' acatano in dita catura nele forcio de suoa Santità, come in questo ad plenum ne parla: non estanto quelo, sperando lui in suoa Santità che quella veramento cognoserà la suoa vera inocentia et aperirà suoa Santità le braze de suoa misericordia, che come serà requistato la dita no- stra roca de Forlì che inmediate suoa Santità farà la vera liberatione de dita suoa catura deli prefacto, cioè dito conte e dito M. Zohano; et qui a dì dito in l' ora predita lui ne fece la vera invistitura al di- to R.^{mo} Monsignor Legato a peticione ed instancia del pacifico Stato de dita sancta matre Eclesia. Fate dita restitucione, dito Monsignor le fece intrare uno ⁽*⁾ del teritorio de Orbino. Facto queste, dito Bartolomio retornò a riponsare in casa suoa come buom et fedelissi- mo zelato dal dito pacifico Stado de dicta sancta matre Eclesia, co- me le molte esperientie se n' era viste, per lo tenpo pasato, et ma- sime quando lore aveano corse la nostra ciptà per dita santa Ghie- sia; et più, che uno M. dom Bartolomio suo avea fato cridare — Ghiesia, Ghiesia — a uno M. Zoane da Sasadello in dita nostra pia- cia, come ut supra ⁽**⁾. Dipo' queste, cercha l'ultima parte dal di- dito mese di luglio suoa Santità liberò dite caturate; per mode che inmediate come dite M. Zohane fu liberate, di subito se retornò a casa, che senpre era stato a dita magnifica ciptà de Roma dal' in- troito dal dito S. Antonio Ordelafo, per eser andato ali pedi de suoa Santità per suo anbasatore.

Venuta de Guido Ubaldo capitanio a Forlì.

Il prefacto capitanio dela sancta romana Eclesia Guido Ubaldo ven- no a dita nostra magnifica ciptà de Forlì, con ciò fuse cosa che la Sta de Julio per la divina providentia papa secondo avese già reauto dita nostra ciptà de Forlì che prima era suota la iuridicione dela ex- celentia dal duca Valentino; che fu a dì 25 dal mese di luglio dita suoa venuta, anno Domini 1504, die iovis. Arivato che al fui, feze al so primo reposo in dita ciptà nel borgo de Ravaldino nela casa

_____

⁽*⁾ Lacuna del ms.
⁽**⁾ Fol. 31 b.

che zià fu de uno Luca da Aste; e con esa lui era quello valeroso
condutere signor Zohano da Gonzaga suo cugnato per aver una suoa
sorella per moglie. Arivate che lore fune, di subito dito capitanio,
come quelle che avea de tuta l'arte la dotrina, comenciò insemo come dito Monsignor Governatore Legato a fare gram proparamento a
dita nostra roca, dove se retrovava per so castellano dito Consalvo
Mirafonto spagnole; per al che fu mandato dito signor Zohane da
Gonzagha ad abitare nela Vila dal Roncho et altre vile li propinque
sopra la fabrica dele molte gaibone, che in quele loco facea fare dito
capitanio, et altre gredice, sole da poter pugnare contra dita roca;
perchè ancora non era restituvita, per eser la Excelentia dal duca
Valentino caturate nele forcio de suoa Santità. Item suoa Excelentia
infra queste tenpo cavalcò cercha tre volte per la ciptà, per eser lui
per suoa natura molte croceato dal male dele podagre, a ciò che el
nostre popule al potese vedere, a ciò che lore ie dovese piare amore. E qui stete in dita casa per insino al dì 21 dal mese d'agosto,
die mercurio; e po' andò a stare nele case delii arede de uno M. A-
tor, già de Bertolino, nel borgo de Schiavania. Et qui come suove
gram vizilio perseverava al' aquiste de dicta rocha. Et infra queste
tenpo siando già andato uno nostre (*) R.do padre M. Zohane, fiole
de uno Antonio Todole nostre nobile forluvese, ala magna ciptà de
Venetia inseme come uno dom Carlo, nepoto dal dito Consalvo castelano, a peticione ed instantia dala S.tà dal nostre Signó per fare
el diposito de duquato 15 milia de ore al dito dom Carle i' nome et
in visenda de dito Consalvo castelano per pensione de dita rocha; la
quale suoa andata in dito loco era stà a dì 4 dal mese de luglio 1504,
come inento in questo ad plenum parlaroe de hogne suoa definicione a partita per partita. Et più ancora, che suoa S.tà hotene che dita excelsa Signoria ie feze uno salvo conduto al dito Consalvo castelano, che lui potese partire de dita roca et andare in dita ciptà de
Venetia a salvamento per dito suo deposito et altre soi bene.

Signor Acostantino Cominato ven Governator de Forlì.

Al prefacto signor Acostantino, zià dal signor Raniti di Cuminati
per natione dela ciptà de Macidonia come linea sanguinea dela M.tà
inperiale, queste anno dal Signore 1501III, a dì 14 dal mese d'agosto, die mercurio, cercha l'ora vigesima tercia, arivò ala nostra magnifica ciptà de Forlì per nostre Governatore et zeneralmento de tuta
la Romagna a peticione ed instantia dela Santità de Julio per la divina providentia papa secondo, che al presento se partì de suoa guardia a Roma. Arivato che al fui, fece suoa intrada come gram solenità, che al presento in dita nostra ciptà i era al R.mo Monsignor

---
(*) Fol. 32 a.

Legato de latare M. Zohano de Sachie arciovescovo de Ragusa, di conpagnia de Guido Ubaldo Duca de Orbino; le quale tuto de conpagnia lore aveano pugnato prima contra dita nostra rocha, nela quale ie steva per so castelano uno Consalvo Mirafonto spagnolo a peticione ed instantia de Cesaro Borgea Duca de Valentia, zià private del Stado de dita nostra ciptà. Arivato che lui fu, di subito siando questa nostra ciptà per la poca suoa obidentia stato desdito li tri quarto dela fede e trego de costione de dito nostre popule, et per questo tuta la tera era inn armo, sperande lore tutavia de fare più presto male che beno; et per oviare a tale male suoe volontade, di subito (*) fece andaro al so primo bando per via dal nostre banditore in loco consuveto de tale tinore e forma. Con ciò fuse cosa che da mo' inento, che fu a dì 15 dito, ciovè quelo zorne benedecto del'Asuontione dela inmaculata Maria regina de vita 'terna, non sia persona alcuna del contà e destreto de dita nostra magnifica ciptà che ardischa e non prosoma portare alcuna suorta d'arme nè da ofendre nè eciandio da defendro, suota la pena de ribilione et confuschatione de tute li suoi bene ala Camera 'postolica. Et al simile tute quile abitanto in nostra ciptà. Et più ancora, che tute quelle che se retrovano avere costione mortalo e de hogne altra sorta che eser potese, tute quile talo libramento debiano andare suopra la fede suoa da quelle zorne inanto sencia alcuna suoa dubitatione. Item che tuto li forastere, zoè soldate non acunze al so solde, come arme o sentia arme, tute nel presento zorne se debiano avere sgomberato al teritorio de dita ciptà de Forlì, suota la dita pena. Fate questo, hogn'uom ponsò l'arme et atese al bem opperare. Et qui lui stete alquanto zorno. Dipo' ie meso per suo Locotenento zeneralo uno M. Malatesta dal Monto Albodio legum doctor: in modo che in brevità de tenpo, siando stato per alcun tenpo partorito una gram nomicitia fra la nobile casa Moratina et uno Berto già de Jacome da Oriolo nobile forluvese, che fu al tenpo che era presedute in dita nostra ciptà uno S. Antonio Maria già de uno Cecho Ordelafo, per eser stato sachegiato dito Berto da dita casa Moratina; per modo che al presente dito S. Acostantino non i avea mai potute veramento pacificare insemo, tamen n'avea mese del'una parte e dil'altra caturate in dita nostra rocha, per eser già partito dito Consalvo nante a suoa venuta: pur che se fuse, determinò de concludre dita suoa paze et retornò a Forlì a dì 19 d'aprile 1505. Et qui com gram sforcio montò a cavale per andare a sachegiaro le case de dito Moratino, faciando seraro tuto li porto: in mode, come la intercesione del nostre regimento, lore ponsone l'arma et vene in palacio da suoa Signoria, dasando iterum de novo cautione de duquate 1000 d'ore de non inovare più cosa alcuna contra suoa voglia: per mode che l'altre zorne se feze la santa

(*) Fol. 52 b.

paze come gram iubilatione. Et lui feze (*) al popule per tale alegrecia de gram presente et dagande a ciaschuna deli parte cena a-
la suoa mensa, et più, fare la liberatione de hogne suo caturate. Al
simile fare aperire le presone, che hogn' ome che in quele fuse stato, tuto per lui fune liberato. Et le multo altre nobilità et cose
memurando fece suoa Signoria inante suoa partita, che io lase per
brevità.

Consalvo castelano dela roca de Forlì fece suoa partita.

Al prefacto Consalvo Mirafonte spagnole et al presento castelano
dela rocha de dita nostra magnifica ciptà de Forlì a peticione ed instancia dela Excelentia de Cesaro Borgea Duca de Valentia, al quale
Cesaro se retrovava al presento caturate nela ciptà de Napole a piti-
cione dela Sanctità de Julio per la divina providentia papa secondo:
con ciò fuse cosa che già dito Cesaro avese constituvito suoa Sanctità, dela iuriditione de dita nostra ciptà, et ancho al presento avea
inovato over comese per suoi capitole al dito Consalvo castelano che
libramento ie dovese restituvire dita rocha a suoa Sanctità, per eser
lui contentissimo et vicario de dita ciptà; le quale capitole avea adu-
te uno so dom Michelo dal dite Cesaro a dì 27 dal mese di luglio
1504. Intese che abe queste al dito Consalvo, di subito fu deliberate
de volere restituvire dita rocha a suoa Santità come gram vitio; con
ciò fuse cosa che già lui avea capitolate come suoa Sanctità de voler
duquate 15 m. d' ore in ore, deli quale suoa Sanctità già ie n' avea
fate fare deposinto in banco ala magna ciptà de Venetia per intercesione de uno so mandatario R.do M. Zohano, fiole de uno nobile forluvese Antonio Todole, al quale i era stato mandato e tornato a dì
4 del mese di luglio, anno predictis. Et qui dito deposito n' avea instituvito al dito banchere uno dom Carlo nepoto dal dito Consalvo
castelano de suoa propria voluntade: et più ancora, che suoa Sanctità
per più salvatione dal dito Consalvo avea obtenute che la excelsa Signoria de Venetia i avea registrato uno salvoconduto, che nel partimento de suoa rocha lui potese andare a renpatriare in dita suoa
ciptà de Venecia bella. Al quale salvoconduto (**) era hotenticato in
carta menbrana et pionbato, de queste tenore e forma, dicando: —
Nos abiando inteso la volontà dela Sanctità dal nostre Signore per la
divina providentia papa Julio secondo, hogne deposito et capitole facte al dito duom Carlo i' nomo et in visenda dal dito Consalvo castelano, del che suoa Sanctità ce comanda e vole che nui faciamo queste
infrascripto salvoconduto al dito Consalvo castelano dela rocha de Forli, che posa venire e tore dito deposito a hogne suoa requisicione et

(*) Fol. 33 a.
(**) Fol. 33 b.

portarele a salvamento, et ne fare la voglia suoa. Et che mai per
alcum tenpo da nostre subdito e da nui poter eser contradito per tuto
li nostre teritorio. Et così volema che dito salvoconduto sia facto in
so nome et observato suota la pena de nostra indignatione. Et così
te comandema a ti, M. Cristofano More, Providitore nela nostra ciptá
de Faientia nela proventia dela Romagna, che tu debe andare come
hogne tuo potere ad aiutare dito Consalvo castelano a suoa usita de
dita roca a tuta suoa requisitione, et aconpagnare per insine a nostra ciptá de Ravena. Et più ancora, de duquate tre milia d'ore per
pensione de suoa munitione, et altre suoc vituvarie: et più ancora,
vole sette mule carghe de quelle cose che a lui piacerà et cara 4 de
vino. Dipoe hogne altra cosa che se retrovarà in dita roca, dito Consalvo vole che liberalmento romagna ala voglia de sua Sanctità, reservando tute quele cose che se ritrovase dela Excelentia del dito
capitanio Guido Ubaldo Duca de Orbine, le quale fuse stato tolto a
suoa rebilione quando dito Cesaro Borgia ie tose al so duquato de
Orbino. Et più ancora, vole dito Consalvo che per più suoa salvatione nante a suoa partita, che suoa Sanctità debia mandare al Signore
Zohane da Gonzagha nele forcio del canberlegho de dita ciptá de Ravena per insine che lui se retrovarà in quello conduto —.

Et infra queste tenpo la M.ta del re de Spagna feze che uno so Locotenento in dita ciptá de Napole, chiamato per Consalvo da Leri, che aveva in catura dito Cesaro Borgia a peticione de suoa Sanctità, come ut
supra, mandò a Forlì uno altre so Comisario, chiamato pur Consalvo,
come comisione plenaria dal dite Cesare Borgia, che lui era contentisimo che dita rocha fuse restituvita a suoa Sanctità, come ut supra,
liberalemente. (*) Arivato che lui fu, alogiò in casa de uno nostre
nobile Cecho Moratino. Depo' inmediate M.* Lecoretia, donna d'Alfonse da Este marchese de Feraria, pure ie mandò uno maiordomo.
Arivate che al fu, alogiò in casa de uno altre nostre nobile Bartolino
Tomasole. Arivato che lore fune, tute di conpagnia erano andato ala
placatione dal dito Consalvo castelano et le multe altre Potentate de
Talia, che a mi serebbe lungho scrivere. Tamen fate che fu hogne
suo dito deposito e tornato che fu dito dom Michelo dal dito Napole,
che fu a dì 27 de luglio, die sabati, la note prosima passata lui fece ferma deliberatione de volere partirse; et qui comenciò a fare refare li ponte a dita roca et ciptadella, che tuto erano guasto. Facto
questo, feze andare uno bando: s'al fuse alcuna persona che dovese
aver da lui, dovese andare da duom Zuano fiole de uno nostre M.°
Piero Sancto d'Alegro so capelano ed a quello dare in scriptis infra
termino de 4 zurno prosimo ad venire. Item restituvi al dito Guido
capitanio hogne suoa roba che in quello loco se retrovava et masime
quela dignissima libraria che i era stato tolto, come ut supra, la

quale era una cosa de granda comumoratione. Fate hogne suoa cosa, comentiò a mandare via dita suoa roba in cara; che fu a dì 6 d'agosto, die martis; in mode che fu in tuto cara 15, ciovè soi forciero de dite 7 mule caricho, come ut supra; zoè homine amalate et altra roba de una suoa bella mamina, et dito vino et altre cose. Item a dì 7 mandò dita suoa mamina cercha l'ora decimo septima, di conpagnia de suoa madre e de una bona scorta. Fate queste, fece desoterare uno suo bonbardino che era stato soterato et fecele portare ala ghiesia deli Servo a sepeliro. Avande lui facto hogne so bene opperare, i' nomine Domini se feze suoa partita, che fu a dì 10 dal mese d'agosto anno Domini 1504, di sabati, cercha l'ora undecima, ciove quelle giorno benedecto dal martire Sam Laurentio. Prima lui avea consentito che fuse meso le bandere dela sancta matre Eclesia in suoa torre maestra come gram iubilatione de tronbe et artegliaria, tuto cridando a suoa voce piena — Ghiesia, Ghiesia —. Et qui asegnò la posesione de dita rocha a uno M. Bernardino dala (*) Rovera, nepote dela Sanctità dal papa, i' nome dela sancta matre Eclesia come al contento dal dito capitanio Guido Ubaldo duca de Orbino, che in quele loco se ritrovava presentialemento, de conpagnia dal dito Comesario regalo dito Consalvo da Leri spagnole et al Signor Fracaso da Sam Soverino et dito mazordomo de dita Marchesana ferarese et le multe altre zento d'armo in quandità da poterie fare la buona schorta. Fora che lui fu, montò a cavalo armato de tuto punto, come uno saglione de alesandrino, come la lanza in mano, e 'l suo ragazo inanto: tamen lui nonn era tropo gaiardo per eser stato alquanto amalate et eciam per aver tenuto de cuntenuo dita suo mamina apreso. Et qui s'aviione per al borgo de Sam Piero a mano sinistra dal dito S. Fracasso e drete a lui uno nostre nobile M. Lufo Nomaglie, che già era stato caturato in dita rocha mise nove e zurne 27 a peticione ed instancia dal dito Cesaro Borgea, come ut supra. Aprese a lui i era dito Consalvo e po' tute el resto, de grado in grado: perché lui avea cercha 200 tra balestrero e schiupitero, le quale l'aconpagnò per insine ala ciptà de Ravena. Et in quele loco lui ie promeso de dare una paga. Aviato che lore fune, la piogia comenciò quanto più lei potea per vertù e posantia dela coniontione deli dui supriore dal celo, zoè Sole e Luna, che in quelo zurne ocureva, et per altro suoi espeto celesto malingno ala zornata ocureva; per mode che dito capitanio non pote andare con esa lui, se nè uno miglio denstanto da dita nostra magnifica cità. Per modo come lore fune aprese al confine del teritorio de dita Ravena, in quele loco se ritrovava per so secorso uno M. Melagra bandiraro dela Excelentia dal conto de Petigliano, capitanio zenerale de dita excelsa Signoria de Venetia; per modo che lor al conduse a dita Ravena a salvamen-

---

(*) Fol. 34 b.

to suota la granfa de San Marco, come per dito suoi capitole i era stato promeso. Tamen quando lore fune propinque a dita cità cercha 6 miglia, dove se (*) ritrova una ghisolina, già per dito Consalvo castelano i era sto properate de una bela colatione la quale lore fecene tuto di conpagnia. Arivato che lore fune in dita ciptà, in suoa piaza di subito dito Consalvo feze fare la mostra de dita suoa comutiva come gram solenità. Fate queste de quele loco se partì et andò ad alogeare in casa de uno so nobile M. Piero Leonardo insemo come dito M. Lufo: el resto de suoa zento andone al' osteria. Facto queste la M.cia del so Podestato et Camerlengo detene bona licentia al dito Signore Zohane da Gonzagha che nele suoe force se retrovava per dita suoa cautione, come per dito soi capitole se contenea, che lui retornò a dita nostra ciptà de Forlì.

Oramai dipo' che io ó meso dito Consalvo in salvatione, a mi resta a farve intendere come in tale zorne la Excelentia del dito sfurtunato povere zentilome dito capitanio Guido Ubaldo dipo' el so desenare intrò in dita roca, solum per vedere gram parte de suoa alegrecia e tribulatione remiscolata insemo; la quale era el sudore dela bona memoria del so padre e suoa: ciovè quela dignissima libraria, zoè per la mazore parte greco et braico e latino, che ali zurne nostre mai non fu viste la più digna cosa de quela; et etiam altre suoe artegliarie et mobile et imobile che i avea facto tore la Excelentia dal dito Cesaro Borgea quanto el caciò la prima volta dal suo duquato de Orbino. Le quale se fu dita suoa libraria forcere numaro 59, et le multe altre cose che a mi serebo lungo scrivere: e tuto le feze retornare a dita suoa ciptà de Orbino; senpro de continuvo come suove lagreme suopra li soi hochie, come tu poi pensare, discrepto mei lecture, considerande lui per al pasato tenpo ale suove grando infortunio. Dipo fu meso (**).

Primo castelano mese nela roca de Forlì per lo papa.

Al prefacto primo castelano mese in dita nostra roca dela ciptà de Forlì, el tenpo che presedea nela Sancta Sedia postolica Julio per la divina providentia papa secondo, se fu el R.do M. Justiniano d'Amelia et epischo (***) de quela dita suoa ciptà, corando gli anno dal Signor 1504 a dì 27 dal mese d'agosto, die martis: lui fu constituvito castelano de dita roca, dove che in quelle tenpo se ritrovava uno M. Bernardino dala Rovere nepote de suoa Sanctità, al quale al presente se ritrovava alquanto amal[a]to. Per modo come lui i abbe asegnato dita roca come le lor contrasegno, dito M. Bernardino se partì. Partito che al lui, steto in reposo per insino al dì 4 de setenbro, die mercurio : che lui se feze poltare in suso uno edificio da otto deli nostre homine in loco de più salvatione per lui. Prese che abe dito castelano dita rocha, inmediate la comenciò a fare guardare come grando ordine come granda benevolentia de tuto al nostre popule, come più inento ad plenum parlarò.

L' ulti[ma] partita del' arciveschove de Ragusa da Forlì.

Al prefacto R.ᵐᵒ Monsignor Legato de latare dela proventia de Bologna, al tenpo che presedea Julio per la divina providentia papa secondo nela sancta sedia postolica, M. Zohano di Sacho nobile anconitano et al presento arcioveschovo de Ragusa, questo anno dal Signore 1504 a dì 15 dal mese d' agosto, die iovis, ciovè quello zorno benedecto del' asuontione dela inmaculata Maria, fece lui suoa ultima partida da dita nostra magnifica ciptà de Forlì per aver già fornito hogne suo bene opperare, insemo con al capitanio Duca de Orbino, d' aver acustato dita nostra roca et altre. Et andò ala ciptà de Orbino et in quel loco aspetare suoa Excelentia dal dito capitanio Duca predito che al presento se retrovava in dita nostra ciptà de Forlì, et in quele loco veramento constituvirle dela piena investitura dal dito capitaniato. Dipo' lui dito capitanio se partì a dì 4 de setenbro, et i' nomine Domini se fese portare drè a lui per fare come ut supra : e fu dita investitura a dì 15 dito che i' asegnò al soi nobile stendardo.

Francescho Maria dala Rovere creato a Roma Duca de Orbino.

Al prefacto Franc.º Maria dala Rovere et profeta (*) dela ciptà de Sinigaglia, questo anno dal Signore 1504 a dì 18 dal mese de setenbro, die mercurio, fu alecto e deputato et constituvito fiole adoctivo de Guido Ubaldo Duca de Orbino et capitanio zeneralo dela sancta madre Eclesia, et da lui inovato dal dito suo duquato de dite Orbino de comisione et volontade dela Sanctità per la devina providentia papa Julio secondo, come al contento deli primato del so regno, ciovè dita ciptà de Orbino e so contado. Et fu nela magnifica e sancta ciptà de Roma nel' abitacione de suoa Sanctità, dove lui era presentialemento, in suso uno suo balcó di verso oriento. Et qui per dito R.ᵐᵒ Monsignore Legato de latare ie fu cantato una mesa dal Spiritu Sancto episcopale. Dipo' fune mese a sedere, secondo al mio riporto : et qui per dito Monsignor Legato ie fu facto una bela e molte elegantissimo oratione, aducendo per suoa autorità come al tenpo de Julio inperatore era stato facto uno altro simile fiole adoctivo. Dipo' fu lecto al brevo de dita suoa pina investitura dal dito profeta Duca de

(*) Fol. 56 a.

Orbino, dla qual se ne fece rogo de buom notario come al iuramento de tuto le parte presento e instanto et aceptanto. Facto questo,
tuto a suoa voce piena comencione a cridare — Duca, Duca — e —
Feltre, Feltre —. Facto questo, dito Monsignore ie deto la suoa benedicione, e tuto come bela facia alegra et pelegrina.

Carastia et abondancia del' anno 1503.

Del' anno presente 1503 se fu le molte e varie cose suopra la tera, facto et partorito per le influse cileste per la vertù dela magna
coniontione prosima ad venire, come per li nostre Signor estrolico fu
predicto. La primavera comenciò a dì 12 dal mese de marze, et per
al conseglio de dito influso celeste fu alecto al Sole signore del' anno.
Et questa prima quarta fu molte umida più che non covenea a suoa
natura. Valse el stare del grano L. 3; fava s. 40: vino L. 5 l' asaze: fene s. 12 al centenare: paglia s. 6 al cento. La seconda quarta
comentiò a dì 13 di zugno, et in questa se fu granda estuvatione
come le molte infermità cotidiano e terzano, come la despersione de
fiole deli molto donno, (*) et morì le molto fanciulo et masime a dì
24 d' agosto che in la nostra ciptà de Forlì ne morì numero 14, che
non pasava de so tenpo ane dui, per la forcea dela vertù deli male
aspecte celeste che funo nel zorne denanto; zoè une quadrato de Iovo
come Saturno et com Mercurio e la Luna come Mercurio, et uno quadrato de Saturno e la Luna coniunta come Veneri, et la Luna in
cauda Draconis et altre etc. Et in questa se fu le molte tenpesto, e
masimo nel teritorio de Bologna et Faiencia et al castello de Lugo
et per tuto quela rivera. Valse el stare dal grano s. 30, 35: et altre
biade ali soi precio consuvete. Vino L. 7 l' asazo. La tercia quarta
comenciò a dì 15 de setenbro: et qui la prima setemana dal mese
d' octobre valse el grano s. 40 et de novenbre s. 45. La piogia comenciò a dì 3 de novenbro e durò per insino a dì 22 dito, come
grando impido; e po' a dì 25 comenciò a nevaro et venno molte grosa, et nevò più volte. Tornò al grano a s. 42: fava s. 28: et altre
cose al so precio consuveto. A dì 17 de decenbro per la granda inondatione de dita nevo caschò una casa nel borgo di Codugne et amac-
ciò dui fanciulle le quale erano de uno Piere Antonio de Perino di
Rose. Et le molte altre deversità per l'advento prosimo de dicta magna coniontione, come per dito signor astrolico era stato predito per
suoe pronostico de multo lore.

La ciptà de Faiencia data ala Signoria de Venecia.

La prefacta ciptà de Faiencia queste anno dal Signore 1503, re-

---

(*) Fol. 56 b.

trovandese suota la iuridicione dela Excelentia dal Duca de Valentia et per eser lui neli forcio de Julio per la devina provedentia papa secondo nela suoa ciptà de Roma, già i era intrato in dita ciptà de Faientia per so Presidento contra suoa voglia et chiamato da quello so populo quiste infrascripto: al primo Francescheto, fiole inlegiptimo de Galavote Manfrede e già signor de quella: al secondo e 'l tercio se funo dui soi cosino, ciovè uno fiole de Federico episcopo et l' altre de Lanciloto, tuto inlegiptimo, (*) le quale Federico et Lanciloto erano fratello dal dito Galavoto, e tuto al presento se ritrovavano ala morte schura; et infra queste tenpo la excelsa Signoria de Venetia vedande che tale populo de Faiencia avea chiamato li prefacto tri cosino, a dì 25 dal mese d'octubre anno predicti, le quale prima se ritrovavano al Castelo de Castrocario del teritorio deli signor Fiorentine ne' proventia dela Romagna: et siando già lor conduto in dita ciptà molte descordanto come dito so populo; et per queste vedando dita Signoria che tale ciptà molte per lore faria per potere mozare quela via Flaminia per più gram sicurezza del so stato, et per queste fecene suoi conseglio nel quale fu obtenuto libramente de volere venire a campo a dita ciptà de Faiencia. Alora intendando tale suoe volontà al populo de Ruse, siando uno zorne le molte guardie a soe porte, uno Francescho fiole de uno Guarino et altre determinone de volere dare tale so castello a dita Signoria de Venecia per non stare suzeto a tale tri Signor cosino che si ritrovava in dita Faiencia; parando a lore che quile tale faceseno fuoco di paglia. In mode che a dì 26 dal mese d'octubre le multe soldate de dita Signoria, avando intese tale suoa volontà, come suoa volontà se partino da Ravena et andone al dito castelo per volere pigliare l' modo, come lore fune apresentato, a dì dito, die iovis, quele tale de dito Pirone Guarino et altre comencione a cridare — Marco, Marco —: et qui l' abene d' acorde: del che ne resultò al dito Pirone Guarino et altre una previsione de duquato (**) l' anno a vita, la quale ie dasea dita Signoria de Vinecia. Dipo' questo, tuto al fornì dito castelle et fecene ferma deliberatione de volere siguire la vitoria: et a dì primo de novenbro mandone tale suoe soldato in Vale de Lamone, dove in quele loco se ritrovava Dionise et Vicentio de Naldo molte ala sacreta, so secritario de dita Signoria. Arivate che lore fune, dito Dioniso e dito Vicentio acetone suoe soldato, et metandie tutavia in suso la vitoria. Infra questo tenpo dita Signoria ie mandò li soldato de Guido Ubaldo Duca de Orbino, che fu a dì 8 de novenbro, sopra le quale i era Pandolfo Malatesta già signor dela ciptà de Rimino. Arivate che lor funo, dito Dionise (***) come suoi sequaze l' altre zorne stracorsene tuto al teritorio de Oriole, seguitando per tuto al contà per infine al dito castelo de Ruso. Et qui prese e tosene le molte robe et masime del so bistiamo, et tuto le menò a Ravena. Intese che abbe queste, dita Signoria di subito ie mandò le multe cappe d'artigliaria et altre suoa munitione et legnano da poter fare le lor defese. Et infra questo tenpo dito Dionise e dito Vicentio come dito soldate avea già prese tuta dita Vallo de Lamone, salvo che al castelo de Oriolo, dove in quele loco se ritrovava per so castelano uno nostre nobile Tomaso Nomaglie. Et a lui ie fu dato termine zurne (*) a fare hogne suoa defesa: se ne no, che i al torebene per forcia. Et qui dito castelano al feze intendro a uno S. Antonio Maria, già fiole de Cecho Ordelafo, che al presento se ritrovava Presidento in dita nostra ciptà de Forlì contra la voglia de Cesaro Borgea signor de quela come ut supra, se al dito S. Antonio bastase l'animo de potere retenere dito castello de Oriolo, che lui i al darebbe, per eser già al molte tenpo stato suota la iuridicione de dita nostra ciptà de Forlì. Tamen lui ie respose che per niento non ie potea dare secorse alcuno per al quale lui se potese salvaro dale forcio del gram bracio de dita Signoria. Per mode che dito Tomase castelano s'acordò come dito Dioniso e suoi ederento come suoa certe pensione. Et qui i al dete a dì XI del mese de novenbro, die sabati. Facto questo, lore determinone de volere andare a revisitare li Faventino; per modo che lore saltone fora gaiardamento et qui fecene una gram scharamucia, per mode che al vene morte e prese del' una parte e dil' altra; che fu a dì 17 dito. Alò intendando tale cosa dita Signoria, di subito fecene ferma deliberatione de voler tirare ad efecto hogne sno desiderato. Fecene venire le multe dinare et fantaria per barca, et di subito ie mandone in canpo; che fu a dì 18 dito. Alora intendando questo li Faventino la notto prosima ad venire fecene suo conseglio zenerale, et qui fecene ferma deliberatione de volé dare dita suoa ciptà a dita Signoria et vivero et morire suota el vesile de dita magna Signoria, come quiste capitole infrascripto. In prima vosene li dite tri soi Signor come ut supra, recordandese de quello povere zentilomo mischino et agnello (**) inocento de Astore, già pur fiole dal dito Galavoto; perche quando lore deteno tale suoa ciptà ala Excelentia de Zesaro Borgia, come ut supra, non potene salvare tale Astor: perché come ingano dito Zesaro i al tose dele mano i' nome de salvatione et menole a Roma nele forcio de dito papa Lesandro. Ance fu per contrario: che, secondo al mio reporto, andò in perdicione: che mai più non fu visto. Secondario, vosene che per dito capitole fuse salvo lore robe et persone et eser inmunis per anne dece prosime ad venire: et le molte altre cose, come serebbe so oficio et beneficio in dita cipta et so contà, che a mi serebbe lungo serivere, perché al presento io me retrovava i' nostra ciptà de Forlì asidiata per eser

ancora lei rebelata dal dito Cesaro Borgia e data al dito Antonio Maria Ordelafo, come ut supra. Facte che fu tale suoi capitole, di subito per dita excelsa Signoria ie fune segnato; per mode che l' altre
zorne la matina per tenpo, che fu a dì 19 dal mese de novenbre, anno predictis 1503, dita Comunità de dita Faientia i' nomine Domini
ne feze la piena invistitura a uno providitore de dita Signoria; che
potea eser cercha l' ora decima nona, die dominicho, quando fu corse dita suoa piaza i' nomine de dita excelsa Signoria. Facto tuto le
predite cose fu menato dito tri primo Signor a Venetia a reponsare
suota la granfa de Sam Marco, forniti de hogne lore provisione che
mai più per alcune tenpo no ie lasarano mancaro per non fare dita
Signoria fogo di paia.

La ciptà de Imola tornata suota la Ghiesia.

La prefacta ciptà de Imola, queste anno dal Signor 1503, retrovandese suota al stado et iuridicione dela Exceleutia de Cesaro Borgea et Duca de Valentia, per eser già morto Alesandro sesto pontifico e dito Zesaro esere nele forcio de Julio per la devina providentia
papa secondo noviter creato; con ciò fuse cosa che uno Hotavigliano
Riario, fiole del conte Jeronimo, avando lui intese la morte (*) de
dito papa Lesandre e la catura dal dito Cesaro Borgea, di subito dito Hotavigliano era transferito ala magnifica ciptà de Bologna de co-
misioue et comandamento d'Aschanio Sforcea cardenalo et de Rafaie-
le da Reraria pur cardenalo de Sante Zorze come suoe litre de credentia, caramento lore arecomandandelo a quello Senato e dita magnifica
ciptà et masime al gram braze de casa Bentivoglia, che tuto insemo
se voleseno degnare de prestare aiute et favore per al quale dito Hotavigliano potese retornare a repatriare in dita già suoa ciptà de I-
mola, cosidirando lui d' averie una gram parte in dita ciptà. Facte
queste, tale Bolognise ie prestone grando aiuto de homine et suoe artigliarie, per mode che a dì 7 dal mese de novenbre 1503 dito Hotavigliano s' apresentò ala porta dela roca, come cercha 2000 persone
tra cavale e pede, de dita ciptà de Imola, cridando a suoa voce piena — Hotavigliano, Hotavigliano —; concredando lui veramento che
parte se dovese levare. Ance fene per contrarie, che persona alcuna
non se mosse, se nè ali danne suoi. Alora lui ie fece trare alcuna
botta de suoa artigliaria. Facte queste vedande lui che al presento
alcune per lui non se movea, di subito se ritirò in drete per insine
a Castello Sam Pieri, in quelo loco stete per insine a dì 27 dito,
tutavia faciando gram corerie per quelle suove Castello dal canto
d' sota, zoe Mordano e Bubano e Bagnara. Tamen alcuna persona no
se motò, se nè ali soi danne. Alora vedande lui che al tuto la for-

tuna l' avea abandonato, de quele loco se partì e tornò ali suoi viaze a di 27 dito, come ut supra.

Partite che al fui, stete le cosi pacifico per insine a dì 14 de decenbro, che dita ciptà fu corsa a peticione ed instancia de dicta sancta matre Eclesia anno Domini 1503, cercha l' ora vigesima prima.
Dipo' abe la rocha da uno m.° de legnano che in quella se ritrovava, al quale m.° de lignano già avea morto uno so primo castelano,
al quale avea nome M.° Bernardino da Greda spagnole che era a
peticione ed instancia dal dito Cesaro Borgea Duca predito.

Dapo' queste stete le cose pacifico per insino cercha la prima setemana de zenare 1504, che uno Galiacino, fratello dal dito Hotavigliano et fiole (') dal conte Jeronimo Riarie predicto, avando già
lui dito Galiacino inparentade come la Santità del dito Julio per la
dovina providentia papa secondo, seconde che a mi era stato riporto;
o per questo o per altre, dito Galiacino avea fato corere dita ciptà
de Imola a suoa peticione ed instantia per suoi comisario, et avea
dato al dito so castelano m.° de legnano, chiamato Simoncello da Bologna, che prima avea morto dito M.° Bernardino castelano ducale,
tri milia dupione d' ore per suoa mercede de dita rocha. Al quale
M.° Bernardino castelano, secondo al mio riporto, era conpadre dal
M.° Simonzello: con ciò sia cosa che per al proverbio se spando: chi
al fa ala comadre et al conpadre non fa non bene e non male. Cercha la prima mediatà de februari i andò a petitione dal dito S. Galiacino per suo comesario uno M. Galiazo bolegnese; et qui stete dita ciptà in doe parte, quando bene, quando male, per insine a dì
22 dal mese di luio 1504, che liberalemento retornò suta la vera iuridicione dal manto de Sancto Petro. Siché, amantisimo mei lecture,
quanto mudatione à facto dita magnifica ciptà de Imola in poco tenpo per le lore descordancie, dele quale a mi resultado tale gram fa-
digha. Item dipo' queste, stete le cose de dita ciptà molte pacifica per
insine a dì 6 dal mese de zenare 1506, ciovè el giorne benedecto dela epifania de Yesù Criste, che li primo signore Conservatore de quela ciptà fecene suoa prima intrata: le quale fune de numero cinque.
Al primo avea nomo . . . . , ... (**).

(⁂) **La ciptà de Cesena retornato suota al stado dela Ghiesia.**

La prefacta ciptà de Cesena, corande gli anno dal Signore 1503,
retrovandise suota la iuridicione dela Excelentia de Cesaro Borgea e
Duca de Valentia che al presente lui se ritrovava nele forcie de Julio
per la devina providentia papa secondo, et de suoa comisione et a-

(') Fol. 39 a.
(**) Lacuna del ms.
(⁂) Fol. 39 b.

corde, suoa Santità i avea mandato uno so spagnolo a dita roca de
Cesena come li soi contrasegno duquale, et cometando per suoa parto al so castelano ducale che al presento se ritrova in dita roca, al
quale avea nome Deghe de Ghignone spagnole, che viste tale suoi
contrasegno che immediate lui ie dovese restituire tale suoa roca al
dito castelano papale, et che questa era la suoa ultima volontade.
Arivato che al fu a dita ciptà de Cesena, dove in quile loco con esa
lui se retrova el R.ᵐᵒ Monsignor Legato de latare M. Zohane de Sa-
chis nobile anconitano per Comesario apostolico, et già avea corse
dita ciptà i' nome de dita sancta matre Eclesia anno Domini 1503
die 2 dal mese de decenbre, die sabati. Dipo' fece chiamare dito castelano ducale, dicando che volese eser contento de volerie dare tale
roca a uno suo castelano dela Ghiesia, che al presento con esa lui
se retrovava come suo dito contrasegno, come ut supra. Alora dito
castelano ducale a questo respose, che era molte contento de fare
la voglia del papa e dal duca dicto so patrone, et che lui ie mandase dito spagnole ducale che lu' potese vedere tale suoi contrasegno.
Viste che lui i arebbe, che in brevità farebbe suoa deliberatione, in
modo che al povere mischino a lui fu asegnato per tale mode e forma. Viste che lui abbe tale suoi capitole, la notte prosima ad venire
al feze inpicare per la gola ali merlo de dita suoa rocha, dicando al
dito Monsignore che andase a retrovare miore farina: quante per quele, per niento non ie volea dare dita roca. Facta la resposta, dito
Monsignore dipo' le molte suove parole di subito lui fece comandamento al so popule de Cesena che per niento non doveseno dare più
vituvaria alcuna al dito castelano, perché infra dito popule e dito castelano era stato alcuna conventione per insine al presente d' averie
dato vituaria per so uso (*) per li soi dinare. Alora intendando tale
cosa, dito castelano montò in colera et qui comenciò a traro zorne e
note per dita ciptà, non avando alcun resguardo a loco piatuse: in
mode che a dì 16 dite trese 27 botte de canune, per mode che butò
zose la canpana dal popule, dela quale ne venno facto 14 peze: per
tale mode e forma che tale popule se retrovò molte de mala voglia aprese ali altre suoi guai, per eser quella una grosa et bona dignissima canpana. Facto questo dito Cesenato per disdegno fecene inpicare uno chiamato Bianchino da Bologna. Depo' queste, dito castelano non restando al so male fare uno zorne, che fu a dì a mi incognito del' ultima setemana dal dito mese de decenbro, retrovandise
uno M. Cesare, fiole de uno Mᵒ. Domenego oreveso, retrovandise in
piacia a scharamuzare lui e uno so famigliare, seconde al mio reporto, contra dito castelano de parole over de facto, per al che dito
castelano fece trare de uno arcobuse, in mode che ven morte dito
M. Cesare e so familiare: al quale M. Cesa' per quela ciptà fu molte

---

redolute per eser lui homo da beno. Alora vedando dito Monsignor
tale cose de non potere avere tale roca, di subito se partì et andò a
Bologna, et menò uno so contestabile chiamato Francescho Roverso
come la conduta de 100 fante; che fu a dì 19 de zenare 1504. Depo'
fece venire over menare uno Cortaldo da Imola per pugnare contra
dita roca: che fu a dì 13 februari. Et infra questo tenpo la Comuni-
nità de dita Cesena aveano mandato suoi anbasatore ali pede del papa et a quela pregare che per hogne via e mode se dovese placare
dito castelano, per al che oramai avea molte concasate dita suoa ciptà, et al simile avea mandato uno so ancora lui, pur faciando suoa
schiusa al dito Cesaro so patrone, di nove lui pregandele che libramento lui ie volese fare intendre dicta suoa volontade. Per mode come se pasase le lor cose io non potite intendre altre, se ne che dito
castelano fece conventione come dito Monsignore che sole lui non vose
se no el so seruto de dita rocha, dipo' che così era la volontà dal
dito signor Duca so patrone. E de quelle loco feze suoa partita a dì
18 dal mese d'aprile 1504, et fu aconpagnato dal R.mo Monsignor
M. Piero Paule da Caglio, cavalere ierosolimitano (*) comesario a-
postolico, che in quelle loco se ritrovava de conpagnia dal dito Monsignore Legato; et con esa lui avea cercha 80 cavale. Et al conduse
per insino al castelo de Castrocario de Romagna nel territorio deli
Fiorentino, et pasò propinque ala nostra roca de Forlì, dove se ritrovava dito Consalvo castelano che ancora lui non n'era usito e no d'a-
cordo. Partito che al fu, per dito Monsignore fu mese in dita roca
de Cesena castelano novo a petitione de dita santa matre Eclesia.
Laus deo.

Infra el tenpo la ciptà de Bertinore si era retornato suota el manto de santo Pietro al tenpo che prescdea dito Iulio per la divina providentia papa secondo, che prima era suota la iuridicione de Cesaro
Borgea Duca de Valentia, come ut supra: che fu suoa retornata cercha la prima setemana de decembre predicto, al tenpo che dito Monsignore Legato de latare era al governo de dicta Cesena. Dipoe abene
suoa roca a dì 23 de zenare 1504, dove in quelle loco steva uno chiamato Raveghia spagnolle per so castelano. Partito che al fui, intrò
castelano novelle. Dipo' queste, dita Comunità fecene suoi primo signure, le quale fune quiste infrascripto: M. Vicentio de Sasio: secondo, M. Rainaldo de Fabris: tercio, M. Carlo Robino. Le qual fecen
al so primo introito al dì primo d'agosto 1504 per uno mese prosimo
ad venire, dove in quele zorno fecene gran solenità per eser li presento al dito R.mo Monsignor Governatore et Legato de latare de conpagnia del signor Zohane da Gonzagha, che al presento era alogiato
ala nostra ciptà de Forlì come la Excelencia de Guido Ubaldo Duca
de Orbino

(*) Fol. 60 b.

La ciptà de Rimini premutata come la Signoria de Venecia.

La prefacta ciptà de Rimino, queste anno dal Signor 1503, retrovandese suota la iuridicione del so signor Pandolfo Malatesta per averela requistata dale forcio del bracio dela Excelentia de Cesaro Borgea Duca de Valentia, come inento ad plenum ne parla, et per paura che la fortuna più contra non fuse, feze lui ferma deliberatione de volere premutere dita suo ciptà come la dita Signoria de Venetia, come queste patte et conventione. In primis che lui (*) posa portare hogne suo mobile et immobile et hogne altre suoe facoltà sencia alcuna contradicione de dita signoria dove a lui piacerà, fora de dita suoa ciptà de Rimino; et che dita Signoria al debia aceptare per suo buon subdito suota la granfa de Santo Marco; et per schambio de dita suoa ciptà de Rimino dita Signoria darie uno so castelo in Friule, chiamato Citadella, e de quele constituirle signore come piena rasone, e duquato 5000 d'oro et altre etc. E de quele loco se partì cercha la prima mediatà de novembre 1503, et andò ad abitare in dito so castelo e da dita Signoria fu costituito Signor etc. Item non abene al castelo de Medula, se no l'ultima setemana dal predito, per eser li soi homine in quele tenpo signore de dita.

Tornata a casa de M.ᵃ Isabeta da Gonzagha Duchesa de Orbino.

La prefacta M.ᵃ Duchesa de Orbino et sorela de Zohane Francescho da Gonzagha et marchese de Mantova, questo anno dal Signore 1503 a di 25 dal mese de novenbre, die sabati, cercha l'ora seconda dela noto, arivò ala ciptà de Ravena, che venea da Mantoa, in casa de uno Ziroto Gocimanno; la quale era stata come dito so fratele dal sposalicio de M.ᵃ Recorecia Riaria al presento marchesana de Feraria, che lei si era partite da Orbino e venuto con esa lei. Et vedando lei che la Excelentia dal Duca so marito era retornato in stado, vose lei observare li precepto divino e come lui retornare. Et qui stete in dita ciptà de Ravena in casa dal dito, e da lui bem viste et provedute d'alcuna parte de soi bisogne, per line a dì 27 dito.

Cesaro Borgea duca de Valentia prese et lasato, et suoa morte.

La prefacta Excelentia de Cesaro Borgea e Duca de Valentia, dipo' hogne suoe infortunio dipo' la morte d'Alesandro sesto pontifico suo padre, queste anno dal Signore 1503, siando, secondo al mio repor-

(*) Fol. 61 a.

lo, deliberato al tuto volere retronare ala suoa patria insemo come
duon Michele spagnole già prefacto so conditero, al quale se retrovava a Roca Suriana (*) come al numero de 60 cavale lezere et 150
pedune e molte bene in punto, sole per volere accompagnare el Duca,
tamen suoa Excelentia pare che fuse montato in barca incognite et
andava per la via del porto de Ostia. Per modo come in quele loco
lui se ritrovò, per la forcia del brazo d'Ascanio cardenalo et de Rafaello cardenalo de Sam Zorzo lui fu prese a dì 30 dal mese de novembro, et menato a Roma come una barcha propinque a cinque miglia. Et ismontò int uno prato; e po' fu dato nele forcio de Iulio
per la divina providentia papa secondo, che già era morto Piglio et
lui creato novamento. Dipo' suoa Santitá feze hogne suoa rasone con
esa lui; et a mi fu reporto che le tenca caturato per più suoa Excelentia suopra la suoa cosina.

Et infra questo tenpo li signor Fiorentino, siando partito dito duom
Michelo da Roca Suriana per andare, come al fu a Castione Artino
nela proventia de Toschana, per lore fu svalisato et sachezato; che fu
a dì 29 de novenbro, die mercurio, 1504. Et fornito hogne suo conte come suoa Santitado d'averie renonciato tuto al so stado dela proventia dela Romagna e altre etc.: per modo che, secondo al mio reporto, suoa Santitá l'avea retornato nel porto di Hostia pur caturato.
Et in quele loco steto per insino a dì 11 dal mese d'aprile, che suoa
Santilà ie feze la vera liberatione che lui potese andare el suo viaza-
re a tuta suoa voglia, anno Domini 1504, die iovis. Per modo come
suoa Excelentia fu nela ciptà de Napole, che uno Locotenento dela
M.tà del re de Spagna, chiamato Consalvo spagnol, al feze retenere
et metre in Castello Novo; che fu a dì 27 del mese di magio, die
luni, la note prosima ad venire, cercha la seconda ora dela note prosima ad venire, 1504. Et qui stete aspetare che per lui piatade se
mova per insino ala suoa liberatione a mi incognita; per insino a dì
tri dal mese de dicembre anno Domini 1506, che suoa Excelentia per
suoa litra fece intendro al so già Auditore M. Antonio dal Monte Sam
Savino, Protonitario apostolico, come lui per la Dio gratia era arriva-
to sano e salvo a dì dito come la M.tà del re di Navara e come suoa
regina, e da quela ben visto et amato, nela proventia de Panpalonia,
come suoe gram feste e canto per el vincole dela parentella che infra lore erano.

(**) **Cesaro Borgea morto.**

Al prefacto Cesaro Borgea e Duca de Valentia, questo anno dal Signore 150... (*) a dì (**) dal meso (***), intravenne la suoa prefacta morte nela proventia de Pampalonia, nel gremio dela M.^{tà} del re de Navara et de suoa regina, in questo modo e forma. In primis, siando suoa Excelentia . . . . (****)

(*****) . . . .

[A]l prefacto conto de Petigliano de casa Orsina et nobile romano, queste ano dal Signore 1504 a dì 25 dal meso d' aprile, ciové el giorno benedeto de Sancto Marco, retrovandese per molte tempo eser stato al servizio del' arte melitaria come la excelsa Signoria de Venecia, et remunaratione del suo bem servire et gra' fedilità, sove Signorie per le lore conseglio determinone de darie el bastone del suo capitaniato. E fu nela sua ciptà de Ravena che in tale zorno lui feze cantare la mesa dal Spirito Santo nela ghiesia de Sam Bastiano. Et dipo' per uno deputato per dita Signoria ie fu asegnato el nobile stendardo de Sam Marco. Fato hogne suoc cerimonie, dipo' el so desenaro, avando dito capitano ordenato una bela zostra admenino, per la quale ie fu mese dui palio de gram valuta; al primo era bracia 12 de pane d' arezento; al secondo, branza 50 de raso alesandrino; per mode, come fu fornito suove cerimonie in dito Sam Bastiano, potea eser cercha ore 14, die iovis. Dipo' se feze dita zostra come grando ordine et bem provista.

Gram guarnimento alla ciptá de Imola.

Al prefacto gram guarnimento facto in più volte per li omine de dita ciptà de Imola, comenciando ali anno dal Signore 1504 a dì 21 dal mese d' aperile, die dominico, inento in queste dechiarerò a partita per partita. In primis, come vose la mala ventura, parse che già per lo tempo pasato fuse partorito certe deschordia infra uno M. Zohane, già de uno M.° Francescho da Sasadello nobile imoleso, et come uno Antonio, già de Zohane Bonbarda, alias Imola, da Imola, tramedui armigero dignisimo; per la quale descordia parbe che dito Antonio se avese alquanto fabulato dal dito M. Zohane e suoa famia contra l' onore de suoa casa e de lore; per al che molte male se voleano l' una parte e l' altra. Per modo che dito Antonio a dì dito avea facto una granda armata in dita ciptà in casa de uno so nobile M. Guido Vaglino, armizero ornatissimo, al quale al presente se retrovava a Roma al servizio de Rafaello cardenale de Sam Zorzo; et

---

(*) Lacuna del ms.
(**) Lacuna del ms.
(***) Lacuna del ms.
(****) Lacuna del ms.
(*****) Fol. 62 *b* Manca la didascalia.

era dito Guido cognato de uno M. Zentile fratelo dal dito M. Zohane per aver lui per moglie una (*) sorela dal dito M. Guido. La quale suoa armata avandola inteso dito M. Zentile et M. Tiberto, pur fratello insemo, de subito ne detene avviso al dito M. Zohano suo fratello, che al presento se retrovava nel teritorio de Fuorumpopili al servizio dela Santità de Julio per la devina providentia papa secondo, che al presento avea prese dito Fuorumponpili. Intese che lui abe tale nova, di subito andò a Imola, che fu a dì dito, die dominico. Arivato ch'el fu, et intese che lui abbe al tuto, andò a dito casa et qui trovò la verità; per mode che di subito prese dito Antonio et menole a casa suoa, molte interogande le suoe parole: per mode che per intercesione de uno suo nobile cavalerio dala Volpo in quelle loco non ie fece male alcuno, per mode che in spacio de doe hore lui se motò a cavalo per volere retornare al so viazo. Et qui al feze montare de gropa de uno suo famio dal dito Antonio come dito M. Zentile come la multa altra suoa cometiva, et de quele loco se partino per venire. Come lore fune pasato al suo fiune in pete a una viiola che venea di verso el monte, non tropo dinstanto, in una basa, dito M. Zohane feze desmontare dito so famio, et come una roncha ie feze mozare el cole suta certe frasche che in quelle loco se ritrovava. Fate queste, dito M. Zohane ven al dito Fuorumponpili, e dito Antonio fu portato a Imola et sepelito come grando honore. Si che per al povere zentilomo quela fu mala zornata per lui. Che lo eterno Idio i abia perdonate li soi pecate et po' donarie la gloria beata. Intese che abbe dito M. Guido Vaglino tale mala nova, molte ie ne rencrebbe per eser stato, secondo al mio reporto, contra la suoa voglia: per modo senpre cerchò la placatione come dito suoe Sasadello. Et qui per intercesione dal dito R.^{mo} Monsignor cardenale so patrone e de el signore dito Galiaze come al contento de dito Sasadele, tuto di conpagnia andone ali pede dela Santità dal papa, et qui di suoa volontà de lui e de tuta la parte se criò una trega per dui mise prosime ad venire comenciando a dì 7 dal mese de mazo anno Domini 1504, come la pena de duquate tre milia d' ore in ore per ciaschuna dele parte che contrafese, come la fede de suoa Santità e de dito R.^{mo} Monsignor cardenalo e de dito signor Galiacio.

Dipo' queste stete pacifico le cose per insine a dì 21 dal mese (**) zugno, die venus, anno predictis 1504, cercha l' ora decima sesta, che dito Vaglino ropino tale suoa trega ali dito Sasadelle contra la voglia de tute quelle che per lore avea promese. Con ciò fuse cosa che ad 21 dito, in tale zorne, la matina per tenp', uno altro Guido giá de Batista Vaglino avese facto una suoa granda armata in casa

come al numero de cavallo 55 et cercha 300 pedune molte bene in
punto. Depo' queste per la via de quiste soi confidato, zoè uno Zorzo da Tosegnano et altre, come ingano andone ala porta dela Spivi-
glia, et qui presene uno Jacome Burchela et uno suo fratello capitanio de quella et lore se ne feceno patrono. Dipo' queste, lor fecene gram sbare in pete a casa deli dito Vaglino. Alora intendando tale so grando ordeno fate per dito Vaglino, M. Tiberto et M. Zentile
Sasatello, che ancora erano in leto, molti se maravegliono; tamen
considirando lore che tale suoa trega ancora non fornea, per queste
non sapevano quelle che lor dovesene fare. Tamen spacione 5 mese
a uno trato che dovese venire nel nostre teritorio dela magnifica ciptà de Forlì nela Vila de Bagnole, dove se ritrovava dito M. Zohane
suo fratelo al servitio dela Santità del papa, che novamente già avea
prese dita nostra ciptà. Et in quele tenpo dito M. Zohane avea apude
certe contraversia come uno nostre nobile armizero Nano Moratino
nela ciptà; et per queste dito M. Zohane era partito et andato in dita nostra Villa de conpagnia de uno so conpagno M. Ramazoto. Et
infra el tenpo che dito Sasadelo aveano mandate tale suoe mise, di
subito lore erano andato ala porta d'Alone et qui aveano preso uno
suo capitanio chiamato Zohane Antonio da Milano. Dipo' introne in
casa de uno suo vicino mercadanto et qui tosene le multe abede, et
qui in pete a dita suoa casa fecene ancora lore gram barre. Dipoe
fecene armare al canpanile de Sam Francescho e quele de Sam Casano per eser propinque ale lor case. Facto queste, lore stevano in
casa serato, come fano quile che suoi nomice apreciano. Alora intendando tale cosa, uno M. Negrone zentilome savoneso et al presente
Governatore in dita ciptà a peticione ed instancia dal dito S. Galiazo
Riaria, al quale era venuto a tale governo a dì deze prosimo pasato,
die sabati, molte ie rencrebe; et qui feze convocare quiste dal so senato. Al primo, uno dito Cavalere dala Volpe; 2, M. Aneballe da Verona legum doctore (*); tercio, uno M. Zohane de Gilio, pur utriusque doctor; 4, uno deli Brocardo, et altre, etc. E qui tuto de conpagnia andone da casa del dito Guido Vaglino come la comisione dal
dito Govenatore et caramento lore pregaro che tale suo guarnimente
volesene lasare stare et atendere al' onesto et pacifico vivere: tamen,
seconde al mio reporto, alcuna resposta bona da lore potine avere.
Alora intendando tale Governatore la suoa opinione, di subito fece
andare uno suo bande per al suo banditore; che non sia alcuno de
dito parte che debiano usire dele lor case come suove arme, nè e-
tiam alcuna suoa cosa inovare, suota la pena de suoa indignatione:
in mode che le cose stetene pacifico per insine al' ora predicta, ciovè decima sesta, a dì 22 d'aprile dito, che dito Vaglino andone a
casa del dito Sasadelle come hogne suo potere. Et arivato che lore

____

(*) Fol. 64 a.

fune, ie faccano una gram guerra; per mode che ven ferito uno de
dito Sasadello. Alora apersene le suove porte et gaiardamento comencione a pugnare con esa lore. Et qui aveano tre boche de fogo in
careta che faceano gram male. Al simile faceano dito canpanile; non
estanto queste, dito Sasadello andone dal canto de dreto dela casa de
Ventura deli Mezeamise che era dal' altro canto dela strata dove era
dita parte Vaglina, che ie facea gram guerra. Et per fortia dentro
introno. Et qui le molte ne ferino et amazone et ie butone zose tuto
li soi portego. Alora vedando la dita parte Vaglina che li soi pensere sone manchate, di subite de quello loco se partino et a casa suoa
retornone: tamen tutavia le parte renforzavano. Alora dito Governatore e suoi Senato retornone presentialemente a casa de dito Vaglino,
et qui creone una trega per ore 3 prosime ad venire, comenzando
al' ora decima septima; per mode che, pasato al dito termine, che
la parte dovese e[se]r conseato. Tamen per niuno de lore più non fu
parlato. Per modo, come la fortuna vose, a hor 22 arivò dito M.
Zohane ala porta d'Asone come cavale 51 et sol 5 pedune; et qui
chegneva intrare per dita porta a cavale per cavale, perchè al castelano dela suoa roca ie facea gram guera per eser lui propinque a dita
porta. Intrato che al fui, di subito se n'andò a casa de dito Vaglino: e come al zunse ale sbare, di subito uno so tronbeta se butò
dentro. Alora li nomice ie trese una preda; caschò in tera (').
Alora dito M. Zoano schavalcò come al stoco in mano et la celata in
testa et intrò dentre et tose tale suo tronbeta et al mese a cavale et
mandole in loco securo. Facte queste, come gram furia tuta suoa
parte introne dentro et qui come dito suoe tre boco de foco che erano poste a dita suoa porta, drete a quela viotela, che era dal' altro
canto de suoa strata, et qui l' una parte e l' altra forte pugnavano:
per modo che dito Vaglino vedando la gram furia che contra lore venea di subito fecene serare suoe porte, areducandose tuto dentro da
suoa casa ala secura. Alora dite Sasadello se videne la suoa victoria
propinqua; e tutavia se renforciava suoa parte, cridanto a suoa voce
piena — Saso, Saso —: et dito Vaglino — Galiazo, Galiazo —. Fate queste, dite Sasadelle andone dal canto de dreto de suove case et
qui inpizone al foco in uno suo fenile; in modo che in brevità tuta
la casa s' afocò. Alora dito Guido come uno S. Bertocio dala Costa
come tri suoi fiole et uno Coradino de Nicolito et altre di subito montone in suso una suoa tore ch' era sopra la sterata et qui forte lore
pugnavano: tamen al foco i arivò et per queste e' fu forcia che li
povere mischino avise al pegio, perché in quele estanto loro ropono
le porte et per forcia dentro tuto introreno. E tanto quanto lore ne
trovavano, tuto per lo file dela spata lo menavano: salve che quile
povere mischino che erano in dita tore, che tute fune prese et me-

nato fora in dita strata. Et qui pensa, discreto mei licture, come la turba ie conceda, perché, seconde al mio reporto, veramento dal beato Simó da Trenta (?) c lore deferencia alcuna no c'era. Alora dito Vaglino intrò per suoa salvatione nela ghiesia de Sancto Agostino che li propinquo se ritrovava, et li stette per insino al sabato de sera prosimo, che lui se fece menare nel monesterio de Santo Dominico, e li stete per insino ala domenecha matina, che de quele loco fu cavato e dato nele mane de tale turba. Et intorne a quele poverino pareano cano rabiato, parande a lore che lu' fuse meritorie de quele e de pegio, per eser lui a' più antico et prencipale autore sopra tale so momento. Ed era de curta suoa vista, et per queste lui doveria eser stato al più savio et aver dato buom dochumento ali zuvene; anze lui avea facto per al contrario; come veramento lui se ne portò la gram pena. Et infra queste tenpo erano andato ala dita porta dal fiume, over dala Spiviia, et per forcia intrato (*), per mode che in quele loco n'era venute morte de lore cercha numero 15 et altretanto n'era perito in dita casa; salve che quel che era naschosto in dito feno, che erano brusato et s'erano butato int uno suo poze, che era in meze al so cortile, che erano povere forastere, per la gram furia dal dito focho. Facto questo, se comenciò andare per la ciptà sachizando et amazando quiste povere zentilomine infrascripto. La prima casa sachezata se fu quela dal dito Vaglino; la seconda quella dal dito Guido de Batista; la tercia, Marco Antonio Nicoleto; la 4, Coradino Nicoleto; la quinta, Tiseo Nicoleto; la 6, Jeronimo Rubano; la 7, Rubano suo cosino; la 8, M.° Zohane Antonio Fantucio medico; la 9, Rolando Maghazino; la 10, S. Nicolò Burcardo; la XI, Piero Porcaro; la 12, S. Bertocio dala Costa; la 13, Zohane Andrea de Chisimo; la 14, Franceschо Buomfiglio; la 15, Bonaventura, dite Mezamice; la 16, Tomaso Tartaglia; la 17, i arede de Zentile Borcardo; la 18, Otavigliano Borcardo; la 19, Bertoncino de Pighino; la 20, al fiole de Tomase Pighino; la 21, Pensere dala Piva; 22, Domenego Remigio di Masucio; 23, Andrea Farina; 24; Franceschо deli Mezeamise; 25, quela de Piero Brocardo et ultimo.

Ora al presente me resta a fare la rasegua de queste povere infrascripto zentilomine da dita cipta de Imola et altre suoe forastere. In primis al dito Vaglino; al 2, Guido de Batista Vaglino; 3, Marco Antonio Nicoleto; el 4, Coradino Nicoleto; el 5, S. Bertocio dala Costa; el 6, Batista so fiolo; lo 8, Gisimondo so fiolo; el 9, S. Nicola Borcardo; el 10, Rolando Maghazino; l'undecimo, Michelo so fratello; 12, Felipo Borcardo; 13, Zarabino Bertarc; 14, Orbano de Orbano; 15, el fiole de M.° Zohane Antonio medico; le quale sone tuto da dita poverina ciptà. 16, uno Nicolò magnano da Bologna armizero; 17, Andrea dala Fava da Lugo; 18, Jacomo de Gipicio da To-

---

segnano, et altre, che asendo ala quandità de numero 60, seconde la rasegna che a mi fu data, per eser in quel loco presentialemento a dì 25 dito. Per mode che in tale zorne la svinturata et nobile ciptà per quela volta fu mal tractata per nonn avir cognosuto el loro bene come la suoa sancta pace, come veramento a mi molte me rencrebbo.

Dipo' queste, le cose steteno tranquile per insine a dì 21 dal mese di luglio, die dominico, che dito M. Zohane da Sasadello tornò a Imola. Dipo' a dì 10 d'agosto i acade alcuno altro momento. Con ciò fuse cosa che per intercesione de uno M. Girardo medico suo nobile, al quale al presento se ritrovava ala ciptà de Bologna per suspeto del dito suoi primo momento et in quele loco avea hotenuto certo (*) pratico come uno Regucio dal castele de Mordano, al quale per niento arebbe voluto el stado de dita sancta matre Eclesia. Alora dito M. Zohane da Sasadello intese che abe tale cosa, di subito al mandò a piare; per mode che lui se mese a difesa, et qui vene morte lui e uno so fiole et altre; che fu a dì XI d'agosto dito.

Pur seguitando la instoria, cercha la prima mediatà del mese d'octobre 1504, avando già la Ghiesia prese dita ciptà de Imola e 'l contado, salve che al castelo d'Oriole, nel quale i era uno Guielmo Tenpione per so castelano a peticione dal dito signor Galiazo da Riaria, alora in quele tenpo come la sapientia dal dito M. Zohane ie tose quela roca et prese dito castelano et ie mese uno castelano apostolico. Fate queste, dito M. Zohano se partì et andò a Roma ali pede dela Santità del papa; che fu a dì 21 dal mese de octobre 1504; et qui rendre hogne suo tema a suoa Santità de hogne suoe opperare. Et lì stete per insino a dì primo dal mese de zenaro anno Domini 1505; che in tale zorne suoa Santità vogliandole remuneraro de tale suoe beneficio et gram fedilitade per lui usata inverso el pacifico stato de dita santa matre Eclesia, in tale zorno lui ie donò la melicia del cavalerato a sperone d'ore, et lui come le suoe proprie mane ie butò una colana al cole de gram valuta come rechedea tale suoa milicia. Facto hogne suoe cerimonie, lui stete in quele loco per insine a dì 9 dal mese d'aperile che lui retornò a dita nostra magnifica ciptà de Forlì. Et come al fu arivato in piacia, le molte soi amice i era andato incontra. Alora uno Berardo fiole de Francescho Marcobello se feze inento et al dite M. Zohane tocò la mane. Alora se feze inento uno Nicolao de Bertolino suo cognato, dicando: — M. Zohane nostre, non tocade la mane a colui, perché l'è vostre nomico ed è uno gram traditore —. A lui rispose dito Brardo, dicando: — Tu te mento per la gola come uno ribaldo che tu sei —. Et qui come la spada in mano ie vose andare adose. Alora dito M. Zohane sfordò uno suo stoco come le multe altre, et per niento non ie lasone fare cosa alcuna. Alora le multe dala parte dal dito Galiacino Reario per tale paura era fuso nela nostra rocha; tamen dito M. Zohano andò ad alogiare a nostra hostaria dal' Anzelo. Alogiato che al fu, di subito li nostre magnifice (*) Signure ie mandone el conto Baldisera Moratino a intendre co' che rasone lui era venuto in dita nostra cità. E come al dito conto i arivò, uno nostre M. Andrea Bonucio legum doctor lui respose che la Santità dal papa ie l' avea mandato. Et presentialemento vene da suoe Signorie et a lore mostrò una suoa patento del papa, facta per mano del cardenalo de Sam Zorze, che lui potese alogiaro nela proventia dela Romagna, dove a lui parese, nele suoe cità, et in quello loco aver stase per 350 cavale. Dipo' disc le molte dolce parole a suove Signorie, come la Santità del papa amava molte queste nostre popule et la volea per la sancta matre Eclesia, et che nui fusene savi, che non faceseno come avea facto Imola suoa patria.

L' altre zorno tornò a casa suoa, che fu a dì 10 dito, die iovis; et li steto per insino a dì 2 del mese de zugno, che lui per obedentia dal papa retornò per insine ala cità de Pesaro, dove in quela i era uno Zohane Sforcia per signore. Arivato che al fu, come el so esercipto di subito andò al castelo chiamato Novolara, et in quelo loco ie fu dato al dito M. Zohane de uno pasatere nela suoa bocha: et secondo al mio reporto, ie fu cavato dui soi dento, che fu a dì 7 de zugno, die sabati. Dipo' a dì 9 dito, die luni, se partino et andone a dare la bataglia a uno altro so castele Mo[n]te del' Abá, luntane 7 miglia da Pesaro, et ne intrò dentro 50 de lore. Alora intendando queste, talc so signore feze una gram comitiva di soi vilane, et in quele loco andoe, et qui svalisone tale sove zente dal dito M. Zohano Sasadello; infra le quale i era uno Crilino de Naldo de Vale de Lamone et uno so nobile da Pesaro che da lui si n' era fuso, chiamato M. Malatesta. Et quele lui al menò a casa come uno so fiole, per modo che per tale indicio dito Signor n'apicò 12 di fora dala cità de Pesaro sopra le forco, 6 da hogne canto dela cità. Et per quela volta asai fu pur grato so tale indìo, come ut supra.

Dipo' questo, dito M. Zohane tornò a Imola a di 27 de zugno, die venus, 1505. Dipo' queste, a dì   (**) de luglio fece metre a sacho certo case nel castello de Bagnara per suspeto, et facto amazare alquanto homine a mi incognite; et infra le quale i era uno Alesandro fiole dal dito Guielmo Tenpione, al quale avea piato suso al teritorio di Bologna, per eser lui stato achusato da uno da dita Bagnara che (***) abitava con esa lui zorne e note. Con ciò fuse cosa che dito Alesandro fuse venuto ali confine de dita cità de Imola int uno certo so loco, suso al dito teritorio de Bologna, et avea man-

(*) Fol. 66 a.
(**) Lacuna del ms.
(***) Fol. 66 b.

dato dito contadino da Bagnara a Imola a parlare ala moglie dal dito Alesandro, et a quela lui ie facese domanda che lei ie dovese mandare li soi pani et certe dinare in dite loco, che lui l'aspetava. Fata la preposta dito Alesandro, di subito tale contadino venne a Imola et non andò a dita suoa moglie, anze andó da M. Zentile Sasadello, et a lui ie feze tale prononcia. Alora di subito dito M. Zentile mandó in dite locho et fece piare dito Alesandro e di subito al feze inpicare a uno pare di forcho in suso uno montiselo dal canto de qua dal so fiume: e po', morto che al fui, al feze inpicare per al so pede stanco. Alora intendando le signore Bolognese tale cosa, cerchone come hogne suo potere d'avere dito contadino et al simile fecene lore che l'apicone in suso uno paro de forcho come al dito so pede stanco ali confino de dito so teritorio di verso la Toschanella. Et per questo li poverito morino, et lore parse d'avere facto le suove vendeto. Ancora dito M. Zentile avea facto inpicare uno altro so delenquento dal canto dela ghiesia dal Peradello in suso la strata, al quale era stato consentiento a uno so tractate de uno prete che al presento se retrovava in gabia in dita suoa ciptà de Imola. Item ancora ie fu revelato uno altro tractado contra el stato eclesiastico; con ciò fuse che uno tale delenquento si era confesato da uno so certe preto et a quello i avea confesato la suoa mala volontade contra dito stato. Con ciò fuse cosa che quele tale come le multe altro aveano ordenato de volere portare certe cara de paglia al so castelano che lui avea conparato; e quando lore fusene stato in suso al ponte de dita rocha, una parte dovea intrá come tale cara e po' lì fermarse; el resto fermarse sopra al ponto, et come al so aiuto tore dita roca al papa et fareno la voglia suoa. Alora dito preto, facto che fu suoa confesione, di subito l'andò a revelare tale cosa, secondo che a mi fu reporto. Dipo' hogne altra cosa a mi fu incognito. Si che per insine al presento la dita poverina ciptà de Imola asai m'á dato da scrivero: del quale molte me ne rencreso d'aver durato tale fadica ali suoi per eser so amatore.

Jacomazo da Ravena queste anno morto.

Al prefacto Jacomazo da Ravena contitere dignissimo (*) dela excelsa Signoria de Venecia, queste anno dal Signor 1504 a di primo dal mese d'agoste, dic iovis, intravenno la suoa prefacta morte in dita suoa ciptà de Ravena, et secondo al mio reporto fu sepelito a grando honore per eser lui stato homo amatore del culto divino et amato dale più persone, et in dita suoa arte militaria el molte esperto come suoe gram vigilio.

(*) Fol. 67 a.

M.° Domenego Maria da Novara morto.

Al prefacto dignissimo astrolico M.° Dominico Maria da Novara, queste anno dal Signore 1504 a dì 18 dal mese d'agosto, die dominico, come alo eterno Idio piaque, intravenno la suo prefacta morte dentro la celeberima magnifica ciptà de Bologna per eser lui per suoa natione feraresa; tamen lui al molte tenpo in dita ciptà de Bologna era renpatriato et in quella aver lecto in publico et privato in dita arte astronomica et in filosafia, et molte heleganissimo et de suoa loquentia ornato; et era homo amatore del culto devino et amatore in dita ciptà. Et tale suoi pronostico et eciam de suoa arte naturale molte espertissimo, ciovè in arcium medecina doctor, dele quale veramento tute insemo erano stato de gram commendatione. Et morte che al fui, fu sepelito in dita come granda veneratione apreso la ghiesia dela observantia, de fora de dita ciptà de verso al monto: et aconpagnato da tuto quille suoi colegio. Et era vestito come vesta de seda. Del quale l'onipotento Idio ie voglia perdonare suoi pecato.

Abondancia e carastia anno 1504 et 1505.

Le prefato dui anno, ciovè 1504 et 1505. a mi è stato forcia a fare de tramedui uno corpo per l'operatione dela magna coniontione che fui a dì 10 dal mese de zugno in grado 18, m. 1 dal Cancaro, ciovè che el capitanio del celo Saturno se coniunse come Jove: dela quale veramente per li soi influse celeste acade in questa nostra proventia de Italia le più grando et vareado cose che mai più fuse viste in questa nostra etade; et etiam per eser Signor del'anno (*) al Sole come Mercurio, come M.° Jacome da Petre Melaria nel so iudicio dice in so pronostico, et etiam M.° Marco Scribanario recipta in so pronostico del' anno 1503: che dita magna coniioncione serà in dito grado 18 e m. 1 dal dito Cancharo, et che tale dita magna coniontiò non po tornare se ne in spacio de anno 960, come apare in dito pronostico nela quarta suoa suposicione. Item ancora M.° Piero Bone ferarese d'Avogario in so pronostico conferma come ut supra. Item M.° Domeneco Maria da Novaria per natione ferarese conferma, come ut supra, quase tuto dite efecte; et piùi, che per la vertù de uno aclise de luna, che fu a dì 31 de februari, dovea eser gram teramote, come inento ad plenum parlarò. Item M.° Lodovico Vitale da Bologna l'anno 1505 per suo pronostico confermò quase hogne cosa, come ut supra. Sichè secondo la opinió de quiste infrascripto valente omine, dita magna coniioncione insemo come le altre prosimo ad ve-

---

(*) Fol. 67 b.

nire per vertu de quelle significavano hogne cosa da bene in fora, come per al tenpo de altre suo introito avevano facto, come se retrovava de lor scripture.

In primis, nela prima quarta del dito primo anno, fu feda et mima (sic) più che non convenea a suoa natura. El stare del grano valse s. 45, 50; fava s. 33; farina s. 50 al cento; vino L. 4 et 4 e s. 40 l' asaze.

Item per vertù de dita conioncione andò uno gram caso ala magna ciptà de Venecia. Con ciò fuse cosa che a dì 9 del mese de zugno, die domenico, cercha l' ora decima nona, in tale zorne trese tanto forte li vente come la gram piogia che el golfo del mare se gonfò per tale via, in modo che le molte suoc barco se rebotone cola morte de più de 500 homine per quele gondoletto che andavano per canalo: per modo, quante al prencipio de dite afecte, molto male andò per quille tale. Item al mese predito valse al grano L. 3, s. 10 al stare. Item a dì 28 de luio, die dominico, acade per dite influse celeste uno gram momento de tenpesta come le multe fulghere in la magnifica ciptà de Bologna: parte ne deto nela suoa tore Acinela, et dita tenpesta arivò per insino al so fiume del' Idiso, andando zose perfine in Ferareso; et fece gram danno. Et per tuta questa seconda quarta valse al grano L. 3, s. 10; et fu condicento a soa natura de siciptà.

La quarta octonale comenciò a dì 12 dal mese de setenbro, per modo che l' ultima mediatà dal dito venne (*) una gram piogia come le multe nebie molte fredose. Et in questa la pesta molte crocenava e masime a Roma et a Venecia et cciam per tuta la Romagna. Depo' la prima setemana dal mese de octobre venno una gram nevo suso ala montagna, non troppo dinstanto. Dipo' ven gram serenità come vento stentrionale, che più volte facea l' aqua inpiare. Item a meze del dito mese d'octobre fu mese per al nostre Senato al stare dal grano a libre 4: fava L. 3: al care del' uva valse L. 14. Et qui stete tale serenità sencia piogia, come uno caldo ultra suova natura, per insino ala nativity dal nostre ver Redemptore, che in quele tenpo se retrovava queste infrascripto cose. Prima per la gram dolcecia de dita aiara le influse celeste aveano operate che al grano avea la spiga in suoa proporcione; le vite aveano meso li cape de gram statura, come l' uva in certo orte domestici; le sosino bone da manzare, et aveano la suoa anima dura; et le amandole in molte loce fiorite e disfiorite; et altre fiure, come garofali, viole salbadico et rosetto d' erba bianca, cirese, pere, pisarelle, et altre fructe de varie rasone, quase che intelecto umano non al potrebbe credere che non avise viste. Tamen fu la verità. Et più, che li nostre magnifice Signore tuto al zorne stevano sencia al foco. Queste vide come li o-

---

(*) Fol. 68 a.

chie mei per retrovarme so m.° de casa indignamento ; et le multe
altre dal popule erano sencia calze. E qui stete tale tenperancia per
insine a dì 30 dal dito meso de dicenbro, die luni, la note prosima,
che trese uno taramoto de gram statura. E tutavia la pesta cruciava
per la Romagna et masime ala ciptà de Faiencia e Cesena e Forlì.
Dipo' queste ali 2 del mese de zenare 1505 de nove li taramote comencione a crociare in la provencia dela Romagna e de Lonbardia
et masime nela ciptà de Motena, che veramento ce fu poco suove
canpane che non sonase. Et le molte persone venne morte per la
gram rovina de lor case, et le multe cavale morine, sencia quile
che ronpevano le loro caveze et fugiano per la ciptà et voleano intrare in altre case : per le soi gram strepido le molte ne periano, et
masime al primo dito teremoto che era stato a dì 30 dito, come ut
supra. Et più male crede che serebe stato veramento s' al non fuse
stato per la intercesione del confesor Zornignano denanto al conspeto
divino, per eser lui so devoto de dita suoa ciptà de Motena. Secondario la magnifica (*) mia ciptà de Bologna feze de gram male et
conchasare et masime al toresine dela suoa tore che in tera caschò :
el simile le molte volte dela logea del so porte denanto del palacio
de M. Zohano Bentivoglio, et molte male tractò la tor de Asinelli et
la tor dal Papazone et la ghiesia de Sam Jacome, che quase tuta se
conquasò, quela dal sarafico Franceschó et le multe altre edificio,
come in quello loco apare, che a mi sarebbe lungo scrivero. Et molte ancora crociò la ciptà de Feraria, et in multe altro loco dreto la
rivera de Panare in dita Lonbardia. Non estanto quelle, tale ne trese
uno de dite teremoto a dì 20 de zenare predito, zoe 'l zorne benedeto del martiro Bastiano, la note prosima ad venire, malus peior
pesimus, per aver trovate le cose in gram disordine. Facto questo,
comenciò a nevare non trope forte, e dipo' a dì 25, la note de Sam
Paule nevo de gram statura : mai più no nevò per insino a dì 14 del
mese de marzo, che el gram capitanio del celo se coniunse come la
Luna come uno quadrato de Mercurio, che veno la note prosima de
stature insuse el monto non tropo de instanto. E in tale zorne trese
uno gram tone nel cile, che veramento parse che tremase tuta la
terra. Et el grano non valse in dita ultima quarta se nè L. 4, s.
10 ; li altre cose al so precio consuve[to].

Al presento me resta a comenciaro l'anno 1505.

1505.

Del' anno predicto seguitò le influse celeste come voi intenderito,
le qualo veramente non funo de mancho inportancia del' anno precedento. La prima suoa quarta comenciò a dì 15 dal mese de marzo,

et questa quarta fu molte fredosa et suta per tuto aperile; et mazo fu tenperato, salvo che a dì 24 pur de maze, die mercurio, per la vertù del quadrato, dito Saturno cappitanio dal cele come la Luna, et lo opposito de Marto come dita Luna fecene gram vente et fulgore et tenpesta per otto zorne, che quase hogne zorne o l'une o l'altro cruciava. Tamen per queste et per certa quandità de grano che fu tolto a uno nostro nobile mercadanto Berto da Horiolo, di subito la farina montò in precio de libre 4 al cento, et male se ne potea avere. Item a dì 20 fu meso uno panere de plano de revizole a sacho de quelle dela Masone che avea una dona che sole ne deva 4 (*) al bolegnino. Dipo' queste uno fornare venne come una zerla de pano et per suoa salvatione la vendé in suse la nostra croze dal canpo; et qui comentiò li nostre guai per dita nostra ciptà, avando intese li nostre M.ce Signure che in quele tenpo presedeano le quale erano quiste infrascripte: al primo M. Zohano Moratino legum doctor; el secondo Zohane de Lenno; tercio Bernardino de Bevenuto Becho; 4, ser Zohane Mechelino; 5, Bartolomeo Balduz; 6, Tomase de Grado de Zaffe; di subito per reparatione de qualque nostre contraverse de dito nostro populo mandone per tute le nostre fornare et qui ie fecene comandamento che lore dovesene fare dal pane per al populo; et facto che lore l'arano, di subito al debiano portare in so palacio magne. Et qui tute a mi comeso m.° de casa indignamento a segnarmele. Dipoe suoe Signorie, come tale pane era tuto conduto, lore faciano intrare tute le done int una nostra sala et homini int una altra. Et dito signore M. Zohane et uno so conpagno steva al' use dela schala granda in capo come uno bastone in mano et li fornare a uno a uno li propinque come suoe zerle de pano. Dipoe faceva chiamare per li nostre mazere quele done a chiopa a chiopa et per dite fornare i era dato solde 3 o 4 de pane, et tanto più o mene secondo le lore bisogne, faciando lore buona fede. Dipo' le mandava zose; el simile le omine. Al quale so prencipio se fu a di dicto. Fate queste vedando suoe Signorie che tale fornare non potea resistere, di subito fecene andare uno bando che tuto li forastere che fusene venuto ad abitare in dita nostra M.ca ciptà da uno anno in qua prosimo, che tute quille tale se dovesene andare con Dio infra tenpo de un hora prosima advenire, perchè già n'era abondanto gram numero. Depo' queste, lore fecene andare tri nostre ceptadino per la ciptà togliando dal pane nele mane dove loro retrovavano in casa de nostre ceptadino et al portavano in dito palacio et al vendea li povere miserabile soldi uno la libra dove era in quelle loco tale ceptadino patrone dal dito pane, e lui piava tale dinare. Et queste durò alquanto zorne, zoè tri de dito homine per ciaschuno nostre quarteri de dita ciptà (**) per le quale ne risultò gram buom servitio per le povere miserabile donzele che

(*) Fol. 69 a.
(**) Fol. 69 b.

forcia ie serebbe stato andare in vergogna. Et a dì 2 dal mese de zugne, die luni, se vendi al centonare dela farina l. 5 $\frac{1}{2}$, la quale vendeto uno Galupino de Pantole dala vila de Carpene a uno Domenego
dela Berta da Vilafrancha nostre teritoro: et valea l'orgio l. 5, 6, 7
el stare, el gram farro aduto per uno M.º Zohano marescalcho da Medula valea l. 11 el stare; et dito Berto da Oriolo mercadanto nostre nobile al vendea l. 9 s. 10 a dì 8 di zugne (et queste e-
ra per la gram piogia che tutavia se cruciava; tamen per la Dei gratia la piogia restò); a dì 16 dito luni a soldi 50 al cento conparò uno
nostro barbere rezano chiamato Fantoaghutio, et a dì dito uno M. dom
Dominico Rosete canonice del nostro Domo feze andare al bande, chi
volea dal grane a libre 4 al stare dovese andare da lui. L'altre zorne che serebbe a dì 17 dite, die martis, che lui n'avea fato batre
che ie ne darebbe e detene pur alquanto stara, et dipo' ritornò la
farena a libre 3 al cento cercha li 20 zorne. Si che veramento era
stato questa una gram carastia per tuto al mondo, salve che nela
Toschana pur i era andato tanto persone ad abitaro che ancora in
quelle loco i era venuto gram sterelità, tamen in molti loci de Romagna et masime nel zone de Iappe (?) de Bologna era stato forcia ale
multe miserabile a fare pani de ghiando e de vinatiole e de greme-
gna et vivere d'erbe conte come elato etascitarno (?) che per niento per quile tale pani non si potea avere; et nela ciptà de Bologna
se vendea onze tre de farina over 4 al bolegnino, che valea al cento
l. 7, s. 10, che valea la suo corba l. 13 a libre 180 de pese. Et quin-
di inte suoa ciptà se creò alquanto conpagnie de povere vergognose
che andavano come gram n.º insemo per la ciptà domandande la li-
mosena, et per la gram suoa piatá pur vinca che veramente le molte ne serebbe morto, perché tale dona da bene se tenea la suoa boca
quando ala suoa porta vedea tale piatade che non l'arebbe facto a
non vedere. Et al vino valea soldi 2, dinare 4 al bocale; et hogn'ome
vendea ale lor case, che in groso non se vendeva; e tuto el resto dele vivande carisimo. Et ancora valse in nostra montagna non tropo
dinstanto a uno castello chiamato Crolo (*) al staro dal grano a termino l. 23 s. 10 et a dinare l. 17, 18, 19 come queste in quele loco fu manefesto. E tutavia la peste et al male dal mazucho grandamente crutiava. Et più ancora ti farò intendere si tale aspete celeste
erano descordante insemo per dita magna commotione et altre suoe
conpagne come era stato la coniontione de Iove et Marte facta a dì
3 dal mese de zenaro del' anno precedento 1504. Et a dì 22 di februari anno predictis fu una altra volta tale coniontione per eser lore
retrogrado, et a dì 18 dal mese de marzo anno predicto se fe la coniontione del gram capitanio dal cele Saturno come Marte. Ultimata-

(*) Fol. 70 a.

mento a dì dece dal mese de zugno predicto, anno Domini 1504, se fui la predita magna coniontione dal dito capitanio Saturno e come in grado 18 e menuti primi de Cancer come ut supra; le quale veramento laso iudicare a vuoi, discrepto mei lectore, sone pasato per questa nostra proventia de Italia et etiam fuora de Italia a mi incognito: malus peior pesimus, come avea predicto tale dignisimo S. astrologi, come ut supra. Et ancora farano per lo tenpo advenire qualque suoi gram momento, per la quale se Dio me presterà vita felice novamento ve ne farò intendre. Et i●dita seconda quarta per le grande inondatione fu tanto rugo che era tute al mese d'agosto che le vito et altre arbore non aveano ancora remese suoe foglie et masime le vide aveano la suoa uva sencia foglie et masime nela montagna de Bologna. Et a dì 14 dal mese d'agosto, die iovis, fu l'aclise dela Luna cercha la 'seconda hora dela note prosima advenire. Li soi efecte etc. La tercia quarta dal dito anno comenciò a dì 11 de setenbro la quale ritornò al mondo in gloria, che tornò al staro del grano dal dito agosto e setenbro e octobre a libre 3 al stare et per tuto al mese de zenaro 1506 valse s. 36, 37, 38; al vino novello valeva l'azase s. 30 el bone; el care del' ua valea l. 5, 6, 7; pizolate s. 6 l'asaze. Dipo' montò el vino pure per tuto al mese de zenare l. 3, s. 10 l'asaze, miladengo s. 30, pizolate s. 18, li altre vivando al so pretio ordenato. Et fu tenperata. L'ultima quarta fu bona, observando suoa natura, tamen fu poca neve; le bestie steteno bene et le criature rationale. Già era cesato alquanto la pesta (*) et hogne altre sove infortunio, come ut supra. Ultimatamento a mi parbbe d'eser una inmortalità da non poter lasare, con ciò fuse cosa che le spiciarie fusene in queste pretio; a' pepero valea solde 30 la l.; zaferano valea la libra libre 12; et altre dite spiciarie molte carissimo.

M. Antonio da Gualdo fu morte ala ciptà de Fano.

Al prefato M. Antonio (**) dala ciptà de Gualdo doctore et cavalere, queste anno dal Signore 1505 actrovandese lui presentialemento locotenento in dita ciptà de Fani a peticione e de instancia de Julio per la divina providentia papa secondo, in quele loco intravene la dita suoa morte a dì 26 del mese de februari, die mercuri; con ciò fuse cosa che da quelle so populo fusi tolte i' norma per tale via e modo che a dì dito da lore fu morte. Li lore cause a mi in quelle tenpo erano incognito per la dinstancia dela via et per impedimento de nostra ciptà. Item dipo' tuto li sopradite co', a mi fu reporto che a dì 22 dal mese de luglio anno predicto la prefetessa de Siniguglia era intrata in dita ciptà de Fano de notto tenpo, sole per siguire tale

(*) Fol. 70 b.
(**) Lacuna del ms.

sua placatione. Dipo' stete le cose tranquile per insine la prima setemana d'agosto, che intravene la morte de uno M. Zohane Antonio Gabucio et al fiole de uno ser Francescho de Masino et M. Nicolae Serducto. Facto queste per tale momento fu brosato certe case a mi incognito.

L' arcioveschovo de Ragusa morto.

Al prefacto monsignor arcioves●vo de Ragusa et al presento legato de latare dela provencia de Bologna M. Zohane de Sacho nobile anconitano, al tenpo che presedea la sancta sedia 'postolica Julio per la devina providentia papa secondo, questo anno dal signor MDV a dì 25 dal mese de marzo, die martis, zoè el zorne benedecto de resuratione del nostre ver redemptor M. Yesù Cristo, et etiam in tale zorne fu annontiato al verbo divino ala nostra inmaculata Maria regina de vita eterna, intravenno la suoa prefatta morte dentro dala cìptà de Roma ; con ciò fuse cosa che al presento lui s' arctrovase in dito loco al servicio (*) de dita suoa Santità per dita suoa legatione. Et in quello loco fu sepelito a grando honore come veramento lui era meritorio de gram comendatione e laude per eser lui stato buom prelate et amatore del culto divino et più volte Governatore in dita cìptà de Roma ; e sempre de continuvo avea tenuto la sancta bacheta dela iusticia in mano, non avando alcune respeto ala paura. Et in dita suoa legatione senpre lui era governato come gram prudentia et masime nel' aquiste d' alquanto cìptà de Romagna, zoè Imola, Cesena e Forlì et altre suove castelle a peticione ed instancia dela sancta romana Eclesia, et più nella constitucione adoctiva del duquato de Orbino facta per la Excelentia de Guido Ubaldo a uno Francescho Maria già fiole de Zohane dela Rovre et in quel tenpo profecta de Sinighaia et nepote de dicta Santità del papa. Et più, ultimamento avea asegnato al nobile stendardo de sancta matre Eclesia in prima al dicto Guido Ubaldo et capitanio zeneralle de quela come gram solenità, et altre etc. etc. etc.

Aschanio Sforcia cardinallo morto.

Al prefacto R.ᵐᵒ monsignor cardinalo Eschanio Sforcea, et al presento cancelerio apostolico, questo anno dal Signor MDV intraveno la suoa prefacta morte a dì 29 dal mese de mazo, die iovis, cercha l'ora decimo nona ; et fu in dita magnifica cìptà de Roma al tenpo che presedea nela sancta sedia postolica Julio per la divina providentia papa secondo. Et in quella fu sepelito come gram solenità, seconde li mei riporto, come rechedea a tale suoa milicia, per eser

(*) Fol. 71 a.

stato homo de gram famma et per suoa natività de linea de gram
favore; et era stato molte faceto in dita corte romana.

Guerra dal papa contra al Signore de Pesaro.

La prefacta guera et corerie ordenata a dita ciptà de Pesaro per
la Santità de papa Julio secondo contra Zohane Sforcea Signore de
quella, con ciò fuse cosa, corando gli anno dal Signor 1505, a dì 7
dal mese de zugno, die sabati, suoa Santità feze andare uno suo
conditero chiamato M. Zohano già de M. Franceschо Sasadello nobile
imoleso a dare la bataglia a uno so castello chiamato Nuvelara, tamen non al potene aver; et qui fu ferito dito M. (*) Zohane inte la
suoa bocha, et secondo al mio reporto ie fu cavato dui suoe dento.
Dipo' questo a dì 9 dito, die luni, siando partito da quello castello
et andato a dare la bataglia a uno altro pur so castelo, lontano da
dita suoa ciptà cercha 7 miglia chiamato castello del' Abado, arivato
che loro fune, come ingano ne fu lasato intrare cercha 50 de lore;
et arivato che lor fune in suoa piacia, di subito se scoperse al dito
signor Zohane come gram numare de suoi homine et contadino et
tuto quile tale svalesone et preseno. Infra le quale i era uno M. Malatesta so nobile condisitor de quille et so ribello; che come sentì
tale nova, lui se butò zose dale mure et int uno canpo de grano se
apiatò, et in quelle loco fu prese lui, e uno so fiole pure asai fu ferito; tamen per intercesione de uno so contestabile chiamato Moreli-
no le multe dito S. Zohano li feze liberare. Infra le quale ferito ie fu
uno nostro forluvese chiamato dom Bitino. Fate queste, dito signor
Zohane ne feze inpicare per la gola 12 de dito delenquento, zoè 6
per parte di fora da dita ciptà de Pesaro da dui canto. Et questo
al dito S. Zohane ie parse aver asá bene purgato tale so iudicio per
quela volta.

Gram guarnimento fra Nomagli e Moratino e Berto.

Li prefacti gram guarnimenti facte ala nostra magnifica ciptà de
Forlì facte per queste tre nobile famie, zoè Nomaglie et Berto giá de
Jacomo da Oriole, al presento nostre nobile forliviensis, contra tucta
la casa Moratina et suoi hederente, corande gli anni dal Signore M.
Jhesù Cristo MDV a dì 19 dal mese de zugno, die iovis, al tenpo
che presedea nela sancta sedia 'postolica Julio per la divina providentia papa secondo; con ciò fuse cosa che infra dite tre nobile famiglie
fuse giá stato creato et partorito le molte suoe gram discordia. In
primis, al tenpo che presedea uno Antonio Maria Ordelafo nela magnifica ciptà de Forlì, l' anno dal Signore 1503 ala morto d' Alesan-

dro sesto pontifico et la catura de Cesaro Borgia so fiolo, chiamato da dita casa Moratina come al contento del nostre magnifico popule; et perchè parse che in quelle tenpo fuse stato achiusato
dito Berto da Oriolo a dito S. Antonio, per al che dito Moratino aveano facto sachezare la casa dal dito Berto per la forcea del gram bratio de uno Nano, già fiole de Jacomo Moratino al presento capitanio
del dito S. Antonio Ordelaffo (*), et dito Berto come tucta suoa famiglia mandato in asilio. Dipo' vene ala morto al dito S. Antonio: fu
creato Lodovico so fratello inlegiptimo pur nostre Signore in dita ciptà de Forlì: et in dicta criatione per dito Moratino e suoi sequaci
fu aposto ali dito Nomaglie che lore voleano dare dita nostra ciptà
ala excelsa Signoria de Venecia et non volere dito Lodovico per signore, inseme come uno nostre nobile M. Tiberto Brandolino. A queste lore grandamente se schiusava, dicando che queste non era la
verità per ordine facto infra lore, zoè dita casa Moratina e Nomaglia:
per al che parea, seconde dito Nomaglie, che infra lore non fusene
niento discharparito, che quello che volea l'uni volea l'altre. Tamen
per alcune detracture ie fu zunte tanta discordia che a furore populi
dito Moratino e suoi sequaci fecene sachezare dita casa de uno Cecho
Nomaglie et altre deli soi, inseme come quela dal dito M. Tiberto
Brandolino, al quale zià era absentade; et le multe de quile Nomaglie fune carzerati nela rocha de Fuorumponpili. Depo' queste, dita
nostra magnifica ciptà prevene nel gremio de sancta matre Eclesia
pur per la forcia del gram bracio de dicta casa Moratina, et caciato
dicto S. Lodovico; per modo che dito Nomaglie tucto fune liberato et
etiam dito M. Tiberto et dito Berto; et che hogn'ome de lore dovese tornare a casa et atendre al' oneste vivere, come int una suoa instoria ad plenum io ne parllo, et masime dele paze facte tra dicto
Moratino e Berto, come apare de mia mane nel tenpo che governa-
va al magnifico S. Acostantino Cominato de Macidonia, che fu per
suoa intercesione. Dipo' queste, pare che dito Nane avese tenuto tale
via e modo per al so gram favore per avere dato inseme come li altre soi hederente dita ciptà ala Ghiesia, come ut supra; perchè ancora de contunuvo tenea suoa conduta de fantaria aprese a lui, come
l' avea al tenpo dal dito S. Antonio Ordelafo, et le multe altre suoe
sequaze de nostra ciptà, per eser in verità uno valentomo et multe
amate da quile. Per modo che già avea tolte certe posesione dela
ghiesia de sam Salvatore da dita nostra ciptà de Forlì le quale avea
tenuto uno M. Cipriano Nomaglie per iusto titole facto per Alesandro
sesto pontifico, come n'aparea suoa invistitura in otentica forma: tamen più volte dito M. Cipriano e dito Nomaglie ie l' avea facto dire
al dito Nane et a soi parente, pregandolo caramente che de tale be-

---

(*) Fol. 78 a.

neficio non se volese inpazare per eser contra bogne (*) so debito
de rasone. Non estanto queste, dito Nano non avea mai volute credre
neiuna dele predicte cose a dito Nomaglie, nè etiam a soi parente,
et masime uno so M. Zohane che più e più volte l'avea pregato inseme come uno so M. Bertolomio e Cecho et altre suoi che lui dovese lasare stare tale anpresa contra dicto M. Cipriano et di ctuto
suoi parenta Nomaglie: per mode vedando dito Nomaglie che per mode alcuno dite Nane volere pentire, fecene lore ferma deliberatione
de fare lore hogne suo potere che quelle che liberamento è 'l suoi
tolto per forcia no ie sia. Et qui insemo come quiste infrascripte; zoè
M. Tiberto Brandolino e dicto Berto da Oriolo; 3, M. Antonio Beltracano; 4, Bartolomio Caputfere; 5, Berardo fiole de Francescho Marcobello; 5, Zohane Francescho Palmezano; 7, Manfrete fiole de M.
Maldento; 8, Luca da Este; 9, uno Matio Golfarello; 10, al Vilano de
Maltone; 11, Zecho Capodelupo, come hogne suo hederento del'una
parte e del'altra; et qui se ie messe inseme a dì 19 dite, die iovis,
nel'ora predicta, qui de comuna concordia, come le multe altre che
aveano facto venire la note prosima pasata per al foso dala Tore dai
Quadre, se detene la fede l'une l'altre de volere andare ala porta
dal cortile et in quelle loco fortificarse come hogne suo potere, per
una volta potere usire de suota la forcia de dito Nano Moratino. Per
modo che cercha 70 de lore, armata manu, andò in dita porta de
cortile, cridando a suoa voce piena: — Ghiesia Ghiesia —. Alora uno
Gaspara Nomaglia fecene chiamare al nostro locotenento zeneralo de
tutta la Romagna, facto e constituvito per al signore Acostantino Cominato Governatore zenerale, al quale se chiamava M. Malatesta dal
Monto Albodio. Et qui lore ie fecene intendere che lui non dovese piare alcuna admiratione cativa sopra suoa venuta, per al che tuto lore
se ritrovano in quele loco tute bom zelatore e servo fidelisimo al
pacifico stato dela sancta matre Eclesia, et per quelle metre la vita
e la roba che contra ie volese esere; et queste lore àne facto per poterse una volta liberarse dale forcio del gram bratio de dita casa Moratina, dubitando che suota lore dovesene stare. A queste respose
dito Locotenento, dicando che tuto quele cose che se faceano bene,
che lui era contentissimo; mo che lore dovesene fare intendere tale
suova venuta ali magnifici S. Conservatore. Alora dito Gaspare di subito (**) fece chiamare dito Signore. Al primo era uno M. Zohane
Moratino legum doctor; al secondo, Zohane de Lentio; 3, Bernardino Becho; 4, S. Zohane Mechilino; 5, Bartolomio Balducio; 6 ed ultimo, Tomase de Grado tentore. Alora per niente non vosene respondre; ance più preste fecene serare le porte, dubitando al dito M.
Zohano più preste dela morto che della vita. Et prese per so pren-

---

(*) Fol. 72 b.
(**) Fol. 73 a.

cipale capitole de volerse de quelle loco absentarse et a casa suoa
andare; per mode che lui schapulò per una finestra che si ritrovava
in quela camera in volte fora dela sala, che si ritrova l'ultima di
verse Ravcna. Et qui se butò come al capo inento; tamen per la Dei
gratia non se feze male alcuno. Et arivò per quela viotela che andava a santa Croce, et arivò a casa sencia alcuno inpedimento. Partito
che al fu, di subito dito Signure apersene le porte et qui dito Gaspare ie feze tale preposta, dicando che lore stesene pur al so magistrato e non dubitasene de cosa alcuna, perchè queste nonn era a
dire per lore nè etiam per al dito M. Zohano, non sapendo che lui
già fuse absentato; et che tuto fuseno bom fiole de saucta matre
Eclesia. Et a suoa voce piena tucto cridone: — Ghiesia, Ghiesia —.
Facte questo, tosene la bandera de dita Chiesa et la mese sopra la
porta dal cortile nel so loco consuveto.

Infra queste tenpo tutavia arivava dito Berto da Oriole e suoi sequaci faciando lui granda instancia de volere parlare al dito M. Zohane Moratino, per volerle salvare, che non dubitase d'alcuna cosa:
sole queste se facea per volere una volta liberarse interamento dele
grande estrusione che facea dito Nane ala zornata come suoi sequaci.
Et infra queste tenpo tutavia arivá zente fresca in gram numaro in
so alturio, faciando lore gram proparamento per la note prosima advenire, dubitando dela furia granda de dita casa Moratina, che ancora lore non dormevano e tutavia faceano gram reparc a suove case
e tuto sbarato al ponte de Bogherio. Et ancora a lore tutavia venea
zente forastera che intravano per al foso da dita Tore dai Quadre.
Alora li nostre magnifici S. Conservator adoperone l'opra e mandone dui nostre nobile per anbasator a casa de dito Moratino, le quale
fune queste: Bernardino già de Zuliano de Matio cognato dal dito M.
Moratino, et S. Vitale de Sase al presento canzelero de dito Signure.
Et qui per suoa instrucione ie pregone caramente che lore volesene
bene aperire soe bochie et orechie e bem considirare el gram pericole che al presento se ritrova dita nostra magnifica ciptà, et che
lore non vogliano guardare ala suoa bramosa voglia de (*) suoa vendicatione, perchè la parte de dito Nomaglie non cerchava vendeta,
ance più preste cerchava securità. Et al simile dise Tomase de Minghe, che già era arivato, pur mandato da dito Signure. A questo
respose dito M. Zohane Moratino come gram fervore: quante per lui
e soi fratello, che erano molte contente de consentire a hogne so
bene operare; el simile le multe altre suoi parente, purchè dito Nano capitanio fuse placato. Tornato che fu dito tri anbasatore dali magnifici S., fecene tale suoe risposte. Alora dito Nomaglie a denotare
che quelle che avea dito tale anbasatore fuse la verità, che lore cer-
chavano securità, di subito mandone per soi hostadise e bona cau-

tione uno fiole d' Andrea Nomaglie fratelo dal dito Gaspare nele mane de Monsignor nostre castelano, chiamato M. Justiniano d' Amelia
epischopo de quela, a denotare che lore aveano facto tale cosa come
buom zelatore de sancta matre Eclesia. El simile feze dito Berto per
volere mostrare a dito Moratino che lui nonn era venuto in dito loco
come dito Nomaglie per volere inovare contra lore alcuna suova cosa,
come era andato sole per una volta eser certissimo che le sove pace
et conventione per lore facte debiano aver rata e ferma, come per
fede de M. Zohane de Sasadello et de dite M. Dioniso de Naldo de
Vale de Lamone deno aparero. Et de queste per uno nostro macere
dela corto, chiamato Calandrino Chiavarolo, dito Berto fece intendre
a dito Moratino come ut supra; et più, che lui daria nele mane al
dito M. Zohane Moratino un altro so fiolo et duchate dove milia per
suoa cautione, a denotare che tale suoa andata è stato a buom fine,
dubitando dal velenose vivero et pratica dal dito so Nane capitanio,
che lui facea ala zornata come parole et facti per al gram seguito
che lui avea de molte suoe brave, che zorne e note come lui prosperava. A queste respose al dito M. Zohane et suoi fratelli, rendande al dito Berto infenite gratie, dicando che una volta per intercesione divina infra lore era facto la dita sancta pace, et che queste
bastava. Altre non acade per quelle zorne, salve che dite Berto de
nove ie remandò dito Tomase de Mingho e dito Bernardino de Matio,
dicando, come ut supra. Pure dito M. Zohane et altre soi parente ie
respose come ut supra. Alora la note prosima ad venire l' una parte
e l' altra stevano molte vigilanto, come fa quile che soi nomice a-
precia: tamen cercha la meza note sove guardie s'atacone inseme
dala Tore dai Quadre, per modo che uno Pietro Paule de Chiarucio
come suoi sequaci seguitò dreto a porto Moratina, caciandie per insine a uno so certe poze, facendo l'une e l'altre come paladino. Pasata la note, el zorne prosime, che fu a dì 20 di zugne dicto, die
veneri, cercha l' ora decima seconda, che già era arivato (*) uno
M. Brunora già fiole d'Antonello de Cavidone da Fuorumponpili a
casa de dito Moratino, che venea da Ravena dal solde dela excelsa
Signoria de Venetia, che potea avere lui e lore cercha 300 fanto già
in quele loco acumulate in casa dal dito M. Zohane Moratine, et dito
M. duom Bartolomeo et altre tra pede e cavale molto bene in punte;
et tutavia n' arivava. Tamen, come alo eterno Idio piaque, già era
arivato a dicta nostra ciptà la M.cia del conte Obice de Aleduse dal
Castello del Rio, poste nela proventia dela Romagna, del teritorio dela magnifica ciptà de Imola. Arivato che al fu, intendando al grando
amanamento che avea facto l'una parte e l'altra de dito nobile famiglia, di subito, come quello che avea de tucta l' arte la doctrina,
se fermò et infinse d'esere stato dala Santità dal papa in queste loco

---

(*) Fol. 74 a.

per nostro Governatore: et immediate andò a parlare ali nostre magnifice Signure, et quili pregare et comandare per parte del papa, inseme come dito M. Malatesta Locotenento, che volesene provitere a tale parentade e torie l'arma de int i mane per conservatione de questa republica, perchè queste era la volontà dela Santità dal N. S. A queste respose suoe Signorie, che più volte ie l'avea facto intendre; tamen mai per modo alcuno non aveano voluto ponsare dito arme. Alora a queste respose la parte Nomaglia, dicando per al contrario che lore avea usato hogne lore delegentie per volerle ponsare hoc pate, che n'abia seguire la vera placatione. Et qui al dito Conte ie dene la suoa fede. Facto questo, lui andò a casa deli Moratino; come gram fervore le fece intendre la volontà dal papa et suoi gram pericole, pregandie che volesene eser contento de ponsare l'arma et eser bom zelatore al Stato eclesiastico. A questo respose dom Bartolomio et M. Zohane et le multe altre de lore, che veramente queste era la suoa volontà et sempre fu, come più esperientie de lore n'era manifesto, d'eser lore bom servitò al dito filecissimo Stato de sancta matre Eclesia, et etiam volere lore reponsare et vivere pacificamento: mo che una sola cosa lore sieno maraveglato de dita parte Nomaglia, che lore se siano facto signore dela piatia e del palaze. Et per queste a lore ie parea che ie fuse facte torto; et per queste lore pregavano caramento suoa M.cia dal dito Conte che volese eser contento che lore potese venire in piacia con esa lui; et qui prometea de fare hogne suoa aquiatatione come a lui parea. A queste lui respose de non poterie dare resposta alcuna se prima non tornase a parlare ala Signoria (*) et etiam ala parte aversa. Tornate che al fui, per dita Signoria ie fu resposte per eser l'una parte e l'altra de gram numaro, che tale cosa serehbe pericolosa quando lore se retrovase tuto in piacia, a consideratione de dui ferri forto, perchè fa bisogno che uno piga e l'atre rompa; del che ne poterehbe seguire gram mortalità contra nostra voglia. Et però per le rasone asegnato fu obtenuto che per niento dito Moratino non avesene a venire a conzere tale lore deferentie in piacia; ance più preste a cunzare in le lore case. Alora dito Conte ie ritronò, et qui ie feze suoa preposta come i era stato comese; et più, che al feze comandamento al dito M. Brunora per parte dela Santità dal papa, che inmediate lue de quelle loco dovese partire, che potese seguire hogne suo acorde come dito suoi homine. Facte che lui abe queste, di subito ie fu properate da fare colatione per eser già l'ora tarda; e tutavia pregando dito M. Bartolomio e dito M. Zohano che volesene eser contento de seguire tale suoe placatione. A queste tucte respondeano a una voce, dicando che molte volontiera al voleano fare.

Infra queste tenpo dito Nane e soi sequaci fecene ferma deliberatione de volere venire in piacia ad acunzere lore deferentie contra la voglia de soi parente e de dito Conte Obice, et se mese inseme cercha 50 tra pede e cavale. Facte queste, se mesene in via come gram terore et nante da tuto uno so Bastiano già de S. Andrea Moratino. Alora le multe soi vicine et amice dal borgo se facea denanto, pregando per l'amore de Dio che più nanto non dovese andare, che mal contento se ne potrebbe trovare. Arivato che lore fune in suso la la piacia de Sam Guielmo, in quele loco se ritrovava questo infrascripto cavale et pedune bene armato: al primo Jeronimo, alias Galete de Ranaldino: 2, Petro Paule de Chiarucio; 3, Jacome fiole dal dito Berto: 4, 5, Galiazo et Jeronimo fiole de M. Lufo, che lui era absento nela ciptà de Ravena per abitatione; 6, Luca da Este: 7, Batista, alias al Cornachia; 8, Brardo Marcobello; 9, Zohane Francescho.Palmizano come cercha 30 pedune: fra le quale i era uno Jacomo, fiole de M." Zohane mareschalco, et Jacome Baibignagnano (?) et uno Galupino Cerbrino de Negusanto, Piero Santo de S. Conto, et le multe altro a mi incogniti. Et arivato che lore fune, comincione in suso al ponte dal pane grandamento a pugnare; per modo che dito Galeto fu reduto dali (*) nomice a male porte, perchè i era intorno uno come una roncha che al tirava zose da cavale, per eser già ferite e straco, che avea facto gram prova. Alora Petro Paulo Chiarucio ie feze bona schorta et schapulole. Al simile facea dito Nano capitanio come dito Jacomo de Berto; perchè, secondo al mio reporto, faceano come dui valente homine, come lore erano; perchè come lore se fune atacato, di subito se ferino lore et suoi cavale. Tutavia dito Nano tornava indreto et senpre l'une e l'altre pugnando insino in peto al cimiterio di santa Cruce, dove in quele loco se voltava la strata, et lì i era uno pilastro dove in quele loco al cavale dal dito Jacomo, per la suoa gram furia che lui menava, al traportò in dito pilastro et se rope la testa et caschò in tera. Di subito fu tolto da soi servitore et portato ala rocha per salvatione. Infra queste tenpo, dito Nano, mancandie al cavale sota, smontò et in casa de uno S. Zohane Andrea dali Aste se salvò. Et infra queste tenpo la guardia dela parte Nomaglia, che erano romaste ala porta dal cortile, avea facto sonare la canpane dal popule al'arma al'arma. Zià era venuto morte tri, le quale fune queste: al primo se fu uno Marchione alias sam Tomaso, già fiole de uno Jeronimo de Marchione spiciale: secondario, uno Jeronimo, alias Sghazino, fiole de frato Baldiscra Mascharelo; el tercio, uno chiamato al Vilano, già de M.° Bartolomio spiciale: et le molte altre ferito e schapolate; et masime uno Jacomo, alias Cristo, fiole de uno frato Jovano da Casa Figaria, al quate schapulò nel convento del so fratello sarafico sam Francescho: per quela volta in quele loco fu salvo. Per mode che per quela volta fu forcia a dita parte Moratina a tornare a casa come puoca suoa vitoria. Tornate che lore funo, di subito se fecene forte in quelle loco, come fane quile che li soi nomice aprecia. Alora siando intrato al dito magnifico Conte Obice nela rocha per la granda desobidentia che dito Nane i avea facto de venire in piacia contra suoa voglia e de dito soi parento, inmediate Monsignore castelano trese alquanto bote d' artegliaria a dita casa Moratina, et eciam al simile facea la rocha de Schiavania. Alora intendando queste li nostri Signure e le multe altre nostre nobile, fecene intendre a dito Moratino che veramento lore stasea a gram pericole, che tutavia la vena s'acendea, zoè che la parto Nomaglia molte ingrosava per l'ordine grande che lore aveano facto; che a lor pareria che fuse meglie a dita parte Moratina che al presento lore volesene alquanto cedre ala fortuna, zoè andarse con Dio; considerando lore pur che la furia non passa el segno, la sancta (*) pacentia vince hogne desdegno. Facta dicta suoa instrucione, di subito presene per so principale capitole d' andarse con Dio, et partise et andone per al fose da dita Tore dali Quadre et arivone ale suoe posesione da Branzolino; zoé M. Zohano come suoi fratele, et Nano et uno Cristofano de S. Vese de Zavole come suoi sequaci erano andato ala Preda de More ale case de altre de dito Zaulo. Tamen era remaste dela parte Moratina uno suo M. Gaspare et al conto Baldisera, che erano absento ne' altre suove case. Alora intendando queste al dito Conte Obice, che già era i' nostra piacia armato come la conduta de cercha 130 homine come la bandera dela Ghiesia molte bene in puto, che voleano andare ale case de dito Moratino, et quile piare et suove case sachezare come ribeli de santa matre Eclesia per quile tale soi delinquento che roto aveano li soi precepti. Arivato che loro fune in peto ala piacia de sancta Croce, in quele loco fecene alcuna suoa resistentia, considerando lore come più male se fa che manco beno s' achata, quando bem lore andasene a sachezare tale soe case, che utile alcune non arebbe se nè li sachardeli; per mode che per tale delicione de tenpo dito Moratino già erano partito, come ut supra. Alora dito Conte come al contento de tuta la parte Nomaglia tornone in piacia; et per la Dei gratia altre male non acade, salve che una parte deli bravo de dito Nomaglia già era partito et andato in dita Vila de Branzolino dreto a lore; et non potando lore avere, ie tosene le molte suoe bestie cavalino et altre. Alora intendando queste al Conte, di subito hordenò al nostro dito Locotenento che facese andare uno bando, che non sia persona alcuna che da mo' inanti che vada a dare danne alcune ale case de dito Moratino, nè presento nè absento, per parte dal papa, ala pena dela forcha e de schonficatione de lore bene.

Dipo' queste, l' altre zorne che fu a dì 21 dito, die sabati, cer-

---

(*) Fol. 75 b.

cha l' ora decimo tercia, fu morto al dito M. dom Gaspara in casa suoa, et abe doe bote in suso la testa de una roncha et una int uno bracio. Dipo' fu portato ali Batù Negre, et dipo' cercha l' ora vigesima seconda fu sepelito al Dome molte onorate. Facto questo, fu mese la suoa casa a sacomano et quela dal dito M. dom Bartolomio, et ie fu tolte al tabernacolo dove se ritrovava la testa dal nostro sancto Mercuriale et altre suo arzento, per eser lui in quele tenpo padrino dela ghiesia dela Trinità: tamen dipo' fu reso al padrino novello per lore facto.

Fatto questo, dita parto Nomaglia feze provedere intorno ale mure, et zorne e notte stevano come gram vigilio et metando le multe fante nelle case (*) de tale seguaci de dito Moratino.

Dipo' queste, a dì 23 dito, die luni, dita parte de Nomaglie fecene una bela mostra in suso la piacia de 250 homine bene in punto. Facto queste, dipo' andone per insine ala rocha. Facto queste, lore publicone una suoa fraternita, facte et ordinate per dita parte Nomaglia, de tuto quiste infrascripto parentado, in queste modo e forma: che tuto andone ala ghiesia de sam Mercuriale e zuraro sopra el sacro evanzelio de stare a morte e destrucione per defensare et mantenere questa nostra magnifica ciptà de Forlì nel gremio de sancta matre Eclesia et etiam contra dita parte Moratina che contra lore volesene pugnare. Le quale parentado fune quiste.

Prima, dite Nomaglie
secondario, dito M. Tiberto Brandolino
3, dito Berto da Oriolo
4, Bartolomio Codeferre
5, Baioco Pontrolo
6, Tomase Palmezano
7, Marco Antonio Paulucio
8, Jeronimo da Ranaldino, alias Galeto
9, Pino Bicio
10, Francescho Marcobello e soi fiolo
11, S. Biasio Prugnolo
12, Luca da Este
13, Lodovico già d' Antonio dai Orzole alias Machagnone
14, Petro Paule Chiarucio
15, dom Lodovico Tomasole e soi frateli
16, Bartolino Tomasole
17, S. Valerano de Pamsechio
18, Jacomo mareschalco
19, Cecho de Capedelupi
20, Matio Golfarello
21, el Vilano de Maltorio

(*) F

22, el Roso da Rivalto et Pelegrino da Rivalto

23, li Sebone, che dipo' introne a dì 26 dito, die iovis.

Criato che lor fune come dito so iuramento, tuto de comuna concordia alesene e deputone queste infrascripto capurale: al primo se fu al dito M. Tiberto Brandolino: 2, M. Antonio Beltracano: 3, Bartolomio Caputferi; 4, dito Berto; 5, Gaspara Nomaglie; 6, Tomase Nomaglie; 7, Bioce Pontrole; 8, ed ultimo, Jeronimo Ranaldito, alias Galeto. Ale quale ie fu dato otorità plenaria de potere cavare e metre et asolvere et condanare a tucti quele che de rasone ale parte contrafeso; et de comuna concordia alesetto dito S. Stasio Prugnolo per so cancelario, come de tucto le predite cose n' apare publico instromento facto et stipulato per mano de uno S. Tomasio zià d'Antonio Palmezano in dita giesa de santo Mercurialo. Presento ie fu 6 sacerdoto, a dì dito, come supra, 1505.

Dipo' queste a dì 3 del mese di luglio, die iovis, arivò uno M. Ramacioto del contà de Bologna in alturio a dite Nomaglie, et qui mese inseme dita fraternita cercha 6 cavalo, zoè 10 homine d'arme, e 'l reste cavale legere et 500 fanti, tuto bene in punto, faciando zorno e note gram vigilie da poterse conservarse dal gram bratio de casa Moratina; perchè lore (*) haveano intese che a dì 7 dito dovea pasare uno M. Zohano dito da Sasadelo nobile imolese che andava a Cesena. Et pasò a dì dito per di fora dala ciptà, propinque ala rocha, come cercha 80 cavale, et andò ad alogiare nela Vila de Carpeno in casa de una Galupino de Dando. Alora ie venne al dito Conte Obice et i aricomandò dita parto Nomaglia, dicando che lore aveano gram parte de rasone come lui sapea, per eser stato ala presentia, come ut supra: tamen già era venuto per favore de dito Nomaglie alquanto homine da Cesena, infra le quale i era uno grando de quie de Masino. L' altre zorno dito M. Zohano se andò al so viaze.

Item l' altre zorne, che fu a dì 8 dito, la parte Nomaglia come dicta fraternita andone dali magnifice signure Conservatore. Et qui ie fecene andare al Conseglio secreto, et in quele lore prepose che ie parcria buom facto a mandare le done deli Moratino e soi fiole dreto lore marito, considerando lore che remotto la causa, remotto l'afecto: perchè l' amore de soi fiole et moglie senpro de contenuvo ie farebe avere al core de tornare ale lor case: et più che potese bene mandare litre a lore moglie, che molte ie poterebbe nocere, come per altre volte se n' è viste esperientie. A queste respose suoe Signorie: quanto al' atto dela carità, che queste ie parea male facto che tale done se dovesene partire, per eser per suoa natione de altra linea de nobile famiglie; per al che poterebene lore fare altre nomice novelle; et che tale cosa poteria eser in despiacere dela Santità dal papa: et per queste lore doverebe considerare al fine. A queste lore respo-

se; quanto per al papa, che lore sapeano beno quello che lor aveano a fare per avere già per suoe litre. Intese che [ebbe] tale cosa, a
lui i era molte rencresuta; et qui tuto le cazone via et eciam la moglie de uno S. Bartolomio Exelio, che come dito M. Zohano da Sasadello al presento se ritrovava. Nel so partire ie fu facto grando onore, considirando che tale done non erano colpevole de tale cosa;
ance più presto le molte volto lore aveano cridato come dito soi marito che tal cosa dovesene lasar stare.

Dipo' questo, a dì 10 dal mese de lui predecto, arivò per nostre
Governatore uno M. Feriano Bortono nobile dala ciptà de Jeso et e-
piscopo dela ciptà de Astone, perché già era partito dito M. Malatesta dal Monto Albodio. Arivato che al fu, di subito fece andare al
bando, che persona acuna non dovese dare alturio nè favore ala parte Moratina da potere intrare i' nostra ciptà de Forlì, ala pena de
la forcha (*).

Pur seguitanto la instoria, avando intese la parto deli Moratino
tale bande de dito governatore, come al contento deli fiole et nepoto de M. Lodovice del' Orso vene nel nostro teritorio nela Vila da Casa Murata, et qui tose cercha stara 16 de grano: dipo' ne tose stara 13 a uno Matio Lanbertello, che al presento presedea nostro signor Conservator et altri etc. Alora intendando queste al nostro Governatore come al dito Conte Obice, che ancora dito Moratino non
voleano observare li precepti dela Santità del papa de non volere lasare equiiatado dito so pacifico stado, di subito per esero lore venuto in dito nostro teritorio ali nostre danne, di subito fecene questa
cometiva per volere andare a spuntare le suoi rabiose dento. La quale se fu cercha cento tra homine d'arme et cavale lezeri; nel quale
i era dito Conte Obice e dito M. Romazoto e le multe altre valento
omine, come boin proviste de hogne so bisogne. Aveano 12 cape
d'artigliarie, zoè dui falconite; e 'l resto, arcobuso et uno caro di
cargo et altre necesario, come uno altro caro de vituvaria. Et per
suoa securità, el zorne nanto che lore vose andare, mai non se aperse le porto de nostra ciptà, a ciò che quili tale non potesene avere
nova alcuna: che fu a dì 13 de luio, die dominico, la note prosima
ad venire, 1505. Arivato che lore fune là propinque, di subito la
parte Nomaglia prese alcuna suon guardia dela parte aversa: per modo che nel so piaro comencione a cridare a suoa voce piena. Alora
dita parte Moratina, che steva come gram vigilia, intese tale cosa,
di subito schapulone nel teritorio de Ravena: tamen fu prese et ferito uno de lor fiole de Pagliarino de Dando da Carpeno: per modo
che li nostre i andone dreto gaiardamento come gram strepito de suoi
tronbeta et dito artegliarie. Alora vedando al tuto che li soi penseri
erano venuto scharso, tornò a casa la matina per tempo, die 14 dicto,

die luni; et arivato che lor fune, fecene una bela mostra intorne a nostra piacia. Alora vedando dito Governatore e dito Conte Obice, che al presente se retrovava Governatore de Cesena, che modo alcuno non c'era da potere fare stare tale fuorausito ali soi termino, se non fare 150 fanto che avese a stare de continuvo ala nostra porta dal cortile, per eser in punto zorne e noto da poterie drete seguitare, quando lore più tornasene, et qui inmediate fecene che li Signure adunone el Conseglio nel quale fu concluse de metre una imposta de duquato 600 de potere criare et pagare tale 150, zoé per dui mise prosime ad venire; che tale dinare se debia rendre fra el termino de dui mise prosimo de quile dele gabello (*) a quili tale che i arano pagati.

Item pure seguitando la instoria, a dì 22 dito, die martis, la note prosima ad venire, dito Nano Moratino e suoi sequaci per più acendre la vena veno de notto tenpo neli prati del Caserano i' nostre teritorio, non poteando lui patire tale cosa, considerando che lui et li altri suoi fuseno stato deli prencipalo a dovere dare dicta nostra ciptà ala sancta matre Eclesia; et che al presente nè l'une nè l'altre de lore ie posa habitare. Intese che abbe queste dita fraternita, stetene quela note come suoe gram vigilio; per mode che a dì 25 dito dita fraternita mese fuora cercha 25 cavale, credando pur che dito Nano fuse in quelle loco, overe nela Villa de Felete, teritorio de Ravena: tamen non fu più viste in tale loco.

Item avande intese la Santità dal nostre Signore le grando estrusione che facea dito Moratino per dito nostro teritorio, et non avando lore alcuno respeto a suoi precepti, di subito fece intendre ala excelsa Signoria de Venecia che volese bem con esa nui vicinaro che volese caciare dito Moratino lontano da Forlì miglia 50. Alora dita Signoria ie dete al bando, come ut supra; che fu a dì 31 dal mese di luglio dicto, die iovis, 1505. Non estanto queste, dicto Moratino parse che non avesene observato tale bande de dita Signoria; per modo che ne fece aretenere nela roca de Ravena 4 de lor cappe. Al primo uno R.do dom Bartolomio; secondo, M. Zohano so cosino; tercio, Bartolomio et Jeronimo fratello de dito M. Zohano: che fu a dì 6 dal mese d'agosto, die mercurio, secondo che a mi fu reporto. Item dapo' lore fu retenuto uno S. Carose fratello dal dito Nano, et li stetene per insine a dì 19 dal mese de decenbro, che lore fune lasato, 1505. Dipo' se partino et andone ad abitare nela ciptà de Cesena, et parte n'andò a Roma. Item dipo' queste M. Zohane da Sasadello, venendo da Roma como al Conte Obice per andare a Imola, dicta fraternita ie dete descnare ala mensa deli magnifice Signuri; che fu a dì 28 dal mese d'agosto, die iovis, 1505. Item li Moratino e soi sequaci ne fu mese in bande dela testa cercha 60 al tenpo

(*) Fol. 77 b.

del conto Gabucio dal Monto Albodio; che fu a dì 19 de decenbro 1505.

Item, per chiarire al tucto, le cose stete tranquile per dita fraternita per insino a dì 13 de marze 1506, che vogliando la Santilà dal papa che tute nui suove pecorelo se dovema stare in pace, perchè senpre la santa pace se retrova buona, fece fare uno brevo a M. Zohano Moratino et multe altre deli soi, che al presente se retrovavano nela ciptà de Cesena nele forcio del Comesario apostolico come suove (*) suoe bone cautione, che lore ie detene quando fune liberati dela catura dela roca de Ravena; che fu a dì 19 de decenbre prosimo pasato, come ut supra. Le quale sove cautione, secondo al mio reporto, erano stato: al dito M. Brunora et Melagra suoe fratello et altro nobile da Ravena, che dovesene andare a Roma ali soi pedi: el simile feze al dito nostre M. Antonio Beltracano et Berto da Oriolo et Antonio Nomaglie, che tute se dovesene retrovare dinante al so conspeto a dita Roma; per mode che dito M. Antonio e soi conpagne se partino da Forlì a dì 13 de marze predicto et cercha l'ora undecima de suoa note prosima ad venire, die veneri.

Item come vose la suoa poca ventura, giá era stato morto uno Brardo fiole de Franchesco Marcobello e de Ranera suoa madre a dì 5 dal meso de marze predicto, die iovis, l'ora vigesima seconda. Et qui ce serà molte da dire, con ciò fuse cosa che uno Jacomo fiole dal dito Berto da Horiolo come suoi sequaci, a dì dicto aveano tolte dito Brardo de gropa dal dito Jacomo in suso una sova mula, et qui infinse d'andare per la tera revisitanto le suoe morose; perchè dito Jacomo molte era libidinoso. Dipo' li soi viaze, dito Jacome al portò de dreto dala casa dala suoa abitancia int un'altra casa di verse Faiencia, che se ritrovava de uno so parento, chiamato M. Zohano Franceschu, alias al Codre, che al presente lui era nela ciptà de Ravena, e lì tenea schola. Arivato che lore fune a dita casa, così a cavale a cavale, lui fece aperire una suoa porta et intrare per al so andavenio come gram faticha dal dite povere Brardo, che fu quase in pericolo de non se rompre le ganbo per la gram furia che dito Jacomo facea fare a quella mulla. Alora dito Brardo dise: — Jhesù, aidemo, aidemo, Jacomo, fa' destre, che tu m'ái facto male —. Per mode che ancora ie feze molte peze. Come al fu dentro, le porto fune serato, et per uno deli dito suoi sequaci, chiamato Caldana dale Balestre, secondo al mio riporto, fu tirati in tera come altre suo aiuto, butandie uno capestre al cole, strasinandole per insine al' use dal cortile, et lì al sghargozone. Facte questo, al sepelino int una suoa camera dal foco, lì propinque, drete al mure dal cortile, come al cape di verso la montagna, come la facia di verse la tera et la schena in suso, metandio al so mante e breta suota, caciato zose quase una stancia d'omo come dito capestre ala gola. Facto questo, ie retornone al so lanzolato di sopra et altre cose vechie che in quele loco se ritrovavano et certo rode da care pur vechie che in quele loco erano. Dapo' queste, ale ore debito che lui dove' andare a casa a reponsare, per al dito so padre et matre molte se retrovaveno de mala voglia, come quelle che sentea la suoa pasione; tutavia faciando male iudicio (*) sopra al so poverino fioletto, dicando infra lore, non siando venuto a casa al'ora suoa debita, che dito Jacome l'avea morto in una stala. Per modo che del'una voce in altra per la ciptà, chi dicca ala secreta quele che dicea la madre — potrebbe molte bene eser vere —; chi dicea per contrarie; perchè altre volte dito Jacomo l'avea portato al simile per al gram bem che lui ie volea, prima per eser dela suoa parte e po' eser lore dui valente homine, come più volte se n'era viste esperientie, che mai dito Jacomo non l'arebbe facto. Alcune altre dicea che nonn era in quille modo; ance era per questa via, che dito Brardo era andato incognito da uno M. Dioniso de Naldo de Valle de Lamone, perchè lui se ritrovava so grando amico, come lui i era andato altre volte. A queste respondea al padre e la madre a quile tale che ie deva tal conforto, dicando che queste non potea eser la verità per eser suoe arme e cavalle e dinare a casa; e pur quando lui fuse andato in tale loco, lore al saperebene; pur dicando, come ut supra, se lore poteseno andare dove la suoa mente iudicava, che veramente lore acatarebbero al dito suo poverino sventurate fiole morto: dica pur hogn' ome a lore parere, che queste serà la verità. Alora intendando questo, dito Berto et M.ª Isabeta suoa moglie et stata parenta de dita M.ª Ranera madre dal dito Brardo, di subito Berte e la moglie andone a casa dal dito Brardo et grandamento rendolerso del gram case acadute quanto ale parole, et confortandile per parto de Jacomo so fiole che lore stiano de bona voglia, che so fiole debbe eser vivo; con ciò sia cosa che lui l'avea tolte per so contento de gropa, come altre volte lui avea facto: tamen che lui l'avea mese zose de sua mula quele zorne in suso al cemiterio dela ghiesia de santo Jacome, che lui dise' che volea tornare a casa. La quale nonn era tropo lì deinstanto, che era cercha 23 hore; et queste era tute quelle che sapea del dito Brardo so fiolo. Facto queste, dito Berto e dita M.ª Isabeta come gram fervore tosene buona suoa licentia e a casa suoa retornone. Dipo' queste, l'altre zorno dito Berto e Jacomo per volere cavare el populo de tal suspeto e masime la parte de suoa fraternitado, perchè, quando lore sapeseno che dito Jacomo avese facto tale erore, veramente lore n' arebbene facto gram vendeta; et per queste dito Berto ie fece convocare in casa suoa et qui per suoa iustificatione lui e dito Jacomo so fiolo iurone pro sacro Dei evangelio suopra la figura del

---

(*) Fol. 78 b.

Crocefisso, che non sapevano che dito Brardo avese male alcuno nè etiam non sapeano dove al fuse da quela sera in qua che dito Jacomo l'avea (*) mese in dito cemiterio zose dela mula. E se mai per alcuno tenpo lore poterano sapere tale che l'avese morto, che lore serano li primo che i amaza et suove case brusare, parando a lore che quile tale ne siano bem meritorio. Per modo che da quele zorne inento zorno e noto el popule stevano molte mirativo sopra tal cosa, et masime siando partito dito Berto et andato a Roma, come ut supra; et era al presente dito Berto uno deli nostre signore Consolato Conservatore. Et per queste la parte aversa i avea auto alquanto respeto, per eser lui senpre stato homo da beno et amato honiversalemente dal nostro popule; perchè in verità, siando lui stato al molte tenpo favorito dali nostre Signore passate et de continuvo oficiale de quili, senpre avea amorezato dito nostro popule come qualque suoa utilitade: tamen al popule del più numaro credea veramente che dito Jacomo avese comese tal pecato. Per modo che a dì 17 dito vene Nicolò zià fiole de uno M. Ator de Bertolino cognato dal dito Brardo per insine ala porta di Cotugne; et arivato che al fu, di subito mandò a disfidare dito Jacomo, dicando che lui era uno gram traditore, perchè l'avea morto dito Brardo so cognato. Facto quelo, di subito tornò nel teritorio de Ravena, perchè al presente lui era al servicio dal soldo dela Signoria de Venecia. Intese che abbe queste, dito Jacomo in brevità fece una gram suoa comitiva et andò a dita porta per volere andare dreto al dito che già era partito, come ut supra. Per modo che da quelle zorne inento steto le cose molte desdegnato per al dito Jacomo; per modo che le più volte la noto s'areducea per suoa salvatione nela porta de santo Petro. Per modo che a dì 19 dal mese de marze, die iovis, cercha l'ora vigesima prima, 1506, el povere zentilomo et sventurato in quello retrovandise propinque ala ghiesa del nostro santo Martino in Castello, in meze quela strata da quele pocio per la furia del gram bratio de dita fraternita, zoè quiste infrascrito de lore, secondo al mio reporto: al primo se fu uno chiamato Andrea, alias Conpadrino et Maxo già fiole de uno Martino Tomasolo, Jacomo fiolo de Galetto, Ranaldino Manara fiole de uno Bornacino Oliverio, Zohano Spiga di Pigo, Lodovico zià fiole de uno Antonio, alias Maghagnono, dai Orzolo, Bernardino fiolo de Baiozo Ponterolo, Bartolomio Golfarelle; e tuto li prefacto parse che s'acordasene tuto de comuna concordia de volere amazare al dito povere zentilomo quando lore avese al tempo, el modo et altre suoi hederento. Per modo che parte de loro atrovono al dito Jacomo in dito loco, et in quele loco ie parbe al tenpo; per modo che ie deno alquanto ferito de pugnale nela gola e nal peto; per modo ca-

schò in tera (*) per morte. Alora arivò uno padrino dela ghiesa de
sam Biaso, chiamato dom Masole; di subito se apropinquò chiamandolo, che lui dovese dire suoa colpa; tamen per le ferito dela gola mai non poté favolare. Alora arivò uno altro homo et levole suso a sedere a ciò che lui potese cognoscere tale padrino et favolare. Alora tornò quile tale et di novo al butone in tera, et de quel loco non se partino che fezene partire quela anima dal corpo; si che per modo al povere zentilomo fu maltractato. Dipo' fu tolto et portato ali Batù Negro et lì fu lavato et mese in suso una stora in dita ghiesa. Fate che quile tale abene queste, parte de lore se partino ala volta dela piacia e a casa dal dite Jacome se n'andone; per modo, quando-lo-re fune arivato a dita casa, zoè quiste infrascripto conpadrino: Jacomo de Galeto, Maxo et Bartolomio dito Golfarello, atrovono uno Cesaro fratello dal dito Jacomo che potea avere cercha anno 18, et era una zentile criatura et de sentia molte ornato, al quale era int uno so studio a studiaro; et intrò in casa et al dito studio andone, perchè dito conpadrino era so molte familiare in dita casa, che zorne e notto lui potea intrare per la pratica de uno so parento R.^{do} padre M. dom Lodovico pur Tomasole, che zorne e note stevano in quela casa et dominatore dal dito Berto so padre molte tenpo. Intrato che funo, ie deteno a' povere agnello inocenti 4 ferito de una daga sopra la testa e doc nel suo brace destre, per al che lui se volea defendre al capo, come vole la legio dela natura, che hogne nostre menbre se debia metre al cimento per defensare el nostro cappo, zoè capo, dove se ritrova radicato hogne altra fortecia de nostre menbro et reposo dela nostra anima intelectiva. Et infra queste tenpo dito Lodovico et altre soi conpagne che erano andato ala volta dela piacia, già aveano morto uno favorito dal dito Jacomo, chiamato el Gobho da Faiencia, et lì ie fu tagliato al colo. Dipo' fu portato aprese al dito Jacomo ali Batuto Negro. Et già siando la voze per la ciptà, dito Caldana dale Balestre dito autore ala morto dal dito Brardo se n'andò fora dala ciptà per suoa salvatione. Dipo' queste, dala rasone fu prese uno Rugiero fiole de Petro Paulo dal Tartaglia familiare dal dito Jacomo. Prese che al fui, di subito lui fu l'anzelo che anontiò la festa, zoè che insignò el corpo del dito Brardo, sepelito come ut supra, a ciò che s'adempeso quele che per al sacro evanzelio spando per boca divina, al quale dice: — nichil ocultum quod non reveletur —. Facte queste, come gram furia andone in dito loco et qui al desecterone. Deseterato che al fui, di subito fu facto intendre ala corte, la quale ie mandò al so bariselle, et per dito Batù fu tolto e portato come al candaleto nela nostra piacia; et lì (**) stete alquate che tucto al popule al potese vedere; che veramente i era li

dui terci del popule de dicta nostra ciptà. Dipo' fu portato nela ghiesa del nostro patrone santo Mercurialo et per quile reverendo soi padre monice fu lavato et mese int una cassa et portato a casa dal
padre. Pensa mo', discrepto lectore, che animo dovea eser quele dal
dito padre e madre e frateli dal gram caso acaduto de quele corpo
così male tractato, e non sapendo la rasone; perchè tamen per al
nostro popule molto iudicio se facea. Alcuno dicea che l'era stato la
morto dal dito per so bene opperaro, con ciò fuse cosa che dito Jacomo già più tenpo facea che lui si era messe dreto a una M.ª Verda
fiola dal conte Bernardino da Valdenosa, mogliere de uno nostre nobile Tomaso Becio, per tale modo e via che a le' era stato forcia a
tornare a casa dal dito so padre, et al marito e soi parente staro in
casa serato: et per queste più volte dito Brardo l'avea pregato dito
Jacomo che volese eser contento de lasarela tornare a casa per eser
contra al precepto divino: et se pur lui non al volea fare per nisuna
altra via, che almancho che lui al facese per al so amore per eser
dito Brardo parento de dito Beze. Alcuno altro dicea per contrario,
che l'era stato per la gram conversatione e amicitia che avea auto
dito M. dom Lodovico Tomasole per avere tanto dominato le facto
dal dito Berto, come ut supra: dipo' eser partito de suoa casa, non
sapando lore la casone; et abitava in casa dal dito Brardo per più so
desdegno. Et queste poterebbe molto bene eser che dito Jacomo arebbe fato tale so omicidio per quello. Tamen alcuno altre dicea per
contrario, che dito Jacomo avea fato tale cosa sole per al contento
de Berto so padre e de uno Pirone de Naldo de Vale de Lamone, che
per al so favore poterse fare grande deli primate de nostra ciptà a
despeto dal dito M. Dionise amico dal dito Brardo, per eser già lui
andato a favelareie incognito, come ut supra, per volere amazare dito Jacomo, per farse ancora lui grando, per eser lore dui valente o-
mine, come ut supra. Tamen fuse tale cosa come la se volese, lo
eterno Idio sapea al tuto. Questo per lo popule gram targha se ne
tenea. Alora fu sepelito dito Brardo nela ghiesia de sam Dominico int
uno diposito, sota quela schala che asendo a quel so corpo beato,
come grando suoi epitafio, di verso la montagna: et fu la matina dipo' la predica. Dipo' queste, cercha l'ora vigesima prima fu sepelito al corpo dal dito povere zentilomo Jacome come grando honore a-
prese la ghiesia dal sarafico sam Francescho. Tolto da casa suoa, la
matina per tenpo era stato sepelito al dito Gobbo. Sichè, amantisimo
mei lecture, io lasarò ad voi iudicaro che animo dovea eser quelle
de quella poverina suoa madre dal dito Jacomo, vedando eser quelle
zorne tanta rovina neli soi fiolete, per eser morto dito Jacomo et
quele poverino inocento de dicto Cesaro stare in quela; et po' considerando ala gram fortuna acaduta a dita M.ª Ranera de queli sovi
fioli per al vincolo del parentà (*) che, secondo al mio riporto, in-

(*) Fol. 86 b.

fra lor doe era. Io veramente credo che non restava se nè che el so corre fuora dal corpo non potea saltaro.

Pur seguitando la instoria, avando li nostre rectore bem asaminato dito Rogerio, di subito spacione uno cavalario a stafecta ala Santità dal nostro Signore el gram case acaduto al presento in dita nostra magnifica ciptade. Et già al povere zentilomo dal dito Berto e soi conpagno non erano arivato a Roma, tamen videne però tale cavalare; et qui ie fecene domanda, che lui andava così in freta. Lui per modo alcuno non i al vose dire per al gram tema che lui avea.

Ultimatamento canpò al poverino Cesaro per insino a dì 24 dal dito mese de marzo, die martis, e po' rese al spirito a Dio; che fu al zorne benedecto dela vegilia dela incarnatione dal Verbo divino. Dipo' l' altre zorne fu sepelito come grandenisimo honore a dita ghiesa de santo Francescho. Et qui dita suoa madre nel so coroto senpre se portò honestisima, dicando suove infortunio come gram prudentia, che quase facea tucta la zente lacremare; et masime una cosa infra le altre, che avando domandato più volte dito Cesaro: — Mia cara madre, dove è nostre fratello Jacomo? — senpre ie decea: — Fiole mio, reponsa che Jacomo sta beno ed è andato a Ferara —, che vigniria presto. Cercha dui zurne nante a suoa morte, parse che in visione avese viste dito Jacomo so fratello eser stato morto nela contrata de Lodovico, alias seschalco Aricolano, non tropo lontano da dita ghiesia de santo Martino, dal so loco predicto et che l'era stato dito conpadrino, e soi conpagne le quale l'aveano morte; e po' erano andate a dare a lui dicando: — Mia madre e' l' è al vere —: lei negava dicando: — Fiole mio repónsate, che non è la verità —. Tamen dicea: — Che óglia facto mi al conpadrino, che me devese dare? Doncha io non ie feze mai male alcuno, et zorne e note steva i' nostra casa tinendolo io da buom fratello —. Pure tutavia confortavalo, dicando che lui era malcontento d' averie dato et che lui reponsase e tendese a guarire che ancora lui serà so bone amico. Sì che per queste, amantissime mei, l' è forcia che el nostre sangue convegna sentire la pasione dell'altro soi sangue, o secreto o paleso. Et che queste sia al vere, tuoi el tema dela dita M.ª Renera che senpre dicea d' avere visto el so fioleto da Jacomo morto int una stala, come al fu al vere; el simile, dito Cesaro d' avere visto dito Jacomo in dito loco, come ut supra, come era stato al vere. Et per questo veramento che l' una natura po patire per l' altra de' denotare de eser lore tucte vere e legiptimo de uno sangue e de una carne. Per al che a mi molte ne rencrebbe nel' una parte e l'altra, come doverebbe fare a ciasch[uno] fidelissimo cristiano.

Intese che abe dito Berto so padre tale so infortunio, se andò dala parte Moratina, et come quela pacifico (*) narandie lui hogne suo gram case acadute. Intese che abbe dita parte Moratina tale suove infortunio, apersene al so mante dela misericordia et quelle aricoperseno, recordandise dela suova gram promisione dela suoa vera e sancta pace; per modo che tucto insemo fecene ferma deliberatione de volere retornare ale lor case dentro da suoa magnifica ciptà de Forlì et in quella reponsaro. Alora intendando tal suoa unione, la parte Nomaglia de novo se comencione a fortificaro, come fano quile che suoi nomice apreciano; et fecene fabricaro uno bastione da dita Tore dali Quadre et in multe altre loco de necesità. Dipoi fecene venire 40 cavale lezere et cercha 70 pedune. Facto queste, fecene una bela mostra intorno ala piacia. Dipoi detene certe suoi tema al nostre canpanare, over amiranti, che steva in suso la nostra tore dal popule, che per suoi segne lui dovese fare intendere come la canpana tucto li cavalle che per la rivera andane: el zorno e la notto dovese stare lui come suove gram vigilie per infine ala venuta del R.do Monsignor M. Nicolae Bonafede nostre Governatore; che fu a dì 24 dal mese de maze, anno Domini 1506, die dominico.

Dipo' queste, stete le cose pacifico per insine a dì 13 dal mese de zugno, che alquanto dela parte Moratina vene per insino ala ghiesa dal Tenpio dreto ala via Flaminia: tamen vene secretamento. Dipo' tornoue indreto senza alcuno so nocimento.

Dipo' queste, a dì primo del mese de luglio, die mercurio, de novo retornò cercha 25 cavale per insino al dito Tenpio dela parte de dito Moratino. Alora dito canpanare amiranto fece intendere a tuta la parte de dicta fraternita el numaro de tale cavale e soi momente. Alora dita fraternita se mese insemo come dito Monsignor Governatore, et parte ne usi fora e drete ali nomice andone; et presene uno familiare de M. Zohane da Sasadello come una suoa femina. Dipo' fune mese nela nostra roca aprese dal dito Monsignor castelano.

Dipo' queste, stete le cose come gram suspeto per insino a dì 4 dal dito mese de luglio 1506, die sabati, che dita parte Moratina retornò a dita nostra ciptà come l'aiuto del gram bratio de quisti nobile infrascripto. Al primo se fu uno M. Brunora dicto da Fuorumponpili, et M. Zohano dito da Sasadello da Imola, et al Conto dala Bordella dito imolese, come le multe altre suoi hederento del'una parte e del'altra; che poteano eser in tucto cercha 200 (*) cavale lezere et cercha 800 peduno. Tamen la parte dentro non avea se nè cercha 50 cavale de uno M. Arimeso Bentivoglie da Bologna che noviter erano venuto come l'aiuto de dita suoa fraternita; per modo come dita parte Moratina fune arivato, alozone a dì dito tra al molendino dali Banzole per insine ala Vila de Sam Varano. Alozato che lor funo, di subito dito amiranto fece gram segno dela canpana. Alora la parte dentro come dito Monsignore fece dare ala canpana dal popule

— al' arma, al' arma —, et qui come gram furore tucta la piacia fu armata. Et li steteno per insine al'ora vigesima seconda, che cercha 25 cavale dela parte absenta vene per insine insuso al foso de dicta ciptà anonciare la festa, zoè a fare intendre che dita parte Moratina in tucto deliberato sono de volere retornare in dita suoa ciptà et in quella repatriare per insino che alo eterno Idio piacerà. Alora uno dela parte dentro chiamato Jeronimo Ranaldino, alias Galeto, et Zohano Francescho Palmezano et multe altre soi valentomino, di subito usino fora per la porta de Ravaldino et andone pugnare come dicta parte Moratina; tamen per eser al canale de meze ale parto, poco male se poteno fare.

Altre per quele zorne non acade, salvo che la note prosima, cercha l'ora quarta, la parte absenta de dito Moratino fecene ferma deliberatione de volere intraro et qui de tuto suove zento feceno dui squadrune. Al primo dovese andare a dare la bataglia al dito bastiono dala Tor dai Quadre; al secondo dovese andare per volere intrà per al foso da quela cepata dale Casaze de verse Cesena, non tropo deinstanto da dita nostra roca, int uno certe ghumito che li facea al fosso, che male dita roca ie potea nocere. Arivate che lore fune ali soi loci deputato, di subito comencione a pugnare per volere intrare, e tutavia l'amiranto sonava de continuvo la canpana — al'arma, al' arma —; et dito Monsignor come tuta la parta in suso la sella, che butava fogo per boca, che parea uno serpento; et la piacia bem properata, per modo che cercha 35 deli primato de dita parte Moratina che a dita cepata de verse dita roca se retrovavano; infra le quale i era uno Jacomo capo de bandera, già fiolo de uno frato Zohano da Casa Figaria, chiamato alias Cristo, dove in quele loco sole i era tre poste de guardiole come suove guardie alquanto luntano l'une dal' altre. Per modo siando puri alquanta quandità da qua nel foso, di subito ie portone al molte grano in paglia et li renpitino: dipo' ie messo le schale e dentre introne, per modo che tal nova arivò in piacia, (*) per modo che una parte de quile incontra i andone per volere fora recazarie. Per modo come lore fune propinque ala porta de Codugne, già n' era intrato gram numaro. E qui l'une con esa l'altre fortemente pugnavano, per modo che la voce per la ciptà volava dicando che la parte Moratina che già come gram sforcio era intrata, per tale via e modo che quile che erano romaste in dita piacia non sapeano quelle che lor dovesene faro. Tamen vedando al tuto che la fortuna i è nomica, de quele loco se partino et ala roca s' apropinquone per volere in quela salvarse. Le quale fune quiste infrascripto: al primo, dito Monsignor Governator; al secondo, M. Tiberto Brandolino; 3, M. Rugerio Nomaglio; 4, don Batista Nomaglie; 5, Tomase Nomaglie; 6, Gaspara Nomaglie; 7, Antonio Noma-

---

(*) Fol. 82 a.

glie; 8, Cecho Nomaglie; 9, Tadio Nomaglie; 10, Jeronimo Nomaglie; 11, 12, dui fiolo de M. Lufo dito Nomaglie e le multe altre.
Item dipo' lore, quiste altre parenta: Tomaso Palmezano, dui fiole
de Cremagnolo Palmezano, Bartolomio Chodeferro, Matio Lanbertello
et altre. Partito che loro funo de dita piacia, la parte Moratina aperse la porta de Sam Piero, che tuto el resto de lore introne. El simile quela de Codugne, che intrò M. Brunore come suoa cometiva. A-
perte che funo, el resto dela parte Nomaglia a salvatione se partino,
salvo, come vose la suoa poca ventura, uno M. Maso Maldento et u-
no S. Antonio, già de Fiorencio Nomaglio, et uno fiole de Tadio Nomaglie, le quale per paura erano intrato nel canpanile dela ghiesa
deli frati menori per suoa salvatione. Per modo che tale cosa fu facto intendro a uno nostro nobile Biaso del' Oso so nomico capitalo
dal dito M. Maso, per già per altro tenpo uno Manfreto fiole dal dito M. Maso avero morto uno fiolo dal dito Biasio. Et intese che abe
dito Biasio tale nova, come multe soi conpagne andone a dita
ghiesa et cavone fora tute tri li prefacto per volerie menare a casa
suoa: per modo come lore fune fora dal so cemiterio, venendo in
verso Sancta Cruce, in capo dal mure del'orto de dito frati, fu morto al dito S. Antonio Nomaglio, che al presente se retrovava cancelerio deli nostri magnifici Signuri, et era uno figliole da beno et uno
belo scriptoro. Dipo' fu menato dito M. Maso a casa dal dito Biasio,
et lì fu conservato nele lor forcio. Et al simile fu salvato da uno
Receuto ali conpagne che per (*) quela noto altre homicidio non se
feze mediante la devina gratia. Intrato che lor fune, comencione come gram furore andare ale case de lore nomice, che era gram splen-
dore de luna per eser propinqua a suoa opposicione; e tutavia l'alba
nasea; et qui metando a saco tale lor case, per tale via e modo, tra
la noto e 'l zorno propinque, che fu a dì 5 dito, die dominico, fu
sachegiato over pignorato tutto queste infrascripto.

La prima se fu quela dal dito M. Tiberto Brandolino.

La seconda, quela dal dito Galeto.

3, quela de M. Antonio Beltracano.

La 4, quela de Francescho Marcobello.

La 5, quela del dito M. Lodovico Tomasolo.

La 6, quela dal conpadrino Tomasolo.

La 7, quela de Zecho Nomaglie.

La 8, quela de Tomaso Nomaglie.

La 9, quela de Gaspara Nomaglie.

La 10, quela de M. dom Batista Nomaglie.

La 11, quela de Tadio Nomaglie.

La 12, quela d' Andrea Nomaglie.

La 13, quela d' Antonio Nomaglie.

(*) Fol. 82 b.

La 14, quela de Jeronimo Nomaglio.

La 15, quela dei arede de Franceschino Nomaglie.

La 16, quela degli arede de M. Bem Nomaglie.

La 17, quela de Maiolo Nomaglie.

La 18, quela de M. Lufo Nomagle. Questa fu sole pegnorata per retrovarse la moglie de Galiazo so fiolo infecta.

La 19, quela de Tomaso Palmezano.

La 20, quela de uno altro S. Tomaso Palmezano.

La 21, quela de Crimagnolo Palmezano.

La 22, quela de Bartolomio Codeferro.

La 23, quela de Baiozo Ponterolo.

La 24, quela de Francescho Pontrolo.

La 25, quela de Federico Pontrolo.

La 26, quela de Matio Lanbertello.

La 27, quela de M. Maso Maldento.

La 28, quela del dito S. Stasio Prugnole.

La 29, quela de Marco Antonio Paulucio.

La 30, quela de Piere Antonio Paulucio.

La 31, quela de Zohano Francescho Palmezano.

La 32, quela de Zoano Pigho, alias Spigha.

La 33, quela de Jeronimo Bisighino, alias Jom.

La 34, quela d' Alfonso de Riamo.

La 35, quela de Matio Golfarello.

La 36, quela de Bornacino Oliverio.

La 37, quela de Batista Oliverio.

La 38, quela de Petro Paule Chiarucio.

La 39, quela dal Cronachia: tamen questa per soi amice fu salvata in casa dal dito Berto da Oriolo.

La 40, quela de dom Antonio Capodelupo per origino dal dito Zecho so nepoto; tamen questa sole fu pegnorata.

La 41, quela de M.º Michelo per vigore de uno so fiolo che nela parto se retrovava.

La 42, quela de Jacomo d' Antonio da Milano.

La 43, quela de Zoano da Bagnacavallo (*) calegaro, et lui se retrovava infecto.

La 44, quela de Cabrino de Negusanto.

La 45, quela de uno Verdarino da Colina.

La 46, quela de M. Andrea Bonucio: questa fu pignorata per suspecto.

La 47, quela di S. Andrea Valeria, pignorata per suspeto.

La 48, quela de S. Valerano Pamscchio.

La 49, quela de Luca da Esto; e già lui era morto de morbo.

La 50, quela de Jacomo dal Conto, che già al presente lui era deli nostre magnifice Signuri ed era nela roca.

La 51, quela de Pino Bicio, pignorata.

La '52, quela de M. Francescho da Lugo reverendo canonice dela Sancta Cruce per suspeto de uno Jacomo, alias al Zoppo da Lugo so parento.

La 53, quela dal dito Jacomo da Lugo zoppo.

La 54, quela de uno Antonio da Ronco da Faiencia, per origino dal conpadrino Tomasolo so cognato, pignorata.

La 55, quela de Jacomo da Barbiano.

La 56, quela de Nicolò da Barbigliano, per suspeto del' origino dal dito Jacomo.

57 ed ultimo, quela de uno M.º Ghiaranto sarto, alevo de S. Piero Antonio Michilino.

Dipo' queste fu tolte le molte robe de altre zento suspeta, le quale erano stato conservato nele loco piatuse, zoè ghiesie et monario, le quale erano insignato da certe homine e done per malavolentia, le quale veramento funo de gram valuta. Altro non acade per quele zerne, se nè chi avea al malanno s'al dovese tenere come tre male pasque. Pasato al zorno, la note propinqua dito Moratino feceno faro festa solena come fogo e canpano per memoria dela suoa gram vitoria, reingratiando lo eterno Idio che sangue alcuno non s'è facto, se nè quele del poverino inocento de dito S. Antonio Nomaglie cancelerio predicto.

L' altre zorno, che fu a dì 6 dito, die luni, vene M. Zohano da Sasadello a Forlì per siguitare hogne suoa placatione. Arivato che al fu, s'apresentò ali nostre magnifice Signure che erano in quelle tenpo, le quale fune quiste: al prime M.º Tomase Talento fisico; el secondo, Tomase di Minghe; tercio, Bartolomio già de Tonone di Rusio; 4, Jacomo già dal Prete dal Conto; 5, Piero Valeria; 6 ed ultimo, Piero Antonio de Perlino da Magliano: et qui grandamento confortandie che volesene eser con esa lui a pregare per tale suoa placatione. Dipo' se partì e andò ala roca a placare come dito Monsignore Governatore, et qui romasene conclusive che l' altre zorne prosimo dito Monsignore vignirà in palacio. Arivato che al fu, di subito feze comandare al Conseglio zenerale, che fu a dì 7 dito, die martis, nel quale (*) se retrovò dito M. Brunora e dito M. Zohano da Sasadello come dita parte Moratina et hogne altra persona zeneralmento che ie volea esero. Arivato che lore funo, di subito dito Governatore fece questa resposta dicando: — Amantissime mei, io ve fo intendro come M. Zohane da Sasadelo, al quale è qui presento, vene eri nela roca a pregarme che io volese tornaro in dito nostro palacio per seguire hogne nostra placatione, le quale voi sapite bene che dal mio introito in qua senpre questo è stato la mia soma volontà, che le absento poteseno staro a renpatriaro in questa nostra magnifica ciptà suotta al mante de Sancto Petro, come più volte ne ó facto intendere a voi, parto Moratina, che voi non dovesene volere intrare per forcia, perchè io avea promeso sopra la fede mia che non pasarebbe tucto al mese de setenbro che voi aristive tucto hogne vostre recolto, come era manefesto per uno S. Luchino canecelerio de Monsignor castelano, per eser queste la volontà dal nostre Signore. Ance havite facto hogni cosa per contrario; che voi siete intrato per forcia contra la volontà de suoa Santità e dal prosimo. E che al sia la verità, per la forcea del vostre bracio avite facto sachezaro cercha 57 case de dita vostra patria, sencia el numero infenite de altre bene particolare che era dele molto povere inocento, che per paura i aveano conservato neli loco piatuse, et altre come ut supra. Et per queste tale eccese che veramento a lui pareria che de quile tale delenquento ne fusse inpicato uno centonare per la gola, per dare a senpli ad altre che dovese atendre ali bom costumo et vivere del so sudore et non tore lo roba dal prosimo contra lore voglia —. Et altro non potea respondre al presento insino che non i era retornato el cavalare da Roma dala Santità dal papa. Dipo' al capo del Conservató se levò suso, dicando che hogne cosa che avea dito Monsignore fusse bem dicta; et più, che pregava tucto el populo che se dovese a domiliare et l'arma ponsare et eser buom zelatore el felicisimo stato de sancta matre Eclesia. Dipo' montò in pulpido M. Maso Maldento, et qui confermò come ut supra. Dipo' montò M.° Bartolomio Lonbardino, dicando come ut supra. Dipo' M. Nicolò, dicando come ut supra. Dipo' M. Andrea (*) Bonucio et conformando che la sancta pace senpre fu bona cosa et senpre serai. Dipo' montò M. Bernardino Solonbrino confermando hogne cosa dita per Monsignor et etiam tal docture fuse stata bem dita; mo che a lore era stato forcia a volere intrare in dita ciptà per venire in casa suoa tore soldate e non fracti observante per potere portare le arme indose per defensione de chi nocere ie volese; et per queste la natura dal soldato senpre fui de robare el prosimo come poco so timore. Et simile aveano facto lore nele case deli soi nomice, et per queste a lui ie parea cosa licipta e non inlicipta per avere facto quile tale nomice al simile nele suove case neli soi partimento. A queste resposo dito Monsignore, dicando che lui non parlava da homo da beno, ance parlava come gram vicio, particolarmento come homo cativo che lui era; et de quel pulpido et conseglio al feze cazare. Alora M. Zohano da Sasadello comenciò a parlare come suoa gram dolcecia, hoferando lui hogne so potere nel conducere de suoa sancta pace. L'ultimatamento montò in pulpido M. Antonio giá de M. Andrea d'Chilino, et qui confermò hogne cosa per lore dito fuse bem dicta, et che a lui parea che tale suove Signoria et Nobilità avesene sepelito a hogne lore bisogne; mo

_____

(*) Fol. 86 a.

ultimatamento che a lui ie parea che dovesene fare facto e non parole, recordandie quel tema che a nui lasò M. Jhesù Cristo quando l' asonse in celo, al quale dise che la gloria lui portava e la santa pace a nui lasava. Facto questo, Monsignor et M. Brunore et M. Zohane introne in sua camera in conclavo insemo come Berto da Iloriolo; et al simile hogn' ome avea potute dire la suoa volontade in conseglio. Et qui ste' le cose tranquille per insine ala retornata dal cavalare da Roma. Tornato che al fui, di subito Monsignore feze andare uno bando soleno, che da [mo'] inento no sia persona alcuna ardischa e non presoma fare alcuno despiacere nele persone [e] nele lore robbe ala pena dela forcha e de ribelione e de conflischatione de lor beno; et più che se debia restituvire hogne cosa per lore tolta. Facto questo, la parto Moratina da Dio illuminata di subito andone dal dito Monsignor insemo come al nostre magnifico Regimento, et a lore ie fecene intendere che facesene tornare tucta la parte Nomaglia che era absento, che libramento ie voleano perdonare, et mai per alcuno tenpo cognosere vendeta alcuna, e de queste veramento cautandio come hogne lor so potero (*).

Dipo' a dì dito, die martis, siando retornato al cavalare da Roma et ducte certe brevo per le quale dito Monsignore fezo convocaro al Conseglio zeneralo, dove se retrovava al Conto Obice dal Castelo dal Rio et M. Brunora et M. Zohano da Sasadello. Adunato che loro funo, dicto Monsignore coram populo feze lezere queste dui infrascripto brevo. Al primo era per drictura al dito Monsignore, dato in Roma a dì 10 dal dito, al quale dicea come ali zurne pasato i avea facto intendere per una suoa la quale testificava come nela nostra magnifica ciptà de Forlì era intrato de notto tenpo per forcia alquante nostre ciptadino absento e nomice come pocha confusione de sangue, tamen come gram sacomano et robaria; del che suova Santità molte ie rencrescea. Et più, aver inteso suoa Santità che dito Monsignore non abitava nel so palacio, ance abitava nela roca. Viste al presento, che lui dovese retornare in dito palacio per suoa abitatione, et fare et curare ita e taliter che tale robe dehiano eser restituvito, da che le sone sota la pena dela forcha et ribilione et confuscatione de lore bene, ala Camera 'postolica; et che lui debia perseverare nel'acorde a ciò che hogn' ome posa retornare ale lor case et eser bom servitó al felicissimo stato de sancta matre Eclesia. Et ultimatamento che lui ie debia mandare a Roma ali soi pedi queste infrascripto: M. Brunora, M. Zohane da Sasadello, Berto da Oriolo, Nane Moratino, tuto antedito. Facte queste, lui comanda ali prefacte et a tucta la parte Moratina per la forcia che in dito brevo se contenea, che lore dovesene andare a Roma et fare come ut supra, et dita parte rendre overe fare rendre tucto quele predicte robbe che per lore e-

158

rano stato tolto. Et se lui potese veramento adoperare suoa potentia, che ne farebbe inpicare per la gola una cinquantina de tale delinquento, contrafasando lore a tale suoi precepto. Dipoi montarebbe a cavallo da cavalare et a Roma vorebbe andare, sol per fare intendre suove desobidentie et male opperare a suoa Santità. Ultimatamento, el secondo brevo era per dritura al nostre magnifico Conseglio et signure Conservature, al quale decea che comandava a tucte lore che (*) dovesene eser insemo come dito Monsignore Governatore et fare e curare che tuto dito sacomano dele infrascripto case se dovese restituvire sencia alcuno falle. Et queste volea che avese ratta e ferma etc. A queste respose la parte Moratina, dicando che molte ie rencrescea de tale sacomano de soi nomice; tamen che lore non aveano potuto far comancho per avere lore voluto intrare in casa suoa, come più volte ie l'avea facto intendre per bene et per amore, et precandie che volesene eser contento che lore poteseno tornare a casa a reponsare: tamen per loro cor Faravonis mai no áne voluti ascholtare alcuno de quili tale, senpre dicando per modo alcuno non volere che lore tornaseno ale lor case. E per questo, come avea dito M. Bernardino Solonbrino in rengha nel Consè, che a tale esercicio non se potea adoperare fracti observanto; ance a lore era stato forcea adoperare soldate de più sorta per seguire hogne suoa bramosa voglia. Tamen sia pasato le lor cose come le se vogliano, che lor molte ie rencrescea dal male dal prosimo, oferandie lore aparatissimo a fare la voglia dela Santità dal papa et più perdonare libramento a tale soi nomice che ale lor case posano retronare, et mai più per alcuno tenpo cognosere alcuna suoa vendeta. Et così detene la suoa fede al dito Monsignore Governatore et al dito nostre excelso Conseglio. Alora de comuna concordia fu alete queste infrascripto dui homine che avesene andare per intercesore a dita parte Nomaglia absento, che lore dovesene retornare ale lor case et renpatriaro, come li capitole et conventione come ut supra. Al primo se fui Jeronimo già de Fiorentio Nomaglie; secondo, Hotavigliano fiole de Crimagnollo Palmezana. Et fecene suoa partita a dì 14 de luglio, die martis. Dipo' ritornone a dì 17 dito, die veneri, et aduse quisto infrascripto capitole dela resposta per lor facta. In primis, cercha al facto dela pace, lore erano contentissimo, come quilli ali quale senpre i è piacute l'oneste et reponsato vivero; ma che ante et omnia se abia l'ordene et comesione et volontà dela Santità dal papa nostre Signore per so brevo per dritura a Monsignore Governatore. — Depoi sema contenti a fare pace exequire, quanto per suoa Santità sia ordenata, dichiarando che in primis volemo eser certi (**) che in Forlì non sia nesun rebello nemico de santa matre Eclesia, ma che ogne altre sì, pur che no sia

(*) Fol. 85 a.
(**) Fol. 85 b.

in ddisgratia dela Santità del N. Signore; et cum pacto espresio che, facendo lui, volemo sia bandito la verità e che in Forlì non si crida altre che — Julio; Ghiesia, Ghiesia —. Item cercha la parte de Berto da Oriolo non volere fare la pace a persuona se trovase ala morte deli suoi figlioli, respondemo che volendose una volta quietare et pacificare la materia tanto conquassata, Berto non deria star remitento al figliolo fece tanto erore; e donco perdonando li Moratino a nui e noi a loro, etiam le morte ocorse Berto doveria ancora lui perdonare; che altramento non se pono bem considirare come veramento Forlì potesse quietarse, come veri Magnifici pono bem considirare. E pur parando altramente ala S.ta dal N. S. et ala nostra magnifica Comunità possa pacificarse, Berti dichiari sono coloro non vole far la paci, perchè posiamo bem resolvere e fare le cose chiare, a ciò non sia schandoli. Item tute le robe siano restituvite a chi sone stati tolti e restavorati hogne lor danno; e se li Moratini o Berto o alcuno del' altre parte dicesero dovere avero, che la sia comessa de rasone. E queste capitole s' entenda comunamento per tramedoe le parte. Item che in Forlì non posano stari soldati forasteri de nesuna rasoni. Item non posano star soldati, se nè quile serano deputati per la S.ta del N. S. papa Julio secondo et per lo excelentisimo signor Duca de Orbino, capitanio dela sancta romana Chiesa. Item che tuti le ricolti de qualoncha ceptadino fuora unsito siano consegnato in potestato de R.mo Monsignor de Forlì Gobernatore. Item che ogne casone che avese partorito e potesse partorire discordia fra li parenti se abia a remetre nel petto del prefacto excelentisimo S. Duca de Orbino, capitanio come ut supra, e dito R.mo Governatore de Forlì; et che ogne sententia de lor Signorie sopra ciò siano irrevocabile. Et ogne dubio che in tal pace ocoreso per li prefacti ilustrisimo S. Duca et Governatore se debia dechiarare et star contenti quante per lor Signorie siano dechiariti, remetendoce conclusivamente senpre e in ogni ordinatione e volere dela S.ta del dito N. S. paratissimo che quella muci (?) et ordine come a lui piacerai. Ultimatamento domandemo che si trovi (*) modi como securamento ogni via dele parte possa esser sicure che non sia ofesa nè rocti la pace, a ciò che senpre apia a durare. Arivato che fu tal capitole, per dito Monsignor Governatore et magnifici nosti Signure ne detene copia a dito Moratino a ciò che lore potesene intendre hogne suoe tema per intendere la lor voluntade de dita parte Nomaglia absenta.

Depo' queste, a di 20 dal mese de luglio, die luni, arivò a Forlì M. Pino, figliole de M. Lufo Nomaglie, che venea per Potestati dela ciptà de Mantova. Arivato che al fui, di subito andò a parlare al dito M. Zohano da Sasadelo che habitava in casa delii aredi de M. Ator de Bertolino. Dipo' andò ala nostra roca a parlare come al dito

M. Rogerio suo clo et le multe altre deli soi, che in quelle loco e-
rano conservato al'introito de dito Moratino, come ut supra. Per modo che a dì 22 dicto, die mercurio, fecene tale so acorde come dito
Moratino denanto al dito M. Zohane da Sasatello in dita casa, come
la volontà et presentia dal dito M. Brunora, in queste modo e forma.
Con ciò fuse cosa che tale suoa pace non se intendea se nè per al
dito M. Lufo e suoi fiole et dito M. Rogerio so fratello et Alesandro già fiole de uno Francescho so fratello, al presento dito M. lui e
dito Alesandro abitavano nela ciptà de Ravena, et uno Magliolo de
Fiorencio de Nomaglie, che sole tale pace se intendeva se nè per li
soprascripto prenominati et per le parte promese al dito M. Zohane,
e dito M. Brunora et uno M. Melagre fratele dal dito M. Brunora. I-
tem dito M. Pino fece la pace come uno nostro nobile dito Biasio
del' Oso beccare per esere stato uno fiole già de M. Bene Nomaglie
chiamato al Tosino quando fu morte al fiole dal dito Biasio del' Oso
per mane de Manfreto Maldento, come ut supra, come n'apare pubii-
co instromento de hogne suova tal conventione e paze facta come
dito Morati in dite loco e dito Biasio del' Oso per mane de uno S.
Cristofore fiole de Piero Francescho Albecino.

Depo' questo, se partì a dì 26 dal mese de luglio, die dominico,
la noto prosima ad venire, a hor seto, per andare a Roma dito M.
Brunora e dito M. Zohane da Sasadello e dito Berto e dito Nano Moratino alì pede dal papa per vigore de uno so brevo. Arivato che lore
fune, in brevità sua S.ta mandò uno brevo al dito nostro Monsignor
Governatore, che, viste al presento, dovese transferire nante a soi
pede per suoa intercesione soprà dita causa de Moratino per eser già
arivato uno Piero Zohano, fiolo d' uno Gaspara Nomaia et Antonio
(*) Nomaglie; et per queste la Santità dal papa già avea dato lecentia a uno Auditore dal dito Governatore che prima era andato per
interzedere per dita parte Nomaglia. Et per queste retrovandese tucte
le parte denanto a lui, per queste avea mandato per dito nostro Monsignor Governatore per potere intendro la verità. Arivato che fu tale
so brevo, che lui dovese andare, che fu a dì XI d' agosto 1506, die
martis, di subito feze adunare al nostro Conseglio grando et feze lezere tal breve in publico. Dipo' se partì a dì 14, die veneri. Item retornò M. Brunora a dì 18 d' agosto. Depo' per tale cosa se feze al
Conseglio zeneraro et mandato le molte anbasatore a dita parto Nomaglia che volese tornare a casa, che erano a Bagnacavalo: mai
non vosene tornare. Tamen i andò presentialemento homine digne,
zoè preti, frati et M. Jeronimo Masceria che in quele tenpo era signore cape deli Conservatore; et tene tale modo lui come tuto li altre
che l' una parte e l' altra vene e dete li ostadise e Monsignore castelano de volere fare dito sove paze, et mandone suoi precuratorio.

Et fu concluse che lore avesene a venire in certo termino; tamen non vene; et le molte altre soi momento, che al presente in questo non pose parlare. Tamen neli mei zornale destingue hogne so momento.

Infra queste tenpo ven' M. dom Bartolomio Moratino da Roma et Antonio Nomaglie, le quale aveano promeso al papa de fare et curare che tale soi parento del' una parte e l'altra farebene la pace, aducendo lore brevo definitivo. Et arivato che lor fune, montone in tale lore pratica, et andò dito Antonio Nomaglie come bona cautione al dito Bagnacavalo a parlare ala lore parto; tamen mai non fu forcia che potesene conducere tale acordo. Et le molte volte s'areduse-ne nela nostra roca denanto al castelano, dove era tale soi hostadiso date per dita paze et precuratorio del'una parte e l'altra: tamen per modo alcuno mai non se potene acordare.

Et qui stete le cose descordate per insine a dì 15 dal mese de setenbro, die martis, 1506, che la noto prosima ad venire dita parte Nomaglia come gram so sforcio vene ale mure de nostra ciptà per volere dentro intrare per forcea; et in peto ala ghiesa de Sam Zohane Batista et ala Tore dai Quadre et ala Grada comencione a dare una gram bataglia come sove schale: tamen non potene intrare per la gram vizilia che la parte dentre facea. Per queste ie fu forcia a dito Bagnacavallo tornaro (*) et aspetare tenpo che per lore piatà se mova.

Dapo' queste, a dì 18 dito, die veneri, ari[vò] el R.do M. da Monte Sam Savino Protonitario apostolico a Forlì, che venea per Comesario dal papa dala ciptà de Bologna a intercedere contra li Bentivole. Arivato che al fu, feze l'oficio dal bono amico, zoè uno viaze e dui servicie: infinse d'eser mandato sole per placatione de tale parte Moratina et Nomaglia, et feze adunare al nostro Conseglio; et qui ie feze intendre d'avere uno brevo dala Santità dal papa de non se partire de quele loco, de conducere le dite parte ala santa pace. Fate dito Conseglio, tuto de conpagnia andone ala rocha et in quele loco come al Comesario de tramedoie le parte dito Monsignor castelano et so albitre tucte de conpagnia fecene ferma deliberatione nante a suoa partita volere conducere tale suove paze. Pasato al zorno, la note propinqua la parte Moratina se levò in armo, sonando la canpana dal popule — al'armo, al'armo —, dicando che la parto Nomaglia erano tornato ale mure per dentro volere intrare. Tamen non fu la verità. Intendando queste, dito M. Antonio la matina per tenpo mandò via li suoi cariazo. Dipo' feze adunare al Conseglio, che fu la dominica depo' el desenare; li prepose a tute li Moratino se lore erano contento che lui andarebbe presentialemento per insine al paese da Vigo incontra M. Tiberto Brandolino et M. Antonio Beltracano, prencipale

dela parte absenta, che doveano venire per comandamento de dito
Monsignore castelano so albitro, come ut supra. A queste dita parte
Moratina ie dete la suoa fede, che andase libramento; et al simile al
nostre excelso Conseglio. Et con esa lui ie tornò al dito M. Jeronimo
Maseria, dito capo de Conservatore, et uno nobile imolese M. Aniballo da Verona legum doctor et Nicola Todole et Paule Becio nostre nobile; per modo che dipo' vespere, a dì dito, se partino et qui romasene conclusive, che dito M. Tiberto ie dete la fede che manderebbe
uno so fiole al dito nostro castelano per ostadise de stare rata e ferma de hogne suoa promese, perchè ziä uno Cecho Moratino era intrato in dita roca come uno fiole de uno so Bartolomio Moratino,
ancora lor per ostadise. La sova tornata se fu a hor 7 dela dita note.
Depoi la matina dito Monsignor M. Antonio come li magnifici Signor
et Anciano tornone ala roca; et qui per lore fu concluse una trega
et tolte zose le defiso; che fu a dì 21 dite, die luni. L' altre zorne
dito M. Tiberto et uno Baioze Pontrole mandone soi fiole per ostadise
(*) al dito castelano; et più, che già era uno fiole de M. Antonio
Beltracano et Bartolomio Codeferro e Tomase Nomaglie et Francescho
Marcobello. Facte queste, dito M. Antonio da Monto andò per al so
viaze, che la Santità dal papa era ala ciptà de Perusia, che venea
a Bologna. Per modo che le cose stete equietado per insino a dì 2
dal mese d' octobre, die veneri, 1506, che dita parte Nomaglia,
siando lore d' acordo d' fare dita suoa pace, vene per insine ala
porta de Ravaldino per volere concludere dita pace; che poteano eser
cercha 70 tra pede e cavale: che potea eser cercha l' ora vigesima
seconda, per aver lore litre dal dito Monsignor castelano dito so albitre.
Alora intendando tale suoa venuta la parte Moratina, di subito una
gram parte de lore se mese in armo per eser ancora lore armato et
andare a piare dita porta de Ravaldino, dubitando asai de so qualque momento, che buom ne fuse per lore. Alora intendando queste el
R.do Monsignore episcopo de Recio de Toscana, M. Cosimo de Paci
nobile fiorentino, di subito per eser venuto per nostre Governatore
montò in sella et andò a dita porta; et feze fare comandamento per
parte dal papa che la parte Nomaglia dovese tornare indreto, come
fene per bom respeto. Depo' dito Governatore al feze intendere ala Santità dal papa che era arivato ala cetà de Zesena, che ie mandò uno
capo de stradioto, chiamato Contino, con 50 cavale. Arivato che lore
funo, di subito dito Monsignor Governatore come dito Contino de conpagnia de dui nostri signure Conservatore andone incontra a dita parto Nomaglia et ie fecene ponsare l' arma. Depo' ie menone in dita
nostra ciptà in le lore case a reponsaro; che fu a dì 3 dite, die sabati. Dipo' fu dato comiato ale lore forastere che come lore era venuto, et fate ponsare l' arma ala parte presenta. Depo' l' altre zorne

---

a dì 4 dal dite mese d'octobre, die dominica, fecene la pace dentre dala roca come soi pato e conventione, come inento ad plenum parlaroe.

Infra queste tenpo arivò la Santità dal papa. Arivato che al fui, a dì 14 dito, denanto a suoa Santità se reconfermò dia suova paze in queste modo e forma; che suoa Santità avese già mandate per le parte per volere reconfermare dita paze denante ali soi pede; et lore aveano tolto alcuna suoa delicione de tenpo, per modo che a dì 14 dicto de novo suoa Santità mandò per lore dicando al' una parte e l' altra volere fornire tale suoa santa pace; dove che lì presento i era tuto li cape del' una parte e l' altra (*). Per la parte Nomaglia i era M. Tiberto Brandolino et le multe altre primate; et eciam al simile dela parte Moratina. Arivato che lor funo, sova Santità dicando: — Zentilomine e ceptadino nostri, la casone per la quale in queste loco ve ó facto convocare si è per farve intendro come alo eterno Idio è piaciuti et a mi che lore abiano facto la suoa santa pace, dela quale al presento voglie et ve comando che denante a me la dobiato areconfermaro, a ciò che voi poteate vivere da homine da bene come voi site —. Et qui ie dete al iuramento sopra el sacro evanzelio al quale tenea nel gremio de suoa Santità M. Antonio da Monto et dito M. Cosimo nostro monsignor Governatore, prometando tucto le dito parte alo eterno Idio ed a suoa Santità ed ali nostre magnifice signore Conservatore i' nome del nostro excelso Conseglio de Forlì che mai per alcun tempo non prevocarano quele che per suoa Santità serà conclusa, et mai l' uno contra l' altre cognoserano vendeta alcuna, dagando lore cautione de duquati cinque milia d' ore in ore come la fede de quiste infrascripto parentado, zoè homine de ciptà e de contá. Prima per la parte Moratina. Per la ciptà, promeso

uno dito M. Bernardino Solonbrino
2, Bernardino de Checho deli Contrario
3, Alberto Roseto
4, Matio già fiole p. de Zohane Bondo, alias Zafrano
5, Antonio già de M. Zohano d' Albertino
6, per la ciptà, M. Brandole Caldarino
7, Nicolo Sibono
8, Galupino de Pentole dala Vila de Carpene
9, Tibalde Aremucio
decimo ed ultimo per dito Moratino, M. Zohane Rafacano.
Per la parte de M. Tiberto et Nomaglie. Primo per la città, Paule Becio
2, S. Paule de Guarino
3, Jacomo Fachino
4, Marchione de Nicolino
5, Antonio Corteneso.

(*) Fol. 88 a.

Per al contà ; primo, Zorzo de Suriano

    2, Francesco dal Bogio

    3, Bastiano Morgagno

    4, Zorgio de Mercuralo

    5 ed ultimo, S. Vicentio da Rivalto.

Le quale dite 20 parentade promese per le dicto parte per dite suove fede che Moratino et dito M. Tiberto e Nomai come lore suoi hederenti stariano tacipto e contento de hogne suoa pace et conventione facta per la Santità dal papa, come n'apare publico instromento facto e stipulato per mano de uno nostre nobile S. Nano già de Vese de' Porci al presento canzelario de dito Monsignor Governatore.

Depo' questo, pur seguitando la instoria, stete le cose pacifico tra bene e male per insine a dì 3 dal mese de marze, die mercurio, anno predictis 1506, che intravenne la morte de uno Tomase predicto de Nomaglie in quel tenpo tesorerio dela camera de nostre magnifico Conseglio. Con ciò fuse cosa che fuse partorito alquanto descordie tra uno Piero Martiro fiole de uno nostro nobile Zohano Baptista (*) Fachino, fiole già de M. Bene Nomaglie, chiamato al Cosino ; per al che parse come lungheza de tenpo fuse andate le multe atto desonesto fra lore dui zuene contra la voglia de lor soi parente del' una parte e l'altra ; per modo intravenone [la] morte dal dito Tomase, come inento ad plenum parlarò. Morte che al fu, tuta la linea de Nomaglia se comencione a metre gram paura, dubitando lore che tale morto dal dito Tomaso non fuse stato per favore del gram brazo de dita casa Moratina ; et per queste tuta sova parte de dito Nomaglie ala coperta molte se turbone, dicando che lore già i aveano rotto la pace e tucto le dite fede ; per modo che da quelle zorne inento comenzone a fare deli tribadelli, ordenando infra lore de volere iterum de novo andarse con Dio et absentarse de nostra ciptà per più suoa salvatione, perchè la paura mai non se poterebbe armare. Per modo che se n' andò una gram parte a poco a poco ; per modo che le cose stetene molte sterile per insino ala venuta dal nostre Governatore nove M. Bernardino de Amice de Casina, conto et cavaleri et legum doctor ; che fu a dì 21 dal mese de zugne 1507.

Arivato che al fui, come amatore dela republica, comenciò a pensare in che modo lui dovese fare de placare dita parte Nomaglia che a casa suoa volese retornare ; per modo che ie mandò certe nostre frato observanto : tamen non potene avere cosa alcuna. Depo' i andò lui in persona per insine a Lugo : tamen non potè cavare conclusione alcuna per eser lore corre Faravonis per suspeto de dita morte dal dito Tomaso. Depo' suoa tornata, per al nostre Conseglio fu alete quiste 4 homine che i avese ancora lore andare per parte del dito Conseglio e tuta la parte Moratina, pregando che lore vogliano

retornare ale lor case a renpatriaro et che non dubitano de cosa alcuna, perchè lore de tal morte dal dito Tomase molte ie n' è ren-
cresuto, come più volte lore ie l' áno facto intendro. Et queste siando la vera pace fra lore facta nel gremio dal papa, non farebbe bisogna che lore dovese credre alcuna cosa dita parte Nomaglia contra
dite Moratino. Le quale 4 homine funo quiste :

S. Zohane de Saso
2, Tomaso de Mingo
3, Bartolo Castelino
4, Bernardino Castelino. Tamen queste non i andò per eser
amalato : tamen andone e ritronone sencia acuna (*) conclusione de
dita suoa retornata. Con ciò fuse cosa che al presente se retrovase
in dita nostra ciptà le molte cavale lezere dal dito M. Zohane da Sasadello, dele quale lore stevano molte suspeto, perchè aria a care
che quili tale se partisino et ie venise quele de M. Paule Baglione ;
et più, che volea le multe altre soi capitolo d'conservatione se lore
doveano retornare. Tutavia faceano gram cometiva per volere tornare
per forcea. Alora intendando al nostre Conseglio che voleano che ca-
zaseno dite soldate de M. Zohane da Sasadello, per niento non vosene consentire per eser stato meso dal papa ; per modo che uno S.
Andriole de Rusio fu alete per Conseglio de dovere andare a Roma,
et qui fare intendre ala Santità dal papa tale cosa. Al quale dite S.
Andriolo era deli magnifici Signore in quelle tenpo. Per modo, come
al fu partito, stete più che l' ordino a retornare ; per modo che intrò
uno gram suspeto nela parte Moratina, dicando che uno Zohano Spiga del parentá deli Pighi da Boseschie avea morte dito S. Andriolo ;
per al che fu forcia che dito parentá s' absentasse, che nela nostra
roca overe nele altre terre, per insino a tanto che lui retornò a salvamento. Et aduse uno brevo de questo tenore, dicando : che tuta
dita parte absenta dovesene observare hogne lore capitole de suoa
pace facta nel gremio de suoa Santità ; et contrafasando per la forcia
dal dito brevo, et che il signore Governatore per lore debia mandare
et darie quele termino che a lui piace ; et non vinando, debia eser
lore mese per ribello al stado de santa matre Eclesia, confoscande
hogne lor bene a dita suoa Camera. Alora dito Governatore fece la
resegna de cercha numero 28 de quile soi primati, et ie dete termi-
mino zurne 15 a retornare a casa a renpatriare, come per dito brevo se contenea. Tamen alcuno de lore non vene ; salvo che uno dito
Baioze Pontrole, che feze oferire de venire a hogne suoa voglia, purchè fuse salvo.

E infra queste tenpo fu revelato uno tractate de dita parte Nomaglia al dito M. Bernardino Governatore ; con ciò fuse cosa che uno
Simon fiole de Petro Paule, alias l' Amoroto, et uno Bernardino pia-

_____

(*) Fol. 89 a.

montese, familiare del castelano de Schiavonia de suoa rocha, le quale volesene piare dito castelano e dare dita roca a dita parte Nomaglia in queste modo e forma. Con ciò fuse cosa che dito Governatore fece piare tale dui delinquento et mese ala tertura, et per suoa boca confesone dito Simone tute queste infrascripto cose. Prima seando andato dito Simone a dì 15 dal mese d'octobre 1506 ala ciptà (*) de Faiencia per certo suove facendo, per modo che lui s'abaté in dui dela parte Nomaglia, et qui ie fecene saluto dicando: — Simone, non seria posibile che una volta nui potesene tornare a casa ? — Lui respose dicando: — Al manca da voi. — Risposene lore dicando: — Da noi non manca; ma se tui volese, tu ce poterise fare un gram beno per la intrinseca amicicia che tu ái come al castelano dela roca dela porta de Schiavania et come dito Bernardino so familiare; perchè volande voi, tramedui ce poteristine dare quela roca, zoé piare dito castelano. Et per queste noi poterebbene tornare a casa nostra a salvamento. — A queste lui respose: — quanto per lui, per niento non al poteria fare. — Mo se tu non al poi fare, fa' come nui te direma. Conduce almanco dito Bernardino da nui, e po' lasa fare a nui —. Per mode che in brevità de tenpo i al conduse, dicando che dito castelano i al dovese lasare andare; con ciò fuse cosa che più volte lui i avea dito che i atrovase una masara a dita Faienza et che lui ie l'avea trovata; e se dito Bernardino andase con esa lui, la menarebbeno. Et per queste dito castelano fu contento che lui i andase. Arivato che lore fune, atrovone altre partito che masara; per mode che infra lore fu concluse de volere piare dito castelano, a dì 29 dal dito, in queste modo e forma: che per eser lore tri conpagne et che a lui tocava la guardia matutina, per modo che in quele estanto se tale auture se trovarano in quele loco come suove schale de capestro, che lui ie torà dentro et piarano dito castelano. Dipoi lore farano la voglia suoa, dacandie lui queste segno; come lore sirano arivato, che lui cridaria a suoa voce piena, dicando: — Ohe tu che va' lá, tornate indreto, Franciose, che voi avite smarito la via —. Alora faritive inento che io ve torò dentro —, come ut supra. Et per suoa mercede ie promeso duquato ducento d'ore et provisione a vita; et al dito Simone ie promeso de darie una moglie come una posesione de tornadure 70 de tere. Come uno so nomico capitalo presene le sove mane et suoa casa a sacomano. Tornato che lore funo, di subito montone in suso tale pratica, per modo che più non ie detene resposta. Alora dito auture ie mandone uno contadino laporatore de soi amice; tamen non potè venire ad afeto; che li povere mischino fune preso a dì 29 d'octobre, la note prosima advenire. Et qui confesone al tuto, come ut supra. Depo' fui mese la casa dal dito Simone a sacomano, che steva lì propinque a dita roca et facea hostaria; tamen lui vene la matina, zoè dito Piero Pole, sponte nele forcio dela rasone per (*) eser nocento; et fu meso in roca per salvatione dela parte Moratina, che non fuse morto. Et lì steto certo zorno e po' fu liberato per suoa nocentia, et ie fu restituvito pur alquanto de sove robe sachezato. Item fu prese una suoa masara dal dito Simono, che sapea al tuto; per modo che a dì 8 dal mese de novenbre, die luni, fune inpicato tramedui in suso uno pare de forco propinque a dita come le cadene de fero; per modo che, lete che fui so procese e data la sentencia per quele Podestato, chiamato M. Masio de Amadio dal castelo de Lugo del tenitorio de Feraria, dito Simone e soi conpagne se voltone al dito Potestato come gram fervore domandandie perdonancia; et al simile a Bertolomio Moratino che era in piacia, et al simile al dito castelano: tucto ie perdonone. Tamen dito castelano feze solenità de dita suoa morto come suoe artigliarie. Et lì stene inpicato per insine a dì 9 dal mese de zenare 1508: dipo' fune sepelito apresc ala ghiesa de Santo Agostino. Et dita suoa masara fu bruxata per eser de poco sentimento et nostra forluvesa.

Pure seguitando la instoria, depo' le dito 15 zorne che i avea dato dito Governatore a dita parte absenta, mai nonn era venuto acuno de lore, né eciam facto alcuna suoa resposta, perchè lore atendeva ad maiora per volere intrare per dita roca de Schiavania a tuta suoa voglia, come ut supra. Facto questo, di subito dito Governatore al feze intendro ala Santità del papa per uno nostre nobile S. Bartolomio Exeli. Di subito ie mandò tri brevo. Al primo per dritura al dito Governatore che dovese confiscare dite robe dela parte absenta come soi ribeli; confoscato che le serano, de suoe fructe se ne debia cavare dinare da criare una guardia ala porta dal cortile. L'altre brevo s'andava a uno nostre M. Lufo Nomaglie che, viste al presento, se dovese transferire nante ali soi pedi, et uno Antonio Todole faciando al simile. Alora dito Governatore·al feze intendre al Conseglio. Dipoe per la via del tribunale de M. Masio Amadio feze tuto li ati dela rasone, per modo che non vene alcuno dela dita parte absenta, né eciam fecene per lore respondere. Per modo che, pasate tucto soi termino, funo cridato in band cercha 28 de lore parte absenta per al banditore dela Comunità, chiamato Tasone, ale fenestro dal palacio de M. lo Podestato.

Dipo' queste, stete le cose aquiatato per insino a dì 23 dal mese de novenbro, che arivò a Forlì uno Comesario apostolico (**) M. Piero Grifo. Arivato che al fu, di subito fece adunare al Conseglio et qui vose intendre la volontà dela parte Moratina e de tucta nostra Comunità, se lore erano contento che la parte absenta tornase a casa; per modo che hogn' ome zeneralmento erano contento, seconde

---

(*) Fol. 90 a.
(**) Fol. 90 b.

le lore resposte. Tamen in cape de tri zurne se partì e dise che volea andare a Faienza a parlare a dita parte absenta per placatione:
tamen andò e non tornò. Per queste dita suoa andata fu frustatoria
e vana; per modo che l' una parte e l' altra se comenciò fortificaro,
stagando lore come gram vigilio per insine a dì 22 del mese de februari, die martis, la note prosima ad venire, cercha l' ora decima,
anno Domini 1508, che dita parte Nomaglia vene come l' aserciptò
de 500 tra pedi e cavale, come al favore del proviadore de Faiencia
e dal capitanio de Castrocario e de quile de Lugo, secondo che a mi
fu riporto, ala coperta per dare la bataglia ale mure de nostra ciptà
dala ghiesia de Sam Zohano Batista, di verso al monto, come le
molte schale. Alora la parte Moratina siando stato invisato dal tuto,
aveano bem proviste a hogne cosa, et masime el R.do M. duom Bartolomio Moratino che se retrova come 50 homine bene proviste ala
guardia in pete ala ghiesia de Santa Maria de Schiavania. Et più,
che aveano ordenato come l' amiranto dela tore dal populo non dovese sonare al' arma per insino che tucto non fusene conduto ale mure
per poterie dare la gram streta, come lore fecene. Come lore fune
arivato per volere suso montare, di subito ie detene adose, butandie
zose e tolandie le schale, et le molte ne viene ferito e male tractato. Dipoe de quele loco se partino e andone ala Grada, faciando
gram sforcio per volere intrare; tamen già era stato previsto per al
Governatore intorne ala ciptà come dita parte Moratina, per aver tirato suso dale mure da dita ghiesia de Sam Zohane uno spagnole che
i avea avisato dal tuto, come ut supra. Tamen per quela volta non
potene intrare, et lasone tre schale et arme e targhe una parte; et
partiseno molte pasionato, come fane quile che dela forcia sone caciato. Per eser stato granda inondatione d' aqua, tute le strato erano
roto. Alora al castelano de Schiavania a sova partita aperse la porta;
le multe drete i andone, et presene uno cavalare del dito proveditor
de Faiencia come tri cavale et certe litre, et menole al Governatore;
et fu molte esaminato, po' lasato: tamen scriseno al dito proveditó,
dicando che tal cosa farebene intendre al papa. Tamen lui ie rispose la suoa inocentia, per modo che la parte dentre (*) molte se fur-
tificò, intendando al grande amanamento che quele di fora faceano.
Tamen a dì 24 dito l' amiranto dala tore dal populo parse che vedese
verso Castrocario una gram cometiva venire ala ter'; per modo che
comenciò a sonare la canpana al' arma cercha l' ora seconda dela
note; per modo che quase tuto al populo prese l' arma, butante fogo da ogni canto, che veramento pareano serpento, per avere lore
inteso che dita parto absento voleano tornare dentro, sole per metre
nostra ciptà tucta a sacomando. Tamen per queste erano molte mon-
tati in colera; per mode se lor fusene venuto, che poche de lore ne

(*) Fol. 91 a.

canpavano. Tamen fu per contrario, che non fu nulla. Alora intendando queste, la Santità dal papa di subito scrise in multi loci che
quisti tale parte absente non dovesene eser receptate in loco nesuno
come homini ribele de santa matre Ghiesa; per mode che a dì 23 dal
mese de marce 1508 suoa Santità mandò uno M. Brunora dito come
al so esercipto, che venea dala suoa guardia dal dito papa ala nostra
ciptà de Forlì per reparatione de dita parte Nomaglia absenta, come
ut supra. Alora intendando tale soa venuta, dita parte absento comencione a placarse parte de lor et tornone ale loro case a renpatriare. Et per la parte Moratina senpre ie fu facto belo viso per insine ala suoa ultima venuta, come inento ad plenum parlaroe.

La presa de Jacomo fiole de frato Zohane da Casa Figara, alias Cristo.

Con ciò fuse cosa che fuse pervenuto ali orechie dal dito M. Bernardino da Casina nostre Governatore che dito Cristo perseverava pure neli suoi vicio e latrocinio, che fu a dì 25 dal mese de zugno,
die dominico, cercha la prima hora dela note, 1508, che dito Governatore fece piare al dito povere mischino in queste modo e forma:
siando in suso la piacia in peto al ponte dal pane, lui vene zose
presentialemento, ie feze metre le mane adose dal so barisello et
menare nel palacio del dito M. lo Podestato, et qui s'amanone per
volerie dare la tructura. Tamen una parte de soi conpagne se andone ala porta dal palacio per volere dentre intraro, per volerelo tore;
tamen non potino intrare, che lui era molte forto. Tamen dicevano
a sova voce piena: — Governatore, guardato quele che voi faceato,
che veramento ve ne poteristine pentire —. A lore lui respondea fran-
camento, sencia alcuno respeto ala paura, che lui l'apicaria per la
gola per li soi vicio e mancamento, come ut supra; e che al faria
al simile a lore come ribele de santa matre Ecclesia, che lore erano,
et nomice dela iusticia e del customato vivero. A questo (*) respose
uno M. Brunora d'Antonele da Forlinpopule antedicto e uno Jeronimo Moratino, che in dita piacia presentialemento se ritrovava, dicando al dito Governatore che lui non avese alcuna dubitatione de
tale soi conpagne, che pur lui facese rasone contra dito Cristo. Alora fece determinatione de volerle inpicare caldo caldo, et mandò a
trovare la corda d'inpicarlo. Tamen per eser la festa, come ut supra, per non eser botego aperto et per un'altra più potissima rasone non potene aver, perchè quile tale recusava de non volere dare
per paura, per eser home de Forlì e po' de dita parte Moratina, dicando lore: chi canpa una hora canpa cento. Tamen per quella volta
non fui inpicato; ance cercha l'ora 4 de dita notto dito Governatore
al menò presentialemento nela roca come al contento de dita parte

Moratina: con ciò fuse cosa che più volte lore i avea dito et facto dire che lui se volese mendare de tale soi vicie e latroncinie, perché queste era la lore volontá; tamen lui mai non s' avea volute mendare, nè eciam pentire, ance perseverava zorne e notto. Alora lui al mese ala tortura, et confesò quele che lui avea facto. Di subito dito Governatore ne mandò copia de dicto so processo al R.ᵐᵒ Monsignore Cardinale de Paviglia che al presento se ritrovava ala cìptà de Bologna. Viste che lui l'abbe, di subito rescrise indreto che fuse inpicato per la gola, come a lui parea che fuse veramento meritorio per al gram numaro deli soi vicio che in lui regnava, et masime la libidine che pur veramente n'era copiose. Perché, seconde che a mì fu reporto, era stato la suoa ultima revelatione sopra el pecato dela sotomia, che novamente lui era stato achiusato d'aver comeso tale pecato in loco sacris. Viste che abe dito Governatore la presente suoa litra, di subito fece ordinare de inpicarle per la gola; che fu a dì 2 dal mese de luiglio, die dominico, la note prosima ad venire, 1508. Et per suoa umanità el R.ᵈᵒ Monsignore castelano al confesò come suoa boca e depoi ie deto li sacramento dela santa Ghiesa, remetandise et perdonande come tanto fervore che veramente parea uno frato observato, et faciando hogne suoa altre cerimonie come de' fare ciaschadune fidelle cristiano. E po' fu inpicato ale mure dela ciptadela, di verse la montagna, a una antena propinque al so primo revelino, l'ora predicta. Dio ie voglia perdonare soi pecati (*).

Pur seguitando la instoria et ultimo capitolo sopra la tornata ultima de dita parte Nomaglie ale lore case per volere veramento rimpatriare in dita nostra magnifica cìptà de Forlì e remetre l'una parte e l'altra hogne suoi rancore, che fu per intercesione et comandamento del R.ᵐᵒ Monsignor Legato de Bologna cardenalo de Paviglia, che fu ala sua venuta a dita nostra cìptà che venea da Bologna per andare a Roma, che fu a dì 4 del mese de decenbro, die luni, anno Domini 1508, che per suoa umanità et per intercesione de nostra Comunità lui ie fece una patento de hogne suoa remisiò et perdonanza, che lore dovesene retornare a casa per insine che lui era in dito loco, sencia alcuna suoa dubitatione de dita parte Moratina nè eciam d'altre suo male opperare per insine al presente. Fata che la fui, fu mandata per queste 4 infrascripto homine ala parte absenta, che le multe n'era a Bagnacavalo: al nome deli quale portadore fune quiste. Al primo uno Bartole Castelino, al presento deli magnifci Signore Conservatore; secondo, uno M. Zohane Antonio Bicio legum doctor; 3, Tomasio de Minghi; 4, Paulo Becio. Andone e tornone, per modo che a dì 4 dito, al zorno del partimento dal dito Legato, la matina per tempo, lui fece cantare una mesa dal Spiritu Santo nela ghiesia de Santo Mercurialo, dove se retrovava tuto le parte

---

(*) Fol. 92 a.

presento. Et qui ie comandò, depo' le molte parole, che lore se dovesene perdonare et reponsare ale lore case et eser buon zelatore al felicissimo stato de santa matre Ghiesa, per eser questa la volontà dela Santità del papa, come più volte ve l' à facto intendere per soi brevo et altre suoi intercesore; per modo che oramai ie sito caduto a noglia et in gram fastidio; si che io vi prego et comando per suoa parte e per la mia che ve vogliato l' une e l' altre perdonare et a vostre case reponsaro. Se ne no, io ve prometo de volere castigaro et metre tale morso in bocha che io ve ritiro ala voglia mia, come io ò fato ala ciptà de Bologna, come ad ogn' ome è manifesto. — Alora tuto fecero la voglia suoa, reconfermando che per suoa Santità era stato facto denanto ali piedi suoi, et mai più per alcuno tempo recognosere et renovare cosa alcuna. Et come gram fervore in dita ghiesa coram populo s' abrazone et per la boca se basone, prometando alo eterno Idio de fare come ut supra, et al dito monsignore come hogne suoa buona cautione, come n' apare pubblico instromento facte e stipulato de mano dal dito S. Nane già de Vese de' Porcio. Facto questo, dito Monsignore se partì et vene a desenaro; e po' i' nomine Domini se fece al so partimento, che fu a dì 4 del dito meso de decenbro, anno predictis, die luni (*).

Momento fato a Cesena per la morte de M. Ruberto Moro.

Al prefacto momento facto a dita ciptà de Cesena per dita morte dal dito M. Ruberto More se fu in questo mode e forma. Corande li anne dal Signore 1505 a dì 22 del mese de zugne, die dominico, con ciò fuse cosa che uno M. Fabricio de Masimo, nobile de dita ciptà dela parte di Tiberti, facese una influta de una suoa granda armata, mostrando de volere andare a secorrere al castelo de Savignano, perchè dito era asidiato da uno M. Brunora già d' Antonello da Cavidune da Fuorumponpili; fate che lui ebe tale armata, se partì et andò a casa dal dito M. Ruberto More che novamento venea da rivisitare el so R.^{do} Monsignore Governatore M. Simono Bonis epischopo imolensis, che al presento abitava in casa del conto Nicolò da Bagno, et lì l' amazone in dita suoa casa et ferine de 5 ferito uno so fratello; el simile la matre sua, per eser lore dela parte de' Martinelli. Facto quello, corsone ala casa de uno Domenego de S. Paule, al presento tesorerio dela Camera; tamen non al potene avere, che incognito introò in suoa roca: tamen ferino uno Zohane Batista dai Baste. Alora intendando queste Monsignore Governatore, constrese tramedoe le parte et criò una suoa fede de lore e de uno Ieronimo barisello da Ravena, che fu a dì 24 dito, die martis, che l'una parte e l'altra non avese a inovare cosa alcuna sencia sove lecentie, ala pena de suoa indignatione. Et così stete pacifico le cose per insino a dì 3 del mese d'agosto, die dominico, che la parte deli Martinello introne dentro da Cesena per forcia; e fu la matina per tenpo. Arivato che lore funo in piacia, a suoa voce piena gridavano — Cagnazo, Cagnazo; Buscheto, Buscheto —; et come gram sforcio andone ala casa de uno M. Dario Tiberto et ciegho per suoa natività et dicrepito de anno 90; et lì l'amazone, e la suoa casa mese a fogo e sacho. Al quale povere zentilomo già era canpato tante altre volte de suoi momente, et al presente nonn avea potute canpare; perchè, secondo che per al proverbio se spande, quela pecura che debia eser delo lupe molte male se poterebbe a lui votare. Depo' andone ala casa de M. Nardo de Marino e fu mese a saco. La tercia sachezata se fu quella de Tiberto de Tiberti; et lui fu trovato nela contrata dela Trova int una casa, et lì fu preso et menato in casa de M. Marco Casino, dove se ritrovava dito tesorerio (*) et al nepote dal dito M. Marco Casino. Tamen in brevità fu caciato de dita casa et lì propinque fu amazato. La 4 casa sachezata se fu quela de M.ª Prudentia Tiberta. La 5 quella de Tiberto da Toro. La 6 quela de Domenego da Marcurano, et lui fu morte nela ghiesa de Sam Francescho. La 7 quella de Scipione Tiberto. La 8 quella di S. Bernardino Viturello d'Amelia: al presente lui se ritrova deli soi signure Conservature; et amazone lui a dì 6 dito, die mercurio, nela suoa camera. Facto questo, andone in palacio et amazone uno so compagne, pur Signore, Zoham Battista de' Severi. La 9 casa sc fu quela de uno Galavoto de Gutile da Faiencia, et altre, che asese ala quandità de numero 20, a mi incognito. Item fu morto uno Tomaso Gualaguino propinque ala dita ghiesa de Santo Francescho, che era stato a dì 4 dito. Item fu morto Francescho fiolo de M. Anzelo da Parma nela contrata de Sam Zohano, in pete ala casa de Zoane de Masino. Item fu morto Pandolfo Tiberto, vestito del'ordine de' frati minore, drete ale mure tra porta Cervesa et quella dala Trova, che s'andava con Dio. Item fu morto uno Anghiarino d'Anghiara familiare de M. Fabricio, al quale era stato l'autore che avea morto dito M. Roberto Mori; et fu nela contrata chiamata Bocaquatro. Ultimamente fu morte queste dui infrascripto: uno Galavoto da Faencia, propinque al spitale dal Crocefiso: l'altro uno bolegneso, inpicato a uno merlo de porta Zervisa nela prima ora dela note.

Depo' stete le cose per insino a di XI d'agosto 1505, die luni, la note prosima ad venire, che dita parte Tiberta tornono per forcia et feceno gram novità.

Item stete le cose per insine a dì 20 dito, die mercurio; e po' retornò li Martinelle come l'aiuto del bracio de M. Dionisio de Naldo. Tamen non potino intraro per la vigilia del Governatore de Forlì che

(*) Fol. 93 a.

avisò quelo de Cesena et eciam al so castelano. Item a dì 28 de novo tornone; tamen non potene intraro; et aveano uno grando esercipto per la vigilia del dito Governatore de Forlì et altre, come ut supra, perchè lore advisone certe zente d'arme dela Ghiesa che veneano per alozare inela Romagna, le quale erano a Santo Arcanzelo; per mode come lore abene intese, di subito cavalcone forte et vene a tenpo che tosene arme e vituvaria che ie mandava per secorso al dito M. Brunora. Tamen per quela volta non potene intrare. Tamen per tale orizino acade certo deferentie nel castele de Bertenore, cerca dui zorne d'agosto, che uno Polo Salvatera avese apute certe deferentia come altre de quele loco; per modo che intraveno la morte d'alcuno de lore. E po' se partino (*) dito Salvatera e steteno alquanto tenpo nela ciptà de Forlì per lore descordio. Tamen a dì 21 del mese de zenaro 1507 per tale orizine fu tolta la roca dal dito Bertinore dala parte aversa, a mi incognita, per via de bataglia. Per modo che infra lore acade de gram cose per dita povera ciptà de Cesena, che veramento molte me à dato da scrivero, come gram so danno e ditrimento.

Introito dal bagne dala Poretta.

Al prefacto introito dal dito bagno dala Poreta, al quale se retrova nel teritorio dela mia magnifica ciptà de Bologna, dreto al flum Reno per distanza de miglia 34, propinque a' zove del' Alpe de Toschana, andando inverse mezezorno per insino al' incontro de uno altre flume chiamato Magaronne, propinque ale mure de uno castello vecchie già guaste per li signure Bolognese, al quale se chiamava castello Poredo, di verso stentirione dal dito Reno, propinquo a una altra fortecia chiamata la Rocheta, dove se ritrova lì de mezo a tale forteze nel lito dal dito flum Reno come una gram porta de sase de gram statura da hogne canto dal dito Reno; per modo che nela parte de verso dito mezezorno se ritrova una docea d'aqua calda la quale ab antico è usita zorne e note, de mezo a dui saso per alteza de braza sei. Et per suoa esperientia pare che tengha de queste tre mineri: la prima lucida a colore de luma zucharina; la seconda solforea; la terza salsosa. Per al che quando è novamento tratta nel bichero, arecoglie intorno certi floreti che pare marchasita d'arezento. Et per queste quilli homine de quelle tenpo ne feceno grando esperientie, et cognosando lore veramente tale aqua eser divina, perchè de continuvo liberava le multe corpe umane, per tale via e modo che el popule de uno altro castello lì propinquo cercha 4 miglia, chiamato Caso, insemo come la vila del dito castello Poredo guasto et come l'aiuto dela vila de uno altre castele chiamato Garnaione,

(*) Fol. 93 b.

che se retrovava dal' altre cante dal dito Reno de verso dito meze-
zorne, tuto de comuna concordia ie fecene fabricaro dui punte sopra
dito Reno per potere andare l' una parte e l' altra a usofurtovare dita docia, uno di verso al Pergolo dela Sanbuca, l' altro de verso Ponento; perchè prima male se potea andare per una gram pescola che
in quello loco se ritrovava. Fate queste, per la Dei gratia prosperò
tante la vertù de dita aqua, che le molte persone ie andavano (*)
ad abitaro, perchè quele loco era molte insterilito, perchè l' era stato forcea ali signure Bolognese per le gram discordie che regnava fra
li signor Fiorentino e lore d' avere guasti tanto quele soi castelle che
per quello zove de dito Alpo se ritrovava quase per insino al Vergato;
salvo che dito castelo de Caso, come per insino al presento i é manefesto.
E per queste chi in quele loco volea abitare per usofurtuare dita a-
qua, i era forcia a farse qualque suova abitatione; per al che ie fu
forcia a fabricarse in quele loco uno molendino, come al presento è
manifesto, di verso stentirione, per eser quele loco in quele tenpo
molte alpestre et molte copiose de gram numero de fere salhadico;
per al che come gram pericolo s' abitava pur le abitanto. In poco
tenpo, secondo al mio reporto, erano venuto strarico; tamen per le
dito guere ie fu forcia a lasare parte de quele loco. Per modo che
dita docia poca zente ie potea andare; le quale se chiamava la docia
del bagno dela Poreda, derivato tale nome dal dito castele de Poredo
guasto. come ut supra, per eser stato corotto el vocabile. Per modo
che tale docia venne in gram declinatione, per modo, come alo eterno Idio piaque, che opra bona alcuna mai non debia mancare del so
buom operare, fu creato la Poreta nova in queste modo e forma.
Con ciò fuse cosa che corando gli anne del Signore 1250, secondo al
mio reporto, fuse (**) stato uno contadino dal contá dal dito Capo-
gnuano che avesse auto uno so bove de tanta suoa bona opperatione
che venendo ala suoa vechieza i acade alcuna suoa infermità incura-
bile, secondo le lore suoi manischalco; per al che, secondo al corse
dela natura, dito bove de quele male non potea guarire. Per mode
per al grando amore che portava dito contadino a tale so bove, al
mese ala ventura per al dito zove de dita Alpo, che veramento lui
non l' averia potuto amazare, per modo che in spicilità de tenpo u-
no zorno dito buove se ritronò a casa dal dito suo patrono nela suoa
stala. Alora vedando dito so patrone tale boie, molte se meravigliò
per eser graso e polito che parea uno manzo; per al che niuno al
potea cognosere; per modo che congratolandise come soi vicino de
tale boi, chi decea una cosa, chi decea un' altra. Alcune dicea; —
a mi pare quel dese —: alcuno altre dicea: — non è posibile che
al sia quelle dese, con ciò fuse cosa che lui potese mai eser stato

(*) Fol. 96 a.

(**) In margine e notato: « Vedi a c. 225 de libro del Vizar.... » La parola é tronca perchè
il rilegatore del codice rifilò il margine dei fogli.

in quelle loco al cimento de dito tanto feri salbadico —. Alcune altre dicea: — perchè non poterebe eser quello, quando a Dio fuse piaciute? Non guardate che al ve para così polide e grase, perchè per al proverbio se spando che la carne cunzo l'osse e li 'pagne cunzano al dose. Sì che non guardato che al sia così graso e polito, che molte bone poteria eser el nostro —: come veramento a lui parea che al fusse. Alora fu concluse infra lore che el patrone cazase via un' altra volta tale suo bove et che dreto ie dovese andare per vedere al tuto s' el fuse mai stato alcuna erba (') de qualche virtù medicinale, che quella lore poteseno cognosere, per la quale avese liberato tale suo bove. Per mode, andando dreto, non trovò mai cosa alcuna che lui ie pratecase una volta più che l'atra; salvo che nel so bere andava de contenuvo a una certe pescola la quale era int a' lito de une altre fiune, chiamato al fiune mazore, che venea de verse mezozorne dal dito zove del dito Alpo, int uno loco molte sterilisimo, lontano dal dito Reno al traro de uno gram balestro; dove che in quele loco, dove era dita pischola, dove continuamento andava dito buove per la elementatione del suo bere, come ut supra. La quale peschola era per la gram moltitudine de aqua che de contenuvo butava due altre doce d'aqua calda, una deli quale venea dal primo bagno, dito Poredo, per uno gram saso che si ritrova li dinstanto da quela in verso Oriento, quánto serebb al traro de dui gram balestre, nel teritorio del Comune del dito Garnaglione; la quale docia era propinque ala tera. L' altra docia era in dito lito d' altro canto dal dito fiune, overe rio mazore, nel teritorio dal Comune dela vila de Capugnana, che insia de uno groso saso de altecia de uno bracio. Quanto al presente et per la suoa calidità putrafeva tucto quelle foglio de quelle frondo che dentro ie caschavano, et per al fectore de quelle volgaremento era chiamato la peschola da l' aqua puza. Et alora vedando al dito contadino patrone dal dito buove talle suoa helementatione, de subito tose uno vaso de dita aqua et portola a casa, et menò al so buoe, et qui ne feze parangone come certe altre suoe bestie pecorino; per modo che toleano tale benedeta aqua volentiera, e tuto se liberavano; et al simile ale multe altre bestie. Depo' comencione a darene ale creature racionale, et qui facea al simile; per modo che se comenciò a devolgare per tale via e modo che tuta quela rivera i andava per dita aqua come gram pericolo. Alora intendando li omine dal castello dal dito Caso, che se retrova deinstanto cercha 4 mía inverso Bologna, tale gratia devina, le multi de quelle i andone come gram sforcio per demesticaro tale paieso, per potere tore de dita aqua de tale doze, et purificandola al mèi che lore poteano, faciandone tutavia grando esperimento neli corpo umani. Per modo, intendando questo al magnifico Regimento

---

(') Fol. 94 b.

da dita mia inclita ciptà de Bologna, di subito per so conseglio (*)
fu aleto 4 soi nobili le quale avesene andare in quelle loco abitare,
che fu ali anne dal Signore 1385 et lì fecene fabricare uno magno
palacio i' nomine suoa Comunitatis. Depoi per dito Regimento fu o-
tenuto uno dicreto: chi volese andare in quelle loco ad abitare per
la dinstancia de uno miglio, dito Regimento al facea asento in inmunis in vita suoa tantum. Alora intendando uno M.° Berto e Zohane et Stefano, fratelli insemo et fiole de uno Iellmo di Ielmi dal comune dal dito Capugnana, di subito per eser lore tri dignisimo architature, vene dali dito nobile Bologneso et con esa lore fecene patto e conventione de volere venire in quelle loco ad abitaro et fabricare
uno ponto sopra dito rio mazore per potere andare dal' una docia e
l' altra, dubitando lore che tale docie fusene defrentiate de minera e
de vertù per la denstantia che se ritrova tra l' una e l' altra; et de
comuna concordia del dito Comune de Garnaglione et deto Capugnana fabricone tale ponto, che se ritrova una bela cosa. Fate quelle,
per al so mirabile inzegno dito maiestro tosene uno conduto sota tera dela docia che se ritrova di verso al Comune dal dito Garnaglione, et la condusene dal' altre cante dal dito rio come suove tre ca-
nelle int una certe schafa, fabricata propinque al dito ponte. Questa
tale aqua sole s' avea adoperare per li oste da cocinero et de radre
barba et lavare testa et le mano e 'l vise più volte ala zornata per
quile infermo che in quello loco andavano. Dipo' questo non tropo
deinstanto da dita schafa, dal' altro canto dal dito ponto, ie fabricone
bagno da bagnare sole li corpo umano. Facto quelo, tosene uno conduto d' aqua dal dito ri' mazore alquanto deinstanto da dita docia
conducendole sopro tera, propinque al dito ponto; in quele loco fabricone un altro molendino per necesità de quile che in quele loco
virano ad abitare. Alora vedando al Comune de Capugnana quele bagno che avea facto al Comune de Garnaglione dal so cánto, ancora
lore purificone dita suoa docia dal so canto, dal quale n'ese da uno
gram saso, et ie mese int uno so mure fabricato una testa lionina
la quale de continuo i avese a usire dita aqua benedeta de dita docia per la suoa boca int una cancla lì fabricata, faciandeie intorno
gram proparamento come suoi solare selegato, che quile che venerano per bevere dita aqua posano stare sencia alcuno so ditrimento,
come uno coperte de sopra, come al presente è manifesto. Dipoi ancora lore fabricone uno so bagne lì propinquo, al quale al presente
non s' adopera, et dito M.° fabricone le multe altre (**) edificio per
al gram numaro deli persone che in quelle loco andavano ad abitare,
et masime dal dito castello de Caso, per le grando esperientie che
de dita benedecta aqua de contenuvo se provava. Et per questa da

quelle zurne inante fui chiamato al bagno dela Poretta nova, e l'altre al bagno dela Poretta vechia; al quale nomo deriva dal dito castelo guasto de Poredo, come ut supra, per esere stato corotto el vocabile. Per modo che stete tale bagno sota al dito magnifico Regimento de Bologna per insine a papa Paule II pontifico, che fu neli ane dal Signore 1466, che suoa Santità ne fece dal teritorio de tale bagne uno miglio intorno uno contato, del quale primo suoa Santità ne institul uno nobile bolegnese chiamato M. Nicolao Sanuto, al presento uno deli soi magnifice signure Sedece. Al secondo se fui M.

(*) de Ranucio medico excelentissimo da lui instituvito ala suoa morte. Al tercio se fu uno M. Anzelo de Blanchi, che al presento se ritrova, per insino a dì 4 dal mese d'agusto, die dominico, anno Domini 1505, che io presentialmento me ritrovaie in quelle loco per intendre et volere vedere oculata fede quele che a mi fusse posibile. Per modo che la dita benedeta aqua era prosperata in tanta vertù che n'era stato portato per insino nela Magna et in Schiavania et per tuta Italia et in multe altre loci, che a mi fu riporto per homine esperitissimo de Bologna et de quelle loco, et masime per uno M.° Zecho de uno M.° Santo deli Ariento habitadore per suoa natione in dito castello de Caso, al quale era medico lui e dito padre nel tenpo de suoa vita; perchè seconde che a mi testificò dito M.° Zecho, lui potea avere 90 anne che senpre lui era stato ala cura de dito bagno, per eser ancora lui medico de grande esperientie et bone gramatico. Tamen in quelle loco più esperientia s'adoperava che sentia, come lui più volte a mi ne feze vedere. Per modo che uno altro Zecho Solaulo et dito Santo so padre e lui de continuvo erano stato a tale cura de dito bagno cercha anno 150, et tri ne canpò; da poi che sone anno 153; perchè, secondo al mio reporto, morì a dì 22 dal mese d'aprile anno 1508. Et per queste i era venuto ale sove mane infra el dito tenpo tucto quelle infermità per le suoe mane che potese venire a uno corpo umano; deli quale a mi me ne dete la resegna de quelle dite sove esperientie che per sine al presento avea potute fare quelle bagne de dita aqua benedeta, come incento in queste ve farò intendere a partita per partita, et al regimento de suoa vita et hogne altro so governo et altre aprobatione de dita benedeta per le multe altre digne (**) homine facta per insino al presento. In prima la dita benedeta aqua se retrova in tuto le infermità che per corse de natura potese venire int uno corpo umano: bevando de quela aqua come l'ordine soi, che veramento tuto guariano o veramento ie farà gram zovamento; salvo che al male dela tisighita et intropesia et male franciose. Tamen, secondo che a mi feze intendere, dito M.° Zecho dise d'avere viste pure alcuno liberare de dita tisi-

(*) Lacuna del ms.
(**) Fol. 96 a.

ghita e intropesia, pure che non fuse stato tropo involuto et quela
tale criatura fuse stato zovene et el male novelle, che per forcea de
suoa natura e del grando aiuto dela vertù dela dita benedeta aqua
lui n' avea viste al so tenpo guarire pure alquanto. El simile a lui
i avea testificato al so tenpo al dito M.° Solaulo al dito so padre, come ut supra, a denotare che dita benedeta aqua in quelle loco ie
venne divina et senpre fui devina et senpre serà; pure che tale u-
mane criature l' apia come buona devotione et come la observantia
de suoa regola; perchè tale gratie divino lo eterno et magno Idio
non le dà a termino, ance le dà perpetualmento. Et al simile me dise d' avere viste pur de dito male franciose et eciam dal tenpo infecto quando quili tale i andasene nanto ala infecione; che veramento
per la gram posancia dela vacuvatione de dita aqua, che le molte se
purgavano per tale via e modo quelle tale so veneno che in quile
corpo se fuse retrovato alquanto radicato, che per forcia convegneva
che fuora dovese usire, come più volte lui avea viste nel tenpo infecto. Ultimatamento, per narare al tuto, secondo al dito M. Zecho,
neli soi tenpo le multe valenti homine esperitissimo nel' arte dela
medicina n' aveano facto gram disputa; con ciò fuse cosa per l' ordine naturale de dita aqua le omine anticho haveano obtenuto che
dita aqua fuse de tre minere; zoè luma e solforia e salsosa, come ut
supra: tamen a queste lore aveano concluse le signore medici che
queste non potea eser, che dita benedeta aqua potesse escre se ne
sole de una minera zenerale, zoè dovina e santa, come veramento
la se ritrova. Perchè la deferentia dela criatione helementalo deli
nostre corpo umano sone de 4 qualità; zoè calda e sechia e freda e u-
mida, et per eser dita luma et solforia e salsa ancora lore deferento
in sua qualità, secondo la suoa creiatione helementale, posibile non
seria che potese liberare hogne dito infermità, come ut supra, per
le lore deferentie de sove nature. Sì che per la rasone per lore asegnato non se po per modo alcuno (*) credere che la sia d'altra minera che
dovina e santa: perchè quando fuse per altra via, zovaria a uno male et
noceria al' altre. Non estanto queste, seconde lui, pare che già fuse
stato uno gram nobile de dita ciptà de Bologna che n' avea facto gram
parangone, togliando una gram caldara et inpieri de dita aqua: depo'
la feze stare al cimento dal foco per insino a suoa tucta consumation
per volere vedere al tuto che materia de quela romanese; tamen altro non romasti che avese corpo alcuno, salvo che dita caldara romase tuta intorno afumicata come serebbe al fune de uno capeze de
cera quando dal foco lui fuse consumato. Non estanto quele tale pa-
ragone, lui avea cercato per tute le vie e modo che lui avea potute,
per modo che, secondo lui, i avea spese qualque centonara de libre
per vedere al tuto, credando lui forsa de cavareno altra materia de

precio: tamen hogne suoa oponione fu falsa, salvo che liberare li corpo humano. Et per queste per al proverbio se spando che le bagne dala Poreta o che t'amaza o che te netta. Et per queste venne a eser la verità che tale corpe che ne piglia de tala aqua vene a essere liberato o morto o vivo. La quale aqua se pia doe volte ala zornata, zoè la matina nanto al sole, piandela come gram destreza e tolandine tanto quanto natura porta; depoi debia andare dove lui è alogiato e tanto anbulare che natura l'apia bem dizesta e restituvita; dipoi tornare ala dita docia et fare al simile. Depo' restituvita che tu l'arai, va', pia la helementatione del to desenare, el quale debba eser parce, mole nel brodo dal castrone, e poi la carne debbe manzare ordenatamento sencia alcune altrè cibo d'alcuna rasone, salve che cose zucarine; et mai per modo alcune debbe dormire, se nè posto ocasum solis, che veramento tui te moririse sencia alcuno repare per la gram fumentatione che farebbene li toi omure neli intestino del tuo corpe per la granda suoa avacuvatione per la potencia dela dita benedeta Aqua, le quale non poterebbe aselare per soi limeati per esere a boca serata, che tuto tale fumentatione andarebbene al core et al cervelle nela testa, per eser quela al camino de de nostra vita; per al che sefocariano tale senso, conducendite inmediate ala morte. Nè eciam usare per modo alcuno al coito, che farise al simile. Et queste debia durare per insine che lui starà al dito bagno. Et più ancora, tu debe, dipoi tova partita, duplicare al tenpo, zoè fare al dopie dita guardia, zoè bevando 15 zorno dita aqua fare tale guardia trenta zorne, et così de sigolis. Et infra el tenpo che serà (*) al dito bagno, stare de continuvo bene caldo dela persona et non bere se nè vino pure garbo, et hogne quatre zorne intrare una volta nel bagno et lì fare quelle che per soi ministri ce serà inposto, a ciò che quella aqua te facia bene aperire li toi limeati che bene posano aselare per mandare fuora tale toi umure superfluve. Item che tu senpre durando dita tua guardia, de continuvo tu debe lavare le mane e 'l viso, come dita aqua radre la barba et lavare testa; faciando al contrario tu te poterise asidirare, come ut supra. Item se pure in tute la natura per modo alcuno non fose bene avacuvata, farate alcuno serviciolo come dita aqua, per al che te ne resultarà grando aiuto; et eciam farai tucte al conseglio che te darà quile signore medeci che in quelle loco serano deputato.

Oramai voglio metre fine. Quelle loco per insine al presente è molto beno abitato, perché se ritrova più de 50 abitatione de gram statura: tute sone dignisimo ostarie, che veramente ie poteria alogiare hogne gram prencipe, e de continuvo se ritrova mercate che venene del teritorio de dito signore Fiorentino et masime dala ciptà de Pistoglia, che veramento ie mandano bone specie le quale molte sone tolerate da quile signore medici per dare sopra la minestra de dito infermo et bagnarole. Item de continuvo ie sta uno sostetuto dal dito Conto a fare le bolete de quile che portano le some de dita a- qua, dele quale ie ne resulta le molte florino l'anne, perchè tole per soma solde XI: li dece sone dela excelentia dal dito Conte: el resto deli signitore sustituto. Et queste sole se paga per li absento quando ne portano via; mo per quile tale infermo che in quele loco sone stato quile talle ne pone portare per suoa necesità quanto lore vogliano sencia acuna lore gabella. Ulterius un'altra cosa se ritrova ch'è in quele snso di verso ponento, dal canto de sopra ala dita do- cia, in cima de quelle monte nel dito Comune de dita Capognana: in più loco se inpicia al foco a tuta tuoa voglia come altre foco natu- rale apropinquandole; inpiciato che lui serà, sencia alcuno altro fa- vore de legne o veramento d'alcun'altra cosa, lui brusarà de con- tinuvo molte zorne, stagando al cimento dela piogia. Et queste et le multe altre deli dito cose le viste come li ochie mei. El resto n'ab- be la vera informatione dal dito M. Zecho medico esperitisimo per lui e soi intecesore, come ut supra. Et perchè siando morto al dito M. Zecho me parse per salute deli criature racionale volere durare questa poca fatica de fare aparere la vertù de questa dita benedeta aqua et le introito de tramedui dito bagne; perché, secondo che per li signure medice a mi è stato reporto, non s'acata alcuno altro va- lento (*) homine in medecina, nè eciam in altre facultade, che n'a- pia fate aparere cosa alcuna: salvo che uno Michello Savonarolle, no- bile ferarese, medico dignissimo. Tamen ancora lui non á potute par- lare ad plenum per non avere potute avere la vera informatione, perchè per rasone de sentia non se n'acata cosa alcuna, per non esere stato al tenpo d'Avicena et Galiena et Ipocrati. Però questo io ó facto volentiera, a ciò che altre depo' mio tale lumo posa tore.

Felippo Brovaldo morto.

Al prefato magnifico et excelentissimo M. Felippo Bruvaldo dala magnifica et celeberima mia ciptà de Bologna, queste anno dal Si- gnore MDV a dì 17 dal mese de luglio, die iovis, cercha l'ora deci- ma nona, al tenpo che presidea nela santa sedia postolica Julio per la divina providentia papa secondo, intravenne la dita suova prefacta morte. Con ciò fuse cosa, secondo quilli suoi signuri medice, pare che fusse specie de male de mazuche, come per la influentia de quelle tenpo era stato tale giorne che n'era morte cercha 80 in dita suoa ciptà: la quale suoa morto, secondo al mio reporto, par che fusse come tanta contricione che bastanto serebbe stato a uno martire de M. Jhesuo Cristo, armandese lui come tucte le arme del

(*) Fol. 97 b.

sacramento divino. Dipoi fu sepelito aprese ala ghiesa dela Nonciata Virgo Maria come tanta veneratione del so clerico et masime de tuto quelli nobile de hogne colegio de dita suoa ciptà, per eser lui stato grando rectore et oratore in arte de homanità et molte amato et reverito per tuto quili soi colegio presento et absento, che veramento io credo quando dita suoa morte fusse stato posibile apreso a Dio de poterela schivare, che lui non fuse morto; che grandenissimo numaro de tale nobile presente et absento, come ut supra, l'arebbeue reschoso hogne suo poterre, per eser stato lui in suoa vita la vera luci de dito nobile et eciam de tuta suoa magnifica ciptà, come per dito so magnifico Regimento n'era manifesto: che molte poche cose nel so Senato se facea che dito Felippo ne in fusse partecipo per al so alto e zentile et peregrino inzegno, che veramento raro o no mai in questa nostra Italia natura preducise homo a lui simile. Dele quali de continuvo pregarò la devina M.ta che ie voglia concedre la vita beata.

Al signore Bertolomio da Luigliano rotto.

La prefacta rota dal dito magnifico capitanio, dito signoro (*) Bartolomio da Luiano nobile de casa Orsina, queste anno dal Signore 1505 a dì 17 dal mese d'agoste, die dominico, retrovandese lui al servicio dal soldo deli signure Pisane et avante lui per so tema andate nel teritorie deli signuri Fiorentino, che in quele tenpo faceano gram guera a dito signure Pisano, a uno so castello chiamato Caupi, per modo che dito signore Fiorentino montone in colara, per modo e via che per la forcia dal so gram bracio al povere zentilomo dito S. Bartolomeo in quelle loco fu rotto et svalisato come suo gram danno e ditrimento per tuto suoa comitiva.

Capella granda de santo Mercuriale edificata.

La prefacta capella granda nela ghiesa dal nostro patrone Santo Mercuriale, questo anno del Signore MDV, a dì 9 dal mese de decenbro, die martis, cercha l'ora decima nona, fu fondata in queste modo e forma. Con ciò fuse cosa che in quelle tenpo ie stese per abitatione uno R.do M. l'abati chiamato Mateo de Iovanno de Martino dala ciptà de Volterra per suoa natione, et per eser lui homo da beno, spirituale e de grande inzegno, et per eser stato altre volte priore in dita badia, et per al so bene opperare mediante la divina gratia, uno nostro nobile chiamato Bernardino già fiole de uno Zorzo da Castelino da Dio illuminato fece ferma deliberatione de volere fare edificare dita capela granda per so titole, chiamato Santo Stefano no-

stre primo martire, come ab entico era stato facta come volentá et
comisione del dito R.^{do} padre M. l'abati e soi munici. Fata tale deliberatione, di subito andò dal dito abate et conclusive romasino d'a-
corde che dito abate se dovese dare per soventione al dito Bernardino tucto quele prede che al presento se ritrovava in dita capela come el so core, per esere lore tuto in volta come suoi grose pilestre,
fata al'antica, piando per al drito tuta la ghiesia per al traverse; e
de sopra dite volte i era dita capela de Santo Stefano, e de sota in
tera quela dal dito Santo Mercuriale; et farle lui iusto patronatus como hoc pato, che dito Bernardino sia tenuto et obligato di spendre
libre 400 in dita fabrica, e tanto più quanto serà al so bisogne, et
che a lui piacerà. Item che dito Bernardino non posa mai per alcuno tenpo farene alcuno patrone dal dito altare, fuora suoa linea, salvo che dito M. l'abato che in quelle tenpo se ritrovase i' nome dal
dito monesterio. Secondario, che dito Bernardino vole potere fare la
suoa sepoltura in dita capela, et che mai per alcuno tenpo altra (*)
sepultura in quelle loco se potesse fare, salvo che quella de quelle
abate et monice che in quelle tenpo se retrovasse; et le multe altro
conventione infra lore facto, che a mi sirebbe dificile a scrivere, come de tuto n'apare pubblico instromento facto e stipulato per mano
de uno so notario de dita badia, chiamato S. Zohane de Michilino.

Ora facto che fu hogne lore acorde, dito M. l'abate comenciò a
butare zose quela parte de dite volte che se ritrovava di verse al canpanille; et già era stato fornito per sova intercessione tre capele da
quelle canto, zoè quela dal Sacramente, et Ieronimo Bisighino; l'altra a mi incognito: per modo che siando in punto al dito Bernardino
autore, come volontà dal dito abato i' nomine Domini comencione a
fare cavare dito fondamento a dì 25 dal mese de novenbre, die martis, zoè 'l zorne benedecto dela virginella Catarina, per similitudine
già sposa svissarata del nostre vere Redemptore, per mane dal so M.°
chiamato Cristofano de Fiore Beze nostre forloviensis; per mode che
acade 'l presento per suoa necessità de guastare quele primo altare
di verso la sagrastia, chiamato l'altare deli Nocente, che fu a dì 3
del dito, die mercurio. Alora dito M. l'abate de volontà dal dito autore Bernardino fece convocare al nostre R.^{do} Monsignore Governatore M. Feriani de Bertune da Iese et epischo Astunensis i' nostra magnifica ciptà, al tempo che presedea nela santa sedia apostolica Iulio per la divina providentia papa II, insemo come li nostre magnifice signuri Conservatore; zoè M. Bernardino Oliverio legum doctor; al
secondo, Bertolomio Caputferi; 3, Baioze Pontrolo; 4, Paule de Castelino; 5, Tomase Becio; 6 ed ultimo, Bondo già de Paule de Zohane Bondo, inseme come le multe altre nostri nobile. Arivate che
lore fune, dite M. l'abate feze guastare dito altare, che potea eser

***

(*) Fol. 98 b.

cercha la seconda hora dela notto, et in quelle retrovono el corpo de Sam Gradi e Marceli int uno molumento marmorino, et epischopo in quelle tempo, come le multi altre arilequie sante de più sorta, et masime una croce de picole statura, facta del preciosissimo legno dela croze dove patì per nui pasione al nostro vere Redemptore. Al quale molimento era de questa statura, come una casa come tre croce, zoè una denanto e una per testa, come 4 colonele denanto, adornato come doe rose. Et fecene portare dite molimento come sove gram cerimonie de soi oficie divino, et la fecene aperire. Et in quele retrovone le ose deli dito corpe et certe casette de' pionbo come certi epitafie, scripte in carta et in pionbo testificando (*) tute quele predite cose dele quale se ne facea alora de presento gram iubilatione de organo e de canpane. Dipoi se ne feze la resegna de dito areliquie per mane de tri nostre notario come pieno so rogo. Fornito dito cavamento, de subito comencione a fondare, che fu a di 9 dito, come ut supra, in queste modo e forma: che dito M. l' Abate de novo mandò per al dito S. Governatore et magnifici S. et per al R.^{do} M. Rogerio Nomaglie et le multi altre nostre nobile et per mi che in quele tenpo io me ritrova' in letto alquanto amalato. Arivato che lore fune, per uno so capelano dom benedetto Bisighino feze cantare la mesa del Spiritu Sancto come gram solenità de organo e canpane, come ut supra. Cantata che la fui, dito Monsignore Governatore s' apropinquò al dito altare magno et in quelle loco si presentò come al contento dal dito M. l' Abato, già infra lore facto queste infrascripto trasonto in carta incirata, al quale testificava dito introito e la Santità dal papa, el Governatore e dite Signure e dito M. l' Abati, et dito padre R.^{do} nostro episcopo, M. Tomase dale Aste, in quelle tenpo, dito M. Rogerio so vicarie, chiamato come ut supra, et al nome del dito autore M. Bernardino Castelino el al mio nome; le quale tute scripte in dita carta. Dipo' per mano dal dito M. l' Abato et dito Governatore fune involute in altra carta et mese int una casetta de pionbe, et po' rechiuse infra doe schotelle de stagne, chiavata come 4 chiode de pionbo rebatute forte. Fate queste, se partine come una bella procesione, et dito Monsignore andò cantando — Ta Deum laudamus —. Arivato che lore fune in cape del dito, di verso Cesena, dito Monsignore s'asetò pontificalemento, et lì feze hogne suove cerimonie. Depo' ie tose dite schotelle et le porso al dito so Magistrato dito Cristofano, che lui le diposità in una suoa certe finestra facta int uno pilestre a posta. Dipoi ie butone tre prede facte a posta: una per lui e l' altra per dito M. Rogerio e l'altra per l'Abate; le quale erano marmorino. Dipo' dito Magistrato le conservò intorne a dita schotella dali transonto in dita finestra, che noi tucte inseme dovesene in quelle loco reposare, per insino che alo eterno Idio

(*) Fol. **99** a.

piacerà de inovare altre cose. Fato queste, dito Governatore ie concedite a quili tale presento auditure hogne suoa benedició: al simile al dito fondamento. Dipo' al zorne dela nativilà del nostre vere Redemptore, dipo' el suo vespere, siando stato portato dito molumento di novo ala presentia dal dito nostre Magistrato e de hogne altra persona, coram populo aperseue tale molumento, et lì per uno so reverendo munico fu lette in poblico al nome et rasegna de tucto quelle dito hereliquio, che potea (*) esere cercha la seconda hora dela notte, nante che fuse facta dita resegna; per modo che ie fu facto una bela oferta. Dipo' pasato la notte, el zorne propinque de Santo Stefano gloriose, dito M. l'Abato feze notificare in pergulo tale suove santimonie de dito areliquie. Dipo' fu retornato dito molumento neli soi loci in conserve, et lì stetene per insine ala tornata a Forlì dela Santità del papa, che l'ultimo zorne de suoa partita concedite ala dita ghiesia de Sam Mercuriale la indulizentia plenaria per tucto quelle zorne; per mode che dito M. l'Abati per solenizare più dita suoa ghiesa feze metre in suso al so altare grando tuto dito casette de dito arilequio; per mode che, come vose la suoa poca ventura, parse che fuse uno de quile soi monice incognito che tolese dita croce dal dito legno santo et portasela da loco a loco, dove a lui parea. Intese che fu queste per dita nostra ciptà, molte al populo s'atristone, et come so grando ardire fecene intendere a dito monice che dovese tenere tale modo che dita croce retornase a casa; per modo che quelle Abate de quelle tempo gram schiusa lui facea; per modo che de volontà de dita nostra Comunità mandone dal so zeneralo a Vale Anbrosa et fare intendere che lui dovese tenere tale via e modo che tale croce dovese tornare a casa. Et al simile dita Comunità, per modo e per via che a dì primo dal mese d'agosto 1507 dito so Monsignore Zenerale feze et curò ita e taliter che fuse portata un'altra croce ala dita suoa ghiesa simile a quella; tamen non era la nostra. Però arivato che la fui, al nostre populo al molte se corcione, montando per modo in colara [che] s'al non fuse stato qualque homine da bene, a furore populi andavano a dita ghiesa et caciavano via tucte le dite munice et sachezandie. Alora parbe libramento che dito Zeneralo avesse delezato dito nostre populo averie mandato tale croceta facta de uno manico de rasore, et de nove ie fecene intendere che l'era stato peze l'ultimo errore che al primo. Dipo' dita Comunità mandò a fare intendere tale so gram pecato erore ala Santità dal papa, per modo che quella constrese tale Zenerale che ie mandò tale delinquento monice che avea portate via dita croce; et per intercesione de uno nostro nobile Zohane Andrea Moratino et per la comisione del R.do padre M. Antonio dal Monto Sam Savino primo Auditore apostolico, fu mese le mane adose a dito delinquento monice, et lì per via de tre-

ture dise al tucto. Tamen se piatì uno gram tenpo: tutavia dita nostra
Comunità ie tenea dito Zohano Andrè faciandie lui hogne (*) so potere, per mode e via come l'aiuto de Monsignore R.ᵐᵒ Cardinale Ragino protetore de dita nostra Comunità fece et curò per tale via e
modo che le monice de Santa Preseda da Roma, de volontà dela Santità del papa e de dito so Zenerale, daseano tanto legne santo de dita croce de Cristo che ne facea una simile alla nostra, parando a nui
che quella mandata non fuse stato quella. Alora queste per dito Zohano Andrea fu facto intendro a dita Comunità, per modo che più volte se ne feze conseglio; tamen non se potè obtenero de volere tale
legne de dita santa Preseda, dicando che una volta s'aveano inganato de mandarse legno falso, et che un'altra volta se mandaria quelle e pegio, perchè multi multa locontur. Alore tale monice delinquento se oferse, usendo de persone, de volere retornare a Forlì al
parangone, dicando quelle che lui ne sapea. A queste respose al nostro Conseglio che non facea bisogna che lui tornase a Forlì per stare a rasone, perchè a Roma se ritrova prencipio et meze e fino de tuto le rasone in spirituale; sì che per queste lui non dovese venire,
conesando nui tale nostre popule eser acichato sopra de tale cosa,
per mode che non cognoscano nè Dio nè Santo: per queste poterebbe
be eser la male venuta per lui.

Et per al presente altro non se feze, salvo che el resto de dito heri-
lequio di nove se ne feze aventario, reconfermando quille primo per
mane de uno S. Andriole de Ruse et S. Jacomo Aspino ala presentia
de uno S. Lodovico de Rusio et Paule Laciose et Tibaldo Aremucio,
in quelle tenpo signore Conservatore, et de M. Andrea Bonucio legum
doctor, caput Consiglio, et deli Rigulatore et de S. Guielmo Prugnole
Sindico Comunitatis. Fornito hogne suoa resegna de tuto, salvo che de
dita croce mandato per dite Zeneralo, la quale lore l'aveano già
mandata a Roma a parangone, de volontà dal dito Conseglio, depoi
fu facta una grata de fere sopra dito molimento come tre chiave: la
prima avese a tenere al nostre epischopo, l'altra M. l'Abato, la
tercia li nostre magnifici Signore. Serato che le funo, di subito funo
depositato int una suoa capella in dita ghiesa sopra al so altare, a
dì 28 dal mese d'aprile, die veneri, la note prosima ad venire, 1508,
come in quelle loco è manefesto.

Depo' queste, dito M. l'Abato fornì de butare zoso tuto le dito
volte vechie e refare de novo et peremidere tucto quilli soi pilestre
vechie molto bene inteso per mano de uno M.° Antonio (**) dal
nobile castello de Carpo dela proventia de Lonbardia; che fu l'ano
predito 1508 et 1509. Et eciam in quelle tenpo se fornì tucto quella
tiera de capelle di verso al dito canpanille et multe altre bone cose,

(*) Fol. 100 a.
(**) Lacuna del ms.

(*) come fui alicare la dita ghiesa di tera in suso, chè tropo basa era, et ecia' quelle sololenisimo batesimo tucto de novo facto de marmorina, et ultimatamento quella suoa dignissima croce per lore fornita. Et se Dio me presterà vita felice, al fornimento de dita capella in queste memoria ne faroe (**).

(***) Fabrica de Santo Dominico da Forlì.

La prefacta fabrica facta ala ghiesa del dito Santo Dominico dela nostra magnifica ciptà de Forlì, corando li anne dal Signore 1505, fu facta questa dignissima infrascripta fabrica per la mazore parte per lo inzegno mirabole del R.do padre frato Agostino dala ciptà de Mantova et dignissimo archetature, al quale in queste presento anno fu mandato dal so capitole in dito presento monesterio; del quale era stato comenciato de voltare el so inchiostre, zoè quella parto che vene di verso meze zorne alo introito de dita suova ghiesa di verso suoa sagrastia, per certe soi benefacturi le quale, secondo al mio riporto, erano stato quiste infrascripto: zoè, uno nostre gram mercadanto Maso Fachino et Jacomo so fratello et etiam tucta suoa linia parentella, più e più volto per avere lore uno frato in quello loco, et lore molto amatore de tale religione; et più, che zorne e notto molto andavano per suoa devotione a suo hore canonice et altre suoi hoficio divino. Per modo, come dito padre priore fu arivato, che venea da Fermo, che fu a dì 4 dal mese d'agosto anno predictis, conduse uno digno M.° Francescho da Calvisana. Et qui i' nomine Domini comencione de voltare dita faciata dal dito inchiostro, comenciando al' altro so inchiostre et vinando per insine a dita ghiesa, come ut supra; che non pasò la prima setemana del mese di zugno 1506 et eciam li arco fuora li pilastre: tamen non pasò tuto agosto che fu fornita. Dipoi già aveano comenciato a butare zose tuto le camere da quele canto dal dormentorio et metre in volta: el simile al capitole per insine a suoa sagrastia, che fu l' ultima. comenciando come ut supra; perchè prima era facto di sopra e di sota. Non pasò tuto l' anno 1509 che fu voltato hogne cosa per tale benefature et per multe altre et eciam come altre aiute che i avea dato dito frate: perchè in vere erano molte revisitato, per eser homine et religiose da beno, che per so bene hoperare gram lemosine i era facto. La quale fu tenuta una dignissima fabrica.

Hercole da Este Marcheso de Feraria morto.

Al prefacto dito Hercole da Este et al presente Marcheso de Fe-

---

(*) Fol. 100 b.
(**) Il resto della pag. é bianco.
(***) Fol. 101 a.

raria, queste anno dal Signore 1505 a dì 25 dal mese di zenare, die sabati, intravenno la suoa prefacta morte nela suoa magnifica ciptà de Feraria, la quale per natura decrepitale. Et lì fu sepelito a grando honore per eser lui stato homo de gram fama, nel' arte militaria (*) molte espertissimo, et uno gram capitanio, et al molto amato oniversalemento, et homo molte spirituale et amatore del culto divino, et gram fabricatore nele santo ghiesie, et amatore deli soi popule, per avere lui mese zose le molte suoe angarie de suoe gabelle per quella rivera deli soi teritorio, le quale ab antico già erano stato, come in quelle loco è manifesto; et molte apetitose de anpliare dita suoa ciptà per averne facto uno peze de nova acresuta, chiamato Tera Nova. E tenea de continuvo una bela corte. E de lui n' è romaste 4 fiole maschie et fiole de Lianora d'Aragona, zoè fiola de Ferando re de Napole inlegiptima. Al prime avea nome dom Alfonso; secondo fu facto R.mo Cardinale apostolico; tercio dom Franto; 4 dom Julio: tuto homine de gram esperientie, per sapere lore quelle che lore volea quase in tucto hogne lore facultate. Morto che al fui, stetene alquanto tempo pacifico, piando dito Alfonse la breta ducale; tamen [come?] ala mala ventura piaque, infra lore venene ali ronpento per invidia de lore familiare: per modo che, secondo al mio reporto, fune alcuno de lore dum Julio che ie fu cavato li ochie, per al che se inzenerò tanta desconcordia che fu caturate quiste infrascripto. Al primo, al conte Albertino Boscheto, so parente o veramento bem voiento; 2, uno Girardo Ruberto ferareso, so zenere; 3, uno Franceschino da Ruberia, camarere de dom Frante; et mese in castello vechio, che fu cercha ali 28 dì dal mese de luio 1506. Et lì steno per insino cercha al mese d'octobre anno predictis, che li prefacto fune tolte dal dito castelle vechio in dita suoa catura insuso una caretta et menato in piacia et meso in tribunale. Dipoe per al M.o dela iusticia, al quale era vestito de cremesino, come un' acepta ie incopò et po' come quela ie tagliò la testa et mese sopra le tore e poi li squartò in 4, metandie ale suove porto. Depo' questo, siando fuso dom Julio ala ciptà de Mantova, ie fu mandato in barcha; di poi fu incarcerate int una tore insemo come dom Franto, uno de sopra e l'altro de sota; et lì per lore aspetare al tenpo che piatà se mova. Et tale so tratate e discordie fu per intercesione de uno Vaschone cantore, chiamato Jacam, per insine a dì 10 d' agosto 1508.

Venuta de papa Julio per la divina providentia Papa II ala sova magnifica ciptà de Bologna.

La prefacta venuta dela Santità dal dito papa Julio II ala sova magnifica et celeberima ciptà de Bologna se fui ali anne del Signore

(*) Fol. 101 b.

MDVI, che fu cercha al mese d'agosto che quella fece al so concistorio (*) come li suoi reverendissimi monsignore cardenale, nel quale liberamente per lore fu concluse che dita suoa Santità inseme com parte de lore dovesene venire in questa nostra provenzia dela Romagna sole per andare a dita suoa ciptà per placatione de quello suo magnifico Regimento, et masime de uno Zohano Bentivoglie, che al presento se ritrovava in dita ciptà primo homo et presidento de suoa Santità a peticione e de instancia dela sancta romana Ecclesia, et in ogne altre loco dove a suoa Santità ie fuse in piacere. Et a laude et honore e gloria del'onipotente eterno et magno Idio e dela inmaculata suoa Madre Regina de vita eterna e delo apostolo Petro et Paulo e de tucta la corte celestiale, de dita suoa partita fui a dì 26 dal dito mese d'agosto, die mercuri, cercha l'ora decima octava; la quale fu come gram sontuosità aconpagnato da molte prelate cardinale et viscovo et arciviscovo et protonitario et le multi altri nobile. In primis ne farò rasegna d'alcuna partizella, secondo che a mi fu data. El rev. cardinale santo Petro ad Vincola; secondo, Santa Preseda; tercio, Sam Giorgio; 4, Ricanata; 5, Santa Crucis; 6, Grimano; 7, Regino; 8, Bologna; 9, Adriano; 10, Volterra; 11, Sinigaglia; 12, Narbona: 13, Felischo: 14, Eginiensis; 15, Papiensis; 16, Urbino; 17, Rodoricus; 18, Sancta Sabina; 19, Colonna; 20, Medici; 21, sam Saurino: 22, Franceso; 23, Finare: 24 ed ultimo, Cornare. Item M.r Antonio dal Monte Sam Savino so primo Auditore de camare, et monsignore Datario, et M.r Ghisimondo so prencipale segnatore et suoi maestri deli cerimonie, et altre suoi familiare, che a mi sirebbe lungo scrivere a consideratione che tale corte non va mai sencia suoi ministri. Dipo' lore i era al magnifico signore Acostantino Cominato de Macidonia sopra la suoa guardia: aprese a lui uno M.r Brunore già d'Antonelle deli Cavidune da Forumponpili come altre suoi sequaci: dipoi i era sopra le sove zente d'armo la excelentia de Guido Ubaldo duca de Orbino, capitanio zeneralo dela sancta romana Ecclesia. Per so sustituto in dita ciptà de Roma lasò el reverendissimo monsignore cardinalo Alesandrino Jovanno Antonio episcopo Tusculanus, et fu multe venerate da quello so popule romano.

Partito che al fui, al so primo reposo se fui a Foromello (?): al secondo reposo se fu ala ciptà de Nepo; 3 a Viterbo; et in quelle loco suoa Santità comenciò a fare una granda opra pia, perché colcluse una suoa gram pace: 4 se fu a Civitavechia; 5 se fui a Rupi; 6 se fui al Castello dela Plebi; 7 se fu a uno altro castello a mi incognito, propinque a lago de Perusia; 8 al castello de Corculano. In (**) questo loco suoa Santità fece alcuno riposo suotta certe arbore de ulme, et in quelle loco comenciò arivare le zente d'armo dal

---

(*) Fol. 102 a.
(**) Fol. 102 b.

dito capitanio. El nono reposo se fu a dì 10 dal mese de setenbro, die iovis, che l'arivò ala magnifica ciptà de Perusia; et in quelle loco arivò al dito capitanio, bemchè denanto io l'abia meso nela dita rasegna. Et qui suoa Santità fece le molte opre, ché reconfermò le suove paze già per lore facte per intercesione de monsignor rev. Cardinale de Sam Vitalo che in quelle loco se ritrovava per so legato: con ciò fuse cosa che suoa Santità feze cantare una mesa nela ghiesia de sam Francescho del Spiritu Santi a dì 13 dito, die dominico; et suoa Santità i era presentialemento et in quele loco tute le dite parte sopra l'ostia consacrata fecene al so iuramento, promitando alo eterno Idio et a suoa Santità de mai più per alcuno tenpo lore cognosere alcuna sua vendeta, dagando lore bona cautione de duquate 5 milia d'ore. Et infra queste tempo era arivato Zohano Francescho da Gonzagha marchese de Mantova. Al 10 se fu ala Frata, partandise da Perusa ad ridito die luni; lo 11 se fu ala ciptà de Gobio; ali 12 se fu a Cantigliano; al 13 se fu ala ciptà de Caglio, che pasò per quelle et andò ad alogiare al' Aqualagna per la gram suspicione de morbo che in dito Caglio se retrovava; al 14 se fu a Fermigliano; al 15 se fu a Macerata; al 17 ale Pene de Sam Marino; al 18 al castello de Savignano; al 19 ala suoa ciptà de Cesena, che fu a dì 2 del mese d'octobre, die veneri, a hore 17, che lui arivò a reponsare a santa Maria del Monte, et in quele loco fece suoa Santità el so desenare. Depoi intrò nela ciptà cercha l'ora vigesima prima e da quelle popule fu bem viste et solenigiato come le multe suoi presenti; et alogiò nela murata. Alogiata che al fui, suoa Santità comenciò a considirare che tale ciptà per le multe anne era stata male d'acorde al tenpo d'altro pontefice per esere partorito le molte suoi homicidio et mai lore non i avea proveduto; per al che suoa Santità determinò de torie l'arma de mane, per modo che a dì 4 dal mese d'octobre, zoè al zorno benedeto del serafico Francescho, nela suoa ghiesa fece cantare una mesa episcopale, dove in quelle loco se ritrovava tuti li capi prencipale; et lì per quili tale fu dato la fede a suoa Santità de fare lore la sancta pace. Facto questo, suoa Santità per la brevità dal tenpo constituvì lo episcopo d'Ancona sopra tale lore unione, per modo che a dì 11 dito andone ala ghiesa dal Domo, et lì fornino hogne suoa cosa confermando la santa pace, prometando al padre per al fiolo (*) per sine in quarte grade come suoe gram cautione. Et multe altre cose feze fare suoa Santità in quelle loco de granda comendatione, e po' fece suoa partita a dì 8, die iovis. Et venne alogiare a Forumponpili che fu al so 20 reposo, et lì stete per quelle zorne molto bene provisto da quelle so populo come suoa facia alegra de continuvo. Dipo' se partì l'altre zorne, che fu a dì 9 dito, die veneri, et venne a desenare come

(*) Fol. 103 a.

quilli rev. padre frati de Sancta Maria dale Gratie dela Vila de Fornoi e dali quale fu bem viste et honorate, faciando lore uno desina-
re bem proviste de hogne lore cose. Facto queste, suoa Santità ie
concese uno predone plenario per anne   (*). Dipo' se partì et venne ala nostra magnifica ciptá de Forlì, che fu al so 21 reposo.

Ora, discrepto mei lectuie, in queste loco m' acaderà le molte
cose a notare duranto al so tenpo, a ció che al nostro magnifico populo non m' achiusase de neglizentia. In primis: suoa Santità potea
avere per suoa natività anne 66, et homo de comuna statura; la facia tonda, tucto rubicondo, belle ochie grande, bella dentatura, el
cole curto, come altre soi menbre ben proporcionato; andava drito de
suoa persona come li soi pasi radi come gram misura. Dipoe, vestito secondo l' abito suoi; et era in suso una mula bianca come la
sella coperta d' ore, stafe d' ore', tuto el so fornimento d' ore, el morso indorato, soveredane de pano d' ore come brevo in suso deli tre
maiuscole d' ore che dicea — Santa Santorum —; soi petorale et gropera et pendento de pano d' ore; neli soi petorale i avea cinque arme d' ore dele sove de relevo, zoè tre denanto, e 'l resto da canto,
et quatro n' avea suoa gropera; el simile la testera. Dipoe, dita mula
coperta come una coperta d' ore, che veramento facea tucto stupefare
la zente. Dipoe andava quella mula come suoi pase che veramento
parea avere spiritu umane. Denanto de suoa Santità i era al Sacramento in suso una chinea, al quale era int una cassa tuta listada
d' arzento coperta come una vesta de pano d' ore come una croce
d' ore in suso, e in suso uno monte in mezo a dita cassa come una
gram lanterna de continuo acesa. Item avea uno so capelano che
portava una gram croce denante per antica usancia. Item avea 8 chineo; le cinque coperte d' ore e 'l resto de crimisino, molte adornate.
Item 29 cariagi come suoe coperte ala suoa devisia et le multe altre
cose memorande. Al quale Sacramento el zorne denanto era arivato
nela nostra ghiesa de Sancta Lusia come soi maestro deli cerimonie
al quale avea nome Misser Paris de Grasis da Bologna. Item già la
nostra Comunità avea facto (**) fare più de 80 para de calze ala di-
visia de suoa Santità e dele multe cardinale, per modo che le multe se ne fece da per lore; per modo che avea quili zuvine tucti una
maza in mane depinto a più divisio come ut supra. Le quale tucto i
erano andato incontra per insino al ponto del Ronco, dove in quelle
loco ie tosene la scrana come la bandera inanto dela santa Ghiesa,
la quale portava uno nostre fiole de M.° Nero Girardino chiamato Jacome alias Gim. Dipoi come suoa Santità fu arivato non tropo lontano dala porta di Codugne a una colombara de uno nostre nobile M.°
Bartolomio Lonbardino artium medicina doctor, lì fece alcuna resi-

stencia et s' aparò in pontiflcale. Dipoe montò a cavale, et in quelle
estante el rev.^{mo} monsignor cardinalle de Voltera cascò da cavalo
int uno fosse d'aqua, per modo che tucto se bagnò; tamen per la
Dei gratia non se feze male alcuno. Item dinanto da suoa Santità i
era tucta la suoa guardia come gram numero de soi cavali lizeri; dipoi i era sole cerca 18 dito cardinali, perchè li altre tucto erano andato al servicio de suoa Santità. Aprese a lore i era dito soi autore
de camera e dito M. Datario chiamato M. Zohane Gozadino; dipoe tuto el resto de dita suoa corte drè, grado in grado. Arivato che al
fui ala dita porta, molte regnava al vento meridionale; et arivato che
al fui, in quelle loco se retrovava al nostro monsignore Governatore
M. Cosimo dela nobile famiglia de Paci dala ciptà de Fiorentia, de
conpagnia deli nostri magniflci signore Consolato Conservatore, le
quale era quiste per nome chiamato. Al primo, M. Jeronimo dala
Maseria; secondo, S. Bartolomei Exelis; 3°, Felipo Silenbeno; 4°,
Zohane Batista Fachino; 5°, Bartolomio da Verucchio; 6°, Zohano Castelino. Alora li dito Signore ie presentono le chiave de suoa ciptà
int uno bacile d'arizento; depoi lui ie le rese come bela facia et
suoa gram dolcecia de sove parole. Facto questo, sova Santità fu mese suota a uno bandachino che avea facto la nostra Comunità, et al
Sacramento fu meso sota a uno altro dalmasco bianco che era deli
nostre rev. signore canonici; dipoi venene come la procisione magna
come gram iubilatione de trombe e pifare e canpane per insino alo
introito de nostra placia, dove in quelle loco se ritrovava una magna
porta edificata come una sarasinesca la quale fu aperta che pasase
al Sacramento; depo' fu serata. Et in quelle loco areteneno suoa
Santità. La quale era facta come granda arte come una rovere di (*)
sova verda come sove ghiando come uno pare di chiave. Dipoe i era
era uno Nicolae fiole de uno Zohane de Redolfo, de natura puvaritia
vestito; in nome de Livia nostra recìptò le multe verse de gram sententia, facto et ordenato per uno nostro rev.^{do} padre M. Francesco da
Lugo canonice de sancta Cruce, recomandando dita nostra ciptà a
suoa Santità che quella se volese dignare d'arecoglirela suota li suoi
mante. Dipo' pasò via et audò ala ghiesa dal Domo; et arivato che
al fui, per suoi palafrenere ie fu tolto tramedui dito bandachino. Alora dite signori canonice comencione a cridare che lore erano asasinato; tamen poco ie zovò per eser quelo per antica usancia. Dipo' quelle, suoa Santità intrò in dita ghiesa et in quele loce feze suove cerimonie. Dipo' fu tolto dito Sacramento et reponsato nela suoa capella granda denanto al so altare, in peto a quela suoa scrana
episcopale; et de continuvo stete come candele bianche acese. Fornite
ogne suoa cosa, suoa Santità andò al so riposo nel nostro palacio magno, che lui montò in scrana e là fu portato nela suoa camera dale

(*) Fol. 104 a.

Ninfe, che potea eser cerca l' ora vigesima seconda, die nona octobris; et nel so camerino se feze diverso. Al montò suoa Santità el so letto al quale era de tale natura che veramento, se posibile fusse stato, i arebbe potuto reposare l' anzelica natura.

A ciò che voi poteati credere, una parte ve ne farò intendre. In primis dito leto era solenisimo in sua natura, come una lectera che mai io non [ho] viste al simile; suoa coperta de panne d' ore, cortino intorno de panne d' ore foderato d' azure, el so cielo tucto stelato d' ore; el simile tuto quello so camarino; et intorno intorno tuto adornato de crimisino come tucto suove porteri de panne d' ore. Al simile dita camera dale Ninfe, dove lui abitava, dove a mane drita dela usita dal camarino in peto ala fenestra i era la suoa mensa molte solenissima come sua cadrega in meze. Et in quelle loco manzava. Dal' altre cante de dita camera in petto a quella i era al so altare. Item i era un' altra litera come so letto coperto de crimisino come altre suove credentie ornate. Nel' altra suoa tercia camera i era hornato de molte tapezarie, dove in quella se facea suoi concistorie, come un' altra cadrega multo ornata de almasco bianco come li multi florune et arme ala dovisia de altre pontifice pasate, come le multe altre galantaria.

Ora dipoe che io si ò alogiato suoa Santità, al presento me resta ad (*) alogiare li dito monsignore cardinale et altre suoi nobile graduati. In primis R.mo cardinale Sancto Petro ad Vincula in casa de M. Antonio de Chilino; Sancta Preseda in casa de M. Bernardino Exelis; Grimano nel convento de Sam Francescho; Regino nel nostro epischopato; Bologna nel convento de Sam Dominico; Voltera in casa de Piero Aricolano; Nerbona in casa de Bernardino de Mingo; Flischo in casa de Francescho Fasole; Adriano in casa deli arede de M. Ator de Bertolino; Sinigaglia in casa de Marco Antonio Zuntino; Rodorensis in casa de M.° Bartolomio Lonbardino; Paviglia in casa de Berto da Horiolo; Orbino in casa de Zohune Batista Paladino; Sancta Sabina in casa d' Antonio Todole; Colona in casa de M. Lufo Nomaglio; cardinale de Medici in casa de S. Jacomo Moratino; Ragona in casa de M. dom Piero dal Bello canonico; Cornaro in casa de M.° Tomaso Talento; Finaro in casa delii arcdi de Solvestre Mirando; al cardinale de Feraria ed ultimo in casa de Jacomo Fachino. Item la suoa despensa, nela badia de Sancto Mercurialo; cancelaria, in casa dal dito M. Bernardino Exelio; et R.do M. Datario in casa de Bernardino de Bechis; R.do M. Antonio da Monto dito, primo Auditor de camare, in casa de uno Paule Castelino; M. Gisimondo da Foligno, M.° dele Signature de camare, in casa de S. Dedo de Sasso; Maistro sacro palatio, in casa de Paulo Lacioso. Le altre prelati et hoficiale, in diverso loco. Al magnifico S. Acostantino Cominato in casa de Marco An-

---

(*) Fol. 104 b.

tonio Paulucio; la excelentia dal magnifico capitanio Guido Ubaldo in
casa de Piero Antonio Paulucio; Zohano Franc.° da Gongiagha marcheso de Mantova nel' ostaria dal' Anzello, insemo come el R.do M.
Nicolae Bonafides et al signor Zoane da Gonzacha. Item l' anbasatore
inperialo alozò in casa de Franceschо de Marito fornaro; l' anbasatore del re de Ferancia in casa dei arcde de Maso Fachino; l' anbasatore del Re de Ragona inn al convento dal Carmine, al quale ie feze avere uno perdone plenario; l' anbasatore de Spagna de Castia in
casa del Bruno Marzare; l' anbasatore de Feraria in casa de S. Jacomo de M.° Diaterno; l' anbasatore de Bologna in casa de M.° Bernardino Tronchino. Le quale anbasatore da Bologna fune quiste: M. Jacomo dal Ganbaro, al quale già era stato prima le multe zurne ali
pedi de suoa Santità nanto che quiste altre infrascripto andaseno;
zoè M. Bonifatio Fantucio; 2, M. Zohano de Marsilio; 3, Jeronimo da
Sam Piero; 4, M. Zohano da Canpegio (*); 5, Marchione Manzole;
6, M. Zohano dal Boc; 7, Polo deli Zambecari. Quisti tale sole erano
andato dala Santità dal papa, quando zià era per al viaze da Roma,
per intercesione del R.mo monsignor predicte M. Antonio da Monte
Auditor, quando zià suoa Santità ie l' aveva mandato Auditor andato
molte bene in punto seconde anbasature. E più, M. Carlo Grato alozò
in casa de uno Lodovico dai Orciole. El resto dele zento d'arme alozò per dita nostra ciptà dentre e di fora. E più, avea sova S.tà come
lui uno homo mostriuoso che era per suoa natione dele parte de Ro-
sia et avea nome Zohane Babtista, et per suoa natività cerca anne
25; et avea una bela facia hem proporcionata et bianca et colorita
come poca barba et avea uno nielle nela suoa facia dal canto stanco; capile bianco, destese, picole de statura quase oltre mesura; et
avea 4 anelle de gram valuta. Et era molte literato et dicea che nela suoa proventia non c' era altre homo simile a lui. Et avea altre
dui soi fratelli de gram statura bem proporcionato et lui, seconde al
mio reporto da soi servi, era state dala Santità dal papa per ocurencie de suoa patria, credando che suoa Santità più preste lui dovese
spazare.

L' altre zorne, che fu a dì 10 dite, die sabati, suoa Santità fece
so primo concistorio. Depo' andò a vedere la suoa roca. E in quele
tempo i aspeti celesti meteano aqua non trope granda. E lì stete per
insine al'ora vigesima seconda, e po' tornò al so riposo. Tutavia l'a-
qua metea. Tornate che al fui, la nostra Comunità ie feze uno bele
prexente, e di poi el nostre episcopo M. Tomaxe dali Aste ie ne fese fare uno altre; et fune dui dignisimo prexento. E più, a di 11
dite la Santità dal papa mandò una intradita al M.co Regimento de
Bologna. E più, la prima odentia che dete suoa Santità ala nostra
magnifica Comunità de Forlì. Et li se retrovò nostre Conservatò e le

multe altre nobile, et lì ie dete una gratisima odentia. E più, suoa
Santità fece una opra pia, che zoè al confermò le nostre pace come
li nostri homini, come in la suoa instoria io n'ò parlato ad plenum.
E più, a dì 11 dite, die dominica, arivò al cardenale de Ferara, et
ie fece uno bele presente. A dì 12 dite fece al secondo viaze: retornò ala roca. E zià era partito al marchese de Mantova e le zente
d'arme. L'altre zorne dete odentia al'ambasator del re de Spagna.
E più, a dì 13, die luni, la note prosima pasata, li nostre soldate
presene Castel San Piere d'acorde (*). L'altre zorne, che fu a dì
15 dite, die iovis, siando sua Santità ala suoa mensa nel'ora del so
deseuare, suova Santità feze mandare per mi in spicialità per intercesione del dito M. Antonio da Monte, che al presente io era nela camera deli nostri dite magnifici Signori Conservatori, per eser io so
mazordomo, al qual so mandatario che per mi venne se fu uno so
secretario da dito M. Antonio da Monte, chiamato M. Ascanio da To-
lentino et so familiare; con ciò fuse cosa che per absentia suoa Santità m'avese cognesciuta nela ciptà de Cesena. Retrovandese ala suoa
mensa come al R.mo monsignore cardenale de Pavia et Monsignor Datario et dito M. Antonio da Monte, per avere già cenato suoa Santità,
e tucto insemo de conpagnia erano a so gram parlamento de cose
memorando. Alora suoa Santità ebbe a dire queste parole: — O Iulio,
dove al prexento te ritrovi tu? Perché tui sei neli toi anni dela di-
criptà et va' per lo mondo tupinando come la cruce sopra le spale,
sole per castigare li delinquente che contravengono al stato pacifico
dela santa romana Eclesia. Se pur almanco a prese a Diio e li homine dal mondo al cognoscisene et che dipo' mia morte al sapeseno,
io porterebbe volentiera tale nostro fatico et restarebbe contento —.
A queste respose dito M. Antonio da Monto, dicando: Padre sancte,
stato de bona voglia, che io so dove se retrova uno vostre subdito,
al quale si è dito mazordomo, chiamato io Andrea de Bernarde. S'al
non è morte da dui mise in qua, che veramente noi credeamo che
per insine al prexento lui abia scripte la vostra vita felici et eciam
de hogne altra immortalità de Italia et fuora de Italia dale multe anne in qua prosime pasate —. Alora lui ie feze comisione, come lore
fusene a Forlì, che me facese andare nante ali suoi pede, a ciò che
lui me potesse cognosere per presentia, come lui feze, come ut supra. Et lì per dito M. Ascanio me fu fato comandamento che io inmediate me dovesse transferire come hogne mio libre de coronico et
abito de mio milicio nante ali soi pede. Arivate che io fui, ie fece
salute dicando: — Bom pro' ve faza, Padre sancto. Che vole da noi
vostra Santità, che quela à mandate per noi? — Alora a mi se fu
properato uno suo bancheto, dove io ponsato hogne mio libre et altre mio abito et patente. Reponsato che io fui, per lo introito dal mio

primo libro de anne 33 prosimo passato (*) de numero de carte 525, et era stato per dritura suota al titole che presedea nela santa sedia apostolica Sisto per la devina previdentia papa secondo, et a lui fece intendre le molte et suove inmortalitade, dele quale lui n' abe granda alegreza, per eser lui el so cio; et al simile fece de sua Santità de dita suoa vita felice, et le multe altre galanterie. — Et per queste, Padre sante, siande comenciato tal mio libre suota quele magno stendardo dela Rovre, al tenpe del pontifico dal dito vostro cio, per queste a Vostra Sanctità noi ie ne volemo fare un prexento et perservande per insine ala nostra morte —. Alora suoa Santità l' aceptò; e di poi ie mostrate tucte li mei patente et privilegio et uno mio capucio de rase cremisino foderato de vare, come una bacheta d' arzente come una ghianda de orro in capo, le quale m' avea date la magnifica Comunità de Forlì ala mia coronatione. Alora sua Santità vose che io le i apresentase neli suoe proprie mane le dite previlegio de dita mia coronatione, dove per li menistri de quelle se retrovano otenticato tri conte et dui cavaleri et 6 magnifici Signor de Forlì, come al contento de quele nostre Governatore che presedea al presente in dita nostra ciptà de Forlì per suoa Santità, come lui vide in dite previlegio, le quale per lui lete dal prencipio al fine. Dipoi dite M. Antonio da Monte e dite Monsignor Datarie lesene le altre dite patente. Dipo' queste, per dito M. Antonio fu dito se io sapea lo epitafio dal mio sepulcre a mento, che se retrova nela ghiesa dal Domo: io respose de sì, che sapeva. Alora me fu comese che el dovese recetare; per modo, quando io fui a quelle verso che dice — Quod fuverat mortale datum mors inproba solvit — alora suoa Santità dise che inproba non steva bene, perchè, seconde al verse, la rasone de sub sentencia non voleva dire inproba, ance volea dire improba, come era la verità: perchè M. Antonio da Monte la matina era stato in quelle loco ala mesa, sole per vedere tal nostre sepulcre; al quale dite epitafio solo receptava hogne inmunità et melicie che m' aveva dato la excelentia dal Duca de Valentia, per eser stato lui so hom cortesano. Secondario io receptai quel' altre verse che dice — Misi animam ad superos, hic mea membra iacent —. Alora suoa Santità tucta se smarì intendande tal verse, dicande che per niente lui non arebbe già facto tale cosa, parando, secondo tal verse, che io fuse morto et era pur vivo. Depo' ce fu le molte parole, perchè, secondo tale epitafio, dito Duca Valentino prima lui m'avea coronato secondo la sentencia de dito epitafio et eciam (**) per la laurea facta in dito nostro sepulcre in marmora, come in quele loco è manifeste, del' anno 1500: e dipoi che dite conte e cavalere et altre ministri sole s' aveano reconfermato, come per lor fu concluse che fuse la verità. E di poi suo S.ᵗᵃ me fe-

(*) Fol. 106 a.
(**) Fol. 106 b.

ce metro dito capucio e bachetta in mano: e dicando se io andava al mio tenpo debito vestite in altre abito, a quelo respose de sì, che io era andato vestite come una vesta recipiente a tal melicia, che nui per la nostra inpotentia tolevano in prestancia. Alora suoa S.tà fece comisione al dito M. Antonio da Monte che ne dovese far fare un'altra vesta recipiente; eciam uno altre caputio per altra via, perchè quele era tropo episcopalo, perchè veramente se retrovava più sontuvose et mazore che non era el soi. E dipo' sua Santità se reconfermò che hogne nostre melicie fusene bem fate veridicamente et hogna altra nostra inmunità et asentione; e dipoi me dete la santa benedicione, comandandime che io dovese perseverare nel nostre scrivere. Et vose che come lui facese colatione zucharina nel so tazone che al presente lui avea nante. Et che queste sia la verità, discrepte nostre lecturi, io farò ad voi come fece al nostre vere Redemptore al' apostole Tomaxe a suoa santa resuratione, perchè noi per nostra iustificatione ve adurò queste 12 infrascripte nobile, tute graduati, per eser lor stato in quele loco presentialemente ad ogne nostra dicta reconfermatione et altro nostre parlamente et cerimonie. Al primo el R.mo monsignor cardinale de Sinighaglia; 2, uno altre cardinale ad noi incognete, che a suoa mensa se retrovava et con lui aveva desenato; al tercio, al dito M. Antonio da Monte; el 4, monsignor Datario; el 5, lo epischo' d' Ancona; el 6, lo epischopo de Castele M. Achile de Grase; el 7, lo episcopo d' Arezentino; lo 8, lo epischo' de Recio de Toschana, al presento nostre Governatore; el 9, al M.º deli cerimonie M. Paris bolognese di Grase; el decimo, lo episcopo Astilensis; lo 11, M. Maximo da Luca cobicolario; el 12, M. Carlo Grato da Bologna. Tucto li prefacte fune prexente et videne et cognobene, come ut supra: tamen io ò fate contra mia voia per prego de nostri amice tal menuta de dita nostra odentia.

Pur seguitande la instoria, cerca l' ora vigesima seconda, suoa Santità cavalcò la tercia volta come al so stendarde inante et usì per la porta de Codugne et andò intorne ala ciptà per insine ale Moline; dipo' retornò per la porta de Ravaldine cerca l' ora 24. L' altre zorne, che fu a dì 16 dite, die veneri, suoa S.tà usò inverse del nostre popule e de ogne altra persona coram ominibus granda umilità, per eser quele zorne al dì del mercato i'nostra ciptà, dove se trovava gran numaro de persone (*). Alore lui era per al nostro palacio magno la matina per tempo, che dicea al so oficio. Alore cercha tre volte se feze ala suoe finestre, che hogn' ome che in quelle loco se ritrovase et che avese la vista al potese vedere, a ciò che picole e grando se potese recordare d' avere viste ali soi zurne uno papa. Depoi el so desenare suoa Santità feze portare la suoa scrana ala ghiesa dal Domo come so fermo proposito de volere andare. L'altre zorne in que-

---

(*) Fol. 107 a.

le loco ala santa mesa depoi lui se pentì et la feze retornare, come suo fermo proposito l' altre zorne volerse andare per al so viaze ; per modo che nanto che fuse fornito la zornata, le multe soi cariazo caregone et per al so viaze s' avigliono.

Pasato la notte, al zorne propinque, che fu a dì 17 dal dito mese d' octobre, die sabati, la matina per tenpo, sua Santità se feze dire la suoa mesa. Dipoi i' nomine Domini se messe in via per andare al castelle de Mutigliana. Alora suoa Santità dete la manza ala famiglia del castelano et ali nostre zuvene che avea portato la scrana, che fu in tuto duquato 40. Dipoe dete a tucto li donzeli de nostra corte uno duquato per one. Dipoi fece al so partimento, et con esa lui i andò per suoa bona guida uno duom Ventura da Valle et eciam dito M. Brunora. Arivato che al fu a Castrocario, lì ie feze bona mane. Dipoi s' avigliò. Dipo' arivò la sera al Castello de Mutigliana, che fu al so 22 repose. Dipo' se mese in via per andare al Castello de Marata ; per modo come lore funo al deseso dela costa cavalina, fu forcia che suoa Santità smontasse in tera a pedi e caminò cercha uno miglio e mezo : al simile feze li S. Cardinale per siguitare le vistio deli sancto apostolo quando siguitavano al nostro ver Redemptore. Tutavia i era nante li soi servituri che andavano properando a quille quadritte de dita strata al meglio che lore poteano. Dipoe quili da Mutigliana al portone per insine che se incontrò come quille da Marata. Arivato che lor fune, quele da Marata voleano tore la bandera dela Chiesa, credando che la fuse de quille da Mutigliana ; per modo che infra lore i acade le molte parole et eciam ie sarebbe acadute i facti, s'al non fuse stato suoa Santità ; per modo che l' arivò al dito Castello de Marata che fu a dì 18 dito, die luni. Et infra la suoa via quili dala Crovara ne feze uno presento del so castello a sua Santità, asegnandie le lore chiave ; et lì fu bem viste da lore per eser castello de Bologna. Arivato che al fu a dita Marata, in quelle loco ie fu facto hogne suoe providimento ; che fu al 23 so riposo. L' altre zorne, che fu a dì 19 dito, die luni, arivò a Palazola (*). Dipo' arivò al castello de Tosignano, che fu al so 24 reposo.

L' altro zorne, che fu a dì 20 d' octobre dite, die marti, sua Santità arivò ala suoa ciptà de Imola, che fu al 25 so riposo. Arivato che al fu, desmontò, overe fu portato nel convento deli frati dela observantia de Sancto Ieronimo, et lì feze al so desenare, dove lì fu molte bem viste. Dipoe cercha l' ora vigesima seconda suoa Santità feze al so introito in dita ciptà, e da quelle popule bem viste et multe solenigiato ; per modo che quelli soi Imolise aveano facto le molte cose memorando, dele quale per lu soe amore parte ve ne farò intendere, a ciò che n' apara perpetua memoria. In primis se ritrovava ala uscita de suoa piacia uno arco volto come uno suo balcò, facto

come gram hordine, dove in suso i era una gram rovera verda, edificata come suove ghiando d'ore. Dipoi i era dui homine come una sega granda in mane, che de continuo segavano de quile soi ramicelli.
Dipo' i era uno puto vestite de anzelo che desendeva de una suoa torre i' nome del Spiritu Sancto reciptando de multi versi de gram medola. Depoe quelle aparbe la magnifica ciptà de Bologna in fegura
de una dona vechia, dicrepita, distruta, tucta vestita de pane negre,
tucta melanconica et abscurata, come suoi ville negro da coroto e
tucta lacrimosa: et qui a suoa voce piena comenciò a rengratiare suoa
Santità, dicando che per mille volte lui fusse el bem venuto per volere lui cavarella de tanto afanno, come lei se ritrovava, per eser
state lei tanto tempo suocta la terania dela segha, che ora mai a lei
non i era romasti se nè le suove osse, che carno e sangue più in le'
non se ritrovava; considerando lei che la venuta de suoa Santità, non
fuse manco per lei come fu la resuratione dal nostre vere Redemptore
ali nostri sancto Patri. Per mode, secondo li mei riporto, tra per quelle so lamentare et altre cose dolce che lei receptava, che quase facea tuta la zente lacremare per la suoa gram tenerecia de lore core.
Item quella sega che de continuvo aveano segato quilli dui homine
et mai non avea potuti segaro sole uno de quili suoi ramicelli de dita
rovere, significava che de continuo dito M. Zohane Bentivoglie patrone de dita sega che senpo in suoa vita era stato grando nomico de
dicta rovere, zoè de suoa Santità patrone de quella, e mai dito M.
Zohane per la suoa inpotentia non i avea mai potuto nocere una drama.

Fornite hogne suove cerimonie, che a mi serebbe lungo scrivero
per aver lore le multe cose memorande, dipo' andò a reponsare in
suoa rocha, che fu al so 25 reposo. Et in quelle estante arivò la Excelencia dal dito Guido Ubaldo capitanio, che se facea portare da Forlì a Imola ed a Faientia: per al Conte de Petigliano, che lì se (*)
ritrovava, fu aconpagnato et receuto nel so palacio come gram suoa
veneratione. Dipo' per li soi homine fu portato per insine a Imola.
Item a dì 25 dito, die dominico, la note prosima advenire, M. Zohano da Sosadello andò a piare al castelo de Sasuno nel quale se ritrovava per so capitanio M. Carlo Banco nobile bologneso, per eser nel
so destreto; et qui lui fu preso come cercha 39 altre soi familiare.
L' altre zorne, la matina per tenpo, tucto funo menato da suoa Santità, per modo che al dito M. Carlo fu menato nela roca de Doza.
L' altre zorne che fu a dì 26 dite, die luni, andò la excelentia de
dom Alfonso da Este marchese de Feraria a rivisitare suoa Santità.
Item depo' a di 31 dito, die sabati, suoa Santità per suoa devotione
andò a rivisitare la ghiesia de Santa Maria del Peradello luntà cercha
doe miglia da dita ciptà per la via Flaminia, et in quele loco stete
per insino ala prima hora dela notte; dipoi ritornò el so riposo.

Et infra queste tenpo se tramava l'acorde come el dito Regimento de Bologna, per modo che suoa Santità già i avea mandato a dì 28 dito M. Antonio dal Monte dito Auditore camenando, e retornò sencia alcuna espidicione. Partito che al fu da dita Bologna, al dito M. Zohano comenzò a pensare che al tucto dala fortuna fuse abandonato, et come li soi figlioli lui feze ferma deliberation de quelle loco volerse partire per più suoa salvatione per aspetare al tenpo che per lui piatà se mova, considirando che la Santità dal papa se retrovava a dita suoa ciptà de Imola come hogne suoe sforcio, sole per andare ali dane suoi. Dal' altra parte se ritrovava al canpo dela M.tà del re de Ferancia. Tucte de conpagnia sole erano venuto ali soi dane per vorele cavare de dicta suoa ciptà. Et infra queste tenpo al popule de Bologna andò a casa dal dito M. Zohano et qui ie feze intendro che, partì lui, volea piare de torie quili dui canpo d'atorne a suoa ciptà, con ciò fuse che se lui e lore non provedeva, che veramento andarebbe in cativitate. Alora respose dito M. Zohano e soi fiole, dicando che, quanto per lore, sole non ie bastava già l'animo de potere spuntare le rabiose dente dela Santità dal papa come l'aiuto dela forcia del gram braze dela M.tà del re de Ferancia, et masime per avere giá lore popule ponsato dito suove arme per la infrascripta intradita; et che lore piasene quelle partite che a lore paresso, et al simile farebbe lui e soi fiole. A dì 31 dal mese d'otobre dito, die sabati, la notte prosima advenire, ano Domini MDVI, dito M. Zohano se partì et andò al so castelo nela proventia dela Lonbardia chiamato   (*), et usì per la porta de Sam (**) Mamole de conpagnia de soi fiole, quale fune quiste infrascripto. Al primo avea nome Aniballo, zoè el nome de so padre; el secondo, Antonio Galiacio, et queste era Protonitario apostolico; al tercio, Alesandro; el quarto ed ultimo, Aremesso. El simile fu aconpagnato dale multe altre soi partisano; per modo, come lore fune fora, come l'aiuto de Monsignore d'Alegro capitanio deli Franciose. fu aconpagnato ala secura: tamen M. Anibale andò a Ferara, chi a Mantova, chi in qua, chi in là, dove a lore pareano che lore dovesene eser salvo: tamen so padre e madre, secondo la mia resegna, me fu dito che era andato al dito castello, come inento ne parlarò ad plenum.

Dipo' suoa partita, l'altre zorne, che fu a dì primo dal mese d'octobre, die dominico, Monsignore Rev.mo Legato che in quelle tenpo presedea in dita ciptà, al quale se chiamava   (***), come al so pupule fecene gram preparamento ale lore porte che non erano acte et sbarande tuti li soi burge dove se fusse atrovato alcuno sospeto. Et infra queste tenpo arivò ala porta dito Monsignore d'Alegre come le multe soi favorito, dicando che lore veneano d'aconpagnare dito M.

(*) Lacuna del ms.
(**) Fol. 108 b.
(***) Lacuna del ms.

Zohane et che più pricole non c'era alcuno, et che lui voria intrare a vedere tale suoa ciptà se al dito Monsignore et so populo fuse contento. Et così ie dete la suoa fide de tornare de fuora sencia alcuno so inpedimento. Intrato che lore fune et veneano per al borgo de Sam Piero, et come lore se ritrovone in peto ala ghiesa, tutavia al populo cridava a suoa voce piena — Ghiesa, Ghiesa —. Alora uno de quili primati Franciose ie comenciò a fare gram reprensione, che più lore non dovesene cridare — Ghiesa —, ma — Francia, Francia —. Alora tale populo se montò in colara et come una suoa ronca al tirone zose da cavallo et in quelle loco lo amazone. Alora tale Franciose se messo gram paura: tutavia Monsignore come suoe bone parole confortò tale capitanio che non dubitase de cosa alcuna; per modo che le conduscne di fora dale lore porto e tornone nel so canpo, che già erano alogiato sopra el fose di verso la porta de Sam Felise, che venea da Milano per la strata Fleminia. Et lì aveano dodece grose canune et 4 colobrino, et multe fornito de gram numaro d'artigliarie de più sorta molte bem proviste. Et qui comencione per tale suoa inzuria a trare zorne e notte (*), per modo che, a vedere e non vedere, dito Franciose come suove artegliarie muzone la porta dal dito Sam Feliso per mezo: tamen ancora li Bologneso trasea forto. Alore per eser a tera dita porta poteano stare ala secura, per modo che dito Bologneso ie ropeno uno de dito soi canune; tamen al dite populo de Bologna se vide a male partido, in modo che s'areduseno nela suoa piacia e tucte a suoa voce piena comencione a cridare — l'opule, Populo —. Depo' inmediate crione vinte homino per el so Conseglio, ale quale per dito so excelso Conseglio ie fu dato hotorità plenaria de poter fare alte e basso de dita suoa ciptà. Dipoi inseme come quili ie intravenno altre 4 dal numero deli soi Sedece, et lì lore de comuna concordia lore crione anbasaria nova la quale avese a venire ala ciptà de Imola ali pedi dela Santità dal papa e a quella apresentarie le chiave de dita ciptà de Bologna. Et infra queste tenpo siando già alquanto placato dito Franciose, lore concluse una certe suoa trega per dece giorne; tamen non stevano per tale suoa trega che non treseno zorne e notto. Alora dito populo se vide a male partito, non sapando ancora se la Santità dal papa li voglia vivo o morto suota el so sancto manto. Alora vedando li dito Bologneso che tale Franciose non se voleano mendaro, fecene lore come fano li cani rabiose che danno de morse a hogne lore cose, et ie fezene tagliare al so canale che venea drentro dala ciptà, per tale mode e forma che tucta quela fiumana adosc i andava, per al quale tucte le lore artegliarie fune somerso et ecia' lore asidiato, che per modo àlcuno non poteano non andare e non stare; per al che se vidine a male partito. Era forcia a lore a vivere ala fogia che faceano li nostre sancti

---

Padre che mangiavano erbe et hogne altra cosa che lore poteano a-
vere: al simile tale Franciose: mangia rape se lore voleano vivero.
Alora intendando questa tale cosa la Santità dal papa, di subito ie
mandò Zohane Francescho marcheso de Mantova. Arivato che al fui,
di novo se reconfermò tale suoa trega, per modo che dito Monsignor
Legato ic feze dare vituaria per insine che lore abene desoterato tale
suoe artegliarie et retirate in drete in drete ala secura per quele sove castelle là propinque. Partite che lore func, suoa Santità de novo
ie remandò al dito M. Antonio da Monto come le multe altre soi fi-
rere a piare le lore alogiamento dentre da dita suoa ciptà (*) et lì
aspetare la Santità dal papa che in quelle loco voglia andare; che fu
a dì 3 dal mese de novenbre, die martis.

Ora mai, discrepto mio lectore, dipo' che io si ó caciato via dito
M. Zohano come hogne suove cerimonie, al presento me resta a retornare ala dita ciptà a vedere hogne suoe bene opperare de suoa
Santità. In prima, al zorne primo dal dito mese de novenbro, suoa
Santità avea facto cantare una mesa in Sam Casano al R.ᵐᵒ Monsignore cardenale de Bologna, et in quela avere facte comemoratione
de tucto li Santi. Dipoi l'altre zorne fece al simile de tucte li defon-
ti. Et infra queste tenpo ariva queli cardenale che se retrova absento per volere eser alo introito de suoa Santità in dita suoa ciptà de
Bologna, che fu a dì 10 dal mese de novenbre dito, die martis, anno Domini MDVI. Arivato che al fui, fece al so primo repose dentro
de dita ciptà nela contrata destra maore nela casa dela Masone, et lì
stete suoa Santità quela notto, che fu al 26 reposo che lui avea facto da Roma per insino in dito loco. El reste, zoè li signuri cardinale, parte n'alogiò nela ghiesia deli Crosati et in altre loci. L'altre
zorne, che fu a dì XI dito, die mercurio, zoè el giorne benedecto del
so confesore Sancto Martino, la matina per tenpo, suoa Santità se a-
parò nel'abito suoi, et tucte li signure cardinale et altra suoa baronia vene in quelle loco aconpagnarele: el simile feze tucte al so magnifico Regimento de Bologna come tute le lore colegio e Mazistrato,
et aconpagnato da tucto al so clerico come le suoe multi sontuvosità
che già aveano facte quili mei Bolognese, et masime porte in quandità per infne al fium Lidisc de boso et a ciprese et melaurio, come
le molte galantarie. Dipo' tucta coperta la strada dala porta per insine al Domo come gram nobilità. Et arivato che lore func, fecene hogne suove cerimonie come suoa Santità. Dipo' s'aviglione al Domo
come tanta iubilatione che sarebbe stato bastanto nel paradiso, zoè
pifare e trombe, canpane, artegliarie et le multi altro instromento de
più sorta, che mai non fu viste ali zorne nostre tanta suontuvosita-
do. Alora suoa Santità per dui suoi familiari comenciò a fare butare
la mancia per la strata de duquate tre milia, secondo al mio repor-

(*) Fol. 109 b.

to, in queste modo: duquate in ore per una parte; quarte per un'altra; certe altre monete che valeano s. 7, chiamate Iulio, per lui facto: el resto ed ultimo erano tucto grosi. E durò per insine alo introito dela ghiesia dal dito Domo. Arivato che al fu, suoa Santità feze hogne suove cerimonie. Dipo' alciò li soi hochie al cielo et la devina Maistà quela per una suoa oratione contenplare et quella per mille volte rengratiare, che si era dignato de a lui prestarie felice gratia (*), per la quale eser intrato in dita suoa magnifica ciptà de Bologna sencia alcuna suoa confusione de sangue et bem viste et amato dal dito suo popule. Fornito hogne suove cerimonie, vene ad alogiare nel so palacio magno, iu quela parte dove alogia Monsignore so Legato. Alogiato che al fu, in brevità suoa Santità criò homine 40 per al governo de dita suoa ciptà, come la volontà deli soi R.^{mo} signure cardinali.

Al primo se fu M. Agaminone di Grasi
el 2, Iulio Malveze
el 3, Hericolas Marischoto
el 4, Ieronimo d'Alidovisie
el 5, Iacome dale Arme
el 6, Tomaso dai Colpe
el 7, M. Virgilio Ghisilerio
lo otavo, M. Hercole Felisino
el 9, Alberto dii Albergati
el 10, Lodovico Foscharara
el 11, Piero d'Isolano
el 12, M. Zohano Antonio Gogiadino
el 13, M. Lodovico de Bolognino
el 14, M. Zohano de Canpegio
el 15, Antonio Maria da Lignano
el 16, Alberto Carboneso
el 17, conte Alesandro Pepoli
el 18, Ovidio Barzolino
el 19, Anibal di Bianco
el 20, Bartolomio di Giambecari
el 21, Marchiore Manzoli
el 22, Verzilio Poeta
el 23, Cornelio Lanbertino
el 24, M. Zohano de Marsilio
el 25, Salustio Guidoto
el 26, Iacopo Maria Dallino
el 27, Ieronimo da Sam Piero
el 28, M. Carlo Grato.
El 29, per sine in capo che serano dodece, le quale serano

(*) Fol. 110 a.

ᵗ deli primo suoi signore Sedere vechie che suoa Santità i à reconfermato, el 29, primo se fu Nocentio dala Rengheria

el 30, Francescho Fantucio
el 31, Alesio di Ursi
el 32, Francescho Biancheto
el 33, conte Hercole Bentivoglie
el 34, Elesio Catanio
el 35, Angelo Ranucio
el 36, Zohano Francesco Andruvando
el 37, Alberto de Castello
el 38, Rainaldo di Arioste
el 39, Anibal da Sasune
el 40 ed ultimo se fui Alesandro dala Volta.

Ale quali ie fu date piena otoritate insemo come quelle Monsignore Legato che pro tenpore presidese per suoa Sanctità in dita suoa magnifica ciptà de hogne suoi governo potere lore fare a tuta suoa voglia, come de contenuvo l'averà instrutione de suo Sanctità durante li soi tenpo. Facto turto sove predito cose, tuto se adunone insemo et lore videno et bem calculone tucte le sove intrate et spese de dita suoa ciptà, deli quale lore ne fecene uno cumule del'una parte e del'altra: dipoi dividandole, come qui de sota infrascripto aparerano a partita per partita. In prima, l'entrata dal dacio dele cartisello al tenpo che presedea dito M. Zohano e soi conpagne valea libre 7 milia l'anne, che prima anticamento solea valere libre doe milia; et questa gram valuta sole era stato perchè facea pagare zeneralmento libre cinque per cento de hogne suoa conpra deli lor bene, et poco manco per li contracto matrimoniale et altre molte estrusione. Item al dacio dal salo se vendea per la ciptà solde (*) cinque d'arezento per ciascune quartirolo de salo et nel contá valea soldi 7 per sine in dece d'arzento. Et eciam li contadino erano astreto a torle per forcia et in mazore quandità che non ie facea bisogne, et qualque volte voleano li dinare sencia darie tale salle: et più, l'era forcia dite Comunità a promete l'une per l'altre, el rico per al povere, a ciò che tute dovesene doventare miscrabile. Item aveano a pagare le oficiale suoi masare et altre come le multe estrusione, che mai per alcuno tenpo non poteano avere fine, perchè li povere homine non poteano sapere quele precisamento che avesene a pagare. Item al dacio del molino se vendea hogne anno libre 50 per insine 60 tra la ciptà el contá; ma de ipse extrosione contra se coglieva libre 40 milia, che asendo ala quandità de cento milia. Item altre grevezze extrosione per dita ciptà et contá erano queste, videlicet: in prima al so depositario volea per soa mercede libre 4 milia. Item oficiale dentro e di fora, libro 4 milia. Item li dacieri et quili dal dovede, libre doe milia. l-

(*) Fol. 110 b.

tem li masare et coltore, libre 4 milia. Item per li exempto forastere, libre 3 m. Item per altre provisione a soi deputadi, 3564. Item per fare credencie ogne anne per forcia ne resultava de predicta libre 1200. Item alo exatore, 1500. Item per li dacieri per suoa fadica, libre 1500. Item per lo intresso, qualque volte altra le provisione dele dito depositario, libre 1750. Item al dito M. Zohane Bentivoglie per la suoa manza, libre 1790 hogn'ano. Item per spelta per al dito M. Zohano per la sua stala, libro 1000. Item per suoi molendino tolea li dacieri per forcia, libre 6 m. Item per molendino tolte per forcia dali fiole dal dito M. Zohane, libre 5 m. Item per altre exempti facte de volontà dal dito M. Zohano, libre 4 m. Item dipoe le predicte cose che coreano adose ali povere homine dal contá, e tute le spese et angarie et extrusione decto di sopra in lo dacio del sale, et per zunta li era dato la iniusticia de queli libriciole per li quali erano astrecti a pagare masime a rasone de libre una e solde 4 de bolognino per ciascuna boca l'anno a quili che non aveano formento e che conparase el pane in piacia, sì che veneano a pagare doe volte contra hogne suoe debito de rasone la dita masina, e suportavano la spesa deli oficiale (*) sopra la discritione deli boco et extensione per le boco falato. E quando pasavano li termini a pagari, erano constreto ultra la sorta prencipale pagare uno groseto per libra, conputato una parto alo exator: cosa molte iniqua. Et in queste modo erano stursiati e tiranizati li ciptadino e contadino de questa inclita ciptá de Bologna. Ale quale cose volendo provedere la Sanctità dal papa e tore tanta iniustiçia et extrusione, metre questa ciptà, suo contá e distreto in uno tranquillo e pacifico stato, cum una bona equalità, ha deliberato e così vole, ordina e comanda: in primo, che lo dito datio delo cartisello sia tolto e canzelato e casso in tucto e per tucto per lo aveniro, ma posano rescodro per l'anno passati secondo li soi capitole consuvete, exceptuando tucto lo anno presente le contracti facti in eso: ma quille che haveseno scosso non siano tenuto a restituvire. Eciam delo anno presente mai più si possa ritornare in la ciptà, nè in lo contá predecto; la quale remisione darà de beneficio ogni anno a questo popule dentro e di fora libre dece milia de bolegnino e più, come di sopra apare. Secondario; vole et hordena suoa Santità che lo datio dal salo sia per lo advenire, comenciando ale calendo de zenaro prosimo advenire, limitato e tasato in questo modu, videlicet: lo quartirollo del sallo si debia vendre solde tri d'arzento e non più, così per la ciptà come per al contá; et niuno sia streco per forcia a levare lo dicto sallo, ma ciascuno, secondo vole e li piace, lo posa conparare al dicto precio cum le pene prohibitione del sale furastero; dela quale remisione la ciptá e contá ne receve beneficio deli dui quinto. E quili del contá consequirano la libertà che non serano astrecti per forcia a levar sale, nè pagare per altri, e serano asenti da tucto le angarie, spese, extrusione dicto di sopra. Tercio; vole, ordena e comanda suoa Sanctità che lo datio dela masina sia per lo avenire, comenciando a calendo de zenaro prosime, limitato, taxato in questo modo, videlicet: che dove per ogne corba de formento a rasone de libre 140 per corba se pagava solde 4 d'arzento, se debia pagare soldi tri d'arzento e non più; e questo per la ciptà et habitanti dentro ale porte; e così la ciptà habia questo beneficio dela remisione del quarto, così del formento come del'altre biave, over mistura: per la rata di quello si pagarà per tale mistura. Ma de fora dele porte dela ciptà, così nel piano como in montagna, siano tucto tolto, canzelato et anulato lo dito datio dela masena cum tucti li soi pagamenti et extrusione de ogne qualità e ciascuno (*) habitanto fora deli porte dela ciptà possi libramente fuora de dita ciptà masinare dove li parerà in lo contà e destreto de dita ciptà de Bologna, sencia pagamento alcuno di datio de tale masina per uso suo di tale habitanto al continuvo aut per quello tenpo che habiano habitaro fuora deli altre: la quale remisione darà de beneficio ogne anno al contà e destrecto di Bologna la totale exentione e liberità de tucte le extresione de tal datio dela masina. Vole et ordena suoa Sanctità che li suoi quatro deputati a queste (li quali sono: al primo, M. Zohane Canpegio; secondo, Ieronimo d'Alidovisio; tercio, Antonio Maria da Lignano; quarto, Bartolomio Zambicario) si debia fare una inquisicione per tucto al contà, così in piano, come in monto, de tucto li terre se lavorano come buoi, over sencia buoi; taxino quella quandità a pagare dal contadino o altra persona de qualoncha conditione se sia, lo quale lavora lo dicto terre le quale fusene suove proprio, o quale havesse in socida, o per qualoncha persona seculara, overe eclesiastica, che non fusse specialmento exempti per li suoi lavoratori affituari, o altre simile persone che parerà ale dicti deputati in loco dela gabella o datio pagavano per lo salle e macina; per modo che lo dicto contà e soi habitanti abia cum efecto la remissione dela quarta parte de tucta la graveza ordinaria, angarie et extrusione consuevete. Et circa la exatione de tale imposta provedano li dicti deputati de tale ordine che le exetrosione et angarie usitate per exigere li dicti dacii del sale e masina non si facino per exigere tale inposta; meterano sopra la lavorasone de buoi, over de terra, ut supra, ma cum quella più facilità, iusticia et equalità sia posibile, de dui mise in dui mise, per la ratà cui meglio parirà ali dicti deputati. La consientia deli quali agrava et agravata vole che sia in tucto le sopradicto cose etc.

Oramai, dilectisime mei lecture, io voglie metre fine a tale suove angarie, che prima facea li mei signuri Bolognese, contra hogne mia voglia, perchè a' sacro evanzelio nara per boca de Miser Ihesù

(*) Fol. 111 b.

Cristo al quale dice — Dilige prosimum tuum come te ipso —. Et per queste, avando lore facto per lo contrario, ad ogn'ome fidelle cristiano doveria recresere. Et al simile ve ó narato tucte le exemptione facto per suoa Santità, come ut supra, a ciò chi depoi nui in queste nostre seculo naserà come tal tema posa inparare.

Pur seguitando la instoria de hogne so bene hoperare de suoa Sanctità, feze fare lo esequio dela Sanctità de papa Piglio, che fu a dì 20 dito, die veneri, secondo al mio reporto. Et più, che suoa Sanctità andava alquante volte (*) per suoa devotione nela ghiesa de Sam Petroni suoe protetore ad onorare l'oficio divino ale suoe hore canoniche. Item nel predicto tenpo venea gram numero de persone forastieri per vedere suoa Sanctità de lontam paiese et masime Franciose, Vascune, Todisco, Soviciare et altra zeneratione, che in dito canpo deli Franciose se ritrovavano; et ne venea in tanta quandità sole per basare a lui li pedi, che forcia era che de contenuvo le porte steseno aperto; se ne no, veramente le i arebeno aperto per forcia, secondo che a mi fu reporto. Et le multe altre cerimonie lore faceano per suoa Sanctità.

Item dipoi hogne suo bene operare, suoa Sanctità fece andare queste infrascripto suoi primo bando per dare al gram tema ali suoi popule dela observatione de suoi precepti. In prima, che al non sia persona alcuna de soi subdito che da mo' inento ardisca e non presoma favolare, nè fare favolare al dito M. Zohane Bentivoglie e suoi fiole, nè scrivere, nè fare scrivere ala pena etc.; che fu a dì 22 dal mese de novembro dito, die dominico; intendandise per hogne zeneratione de persone de grado et condicione volesse eser e sia, et che hogn'ome s'avese a guardare dala mala ventura. Secondario, che tucti li soldati che non fusene al solde, overe ad altre servicie de suoa Sanctità, che per tucto quelle zorno s'avesene sgonberate dita ciptà ala pena etc. Item siande suoa Sanctità desidiroso de volere cavare dita suoa magnifica ciptà dal tucto de sotta tanta tirania, come lei se retrovava, come ut supra, per tale mode e viglia che lui feze adunare el suo Concistorio, nel quale liberalmento fu concluse che in quela ciptà s'avese a fabricare una roca come suove ciptadelle de tale natura e forma che avese a spuntare li rabiose dente de tucti quilli delenquenti che pro tempore volese per forcia intrare per turbare el pacifico stato de suoa sancta matre Ecclesia. Facte tale deliberatione, di subito uno zorne suoa Sanctità se mese in via come suoi signori cardinale et eciam come li suoi signure 40 et le multe altre nobile de suoa ciptà, come le multi inzigneri et architaturi, per andare intorne a dita ciptà, sole per poterela edificare la dicta roca nel più comite loci. In prima arivone ala porta de Sam Felise, la quale era stata butata zose da Franciosi, come ut supra; et po' perseverone per

insine al canpo dal mercate, dove in quele loco se ritrovava, che già
al tenpo de Martino quarte pontifice ancora lui n' avese facte edificare un' altra dita roca et molte fabricato propinque a quella porta. Tamen dipoi la suoa morte in spicialità de tenpo li mei signuri Bolognese montone in colara per modo che la butone zose per insine ali
fondamento. Et così era stato (*) per insino al presento, per modo
che suoa Sanctità fu consegliata che in quele loco la dovese rectora-
re, come el contento de quili suoi magnifici signori 40 et le multi altre nobile de dita suoa magnifica ciptà. Properato che lore fune, i'
nomine Domini la comencione a tirare de novo suso tale suoi fondamento come mazore proportione che prima non avea, come in quele
loco se ritrova manifeste, per eser per la prima quadra, zoè da le-
vante a ponento di verso la città, perteghe 23 ¹/₂, la quale fu la prima; dove se retrovava suoa Sanctità presentialemente come al so clero et le multe altre, come suoi signure cardinale. Per modo che la
prima preda, che in dito loco fu mese, fu marmorina come l' arma
di suoa Sanctità, come le suove mane proprie; la quale ie dete el R.ᵐᵒ
monsignore cardinale de Paviglia, e lui la pose nel so primo loco. Dipo' per al maestre de quela fu reposta al so bisogne. La seconda quadra, che va da meze zorne e stentirione, over dal monte verse Feraria, questa tale se retrova per suoa lungheza perteghe 25, come
suoi turione bem proporcionato, come tanto hordine che quase natura poco poteria miorare, et masime per eser de gram statura dito
suoe mure, come li suoi bisogne multe bene inteso, et masime per
eser lore aterati intorne intorne come uno so piano de largheza de
braza 10. Dipoi li se ritrova uno altre fosso molte cuppe: dal' altre
cante le case edificato intorno intorno, molte bem proviste, in suse
la ripa de quelle fose, comè soi repare d' artelarie. Item era hordenato de fare suota quelle piano, che va drete ale mure, dentre, una
via secreta che s' avese a partire dala suoa tore maestra, la quale se
ritrova la dita porta che è nel so megio in isola, provista de gram
quandità de aqua intorno intorno. Dipo' usire da dita tore maiestra
per via de una pontisella et intrare in dita via secreta sota tera et
potere andare intorne ale mure a rivisitare de notto tempo tucte le
sove guardie ala secura. Dipoi se ritrova una bela piaza de gram statura come dito casamento intorno. Dipo' ie vanno canale che se parte dale muline et intra dentro come uno so revelino alo introito et
uno al' usito, come so gram providimento da poterie edificare uno molendino per el suoi bisogne. Dipoi nela prima quadra di verse la ciptà se ritrova nel megio uno torió come l' arma de suoa Sanctità; ne-
l' altra quadra al' encontre de verse al fose se ritrova uno altro torione nel megio come una porta fabricata, come pure le arme de suoa
Sanctità e del dito R.ᵐᵒ monsignore cardinale de Paviglia, facto ma̲r-

(*) Fol. 112 b.

morine, de gram statura. E dipoe le multe altre cose se ritrova in
dita roca, molte bene intese, che a mi serebbe deficile a potere narare; per modo (*) che sopra dita fabrica suoa Sanctità ie mese uno chiamato l' Acipreti Caldarola, perchè, secondo al mio reporto, era stato
lui che aveva facto al modelle de dita roca. Et per suoi conpagne a-
vea uno Sarafino da Monteleone; per modo che lore aveano facto lavorare tanto gaiardamento che cercha la prima mediatà dal mese d'a-
perile 1507 M. Acipreto romase castelane. Et qui la comenciò a far
guardare per suspeto dal favore che credea d' avere dito M. Zohane Bentivoglie che s' aretrovava nela ciptà de Milano dala M.tà del
Re de Ferancia, che se retrovava in Italia per eser venuto per secorso dela suoa rebilione dela ciptà de Zenua, come inento parlarò ad
plenum. Depo' queste, dito Acipreto tuctavia l' andò fortificando, per
modo che de contenuvo ie tenea gram guardia; per tale via e modo
che per insine ali anc 1508 che mi me ritrova' in quela roca presentialemento, io avando bem viste hogne suoa cosa, et bem calcolata.
A mi fu data la rasegna che la dita roca, come tuto le sove mure
intorne, solamente era venuta duquate 23 milia d' ore in ore. Item
dito canale come suoi revelino et suoa scarpa come altre suoi bisogne
era venuto duquato 800 d' ore. Dipoe già avea fabricato una digna ciptadella di verso porta Sam Felise e da cole canto fabricato la porta
dal' usire de dita ciptà; nela quale ciptadela i era fabricato per la prima quadra drete ale mure case n.° 96, tucto fornito et come li soi
bisogne; per modo, secondo la resegna che a mi fu data, veneano
duquate 20 l' una. Dipoi i era una suoa strata di meze come uno altre numaro de case per le suove stale, le quale erano 23, che furono 4 stale per ciascuna: veneano duquate 8 l' una de dito stale. I-
tem dal' altra di verse la ciptà, perchè i andava al fose intorno intorno, i era fabricato case n.° 80: veneano duquate 28 l' una. Dipoi
i era uno fose per al meze dita ciptadela che non poteano andare l'u-
ne dal' altre se nè per via de suoi punte, per modo che veramento
era tenuto una forte cosa et molte laudabile.

Ora mai voglio tornare a vedere ogne altre so bene opperare de suoa
Sanctità in dita suoa ciptà, perchè forcia m' è stato al tucte dovere
nerare el facto de dita roca per insine ali soi termine predicti. Facte
quele, suoa Sanctità avando ordenato le ccrimonie tenporale per defensione de tale dite delinquento, al presento vose ordenare li cerimonie spirituale et devine, a ciò che non avesene a mancare; per
modo che nel suo dito palacio suoa Sanctità fece fabricare una capela nel palacio di verso al monte, ordenato in queste modo e forma.
In pete a una 'fiegia de uno altre papa messe de relevo de fora nela
faciata, et qui dita capela suoa Sanctità ie feze fabbricare un altare
dentro la faciata, di verso la piacia, come la figura dal nostre vere

Redemptore et suoa Santità pinta de naturale come el manto de Sancto (*) Petro indose nanto a quella, la quale ie porgea le chiave del regno dal ciello. Item in dita capela di verso al monto i era in quelle mura uno balcó fabricato come uno vase grando avorato, dove de contenuo ie steva al Sacramento et le molte altre cose memorando: e li steva sua Sanctità a dire la suoa santa mesa. Item suoa Sanctità feze metre la suoa 'figia de relevo facta de struco int una capeleta sopra la porta dela intrata dal dito so palacio. Dipoe dito so bene operare, suoa Sanctità fece un' altra hopra piglia, con ciò fuse cosa che conduse la vera pace tra M. Zohano da Sasadello et Guido Vaglino, cognato inseme et nobile Imolese; con ciò fuse cosa che tramedui fusene nante ali soi pedi nel so gremio per intercesione dal dito R.ᵐᵒ cardenale de Paviglia, promitando alo eterno Idio ed a suoa Sanctità ed al dito cardinalo che mai più per alcuno tenpo cognosere infra lore e so hederente vendeta acuna, come suoa bona cautione; che fu a dì 31 dal mese de zenaro, die dominico, come zià era stata hordenata dentro dala suoa ciptà de Imola per lo episcopo d'Ancona mandato da suoa Sanctità. Item avando suoa Sanctità facto piare uno M. Stolfo da Ascole dela Marcha, primate de quella, per qualque so suspeto de quella, che fu a dì 28 del mese de zenare, secondo al mio reporto; dipoe, quelle che de lui intendese suoa Sanctità, io nol potete mai intendre, salvo che al feze menare nela nostra roca de Forlì caturati.

Dipo', a dì primo del mese de febrare, die luni, arivò ala nostra ciptà de Forlì monsignore R.ᵐᵒ cardinale Francesco, che andava per Legato in dita proventia dela Marcha.

Item suoa Sanctità fece le molte altre opre piio et cose memorando che a mi serebbe lungo scrivero. Dipoi avande lui meso fino a hogne suo desiderato in dita, quante per el presento, depoe lui fece ferma deliberatione de volere retornare ala suoa sancta ciptà de Roma et in quelle lo' reponsare, et in dita ciptà lasare el R.ᵐᵒ Monsignore cardenali titoli Santi Vitalis. Dipo' feze suoa partita a dì 22 dal mese de februari, die luni, cercha l'ora decima quarta, anno Domini 1507, i' nomine Domini. Et vene per insine ala suoa ciptà de Imola. Arivato che fu a dita ciptà de Imola, suoa Sanctità feze convocare al reste deli auture de dita paze, et qui ascoltò tute le lore cose. Depo' remese d'acorde et remese hogne lore cose nel so peto. Et le multe altre cose feze lui de suoa granda utelità. Dipoe feze suoa partita a dì 25 dite, die iovis, et veno ala nostra ciptà de Forlì, et feze la via per di fuora dala ciptà de Faiencia, dal canto de verso la montagna, sopra al ponte dela ghiesia (**) della Observantia. Tamen quile fantine come granda veneratione, homine e done,

---

(*) Fol. 113 b.
(**) Fol. 114 a.

l' andone a vidère nel so passare. Dipo' arivò ala nostra ciptà de Forlì a dì 25 dite, die iovis. Arivato che al fui, alogiò nel nostre palacio nel loco suoe; et avea con esa lui cerca dece cardenale come poca zente. L' altre zorne, la matina per tenpo, suoa Sanctità retornò a rivisitare la suoa roca, che fu al venere; et lì feze al so desenare; et lì stete per insine al' ora vigesima seconda, che mai poco persone ie potè parlare, se nè li nostri magnifici Signuri. Dipo' montò a cavale come suoi signori cardinali et andone intorno a nostra ciptà per insine ala porta de Schiavania, che lui intrò et venne al so riposo. L' altre zorne, a dì 27 dito, sua Sanctità fece mandare per vinte tri del' una parte e del' altra de nostre guarnimento et ie feze comisione che dovese andare a confine, donde M. Antonio da Monte ie mandarà. Facto queste, montò a cavale et andò a desenare a Sancta Maria dale Gratie. Arivato che al fui, mai non dete alcuna odentia publica che se potese vedere; per al che io ne poso rendre buona testimonianza per eser lì presentialemento: con ciò fuse cosa che al zorne denanto mai al dito M. Antonio da Monto non mai avea potuto fare che io avese apude hodentia da suo Santità; tamen lui avea hordenato che io avese odentia in tale zorne nel' ora dal so desenare. Tamen lui se pentì et vose andare a desenare a dita ghiesa, e dito M. Antonio romaste a Forlì per mandare quile tale homine a confino, come ut sopra. Tamen come lui abe desenato, lui andò a reponsare. Dipoi al cardinale Razino e al Colona me fecene chiamare nela sagrastia de dite frate ala presentia dele multi altre prelati e nobile, et qui me comenciò a domandare se io era quelle historico che se era trovato nanto al papa a Forlì. Io respose de sì, che io quele dese; ma nòi istorico, come uno componitore simplici. Me domandò che io andava faciando. Io ie feze resposta che io era venuto per volere parlare ala Sanctità del papa et mostrarie lo introito deli mei libri de coronico, come avea facto la prima volta; per al che io avea fate venire stanpa d' ore nove a Forlì et facti stamparia nova, et avea stanpato la prima carta, donando al titolo a suoa Santità, come i avea promeso: dove lui i era retracto de naturale in cadrega, et io denante a lui come l' abito dela milicia dela mia coronatione, come una mia pistola galante suota li nostri pedi, che testificava lui eser patrone de talli libro. La quale dicea in questo modo e forma: — Suole, Sanctissimo Padre, naturalmento ciaschaduno doppo el suo fine appetire comendabile memoria de suoa vita per la quale habia fra li mortali restare immortale; et io più volte fra (*) me medesimo pensando et darmi a qualche opera la quale havisse a dare dilecto alli amatori dela vertù e consolare li animi de' mesti et tribulati, non ho trovato cosa più coriosa e delectevole del scrivere delli tenpi; al quale dedito, comenciai la inculta e debile mia opra cum firmo proposito, doppo le lunghe et faticate vigilie dedicarla a Vostra Sanctità. Et cognoscendo di tal' opra lo inornato stile, timido et pauroso cum epsa ne vengo ai piedi di quella, la quale pigliando del suo servo il sincero core et perfecta voluntà acusarà di natura al suo difecto che non a me come ad altri ha dato quel vero et perspicace spirite et acuto ingegno, pel qual habia potuto, come seria mio animo, dicta mia opera di loquentia ornare et intieramente satisfare a Vostra Sanctità. La quale l' onipotento Idio felice et victoriosa mantenghi nela 'postolica et sancta sedea. Amen. — Et voi, mei lecturi, ve poteristive forsi maraveglieare che tale epistola destintamente l' ó qui registrata de verbo ad verbum: l' ó facto a ciò che voi me crediate che io i avese comenciato tale mei libre dedicato a suoa Sanctità; et più, che dite Monsignor cardinale vosene vedere dito mio epitaflo, come a voi voglie fare el simile, a ciò che ancora voi al poteato vedere e intendere dipoi la mia morte; al quale se ritrova suopra al mio dito molumento, dicando:

Felsina me zenuit, sed pavit Livia prolis.
    Bernarde Andreas gloria prima fui.
Dum vixi inmunem fecit me ex munere Cesar,
    Et capiti inposuit laurea serta meo.
Historie post quam numerosa volumina scripsi,
    Missi animam ad superos. Hic mea menbra iacento.
Quod fuverat mortale datum mors improba solvit.

Quiste fune le dui versi che al papa m' apuntò, come ut supra: --- Ast mea cum scriptis famma perenis erit ---. Tale vederà qui che non poterà vedere dito mio mulimento; et restarite satisfato che io non ve arò dito bosia alcuna. Dipoi dito cardinale Ragino et al Colona a mi feze domanda se neli dito mio hopre i era alcuna suoa inmortalità. Io dise de sì; per modo che a tramedui a Roma ie ne mandato copia, come lor sano, dele molte suove grande inmortalità. Alora m' aveano promese de farme parlare a suoa Santità; e con esa lore me menone dove l' avea desenato: tamem non tornò per quela via, et feze dare ale tronbe et andò nela ghiesa incognito, che nè lore nè alcun altre ie poté parlare. Montò in scraua et in verso Ceseno andò. Et io come i abe mostrato tale mio prencipio del dito libre a lore cardinale, me la reduse a casa. Sichè le cose mio pasone come voi intendito.

Arivato che fu suoa Santità ala ciptà de Cesena, che fu a dì 27 de februari dito, die sabati, dipo' se partì l' altre zorne et andò a desenare al Porto de Cesena. Dipo' se partì et andò a cena et a reponsare a Santo Arcanzelo. Dipoi a Montofiore. Dipo' ad Orbino. Dipoi, seguitando al so viaze, per insine ala sancta suoa ciptà de Roma, che fu a dì 28 dal mese de marze, die dominico (*), anno Do-

---

(*) Fol. 115 a.

mini 1507, zoè la dominica dele palme; et arivò in la ghiesa de Sancta Maria dal Populo. Et in quelle loco, secondo al mio reporto, feze la procesione de dito palme, e da quele so popule romane fu bem viste et solenizato da picole e grando come gram suove iubilatione. Et in quele loco feze al so ripose. A laude de Dio, amen.

Primo Legato ala ciptà de Bologna dipo' la partita dal papa.

Al prefacto R.^{mo} Monsignore M. Antonio titoli Sancti Vitalis presbiteri cardinali Legatu primo de lactare, meso per la Sanctità del papa in dita suoa magnifica ciptà de Bologna dipo' la suoa partita, che fu a dì 22 dal mese de februari anno Domini 1507; intrato che al fui, di subito prese tale dominio come gram verelità; per modo, come vose la suoa mala ventura, feze inpicare per la gola uno M.º Acostantino già bonbardino dal dito M. Zohane de dita suoa Comunità in suso la suoa piaza. Item a dì 12 dal dito mese de marze, dito Monsignore fece inpicare insuso la suoa dita piaza quiste 4 infrascripto; zoè dui fiole de uno M.º Zuliano che facea dele carte, le quale stevano per stancia propinquo al palazzo dal dito M. Zohane Bentivoglie; et pure dui altre suoi che con esa lui steva in casa. Perchè se fuso al so male operare, io non potite intendre la casone. Dipo' queste, dito legate steva pur come gram vigilio zorne e note per avere inteso che la M.^{tà} dal dito re de Ferancia era in Italia per reparatione dela ribilione dela suoa ciptà de Zenuva, come ut supra. Et per queste pel al vulgo se obtenea che l' avea promese dito re al dito M. Zohano de retornarele in casa suoa in dita ciptà de Bologna; perché al presente lui se retrovava in dita suoa ciptà de Milano in casa dal conte Palavisino; perchè lui i era andato dal mese de marze per 'more dela intradita dal papa, che lui e soi fiole non potesene stare per modo alcuno propinque a Bologna cento miglia. Tamen suoi fiole era a Ferara e Mantova, et M. Alesandre era in canpo a Zenuva come dita M.^{tà} del dito re. Tamen dito M. Anibale so fiole come Heremes et multi altri mesene insemo cercha 6000 persone per volere retornare in dita ciptà de Bologna; che fu cercha l'ultima setimana dal mese d'aperile 1507. Et fate che lore abe tale cometiva (*), di subito veneno ale conflino de Feraria, nel teritorio de dita ciptà de Bologna, propinque ala montagna, a certe sove castelle chiamato Bazano, destendandese per quela rivera per insine al Saso da Grosa; per modo che quele tale soi contadino i era forcia per hogne via darie vituaria. Alore le multe de quile contadino venene incogne a quarelarse a Bologna come dito Legato. Alore ie feze gram festa, dicando che lore stesene pur di bona voglia, che presto ie torebe d'intorno, et che pur lore andaseno per li soi dinare dare le lore robe. Alora dito Legato già a-

(*) Fol. 115 b.

vea comenzato a fare guardare dita roca de Bologna, come ut supra :
et più, che già avea dato avise a Cesena, a Forlì, a Imola che tuto
ie dovesene per lo so aiuto comandare uno homo per casa et là man-
daro. Alora intendando al R.^{mo} Monsignore cardinale de Feraria che
tale exercipto dal dito M. Zohano eser andato per suso el suòi teritorio ali danne de dita ciptà de Bologna, et non avando auto alcuno
rispeto a dita suoa intradita, come ut supra, alora a mi fu dito che
montò in colaro; et i era andato presentialemente per volerie de quelle loco caciaro. Per modo che infra queste tenpo veno la nova che la
M.^{tà} del dito re de Ferancia già avea retenuto dito M. Zohano dentro
da Milano; con ciò fuse cosa che lui e 'l Protonotario stesene in dita
ciptà in casa dal conte Palavisino predito: et in quelle loco i andò Cen-
torione mandatario de suoa M.^{tà}, et a lu' feze questa proposta dicando : — M. Zohane mio, a mi me rencrese asai de doverve fare tale
preposta per eser mandatario dal mio patrone e re, al quale a mi
m' à comeso che io dove a lui piacerà che io ve debia menare —.
A queste respose suoa Magnificencia, dicando che lui non credea d'a-
vere a fare cosa alcuna come suoa M.^{tà}, se nè bene, per la quale lui
meritase de dovere eser menato: tamen che lui videa bene che per
al soi proprio bene serebe inganato. A queste resposo dito Centurione, dicando che preste lui facese suoa deliberatione; casu che non
volesse lui andare, che avea comisione plenaria de farele portare. A-
lora lui feze la suoa volontà, lui e dito Protonitario so fiole, et fune,
secondo al mio reporto, menato in castello. Dipoi fu sachezato alquanto robe de sova casa, sole per dare la manza a quili tale sacardelli
che con esa lore era andato. Fate quele, di subito quele Locotenento
da Milano ne deto avise a Bologna al dito Monsignore Legato ed a lui
a Roma (*), et al simile a tucto li Governatore dela Romagna le quale ne fecene bande in publico e festa solene de canpane; et al simile ala lore come suove procesione; che poté eser dita suoa catura
cercha al pinultimo dì d' aprile, overe al primo de maze 1507.

Item avando intese dito Monsignor Legato e dito magnifico Regimento de Bologna la catura dal dito M. Zohane, di subito fecene el
so Conseglio, per al quale fu concluse che, dipo' che più pericole alcuno non c' era dal dito M. Zohano per eser caturato, come ut suopra, che tute li confinato per suoa horizine tucte dovesene retornare
ale lore case et atendre a eser bom servitore al felecisimo stado de
sancta matre Ecclesia; dele quale ne fecene bando soleno, che già gra'
numaro fuora n' era andato; et che hogn' ome s' avese a guardare
dala mala ventura; che era stato a dì 13 del meso de magio. Item a
dì 13 dito Monsignore Legato dete al palacio dal dito M. Zohano a sacomano, et che al s' avese a butare zoso per insine neli soi fondamento; et s' alcuna persona da lui dovese avere, che dovese tore tan-

(*) Fol. 116 a.

te de quelle prede o cuppe che lui fuse interamente pagato. Alora intendando tale deliberatione uno M. Iulio Malveze, di subito montò a cavalo come alquanto suoi ederenti et in quelle loco andò per volere reparare per conservatione de tale palacio da onorare tale suoa ciptà; tamen non poti reparare, consederando che per al proverbio spande che a furore populi libera nos Domini. Alora intendando lui che tale cosa era de volontà dal dito Monsignore, retirose indreto come suoi conpagne: tamen a tucta dita ciptà ic ne rencresca per l'onore dela ciptà. Et lì fu sachezato: dove se ritrovò alcuna conserva de suove tapezarie dal dito M. Zohano, le quale lore non aveano potute portare con esa lore, et per insino al presento erano stato salvato per la custodia del R.ᵐᵒ cardinale de Sam Petre ad Vincola. Per al che se 'l dito M. Zohano fu' restato al so dito castello et atendre al' oneste vivero come li soi fiolete, veramento la Sanctità dal papa i arebbe lasato godere tucte li sove intrate iuridicamento: ance lore áne facto per contrario, che sone venuto a canpo ali danne de dita ciptà de Bologna, come ut supra. Et eciam lui e soi fiole erano stato caturato, che non serebbeno.

Alora avando inteso al marcheso de Feraria tale Betivoglie eser venuto per lo so teritorio ali danno de dita ciptà de Bologna, di subito fecene quisti infrascripto discrepto Monsignore reverendissimo Legato e lui, che da quelle zorne inanto tucto li ribelle dela santa matre Ecclesia che se ritrovase nel teritorio de Feraria, overe so destrecto, tucte debiano esere (*) costreto a sgonberare tuto al teritorio de Feraria et suoe destrecto ala pena dela forca et rebelione et confuscatione de lore bene, per tuto al mese de maze, comenciando a dì 25 dito 1507. El simile se feze per tuta la Romagna come soi bande solenisimo, che niuno ribele dal dito Marchè posa habitare ne' teritorio e destreto de dita santa matre Ecclesia suota la predita pena, dele quale se ne farà gram curatione. Et per questo dito Marchese vose mostrare ala Sanctità del papa che lui nonn era stato consentiente a tale esercipto che era venute ali danne de dita ciptà de Bologna, come ut supra. Depo' queste, dito Monsignore Legato comenciò per la revera de quela montagna, dove era andato tale esercipto, a recerchare tale soi delinquento et consentiento a tale Betivole; et per modo che ne cominciò apiquare alquanto. Item dito Monsignore infra queste tenpo se amalò alquanto, per modo che l'andò ad abitare nela ghiesia de Sam Michele in Boscho per più suoa sanitate, che fu a dì 4 dal mese di luglio. Dipo' ritornò in so palacio per abitatione. Tutavia facea lavorare a dita roca.

Infra queste tenpo parse che el povere mischino dito Monsignore Legato fuse stato per suspeto achiusato ala Sanctità dal papa, che fu a dì 15 dal dito mese di luglio 1507 che lui feze suoa partita da Bo-

---

(*) Fol. 116 b.

logna per andare a Roma ali pedi de suoa Sanctità. Arivato che al fui, in brevità suoa Sanctità al feze incarzeraro nel Castello Santo Agnello de conpagnia de Monsignore Datario. Et se altre de lore ne seguirà come al tenpo, innento in queste ve ne farò intendre al tucto.

M. Laurencio Flischo primo Locotenento a Bologna.

Al prefacto reverendisimo Monsignore Locotenento in dita ciptà de Bologna depoi la partita dal papa se fui uno M. Laurentio Flischo, nobile dela ciptà de Zenua, al quale intrò dipoe la partita dal dito primo Monsignor Legato, che fu a dì 26 dal mese di luglio anno Domini 1507. Intracto che al fui, di subito prese la santa bacheta dela iustitia in mane, stangando zorne e note come gram vigilio. Et de continuvo facea lavorare ala dita roca. Per modo, come vose la suoa mala ventura, feze piare Hericoles di Ogulotto, nobile bononiensis; di modo che per la iusticia del so M. lo Podestato fu inpicato per la gola al so palazo sopra (*) la piaza a suoa renghiera, che fu a dì 3 del mese d'octobre, die dominico, la notte prosima ad venire. Dipoi stete tucto l'altre zorne in quelle loco, che fu al dì del Sarafico Sam Francescho et eciam del suoi protectore Sam Petronio, che hogne ome al potese vedere.

Pur seguitando la instoria, retornò M. Heremeso Bentivoglie la seconda volta ala dita ciptà de Bologna per volere lui e tucti li soi retornare a casa suoa quanto che lui potese, in queste modo e forma. Con ciò fuse cosa che lui fuse venute de note tempo a una certa hostaria de dita ciptà di verse la porta de Sam Felise, arivato che al fui, fece alquante suove litre le quale le mandò per al dito hoste dentre dala ciptà; et al povere mischino per non più cognosere le dete, secondo al mio reporto, a quiste 6 infrascripto parenta, che fu cercha la seconda mediatà del mese de zenare anno Domini 1507. Al primo dito parenta se fu (**) fratele de Romei de Pepoli; lo secondo, Galiazo Poveta: 3, Galiazo Marsilio; 4, Basotto Fantucio; 5, (***) fiole de Rainaldo Arioste: al 6, uno dischapo. Per modo che tucto de conpagnia come le multi altre suoi hederenti, secondo al mio reporto, tucto se mesene inseme a dì 18 del mese de zenare, die martis, cercha l'ora duodecimo dela no', et andone al palaze che fu de M. Galiazo Marischoto et quelle sachezone et parte ne brusone come grando impido. Tamen, come a Dio piaque, tute li abitante de dita casa se salvone et schapulone ala ciptà de Imola et li aspetare per lore al tenpo che piatà se mova. Alora intendando tale cosa dito Locotenento, inseme come li soi signuri 40, di subito alquanto de lore se serone in palaze come gram guardie. Fate che lore abene quello, di

(*) Fol. 117 a.
(**) Lacuna del ms.
(***) Lacuna del ms.

subito andone a piare la porta de Sam Mamole e tuctavia a suoa voce piena gridavano — Ghiesa, Ghiesa —; per modo nante che fu al
zorne, andone a casa de uno soi Signore 40, al quale se chiamava
Antonio da Lignagha, per volerela sachezare: tamen non potene fare
cosa alcuna per eser lui proviste de suove artigliarie. Dipoi andone
ali banco deli abreo per volere lore reschodre li soi pigne: tamen non
potene fare la voglia suoa. Tuctavia a suova voce piena cridavano —
Ghiesa, Libertà, Libertà —. Tamen el reste de dita ciptà mai non se
motì a cosa alcuna: tucto staseano ale lore botego a fare li facte lore. Vedando questo dito Locotenento et dicto Regimento che el dito
populo non era motto a cosa alcuna, di subito lore fezene intendre
a tale delinquento che dovesene ponsare le lore arme et atendre al'o-
neste et pacifico vivero; se ne no, che lore al farebbe intendre ala
Sanctità del papa (*). Depo' queste dito Monsignore per più suoa
salvatione se partì et intrò in roca. Dipo' al feze intendre a sua Santità la quale ie mandò uno brevo, come le multe zente d'arme; el
tinore del quale era, viste al presente, che lui dovese fare piare tute li consentiente a tale so momento et tucto per la gola ie dovese
fare inpicare. Fate tale preposta come dito brevo, di subito ne feze
piare in quantità; per modo che a dì 22 dal mese de februari, die
martis, ne fu inpicate cercha 12 al palacio de M. lo Podestato. Al primo se fui Filipo dai Cortelino; secondo, Rabovino Pelacano; 3, (**)
dali Guaino; 4, 5, l'osto predito che avea portato le litre del dito M.
Ileremes, come ut supra. Dipoi ne mandò pur alquanto ali pedi dela
Santità dal papa; per modo che per quela volta asá ben fu purgato
tale erore.

Francescho Cardinale de Pavia ven Legato ala ciptà de Bologna.

Al prefacto R.^{mo} Monsignore cardinale de Paviglia, questo anno
dal Signore MDVIII, a dì 26 dal mese de mazo, die mercurio, secondo al mio reporto, feze el so partimento dala magnifica ciptà de Roma per venire ala ciptà de Bologna a piare la presidentia dela seconda suoa alegatione, de volontà et comissione dela Santità de Iulio per
la duvina providentia papa II, come li soi Monsignore R.^{mo} Cardinale.
Al quale so partimento fu come suoa gram sontuosità da quelle popule romano; et avea con esa lui cercha trecento cavalle, infra le
quale i era le multi nobile romano come la multa fantaria. Et feze la
via dala ciptà de Fiorentia, et al molte fu venerato per al dito so viaze. Per modo, come alo eterno Idio piaque, arivò a dita magnifica
ciptà de Bologna a dì 9 dal mese di zugno, die veneri, cercha l'ora
vigesima prima, che lui arivò ala ghiesa de Sancto Spirito denstanto

cercha uno miglio per la via Flaminia. Dipo' feze al so introito in dita ciptà al zorne propinque, al quale, secondo al mio reporto, fu come tanta veneratione da quelle so clero et magnifico popule de hogne so colegio, come tanta iubilatione de canpane e tronbe et pifare et altre suoi instromento, come le multe artegliarie. Dipoe aveano facto tancto edificio per la ciptà, sopra le quale i era chi reciptava verse de gram representatione come le multe galantarie, et altre sove nobilità faceano per dita ciptà che veramento sarebbe state bastanto alo introito dala Santità dal papa; tanto cose memorando che facea tucto stupefare la zente. Dipo' se n'andò al Dome et in quelle fece hogne suove (*) cerimonie, alciando li soi hochie al cielo e la divina M.^{tà} contemplare, et quella caramento pregare che se dignase in quelle loco darie la vita felice et li soi hochie iluminare, che lui potese cognoscere quela buona viglia per la quale potesse lui conducere quele so popule al buon camino per la salute dele lore anime et corpe, et tucto potere aredure suota al manto de Santo Petro per infenita secula seculorum Amen. Dipo' se partì et andò ad alogiare nel so palacio magno. Et qui come gram fervore comenciò a piare tale governo, non avando alcuno rispetto ala paura, e tutavia observando le vesticie dela santa iusticia, a ciò che el povero potese stare aprese al rico. Dipoi ie fu facto gram numaro de presente de gram valuta quanto fuse mai state ad altre Legato ali zurne nostre, secondo che a mi fu reporto. Dipoe comenciò a fare fabricaro de continuvo ala dita roca et eciam in ogne altre loco de dicta ciptà dove fuse acaduto el so bisogno et in quelle loco steva come gram vizilio del dito stado, zorne e notte; per modo, come vose la suoa poca ventura, parse che le fuse achiusato quiste 4 nobile infrascripto che volesene pecare in crimine leze maiestatis (**) zoè turbare al pacifico stato dela sancta romana Ghiesa. Al primo se fu uno M. Alberto de Castello; el secondo, Salustre Guidotto; tercio, Nocentio dala Renghera; le quale se ritrovavano de numaro deli S. Quaranta dal dito so Regimento; el quarto ed ultimo se fui uno Bartolomio magnano, altre nobile privato; ale quale suoa S. R.^{ma} ie feze fare uno comandamento, che, visto al presento, lore se doveseno retrovare nanto al so cospecto; che fu a dì 27 del mese de zugno, die martis, cercha l'ora decimo quinto, anno predictis 1508, dove in quela ora suoa S. R.^{ma} stato ala santa messa. Per modo che li prefacti denate al so conspeti se fune apresentati in spacio de una hora. Li povere mischino fune decapitati et male tractati come certe pugnale e daghe, per tale via e modo che in quelle loco ie fu facto uscire l'anima dal corpo. Fate che fu quelle, funo tolto come li soi panne, vestite come loro erano, et portato in suso la suoa piacia magua et mese suopra le store, a

---

(*) Fol. 118 a.
(**) In margine è notato: « A di 25 giugno ».

ciò che altre potese imparare a suove spese al pacifico et honesto vivero de sancta matre Eclesia, et in crimine leze maiestatis non volere peccare, come per a' vulgo se obteneva che le dito povere mischino lore volesene fare. Tamen, o che al fuse, o che al non fuse, altramento io non t'al posse per altra via obtenticare, perchè (*) li
facto deli gram maestro sone molto deficile da potere intendre. Et in
quelle loco steto quili corpo per insino al' ora vigesima tercia: dipoi
fune portato a depositare nelo Espitale dela Morte. Fate che abe dito
Monsignore hogne suova voglia, di subito ne deto aviso ala Santità
dal papa et eciam ala Excelencia dal Conte Ilobice suo fratello, che
al presente se trovava Governatore nela ciptà de Cesena, come lui a-
vea facte tale iusticia sencia alcuno so momento dela ciptà, per avere lore atese ale lore botego et mercancie a reponsare: tamen che lui
stese vizilanto ali suoi bisogne. El simile feze al Governatore de Forlì M. Bernardino da Casina, al quale i avese a mandare uno conditere
dela Ghiesa M. Brunone zià d' Antonello deli Cavidone da Forumponpili, et al Governatore de Imola che i avese a mandare le zento de
M. Zohane da Sasadello conditere predicte.

Dipoi queste, le cose stetene pacifico e tranquille per insino a dì
19 dal mese d' agosto, anno Domini 1508, che, secondo al mio reporto, fu revelato per virtù divina al dito M. R.^{mo} uno gram tractato contra al dito pacifico stato de dita santa matre Eclesia, facto et ordenato per la casa de dito Bentivoglie per intercesione de uno Zabatel-
lo per natione dala magnifica ciptà de Perusia. Dove se fusse suoa
medolla, al presente io mai non al poteti intendro. Intese che abbe
dito M. R.^{mo} tale cosa, lui come al suo alto e zentile et peregrino
inzegno, che raro o no mai in questa nostra Italia natura produse
homo a lui simille, per aver di tucta l'arte la doctrina, di subito ne
feze gram conto spaciando gram numaro de' suoi confidati in ogni loco de suspeto de soi pasagio; et a quili tale ie fecene gram comandamento per parte dela Santità dal papa, che tucti quilli delenquento che voleseno venire a dita ciptà de Bologna, che tucte debiano e-
ser prese e legato et a suoa S. R.^{ma} apresentato. Facto che fui tale
suoi comandamento, in brevità uno Alesio, favorito de Zohane Francescho da Gouzagha marcheso de Mantova, prese quiste infrascripto.
Al primo chiamato Anibal de Segna; al secondo, Zohane Andrea Biga-
to; el tercio, Bartolomio de Raneri; el 4, Nicolò da Bazano; el quinto ed ultimo, Rafael, alias al Conpadre. Secondario, el conto Lodovico del Castello dela Mirandola dela proventia dela Lonbardia pre' lui
quiste altre infrascripto povere sventurate e dal nomico dela umana
natura atentate. Al primo se fu uno M. Manzino, zià fiole de Dominico dela Paduana, al quale vose lui presentialmente lì eser morto

con la spa' in mane, per eser lui homo de suoa vita valento (*) per avere lui più volte conbatuto et sempre avere portato la vitoria con esa lui. Al secondo se fu uno Zohane Piero so nepoto; el tercio, Dominico de Ranutio; el 4, Guido Bergamino; el 5, Laurentio de Zohano Baldo; el 6, Tadio de Vigo; el 7, Cecho da Libano; lo 8, Benedecto Cocela; el 9, Antonio Caldarino; el 10, Salvatore Salano; lo 11, Santarello de Monsignore dite Bentivoglie; el 12, Gratia Razallo; el 13, al Canpana; el 14, Benedecto Maciolo; el 15, Iusto de Cristofaro de Iusti; el 16, Alesandro dal Gatto; el 18 ed ultimo, uno chiamato al Molinaro, tucto del teritorio de dicta ciptà de Bologna. Le tercio cature facte se fune a Castello San Zahune Persiceto. Al primo, prese per suspeto, se fu uno suo S. Alesandro Golsardo; al secondo, M. Piero Hordiano calzolaro; tercio, Felipo Bonesono; 4 ed ultimo, Francescho dala Mutia pilizare. Item in dito loco pur fu preso Iacomo Belviso da Bologna; Cristofano de Arioste da Bologna; tercio, Catelano da Bologna; che sone in tucto numero 7. Ultimatamento homine prese a dita ciptà de Bologna: el primo, el Zopo da Reseiata; secondo, Traiano Morando; che fune in tucto le dito preso, numaro 32. Dipo' queste, a dì 27 dito, die dominico, al dito conto Lodovico ne conduse in suso le cavale del contadino, legato n.° 16. Et como lore fune propinque a dita ciptà, se feze gram iubilatione de canpane et artegliarie. Arivato che lore fune in piacia, tucte l'une drete al'altre, ie detene una volta intorne intorne. Dipoi suoa S. R.ma ie feze asegnare ala magnificentia del suo Podestato, per nomo chiamato M. Vicentio de Sassi, per natione dela ciptà de Bertenore dela proventia dela Romagna. Depo' queste, volando suoa S. R.ma notificare de tale cosa aprese a Dio ed al mondo, la note prosima advenire comese a uno suo Auditore, chiamato M. Ducio da Spolito dela Marca, che dovese andare asaminare tale delinquento, insemo come lo epischo del' Aquila, chiamato ( ), et de 4 altre del magnifico Regimento deli dicto 40. Al primo se fui Aricolese Mariscoto; al secondo, Alberto Albergati; el tercio, Alesandro dala Volta; a' quarto, M. Vergilio Poveta; tucto insemo come al dito M. lo Podestato et so Vicario, uno nostre M. Andrea Bonutio legum doctor. Asaminato che lore funo, per al so male opperare, per la forcia dela sancta iusticia, la magnificencia dal dito Potestato i asegnò dui zurne per l'ultimo termino de suoa vita, zoé per insine al mercure matina prosemo advenire, che serà a dì 30 dal meso d'agosto predicto, che lore potesene conciare le lore facte per l'anima et per al corpo. Fornito che al fui, la matina, la magnificentia dal dito Potestato, sentando pro Tribunale, dete la sentencia, che tuto quiste infrascripto fusene inpicato per la gola per mano del so maestro dela iusticia, chiamato ( ) Lodovico, in suso uno pare de forco posto in dita suoa piaza, fabricato in questa forma; zoè 4 ligne lungo poste nel tereno in quarto per suoa quadra come altre quatro ligne di sopra, intorno intorno inchiodato, che mostrava eser 4 para de forco: dipoi ie n' era in meze dui altri puri fito in tera più alte de quele, come uno altro legno di sopra inchiodato, che facea uno altro pare de dito forcho: che erano in tucto para 5 de dito forco. Dipo' fu menato li povere mischino a uno a uno, e tucto fune mese suopra le dito forco.

Al primo se fu al dito Santarello de Monsignore, che fu mese sopra la forca de sopra.

Al secondo se fu Nicolò, alias al Zopo d' Arezelata.

El 3, el Molena.

El 4, Cecho da Libano.

El 5, Zohane Piero, nepoto dal dito M. Mancino.

El 6, Iacomo d' Agostino, alias Canpana.

El 7, Antonio del' Olmo, alias Caldarino.

Lo 8, Domenego Bisconto da Manzolino.

El 9, Iusto de Cristofaro.

El 10, Dominico de Luca de Ranucio.

Lo 11, Guido Bergamino.

El 12, Lencio de Zanbaldo.

Lo 13, Vicentio Mazolo.

El 14, Gratia Razale.

El 15, Iacomo d' Antonio Vechio da Medicina.

Le quale tucto fune inpicato per bele ordine, iutorne intorno ale dicto forco, che veramento parea una gram pasione. Et lì stetene per tucto quel zorne (*). Dipoe fune reposto ai soi loco senpiterno per insine in die iudici.

Dapo' queste, a dì 29 dal mese de setenbro, die veneri, la note prosima advenire, dite Nicolae da Bazano et dito Salvatore Solano funo tolto de presone dal torione del palazo de dito M. R.^mo et funo portato nel palacio dal dito M. lo Podestato, et asaminato come ut supra, respondando ala suoa inquisitione per modo che per dito M. lo Podestato funo condanato ala morto. Dipoe fune per al so barisello menato zose nela presone et li se confesone et conzone le lor facto. Dipo' cercha l' ora sesta dito Nicolò fui inpicato ala rengera dal dito palazo, et morì come gram contritione; et avea uno ropone de raso negro, come uno pare de calze negro, come le suove pantoflo. Et li steto per tucto al zorne prosimo, die sabati, el zorne del so mercate, che hogn'ome al potese vedere (**). Poi fu sepelito al so loco deputati.

Item depo' a dì 14 dal mese d' octobre, pure die sabati, la note prosima passata, fu inpicato dito Salvadore Salano de Sam Feliso del

---

(*) In margine é notato: « A dì 5 settembre. Il Legato prestó al Regimento 1000 Ducati. Vedi l' Instromento ».

(**) In margine: « A dì 3 ottobre ». E poi: « A dì 4 ».

teritorio de Feraria ala renghera dal dito palazo, per modo che nel butare zose se ropo sole el vogole dal capestre che lui aveva al cole, et cascò in tera; tamen fu tolto per al maestro dela iusticia et inpicato un' altra volta come dito capestre; che al povere zentilomo non avea male alcuno: tuctavia s' aricomandava ala razina de vita 'terna. Et quile tale che lì se ritrovavano, tucto pregavano Dio per lui: tamen (*) a lui fu forcia a bevere quele calice de pasione. Et al butò zose la seconda volta, per modo che al simile feze quele capestro; per modo che lui reso al spirto a Dio. Dipo' al dito maestro, non avean' più corda, tose quela dal dito palacio dove lore deseano la tertura, e lì de novo al butò zose. E lì stete per tucto al zorne, e po' sepelito come ut supra. Per modo che infra la plebe gram desputa se facea: chi dicea una cosa, chi dicea un' altra: tamen pasò le cose secondo al mio reporto, come ut supra: che sone in tucto dicto inpicato numare 17.

Item pur seguitando la instoria, fui menato 7 prisone a dì 29 dal mese de setenbro, che fune prese al castello de Bagnolo de Lonbardia, che al papa l' avea facto sachezare et mese castelano novo a peticione de uno certe so signore: al so nome etc. Le quale prisuno funo asegnato al dito M. lo Podestato de Bologna.

Federico da Canpo Forgose secondo castelano de Bologna.

Al prefacto secondo so castelano in dita roca de Bologna M. Federico da Canpo Forgoso, nobile zenuveso, questo anno dal Signore 1508, a dì primo dal mese d' octobre, die dominico, feze lo so introito. Con ciò fuse cosa che al presento ancora se ritrovase al dito M. Arcipeto Caldarola, zoè maiestro de quella e dito so primo castelano; per al che la Santità del papa l' avea facto epischopo de   (**). Et per questo, intrato che lui fu, di subito dito epischopo se partì e veno al so episcopato, come veramento lui molte bene l' avea meritato per eser lui uno dignissimo architature. Et era stato in quelle loco come sove gram vizilio et fatica zorne e notto. Dipoe dito M. R.mo feze contenuvamento senpre lavorare in dita roca et fornirela de ogne suoe bisogne: et al simile suoa ciptadela, come inento parlarò.

Una taglia messa dreto a M. Zohane Bentivoglie e soi fiole.

La prefacta taglia mesa per la Santità dal papa drete ali Bentivoglie; zoè al dito M. Zohane et Anibale so primo zenito; el secondo zenito, Galiazo protonitario; tercio, Alesandro; quarto, Ileremese, tucto soi fiole leziptimo e naturale; con ciò fuse cosa che suoa Santità

(*) Fol. 120 a.
(**) Lacuna del ms.

insemo come li soi S. cardinale avesene bem visto et calcolate che
per modo alcuno dito Bentivole non volene metre fine al so male opperare, che zorne e notto de continuo stano in sela, sole per venire
a turbare al pacifico et felicissimo stato de dicta sancta matre Eclesia (*); per al che suoa Santità come dito Monsignore cardinale,
per volere spuntare li suoi rabiose denti et proibir ale lore forcie,
fezene et ordinone drete a lore la predicta taglia in queste modo e
forma: chi ie darà vivo dito M. Zohano, overe alcuno de dito soi fiole, debia aver per ciascuno duquato 4 milia d' ore in ore; et chi ie
darà morte, debia avere duquato doe milia. Item chi ie darà altre soi
nepote, debia avere, vivo, duquato 800; et chi ie darà morte, debia
avere duquato 400. Item chi ie darà altre soi inlegiptimo vivo, debia
avere duquate 400; et morto, debia avere 200. Et queste se debiano
intendre tucto le nepote del' una parte e l' altra, legiptimo o inlegiptimo; o veramento altre suoi disendento de linia mascolina non posa
cadere in dita taglia se non arano fornito anno 15 de suoa nativatà.
Item per cautione de tale taglia se fa intendre che tale soi deposito
se farano in queste cinque loco infrascripto: al primo debia esere a
Roma; al secondo a Fiorenza; el tercio alla ciptà de Zenuva; el 4 a
Luca; el 5 a suoa magnifica ciptà de Bologna. Item più ancora, che
sopra dita taglia chi darà uno deli prefacto 4 fratele vivo, et quelle
tale fuse ribello, che in quelle tenpo lui posa retornare a casa suoa
a renpatriare et avere dita suoa taglia; et più, che lui posa cavare
uno altre de bando a suoa lecta, come suoa gratia libra, del' una parte e del' altra. Le quale dicta taglia e decreto fu notificato de volontá dal R.mo M. Legato in publica forma ala renghiera dal palacio dal
dito M. lo Podestato per uno Cristofarum precone publicum dicti Comunis, anno Domini 1508, die tercia octobris, die marti, cerca l' o-
ra decimo quinta.

Francescho dala Rovere Confalonerio et Capitanio dela Ghiesa criato.

Al prefacto magnifico duca de Orbino Francescho dala Rovere, queste anno dal Signore 1508, a dì 4 dal mese d' octobre, die mercurio,
siando suoa Excelencia presentialmento nela magnifica ciptà de Bologna, dove in quelle loco se retrovava per presidento dela Santità
de papa Iulio secondo el R.mo Monsignore cardinale de Paviglia a suoa
legatione, et perchè già la Excelentia de Guido Ubaldo duca de Orbino nel so tenpo avea constituvito so fiolo adoctivo dito magnifico
Francescho dala Rovere, et a lui asegnato la iuridicione dal dito so
duquato da Orbino inela magnifica ciptà de Roma, denanti ali pedi
de dito papa Iulio so cio, come quelle cerimonie che convene a tale

___

(*) Fol. 120 b.

suoa milicia, come apare per suoa instoria in questo indreto de mia mano; et perchè dito Guido era (*) in el tenpo che lui vivea Capitanio et Confalonerio dela santa romana Ghiesa; et per queste, vogliando la Santità dal dito papa che dito magnifico Franceseho sia so vere figliole adoctivo dal dito Guido constituvito, come ut supra; suoa Santità de volontà deli suoi signuri cardinale comesene al dito R.mo Monsignore so dito Legato che in dita ciptà de Bologna l'avesse a criare et constituvirile Confalonerio et Capitanio zenerallo de dita sancta romana Ghiesa. Et qui i' nomine Domini, a dì dito, suoa S. R.ma andò nela ghiesa de Sam Petronio suo protectore, dove lì se ritrovava al dito duca Francescho come le multe altre soi nobile; et lì al dito Monsignore Legato cantò una suoa mesa solena. Dipoe ie feze hogne suove cerimonie che convenea a tale suoa melicia. Dipo' i asegnò al nobile stendardo de dito confalonerato et capitaniato. Dipo' ie dete la suoa benedicione. Dipo' hogn'ome andò ale suove habitatione come suove gram iubilatione, la quale era in casa de uno Zohano Galiazzo poeta. Et in quelle loco ste' come dito M. Legato a hordenare le facte lore per insine a dì 25 dal mese d'otobre, die mercurio; che suoa Excelencia tose bona licentia e tornò al so riposo nel dito duquato dla magnifica suoa ciptà de Orbino, 1508.

La prima guardia mesa nela ciptadela de Bologna.

Lo prefacto introito dela guardia de suoa dita ciptadella, che prima, per nonn esere fornita, poca guardia in quella si era facta, et per queste dito M. R.mo Legato determinò de fornirela de dita suoa guardia, et feze convitare tucto quelle numaro de cavale e fante che lui volea, a mi incognito, dicando che al primo zorne dal mese de novenbre, anno Domini 1508, che tute quili tale dovescne metrese in punto come suoe arme e cavale a fare la suoa mostra, et dipoi in quelle loco intrare et lì fare al so desenare come suoa S. R.ma, dove era properato uno grandenisimo convito come suo grando aparechie, tucto de tole nove et suoi mantille e tovaglie nove et hogne altra cosa per quelle bisogne uso, et bem properata de tucto le suove vivendo. Dipoi i' nomine Domini dito M.re Legato andò ala suoa mensa, et al simile feze tucto el resto. Et lì desenone, che al buon pro' ie posa farre. Fornito che abe, dito Monsignore dete dele mane nela suoa tavola e tuta per terra caschò; et inmediate fu sachezato hogne suoa cosa: el simile ie feze a tucto li altre, per modo quili suoi sacardelli fezene quello zorno uno buom butino. Dipoi per suoa resegna fu mese hogn'ome ali loco suoi, comandando dito Monsignore che tuto fusene loro fidele (**).

(*) Fol. 121 a.
(**) Fol. 121 b.

Pur seguitando la instoria, dito M. R.^{mo} a laude et honore dela gram vitoria che avea auto la Santità dal papa al zorne del confesore Sancto Martino, per esere intrato in dita suoa magnifica ciptà de Bologna sencia alcuna suoa confusione de sangue, como ut supra, feze lui corere uno palio de drapo d'ore de braza 20, al quale abe uno secondo zeneto de Zohane Francescho da Gonzagha marchese de Mantova.

Item pure seguitando la instoria, suoa S. R.^{ma} inanto al so partimento fe' fare queste infrascripto nobile fabrico de granda comemoratione in dita suoa ciptà de Bologna. La prima se fu che feze metre la efigia dela Santità dal dito papa de bronze facta masicia et de naturale, la quale fezo M. Michele Agnelo fiorentino, a sedere in cadrega, come suove corone in testa, aparato in pontificalo, come so manto e chiave le quale tenea sopra al so zenochic stanco in mano stancha; come l'altra deva la benedicione; int una capela marmorina, facta nela faciata del dito Sam Petronio so protetore, di verse la suoa piacia, in meze a dita faciata, sopra la suoa porta grande, aprese al tecto, come uno suoe epitaflo che dicea: — Iulius. Secundus. Pontifex. Maximus etc. Et queste era stato de volontà de suoa Santità, a denotare che senpre da teneris annis avea amate dita suoa ciptà, et masime dal'introito dela milicia dal suo capele in qua senpro lui era stato cardinale de Santo Petro ad Vincola et legato de dita ciptà, et senpre lui avea dato li boni documento ali dito Bentivole come suoi Regimento, che lore se dovesene mendare de tanta tirania, che lore faceano ali dito suoi popule; perchè tale cosa era contra Dio e contra el mondo. Et masime l'anno 1500, che lui era tornato dela proventia de Francia come Monsignore de Benino, mandatario dala M.^{tà} de Lodovico re de Ferancia, per reschodre duquato 40 milia che i era restato debitore dito magnifico Regimento de Bologna. Et infra queste tenpo iterum de novo lui senpre era conversato come dite Bentivole et manzato et beuto, et senpre lui i avea date li buoni documenti che lore se dovesene mendare de dita suoa rapina et observare el precepto divino, zoè amare el prosino come se medesimo: tamen mai non s'aveano volute mendare, per insine che suoa Santità nonn era venuto ala suoa melicia dal dito so pontificato. E po' ancora, non estanto quelle, più volte i aveva amonito che lore dovesene mendare e da suoa Santità andare; tamen senpre lore aveano auto in verso de lui cor Faravonis: per al che a suoa Santità era stato forcia a venire presentialemento a dita ciptà de Bologna e da quelle loco cazarie, come ut supra. Et per queste per al proverbio se spando: — propter pecata veniunt adversa —. Si che per avere amato (*) suoa Santità de contenuvo dita suoa magnifica ciptà de Bologna in suoa vita, ancora vole per suoa dita efigia che dipoi la suoa mor-

(*) Fol. 122 a.

te là presentialemente abia voluto eser mese in quelle loco per amatore de quella in perpetua rei memoria. La quale efigia, secondo al
mio reporto, per eser masicia come l'éi, pesò libre 18 milia. Laus Deo.

Item pur seguitando la instoria, dito M. R.^{mo} feze fare la suoa seconda fabrica nel so palacio magno in queste modo e forma. In primis el dito so palacio magno se ritrova sopra dita suoa piaza magna
di verse ponento, el quale se retrova per suoa proportione in quatro
quadre. La prima de verso la dita piacia se retrova per suoa lungheza perteghe 25 ala mesura forluvesa, et in meze de quela suoa dita
faciata, o poco manco, se ritrova una porta granda dal so introito,
la quale è come gram fortecia, come una suoa sarasinescha, tucta coperta de fere, come hogne suo bisogne. Dipoe seguitando tale suoa
quadra per sine in piaza nova, tucta dal dito M. R.^{mo} fu da lui fortificata, zoè come suoi merli et pionbadure, et guaste tute quelle botega che in quelle loco se ritrovava. Et in meze de quela faciata in
quele torione fu mese tre arme de masegna de gram statura, zoè quela dal papa in meze et quela de suoa S. R.^{ma} a loco soi; dal'altro
canto quela dela suoa magnifica Comunità. Dipoi sequitando insino
al cantone de dita piaza nova, dove in quello loco lui fezo fabricare
uno gram torione molte bene intese de soi providimento. Dipoi dreto
quela suoa seconda quadra che va inverso ocidento, overe in verso
la porta de Sam Felice, si è per suoa lungheza perteghe 20, come
uno altre so gram torione, dove se ritrova alcuna suoa persone ab
antica usato: pure intorno intorno, dove fuse stato alcuna botega,
tucto funo guasto et mese in forteza come suove boco da pore artigliarie ali loco de soi bisogne. E tucto le feze biancare intorno a li-
ste rose e bianco, ala dovisia de suoa Comunità, che veramente parea una galantaria. Dipoi dal canto dentro ie feze fabricare le multi
casamento da potere alogiare gram numero de suove zente d'arme,
come uno belle orto fabricato, come in quelle loco se retrova manefesto. Secondario, io voglio mo montare de sopra in dito palacio nel
quale io te farò vedere per esperientia uno secondo paradiso teresto.
In prima suoa S. R.^{ma} comenciò a fare inovare tucto quelle suove camere, dove lui habitava, comenciando al cantone di verso Sam Piero
et venando drete quela faciata di verso la piacia, zoè inovando tucto
quili soi sfitto, tucto mese ad ore, suove cornise, come suoi fiuruno
de più sorta. El simile le mure biancato, come quele suove finestre
tucte renovate (*), come suoa gram luce. El simile, tucto feze renovare quili soi camino, tucto biancato, mese ad oro come aquante
arme dela Santità dal papa e suove, et al simile a tucto li suoi uso,
tucto asestando de novo come suove cornise et capitelle mese ad ore,
seguitando per insine a quela santisima capella in capo dal palacio,
dove se ritrova uno altro pontifico in suoa faciata de relevo mese ad

_____
(*) Fol. 122 b.

.

ore, la quale feze fare la Santità dal dito papa inento a suova partita, come ut suppra. Et in queste loco dito M. Legato vose fornire hogne suoa fabrica del dito palaze quanto per quella volta, che veramente se poterebbe chiamare Sancta Sanctorum. Et se lo eterno Idio me prestarà vita felici, di novo al tornarò a vedere come serano fornito, che dipoi poterò più destintamento scrivere ad plenum.

Item pur seguitando la instoria, la Santità dal papa, vedando al tuto come el suoi Concistorio che dito Bentivole come lore cor Faravonis non se vole pentire de hogne suo male opperare inseme come suoi hederenti, non estante la dita suoa taglia drete a lore messa, et eciam che lore per suo confine mese denstante da dita ciptà de Bologna miglia 100 intorno intorne, ancora al presente suoa Santità de volontà del suoe Concistorio i è rizistrato dre' a lore et a ciaschune fidele cristiano, chi ie darà da mo' inanto favore e susidio e recapito, una schomunica zenerale, che lore debiano eser maledicto inn aternum in secula seculorum, come ribelle de sancta matre Ecclesia, come ad plenum aparea per al transonte de suoa bola; et publicato per tucto li cristiano ale suove ghiesie catedrale neli soi loco deputati, anno Domini 1508, cercha al mese de novenbre, come fui manifeste.

La partita de Monsignor Legato da Bologna per andare a Roma.

La prefacta partita da Bologna dal dito M. R.^{mo} Legato dito cardinale de l'Aviglia se fui corando li anno dal Signore 1508, a dì 24 dal mese de novenbro, die veneri, zoè el zorne benedecto dela vizilia dela martira et virzinella Catarina, già sposa, secondo la sancta matre Ecclesia, dal nostro vere Redemptore, per volere andare a Roma ali pedi dela Santità dal papa, ed a quella denanto al so conspeto fare lui come fane li bone opperante li quale rendine bom conte ali soi mazore de hogne suoa administratione durante li suoi tenpo. Et qui i' nomine Domini feze lui dita suoa partita a dì dito, et venne ad alogiaro a Castello Sam Piero. Partito che al fu, lasò in dita (*) ciptà de Bologna per suoe presidento el R.^{do} Monsignore episco' de Tivole, homo excelentissimo et altre volte aprobato neli facto de sancta matre Ecclesia. Et per narare el tucto, dito R.^{mo} Monsignore Legato stete per abitatione de continuvo in dita ciptà de Bologna inanto a sua partita misi cinque e zurne 15 e ore 3. Al quale veramente fu homo che tenea splenidissima corte et al molte revisitato da quelle so popule: et lui zorne e notto deva gratissima odentia a rico e povere zeneralmento, per al che lui era molte amato e venerato da quelle so popule. E da quele Castele fu molte bem viste, et properato hogne suo bisogne. L'altre zorne, che fu a dì 25 dito, veno ad alogiare ala suoa ciptà de Imola, die sabati, cercha l'ora decima sesta, et alogiò

in casa de M. Zohane de Sasadello. Dipo' feze le molte cose memorando, et masime fece uno Zichino da Imola cavaleri dala Masone.
Dipo' se partì et venno ad alozare ala nostra ciptà de Forlì. Et qui
feze le molte cose piglio, che fu a dì 27 dito, die luni. Arivato che
al fui, facto che lui abe hogne suove cerimonie, vene ad alozare i'
nostro palaco magno. Dipoi l'altre zorne la nostra Comunità ie donò
uno bacile et uno bronze d'argento come le arme de nostra Comunità, de valuta de duquato 80: le quale veramento erano dui beli vasi.
Dipo' al nostro cape de' Conservatore M. Nicolò Torniello i arecoman-
dò al nostro popule, che era fora absente, che dovese retornare a
casa. Alora dito Monsignore Legato ie feze una patento, che tucto dovese retornare a casa sencia alcuno so inpedimento; per modo che
dito nostro Signore mandone per lore; per modo che a dì 4 de decenbre, die luni, la matina per tenpo, andò ala mesa in Sam Mercuriale, et in quelle loco se ritrovava dita nostra parte absenta et presenta; per modo che lui ie feze fare la paze, zoè reconfermare quele che
già avea facte la Santità dal papa, come suove bone cautione, come
ad plenum io ó parlato nela suoa instoria. Dipo' venne a desenare,
dove dita nostra Comunità i avea donato tri paste a tucto suove proprie spese. Et altre opre pio feze suoa S. R.ma, le quale laso per bre-
vitado. Dipo' feze suoa partita et andò ala ciptà de Cesena, dove era
al conto Obize suo fratello; che fu a dì 4 dito. Et in quele stete per
insine a dì 9 de decenbro dito, die sabati. In quele loce se feze zo-
strare certe precio; et le multi altre galantarie. Dipo' se partì a dì dito et andò ad aloziare a Sancto Arcanzelo. Dipoi lui se partì et andò
al so viazo i' nomine Domini come suoa famia, la quale era questa
infrascripta. In primis el R.do padre l'Arcioveschovo de Zara; secondario, lo Epischopo de Crepanicha; lo Epischopo del' Aquila; M. Bartolomio da Predasancta, datario; et M. Bartolomio da Luca, secritario
(*); M. Andrea da Luca, cancelario; M. Bosto, secritario. Soe capi-
lano; el primo, el R.do padre M. Francescho da Peso; secondario,
dom Bartolomio da Sena; tercio, dom Batista da Fiorencia. M. Hercolo Lamandino da Bologna, so maistre de casa: M. Iacomo napolitano,
seschalco; M. Pretientiano, servitore: M. Franceschino, spenditore: M.
Grarasiano, seschalco de tinello; M. Dego spagnolo, servitore; M. Iacomo fiorentino, camarero; M. Francescho da Santa Maria, servitore;
M. Paule Andrea, schuderi; el so conpagno, M. Zohano Francescho
mantovano et M. Marcello da Sena. Bernardino perosino, Pisiano Leu-
teschadio da Liono, servitore de tavola. Ghignone spagnolo, servitoro; Sebastiano zenoveso, servitoro; Peris Sabastiano zenoveso, Clau-
dio francioso, dom Francescho, Mario Antonio Romano, tucti servitu-
re. M.° Cabriello francioso, cocho; M.° Zohano da Orbino, suo conpagno. Et quiste altre zentilomo bolognese, pur in suoa conpagnia: al

primo, M. Hercolo Filisino; secondo, Antonio Cotio; tercio, M. Camile de Pepoli; 4, M. Agostino de Ranutio ed ultimo. La quale dita suoa famia veramento erano homine prodentisimo e de bela statura, molte bene in punto. Per modo che dito Monsignore reverendisimo arivò a Roma i' nomine Domini incognito, come suoa granda alegreza.

Carastia et abondantia et altre suoe infortunio. 1506.

Del' anne predicte fui le molte varie e descordanto cose in questa nostra machina mondialo per la vertù deli influse celeste, facto et ordenato ab eterno in mento divina, le quale ve farò intendere a partita per partita. In prima el Sole intrò nel primo grado d'Arieto a dì 10 dal meso de marze, a hore doe et menute 40 dela suoa notto, asendendo grade 21 de Peso, esendo el signore del'anno secondo la diustantia di loci, zoè da horienti al' ocidenti; perchè Veneri si era signore in ocidento; le orientale da nui haverano el Solo. Et al simile tenerema al Sole per dito signore cum Marto in conpagnia, le quale tucto insemo queste presento anno tenerano el precipato de dita signoria.

Ora vediamo mo come stano la prima et seconda et tercia e quarta dal dito anno. La primavera fui instabile et molte più freda et umida che non convenea ala suoa natura. Et in questa acade alcuno gram prodigio; con ciò fuse cosa che a dì 3 dal mese de magio, zoè del zorne benedecto dela comemuratione dela Croce divina, che cercha l' ora del so vespere venne per vertù de dito influso celesto una tenpesta, overe grandina, come vento sencia aqua, de gram (*) statura et in tanta quandità nel nostre teritorio, comenciando da Faienza per insine a Cesena, dreto al zove dela montagna, che era de tanta quandità che come le pale se serebbe amonturata; per modo che a nui se dette gram danno. Item di poi a dì 22 dito, die veneri, de novo cercha l' ora 22, retornò in quello loco tale grandine et anco più, come aqua e vento, per vertù de quiste infrascripto especi che in quelle zorne ocorevano. Prima per la coniontione dela Luna come al Sole: dipoi uno sestile de Saturno come Luna e uno quadrato de Iove come Luna: la coniontione de Veneri come Luna; uno quadrato de Iove come Veneri. Per al che per suoa vertù tute insemo tale grandine fecene gram ruvina come suove gram fulghere. Tamen non vala al stare dal grano in prima dita quarta se nè da 25 per insine in 40: el vino libre 3 ¹/₂ l' asaze.

Secondario, la quarta dela stado fu quase in suoa natura de calidità; tamen fu grando inondatione, che le biave meduto in canpo patito gram danno; perchè neli soi barche le molte se ne putrafene et marzone, che male se poté batre, se nè al mese de setenbro; per

---

(*) Fol. 124 a.

modo che al molte grano et fabe andone in perdicione. La vendema fu trista; per modo che cercha l'ultima parte del mese de luglio aparbe una gram cometa codata nele parte ocedentale, et asendeva nele parte stenterionale non tropo deinstanto dal polo, la quale durò cercha trenta zorne. Nel so principio fu gram serenità; dipoi vene granda inondatione che durò cercha 40 zorne, come ut supra, per modo che per vertù de quela fu dicto che morese el re de Castiglia, zoè l'arcioduca de Borgogna fiole dela M.^{tà} de Masimiano inperatore. Et le multe altre infortunio acade per quela, che io lase per brevità.

Item la quarta octenale fu pur alquante termino de pesta a Forlì et a Bertenore. Valse al care del'uva libre 10; el vino libre tre l'asaze; el grano valse solde 25 el stare; la fava s. 14.

La quarta vernale fu molte bene in suoa natura, zoè freda e sechia che mai no nevó che se potese vedere, nè eciam mai non piobe; per modo che fuse facto bisogna al' ome andare a coperto. Poco infermità. Valse al grano s. 20; la fava s. 14; vino libre 4 l'asazo; le altre cose al so precio consuveto; salvo che la libra dal pepere peste valea solde 30; la libra del zoferano valea libre 13. Per modo che le cose pasone nel presente ano come voi intendito, et le multe altre etc.

Felippo Re de Castiglia morto.

Al prefacto Felippe, zenito dela M.^{tà} de Maximiano (*) inperatore et re deli Romano, queste anno dal Signore 1506, intravenne la suoa prefacta morto, cercha al mese de setenbro, secondo al mio reporto.

El popule menute de Zenua caciò fuora al popule zentille.

Ala prefacta ciptà de Zenua i acade uno gram case queste anno dal Signore 1506, cercha al mese de decenbro; con ciò fusse cosa che al popule machanice venese in tanta dischordia et mala volentia come al popule civile, per al che dite mecanici cacione fora el civili, o veramento al zentile, che a lore fu forcia absentarse in altre patrie. Dipo' queste, li rimanento comencione a cridare — Libertà, Libertà — et grandamento se fortificone. Alora intendando la M.^{tà} de Lodovico re de Ferantia suo patrone le gram discordie zià partorite infra lore subdito de dita suoa magnifica ciptà de Zenua, gram proparamento sua M.^{tà} feze come suoi mandatario, a ciò che l'una parte e l'altra dovese venire ale lore remissione et retornare ale lore case et atendre a eser buom subdite et fidele al stato de suoa M.^{tà} Tamen l'una parte e l'altra aveano cor Faravonis; per al che mai non se poteno acordare; e tutavia quili dentre se fortificavano, faciando granda armata neli soi porte et ala ciptà zorne e notto come gram vigiglie. Alora de continuo queli soi nobile absento senpre se ne trovava per viaze, che andava et venea denante dal conspeto de suoa M.^{tà}, et quela caramento pregaro che se volese dignare de venire a tale suoa anpresa, che libramento lore ie prometea de pagare hogne suo danne et intrese a tucto le lore spese, purchè lore se posano retornare a renpatriare nele lor case. Alora suoa Maestà avando intese che quile dentre già aveano facto hogne lore sforcio, come ut supra, et già avere prese doe suove fortecio, zoè Castelacio et Sam Francescho, e tuctavia pugnavano contra al so Casteletto come grando ordine, per modo che suoa M.^{tà} se partì per venire a tale suoa placatione et arivò in Talia (*) la prima mediatà dal mese d'aprile anno Domini 1507, et con esa suoa Maestà avea cercha   (**) conbatento, molte bene in punto. E secondo al mio reporto, suoa M.^{tà} feze al so riposo in loco chiamato al Bosche, che fu a dì 22 dal mese d'aprile predicte. Et in quele tenpo zià era andato una gram parte de suoe zente d'arme inseme come altre suoe excercipto de quilli suoi nobile Zenovese absento, che poteano eser cercha 600 de quili soi nobile dite absentati, e tute insemo aveano come 6 galeo grosso asidiato el dito suo porto; le quale ie faceano gram guerra. Alora de quili dentre se n'era facto tre parte: la prima erano quili ricone et altre homine de meza sorta: la seconda era li artifici che non se voleano inpaciare dali cuppe in suso; la tercia ed ultima erano quilli sbrico, overe spadacieri de gram numaro, che male volontiera lavoravano, perchè in ciaschuno regno asa' più cativo se ritrova che bone, et masime che de continuvo vorebbene vivere del bem dal prosimo, et più preste cedre al male che al bene. Et per queste era stato forcia che le altre doe parte stesene sotta lore de mai non s'avere voluto acordare. Alora vedando tale lore dureza dele lor core, suoa M.^{tà} di subito in quelle loco s'apropinquò, concredando che al popule dentre inmediate ie dovese portare le chiave, come già i avea facte intendre tale suoi nobile absento quando per lui erano andato; e tuctavia dite nobile pugnavano intorne a dita ciptà per quela via che se potea andare a uno so torione dove era una inspugnabile fortecia, la quale lore se devano intendre d'averie el tractate dentro. Tamen per suoa pugnatione mai alcune si era motto a scoperire tale tractate. Alora suoa M.^{tà} se cominciò a lamentare de tale suoi nobile, dicando che quille tale i aveano dicto la bosia per insine al presente. Alcune nonn era motto in suo favore, dubitando lui asai de non covegnere sumerzere tale suoa ciptà per la forcia del gram numaro dili tali suoi sbricho, perchè de tale suoe acorde lore non se n'aspetavano cosa buona alcuna; ance eser per contrario d'eser la rovina suoa. Tamen quisti

---

(*) Fol. 125 a.
(**) Lacuna del ms.

tale nobile de continuvo confortavano suoa M.^{tá}, dicando che lore sapevano bene che tale tractate i era in dito torione et i' aveano promesso, quando al tenpo fusse, che lore borsarebbo tuta la polvere
de suoa monitione del dito toriono; et più, quelle che lore aveano
promeso a suoa M.^{tá}, che non ie mancarebbe de una drama de paga-
rio suo danne e intreso de tucto. suove zente d'arme et altre suoi in-
comodi. Et qui pregono suoa M.^{tá} che facese pugnare verilemente sencia alcuna dubitatione, che una volta lore sane che interirano. Et qui
fecene conventione come el canpo franceso de darie dita ciptà a sacho, perchè a lore ie parea gram cosa a potere intrare; perchè per
al proverbio se spando che tucto al mondo non (*) poterebbe piare
Zenua, mo che Zenuva piaria Zenuva. Et per queste tale Francioso,
be' che lore fusene pagato ala zornata, non voleano metre suoa vita
a pericole se lore non ie la devano a sacho. Et così per lore fu concluse, considirando lore chi non vole la benedicione abia la maleditiò.
Dipoi gaiardamente comencione a pugnare contra dito bastione, che
per altra via non potea andare, per modo che ala prima bataglia u-
na gram parte dela dita guardia dal dito bastione insì fora a pugnare contra lore, asendando nel piano. Alora dito Franciose fecene dui
squadrune come due aliie et li mise in meze, e tucto fune preso. A-
lora el resto che se trova in dito torione fecene chiamare la parte che
era nela dita ciptà, dicando che lore ie mandase zente frescha per so
secorse. Alora la ciptà stete molte mirativa da mandare e non mandare; per modo, in quela suoa delicione del tenpo, quile prencipale
aucture de so dito tratade, che dentro se ritrovavano, ie parbe al tenpo, et inpizone al foco in suoa polvere, che brusò tucta tale suoa monitione, come lore aveano promeso, come ut supra. Alora li Franciose come cane rabiato introne dentro per volere andare a sachezare
la terra, come i era stato promeso. Alora suoa M.^{tá} se mose a gram
conpasione et ie mandò al so R.^{mo} Monsignore cardenale de Ruano,
che per niento non volese consentire a tancta cordilità, quanto screb-
bo stato quella; considirando lui che tucte quelle povere criature rationale serebbene andato in cativitado, per eser tucto lore suoi menbre. Ali quale suoi dite Franciose fece che dicto suoi nobile absento
ie deto per suoa bona mane duquato 5 milia d'ore in ore. Dipoi inmediate ie fu aperte le porto, che la suoa M.^{tá} intrò in dita ciptà, tucto coperto ad armo, come al so brando in mano, di mezo al dito
cardinale et altre 4 prencipale suoi anbasatore et ostadise de dita suoa
ciptà. Tamen i era gram numaro de povere dolzelle et maritato, secondo al mio reporto, erano tucto schapigliato, come suove mane batando per volere andare denanto ala M.^{tá} del re et a quela recomandar-
darse, dubitando lore de non andare tute per al file dela spada, et
che quelle tale povere donzelle de non andare ale verghogne dal mon-

do. Tamen fu per contrario; che intrato che fu suoa M.^{tà}, comenciò a placare dito suove pecorello: che fu dita suoa intrata, secondo al mio reporto, a dì 28 dal dito meso d'aprile, die mercurio, anno Domini 1507. Dipoi per suoa M.^{tà} fu concluso che hogn'ome de lore dovesene stare ale lore case et atendre a esere suo buom subdito; et per suoa penitentia ie dete lui che lore (*) facesene una roca; la quale facta che la fui, costò duquate 40 milia, a ciò che suoa M.^{tà} ie potese tenere al morso in boca un'altra volta, a ciò che lore fuse più savio de non volere pugnare l'uno contra l'altre. Dipo' quele, ie costò al salario de dite zente d'arme, tra quelle de suoa M.^{tà} e le suove, duchate 150 milia d'ore; che ascndo mo ala quandità de 240 milia duquate d'ore in ore, sencia al gram numaro de suoi presento facto a soi intercesure per potere lore retornare ale lore case, sencia i altre suoi incomito. Per modo, come suoa M.^{tà} fornite che l'abe hogne suoa placatione et bene opperare, se partì et andò ala suoa ciptà de Savona, dove, secondo al mio reporto, se retrovò la M.^{tà} del re de Spagna. Et lì stetene in gram suoa congratulatione. Depoi se partino et andone ale lore regno a darse gram piacere come le lor razine.

Cardinale de Salerna morto.

Al prefacto R.^{mo} Cardinale de Salerna, queste anno dal Signore 1507, a dì 6 dal mese de maze, die iovis, intravenno la suoa prefacta morte, secondo al mio reporte. E fu nela magnifica ciptà de Roma. Et in quelle loco fu sepelito come grande honore, per eser stato lui home spirituale et amatore del culto divino et molto amato nella corte romana et molte venerato da hogne persona.

Adriano Cardinallo fusso da Roma.

La prefacta partita da Roma per suspeto dal R.^{mo} monsignore cardinale Adriano se fu corando li anno del Signore 1507, cercha al mese   (**); con ciò fuse cosa che parse che fuse stato messo in norma dela Sanctità de papa Julio per la divina providentia papa secondo, per suspeto dela catura de Monsignore R.^{mo} cardinale et legato de Bologna de lactare M. Antonio titoli Sancti Vitalis, che in quele tenpo già, secondo al mio reporto, era da suoa Sanctità stato rectenuto et caturato, come ut supra, insemo como Monsignor Datario M. Zohano Gozadino, nobile dela magnifica nostra ciptà de Bologna. Per al che tramedui per so gram suspeto de suoa Sanctità fune molte asaminato; per modo che parse che dito Adriano s'avese mese paura per tale (***) suspeto de dicta suoa norma; per tale via e modo che

(*) Fol. 126 a.
(**) Lacuna del ms.
(***) Fol. 126 b.

lui per più suoa salvatione se partì et absentose per cedre alquanto
ala fortuna ; considirando lui, come per al proverbio se spando, che
pur che la furia non passa el segno, la sancta pacientia vince hogne
desdegno. Tamen de tale suoa partita ale multi homine ie parbe gram
cosa, considirando che lui fuse molte amato da suoa Sanctità per e-
ser lui uno buom gramatico et grando horatore, et etiam compone-
va le molte cose. Et masime avea facto la venuta dal papa a Bologna in tercia rema, che veramento era una galante cosa.

Abondantia e carastia del' anno 1507.

Del' anne presento 1507, per eser el Sole e Marto signore, per
vertù de tale suove signorie le influse celeste induseno sopra la terra le molte cose memorande, dele quale ne farò nome a partita per
partita in ciaschaduna suoa quarta, a dì e mese, secondo le lore o-
curentie. In prima nela prima quarta dela primavera comenciò a dì
12 dal mese de marzo, per modo che a dì 26, 27 venne alquanto
termine de tenpesta nel teritorio de Faiencia e de Forlì : fecene gram
dane ale vide che già molte aveano messo. Valse al stare dal grano
per tucto aperilo s. 20 ; la fava, 15 ; al vino, L. 8 l' asazo. Item a
dì 7, 8 de maze vene una gram tenpesta per al teritorio de Medola
e di·Forlì, di sopra da Strata, come gram danne ale multe cose. I-
tem a dì 12 del mese de zugno vene una gram tenpesta nel teritorio
de Ravena, venento per insine ala nostra Vila de Fabrica, pur come
gram danno.

La seconda quarta, zoè la stade, fu come suoa natura, per modo
che a dì 13 d' agosto, die veneri, la note prosima ven un' altra gram
tenpesta per al dito teritorio de Ravena, de gram statura : ie ne fu
de quela che pesò onze 9 ; per modo che amazò nela pigneda et in
altre loco gram numaro de oceli : et più, s' al fuse stato al zorne,
arabe morte forsa dele criature rationale. Valse al staro dal grano
per tucto luio a Forlì s. 24, et per tucto agosto s. 27 ; al centonare
dela farina, per al male masenaro, valse al centonare 28 solde per
insine a dì 2 dal mese de setenbro, che comenciò la piogia, la quale feze venire buom masenaro. In la vendema, nela prima parte, valse al care del' uva libre 20 ; dipo' tornò ad 18 e 17 ; l' asaze dal vino puro valse L. 6 ; mitadengo L. 3 ; pizolato s. 30 e 40.

La quarta octonale fu più caldo che non conveno a suoa natura,
come gram secità, per modo che le semento male poteano (*) nase-
ro, perchè in molto loci li grano dipo' al so nasimento se perdeano,
che era forcia a resomenare un' altra volta ; et masime nel teritorio
de Ravena in qualque loco paduli. Per modo che la prima setemana
d' octobre valse al grano s. 30 al stare. Per modo che a dì primo dal

dito, die venus, era venuto una gram tenpesta come gram fulgore et vento. Item per tale galidità tenperata per forcia de aira durò per insine ala natività dal nostro vere Redemptore, che fu a dì 25 dal mese de dezenbre. Con ciò fuse cosa che rose de rosare n' era in quandità bone et colorito in suoa natura, dele quale nele parte dala Marcha e de Roma e dal regno de Napole in quelle parte meredionale se n' era fatto gram quandità de aqua rosata et olio rosato dela profecione de suoa natura come in quele loco era manefesto. Et queste fu, secondo a iudicio deli multe, che ala primavera pasata nonn era state de dite rose quase niento. Secondario, era uva de più sorte, zoè vila, moscatello et altra uva zentile in suoa proficione. Tercio, fragoli colorite e bone in suoa natura. 4, nuci grose che se potea confectare et altre fructe de più rasone, che tucte faceano stupefare la zente, le quale erano zenerati et conducte per dicte especte celeste, come ad ogn' ome era manefeste, et masime in loco dedicato. Et così stete li tenpo per insine a dì 2 del mese de zenare ch'ese al vento stentrionale; et durò alquanto zorne, per modo che feze molte ghiazare la terra; per modo che in tale zorne era nevato in alcuno loco del' Alpo. Dipoe a dì 10 dito comenzò nevare non tropo de gram statura, per mo' che quela quarta vernale fui molte bene in suoa natura freda e sechia. Valse in questa quarta al grano s. 30; fava s. 28; le altre lomi al so precio consueto. Al vino valea L. 9 l' asaze; la carne dal porcho valse L. 4 al centonare; legne, care; fructo de hogne rasone, caro; al mele valea s. 3 la libra et male se ne potea avere. Et poco infermità fui nel' anno presente. Per modo che pasò le cose come voi avite inteso per la vertù et potentia del dito Sole e Marto signore del' anno, come ut supra, et multi altre etc.

Guido Ubaldo duca de Orbino morto.

Al prefacto Guido Ubaldo al presente duca de Orbino et confalonerio et capitanio zenerale dela sancta romana Eghiesa, queste anno dal Signore MDVIII, a dì 11 dal mese d' aperile, die martis, cercha l' ora quinta dela notto prosima ad venire, intravenno la suoa prefacta morte nela suoa ciptà de Fuossaembrone. Di po' fu portato a sepelire ala suoa magnifica (*) ciptà de Orbino come grando honore, per eser lui molto amato et venerato da quello so populo. La quale suoa dicta morte male se poteria denegare che per la mazore parte non fuse causata da quello so male de pedagre, per eser lui stato coppiose, come lui era; per la quale dita suoa morte molte al dito so populo de ogne suoa administratione se ne poteane atristaro et grandamento adolorarse per eser senpre de continuvo suo buom pastore et avere receuto con esa lore de gram suoi guai, et masime

----

(*) Fol. 127 b.

per hogne qualconcha volta che suoa Excelentia era stato caciato dal so regno dala potentia del gram bracio di Cesaro Borgea. Et sempre lui de continuo per la suoa gram prodentia, come al grando aiuto et favore de dito suoi populi, senpre mediauto la divina gratia se n'era reparate per insino ala creatione dela Sanctità de papa Julio secondo et so cio de lui, che po' inmediate se n'era retornato a casa al so reposo, come inento in queste ad plenum nela suoa instoria n'ó parlato. Ulterius, era stato homo amatore del culto duino, et avea le inzegne spicolativo; buom gramatico, buom oratore et gram teiolico; del' astrologia al molte se ne delectava. Et che queste sia al vere, se retrovava lui avero uno zenaso copiose de hogne volume, zoè, secondo al mio reporto, greco, 'braico e latino, in tanta quandità che poche se retrova in questa nostra proventia de Italia che quello potesso aparegiaro: et la più parte scripto a penna in carta menbrana. Ultimatamento, home neutrale, costumato et amabile ale più persone. Et era de bona statura, bianco et colorito. Et per suoa natività potea avere cercha anne   (*).

Morto che al fui et sepelito, romase   (**) suoa dona et sorela de Zohano Franceschho da Gonzagha per insino a dì 13 d'aprile dite, die iovis, che Franceschho Maria dala Rovre profecta de Sinigaglia venne a piare la vera posesione de tale suo duquato de Orbino, come per lui in suoa vita era stato constituvito so fiole adoctivo nela ciptà de Roma denanto al conspeto dela Sanctità de dito papa Iulio so cio, come ut supra, come n'apare la piena invistitura de mia mane, cercha l'anno 1504 a dì 18 dal mese de setenbre, de volontá et comisione de suoa Santità e dal dito Guido e suoi populi. Et qui i' nomine Domini a dì dito corse la piacia et prese suoa breta duquale de tale regne come la volontà et comisione de tucta dita sedia apostolica e di ctucte li soi popule, zoè città e casteli e d'ogne altre loco de suoa administratione, come piena rasone, per insino che alo eterno Dio piacerà (***).

Galiotto cardinallo de Sam Petro ad Vincula morte.

Al prefacto R.^{mo} Monsignor cardinale Sancto Petro ad Vincola, questo anno dal Signore MDVIII, a dì 10 dal mese de setenbro, die dominico, secondo al mio reporto, intravenno la suoa prefacta morte dentro dala magnifica ciptà de Roma nele braze dela Santità dc Iulio per la divina providentia papa secondo, per eser lui so nipoto, chiamato Galiotto fiole de M.ª Luchina suoa sorella. La quale morto, secondo al mio reporto, fu molte-repentina e non sencia dubio molto doveia recresere a suoa Santità. Morto che al fui, di subito la Santi-

---

(*) Lacuna del ms.
(**) Lacuna del ms.
(***) Fol. 128 a.

tà dal papa fece convocare al so Concistorio secreto et, secondo al
mio reporto, a quili suoi signore cardinale ie fece una suoa domanda
molte cordiale, dicando come le lagreme suopra li soi hochie : — Signore mei conpagne, dapo' che alo eterno Idio é piaciuto de ritirare
al dito mio nepoto cardenale predicto neli beni de vita eterna, al quale a lui i aveano dato quel titole de quelle cardenalato, come voi sapito, per al che fuse al so riposo et al mio, tamen a mi pare che
renescha per contrario ; che io me vede a male partito como poco mio
contentamento, salvo se le vostre Signorie iterum de novo non s'a-
dariseno ala mia volontà, zoè de novo crearo duom Sisto mio nepote
et fratelle del dito cardinale morto in quelo medesimo titole de Sancto
Pietro ad Vincola, come ut supra —. Alora facta la domanda fu per
lore vinto al partito, zoè de recognosere la suoa benevolentia de suoa
Santità ; et per quello, secondo al mio reporto, a lui ie fu asegnato
la carta biancha, che quela dovese fare li capitole a so senno, zoè
sopra tale suo domanda fornire ogne suoa bramosa voglia. Et i' nomine Domini ie fu asegnato per suoa sedia apostolica la melicia dal
capello de dito cardenalato de dito Sancto Petro ad Vincola. Et fu sepelito tale so corpo como grando onoro.

Guera delo Inperatore come la S.ᵃ de Venetia.

La prefacta guerra de dita M.ᵗᵃ de Maximiano nostro Inperatore et
Re deli Romani contra la excelsa Signoria de Venetia se fu corando
gli anno dal Signore MDVIII cercha al mese de marze. Con ciò fuse
cosa che per le lore deferentia fuse già partorito le molte gram discordie (*) infra le lore parte, secondo al mio reporto, per intersc-
sione dela Santità de Iulio per la devina providentia papa secondo ;
con ciò fuse cosa che per la parte dela sancta madre Eclesia dicta Signoria avese e tenese et avese tenute contra la sedia postolica Ravena ciptà et Cervia, et novamento presa la ciptà de Faiencia et Rimino.
Per al che parea che suoa Santità i avesse più volte facto domandare la restitutione deli prefacto terre a dita Signoria ; tamen suo Santità nonn avea potucto avere cosa alcuna conclusive ; et al simile dita Maistà inperiale le molte ciptà et castelle e loci i avea fato domando, che dita Signoria tenea et le multe anne avea tenuto, come era
Paduva et Verona e Trevise et le multe altre le quale ab entico senpre funo delo Inperio. Per al che mai dita Signoria non avea voluto
restituvire alcuna ; ance senpre de continuvo machinava de volerene
tore ala Ghiesa et Inperio. Per modo che dito Inperatore de volontà
et comisione del dito papa mese inseme le multi zente d'arme, sole
per volere andare ali danni de dicta Signoria, per requiste de tale lore ciptà et castelle e loci. Alora dita Signoria se mese in punto come

---

(*) Fol. 128 b.

fane quili che soi nemici apreciano; per al che, secondo al mio reporto, introne in porticione suotta al gram braze dela M.^{tà} de Lodovico re de Ferancia per tenere et posedere al presento al duquato de Milano et avere caturato nele suoe forcie al presento Lodovico Sforcia già duca de quello et cio delà Inperatrice, al presento moglieri de dicto Maximigliano, per al che lore se potesene defensare da dita M.^{tà} Inperiale per le rasone sopra asegnato. Per modo che l'una parte e l'altra meseno inseme gram numaro de conbatanti. Per la excelsa Signoria i era per so capitanio quelle valeroso signore Bartolomio d'Avigliano, nobile di casa Orsina. Dipo' questo, a dì 2 dal mese de marzo, anno predictis, zoè el zorne consolato dela zobia grassa, andone ale danne del'Inperio nela Marca Trivisana et in quele loco s'atacone per modo [che] venne rotto et morto 1714 conbatante de quilli de l'Inperio. Tamen de quile de dita Signoria, secondo che a mi fu data la resegna, sole 4 ne perì, et fu per daro la bataglia al Castelo de Cadore. Tamen a dì 4 dito, die sabati, l'abene per bataglia; nela quale fu morto al signore Carlo da Rimino come cerca 14 conpagne. Alora intendando lo Inperatore tale so male prencipio, molte s'adirò et fortificò de novo al so canpo, per modo che a dì 9 d'aprile mandò tale so canpo al castello de Trigesimo et a Cormuse, et lì presene quelle monto, conducendie cercha 12 boche d'arteglarie; per modo che sachezone et brusone cercha 12 de quelle suove grosso ville. Facte queste (*), lore se partino. Alora al dito canpo dela Signoria ie retornò e de novo le prese et fortificole; che fu a dì 10 dito, die luni.

Dipo' questo, a dì 14 dito d'aperile, die iovis, andò al canpo dela Signoria a Goritia. Arivato che lore fune, comincione asidiare al borgo per modo che l'altre zorno fu sachezato dala conpagnia dal signore Raneri. Item a dì 17 fu data la prima bataglia.

Pur seguitando, a dì 18 la seconda, nela quale venne brusato al signore Pandolfo Malatesta.

Dipo' a dì 19 dito, die martis, zoè al marto sancto de Resuretione, fu prese la terra. Dipo' a dì 22 dito, zoè e' sabato sancto, depo' al sone dele canpane, se rese la roca et abene hogne cosa d'acorde.

Facto queste, se partì dito canpo a dì 25 dito, die martis, et andò a Striaste. A dì 26 dito zunse a Persego, et lì fu data la bataglia, per la quale poche nocimento ic fu facto: tamen pur alquante ne fu ferito de quile de dita Signoria.

Dipo' queste, se partino a dì 2 de mazo et andò al canpo asidiare dite Triaste et al bonbardizone per terra et per aqua, dasandie zorne e notte gram bataglia per insine a dì 6 dite de mazo che se rese la terra et la roca d'acordo.

_____

(*) Fol. 129 a.

Facto queste, a dì 9 de maze dito se partino dito canpo, die martis, et andone asidiare Goritia.

Depo' se partì a dì 16 dito et andò a Sancta Croce et ala Tore de Sam Zorze et quela pione, metando a fogo e saco, perchè già altre volte da lore erano rebelati.

Item a dì 19 preseno Richo in Bergamo, pure a foco e saco, per la mazore parte.

Item a dì 21 dito, die dominico, preseno Sam Nosigio et al brusone.

Dipo' se parti al dito canpo de dita Signoria per andare a Pistolio come tre boco de fogo: tamen non ie poteno andare: ie fu forcia indreto retornare. Tamen andone a Triaste. Dipo' se partino a dì 27 dito, die sabati, per andare Pitogolo.

Alora in quelle tenpo lo Inperatore, avande già visto quelle che avea facto al canpo de dita Signoria per avere prese tante del so territò a lui, iterum de novo fortificò dito so canpo et come gram so sforcio vene al' incontre de quelle de dita Signoria, per modo e per via che ne ropene una gram parte per forcia del gram numaro de suoi cavalle legieri: per al che dito canpo de dita Signoria ne venno morto cercha numero 100 et prese cercha numero 40. Per mode che a dito canpo de dita Signoria ie fu forcia de retornare a Goricia; et in quelle loco stetene per insine a dì 6 dal mese de zugno, anno predictis, die martis. Dipo' se partì et retornò al dito Pistoglio, che fu a dì 8 dito, che arivone a uno so castelle a mi (*) incognito, et per lore fu mese a fogo e saco. Et masime int una suoa tore fu brusato tra homine et donne, tra grando e picole, cercha numaro 40 come suo gram terore, che quelle voce anda' per sine al ciele: ale multe homine ie ne rencrebbe per le lore inocentie.

Facte che lore abene quelle, se partino et retornone al dito Postolo, che fu a dì dieci dito, die sabati, de Pintecostes Domini nostri Ihesu Cristi: la matina nante el zorne aveano piantate suove artigliarie come grande ordine per la prudentia dal dito capitanio signore Bartolomio d'Alviane, come ut supra; per modo che zorno e notte faceano gram lavorare. Tamen nela levata dal sole la parte dentro faceano suoa grande fossa, tuctavia gridando lore a suoa voce piena — Arme, Arme —, perchè già tuctavia s'apropinquava gram numaro del canpo dela dita M.tà Inperiale, che veneano a tale suo secorse; zoè cercha 5 milia pedune et quatre cento cavalle legieri. Alora intendanto al dito signore Bartolomio d'Alvigliano, capitanio come ut supra, come quelle che avea de tucta l' arte la vera doctrina, butande lui fuogo per boca che paria uno serpento, dicando lui che tale suoa parte aversa pure veneso ali soi piaceri, che veramento lui credeva che poco honore lore ne poterano ariquistare; et per queste lui messe insemo gram numare de soi stradioto et prese li pase per mon-

(*) Fol. 129 b.

to e per piano; per modo che lore non ie potese venire a dare alcuno secorso per al quale lore da suoe forcie se poteseno salvare. Prese che fui tale suoi pase, per modo alcuno lore non poteno passaro. Alora vedando la guardia de suoa rocha che per modo alcuno secorso a lore non potea venire, per al quale lore se poteseno salvare, di subito feze gram segno come al fumo chiamando per lore secorse, tolande lui hogne suoe termino: tamen fornito hogne suoa deliberatione, fece fermo proposito et feze chiamare el capitanio et a quelle se rese d'acorde come suoe pacto et conventió. Et al simile feze la tera, salve persone e roba.

Et infra queste tenpo già per al volghe gram targa se tenea che infra la M.ta (*) Inperiale e dita Signoria se tramava de fare una trega per anne tri prosimo advenire. Rese che fu dito Pistoglio, prosperando tale volgo, se partino de quelle loco, zoè a dì 11 dito, die dominico, zoé el zorne benedecto de die Pintecostes, de mense iunii, anno predictis, et retornone ed alogiare a dita Goricia, che già era arivato la certificatione che dita trega per anne tri prosimo advenire, comenciando a dì 6 dal mese de zugno anno predictis 1508, era conclusa et bandita infra la M.ta Inperiale et dicta excelsa Signoria de Venetia, come le capitole et conventione infrà lore facte, come inento ad plenum parlaro. Avande facte queste dita Signoria, pare che lei avesse a dare una paga a tale suoe soldati; tamen dove se procedesse io non al potite mai intendere. Lei non la vose dare, per mode che ala mazore parte dal dito suo canpo a lore fu forcia, 'se vivere se voleano, de quelle loco lore partirse et andare donde per lore fuse stato da potere vivere; perchè, secondo al mio reporto, quela guera era sta' granda come poco suo guadagne, che sola a pena lore aveano potute vivere, per eser lore andato nel so prencipio nel tenpo molte sterelisimo, et masime in quele loco come suoa gram copia de nevo et masime come lore gram carastia de hogne cosa, che, secondo al mio reporto, fu infra lore le molte volte che de uno so panne se ne facea doe parte che cibava doe persone.

Dipo' che fu fornito hogne lorre cose et bandita dita trega, come ut supra, al dito magnifico capitanio signore Bartolomio d'Alvigliano feze al so partimento per retornare a Vinecia bella, portando suoa Magnificentia la palma florita de hogne suoa vitoria al dicto excelso Senato venitiano et a lore rendre al gram temma de hogne suoa vitoria et bene opperare per lore auto contra la forcia del gram bratio de dita Maistà Inperiale, per la gram schorta che i avea facto per sua soventione la M.ta de Lodovico re de Ferancia per le rasone asgnato, come ut supra, et altre suoi hederente. Per al che per tucto al teritorio de dita Signoria de Venetia, per al ritorno dal dito signore Bartolomio cappitano da tucte era solenigiato da suoi popule come qualque suo gram precio, et solenissimamento aconpagnato ala fogia che facea al Consolate romano quanto alcuno suo nobile venea ala suoa patria come (*) qualque suove gram victorie. Arivato che al fu a dicta magnifica ciptà de Venetia, a ti, discrepto mei lectore, lasso dare sententia che alegretia n' abbe tale suo excelso Senato dela gram victoria aucta per dicto suo magnifico cappitanio, come cosa senpre per lore desideracta per li soi gram beneficio che pro tenpore ie ne resultaria, per avere lore prese quile tale porte et mese in fortecia, dove per quela viglia li Turche spese volte le crutiava, et eciam le altre suove gram comuditade che de quelle ie ne resultava (**).

(***) In Cristi nomine Amen.

Guerra et ordinatione facte per la magna legha contra la excelsa Signoria de Venetia. MDVIIII.

La prefacta guerra et ordenatione et magna lega facta contra dicta excelsa Signoria se fu questa infrascripta: la Santità de Iulio per la divina providentia papa secondo, e la M.ta de Masimigliano Inperatore et Re deli Romano; tertio, la M.ta de Lodovico Re de Ferancia; quarto, la M.ta del Re Ferdinando del regno de Spagna; 5, Alfonso da Este marchese de Feraria; 6, Iovanne Francescho da Gonzagha marchese dela ciptà de Mantova; septimo ed ultimo, li Signuri Fiorentino. Mo de quiste ala scoperta alchuno so momento poco se ne vide, per essere lore al presento come hogne suo potere intorno ala magnifica ciptà de Pisa, e già esere stato al molto tenpo come hogne suoi hederente dele dicte parte, le quale tucto de comuna concordia fecene ferma deliberatione de farre a tucto el so potere gram guerra per mare e per terra a dicta excelsa Signoria d' Venetia. Con ciò fusse cossa, amantissimi mei lectori, secondo li mei reporte, parea che già infra le predicte leghe fusse partorite le molti e varie et gram discordie, le quale sono molti deficille da poterre nerare; tamen a ciò che ancora quelli che depo' nui naserano possano intendro la iusta verità, dove sone radicato tale lore descordie, per al che io ó volute durare questa poca fatica volentiera per lorre satisfatione, a ciò che lore ie ne resulta la verra cognotione.

In primis: quanto per la parte dela Santità dal nostro Signore, secondo al mio reporto, cercha l' anno dal Signore 1503, siando morto Alesandro sesto pontifico et caturato Cesaro Borgia suo figliolo et duca de Valentia nele forcie de suoa Sanctità a Roma, al quale dito Cesaro per le forcio del gram bratio de dito so papa Alesandro lui l' avea constituvite so vicario et signore nela ciptà de Rimine e de Faientia nela proventia dela Romagna come hogne suoi hedérenti, et perchè talle popule de dita ciptà de Faientia avando già viste la morte de dito papa Alesandro et caturato dito Cesaro, come ut supra, per al che già lore aveano chiamato uno Francescho, già fiole inlegiptimo de Galavotto Manfreto et già signore de dicta suoa ciptà de Faientia, come dui altre soi cosino, zoé fiogliole de Federico e Lancilotto fratello dal dito Galavoto pur inlegiptimo; et per questo dicta excelsa Signoria (*) de Venetia i andò a canpo a dita ciptà de Faientia contra la volontà de dicta Santità del papa e de tucto al Consolato romano et eciam de tucta la dicta lega; e de quela lore se ne fecene in brevità signore et patrone. Item depo' queste, in brevità del tenpo feceno atentare Pandolfo Malatesta, per al che già ancora lui se n' era retornato nela suoa ciptà de Rimino per dicta catura dal dicto Cesaro, se lui volea premutare con esa lore dita suoa ciptà de Rimini int uno so bum castelo, chiamato Ciptadella dela Marca Trivisana; et così faciando, lui mai per alcune tenpo lui non poterà eser catiato. Per modo che in brevità lore feceno tale contracto come suoc pacto e convenzione e pur contra la voglia de suoa Santità et de altre, come ut supra. Et più ancora, aver lore posedute le multi anni la ciptà de Ravena et de Cerviglia, pure contra la voglia de tucto al dito Senato romano, et le multi altri castelli e loci in dicta proventia dela Romagna.

Secondario: per la parte de dita M.ᵗᵃ Inperiale parea che dita Signoria avesse tenuto e teneso le molte sove ciptà et castelli e loci contra hogne suoa voglia nela proventia de Verona, come a Friiulle et Marca Trivisana, come inento ad plenum parlaroe: et ultimatamento quelle quale che lei i avea tolte nela ultima suoa guerra pasata, zoé ciptà e castelli et passe et altre loci de granda importantia.

Tercio: per la parte dela M.ᵗᵃ del Re de Ferantia, che dita Signoria l' anno dal Signore 1499 dal so introito nel duquato dela magnifica ciptà de Milano, che siando dita Signoria in lega come suoa M.ᵗᵃ ala catura de Lodovico Sforcia, in quelle tenpo duca de Milano, per al che parse che dita Signoria se piasse per suoa prima parte tucto el teritorio de Crimona contra la voglia de suoa M.ᵗᵃ, secondo che a mi fu reporto, come al presento se po bem iudicare, et le molte altre lore deferentie etc.

Quarto: per la parte dela M.ᵗᵃ dal dito Re de Spagna, parea che l' anne 1494 la M.ᵗᵃ già de Carlo Re de Ferantia avesse conquistato tucto et regno de Napole contra la voglia d' Alfonso e Ferandino de Ragona Re de quelle; per modo che dito Re Carlo venne ala suoa morto, dipo' fu criato dito Re Lodovico; et infra quello tenpo dito Ferandino era tornato nel dito suo regno, e de quello prese lui la vera suoa corona. Per al che intese che abe al dito Re Lodovico tale suoa nova, man[dò] lui al' aupresa de quelo. Intendando dito Re Fe-

randino tale suoa malla nova, per queste lui avea inpignato certi soi
porti a dita Signoria de Venetia, considirando lui che al soe al dovesse aiutare per poterse lui defendre dale forcio del dito (*) Re Lodovico. Tamen intendando queste la M.tà del Re de Spagna, in brevità se ne feze de tale regne patrone, che per insine al presento se
retrova. Et per queste pare che, secondo al mio reporto, le molte
volte suoa M.tà abia facto domandare tale suoi porte a dita Signoria
per bene et per amore: mai per modo alcuno non gli áno voluto restituire. Et per questo per al vulghe se obtenea non sine quare che
per hogne modo lui vorebbe dito soi porte et altre sove etc.

Quinto: per la parte deli signore Fiorentino, qui ce serebbe molte da dire. Io responderò conclusive dicando: s' al non fuse stato le
forcio del grando aiuto dela granfa de Santo Marco le multe anne,
che dito signore Fiorentino se arebene reauto la dita suoa ciptà de
Pisa et multe altre sove etc.

6: quanto per la parte dal marchese de Feraria, questo per niento non se poterebbe celare, perché l'anne dela suoa guerra dita excelsa Signoria volse sopra hogne suo capitole per suoa bonamane tucto el so Polesene de Rovigo; donde che per insine al presento lore
se retrovavano el patrone. Per al che io crede che dito Marchese de
continuo se ne retrova la suoa bocha amara.

7 ed ultimo: pare che infra la dita Signoria e dito marchese de
Mantoa pure ce sia qualque pecato veniale et forsa mortale, deli quale lo eterno Idio di sapere al tuto etc. Sì che per le rasone sopra se-
gnate et altre, dita magnifica lega deliberato sone a hogne suo potere de persiguitare dita Signoria zorne e note, per mare e per tera,
hogne qualoncha volta che lore non vengano ala sancta obidentia et
satisfatione, come se conterà in questa suoa infrascripta aceptatione
et bola, facta et ordenata per la volontà e consentimento dela Santità del papa, come tuto li soi fratele S. cardinale et d'ogne altro so
colegio, come quella legiando voi tute intenderito de verbo ad verbum.

(**) Monitorio contra a' Viniciani. Sigismondo.

Iulio vescovo, servo de' servi di Dio, ad memoria della cosa futu-
ra del pastorale oficio ingiunto per divina gratia a noi bemché imme-
riti. La consideratione noi muovino pel beato Iulio primo nostro predecessore, el nome del quale electo ala dignità delo apostolato habbiano preso, non è a noi dissimulare non di tacere la libertà a quali
ciascuno dela christiana religione maggior zelo s' apartiene. Dobiamo
certo somma cura havere di quelle persone che (***) periscano come
la nostra reprehensione, overo non si correghano da peccati, overo,

(*) Fol. 132 a.
(**) Vedine il testo latino in SANUTO, *Diarii*, VIII, 187 e sgg.
(***) Fol. 132 b.

se incorreggibilia parissino, dalla Chiesa sieno separati. Pio è Idio et misericordioso, el quale tenpera la vendeta da quello che quella previene. Et come nel Genesi si legge, quelli che vedea al tucto impenitenti innanzi ad sé colla vera ultione castigha; la quale prima havea minaciato et assiduamente a' peccati et ne' peccati perseveranti non ha misericordia. Con ciò sia che ne' preteriti tempi la potentia de' signori Viniliani con privilegii, indulti et favori et danari grandemente hanno cresciuto, et eciam alla romana Siede spesse volte favorisce, che ciascheduno re, principe, duca et potentato et dominii di tucta la Europia et maxime della matre sua Chiesa romana, dalla quale beneficii molti ha ricevuto, formidolosa et cattiva sia stata et sia al presente; quando certo la leonina pelle, presa non solamente per costume di leone, ma di tucti e' lupi a' quali proximamente s'acosta, el cuoio expela, nè mai risguarda in direto, ma del medesimo leone la verità e' vicini et quelli che vengano incontro la gli disfa (?) e dilania. Et sono stati spesse volte da nostri predecessori et da noi eduti della medesima ciptà di Vinegia, Pregati et Consiglieri et gli altri della Republica Viniciana Presidenti moniti che s'astenessino di fare violentia agli altri et le cose d'altri non occupare et maxime della sancta romana Chiesa: epsi, niente di meno la obstinatione di Pharavone imitati, di simile paterna et salubre monitione con sordo orechio ella excecatamente mai ha voluto admettere, se non tanto quanto la cupidità et del dominare la sfrenata libidine, o veramente qualche volta la necessità gli persuadeva. Et così facto da quegli conosciamo, acció che degli altri re et principi iniurie, oppressione et danni taciamo, quando la ciptà di Ferrara alla sancta Romana Chiesa nel tenpo di Federico re et di Clemente quinto predecessore nostro havendo occupato, per insino a tanto che furno constrecti per ogni censura, interdecti et diffidatione alla sancta romana Chiesa lasciare. Et quando el core di loro non al tucto fu penitente, la medesima ciptà de Ferraria, sedente in questa sancta Sedia Federico re et Sixto papa quarto eciam predecessore et patrico nostro, con grandissimi sforzi di occupare contendevano. Et senza dubio harebbono occupato, se del prefato pontifice et degli altri re di Italia et signori l'auctorità et potencia quelli non havessino facto resistentia. Così fu facto da quelli quando già molti anni Ravenna, ciptà nobilissima della romana Chiesa, per inganno et fraude, et ancora Cerbia ciptà, per modo prohibito et illecito, co' loro tucti castelli de quelli usurponno, a ciò che non (*) mancasse nulla al far male. Morto Alexandro sexto, ancora nostro predecessore, Rimine, Fencia et Sarsina, ciptà della sancta romana Chiesa, et loro rocche et castella et districto, et molte castella di Cesena, Furlì et Imola et per tucto il loro districto per la propria loro temerità hanno occupato. Et benché noi simile occupationi mal volen-

(*) Fol. 133 a.

tieri sopportassimo et gravemente ci dolessimo nel principio del nostro
pontificato, alcuni de' nostri castegli dipoi ci ristituvirno. Et per questo medesimo evidentemente confesorno ingiustamente di tenere quelle ciptà e gli altri luoghi, o veramente che si potessi pensare, quelli sì con duro core volsene ingiustamente et imprudentemente ritene-
re et non lasciare le ciptà predecte et l'altre cose nanzi dal tenpo delle occupationi; et li qual hanno tenuto et tengano al presente. E' quali come è lecito per processo, ogni anno nel dì della cena del Signore, sicondo el costume de' romani pontifici, si suole essere lecto come occupatori et detentori delle predecte cìptà et lochi della romana
Chiesa excomunicati et anathematizati dichiarare et da tutti eser veduti, per insine a qui habiamo potuto dichiarare se con paterno a-
more el Duce et gli altri predecti, quando tractando noi maggior cose et hora essendo noi venuti alla dignità dello apostolato, sempre
li habbiamo tenuti nelle viscere della charità et habiamo curato con
ogni studio et diligentia che tornino a penitencia, a noi e alla obe-
diencia della sua sancta madre Chiesa obedissino et favorissino alla
salute delle anime loro, restituendo le cose occupate et della sancta
Chiesa, la quale sempre stata a utilità et honore a quelli l' auctorità
riconoscessino con debita reverentia. Dipoi pel venerabile frate Angelo vescovo Tiburtino, mandato dalla nostra apostolica Siede, essendo apresso di loro in zelo di charità, facemo advisargli et admonirgli
che e' prefacti Duce et Consiglieri che erestituissino a noi le cose occupate per quelli, le quali s'aspectavano alla sancta Romana Chiesa,
cioè Rimine, Faenza, Sersina, con distrecti, loro castelli, et altre
congiunte a quelli, et altri oppidi, fortezze et terre del tenitorio di
Furlì, di Cesena et Imola. Niente di meno habbiano protestato che
per protesto o veramente in quelli non hedifichino per alcuno colore
di nova opera, o veramente di fortificargli o di racconciargli; per la
quale restitutione habbia a essere facta. El charissimo figliuolo nostro in Cristo Maximiano allhora Re de' Romani, come advocato della
sancta romana Chiesa, per proprii et speciali imbasciadori sua, e' medesimi Vinitiani con grande instantia gli richiese et interpellò; i quali
al pigliare [facili], al lasciare vero molti dificili, dispregiorno satisfare
alle monicione (*) nostre e alle requisitione del predecto re; le decte cìptà et luoghi con nuovi bastioni et apparati d'arme le fortifi-
corno. Oltra di questo, essendo già passato dua anni, concedente
Deo, con maxime fatiche et expese la cìptà nostra di Bologna libera-
mo dale tyranni de diti Bentivogli, et contro a' medesimi Bentivogli
et loro complicui et ribelli nostri, perchè aggiungendo mala ad male
più apertamente nella rebelione contro a noi della romana Chiesa più
l' un dì che l' altro con varie machinatione si armavano et mandavano le lectre di excomunigatione contro a ciascuno de' receptori di

quelli et interdecti contro alla università et luoghi a quelli deliberassino andare. Et niente di meno Antonio, Galeazzo, Hanibale et Hermes Bentivoglio et loro servidori et complicui nelle terre da epsi Viniciani tenute, cioè Padova, Cremona, furno ricevuti et in Faiencia, ciptà propinqua di Bologna et ancora a Vinecia, più tosto ad inceptare ad rebellione el popolo di Bologna, et a piacimento di quelli, sono admessi a decti luoghi in maximo dispregio nostro et della romana Chiesa et delle censure apostoliche. Per la quall cosa e' receptori di decti ribelli nostri et tucti e' luoghi predecti caddono in nele censure delle excomunicatione, secondo la forma delle nostre litre predecte. Et così dovessimo essere tenuti excomunicati, noi pacientemente sopportando queste cose. La inobedientia d' epsi Viniciani i' nessuna cosa si rimette, ma cresce più l'un di che l'altro, a ciò sieno veduti manifestamente di dimandare la severità della ulcione eclesiastica. Queste son cose grande et sono tucti noctorie et da essere tagliate col coltello della apostolica severità.

Ma gli é molto maggior cosa che al Duce, gli Consiglieri, Senato et popolo di Vinegia pregati da ogni parte la religione cristiana così ardiscano negare, che nella obedentia della Siede apostolica al tucto habbi rigore in quegli; gl'impediscano pazamente le provisione facte dalla Chiesa predecta delle chiese cathedrale, munisterii, dignità et altri beneficii ecclesiastici, et non permetano mai essere dato la possessione di quegli se non per lor arbitro. Quelli che rifuggano per conseguire la iustitia a questa Sede apostolica, la quale è refugio di tutti gli oppressi, puniscegli come peccatori di gravissimi errori et non patiscano essere ministrato iustitia, et maxime a' cherici et persone ecclesiastiche, se non a piacimento della volontà lor nella ciptà di Vinecia, o veramente nelle terre subiecte a quella, et non permettano essere mandato ad exequitione nessuno rescripto, o veramente lettere apostoliche, se non volendo loro. El clero et le persone ecclesiastiche et luoghi pii con gravissime impositione, decime et graveze gli scorticano (*) per insino al sangue; mettono e' prelati, chierici et religiosi, non havendo rispecto alcuno dell' ordine della dignità, o vero della religione, in exilio, de qualche volta in pergione. Et così rocto el vincolo di ciaschuna sacra legge, o vero canone, si sono portati precipiti, che e' possino presummere nessuna legge essere imposta a quigli, o veramente potessi essere data, andando colla testa alta.

Ma tucte queste cose così sono manifeste a tucti; che noi siano di dì in dì commossi per l' assidue di re, principi et chierici et popoli et maxime de' loro subditi, a ciò che non tardassimo più oltre comprimere con canonica vendecta l' ambitione de epsi Viniciani e 'l nostro dispregio della apostolica Maistà. Et per le quali cose e' si lievano in superbia di pecare. Et quello che è stato di piacere, è stato lecito di fare con sfrenata licentia; nè habiano pretermesso seguitare quelli con censura ecclesiasticha di questa sancta Siede, come è consueto della benignità notra, expectando che si ricognoscessimo ad emendatione, et a ciò non fussi imposto alla negligentia nostra et al poco animo: perché e' non riconosce Idio come subdito, ma disprezza quello come superbo el quale più l'un dì che l'altro si rivogge ne' peccati, le rinnovate ferite penetrando per insino all'ultimo più tardi et difficilmente si sariano (sanati?). Noi facemo ogni opera. Et per la buona memoria di Antoniotto episcopo Prenestino, el venerabile frate nostro Bernardino episcopo Fabianense, el dilecto figliolo Giorgio titolo Sancti Sixti Prote Rotomagense, episcopo della sancta romana Chiesa, cordiali nostri et della Siede apostolica imbasciadori, et per intercessione d'altri re della cristiana religione et per exaltatione de' desideranti, pe' quali mezi noi habiamo potuto come charissimi in Cristo figlioli nostri et re serenissimi Maximiano Re de Romani Imperadore electo, et Lodovico Re di Francia Christianissimo insieme si concordassino et facessino pace, per gratia di Dio ottenemo al desiderio nostro, si concordorno et molti altri principi redussono ad pace. Et sarebbe stata a noi cosa grata che, con satisfatione de' prefacti re et principi, epsi Viniciani fossino stati recepti nella sancta pace; et perché già ci confidavamo potere inducere tucti e' principi christiani; e' quali con tucta la mente desideriamo a pigliare l'arme contra e' perfidi inimici della fede catholica et occorrere a' pericoli della christiana religione, come molti de quelli ci persuasono et offersonsi. Ma e' re prefacti et maxime al charissimo in Cristo figluolo nostro Re Catolico de Ragona (*) ci significò securamente a llui parere, anzi essere necessario, che, innanzi a tucte le cose, da' Vinitiani sieno restituvite, le quali sono occupate per quelli, et le qualli s'apertenevano a epsi; et ancora si satisfaccia per decti Viniciani, come per ragione di giusticia, nella restitucione delle cose loro, nè ancora sieno molestate a epsi intenti contra gl'infideli i' le signorie loro, a ciò che non sieno costrecti tornare adrieto. Né per altre ragione potevano essere indocti a questa sancta expedicione. Et ancora ci hanno confortato che noi dessimo opra alla recuperatione delle nostre terre, et loro essere coadiutori a noi in decta cosa con tucte le loro forze si offersano a noi. Vedendo per questa cagione facilmente potere giovare alla integratione delle cose tolte et della iusticia di ciascuna, per autorità nostra et di questa sancta Chiesa fumo mossi prestamente questa sancta expidicione potere essere finita per noi, acciò che noi non differiamo più oltre insurgere contra e' predecti Veniciani, et ancora cognosendo le oppresione della libertà ecclesiastica et clero et gregge a noi connessa, sì in spirituale come temporale, per loro dilaceratione et crudelle rabia et devoratione per noi vedute et pe' predecessori nostri et per noi medesimi troppe soportate.

Per le sopradecte ragione conmossi, cognoscendo noi per divino dono (benché inmeriti) rapresentare in terra visticie dello omnipotente Idio, della qualle boca come si scrive nello Apocalipse — Gladio ex utraque parte acutus egreditur etc. —, la quale punisce e' buoni, a ciò che e' si emendino, per paura delle cose inlecepte s'astenghino; et dall'altre parte e' cattivi taglia quando harà ridocti ad penitentia, e' buoni e cattivi sieno lasciati et al tucto sieno tolti da' buoni; et a ciò che per exenplo de' Viniciani, se così lungo tempo gli avessino lasciati andare et l'audacia e la protervia di quelli havessino dissimulato, ancora gli altri harebbono preso occasione et licentia di disprezare et pecare; per conseglio et consenso de' fratri nostri venerabili della sancta Chiesa nostra cardinali, existimiamo andare alla severità colla ultione ecclesiasticha, ancora all'armi, così spirituali come temporali, contra a' prefati Veniciani, a ciò che e' riconoschino questa sancta madre Chisa, o per penitencia a quella restituendo le cose occupate; et degli excessi conmessi si correghino, o veramente per lo exemplo della autorità apostolica et severità si intendino essere cavati da' divini mysterii et essere dati a Sathane, alla sorte con Datan et Abiron sieno (*) partecipi, de' quali e' sono consorti. Molte volte pecando nessuno è el quale non sappi come noi pe' predecti pecati et excessi perpetrati pe' predecti Vinitiani deliberiamo essere notorio et dichiariamo el Duce, Rogati Principi, el general Conseglio et la Signoria di Venegia et loro oficiali et ceptadini et alcuno per l'autorità de' quali o per comandamento, consiglio, o vero favore le predecte ciptà che insino a qui sono state ocupate et sono, e' premessi pecati contro a questa sancta madre Chiesa, clero et libertà ecclesiastica furno commessi, excomunicati et anathematizati sono, come per predecti processi, e' quali per ciascuno anno pubblicamente sono publicati nel dì della cena del Signore, secondo el costume de' predecessori nostri romani pontefici, a tucti è manifesto. Et per questo a noi non resta altra cosa ad fare se non come e' medesimi et heretici et publicani della gregge deli infedeli gli ritribuissimo et come pecore scabiose gli discacciassimo dalle nostre festuche, a ciò che per la contagione del tacto di quegli non avengha tucta la casa massa et corpo a ardere, putrefarsi et morirsi.

Nientedimeno rapresentando noi la sancta madre Chiesa (benché non pe' nostri meriti) della quale noi non possiamo misurare la misericordia inverso e' penitenti et di quegli che tornano a penitentia, et rallegrisi quella sopra uno peccatore facendo penitentia, noi non habiano stimato lasciare indreto ancora di nuovo con paterno

(*) Fol. 135 a.

amore et con censure delle cose come epsa cosa richiede; confortiamo quelli per l' appositione delle presenti et per l' apostolica auctorità et richiediamogli et admoniamogli alla recognitione della auctorità di questa sancta madre Chiesa et libertà ecclesiastica, ancora alle cose et a' dominii a noi et alla sancta madre Chiesa expetanti, per epsi occupati, alla integra restitucione e' prefacti Leonardo Laurendano Duce et consiglieri de' Rogati et del generale Consegli nominati, el Comune di Vinegia, Provveditori, Podestà, Comissarii et Officiali del decto Comune inseme con decta ciptà di Vinegia, come nelle predecte nostre ciptà da quegli occupate; e' quali nomi et cognomi, qualità et dignità qui per expresso habiamo, e complici, adherenti et fautori di qualunche stato, grado et priminentia e' sieno et per qualunche dignità regale, patriarchale, archiepiscopale, o veramente qualunche altra ecclesiastica, o vero mondana auctorità fruischino, a noi dallo omnipotente Idio concessa. Et per la plenitudine della nostra potestà et per le presenti nel Signore richiediamo et admoniamo et ciascuno di quegli secondo el tinore delle presenti et in scripto mandiamo, che infra 24 dì dopo l' affixione (*) delle presenti nelle porte della chiesa del principe apostolo di Roma, inmediate sequendo; de' quali octo pro primo, octo per secondo, octo per ultimo termine, canonica monitione promissa, a quigli et a ciascuno di quegli assegniamo el Duce, Rogati, Consiglieri, Provisori, el Comune prefacto di Vinegia et ciascuna persona del decto Comune da' premessi excessi publicamente dannati, come è scripto in decto processo, el quale si legge nela cena del Signore, al tucto s' astenghino; et noi et questa sancta Siede apostolica pienamente et da hogni parte per l' auctorità et libertà inconcessa a quigli con debita reverentia ricognoschino et rifacino, et ancora infra decti 24 dì a quegli medesimi assegnati per termine peremptorio, come di sopra. Et prefati Duce, Rogati et Consiglieri, Provveditori et Comune di Venegia et singulare persone di decti Consiglieri, Rogati et Comune Ravennatensi, Cerbiensi, Faenzini et Sarsinati, ciptà con castegli, terre et distrecti di quegli Cesenatensi, Furlivensi, Imolensi, castelle, terre et luoghi e' quali tengano interamente et liberamente a noi et alla romana Chiesa, e' quali si conoschino essere di loro libertà, lascino; et con fructi ancora, e' quali egl' havessino potuto pigliare, pienamente restituischino; et Provveditori et Podestà, castellani et altri ciascuni oficiali, stipendari nel nome del prefato dominio di Venegia et di quegli adherenti et complici, di quivi si partino et alcuno impedimento in qualunche modo alle predecte ciptà, castegli et luoghi et ciptadini di queglie faccino: per la qual cosa liberamente ritornino alla obedentia della romana madre suoa Chiesa; et e' Consultori ancora de quegli auxiliatori, adherenti, complici et seguaci dal prestare conseglio, auxilio et favore

---

(*) Fol. 133 b.

simile contro alle predecte cose al tucto s'astenghino. Et se el Duce, Consiglieri et Comune et singulare persone sopradecte, provisori, fautori, adherenti et sequaci et complici predecti alla nostra exhortatione, requisicione et mandato simile infra decti 24 dì non hanno obedito con effecto, né medesimi Leonardo Duce et Consiglieri de' Rogati et del generale Conseglio et altre sengulare persone del Comune predecto di Vinegia, ancora provisori, fautori, consultori, adherenti, complici et sequaci et ciascuno di loro, come nominatamente fusse expresso nelle presenti, e' quali se none haranno obedito, o veramente che e' non si obedisca, o si differisca a obedire, aranno persuaso, consigliato, facto, decto, o vero procurato in qualunchie modo, in questo sieno culpabili directe, vel indirecte, tacitamente, o vero spressamente. Hora come alhora pel consiglio maggiore de' medesimi frati per sententia excomunicati gli dichiariamo (*) et vogliamo che eglino incorrino in quello ipso facto, in fuori che nello articolo della morte constituti da altro che dal romano pontefice. Ancora per protesto de ciascuna facultà a qualunche concessa non possino obtenere el beneficio della absolutione; in tal modo, che se alcuno di quigli come constituto in tale articolo sia absoluto, el quale dipoi quando sarà guarito in quella medesima sententia di excomunicatione ipso facto ritorni, se muore dopo la sanità alla monicione et mandato nostro harà obbedito con effecto. Nientedimeno ancora manchi di sepoltura ecclesiastica insino a tanto che sarà obedito simili nostri comandamenti, come è scripto; et eser moniti, scomunichati et maledecti decta sententia di scomunicatione; et per altri decti 24 dì immediate sequenti con animo indurato haranno sostenuto (che Idio negli guardi) epsa sententia, aggraviamo hora come alhora di Vinegia, Paduanense, Veronense, Vicentinense, Cremonense, Brixense, Trevigense, Pergamense, Tregestinense, Travensi, Brundunensi, Isdrutinensi et altre cose da epsi Vinitiani etiam de facto tenute et possedute, ciptà, terre et castegli et qualunche loco di qua dal mare et di là, constituta nelle maritime insule, nelle quali sono chieso, monasterii et cose religiose, et qualunche luogho pio, per consiglio de' medesimi frati et per la predecta auctoritá gli sottomettiamo allo interdecto ecclesiastico; in modo che in quello durando, in quelle ancora per protesto di ciascuno apostolico indulto persone, ordini, o veramente luoghi concessi in fuori che ne' casi a iure permessi et·ancora in quelle, non altrimenti che chiuse le porte et expulsi gli schomunichati et interdecti, non si possa celebrare messe et alcuno oficio divino dire. Et se moniti, scomunicati et interdecti predecti per altri tre dì, decti ultimi tre dì immediate sequenti non sieno tornati a penitentia, et habbino differito rendere cose tolte, et non habbino obedito a nostre monitione et mandati predecti, et habbino voluto rimanere nella loro

(*) Fol. 136 a.

duritia et perversa obstinatione di cuore; quigli et ciascuno di quegli percotiamo col coltello della agravatione, anathematizatione et maledictione et dannatione et dichiaratione essere legati et irretiti ipso facto da' lacci di tutte le censure ecclesiastiche, e' medesimi Leonardo Duce et Consigli de' Rogati et del generale Conseglio et altre sengulare persone del Comune di Vinegia, Provisori, fautori, adherenti, complici et seguaci, et gli altri moniti predecti excomunicati, agravati, interdecti, reagravati, anathematizati et maledecti, come è scripto, perseverando nella loro protervia (*) offensori della divina Maiestà da tucti e devoti della Romana Chiesa co' loro beni perpetuo diffidati.

Per la decta auctorità et plenitudine di potestà dichiariamo et generalmente le ciptà, oppidi et terre et ciascuno luogo ancora da epsi Vinitiani, a' quali alcuno di quegli scomunicati pervenissino et quanto qui vi stessi et dopo la partita tre dì lo sottomettiamo a decto interdecto; et Leonardo Duce di Vinegia e epso ancora e Rogati, Consiglieri, Provisori et altri moniti in qualunche dignità et honore sieno constituti; et così epsi in particulare come el prefato Comune di Vinegia per privilegii concessine, gratie et indulti; et ancora tucti e' beni e' quali dati a livello, o altrimenti, dalla Ruota; o veramente d'altre chiese, monasteri et luoghi ecclesiastici tengono in tal modo, che quegli a' quali s'apartenghono di quegli come a quegli liberamente ritornati possino al loro piacere disporre. Et ancora al Comune prefato s'egli ha ragione alcuna in quegli Inpaduanensi, Veronensi, Vicentinensi, Cremonensi, Brixensi, Trivisensi, Pergamensi, Trigestinensi, Travensi, Brundusinensi, Idrusinensi, Monopolitanensi et altre ciptà, terre, così maritime et insule come terrestre et luoghi ob[ed]ienti a lloro Signoria et altri beni di quegli, per la decta autorità priviamo, in tal modo che a' posteri nula da quegli sia mandato. Et epsi così privati respective a quelle a qualunche altra cosa, dignità, administratione e officii secolari im postero inhabilitiamo octenere. E subditi de medesimi moneti, vasalli et felduarii et maxime Paduanensi, Veronensi, Cremonensi, Brixensi, Trivigensi, Pergamensi, Trigestinensi, Travensi, Brundusinensi, Idrusinensi, Monopolitanensi et altre ciptà et luoghi ancora de ffatto per quegli tenuti, simili ciptadini, incole et habitatori stando in fortezze et in rocche, castellani, guardie absolviamo e al tucto liberiamo dalla observatione de iure vassallatico et subiectione di qualunche giuramento di fedeltà per decti moniti et non obedienti. Et a ciò che altri per exemplo di quegli perterriti non attendino a simile cose, vogliamo et per simile conseglio et auctorità et potestà dichiariamo Lionardo Duce et gli altri così moniti, excomunicati et interdecti, iterata vice agravati, maladetti et privati, se nel loro peximo proposito di non obedire a simili monitioni et mandati nostri habino perseverato et ancora fussino infami. Non sieno admessi testimoni, et testamenti et codicilli non possino fare; et a successione di alcuno per testamento o ver per intestato non possino pervenire. Et benché habino dominio (*), alla examina delle cause di quegli non sieno menati et non vaglino loro sententie et processi; et nessuno per quegli et loro per altri in qualunche causa possino proccurare. Et se alcuno di quegli sono notai, gl' istrumenti di quegli da essi facti non vaglino, ma sieno comandati con l'autore. Et debitori di quegli sieno liberati da quegli di quelle cose che sono debitori, et nessuno a quegli sia tenuto rispondere sopra alcuna facenda di ragione, ma il sia d'altri. E figliuoli ancora et nipoti et altri discendenti di loro insino alla quarta generatione, di chiese, monesterii, canonicati et altri oficii ecclesiastichi, e' quali allhora ottenessino, senza speranza di ristitutione ipso facto sieno privati. Et epsi et altri nanti allhora, et quegli che dipoi nasceranno per insino alla generatione predecta a quegli a' quali così fussino privati, et altri monasterii, chiese et dignità, administratione et offici e altri beneficii ecclesiastichi a qualunche ordine ecclesiastico o vero mondano; et al tucto sia precluso la via et l'ascenso. Et essendo cosa salutifera, et conoscasi quegli non poco giovare alla pubblica autorità: così allhora tante censure et pene legati dal cetu de christiani fedeli come membra puttride, acciò che per le loro malitie non induchino altri alla disfatione di quegli separare: tutti et ciascuno Paduanensi, Veronensi, Vicentinensi, Cremonensi, Brixensi, Trivigensi, Pergamensi, Trigestiensi, Travensi, Brundinensi, Idrusinensi, Monopolitanensi et delle altre ciptà, terre et luoghi obedienti alla Signoria de' Viniciani, come si dice, etiam de facto le comunità, università et qualuche persona in quegli tenpo della privatione della ragione d'essi habitassino in quegli, incorrono nella predecta pena. E tutte le persone et generalmente qualunche vassiallo di quegli così moniti, per la decta auctorità et per simile consiglio chidiamo et moniamo che infra sei dì dal tempo della detta privatione di quegli, dua dì pel primo, dua pel secondo, el resto per l'ultimo et peremptorio termine, a quegli et a ciascuno di quegli canonica promissa assegniamo dalla obedentia de' Podestà, Provisori et qualunche altro officiale se subtraghino o si lievino via. Et quegli in loro superiori al tucto non riconoschino et non obedischino in qualuche modo a' mandati de decti Vinitiani et delgli existenti allhora nelle ciptà, terre et luoghi predecti pe' decti Vinitiani. Et se alcuno di quegli subditi et vasalli saranno stati negligenti, o ver remissi, o in qualche modo culpabili in quegli et in ciascuno di quegli, ogni et qualunche sententia ne' medesimi Duce di Vinegia et altri moniti prefati, le sententie, censure et pene di excomunica et di agravatione, reaggravatione (**) interdecti, anathemati, maiedictione, privatione et

(*) Fol. 137 a.
(**) Fol. 137 b.

inhibitione, simul modo hora come allhora, proferiamo et promulghiamo in queste scripte. Oltra di questo moniamo et richiediamo per l'autorità et potestà predecta e' forensi Italice, Gallice, Theuthonice, Hispanice, Anglice, Dalmatie et di ciascuna altra natione, e' quali alhora a Vinegia, o vero nelle ciptà, terre et in luoghi ne' quali e' Venetiani predecti di ragione, o vero di facto, otenghino signoria per cagione di mercantie e per altra cagione vi sieno, comandimo a quegli che dipoi e' Vinitiani predecti interdecti sieno incorsi nella sententia predecta, che subitamente possino da Vinegia e d'altri luoghi, e' quali dicti Vinitiani signoreggino, et epsi alhora vi stessino, con le lore mercie et ogn'altra cosa si partino. Et a que' luoghi per nessun modo prosumino tornare, o in quelgli conversare, durando lo interdecto predecto: altrimenti, quegli differiranno obedire alle monitione et simili nostri mandati, simili al tucto di excomunicatione, agravatione et di riagravatione, diffidatione, interdecto di privatione et inhibitioone et di confiscatione di beni le sententie incorrere vogliamo. Per questo da quali equalmente da altro che dal romano pontefice, se none in articolo di morte, possa meritare il benefitio della obsolutione: di nuovo sia quigli e' quali così habitano et in altre ciptà et luoghi predeti, come a tutti gli altri fedeli christiani, strectamente comandiamo che scomunicati, anathematizati, maladecti, privati et inhabilitati predecti gli fughino quanto in quegli et di evitargli; nè ancora con quegli medesimi Vinitiani et subditi di quegli, o vero alcuno di quigli comperando, vendando, mutando, mercatando, o veramente in qualunche modo contrahendo, havere compagnia, o vero per terra, o vero per mare, conversare. Et nelle nave di quegli triremii e altri navigli di quigli, o in quegli o alcuno di queglio mercatantie di quegli cose et beni si portino, o veramente premettino essere portate cose, mercerie et beni, grano, vino et altre cose da vivere, arme, panni, mercie et altre cose a quegli portare, o vero le portate per quegli receptare, o veramente prestare, o per alevare via decti navigii, in qualunche modo presumino simile censure et pene et ancora della annulità de' contracti, 'e queli facessino, et perditione di mercatantie et cose da vivere et beni portati, e' quali pigliassino quegli sieno facti et aplicati a quegli medesimi.

Similmente (*) ipso facto sieno incorsi in pena oltra di questo de' Vinitiani et altri moniti et non obdienti per decti di Vinegia et d'ogne altra cathedrale parochiale et metropolitana et del' altre inferiore chiese et monasteri, priorati, case et luoghi di religiosi et qualunche luogo pio agli abati, priori, canonici, monaci, ancora della Congregatione di Santa Iustina di Padua, Lateranese et di Sancto Salvadore et ancora di Sancto Giorgio in Aligha nuncupato; et a qualunche ordine di frati predicatori minori, heremiti di Sancto Agostino, del Carmine

---

(*) Fol. 138 a.

et de' Servi di sancta Maria, così conventuali come observanti; d'ogni et qualunque religione priori, ministri, custodi et guardiani, et altri cherici seculari et regolari, socto qualunche nome siano nominati; et nell'altre ciptà de' Vinitiani, Paduanensi, Veronensi, Vicentinensi, Cremonensi, Brixiensi, Trivisensi, Pergamensi et terre et luoghi predicti, ne' quali egli habino alcuna signoria et stieno, strectamente comandiamo che infra sei dì, dopo e' decti primi 24 dì, immediate seguendo, eschino delle ciptá, terre et luoghi d'epsi ne' qualli e' sono, et a quigli non ritornino insino a tanto che e' decti Vinitiani haranno obedito alle nostre monitione et haranno meritato di octenere la relaxatione dello inderdecto predecto. Et se alcuno de' predecti harà contrafacto, et se e' vescovi e superiori interdecti entrato in chisa severamente inferiore da quegli fussino, ipso facto incorino nella sententia di excomunicatione, della quale non possino essere absoluti da alcuno che dal romano pontifice, se non costituti nello articolo di morte. El simile interdecto et sentenzia di excomunica, et vescovi et superiori et abati de' monasterii, comendatarii et altri administratori di reggimento et di administratione delle chiese et de' medesimi monasterii e gli altri diffidenti da quegli d'ogni et qualuche beneficio, dignità di persone et di administratione et di oficii et di canonicati et prebende e altri beneficii ecclesiastici allhora terranno, el grado da quali e' furno premessi, incorrino similmente ipso facto la pena della privatione sanza speranza di restitutione: delle quali cose possa et debba per la Siede apostolica et da quella havendo la potestà, per auctorità di quella solamente, sanza altra dichiaratione incorso in simili pene subito libramente essere proveduti concediamo. Niente di meno che nelle cathedrali et altre colegiate et non collegiate chiese de' predicatori et minori et altri religiosi et secholari, dua, tre, quattro, cinque (*) o sei per guardia, secondo la grandezza o parvità de esse chiese o case, conversi et illitterati, o cherici in minori ordini constituti, et nelle chiese parochiali per ministrare el baptesimo de famigli, penitentia de quigli chè muoiano, et per altri sacramenti ecclesiastichi e' quali sono ministrati nel tempo dello interdecto, e rectori di quelle, o vero a cure d'anime posti, quivi lecitamente posino rimanere.

Ancora, nelle chiese et monasterii et case et luoghi ecclesiastici nelle quali simile interdecto durante le persone le quali contra al mandato nostro in quelle maniere habino persuaso, ogni gratia, ogni privilegio et indulto leviano via, acciò che per l'advenire in nessuno modo aiutino a quegli; oltra di questo, reprimere la inobidentia de' Vinitiani, insatiabilità di torre le cose d'altri et tenerle, la cupidità et temerarii sforzi a qualunche duca, marchese, conti, baroni, donzegli, feldatarii, vicarii et vassalli, et a qualunche altro ne' temporali nel-

la prefata chiesa nella medictà subiecti et non subiecti in qualunche
modo, strectamente comandiamone al soldo di quegli Duchi, Consiglio
et Comune di Vinegia et a quegli che gli dessino favore melitare, o
a simili stipendii o veramente con quegli et sua armigeri et sequaci
habbia ardire aconciarsi, et a quigli in qualunche modo aiuto et favore prestare et darre: anzi se alcuno di quegli al presente sono al
soldo, perché in ogni obligatione excepta sempre s'intende la reverentia et obedientia del romano pontefice, non obstante qualunche
forma di obligatione, la quale e' fussino obligati, la quale obligatione, come contra alla romana Chiesa havessino promesso militare, non
gli strigne et è di nessuno valore o momento; infra 24 dì dalla publicatione delle presenti da essere computati da quegli Duce, Consiglio et Comune di Vinegia, da e' beneficii et stipendii di quegli al
tucto si partino et contra tucti quegli da' quali contra al mandato simile haranno tentato fare nel venire in qualuche modo per sè o per
altri directamente o indirectamente di simile excomunicatione, anathemate, maledictione et privatione et inhabilitatione; et contra nelle
terre, signori et luoghi di quigli, se alcuno alhora avessi, otenessi
et contra quegli et discendenti di quegli di interdecto, di privatione,
di dignità, di signorie, di soldi et honori et privilegii, gratie et beneficii ecclesiastici et inhabilitatione di signorie et confiscatione di
beni, sentientie, censure et pene predecte, hora come allhora promulghiamo et quegli vogliamo in quelle incorrere ipso facto. Le quali
cose similmente per nessuno altro, se non pel pontefice romano (*)
in fuori, che in articolo di morte, come di sopra, dell' altre expresso non possono meritare.

Prohibiamo ancora a ciascheduno ottenente temporale signoria,
ancora regale, ducale, principati, marchionati, contadi et baronie et
altri luoghi fruendo sotto simile pene et censure, se per quigli si sarà contrafacto, per questo sieno incorse; a ciò che con questi Duce,
Consiglio et Comune di Vinegia directe, vel indirecte ad impedire la
recuperatione delle ciptà, terre et luoghi nostri, o a defensione o auxilio di quegli, se a noi facendo per la romana Chiesa o admunitione
della guerra o pongano in preiudicio della predecta romana Chiesa
faccendo lega, confederatione o collegatione o intelligentia, o insino
a qui fussi inita, facta et conclusa, le quali faccino a preiudicio della predecta Chiesa, ancora sole sono fortificate con adiectione di pene et iuramento, et tinore di quelle sia inserto per expresso non tenere a nessuno, a ciò che a' medesimi Vinitiani facendo sotto colore
di quelle censure et pene predecte incorrino nella excusatione, dichiariamo potersi fare, observino in qualunche modo.

Ma se e' moniti et scomunicati et interdecti, anathematizati, maladecti, privati et inhabilitati predecti dipoi sieno incorsi nelle pene

predecte della privatione et inhabilitatione, cou obstinata duritia di animo più volte oltre habino differito obedire alle nostre monitione et mandati, hora come alhora ogni re, duca, prencipe, marchese, baroni, conti, università et qualunche altro signore, terreno et capitanio di gente d'arme, militando al soldo di qualunche fidele et qualunche altra persona sì per mare come per terra, havendo potestà et facultà, richiediamo per le presente et quegli et a ciascuno di quegli in virtù della sancta obedientia comandiamo et mandiamo che contro Vinitiani perseverando nella loro obstinatione per lo honore della predecta Siede, vadino con arme contro a quigli et perseguitingli et debellingli alla restitutione ancora delle cose tolte della sancta romana Chisa, costringergli procurino a ciò che non occupino le nostre ciptà, loghi et opponghinsi a quelli. Et in pena d'epsi Vinitiani et per vendicare la rebelione di quegli qualunche Vinitiano, stando nelle ciptà di quegli, terre et luoghi et signorie, et delle ciptà, terre, luoghi de qualli la università et habitatori e' prefati Vinitiani non riconoschino per loro Signori et a quegli non presumino obedire come loro Signori.

Dipo' che epsi Vinitiani furno incorsi ala privatione della loro ragione, et in qualunche luogo sieno trovati, siano presi et tenuti, et le mercantie di quelli (*) da varii navigii, crediti et chose et ogni bene ne' proprii usi si convertino; perché noi per l'auctorità et potestà premessa a quegli che pigliano l'arme et alcuni di quegli Vinitiani subditi obedientia alla Signoria di quegli, le cose di quelli e' beni in simil caso pigliando, tucte le cose, danari, gioie, mercantie, navigli, animali et beni mobili et immobili in qualunche luogo, ancora fuori del loro tenitorio, ciptà, castegli et luoghi d'epsi e' quali così haranno preso, noi gli concediamo a quegli in preda et vogliamo quelle cose appartenere a coloro che l'hanno prese con piena autorità; et le persone di Vinegia et d'altre ciptà, terre et luoghi de' quali comuni et università della obidientia di quegli, come è stato comandato, in quelle habino casa, in qualunche loco saranno presi, concediamo essere facti servi di chi gli piglia.

Ancora a quigli e' quali così contro a quegli per la defensione della romana Chiesa et delle cose a quella tolte, et per la integratione della apostolica dignità si saranno opposti alla guerra, et a simili oppugnatione d'epsi Vinitiani et alla defensione nostra habino dato conseglio, auxilio et favore, piena indulgentia et remissione di tucti e' sua pecati gli concediamo. Et se alcuni re, duchi, prencipi, marchesi, baroni, conti, università, collegi, sì in Talia come fuori d'Italia constituti, et qualunche altre particolare persone, o per sé o per altri, publicamente, occultamente, directe vel indirecte, sotto qualunche colore a epsi Vinitiani scomunicati, anathematizati, ma-

(*) Fol. 139 b.

ladecti ed inhabilitati contro alla romana Chiesa nelle cose premesse, o alcuna di quelle, arme, danari o vectovaglia ministrare, o auxilio, consiglio o favore in qualunche modo dare habino presumpto, o con commodità potessino dallo spoglio et predatione et captura di quegli, et gli subditi loro si sieno abstenuti, qualunche sieno stati, ancora qualunche excelsa dignità egli habbino, sieno maladecti et scomunichati et precossi dal divino anathemate; et non sperino della salute dell' anima se inanze al fine della vita non faranno penitentia, et apostolica dignità sieno absoluti; et la università sapino che sono privati delle cose divìne. Et se non si faranno correpti, aspectino la divina ultione. Niento di meno le singulare persone di quelle con par sententia et altre pene di excomunica, colle quale gli altri scomunicati predecti di quivi sieno innodati, et acciò che le cose premesse a tucti sieno manefeste, a universi et singuli Patriarchi, Archiepiscopi et Vescovi delle patriarchale, metropolitane et (*) dell' altro cathadrale et collegiate chiese, prelati, capitoli et altre persone eclesiastiche et di qualunche ordine, ancora mendicanti religiosi, exempti, et non exempti, per tucto il mondo et maxime in Talia constituviti, mandiamo che ciascuno di quegli suotto simile censure et pene per quigli et singulare persone di quiglii capitoli: se poi per vigore delle presenti siati requisiti infra e' tre dì, de' quali uno pel primo, l' altro pel secondo, l'altro pel tercio et peremptorio termine, canonica monitione premissa, assegnamo, non habbino obidito, ipso facto incorso, el medessimo Duce, Consiglieri et Comune di Vinegia et ciascuna altra singulare persona del decto Comune di Vinegia, oficiali, provisori, consiglieri, fautori, adherenti, complici et seguaci di quigli et altri nominati, passati et termini predicti asegnati a quegli, se non haranno obidito nele loro chiesi, le domeniche et altre dì festivi, quando maggiore multitudine di popolo quivi sarà convenuta agli ufici divini, col vexillo della croce, sonate le canpane, accse le candele, finalmente spente et in terra gitate et conculcate con trina proiectione di prieci et con altre cerimonie solite essere observate, in tale cose excomunicati publicamente gli nominino, et comandiamo essere nominati da altri et da tucti più strectamente vitati da tucti gli altri christiani, a ciò che evincino quegli. Et con egual modo, sotto le predite censure et pene, le presente, o vero loro tramsumpte sotto la forma in sua scripta, facto infra termini di tre dì, come è scripto, sia apicato nelle chiese, monasterii, conventi, et in altri luoghi di quegli facino essere publicato et affixo. Et a' medesimi Venitiani, essendosi separati per la loro tacita rebilione della gregge dominicale, tucto le cose necessarie nieghino ministrare, insino a tanto che compuncti nel quor assumino lo spirito di più sano conseglio alle nostre monitione et mandati predecti habbino obedito et meritato dalle censure et pene

---

(*) Fol. 140 a.

predecte al beneficio della absuolutione et restitucione et ancora l'"integra gratia della reconcillatione di quegli da noi et dalla siede predecta obtenere.

Et schomunichiamo ancora et nathematiziamo ognuno di qualunche stato et ordine sieno stati, e' quali le presente lettere nostre, o veramente lore transumpto copie, o vere exempli, nelle sua terre, o vero signorie, essere lecte e affixe et publicate et i' noticia di tucti non essere dedute (*) abbino facto et procurato et in qualunche modo alle chiese ancora et a' monesterii et a' conventi et a qualunche altri luoghi sacri, ne' quali sia stato denegato pe' prelati di quelli e persone epse lectere essere publicate ogni privilegio, ogni indulto, tutte le gratie per le quale per l' apostolica Siede sono ornate, leviamo, vogliamo quelle essere tenute per non facte.

Finallemento, perchè e' sarebbe dificile le presente lettere a ciascuno loco essere portate, ne' quale sarebbe necessario, vogliamo et per apostolica autorità dichiariamo che el transumpto di quelle per mano di notaio publico, o vero nell' alma ciptà pel dilecto figliolo Mazochio impressa, et col sigillo di alcun prelato ecclesiastico munito, et in qualunche luogho egli stia come le lettere et orizinale stessi se le fussino datte o mostre; et perché lo inganno et la fraude a nessuno debbe essere a difesa, a ciò che nessuno sia inganato di nuovo errore, chi infra el tenpo del suo reggimento le predete censure et pene, o alcuna di quelle sostenga, che dopo quello non habbia essere constretto al debito dela satisfatione; perché colui el quale non ha voluto satisfare et ad alcuno de' nostri mandati obedire, anco diposto già l' administratione et sucessione di quello, se non harà obedito, dichiariamo nelle medesime censure essere incluse et in tucto et per tucto obligato.

Et non potendo le presente lettere a Vinetia asecuramente essere publicate per la potestà loro, a ciò che a' Vinitiani et agli altri epse lettere toccano et a' quali alcuna cosa è comandato et prohibito per le medesime, a ciò che non possino delle cosse promesse alegare ingnorantia, e per proteste di simile ingnorantia se non haranno obbedito piglino el velame della excusatione, vogliamo epse lettere essere appicate nelle porte della chiesa del principi apostolo di Roma, et per simille affixione essere publicate; et dichiarando che la publicatione delle medesime litre chosì facte, dipoi e' medesimi moniti, coloro a' quali epse litre tocano stringa. Et se epse lettere nel dì della affixione et publicatione simile fussino a quelli personalmente lecte et insinuate, non essendo versimile coniectura che quelle cose, le quali sì manifestamente sono facte, debino apresso quegli rimanere incognito, non obstanti le constitutione et ordinatione apostolici contrarie, qualunche le sieno, o veramente se a moniti predecti, o qua-

(*) Fol. 140 b.

258

luche altro comunemente separati dala Siedi apostolica sia perdonato, che gl' interdecti non possino essere sospesi et scomunicati per le lettere (*) apostolice non facendo piena et expressa de verbo ad verbo di simile indulto mentione, a nessuno huomo sia lecito questa pagina della nostra exhoratione, di riquisitione, di monitione, di mandato, di assignatione, di promulgatione, di voluntà, di agravatione, di ligatione, di decreto, di privatione, di inhabilitacione, di diffidatione et absolutione, di liberatione, di prolatione, di concessione, di precepto, di inhibitione, di excommunicatione et anathematizatione rompre o veramente a quella contradire temerario contradire. Ma se alcuno abbi presumpto questo atentare, la indignatione dello onnipotente Idio et del beato Petro et Paulo apostoli di quello cognosca essere incorso.

Datum Rome apud sanctum Petrum anno Incarnationis Dominice Millesimo quingentesimo nono, calenda maii, pontificatus nostri anno sexto. SIGISMUNDUS C.

A tergo erano scripte queste parole, registrate in camera apostolica : — D. de Iuvenibus. Le executione tale anno dalla nativià del Signore MDVIIII, inditione duodecima, dì 27 del mese d' aprile, pontificato del sanctissimo in Cristo patri domini nostri domini Julii pape II —. Le presenti lettre scripte lettere apostolice, S. D. N. pp. furono affixe et publicate nella chisa del principe degli apostoli di Roma et nelle parte della Cancelleria apostolica in Campo di Fiore per dua cursori qui soscripti ; ciovè Evrardo du Vi[vi]er del prefato S. D. N. pp. et della romana Corte cursore, così : — Michal Boux cursore del S. D. N. pp. et di epsi cursori moderno maestro. Amen — (**).

Et perchè, amantissimi mei discrepti lecturi (***), vostre Nobilità poterebbene pigliari qualche adminatione de avere io registrata la suopra dicta monitoria, o vere intradicta, volgaremento, questo è stato per essero l' altre oppere volgare et eciam per siguire l' ordine di tal' oppre. Ulterius, perchè in dita monitoria se contene che nè copia nè transompte non se possi di quella registrare se prima quelle tale no sia costituvito notario. A questo io respondo che io l' ó facto et potute fare iuridicamento de mia mane propria, per essero io notario constituvito de multi anno prosimo pasati, come apresc di mi n' aparo pieno mandato. Secondario, io sì ó volute durare questa poca fadica, a ciò che essa non andasse in perditione, sole per essere picolc volume ; tamen per essere cosa sancta, excelsa e dignissima in soprelativo grado, a ciò che per al tempo advenire li delenquento come quella possino inparare, per al che loro si posino defensaro da tale gram terore et schomunicatione per infenita secula seculorum. Amen.

(*) Fol. 141 a.
(**) Qui è riprodotto a colori lo stemma di Giulio II.
(***) Fol. 141 b.

Prime castelle dela Signorí prese dala lega in Lonbardia.

Le prefacto tri castegli tolte per dita lega ala excelsa Signoria de Venetia, corande gli anne dal Signore MDVIIII a dì 14 dal mese d' aperelle, die dominicho, ciovè Trivi e Pandino e Rivolto; conciò fuse cosa avando viste la Sanctità dal papa la dureza del lor core Venitiane, insemo come tucta dicta suoa legha, che per suoa dita monitoria et altre suoi precepte che mai per alcum tempo lore se sieno volute adumiliare et venire ala suoa sancta et vera obbidentia; per al che forcia a lore è stato de fare pigliare dite tre castello, a ciò che lore se debano revedere de hogne suo male opperare. Ale quale i andò, secondo al mio reporto, parte del' asercito dela M.^{ta} del re de Ferancia, che già suoa M.^{ta} non era tropo dinstanto, che venea ala suoa magnifica ciptà de Milano per venire a tale anpresa, come per capitole de suoa magna lega se continea. Al quale so asercipto s' andò al dito castelo de Trivi insemo come quelle valorose Zohano Francescho da Gongiagha marcheso de Mantova; per modo che ala cura dal dito castello i era uno M. Vitelle zià de M. Nicolò di Vitelle dala Ciptà de Castele, inseme come uno M. Vincentio de Naldo de Valle de Lamone dela proventia dila Romagna, et le multe altre suoi conpagne. Et qui aveano molte beno properate dicto so castello dentro e di fuora (*) come suoi gram repari de sbari et altri suoi bisogne; per al che più volte dite Franciose erano venuto ad asaltare per insino ale dito sbarre; tamen lore de continuvo erano usito fora et dreto andato come franco palatino, cridando dreti a suoa voce piena cose de gram suoe verghogne, et masime dicando — Talia, Talia liberata —: per modo, come per al proverbio spande, dicando che senpre la moglie delo ladro non ride, perchè quanto lui è inpicato, forcia ie conveno a pianzere. Per mode che a dì dito tale Franciose, sentando la M.^{ta} del so re apropinquarse, alora ie parbe al tenpo de venire a tale castello, et qui lore fare hogne suo potero per siguire de quello farese. Apresentato che lore funo, subito dite Talici usino fora, faciando come de prima; et qui gaiardamento comencione a pugnare per tal via e modo che li Talici per forcia indreto se ritiravano; per modo che in quelle estanto venne morto uno de dito Franciose de gram famma. Alora dito Franciose se se refrancone faciando come cani rabiato, et con esa lore dentre dal dito castello introrino, et qui presene dito M. Vitelo e dito M. Dionise et le mandone in catura nel castello de Milano. Et dito castelo fu sachegiato. Dipoi andone al dito Pandino e Revolto et pure le piglone, et de quele se ne fecene patrune.

Pur seguitando la instoria in Romagna

(*) Fol. 142 a.

Prima coreria per la lega a Cerviglia nela Romagna.

La prefacta coreria in dita proventia dela Romagna per al teritorio de Cerviglia nel contà de Ravena fu facta di 18 del mese d'aperile, die mercurio, la notte prosima ad venire; conciò fuse cosa che la Sanctità dal papa avesse facte metre in pute el so valeroso capitanio dela sancta Romana Chiesa, per nome chiamato M. Francescho Maria dala Rovre, nepote de suoa Santità, nel so duchato d'Orbino, et già avea mandato el nobile M. Guido Vaglino per natione nobile imolese, il quale in quele tempo se ritrovava primato de suoa guardia ala cura dela suoa ciptà de Cesena, dove in quele loco i era per Governatore quello dignissimo confalonerio dela sancta iustia el magnifico conte Obice de Aledusi dal castelo del Ri' nela proventia de Romagna et tenitorio dela ciptà de Imola, cognato dal dito M. Guido. Arivato che al fu, in brevità de comuna concordia et de precepto de suoa Santità la notte predicta fenene tale (*) corerie nel teritorie ·de dita Cerviglia et per al teritorie de dita Ravena: per mode che siando lore stato sprevezuto, dipoi, potea esere cercha la meza notte, fecene uno gram butino: tamen se feze gram pugnare et ne venno ferito e morto le multi; fra le quale morte se fu uno favorito de uno M. Brunore zià d'Antonelle da Forlinpopule. Facto queste, di subito dita excelsa Signoria fece retenere quante bestiame da Cesena a Forlì se ritrovavano nele lore pignedo, et eciam nostre mercantie, che fuseno nela ciptà de Ravena, nele lore magazino. Alora intendande al nostre Regimento tale cosa, molte de mala voglia se ritrovavano, non avando sapute alcuna dele predito cose da poter lore prevedero. Al nome deli quale dito Regimento erano quiste: prima el R.mo Monsignor nostre Locotenento M. Marcho di Cochapane, protonitario apostolico, per natione dal nobile castello de Carpo de Lonbardia: secondario, M.º Simone dali Organo, arcium medecina doctor, caput de Conservatore: 2, a' nobile e zentile Juliano Beltracano: 3, Baioze l'ontrole: 4, Zohane Francescho Maldento: 5, Simone zià de uno Zaffo nostro mercadanto: 6, Antonio fiole de M.º Andrea de Marchione spiciale, come el resto de suoi conpagne signure Antiano et altre del dito Regimento. Alora in quel tenpo era alogiato uno capitanio de Spagnole i' nostra ciptà de n.º 400. Intendando questo, di subito se mese in punte per volere andare a sachezare Medula, tera dela Signoria, o veramente fare coreria nel teritorio dela ciptà de Faiencia; et usino fora dela porta. Alora intendando tale nostre Regimento tale cosa, di subito Monsignore de suoa volontà mandone drete a tale so capitanio che tornase in dita; con ciò fuse cosa che li nostre ·non

---

(*) Fol. 142 b.

avande sapute cosa alcuna de dita coreria, che lore voleano bem convicinaro et eciam per al gram danno che aria apute dito nostre popule per el gram numero de suoi pigne che in dito castelo de Medula s' atrovava nel banco de quelo suo ebreo. Fate queste, dito Regimento di subito fece aredure tuto nostre contadino come l' avere et persona. Dipo' provedando a nostre porte zorne e notto, come gram guardie ; el simile intorne ala ciptà donde fuse stato necesità. Dipo' queste, scrise litre a Monsignor R.mo Legato che era ala ciptà de Bologna ; al simile a Ravena, rendolandise de tale cosa, faciando lore gram suoa schiusa de non aver sapute cosa alcuna, come ut supra. Al simile a dita ciptà de Cesena : per mode che in brevità de tenpo dito Ravenato fecene restituvire tali nostre bestiamo et altre robe.

Item in taie (*) zorne veno a Forlì el R.do Monsignore protonitario apostolico M. Pirotto da Sena per menare via tale Spagnole in canpo a Castelo Bologneso, dove era uno M. Zohane da Sasadello nobile imoleso et capitanio de quello come cercha cinque milia persone per volere andare a metre canpo atorno al castello de Solerolo del contà de Faiencia. Et dito Monsignor Pirotto m.° de tal canpo et dito Spagnol in quelle loco le minò et feze la via da Castrocario. Po' siguitando.

Solerollo primo castello in Romagna prese dala lega.

Al prefacto Solerollo primo castello prese dala lega nel teritorio dela ciptà de Faientia, corande gli anne dal Signor 1509, a dì 23 dal mese d' aperile, die lune, i andò al canpo de dita lega, per mode che in brevità lore l' abeno d' acorde, salve persone e lore robe. Dipo' se partì dito canpo et andò a Brisigallo etc.

Bresigallo secondo castello in Romagna prese dala lega.

Al prefacto secondo castello, dicto Brisigallo, prese da dita legha queste anno dal Signore 1509, a dì 30 dal mese d' aprelle, die luni, i andò al canpo de dita lega, partito dal castello de Suolerollo ; con ciò fuse cosa che già in dito castello i era intrato uno M. Zohane Paule Baglione conditere de dita Signoria de Venecia che venca dala ciptà de Faiencia, che ala custodia de quella lui era deputade insemo come uno so providitore ; per mode che, secondo al mio reporto, era stato de lore comuna concordia dita suoa andata, et avea menato le multe suoi cavale lizere et fantaria et parte n' avea lasato nela fiomana a suoa defensione : e 'l reste con esa lui. Per modo, come dito capitanio M. Zohane da Sasadelle et M. Brunora già d' Antonello da Forlinpopule et M. Ramazoto, tuto gurero dignissimo, abbene intese

(*) Fol. 143 a.

tale suoa andata dal dito M. Zohane Paule, di subito venne a canpo
al dito castello da Val de Lamone, teritorio de dita ciptà de Faiencia.
Arivato che lore fune, gaiardamento comencione a pugnare et come
suove artegliarie de canune butando zose de quelle suove mure; et
quase venne prese tute dite cavale dal dito M. Zohane Paule; per
modo che cercha l' ora vigesima tercia li Spagnole come gram furore
introne in dito castello iusemo come li altre, et quello sachezone come gram furore; et già era intrato dito M. Paule Baglione e
so comesario in suoa roca. Pasato la notto, al giorno propinquo, che
fu a dì primo del meso de magio (*), die martis, li nostre comencione a trare a dita roca faciandie gram guerra. El simile facea quilli
dentre; per mode che le Spagnole faceano gatto drete a quelle mure,
per modo che una parte de dita roca se rese ali dite Spagnole d'acorde; zoè quile del receto. Et già era andato uno bando per parte dela
Santità dal papa: chi ie desse al dito M. Zohane Paule Baglione
arebbe duquate   (**), o vivo o morto: e tutavia devano gram bataglia
a dita tora maiestra. Per mode che infra queste tenpo uno cape de
squadra dal dito M. Zohane Paule, che era per suoa natione da Car-
panecha, fece ferma deliberatione de volere piare dito M. Zohane Paule so patrone e darcle nele mane a quile dal nostre canpo per avere
duquate per suoa pensione. Et qui ie messe le mane adose et s' al
cació suotta. Alora per eser lui potente ie insì di sota, et qui dito
M. Zohane Paule s' areccomandò a certe prisone da Forlì, che erano
in dita rocha, che erano stato prese a dì 18 d' aprile, die mercurio,
e tote soi cavale, che erano partito da Forlì per andare in nostre
canpo a Castelo Bolognese. Le quale era: uno Piero da Bagnara et
Santo già de uno Banbino falconere; tercio ed ultimo uno nostre Iacome, alias Canpione, fiole de uno Besc già de Cristofano. Alore dite
presuno s' atacono come dito cape de squadra et aiutone dito M. Zohane Paule; tamen per avere dito cape de squadra copia d' arme, ne
ferì cercha dui de dito prisuno; cioè Piero et Canpione. Tamen per
quela volta al salvone, faceando lore granda admonitione al dito so
cape de squadra, dicando che lui non doverebbe mai eser traditore
al so patrone. Lui respondea dicande so dane, che lui se doveria
rendre e dare dita roca al papa, come tutavia era sopra al fose el
nobile conte Lodovico, signore dela Mirandola, e dito M. Brunora, che
come gram terore a suoa voce piena diceano: — Renditive; se ne
no, tuto ve mandaremo per lo file dela spada —. Alora intendando
tale cosa al dito M. Zohane Paule tale cosa, se vide a male partito,
considirando lui al tuto dala fortuna eser abandonato, et scorse alcuno più a tenpo non potea avere, per al quale lui se potese salvare.
Per queste inmediate lui fece ferma deliberatione, che l' ultima cosa,

(*) Fol. 143 b.
(**) Lacuna del ms.

che de' fare l' omo, si è de volere morire, et che la roba va e vene. Alora lui comese al dito Canpione et caramento pregandele che lui voglia chiamare M. Zohane da Sasadelle, che lui era ala cura dal dito castello, che volese venire a dita roca, che lui ie volea parlare. Alora dito Canpione tose (*) el so saglione e de quelle fece bandera, e chiamò dito M. 'Zoano pregandole che s' apropinquase a dita roca, che M. Zohane Paule ie volea parlare. Alora M. Zohane venno inmediate et con esa lui ie fu gram parlamento, dicando dito M. Zohano Paule che lui era contento de darie dita roca, salve lui de potere retornare ala dita ciptà de Faientia e poi salve tute el resto di soi conpagni, che potea eser in tuto cercha otto, le quale non aveano . vituaria per potere stare trope ale lor defese. Alora intendando queste tale Spagnole che già erano intrato in dito recepto, e tutavia aveano le schale intorne per volere intrare per via de certo suove case che intorne i era, che dito M. Zohane Paule se volea rendre al dito M. Zohane da Sasadello, lore molte se turbone, e dise che dito M. Zohane Paule era e doverebbe eser liciptamento so presone per eser lor stato li primo aver prese dite recepto. Alora dito M. Zohane da Sasadelo a queste respose che nonn era la verità, che ancora lui fuse so prisone, e non doverebbe eser ; che ancora lui è libro da poterse dare a quelle che a lui parerà : tamen gram contrasto infra lore furno, per al quale dito M. Zohane da Sasadello comese al dito M. Zohane Paule che lui ie trese a dito Spagnole, faciando al pegio che lui potese ; per modo che di novo gram trare facea. Per modo che, secondo al mio reporto, vene morto certe de lore Spagnole. Alora cridando, dicando : — M. Zohane da Sasadello, voi facite male a eser contra nui per eser tuto uno, et como al tenpo nui al farema intendre ala Santità dal papa — : a queste respose lui dito M. Zohane da Sasadello, dicand che lore non doveria esere così superbio, per eser lore in quele loco homine de obidentia, per eser lui capitanio de tal canpo constituvito da suoa Santità : e se dito M. Zohane Paule se volea rendre a lui i' nome dal papa, che lor doverebbe eser contento. Alora dito M. Zohane Paule tose dentre da dita roca maestra dito M. Zohane da Sasadelo, et a lui se rese, et salve tute el resto. Rese che al fu, per al dito conto Lodovico fu tolte inseme come dito castelano, chiamato M. Iacomo Lordano, et dito Providitore M. Andrea Basilio, et le fece menare nel so castello dela Mirandola in loco di suoa salvatione ; che fu queste a dì 2 dito, die mercurio, cercha l' ora decimo nona. Insito che lore fune, dito Spagnole vosene per suo prencipale capitole de metre suove bandere prima nela roca maestra, che già in quelle tenpo era comenciato arivare le zente del capitanio dela santa Romana Chiesa, come inento parlarò. Dipo' fu fornito dita roca a peticione de sancta romana Chiesa.

(*) Fol. 144 a.

Fate queste, M. Ramazoto, secondo al mio reporto, se andò per tuto el resto de dita Vale et abele d' acorde : sichè veramento, secondo al mio parero, dito M. Zohane Paulo Manfrone e dito Providitore (*) de Faiencia molte male per lore aveano acordate la pistola come l' avanzelio, ciovè nel' aver vedute come in quella hora la licione del' influsi celesti erano concordante insemo sopra de tale cosa nela suoa dicta partita per venere ala defensione de tale castello de Brisigallo, per avere mese tanta carne al fogo ; zoè prima lui d' aver perso hogne suoa cosa et eciam l' onore suoe, che al tucto vale ; dipo' dito so castelano et comesario et quiste soi conditere, zoè M. Bernarde Bionde come la conduta de cento cavale lezere. Item M. Bernardino Camaiano, c[avalli] 100 : item M. Agostino da Varugnana, homi d' armo 50 : item la conduta de M.° Franchescho da Lomato, che già lui era stato morte a Faientia per suspeto a dì 26 d' aprile, die iovis, come inento ad plenum parlarò, come c. 100. Per mode che, secondo al mio reporto, erano into cercha 500 cavale et altre pedune, che poco de lore ne schapolò. Sì che per modo fu avigliato quelle castello che per multe tenpo se ne poterà dire, per esere stato per lo tenpo passato molte hodiato per la oniversità quase de tucta la Romagna per eser lore homine altere et di suoa vita gaiardo ; et mai più a lore non acade sbregliata de tale natura etc.

Prima venuta del capitanio Duca de Orbino in canpo.

Al prefacto duca de Orbino et capitanio generallo della sancta romana Ghiesa Franceschu Maria dalla Rovere, questo anno dal Signore MDVIIII, a dì primo dal mese de magio, die martis, suoa Magnificientia arivò ala nostra ciptà de Forlì, che al venea per andare nell' altre nostre canpo che al presente se retrovava al castello de Bresegalo de Vale de Lamone del teritorio dela ciptà de Faientia, che già aveano reavuto dito castello. Et per queste la Santità dal papa, vogliando siguitare la vitoria et la promesione per lui facta come dicta lega, avea mandato dito capitanio a ciò che lore potesene fornire hogne suoa bramosa voglia in queste parte de dicta proventia dela Romagna contra dicta excelsa Signoria de Venecia. Arivato che al fu, passò come grando ordino per nostra ciptà, et quando al fu insuso al ponte dal pane, in quello loco se ritrovava al nostre Locotenento et Signure vechie e novo che in tal zorne faceano el so introito. Et (**) qui per tucto lore fui invidato dicto magnifico capitanio a desenare come suoa corte. A queste suoa Excelentia ie ne rendicte infenite gratie e non vose aceptare. Et cavalcò via drete al nostre flum Montone, lontane cercha duoa miglia. Et lì per quella notto alo-

giò come grando ordino. Et inmediate lui fece andare uno bande sota
la pena dela forcha, che non fusse alcune so soldate che avese a
tagliare nè grano, nè altre cose sopra al teritorio de Forlì, che tucto
dovesene andare nel teritorio de Faiencia et lì tagliare orze e spelta
et erba, come loro feceno. L'altre zorne, la matina per tenpo, se
levone et andone nel' altro so canpo, che al castelo de Brisigallo se
ritrovavano, che già in quello zorne aveano auta dita suoa roca, et
in quelle loco doveano aspetare el R.mo Monsignore Legato et cardenale de Paviglia che al presento se ritrovava ala magnifica ciptà de
Bologna, come inento ad plenum parlarò. Et qui dito capitanio fece
la via dal castello de Oriole, e po' arivò per la Dei gratia a salvamente. E lì stete per insino a dita venuta de Monsignor.

La venuta dela M.tà de Lodovico Re de Francia a Milano.

La prefacta venuta dela M.tà de Lodovico Re de Ferantia ala suoa
magnifica ciptà de Milano per la guerra dela excelsa Signoria de Venetia, se fu in questo modo e forma. Corande gli anno dal Signore
MDVIIII, a dì primo dal mese de magio, die martis, che suoa Maistà
arivò a dita suoa ciptà; al quale era in suso una chineia, over cavalle rose come tuto el so fornimento roso, zoè oro et altre colore
roso; et suoa M.tà tuta vestita de rose ala suoa fogia franciosa, et
tuta suoa comitiva de grado in grado; et da quello so magnifico popule molte selenigiato. Come tante galantaria fu so introito, che veramento tuto facea stupefare la zente, et masime quilli suoi barune
tanto ornato, insemo come quilli suoe fiole de dita suoa lega, zoè el
valerose capitanio Zohane Francescho da Gonzagha marchese de Mantova et Alfonso da Este marchese de Feraria. Intrato che suoa M.tà
[fu], come quelle che veramento se po chiamaro Rex cristianissimus,
inmediate fece ordinare per tuto el so clero che s'avesse a fare tri
zurne procesione solenissima (*) e tuto de comuna concordia avissine
a pregare la devina M.tà che quella se volesse dignare de prestarie la
gram vitoria contra dicta excelsa Signoria de Venecia. Facte dita procesione, la domenica prosima ad venire, che fu ad 6 dito, suoa M.tà
fece fare una suoa representatione de tuta suoa cometiva: con ciò
fuse cosa che a dì dito suoa M.tà se partì dal so castello in suso una
suoa moleta, che andava come tanto ordine che veramento parea avere spiritu umano; et intrava in Sam Dominico [de'] frato predicatore,
al quale nonn era tropo dinstanto, dove in quelle loco se ritrovava,
secondo al mio reporto, al primo suo anontio dela suoa vitoria, cioè
la bandera, over stendardo de Sam Marco, che suoa comitiva già
aveano tolte al dito M. Vitello da Castello e dito M. Vicentio de Naldo
al' aquiste del castello de Trivi. Dipo' i andava dreto suoa baronia de

(*) Fol. 145 b.

grado in grado, siguitando suove melicie et masime una de quelle che portavano sopra le spale certe armi chiamate cette, che aveano al so capo fate admenino e di sopra spontone, come gran numero d' arciero et balestrero, le quale erano la più parte Vaschone, et la multa altra fantaria, secondo al mio reporto, et le multe altre cavallo legiero et zente d' arme bene in punto. Fate hogne suoa representacione, parse che le multe de quile soi nobile Milanese fecene intendre a suoa M.ta che piase verilmente tale cura contra l' aspero veneno de dicta excelsa Signoria, che lore credevano veramento che lui arebbe la gram vitoria; et a quella dita suoa M.ta ie ofereano gram numaro dal so tesoro et hogne altre so potere. Et in quello loco steto in gram iubilatione come el R.do epischo Spontino et Comisario apostolico, che nanto a suoa partita i avea mandato suoa Santità, et come dito soi popule et altre suoi aderento; per insine che suoa M.ta partì et andò in canpo al castello de Casano, come inento ad plenum parlarò in questo, pur seguitando la instoria.

Partita dal cardinalo da Bologna: ven in campo.

Al prefacto R.mo Monsignore cardinale de Paviglia et Legato de latare dela proventia dela magnifica ciptà de Bologna e di tucta la proventia dela Romagna, M. Francescho de Aledusio dal castello del Rio del teritorio dela ciptà de Imola, queste anno dal Signore 1509, a dì primo dal meso de magio (*), die martis, al quale era stato mandato dala Santità de papa Julio secondo a dita suoa magnifica ciptà de Bologna per suo sustituto et prencipale in ogne suoe ocurentia che potese acadere neli cerimone dela predicta suoa guera per dita suoa lega contra la dicta excelsa Signoria de Venecia durante hogne suo tenpo. Et qui suoa S. R.ma come quelle che era svisaratissimo del bene et honore del pacifico stato dela sancta romana Ghiesa, avando intese già suove gram vitorie nela Lonbardia et Romagna prosperare, di subito de precepto de suoa Sanctità fece ferma deliberatione de volere venire presentialmento in dita proventia dela Romagna nela Valle de Lamono, dove se ritrovava el so canpo atorno ala roca del castello de Brisigale, che già al zorne nanto avea apude dito castello, come indreto ad plenum parla; et eciam eser la magnificencia del Duca de Orbino, capitanio zeneralo, in tale zorne alogiato ala nostra magnifica ciptà de Forlì; per modo che lui fece fare suoa mostra in suso la piacia de dita Bologna a dì primo maii, come ut supra. Fra li quale suo armizere, che se ritrovò, al primo se fu al magnifico conditero et capitanio dela guardia dela Sanctità dal papa M. Guido Vaglino, nobile imolese et cognato de suoa S. R.ma, che già era partito dala ciptà de Cesena a dì 26 dal mese d' aprilo prosisimo pasate, et era andato a dita Bologna. Facte che fu tale suoa mostra, l'altre zorne suoa S. R.^{ma} i' nomine Domini mese per suo Locotenento uno M. Bartolomio da Predasancta, e po' vene per insine ala suoa ciptà et patria de Imola. L'altre zorno vene a Castello Bologneso. Dipo' arivò al dito castelo de Brisigallo, dove in quelle loco se ritrovava la Excelentia dal dito capitanio come tuto al resto del so canpo. Et in quello loco fecene suove deliberatione de gram parte de quelle che lore voleano fare, per aver già reauto tucta dita Valle de Lamone. Pur seguitando la instoria etc..

Al canpo se levò da Brisigallo et andò a Faienza.

Al prefacto canpo dela lega se partì da Brisigallo a dì 14 dal mese de mazo, die veneri, et andò ad alogiare di sopra dala ciptà de Faiencia, per la via dela Observancia non tropo deinstanto, et in quelle loco steto per insine a dì 16 dito, die dominico. E qui se mese in punto per andare al castello de Solerollo. E po' se levò a dì dito (*).

Castello de Trivi retolto per al canpo dela Signoria.

Al prefacto castello de Trivi fu retolto per al canpo dela Signoria ali Franciose corande gli anne dal Signore 1509, a dì 8 dal me' de maze, die martis; con ciò fuse cosa che già siando arivato la M.^{tà} del Re de Ferantia a Milano et esere ancora tuto le suove zente d'arme alogiato neli ciptà e castelle per la sterilità del so vivero, per modo che a dì dito per la poca cura che facea la zente francese del canpo de dita Signoria per l'alegreza dela venuta dela M.^{tà} del so Re, dito campo dela Signoria andone al dito castello de Trivi, et in quele loco per forcia introreno, et noviter al sachizorno; che venea mo a esere doe volte per conchola come gram crudelità, nonn avande lore alcuno respeto a loci piatuse et masime a monesteri de monice. Perché secondo al mio reporto, quando quelle tale se aricomandava a soi mazure, lore come grando inpido ie dicea: — Menate queste brutte putane, che a questa volta nui tute le meterema im postribolo —. Dipo' tute le sachegiava. El simile a quelle altre donzelle seculare, che in quelle loco erano stato conservato. Ance fu per contrario; perché, secondo al mio reporto, la più parte se fu trabaldato come suove gram vergogna. Ulterius, fu prese cercha ducento homine d'arme, e le multe suoc pidune tucte sachizate; per mode che dito Franciose per quella volta fune molte male tractati. Alora intendando queste la M.^{tà} del so Re de Ferantia, che dentre da Milano se retrovava in gram iubilatione come dito so popule, alora fu determinato de più non volere in quelle loco staro; ance, più preste, come tucto al so canpo al castello de Casano alogiaro, per seguitare hogne suoa bramosa voia contra dicta excelsa Signoria de Venetia, per volere spuntare le suoe rabiose dente, per eser lei insaciabile contra hogne forma de rasone, come più volte suoa M.^{tà} ic l' avea facto intendere insemo come tucta la dicta suoa magna lega.

Primo bando del Re de Francia per andare in canpo a Casano.

Al prefacto primo bando che fece la M.^{tà} de Lodovico Re de Ferantia ala ciptà de Milano se fu queste: che tute et in ciaschuno loco de suoa proventia dela Lonbardia, dove fuse persona alcuna deputata al' asercicio del' arte melitario, che, inmediate (*) tucto se dovesene levare et al castello de Casane in canpo andare, suota pena di ribilione; che fu a dì 9 de maze dito, die mercurio. Facto queste, di subito hogn' ome se mese in via, e tute in quele loco andava come gram ferore, che veramento parcano le sancti apostole del nostre vere Redemptore ala morte dela inmaculata Maria regina de vita eterna, suoa madre.

Facto questo, suoa M.^{tà} i' nomine Domini se fece suoa partita da dita ciptà de Milano per andare in dito canpo come hogne suo potere, de tal natura e forma che tuto facea stupefare la zente de ogne suo oportune bisogne, che lui s' avea conducto a dicta suoa venuta; zoé gram numero de suove artegliarie, furnito de polvere et palote de ogne suorta, et arme de hogne rasone da ofendre e da defendre, et pichune de più sorta, et bein proviste de bone bonbardine, et altre maestre de più sorta da fare bricole e gate et repare e ponte de più sorta, come al numaro, secondo al mio reporto, de 2500 lanze, et gram numaro de cavalle lezere, et cercha vinte milia pedune; fra le quale i era cercha 4000 Vaschune, tucto balestrero, per la guardia de suove artegliarie; che potea esere in tucto, secondo al mio reporto, numero cercha 50 milia persone, tucto bene in punte, come voi potite pensare. Scando in quelle loco suoa M.^{tà} presentialemento, acampato che lore fune, senpre de contenuo come suoe gram vigilio, come fane quili homine che soi nomici apreciano, per potere fare suoa voia.

Festa solena facta a Ravena per l' aquiste de Trivi.

La prefacta festa solena facta a dita ciptà de Ravena per avere reauto al canpo de dita suoa excelsa Signoria de Venecia al so castelle de Trivi et aver prese et sachezato tante homine d' arme e pedune, come lore aveano facto, et per dita suoa vitoria lore fecene

---

(*) Fol. 147 a.

tale festa solena, che fu a dì 10 de maze dicto, die iovis, la note prosima advenire. Et per più contento del so populo fecene brusare gram numaro de suoi libre de condanatione et altre lore suoe angharie, prometando al populo che stese di bona voia, che non pasarebe tropo tenpo che lore s' acatarebbe contento.

Castello Buono de Romagna tolto per la legha.

Al prefacto Castello Buone dela proventia dela Romagna prese dala legua, che era dala Signoria de Venecia, corande gli anne dal Signore 1509, a dì XI de maze, die veneri, fu uno M. Guido (*) de Vaglino, capo dela guardia del papa, che al presento se retrovava ala suoa ciptà de Cesena come la excelentia dal conto Hobice de Aledusio, in quello loco Governatore et so cognato de lui; per modo che dito M. Guido come suoa cometiva andò al dito Castello a dì dito, et come gram bataglia al comencìò pugnare, per tal via e modo che lor se resene d' acorde, salve roba et persone, suota al stado de sancta matre Eclesia. Durò tale bataglia cercha hor tre. Dipo' fu fornito i' nome de dita sancta Chiesa. Pur seguitando instoria.

Castello de Rusio preso dal canpo dela lega in Romagna.

Al prefacto castello de Rusio, del teritorio dela ciptà de Faiencia nela proventia dela Romagna, queste anno dal Signor 1509, a dì 8 dal mese de magio, die martis, i andò al canpo dela legha che venea da Faiencia, che s' era partito a dì 6; dipo' era andato a Solerole, et qui l' abene d' acorde a dì 7 dito. Dipo' andò a Rusio a dì 8 dito, come ut supra, et qui alogione come grando ordino, per modo che nel so alogiare la roca et eciam dito castello ie facea gram guerra come suove artegliarie; per modo che, secondo al mio reporto, fu morte non tropo deinstante dal padiglione dal magnifico capitanio uno suo favorito, per modo che suoa Magnificencia ie promise sopra la fede suoa che come al tenpo lui ie farebbe portare la penitentia. Alora Monsignore R.mo Legato come al dito capitanio ie dise se lore se volea rendro ala Sanctità del nostre Signore i' nome de sancta Chiesa, che lore l' aceptaria volonticra, et che in dito loco non erano venuto per altre. A queste lore fecene resposta, che una volta la excelsa Signoria de Venecia era stata constituvita suoa patrona, per al che lore voleano eser suo buom subdito et vasallo come lore erano stato per lo tenpo passato, e che de queste lore ne farebene prova; che prima tuto lore voleano morire che rendrese, perchè ala cura de quelle i era 4 digne contestabile come 350 fante. Li primate si era uno Michello Zancha; el secondo uno Petro Paule Zalamella nobile

ravenate. Alora intendando dito Monsignore Legato la ferma deliberatione de tale homine che prima volere morire che rendrese, di subito lui fece comisione a uno so cognato M. Guido Vaglino et a M.
Brunora, zià d' Antonello di Cavedune da Forlinpopule, et a uno
Berto, già de Iacomo da Oriolo, al presento nobile forluvese, che
dovese venire ala nostra magnifica ciptà de Forlì et tore quiste 4
cappe (**) d' artegliaria grose et farela conducere al dito castello de
Rusio per poter fortemente pugnare contra quello. Facta la preposta,
di subito a dì dito venene via et fecene cavare dite artegliarie fora
de nostra roca ; zoè una colobrina de lungheza de piè cercha quin-
dice, chiamata la Lione, per avere nel so cappe una testa de lione,
et era stato facte l' anno dal Signore 1490 nel regno de Napole, come apare a tale so milesimo nel' entroito dela suoa boca, et per
queste ancora se chiamava la napolitana, come le arme dela M.tà del
re de Ragona : dipoe i era tri canune de gram statura, le dui polite,
el tercio facio a vide. Cavato che lore fune de dicta roca per la forcia de nostre fanciulle, tute tale suove carette funo menato i' nostra
piacia, et in quele loco steno per quela note, che fu a dì 8 dito,
come ut supra. Dipo' questo, dito M. Guido et M. Brunora stetene a
cena come li nostri magnifici S. L' altre zorne, a dì 9, li pute iterum
de novo menone tucte dicto artegliarie per insine ala porta de Codugne, che per altre porta non poteano usire per la debelecia de lore
punto. Alora fu comandato tanto boi et manegio a dicta nostra ciptà,
che per sine al dito Ruse le condus. Et in quelle loco fune lì posto
come grando ordino ; per modo che a dì XI dito, die veneri, la notte
prosima ad venire, comencione a trare in decto loco, nela faciata
dele mura dal dito castelle ; per modo che zorne e notte l' una parte
e l' altra faceano gram guerra ; per al che venea morte le molte persone de quilli dal canpo : tamen per dite artegliarie fu rote alquante
de quelle suove mure : tamen tuto erano aterato insino ali merli et
dentro come gram repare. Dipo' queste, tosene una gram parte de
l' aqua ale suove fosse. Dipo' fecene fare alquante punte per volere
dare la bataglia et inpiero tale fosse de fogate.

Alora in quelle tenpo Monsignor Legato fece andare uno bando :
ala pena dela forcha, che tuto li venturere, che in dito so canpo se
trovava, che infra termino d' una hora dovesene avere schonberate
de tale canpo ; che fu a dì 14 de maze dito, die luni. Dipo' queste
la magnificentia dal cappitanio fece dare dinare a tucto al canpo per
volere dare la bataglia. Alora tale cosa fu facto intendre a uno M.
Zohane Grego dala Guangia, che se retrovava ala costodia dela ciptà
de Ravena. Intese che lui abbe tale so ordine, fece convocare li soi
savie inseme come quello so Providitore ; per mode che de lore comuna concordia fecene ferma deliberatione de volere andare incognito

(*) Fol. 148 a.

a turbare dita bataglia al dito castello de Rusio, dipo' che altre bene
non ie poteva fare. Et qui se mese in puto come suoa gram zento a
cavallo (*) ed a pede per volere andare. Alora tale suoa deliberatione
fu facto intendro ala Excelentia dal capitanio. Intese che lui abbe,
di subito come al suo alte et zentille et peregrino inzegne di subito
mese tale bataglia in pratica, e de suoa zente ne feze più parte.
Alcuna dovese in quelle loco romanere, et altre parte contra dicto
M. Zohane Grecho dovese venire, parte incognete e parte palese; et
in quele loco, dove lore al trovase, metre in meze. Dipo' fare lor
hogne suo potere per metre al fonde dicta parte Veniciana, come lore fecene; perché veneno loro, come suoa deliberatione era; et come
i fune dove a lore piaque, comencione a scoprile quile tale incognito, cridando a suoa voce piena — Ghiesa, Ghiesa; ala morte tucte
li nostre ribele —. Et qui ie detene adose e de lore ne fecene gram
fracase, che gaiardamente alcune de lore si era apresentato per insino al dito castelle: tamen tutavia tronavano indreto verso suoa ciptà
de Ravena; et senpre lore seguitando per insino in suso la bella suoa
porta. Et più, che dui de nostre homine d'arme per la lore gram
furia che lore menavano dentre da dito porta, introreno, faciando
tutavia come bele paladino: tamen uno ne fu ferito e l'altre preso.
Al nome deli quale fune quiste: al primo M. Benedecto Ziraldo da
Mondolfo; al secondo al conte Felipo Horio zenoveso; tamen per la
Dei gratia fune liberate al' osencia de presone, sencia male alcuno.
Per modo che quile de dita lega tornono al dito castello de Rusio nel
so canpo come gram vitoria, perché presene al dito M. Zohane Grego
dala Guanza come le multe altre suoi primati, togliando al stendardo
de Sam Marcho; et le multe ne vene dela oniversità prese e morte.
Et più serebbe stato s' al non fuse stato quelle selbe e fose, che in
quelle loco se retrovava, che le molte de lore se salvavano; fra le
quale fu prese 4 deli Guarino suso al fose de dita ciptà de Ravena,
non sapande che quile tale fusene nomice; et masime uno M.° Iacomo Saleghino et dignisimo architatura. Prese che fu dito M. Zohane,
fu apresentado denanto ala Excelentia dal capitanio, et qui lui se
butò in zonichione e a quele la vita per l'amore de Dio ie domandava come le lagreme sopra li soi hochie. Alora suo Excelentia a
quele respose dicando: — Levateve suso et non dubitate d'alcuna
cosa, che io voglio che voi a mi siato in loco dal patre mio, per
eser stato senpre voi uno valento home e grando amico del patre
mio. — Et ie feze (**) gram festa, tenendolo aprese di suoa persona
per insine a dì 17 dal dito mese de maze, die iovis, ciovè el zorne
benedecto che asonse al nostre vere Redemptore in celo, che lui al
mandò nela suoa forteza de Sam Lei, aconpagnato da homo dabene,

(*) Fol. 148 b.
(**) Fol. 149 a.

sencia leghatura alchuna; anze ava suoe arme indose, zoé una co-
ratina come uno so zupone de seda et una zornea di seda al' anticha,
in suso uno lizadre so roncino, che veramente parea uno paladino.

Facto che fu dita coreria, che fu a dì 15 dal dito mese de magio,
die martis, di subito al dito capitanio fece fare domanda a quile dal
dito castello de Rusio se ancora erano deliberato de volerese rendre
a dita sancta matre Eclesia. A questo lore feceno resposta che voleano termino per tuto quelle zorne; per modo che l' altre zorne, che
fu a dì 16 dito, die mercurio, lore se rese a Monsignore R.ᵐᵒ Legate
che in quele loco se ritrovava i' nome de santa matre Ghiesia; al
quale Monsignore senpre era andato et venuto da Castelo Bolognese
et Cotignola, per eser lui de nobile conplisione, per non s' amalare.
Et qui per suoa S. R.ᵐᵃ fu facto salvo la roba e le persone, et se-
gnandie hogne lore capitole; et ie feze uno salvo conduto a quili
contestabile, che lore potese andare a hogne suoa voglia ad abitare
nela ciptà de Faienza e non altro: tamen no i andò; ance la mazore
parte volea tornare a Ravena. Le quale da nostre contadino fune
sachezato.

Dipo' Monsignore intrò in dito castello, et in quelle loco ie mese
uno contestabile, chiamato Matio dala Brancha, come 300 fante. Dipo' al castelano se rese quelle zorne proprio come hoc pato che
s' avese a traro 6 bote de canune, come lor feceno. Dipo' Monsignore feze al salvo conduto al castelano et al mandò, seconde al mio
reporto, in loco de salvatione. Et in quele loco ie messo uno nostre
nobile forluvese, chiamato S. Bartolomio Exellis. Dipo' queste, la
Excelentia dal capitanio fece cavare li ochie a quatre da quile soi
bonbardino; et uno se butò nel fosso et schapolò, come lui i avea
promese de farie portare la penitencia quando nel so alogiare lore
aveano morto dito favorito de suoa Excelentia, a denotare che le
consticione del' arte melitaria non volene che, quando uno canpe
alogia, che per la parte aversa ie deba eser tracto. Pur seguitando
la instoria, ad Oriolo voglie andare.

Castello de Oriolo tornò suota la iuridicione de Forlì.

Al prefacto castello de Oriolo ab auro, dela proventia dela Romagna et al presente nel teritorio dela ciptà de Faiencia suota la obidentia (*) de Valo de Lamone, queste anno dal Signore 1509, a dì
5 dal mese de maze, die sabati, per eser al canpo dela lega alogiato intorno a dicta ciptà de Faiencia, di verso la montagna, non tropo
deinstanto dala suoa ghiesia dala Observatia de Sancto Ieronimo, el
popule del dito castello da Dio iluminato fecene ferma deliberatione
de volere retornare ala suoa casa anticha, zoé suota la iuridione

(*) Fol. 149 b.

dela nostra magnifica ciptá de Forlì, come ab enticho lore erano stato, et più volte aveano cercato de retornare, et masime ala morte d'Alesandro sesto pontifico; perché in quelle tenpo era Signor de dita ciptà de Faiencia la Excelencia de Cesaro Borgea. Et per eser lui caturate, uno so castelano de dito castello in quelle tenpo, chiamato Tomasio Nomaglia nostre nobile forluvese, più volte, seconde lui, dal dito so popule fu atentato che volentiera tornarebbene ala dita suoa casa antica dita ciptà de Forlì; per modo che dito Tomase castelano al fece intendre a uno Antonio Maria già de Cecho Ordelafo, che al presente presedea in dita nostra ciptà de Forlì, per eser dal nostro popule stato chiamato per dicta catura dal dito Cesaro Borgia, che in quelle tenpo era nostre signore. Tamen intendando dito S. Antonio Ordelafo che la Signoria de Venecia già era in pratica de volere andare a piare dicta ciptà de Faiencia, dove in quelle loco se ritrovava presidento uno Franceschelo già de Galavote Manfrede, chiamato da quele populo come altre suoi parento, per niento non vose aceptare tale castele d'Oriolo a suoa devocione, per eser lui zentilomo de Venecia, per no ie fare a suoa axcelsa Signoria de Venecia alcune despiacere. Et per queste romase nulla. Tamen iterom de novo dito popule, a dì 5 dito, de suoa comuna concordia mandone ala nostra magnifica ciptà de Forlì quisti setto infrascripto homine per suoe anbasatore a fare la prenontia al nostre Regimento che quelle volese eser contento che lore potesse retornare ala suoa casa antica, dove suota nostra iuridicione come per nostre arme in quello loco ab antico pare. Al quale nostre Regimento se fu questi:

el R.^do in Cristo patri M. Marco de Cochapane Protonitario apostolico et nostro Locotenento, per natione dal nobile Castelo de Carpo dela proventia dela Lonbardia;

secondario, li nostri magnifici Consolati S. Conservatore, zoè lo eximio legum doctore M. Nicolò Tornello; secondo, Tomaso Palmezano;

3, Francescho Silinbeno;
4, Zohane Batista Paladino;
5, Valirano Pamsechio;
6 ed ultimo, Michelo de Ridolfo.

Le quale dite 7 anbasatore:
al primo se chiamava M.° Zohano de Casino;
secondo. Matio de Gabino;
tercio, Vandino de Timonzino;
quarto, Davide Tura;
quinto, Zegnano de Batista;
sesto Domenighino de Nicolò;
setimo ed ultimo, Piero Antonio de Bitino.

Et qui come (*) fune arivato, per instrucione de uno nostre S.

Nani da' Porcio fune conduto denanto al dito nostre Regimento, per eser lui suo cancelerio dal dito Locotenento. Facte per dite homine suoa preposta, per dito Regimento ie fu resposto che, quanto per lore, erano contentissimo che lore retornase ala suoa patria antica come hoc pacto, che tale suoa unione sia de volontà et comisione del R.mo Monsignor Legato de Paviglia, et eciam che lore dovesene andare nel dicto so castello et da quille altre so popule adure litre de credencia come la copia de suoi cappitole.

Facto queste, io de volontà deli mei signure ie fece fare colatione de zucharo. Facto queste, lore andone et retornone conclusive a dì 18 dito, die venus; per modo che per dito nostre Regimento fu obtenuto conclusive de retorio ala nostra iuridicione suota al manto de Sancto Pietro, et per dito Monsignore Locotenento de volontà dal nostre Senato constituvire uno comesario zenerale, chiamato Bastiano zià de S. Andrea Moratino, al quale avese andare per intecesore al castelano de suoa rocha, che avea nome M. Batista de casa Salamona, zentilomo venitiano, inlegiptimo; et piare la posesione de dito castello. Et qui per dito Regimento fu constituvito per nostre castelano novello uno nostre nobile Tolomio Moratino; per modo che a dì 19 dicto, die sabati, dito Bastiano Comesario se partì come suove patento et menò dicto castelano novello a dita roca, aconpagnato da uno nostre tronbeta deli magnifici S., chiamato Brocardo da Bologna, et u' nostre Guido macerio et Domenego donzello. Arivato che lore funo, di subito de comesione et presentia dal dito so populo chiamone dito castelano, et qui ie fecene tale preposta. A queste lui respose, dicando, depoi che l'era prese tucta Vale de Lamone et che secorse alcuno non aspetase, per al quale lui se potese salvare, quanto per lui, serebo contento de darie dita roca, in quanto che li soi conpagne fuseno contente. Le quale i era uno Contestabile, chiamato Matio da Ponte Veronese, come al n.° de 15 conpagne; per modo che inmediate lore s'acordone et mesene dentre dicto Comesario come le multe dito soi homine. Dipo' fu data la posesione al dicto castelano novello. Et qui comencione a cridare a suoa voce piena — Ghiesa, Ghiesa —; et fecene gram festa de suove artegliarie. Dipo' prese la posesione dal dito castello. Facto queste, dicto Comesario menò dicto Contestabile a Forlì: el castelano vechie romase per quella note a casa de uno so favorito in dito castelo per insine al' altre zorne, die dominicho, che li nostre magnifici S. Conservatore detene desenare a tale Contestabile et certo suoi conpagne. Dipo' venuto che fu dito M. Batista (*) castelano, li nostri Signure al fecene aconpagnare dito M. Batista e dito Contestabile dal dito Brocardo tronbeta per insine a Bagnacavallo, teritorio dela ciptà de Feraria, per suoa salvatione.

Dipo' stete le cose pacifico per insine a dì 18 dal mese de zugno,

_____

(*) Fol. 150 b.

die luni, 1509, che retornò dito homino da Oriolo come la copia
hotentica de uno so conseglio zeneralo, che lore aveano facto pervenire al so iuramento d'esere bone et fidelle al stato pacifico de sancta
matre Eclesia suota dicta nostra iuridició dela magnifica ciptà de
Forlì: del quale so conseglio non aveano auto sole una faba negra.
Arivato che lore fune, di subito introne nel nostre Conseglio secreto;
et qui per dito Monsignore Locotenento a tute quile mandatario ie
deto al iuramento etc. Dipo' queste, a dì 24 dicto, zoè al zorne
benedecto dela natività dal Babtista Sam Zoano, tornò dito homine
i' nostre Conseglio grando; et qui per al dito Conseglio ie fu segnato
dito suoe capitole in queste modo e forma. . . . (').

(") La rotta de' Vinitiani da' Franciose a Revolta.

La prefacta rotta de dicta excelsa Signoria de Venetia, facta per
la M.ᵗᵃ de Lodovico Re de Ferancia in loco chiamato 'a Rivolta nela
proventia dela Lombardia, che fu corande gli anno dal Signore MDVIIII,
a dì 14 del mese de mazo, die luni, la matina per tenpo; concò
fuse cosa che suoa M.ᵗᵃ zià fuse venuta in canpo al dito Casano come animo deliberato de volere siguire la gram vitoria contro dicta
excelsa Signoria de Venecia per le molte et varie deferentie infra lore
zià partorito, come ut supra. Per al che suoa M.ᵗᵃ pare che delibe-
ratamento a dì dito se trovase eser pasato al fiune de Ada e dipoi
acanpate dreto a quelle, non tropo deinstanto dal ponto che avea facto per pasare int uno so certe gumito, che facea al dito fiuno. Et in
quele loco deinstanto cercha uno miglio, propinque al castelle de
Trivi e dita Rivolta, i era alogiato el canpo de dicta excelsa Signoria
de Venecia come el numaro de cercha 70 milia conbatante bene in
punto; dele quale a voi, discrepti mei licturi, parte ne farò nome
de quili valente omine, a ciò che lore romagnano inmortalo.

In prima, seconde la mia resegna, i era quelle valeroso cappitanio Conto de Pitigliano nobile romano de casa Orsina, Capitanio
zeneralo; come per suoa conduta avea cavale n.° 1000.

Al secondo, al dito S. Bartolomio d'Alvigliano, dito nobile
romano de casa Orsina: per suoa conduta c. n.° 1000.

Martino da Lodo; homine d'armo n.° 50.

El 4, el Conto Brunora de Sam Regole; homine d'arme n.° 50.

El 5, Conte Bernardino da Montono; homine d'armo n.° 150.

El 6, el signore Pandolfo e 'l fratello; homine d'arme n.° 200.

L'octavo, M. Melagra, zià d'Antonello da Fuorumponpilio;
h. n.° 50.

El 9, M. Zohane Francescho da Ganbaro; h. n.° 100.

El 10, el Conto da Martinengo; h. n.° 100.

(') Il resto della pag. é bianco.
(") Fol. 131 a.

L' undecimo, Francescho Brardo ; h. n.° 50.

El 12, el Conto di Valle de Marino Brandolino ; h. n.° 60.

El 13, Conto Francescho dala Villa ; h. n.° 50.

El 14, M. Lucio Malvezo, nobile bologneso ; h. n.° 100 et cavale lezeri n.° 100. In soma, cavale n.° 400.

El signore Raineri dala Saseta ; cavale lizeri n.° 100.

Pelegrino dala Rovere ; cavale l. n.° 60.

Agnelo da Barignana ; c. l. n.° 50.

Conte Carlo dal Mila ; c. l. n.° 50.

Fracasino ; c. l. n° 50.

El Conto Zohaano Antonio da Sancto Bonifacio ; c. l. n.° 50.

El Conto Lodovico so cosino ; c. l. n.° 50.

Francescho Belmanico ; c. l. n.° 50.

Uno da Sam Soverino ; c. l. n.° 50.

El conte Antonio d' Acesti (?) ; c. l. n.° 50.

Stradiote de levanto ; n.° cavale 5000.

Contestabile de fanto, M. Dionise de Naldo de Valle de Lamone dela proventia dela Romagna, conduta (*) de mile fancti.

Crlino de Naldo ; fancto n.° 800.

Bataglino da Codignola ; fancti n.° 100.

Babone de Naldo, cosino dal dito M. Dioniso ; fanti n.° 400.

Ricio da Cavina ; n.° 300.

Grego Adorno ; f. n.° 300.

Galetto da Forlì ; f. n.° 400.

M. Letantio ; f. n.° 1500.

Zohano Francescho da Ascole ; n.° 1200.

Cristofano de Calabria ; n.° 70.

El S. Piero dal Monto ; f. n.° 1200.

El S. Iacomo dala Saseta ; n.° 300.

Turcheto ; n.° 700.

Grigheto ; n.° 1500.

Iacome da Ravena ; 900.

Piero Corso ; n.° 1000.

El S. M. Parentino da Navi ; n.° 2000.

M. Sacozo da Spolito ; n.° 1000.

M. Agaminono da Bologna ; n.° 250.

Contistabile dal Capitanio ; n.° 300.

Citolo da Perusa ; 1000. Et le multe altre a mi incognito.

La quale cometiva, secondo al mio reporto, el zorne predicti, per suspeto del gram bratio dela M.tà dal dito Re e di tucto la lega, se erano levato per volerse retirare in verso la suoa ciptà de Bresa ala secura ; per modo che al dito S. Bartolomeo, siando a cavale, parse che se inscontrase in dui squadrune deli dito Franciose, per eser lui

---

el re de guardia del dito so canpo; per tale modo e forma che, siando lui montato in colaro e dala natura atentata, per modo che dete adose a tale dui squadró, et a vedere e no vedere, di subito i ave tucto rocto e fracasato. Per al che la M.^{ta} del Re se vide a male partito. Et lui, come quello che avea de tucta l' arte la doctrina, da cavale in tera fui smontato; et, secondo al mio reporto, fece el so gram conseglio come tucto li soi barune et ederento, zoè el valeroso Zohane Francescho da Gonzagha come suoi sequaze. Et qui tucto de conpagnia fecene ferma deliberatione de volere contra al dito canpe de dicta Signoria andare, considerando che per lore iustitia non po mancare per al gram favore che lore s' aspetano dala divina M.^{ta}, la quale ie farà spuntare li soi rabiose dento. Et qui mese in punto suoa artegliaria, e dele multe squadre feze dui grande squadrune, dicando suoa M.^{ta}: — Suse, zente mia lizadre et peregrina, siato tucto valento homine, che ogio serà el zorno dela gram vitoria per nui; dal quale ne aparerà la perpetua memoria; perchè in questo loco se pistarà el dolce e 'l forto. Chi amarà l' onore, non tema la morte —. Facte hogne suoa deliberatione, come al so gram tema feze sonare per soi tronbeta e tanbure — Al' arma —, come suove artegliarie bene in punto. E de' suoi squadrune ne feze doe alie, et come gram terore adose andone al dito S. Bartolomio d' Alvigliano. Et qui come gram furia l' una parte e l' altra comencione a pugnare. Et in quelle estanto per la vertù del binigno trino de Iove come la Luna, che in quel tenpo lui esendea, per eser lui per suoa natura sopra la corte (*) pontificalo, al quale i era de gram favore per eser lui especto de amicicia profecta et benevolentia manefesta; conciò fuse cosa che in quelle estanto Marte aspeto celesto fuse intrato in Zemini, et Zemini e' casa de Mercurio et la Luna se trovava in grado 14 d' Arieto, che se retrova casa de Marte; et lui per tale suoa forteza in quella hora facea li celi fulghere et grandine et aqua in quandità, che veramento, secondo al mio reporto, parea che le caratare dal celi fusene tucte aperto; per al che faceano gram impedimento ale dito zento d' armo nel so pugnare, per tale via e mode che dito Franciose ie mese di mezo e tucte pugnavano gaiardamente. Alora al Conte de Petignano butava fogo per boca che parea uno serpento, come la spada in mane, dicando a suoa voce piena: — Fative inante, zente valerosa, et non dubitado per niento deli Franciose, che oze se retrova al zorne che Talia serà liberata, che tucto dito Francioso serano morto e strasinato —. E tuctavia li Providiture de dicta excelsa Signoria faciando al dito Conto capitanio gram proteste de comandamento che facto d' armo non dovese fare; anze più preste, indrete retirare ala secura et propinque a Bresa lore salvare. Tamen quando el foco se ritrova inpizato, molte male se po amortaro: per tale via

---

(*) Fol. 182 a.

e modo che dito Franciose se refrancone e tucti ie mesene in gram
fracasse. Per al che venne preso al dito S. Bartolomio d' Alvigliano
e dui suoe contistabile dito, M. Dionise de Naldo et al Citolo da Pe-
rose, e tucta suoa zente sachezata et per la più parte amazata. Et
piu ne serebbe morto s' al non fuse stato el gram numare de quelle
vigne e zardino che in quelle loco se ritrovavano; et poi per la benignità del dito Zohane Francescho marcheso de Manto' et le multe
barone franciose che faceano la guerra ala taliana, zoè la roba persa
e la persona schapolata; per tale via e modo che tucto al canpo de
dicta Signoria fu messo in gram fracasso, che lore non sapevano
quelle che lore dovesene faro. Credeano d' andare inento come suove
lanze in resta, et indreto retornavano; per modo che per lore le miore arme fune le spirone che le conducea a salvamento: che tra per
dita pioza et la vertù del dito trino benigno aspeto, che placava la
dicta crudilità de Marto, le molte se salvone, che veramente, secondo al mio riporto, tucto serebene morto. Sì che per queste la M.^{tà}
del dito Re romase come gram vitoria, considirando lui che dala duvina M.^{tà} e dala rasone e dala forteza dal ciello per al dito trino
benigno aspeto governatore de dicta corta pontificalo lui (*) fuse stato adiutato per le lore gram favore ronpre dicta zente venitiana, per
eser suoa M.^{tà} in lega et menbre pontificalo, come apare per suoi
capitole et munitoria facta per la Sanctità dal papa contra dicta excelsa Signoria de Venecia, de volontà et consentimento de tucto al
so Colegio romano. La quale fu da suoa Sanctità amonita e non con-
parsa; e, se pur comparsa, male obdiento ali suo precepto divino. Alora
intendando al popule Bresano et Cremoneso et altre suoi hederento la
gram rotta e mortalità auta suoa excelsa Signoria de dito Franciose, che
veramento, secondo la rasegna, ne venne morto del' una parte e del'altra più de   (**) migliara. Sì che veramento a mi parse che per questa
nostra povera et sventurata proventia de Italia fuse stato una mala
cosa. Sole è stato per le nostre male descordantie, per le quale tuctavia lore Bresano et Cremonese aspetavano la sorta. Facto hogne
suoa cosa, la M.^{tà} dal Re tornò al so ripose come la suoa palma
fiorita.

Item, pur seguitando la instoria, in brevità conquistone tucto al
Cremoneso d' acorde, salve che la roca de Crimona. Dipoe al popule
Bresano, secondo al mio reporto, fecene convocare la M.^{tà} dal dito
Re de Ferantia che lui dovese andare, che ie voleano dare d' acorde
dita suoa ciptà. Alora suoa M.^{tà} i andò presentialemento in queste
modo e forma. In prima armato de tucte arme, come l' elmo in testa,
e de sopra al dito elmo una efigia de uno gato maimono: in el pecto,
sopra al saglione de raso cremisino, ie n' era un' altra dita efigia:

(*) Ful. 152 b.
(**) Lacuna del ms.

al simile avea al so ragazo sopra la celata, et uno vivo suopra la gropa dal so cavallo. Aconpagnato da gram numaro deli soi primate barune, come la guardia de suoa M.^{ta} tucto Sovizare. Arivato che funo ala porta, tucto el so clere ie venne incontra come suoa gram procesione, faceando le lore cerimonie come suotta diiacono apostolico che lui era; et da quelle suo populo bem solenigiato et come gram iubilatione bene aconpagnato. Arivato che al fu, andò ala suoa ghiesa dal Domo et lì feze hogne suove cerimonio. Dipo' se n' andò al so palacio magno al so reposo, dove in più loco per dito palatio et ciptà se retrovava gram n.° de brevo che dicea — Liberate summus —; et le multe altre galantarie a mi incognito per non potere andare in quelle estante trope zente per la rivera che mi potese avere alcuna instrutione: che fu a dì   (*) dal mese de maze, anno Domini 1509.

Fornito che abe suoa M.^{ta} tucto l' aquiste dal dito Bersano, parse che, secondo al mio reporto, la M.^{ta} (**) de Maximigliano Iuperatore Re deli Romane i avese facto intendre che lui s' avese a retrová int uno so certe loco che lore M.^{ta} potesene alquanto insemo conferiro hogne suove facendo; per modo, secondo al mio riporto, pare che suove M.^{ta} non s' acordase in alcuno so loco congrove, forsa per non se fidare l' une del' altre. Per tale via e mode che fu facto intendre ala M.^{ta} del Re de Ferantia, che dipoi che lui avea reauto hogne suoa domanda, salve che la dita roca de Cremona, che per niento più inento lui dovese andare per quela rivera, per eser tute el reste cose inperiale. Alora la suoa M.^{ta} feze la sancta obidentia et retornò a fare pugnare la roca de Cremona; la quale veramento, secondo al mio reporto, se potea biastemare, mo altre per modo alcune potere fare: tamen quando a lore piaque, se reseno d' acorde; che fu a dì 16 di zugno. Sabati, dì 17, intrò lui.

Fornito che ave suoa M.^{ta} hogne suove desiderato, se feze al so partimento e tornò ala suoa magnifica ciptà de Milano, et in quele loco feze al so ripose in gram iubilatione e festa come quelle so nobile Senato de Milano, per insino al' andata de Monsignore R.^{mo} Legato cardenalo de Paviglia, mandato dala Sanctità dal papa. Che fu a dì 12 dal mese di luglio, die iovis, cercha l' ora vigesima seconda, anno Domini 1509, che suoa Signoria R.^{ma} arivò a dicta magnifica ciptà de Milano in queste modo e forma: che prima nel so partimento avea constituito in dita ciptà de Bologna per suoe presidento lo epischopo de Imola, chiamato Simon Bonadies, nobile romano, al quale veramento era homo da beno etc. In dita suoa partita al so primo reposo se fu ala ciptà de Modena; al secondo, ala ciptà de Regio; al tercio, a Parma; a' quarto, al Borgo Sam Donino; al 5, a Piiasentia; al sesto, ala ciptà de Lodo; al setimo, ala Badia de

---

(*) Lacuna del ms.
(**) Fol. 153 a.

Chiaravallo. Ale quale dite suoi reposo da tucti quilli suoi populi era stato molto solenigiato ; et lì a dita Badia feze alcuna suoa residentia per aspetare dui Monsignore R.ᵐᵒ cardinale et al Vicioré come le multe nobile Milanese, che per insine in quelle loco ie venno incontra ; che potea eser dinstanto da dita ciptà de Milano cercha 4 miglia. Dipoe tucto s' aviione di conpagnia per insine ala porta de Milano, dove in quelle loco i era tucto al so clerico come suoa gram nobilità, come gram iubilatione de suove tronbe e pifaro e canpane et artegliarie ; che mai ali zurni nostri non fu viste al simile : che fu a dì 12 dito, die iovis, secondo al mio reporto, cercha l' ora vigesima secondo. Dipo' che lui fu intrato, di subito andò al Domo, et lì feze hogne (*) suoe cerimonie. Facte che le funo, andò ad alozare ala ghiesia de Sancto Antonio, dove in quelle loco l' andò a rivisitare altri 4 cardinale : li soi nomi a mi incogniti. Dipo' questo, l' altro zorno, che fu ad 13 dito, Monsignore Legato andò al castello de dita ciptà a rivisitare la M.ᵗᵃ del re predicte che in quelle loco habitava. Alora suoa M.ᵗᵃ ie venne incontra per insine in capo dela piaza dal dito castello ; et arivato che al fui, di subito suoa M.ᵗᵃ ie butò al braze al cole et per la suoa boca lo basoi. Dipoi al messo a mane dricta et introne in dito castello nela suoa camera regallo ; et in quelle loco steteno in conclavo spacio de una hora e mezo, secondo che a mi fu reporto. Dipo' feze suoa partita et retornò al suo reposo. Dipo' l' altre zorne, che fu a dì 14 dito, die sabati, dito Monsignore Legato tornò a rivisitare Monsignore R.ᵐᵒ cardinalo Rovano, che era amalato. Dipoi la M.ᵗᵃ dal re andò a rivisitare più volte come gram fervore dito Monsignore Legato come granda suoa veneratione. Item dito Legato retornò a desenaro come dito Monsignore cardinalo Rovano.

Et infra queste tenpo, avando già fornito la M.ᵗᵃ del Re hogne suo bene opperaro, come dito R.ᵐᵒ Monsignore Legato lui feze ferma deliberatione de quello loco volere partire, et nela suoa proventia de Francia retornare ; che fu a dì 25 dal mese predicte luglio, die mercurio ; et andò ad alogiaro a Biagrassa di conpagnia dal dito Monsignore Legato. Dipo' andò a Vighievano. Alora Monsignore più nento n' andò, e da suoa M.ᵗᵃ tose bona licentia et a Milano retornò. Dipo' feze ancora lui suoa partita et ala magnifica ciptà de Bologna arivò a dì 19 dal mese d' agosto, die dominico. Per la quala suoa andata e retornata, secondo li mei riporto, fu tanto bem viste da quelli popule Milanese et gram precio a lui donate, quanto altro Legato che ali zurne nostre ie fusso andato, come ut supra, per eser lui mandatario apostolico.

_____

(*) Fol. 153 b.

Castele dele Caminato e Dogaria veno suota Forlì.

Al prefacto castello deli Caminato come la Dogaria dela proventia
dela Romagna, retrovandise al presente suota la granfa de Sam Marco a peticione ed instancia dal gram Senato Veniciano, che fu a dì
21 dal mese de mazo anno Domini 1509, die lune, siande quele suoi
populi da Dio inluminato, se partino de lor comuna concordia quisti
infra scripti (*) homine et veneno denanto al conspeto dal nostre Senato dela magnifica ciptà de Forlì per volere lore intrare suota al
manto de Santo Petro et ala vera hobidentia de dita nostra ciptà de
Forlì. Al nome deli quali fune quiste: al primo uno Baldo de Mancino; 2, Anzelo de Vanello; 3, Tonio de dom Santo; 4 ed ultimo,
Gasparino de Berto: le quale, per eser lore deli suoi primate, aveano
lore suoe litre de credencia come suoe bone instrucione de potere
lore hogne suoa domanda esoquire. E fu al tenpo che presedea in
dicta nostra ciptà per dita Sedia apostolica al R.do padre M. Marco
Chocapano, per natione dal castello de Carpo de Lonbardia et Protonitario apostolico. Intese che abe lui tale suoe domande, fece convocare al nostre Conseglio secreto, et lì per lore de comuna concordia
fu lete tale suoe litre; et intese che lore abe al tucto, per lore fu
concluse de aceptarie de bona voglia, pure che Monsignor R.mo Legato cardenale de Paviglia, che era in canpe, fuse contento. Et lì
inmediate per lore conseglio fu alecto uno nostro nobile forluviensis
chiamato S. Paulo de Guarino, al quale avese andare come tale dicto
4 homine dal dito Monsignor Legato, portande lui hogne suoe fede.
Arivato per mode che da suoa S. R.ma di subito fune spazate dal
tucto per suoe patento, et a Forlì retornone. Alora dicta nostra Comunità come al contento dal dito nostre Locotenento fu spazato uno
nostre magnifico Zohano de Francino pilizaro, che andò per suoe
vicario et castelano; che fu a dì 21 dal mese de mazo dito, 1509,
come ut supra; che potea eser cercha l'ora decima nona; che uno
Bartole suo figliole per lui fece tale so introito come bela faza de
tucto tale suoi popule. E da lore fu molte venerato a peticione ed
enstancia dela dicta santa romana Eclesia, a laude et honore delo
eterno Idio.

La magnifica ciptà de Faencia retornò suota la Ghiesa.

La prefacta magnifica ciptà de Faencia dalo eterno Idio illuminata,
questo anno dal Signor 1509, a dì 22 dal mese de mazo, die martis,
retornò suota al manto de Santo Petre al tenpo che presedea la san-

---

(*) Fol. 134 a.

cta Sedia 'postolica Iulio per la divina providentia papa secondo : con
ciò fuse cosa che al presento dito Senato e popule Faventino fusene
per suoa ierudicione et hobidentia estado suota la granfa del' avanze-
lista Sam Marco e suota el regimine del gram Senato Venetiano dala
morte (*) d' Alesandro sesto pontifico in qua, che in quelle tenpo la
presedea per suo signor Cesaro Borgia duca de Valentia : per al che
dicto Senato Faventine sieno veramento retornato nel gremio dela
dicta sancta romana Eclesia in queste modo e forma. In primis, avande la S.ᵗᵃ da dito papa Iulio partorito una suoa legha de gram medola, zoe la M.ᵗᵃ Cesaria et Inperiale et la M.ᵗᵃ del Re Cristianissimus Lodovico Re de Francia, et la M.ᵗᵃ del Re Catolico Ferdinando
Re de Spagna, com hogne suoi hederento, com animiter suo deliberato de volere fare una aspera guera per mare e per terra contra al
dicto Senato Veniciano, per tanto quanto le lor forcio se spanderano,
com gram copia de lore censure, per potere lore mozare alquante la
granfa al dicto Marco, a ciò che lui debia conservare al verbo divino, al quale dice : — Quae sunt Caesaris Caesari ; quae sunt Dei
Deo —: per al che avando intese dicte Senato Faventino al tema de
dicta gram lega et per eser lore vere e buom cristiano, se convocone
inel suo conseglio, nel quale levande lore le suoi hochie al cele et
com la suoa mente pia pregando la divina M.ᵗᵃ che quella se voglia
degnaro de mostrarie la lor via de suoa salvatione del' anima e dal
corpo, perchè ziä Monsignor R.ᵐᵒ cardinale de Paviglia et Legato zeneralo de tucta la proventia dela nostra Romandiola per la sancta
romä Eclesia, et averä ziä lui inseno come la Excelentia dal so capitanio zeneralo Francescho dela Rovere duca de Orbino prese Vale
de Lamone a peticione de dita lega, et eser ziä lore alquanto apropinquato a dicta ciptä de Faencia per volere quela piare, come al
dito Senato piena domanda ie n' avea facto ; per al che li povere
zentilomine se retrovavano a gram partito, per eser al presento dicta
suoa ciptä suota dicta granfa de Sam Marco, la quale lui l' avea molte bem fornite de hogne suo bisogne : per al che al governo de quella
ie presedea uno M. Marco Orio de conpagnia de uno M. Alesandro
Minio camerlengo, e inela suoa roca castelano i era M. Zohane Baptista da Camenio, le quale tucto stevano come suoe gram vizilio molte
bem proviste, come ut supra : per modo che dito Senato Faventino,
vogliande lore conservare suoa natura de mai volere eser traditor ad
alcuna persona loro, per dicto suo Conseglio preseno per suo prencipale capitale e tosene alcuna suoa delicione de tenpo a respondre
al dicto Monsignor apostolico, per insino a tanto che lore arano facto
intendre al dicto Senato Venitiano, suoi signore, che infra al dito so
termino no ie mandano secorse per al quale lore se possano salvare
dale forcio dal (**) gram bracio de dicta lega, che a lore ie serà for-

cia a quella rendrese. E per suoa cautione lore detene al dito Monsignore Legato et ala Excelentia dal dicto suo capitanio quiste quatre infrascripte homine: al prime se fu uno suo cavalere dala Masione; al secondo, M. Cesaro da Viiarana; al tercio, M. Andrea Sivirollo; al quarto, Miliano de Barbanaro; le quale ie fune asegnate per dicto suo colegio i' nomine dicta suoa Comunitatis, che pasate che serano hogne lor termino per lor tolte, et che dito Senato Veneciano non i abiano dato tale secorso, che lore se possano da dito suoe forcio salvare liberamento. Tale dicto suoi 4 hostadise abia piena hotorità come hogne suo favore da potere dare et asegnar dicta suoa magnifica ciptà de Faencia al dito Monsignor e capitanio de dita sancta matre Eclesia, come ut supra. Fate che fu queste, di subito dicto Monsignor et capitanio ie fecene le lor salvo conduto al dito suo popule, che lore potesene andare e retornare e lavorare suoa agricultura durante al dito tenpo a tucta suoa voglia sencia alcuno lor suo inpedimento.

Facto questo, al campo dela lega se levò et andò a Rusio per volere andare ala ciptà de Ravena, quando serano fornito dicto suoi acordi.

Et infra queste tenpo parse che dito Providitore tose i' norma uno suo capurale, chiamato M.° Francescho da Lonato, al quale era uno home che valea et buom maestro da fare artelaria; parande, seconde li mei reporte, che lui ie fuse stato achiusato d'eser lui deli principale che volea dare dita ciptà ala Ghiesa: per al che lui al feze inpicare per la gola inela suo roca, e dipoi al feze metre ale suoi merli inpicato per li pede, e denotare che lui volea eser traditore a Sam Marco. Alora fornite hogne suoa voglia dal dito Senato Faventino, fecene retenere al dito Providitore suota lore bona guardia, e dipoi inmediate mandone per al dito Monsignore Legato che veneso al tucto a piare al poseso de dicta suoa magnifica ciptà i' nome dela dita sancta romana Eclesia, com lore i aveano promesso. Alora dicto Monsignor se messo in punto come suoa guardia et veno i' nomine Domini, e fece suo introito in dita ciptà per porta da Ponto com suoe gram iubilatione de campane et artegliarie, come suoa procesione, da quello suo clero e dal dito suo popule molte solenizate e bem visto. Andò al Domo et lì feze hogne suoe cerimonie: e de poi quele suoi zuvine ie tose suoa mula, dove per quelo ne resultò quase peze che parole: tamen dicto Monsignor ie l'asignò molte volontiera per seguire l'antica usanza. E po' andò a reponsare nel suo palazo magno (*), che potea eser cercha l'ora vigesima prima, anno predictis 1509, die martis, suota l'asenso de Schorpio come la influse deli altre suoi aspeti celesti. In prima al Sole in grade 10 e menute 8 de Zemini; la Luna in grade 19 m. 54 de Cancer; Saturne in g. 19 m. 8 de Virgo; Libra in g. 13 m. 32 dal Sagitario; Marte in g. 4 m. 54

(*) Fol. 133 b.

dal Tauro; Veneri in g. 20 m. 10 d' Arieto; Mercurio in grado 25 m. 30 de Zemini; capite Draconis in g. 13 m. 30 dal Sazitario, e uno sestile de Veneri come la Luna hor. 1 dipo'. al meze dì: ne' qual dicto aspeti posano bem inflovire per quello suo magnifico populo de dita suoa ciptà suota al dito manto de Sancto Petro per infenita secula seculorum. Et da quelo populo fu bem receuto de una colatione zucharina come le multe altre suoe galantarie.

Pasato quella note, al zorne propinque che fu a dì 23 dito, die mercuri, cerca l'ora vigesima prima, suoa S. R.ma vose fornire hogne suo bene operare. Fece convocare al so magno Conseglio in al quale a tucto lore Senato ie fece iurare suopra al sacro evanzelio che lore serano buom et fidelle zelatore al pacifico stato dela dita sancta romana Eclesia; del quale, secondo al mio riporto, uno suo secretario M. Andrea da Luca fu rogato. Fato hogne suoe cerimonio, retornò lui al so ripose, e depoi comenciò a tramar l'acorde come suo dito castelano, al quale tose termino cerca 7 zorne per volere fare intendre al tucto al so Senato Venitiane per suoa salvatione. Alora al dito Monsignor non potande aspetar tale termino per volere tornare in canpo per seguire la vitoria, per al che zià era partito al dito suo canpe da Rusio, come ut supra, et andato ad alozare drete al dito fiume Montone, in loco chiamato li Gatinello, per volere metre canpo a dita Ravena, che era stato a dì 19 dito mai, die sabati; e dipoi fornite che abe dito Monsignore tale suo bene hoperare in dita ciptà de Faentia, fece lui suoa partita et andò in canpo, come ut supra, che fu a dì 26 dito, die sabati; dove prima l'arivò al castelo de Rusio, dove in quelle era alozato le multe Vaschone sencia descriptione, al quale l'aveano tractato com tu poi pensare. Per al che dito suo populo avea aspetato dito Monsignó per suoa liberatione come fece li nostri santo padre la resuratione de Iesù Cristo. Arivato che lui fui, di subito liberò tale populo et ie menò in canpo et lasò per suo Locotenento ala dita ciptà de Faentia lo dito epischopo de Carpanica, al quale inmediate prese tale suo diminio et iuridicione com pura suoa fede, non avande alcune respeto ala paura, tenendo al rico aprese al povere. E da quile Faventino era bem visto et venerato da picole e grando, zorne e note, de contenuvo (*).

Avande intese al dito Senato Veniciano hogne domanda a lore facta per dito suo castelano M. Zohane Batista Camenio, per lore Senato fu concluso che dito suo castelano avese a dare dita roca liberalmento ala santa romana Eclesia per observatione deli suoi precepti. Alora dito castelano constituvi dita roca al dite Monsignore Locotenento, come ut supra; che fu a dì 29 dal dito mese de maze, die martis, cerca l'ora vigesima. Et dito Monsignore ie mese per suo primo castelano uno nostre nobile Forliviensis, chiamato Marco Antonio de

---

(*) Fol. 156 a.

Zuntino, al quale lui zà n' avea apute la suoa patento dala S.^{tà} dal papa cercha   (*) mise prima prosimo pasato, per avere lui fato tale domanda de dita roca a suoa S.^{tà}, dicando: — Padre santo, io ve prego che vogliate eser contento de farme la mia dita patento de dita roca de Faencia a vita mia, che senpre de continuvo posa eser castelano a quela hora che vostra S.^{tà} se ne trovarà Signore. — Per al che ie fu concese hogne suoa domanda e fate dita suo patento, come ut supra. Et lì feze so introito i' nomine Domini a dì 29 dito. Et per na[ra]re al tucto, dito Marco Antonio avea fato al simile dela roca de Monte Fiore, che pur n' avea fato domanda inante al tenpo a suoa S.^{tà} et lui ie l' avea concesse per brevo. Et introe e stete alquanto tenpo; e po' usite. Ultimatamente dito castelano M. Zohano Batista e dito M. Marco Orio, dito Providitore, e dito M. Alesandro Mino, Canmerlengo predito, fune tolte de dita roca de Faencia a dì 12 dal mese de zugno, ano predictis 1509; e fune menato nela nostra roca de Forlì come le multe altre nobile Venitiano, e masime al castelano de Rimino, chiumato Piero Saranto. Et lì steno in dita roca per insine a dì 20 dal mese d' octobre, ano predictis, che poi fune menato ala ciptà de Roma per mano de uno conte Lodovico da Carpe; et fune messe catureti in Civita Castelana. Et lì stene per insino a dì 5 dal mese de zugno, che dito M. Marco Antonio Orio fu liberato, die luni, 1510. Liberato che al fui, di subito lui retornò ala dita ciptà de Faencia, donde lì se retrovava la suoa dona, la quale senpro da quelle suo popule era stata bem vista et honorata. Et al simile fu fato a lui; e dipoi al resto de dito suoi conpagne funo liberati a dì 13 dite iuni, die iovis. Liberate che lore fune, parte de lor ne vene alquante de lore a renpatriare i' nostra ciptà de Forlì per insino che lore abene gratia, che retornone ala suoa patria ciptà de Venecia; le quale era de numare sete.

Item pur seguitanto la instoria, al dito canpo dela lega se levò dale dito Gatinello che era propinque ala ciptà de Ravena 4 mia et andò ad alozare aprese di verso meze zorne, dove se retrova la suoa chiusa dale molino. Alozato che lore fune, inmediato ie tosene l' aqua a dito suo molendino, che più non poteseno masenaro; che fu a dì 20 dito, die dominico. Intendando qullo so Providitore, che se retrovava al presente in dita ciptà tale suoa venuta, di subito lui (**) avande bem zià properato come suo gram numare de repare, com suoe case mate, come suoe gram quandità de suoe artelaria, ale loco suo necesario molte bene inteso, comenciò lui com dito suo popule a stare zorne e note come gram vegilie; tuctavia facea che uno M. Nicolò More suo cape de Stradioto useva le molte volte fuora cavalcando per la rivera, faciando bona schorta a suoe bestiamo, che se ritrovavano in Palazola. Tamen infra quelle tenpo alquanto volto li nomice stracorevano per tuto al paese, faciando buom butino de carne. Alora avando inteso quilli suoi reverendo padre frato de Sam Mane, ordine observanto de Sam Ieronimo, che dito Providitore avea ordenato de volere bursare al suo convento, chiamato Sam Mano, posto di fuora da dita ciptà di verso Forlivis, propinque a suoe mure, volea brusare dito suo convento, di subito lore andone in canpo a fare intendere tale cosa a Monsignore Legato et ala Excelentia dal capitanio. Alora de subito ie mandone uno so contestabile, chiamato Ramaciotto, come multa fantaria ala guardia de quela ghiesa. Arivato che al fui, di subito la ciptà ie comenciò a trare com suoe artegliarie, non avande alcuno respeto nè a Dio nè a sancto, butande zose so coperte e mure et usende fora dela ciptà et scharamuzande come tale suoi nomice. Alora dito Ramazoto come uno franco paladino dreto i andò per insino suso al fose, et amazandene alquante che per la furia se erano butato nel foso; e masime che uno favorito dal dito Ramazote se butò drete a uno et quele amazò in quelo loco; al quale dito Ramazoto, secondo al mio reporto, al fece suo capurale. Et infra queste tenpo al Senato Veneciano, vedando al tucto dala fortuna eser abandonate et che altre lore potere fare, fecene ferma deliberatione de volere dare dita ciptà.

La ciptà magnifica de Ravena retornata suota la Ghesa.

La prefacta magnifica ciptà de Ravena, queste anne dal Signor 1509, retornò suota al manto de Sancto Petro in queste modo e forma; che al presento s' aretrovava subta la granfa de Sam Marco ala vera hobidentia dal Senato Venitiano, la quale lore l' avea poseduta dal' anno dal Signor 1441, la quale l' aveano tolta a suoi Signore e tenuta come pina rasone insine a dì dito, che l' è retornata suota al dito manto de Santo Pietro, come ut supra. Per al che parande che la Sta de papa Iulio secondo avesse partorito suoa gram lega, et al presento se retrova al so canpo intorno, et avando suoi Providitore facto hogne (*) loro potere per resistre ala forcia dal gram bracio de dita lega; tamen avande lore viste de non potere dito Senato come che sone bone et fidelle cristiano et amatore dal culto divino, fecene ferma suoa deliberatione de observare le censure e intraditore contra lore facto per dita lega, zoè dare a Cesare quelle che è de Cesaro e dare a Dio quello che é de Dio. Per al che comandone per suoe instrucione ali dito suoi Providitore, che al presento se retrovavano in dita ciptà de Ravena a pugnare contra al canpo de dita lega, che inmediate lore dovesene dare dita citù a dita lega i' nome de dita santa matre Eclesia e de quela lore metre in posesione de suoa roca et ciptà com piena rasone. Intese che abbe queste dito Providitore,

(*) Fol. 137 a.

de subito feceno convocare al so magno Conseglio al Senato Ravenato et in quelo ie fu preposto la volontà de dito suo Senato Veniciano
come hogne suoe rasone sopra alegato, de volere dare dita cità ala
sancta matre Eclesia. A queste respose alcuno suoi primate come le
lagre' suopra le suoi hochie, dicando: — Quanto per volere dare dita cità, come ut supra, che sone molte contentisimo, perchè ciaschune fidele cristiane doveria eser contento d' amare et ampliare dita
sancta matre Eclesia: mo che lore poteano dare dita ciptà d' acorde
a suoa Sta, come più volte ie l' à fato domandare: et dito suo canpo non serebbe venuto ale lor danno, come lor sone; perchè lore
sone desfato in terzo grado. Et più, ie reneresca che tanto tempo
erano stato intradito et schomunigato sencia alcuno suo hoficio divino, et suoi morte sepelito in cativ ità: tamen lore era contento de
hogne suoa volontà per dito so Senato Venitiano conclusa —. E di
poi immediate dito Providitore come al contento dal dito popule andò
in canpo et conclusive come dito Monsignore et capitanio mandone lo
epischope Vitella insemo com M. Brunor de Cavidone da Fuorumpoui-
pili a piare la posesione de dita suoa roca de Ravena; che fu a dì
27 dal mese de mazo, anno predictis 1509, die dominico, zoè al zorne benedeto de Pintecostes. E de quela ne fece patrone dito epischopo i' nome de dita sancta matre Eclesia.

L' altre zorne, che fu a dì 28 dito, die luni, e fu cerca l' ora
decimo quinto, che dito popule Ravenato come dito Providitore retornone in canpe a liberare dita ciptà al dito Monsignor e capitanio, che
lore veneseno a piare la posesione. Facto questo, dito Monsignor venno ala dita ghiesa de Sam Mane insemo come dito capitanio e suoa
guarda, et lì s' aparò in pontificalo; e tuto de conpagnia com gram
iubilatione de canpane et artelarie andone al so Domo (*) com la
procesione de tucto al suo clero. Fato che lui abe hogne suoe cerimonie, andò a reponsare nel palazo dal Podestato. Facte queste, dito
Monsignor fece al salvo conduto a quele zento de dita Signoria, che
lore tucto s' andone con Dio, salvo che al suo Podestato et altre suoi
nobile, che mai non fune lasate per insine che tucto quele nobile
Ravenato che era fozito a Venecia come suoe robe et figliole non
fune retornato a casa. Fato questo, dito Monsignore intrò in dita roca et fece cavare tucte quelle suoe artegliarie le quale per una gram
parte s' avea salvato dita Signoria, dicande lore d' averele facte dipoi
che lor aveano fato dita roca de Ravena; le quale le feze menare in
piaza et in quele loco per suo belo aventarie fune partito.

L' altre zorne, che fu a dì 29 dito, die martis, dito Monsignor a
quele popule ie dete al iuramento come era per antica usancia, dal
quale ne fu rogato al dito M. Andrea da Luca suo sacretario. Fornite
che abe dito Monsignor hogne suo bene operaro, quele nobile Senato

de dita Ravena a denotá la sengulare alegreza che lore áne auto de retornare nel gremio de dita sancta matre Eclesia, fecene brusare tucto e ciascuno suo libre de suoa camere in suso suoa piaza coram populo, a ciò che s' avese a inovare hogne lor cose.

Alora avando intese dito Monsignor che al popule de Cervia avea mandate per lui che dovese andare a ripiare Cervia, di subito fece levare suo canpe a dì 29 dito, et andò ad alozare ala Vila de Castiuno, e li Vaschone romase ali Gatinello. Alora dito Monsignor se partì da Ravena a dì 31 de maze dite, die iovis, et andò al dito castello de Cervia, che zià lore erano reso e retornato suota al manto de Santo Petro. Arivato che fu, dito Monsignore ie feze zurare et hogne altre suoe cerimonie, anno Domini 1509, come fu de volontà del dito suo Senato Venitiano, come la representatione de quelo suo magnifico Podestato, che in quelle loco al presente se retrova, al quale avea nome M. Baptista da Casa Salamona; che fu a dì 31 dito, com ut supra.

Fornite che abe dito Monsignor hogne suoe cerimonie, se partì et andò ala ciptà de Rimino, che fu a dì primo de zugno; dove da quello so Senato era stato chiamato per volerie lore dare la vera investitura de dita suoa ciptà de volontà dela dita magna Signoria de Venecia, com inento ad plenum parlaroe.

La ciptà de Rimino retornò suota la Ghiesia.

La prefacta ciptà de Rimino, queste anno dal Signor 1509, a dì primo de zugno, retrovandese al presente suota la granfa de Sam Marco ala vera iuridició e obidentia (*) dela magna Signoria per eser lore stato constituvito zià la seconda volta da Pandolfo Malatesta, dipoi la morte d' Alesandro sesto pontifico, che in quelle tenpo se retrovava per suo signor Cesaro Borgia duca de Valentia, per al che dito Pandolfo l' avea tolte al dito Cesare e redato a dita Signoria de Venecia, et al presente per eser quela signor, deleberò de volerela restituvire ala dicta sancta romá Eclesia per la forcia del gram bracio de suoa lega et eciam per le suove molte censure e intraditorio per lore facto al dito Senato Venetiano. Per al che Monsignor R.mo cardenalo de Paviglia et Legato zeneralo dela proventia dela Romandiola, insemo com la Excelentia dal so capitanio Francescho dala Rovere duca de Orbino, venno a dì primo dal mese de zugno, come ut supra, che venea da Cervia, et in dita città de Rimine intrò per volere piare dita iuridicione de dita ciptà come al contento deli suoi providiture e castelano de dita Signoria, come lui feze; che a dì 2 dito fece adunare suo populi e ie dete al iuramento i' nome de santa romana Eclesia d' eser lor buom subdito e fidele al pacifico stato dela dita, come ut supra. Fornito hogne suoe cerimonie, dito Monsignor cavò al so castelano, chiamato Piero Saranto et mese al novo, al quale lui fece menare nela roca de Forlì per mane de uno M. Brunore de Caviduni da Fuorumponpili insemo come suo dito Providitor; che fu a dì 4 dito. E poi mese per dito suo Locotenento lo epischopo de Carpanica, che lui volea adare a Roma per avere lui fornito hogne suo operare in dita Romagna.

Cardenalo de Pavia Legato retornò a Roma.

Il dito Monsignore R.^{mo} cardenalo de Paviglia et Legato de tucta la proventia dela Romagna, siando stato mandato dala S.^{tà} de papa Iulio secondo in dita proventia dela Romagna insemo come la Excelentia de Francescho dala Rovere, al presento duca de Orbino et capitanio zeneralo dela santa romana Eclesia per consentimento de suoa lega, et avere zià lore requistato hogne suo male tolite incerto in dita proventia come al favor dal gram bracio de dita lega; per al che se partì a dì 3 dal mese de zugno et andò a Roma a rendre al tema ala S.^{tà} dal dito papa. [E a dì 12 se partì per Milano dove andava dal Re de Franza] (*).

Conte Obice dii Aleduse Governator de Ravena.

Al dicto magnifico conte Hobice de Alidosio dal castello d'Ori' et fratello (**) de Monsignor R.^{mo} cardinalo de Pavia, questo anno dal Signor 1509, avando zià preso la lega la ciptà de Ravena per la sancta romá Eclesia, per al che per dito cardinale fratello constituí suoa Excelentia Governatore de dita cità de Ravena, com molte bene tale suo populo n'avea gram bisogna; perche zià in quella se era criato certa quandità de delenquento et cativo homine, per al che più male se potea andare per dita città zorne e notte che non fusene robato o asasinato; per modo, arivato che lui fu, di subito era stato tolte doe cavale nela ciptà per forcia, che erano legato in pete ala casa de uno Albanese, cercha al mezo zorne: tamen dito Albanese ie sentì et come l'aiuto d'altre ie le tose. Alora al patrone fece intendre a tale delenquento che lore s'aveseno a guardare dala gram iustia dal dito Governator novelle che era venuto, perchè quele tale prencipale se partì et andò al castello de Lugo. E di poi inmediato fu prese tri deli dito malefacture, che fu a dì primo iuni; per al che la note prosima ad venire ie feze inpicare per la gola, e lì steno tucto l'altre zorne, die sabati, per eser al so zorne dal so mercato. E queste fece suoa Excelentia a denotare che lui sapea menistrare

---

(*) Le parole « E a dì 12 » sono cancellate: in margine leggesi « a dì 11 luglio ». Tutto il periodo, che ho chiuso tra parentesi quadre, è aggiunto d'altra mano.
(**) Fol. 158 b.

290

iusticia; per al che senpró de continuvo teno la bacheta dela santa
iustia in mane in dito suo governo per insino ala suoa morte, che
fu a dì 8 dal mese de setenbro, die sabati, cercha l' ora tercia, anno
Domini 1509. Per al che, siando lui amalato, se feze portare ala
ciptà de Cesena, dove in quel loco lui s' avea facto fare uno bele
palaze, et per quelle vose lui andare a morire in casa suoa. Et fu
sepelito in dita ciptà int uno deposito. E poi fu tolto come al tenpo
et portato ala ciptà de Imola a sepelire. Per al che lui era stato alquanto tenpo al governo de dita città de Cesena molte bene dal quelle suo populo venerato, per eser lui stato homo amatore de iustia,
e facea lui che al povere steva aprese al rico.

La ciptà de Padua rese alo Inperatore, e po' tornò ala Signoria.

La prefacta ciptà de Padua, avandela dito Senate Venetiano rese
ala dita M.ᵗᵃ Inperiale, zoé per vigore de dicte suoe censure et intraditorio, per la forcia dal gram bracio dela dita lega, quela et hogne altra suoa cosa, per esero andato lo episcopo de Trenta come
l' asercipto a piare tale suoe ciptà e castele pertinento a dicta M.ᵗᵃ
Cesaria; et al simile aveano lore Senato Venetiane restituvito ala M.ᵗᵃ
del Re Cristianissimo, zoé Lodovico Re de Ferantia, et ala M.ᵗᵃ del
Re Catolico Ferando Re de (*) Spagna; et eciam pur rese ala sancta romana Eclesia hogne suoa cosa, come ut supra; a ciò che per
lore Senato Venitiano fusse adenpito quele predice la sacra Scritura,
che lore debiano dare a Dio quelle che è de Dio e poi a Cesaro quele
che serà de Cesaro; per al che avando lore adenpito tale precepto,
che già avande lore rese hogne cosa a dita M.ᵗᵃ Inperiale, come ut
supra, lore dito Senato Venitiano dipoi cercha 40 zorne dela data de
dicta ciptà de Padua et fornita a peticione ed instancia de dicta M.ᵗᵃ
Inperiale, la quale ciptà l' aveano poseducta dal' ano 1405 in qua
come suoa piena rasone; per al che dita Signoria ie hordenò uno
tratato dentro, perché dito epischo de Trenta lui non crede che mai
più lore ie la dovese retore. Tamen fu per contrario; che per dito
tratato dito Senato Venetiano ne sachezone la meza, dove fusse stato
habitato quilli de dita parte inperialo, per tale via e modo che a dì
17 dal mese de luglio, die martis, anno Domini 1509, lore Senato
se ne refeceno signor a baché, come de prima; et che tale zente
inperiale se andesene con Die in altre suo regno come suo poco honore. Per modo che di subito dito Senato Venitiano comencione a
fortificarela e a dare dinare infinita per potere perseverare la gram
suoa vitoria, e po' inmediate comencione a stracorere al Poleseno de
Rovigo, e nel quale lore preseno Monseleso, Ceste; et li fecene gram
butino. Sì che, amantisimo mei lecture, dito Senato Venitiano guar-

(*) Fol. 159 a.

done che per al proverbio se spando, dicando — chi dá e chi retole ie virá la bissa al suo corre —; come molte bene fu al vere. Conciò fuse cosa che la M.^{tá} Inperiale se mese in punto come cercha al so gram potere per volere de tale cosa vendicarse.

Zohano Francescho da Gonzá Marchese de Mantova dala Signoria preso.

Al prefacto Zohane Francescho dli Gonzagha Marchese de Mantova, queste anno dal Signore, intraveno dicta suoa catura, 1509, a di 7 dal mese d'agosto, die martis, per intercesione dela Signoria de Venetia, che lore al feceno piare per intercesione de suoi contadino de note tenpo al'Isuola dela Scala, a uno suo Contestabile, chiamato Maghaduch, overe che lui era stato al molte tenpo come lore per dito contestabile e conditeri. E fu menato in catura nele forcio dal dito Senato; et stevano come presonere; ance steva lui come vere harone (*) che lui era. Et lì stete in dicta catura bem servito et honorato per insino a di 13 dal mese de luglio, die sabati, anno Domini 1510, e poi fu liberati. Et inmediate montò in barca et andò a smontare ala ciptà de Orbino, dove era una suoa sorella la quale al presento moglie de Zohane Francescho dala Rovere duca de Orbino. Fate che lui abe hogne suoa congratulatione, di subito cavalcò et vene ala nostra ciptà de Forlì, che fu a dì 17 dito, che fu la matina per tenpo. Et qui fece poca suoa resistencia: sole fece colatione a cavallo a cavalo in casa de uno nostre M.° Laurencio spiciale, dove s'aretrovava uno Zohane Francesco Palmezano, zenere dal dito M.° Laurentio et benevole hederento dal dito Marchese. E dipo' cavalcò per lo so viazo. L'altre zorne, a dì 18 dito, M.ª la Duchesa suoa sorella i andava dreto a stafeta per non avere lei viste la voglia suoa. E stete a Mantova in dita suoa patria per insino che lei fu partito; et arivò al dito suo ritorno ala dita nostra ciptà a Forlì ad 12 dal mese d'agosto, anno predicti. Et con esa lei avea uno suo primozenito dal dito Marcheso, che lei al menava nele forcio dela S.^{tà} de Iulio papa secondo per suo ostadese, per avere zia facto dicta lega al dito Marcheso so capitanio in dita proventia dela Lonbardia et altre suoe cose.

Vennta dela M.^{tá} Inperiale a canpe ala ciptà de Padua.

La prefacta venuta dela M.^{tá} Cesaria inperatoria in Italia come al suo exercipto per volere reavere dicta suoa ciptà de Padua, la quale al presento era da lui rebelata et suota la ieredutione del Senato Venitiane, retornata com cercha 100 milia persone molte bene in punto, com suo gram numaro de suoe artegliarie, che fu cercha l'ultima

(*) Fol. 159 b.

setimana dal mese d'agosto, di poi al parte dela Verzine, anno salutis 1509; per al che arivate che lore funo, se posene propinque a uno suo bastione diverso Codalunga, et lì comencione a pugnare zorne e note, butande zoe una gram quantità de suoe mure. Alore dito Senato Venetiano fece intendre a suoa M.^{tà} che quella non dovese durare fatica de volere butare zose tale suoe mure per intrare, che lore se ofereva de butare zose lore e darie la via fata da potere intrare a tucta suoa voglia. Alora suo M.^{tà} intrò in colara, e di subito ie fece dare una gram bataglia; che fu secondo al mio reporto, l'ultimo dì de setenbro. Tamen poco ie potino nocere per al gram numaro de dito suoi repare; per al che io veramento credo che nel' enferno non sarebbe potucto fabricare cosa più intesa et oribile de quella (*); perchè bem se potea biastomare, mo torela nóe: tamen quilli de dita Signoria saltone fuora et inchiodone cercha otto peze d'artegliarie de quele de nomice, dove erano ala guardi' de Todischo. Per al che suoa M.^{tà} casò dito Todischo et ie meso suota la guardia de Spagnoli. Alora vedando suoa M.^{tà} che in quelo loco non potere avere alcuna vitoria, se levò com sue canpo et andò destanto cercha doe miglia propinquo al ponte dela Brenta, propinque a una ghiesola. Alozato che lore funo, di subito alquanto Stradiote de dita Signoria drete i andone a vedere se lore poteano schufare alcuno de lore; che fu suoa levata a dì 2 dal mese d'octobre, anno predictis. E po' se partino a dì dito, et andone ad alogiaro in loco chiamato al Minio, sole per potere tore l'aqua de dita Brenta a dita ciptà, et altre secorse che potese venire da Vinecia, zoè dinere et altre necesarie: tam' poco in quelo loco steno.

Tornata dela M.^{tà} Inperiale inela Magna.

La dieta ultima partita de suoa M.^{tà} per volere nel suo inperio retornare, vedande zià eser molte propinque ala vernata e pe' eser in loco palude et base et aquose, per al che suoa M.^{tà} molte dubitava de tale inverna, per al che lui fece suoa deliberatione et levose a dì 17 dal mese d'octobre, die mercurio, et andó ala suoa ciptà de Vicentia per aspetare al tenpo congruvo e debito, anno 1509. Arivato che al fui, di subito andò ala ghiesa dal Domo et lì fece hogne suoe cerimonie, e po' tornò in piaza a cavalo et cavalo et feze chiamaro al suo popule, a viva voce dicando che lore ie dovisene dare la suoa fede d'eser lore suo bum sudito e servitore; per modo che tucto lore alcione al dito, dagandie la lore fede. Fato questo, se partì et andò al castello de Montevelle, cercha lì dinstante mìa cinque. Et per suo Locotenento ie lasò al Precipe de Naut come cinque milia pidune, in conpagnia dal signor Fracaso da Sam Soverino, al quale

---

(*) Fol. 160 a.

per suspeto in brevo tenpo fu mandato nela Magna. L' altre zorne suoa M.^{ta} lui se partì et cavalcò nela rivera de Trento, dove in quelle loco, secondo al mio reporto, se retrovava M.ª Inperatrice. Intendande queste la Signoria.

La cità de Vicentia represe dala Signoria.

La prefacta ciptà de Vicentia, avando inteso al tucto dela partita de suoa M.^{ta}, l' altre zorne ie mandone al canpo et abela, et comenciò a dare la bataglia a una suoa porta e poi (*) a dì 19 dal mese d' octobre, die veneri, 1509, l' abe d' acordo pur non sencia qualque confusione de sangue. E di poi se partì dito canpo ed andò al castello de Suoano, seguitando la vitoria. E lì stete quatre zorne, et al mese a fogo e saco; e di poi se partino et andone al castello de Sam Martino, et al preseno per forcia. Fato queste, tucto li suoi cavale lizeri corsene per tucto al teritorio de Verona faciando lore gram butino. Alora intendando lo epischopo de Trenta, che presedea al presento in dita ciptà de Verona, tale suoa mala nova, di subito al fece intendro a Monsignor gram maestro franciose che se retrovava ala guardia de Peschera. Inmediate se partì com 400 lanze et 3 milia pidune; per al che in 24 hor lui s' atrovò in quelo paeso; per al che al fu forcia dito cavale lezere come tucto al so canpo a retornare a Venecia per suoa salvatione, a ciò che lore abiano a piare altro partito.

Guera dela Signoria bandita contra al Marché de Ferara.

Al prefacto bande de dicta Signoria de Venecia contra ad Alfonse da Este marchese de Feraria fu in queste modo e forma. In prima se facea intendro in dita ciptà de Venecia, per li suoi banditure in logo consuveto che da quelle zorne inento, che fu a dì 11 dal mese de novenbro, anno Domini 1509, suoa Signorie volea che per lore se intendese rote guera come piena rasone contra ad Alfonse da Este marché predite et ecia' contra al teritorio de dita ciptà de Feraria, et che hogne cosa che per lore fuse tolte lore voleano che liciptamento fuse bem tolto sopra la roba e le persone. L' altro zorne prosimo ad venire, che fu a dì 12 dito, feceno fare al simile in suso la piaza de Comachie, a ciò che ciaschune de lore potesene de tal cosa esere informato ad plenum. Fate che fu queste, tucto li suoi venturere se andone per tucto al Polesene de Rovigo sachezando, e depoi dita Signoria ie fece andare una suoa grosa armata; per al che dito Alfonso et Monsignor so fratello cardinalo se videno a male partito: tamen lore zià aveano molte bene properato. Tamen innaze ali

27 zorne dal dito novenbro, anno predictis, era zià quase prese dito Poleseno et guaste e rovinato tucto quilli suoi bele palaze et taiato quile suoi giardino com le multe suoi grande incomodo, che mai non se poteria astimare (*).

Miser Zohano Betivoglio morto.

Al prefacto M. Zohano zià d' Antonio Bemtivoglio e zià nobile et primato dela magnifica et celeberima ciptà de Bologna, questo anno dal Signor 1508, cercha al none zorne dal mese de marzo, die luni, intravenno la dita suoa prefacta morte ala magnifica ciptà de Milano; conciò fusse cosa che al presento al sanctissimo in Cristo padre Iulio per la divina providentia papa secondo l' avese confinato in dita ciptà de Milano per averele già caciato lui e suoi figlioli fuora de dicta ciptà de Bologna; la quale tucto erano in exilio in altra patria, dove a suoa S.ta era stato in piacero. Per al che lui stete alquanto zorne amalato e poi rese al spirto al' onipotento e magno Idio com suoa gram contricione. Et sempro fui bem revisitado da quili suoi nobile. Morte che al fui, fu sepelito in dicta ciptà aprese ala ghiesa de Sancta Maria dale Gratie in l' ora che le influse celeste metea gram pioza, come suoa granda veneratione da homine e done. Al quale M. Zohano era homo de comuna statura: suoa faza come tonda, biancha e colorita, hochie grosse, labre grose, capilli desteso, lungo e bianco de suoe menbre, bem proportionato e drito de suoa persona, come suoi pase veloce, bona loquella e bello parladore. Potea avere per suoa natività cercha anni 80. Et era stato senpro amato et reverito in la sua debita natura da tucto li Potentati dal mondo per eser lui homo neutrale et amator dal culto divino et eciam de tucto al popule de Bologna, che senpro de continuvo i avea tenuto in pace et abondanto dal suo vivero; perché quando a lore ie fusse acaduto alcum anno de carastia, senpre era stato la suoa borsa che avea proviste a mandare per dito vituvarie in lontano paeso; e poi senpro aver lui dato per qualque solde al staro, over suoa altre mesura, che non faceano li altro suoi populari. E più che de continuvo avea tenuto una bela corto, per averse lui retrovato quatre nobile figliole maschie et pur alquanto femeno; li quale figliole maschio erano stato de continuvo amate et venerato dali gram Potentati de Italia et fuora de Italia per le lore vere milicie che lore aveano. Et eciam le femeno molte bene alogato; e masime in quela nobile famia de Rangoni et Galavote Manfercti, signor de Faentia, et Pandolfo Malatesta dela ciptà de Rimino, et eciam ancora Hotavigliano Riaria signor de nostra ciptà de Forlì. E più, suoa Magnificencia avea inparentade la suoa (*) Madona Zenevera come casa Sforcescha, et Anibal suo figliole com casa de Este, et le multe altre etc. Per al che veramento in suoa vita lui si era viduto molte consulato: tamen, bem che per invidia a lui infra al tenpo ie fuse stato ordenato alcuno tratato contra lui e suoa famia, tamen per la suoa gram prodentia lui più presto i avea mandato contra quilli tale prencipate che lui e dicta suoa famia per eser senpre stato lui catedranto et principato dal dito Senato de dicta ciptà, com ut supra; et per più suoa fortificatione dal dito Senato fu tolto al suoi vasille dela sega et meso sopra la tor deli Asenelli l' anne dal Signor 1488; non estanto che in quelle tenpo suoa Magnificentia fuse caturata neli forcio dal Senato Fiorentino nela roca suoa de Mutigliana per vigore dela morte dal dito Galavoto Manfreto suo zenero. Et al simile era dita sega suopra tucte le porto del' usita de dita suoa ciptà de Bologna, insemo com quela dela sancta romana Eclesia e dal so magnifico Regimento in onore deli suoi vicariato apostolico, per aver lui senpre reverito et honorato al manto de Sancto Petro per insine al presento, che ala S.ta dal dito papa Iulio a lui è parse che dito M. Zohane e suoa famiglia, com ut supra, ie doveseno alquanto cedre per eser lore andato sponte per vera hobidentia in dita ciptà de Milano. Et lì morto e sepelito a dì, anne e mese come ut supra.

M.ª Zenevra Bentivoglia morta.

La prefacta madona Zenevera moglier dal dito M. Zohano Bentivole ziá era intravenuta la suoa dicta prefata morte l' anne precedento dal Signor 1507, a dì 10 dal mese de maze; conciò fusse cosa che retrovandese lei nel castello de Bosci nela proventia dela Lonbardia suota la iuridicione dela nobile famia Palavisina, per eser lei in quelo loco intradita dala S.ta de Iulio papa secondo, per lor conventione fate; per al che la povera zentile dona in quele loco rese al spirito a Dio, quando a lui piaque; tamen per quela suoa intradicione non fu sepelita in sacris per quela volta; tamen per eser lei stata dona nautrale e dabene, da hognone fu revisitata e honorata. Et al simile era stato in suoa vita da quele nobile popule de Bologna, per eser lei stata amatore dal culte divino et masime amatore deli povere orfanele, zoè maschie e femína, che mai lore non se poteano a lei recomandare tarde. Infra li altre cose avea uno mirabile inzegno, come suoa lingua in bocha velocissima. Dove fusse stato suoa preposta, poche altre ie potea (**) zunzere; masíne nel contrato deli matrimonie de dito suoe fiole, che per la dolceza del so parlare prima dito suoi zeneri erano inamorate di lei che de dito fiole suoe moglieri: et

(*) Fol. 161 b.
(**) Fol. 162 a.

masime quela dal dito Pandolfo Malatesta, che lei in persona ie la
menò insine a casa ala dita suoa ciptà de Rimino, per eser lui alquanto crozato come suoi cognato, per che lui tardava de non la
menaro; tamen lei inﬁnse de volere andare a Sancta Maria da Loreto et con esa lei la menoi; et com fune a Rimine, per le suoe zentileze i' nomine Domini lì se feze suoe noce, dasandie lei hogne suo
debito et molte altre suoe galantarie che io lase per brevità. Laus Deo.

M. Zohane de Zilio de Dipinture da Imola morto.

Al prefato M. Zohano zià de Zilio deli Dipinture nobile Imolensis,
corando gli anne dal Signore 1509, a dì 28 dal mese de setenbro,
die veneri, cercha l' ora vigesima quarta, intravenno la dicta suoa
prefacta morte nela ciptà de Ravena; conciò fusse cosa che lui fuse
in quelle tenpo in dita ciptà Auditore de uno Cesere ﬂogliole zià dal
conte Hobice deli Aledose dal castello d' Orie; per al che dita ciptà
zià era pervenuta suota al manto de Sancto Petro, in modo che lui
in quelle loco s' amaloe et lì rese al spirto a Dio, come ut supra. E
poi fu portato a sepelire ala suoa patria città de Imola. Al quale potea avere per suoa natività cercha anne   (*) ed era homo de comuna statura; suoa faza tonda e bruna, hochie grose, capile desteso,
magre de suoa carne, bona loquela, come al so ducio parlare come
gratia divina, che homo non se partiva da lui desconsolato, per esere stato lui come la Excelentia del conte Ieronimo Rearie gram tenpo
e suo Auditore de lui e dela Excelentia de M.ª Catelina Sforcia suoa
moglie; le quale lore molte se erano ﬁdato de lui, et più volte lasato in suoe ciptà suo diminator, per eser lui home de grande in-
zengno e senpro fidelissimo ali suoi mazore. Ed era homo neutralo
et amator dal culto divino; et era home literato e sapientissimo.

Resanata de Venecia brusata.

La prefata Resanata de Venecia, corando gli anni dal Signor 1509,
a dì 14 dal mese de marzo, die mercurio, zià era per la suoa mala
ventura stata brusata in queste modo (**) e forma. Conciò fuse cosa
che, secondo al mio riporto, pare che fuse alcuno suo artiﬁce che
batande in suso uno suo chiode che quele facese una certa luda de
fuogo, per tal via e mode che quele se inpizò inela polvere de dita
suoa monitione, che lì propinque s' atrovava; per al che, inpizato
che la fui, io lase a ti, discreto mei lictore, considiraro che furia
potè eser quella e gram danno suopra hogni cosa, per eser quella
fornita de hogne suo bisogne, com ade hogne persona che lì fuse

---

(*) Lacuna del ms.
(**) Fol. 162 b.

andata i era manefesta: per modo che io veramento credo che ali zorne de multe altre non fui mai viste mazore fogo de quello. Per al che, oltra hogne suo danne dele robbe, venne tra morte e guaste più de 150 de quille suoi artifici; bem che prima zià, per narare al tucto, parse che a dito Senato Venitiano era intravenuto certe altro prodigio per eserse afondato certe suoe nave nel porto de Chioza, che lore mandavano per dare secorse ala suoa ciptà de Ravena, dove in quelle se ritrovava alquanto miara de duquate in criste e tureni e marcele per dare dinere a quele suoe zente d'arme che ala guardia de quella se ritrovava per suspete che al canpo dela sancta romana Eclesia no ie la tolese. E fu al tenpo de Iulio per la divina providentia papa seconde e dela suoa gram lega: tamen per la suoa gram prodentia lore aveano retornato tucto tale suoi dinaro, e di quilli facto la voglia suoa, et altre per eser poi intravenuto che dito Senato avere resa dita ciptà de Ravena ala dicta sancta matre Eclesia et avere lore facto la suoa vera obidentia de suoa S.tà e de suoa lega. Per al che, resa che la fui a dì 28 dal mese de mazo 1509, di poi per alcuno zorne fu alcuno homo de poco inzegno che avea trato de uno suo schiupeto inte li testicole de uno Sam Marco de marmore, che se ritrovava in suso la piaza de dita Ravena sopra una suoa colona de preda istriana de gram statura; le quale suoi testicole da nel corpo i avea separato; e di poi a dì 3 dal mese d'agosto, anno predictis, fu tolto al dito Sam Marco de quelle loco e portato ala ciptà de Bologna, et fu messo nel cortile dal palazo deli suoi magnifici Regimento, com la brea in bocha et altre suoi breve intorne de gram vilità, non avande lore alcuno respeto al nome dal dito Sancto per eser lui avanzalista et cancelerio dal nostro vere Redemptore, et eciam per alcuno respeto dal dito Senato Veniciano. E lì steto certe tenpo com le multe suoi estratie. E ultimatamento, amantissi[mi] mei lecturi, a ciò che voi intendate al tucto, ò volute arecoiere et metre insemo quisti tale infortunio e prodicio acaduto contra lo excelso dicto Senato Venitiano (*), com di sopra apare per suoi ocurenti, zoè anne e mese e dì, com li suone sucese ala zornata per insine a dì 9 dal mese de zenare, die luni, cercha la noté prosima ad venire, a hor doe, che brusò la duana, overe gabella, dela magnifica dita Comunità de Venecia; che fu ali anni dal Signore 1514, in queste modo e forma. In prima, secondo li mei riporte, pare che fuse stato uno telarolo, overe M.° che tesese tela in capo dela contrada, chiamato Casarola, al cantone dove se scharegava le barco che andava a Triviso, propinque a dita duana; al quale lui steva in quelle loco per suoa abitatione de suoa botega. Et per eser la vernata e gram frede, lui tenea le molte volte uno suo choze, overe vase, pieno de carbone inpizate in dita botega per suoa utilità; per modo che a dì

(*) Fol. 103 a.

dito, cerca l'ora predicta, siando andato tale M.° a cena et avere lasato tale suo foco inpizato per insino al suo ritorno, et avere lui serata suoa botega; per al che, per al gram vento che facea, li aspeti celesti, per eser tale botega in cantone, che tanto sufione, che tale carbone inpizato per le fesure de quelle loco tale vento portò alcuna parte del dito carbone aceso int una quantità de sache de dita tella, che se retrova in quelle loco in magazino. Per al che per eser richiuse dito magazino, tale sofelare tucto le fece inpizare, per tale via e modo che quello suo fum facea gram demostratione; per al che fu forcia a rompre dito porto dal so usito, per esere dito maestro ancora a casa. Rote che le funo, tucto quele gram fuogo comenciò a selare de casa in casa per tucta quela rivera, per la forcia dal dito gram vento, per insine in capo dela Becaria, e po' voltare et andare per insine a Santa Ponara, cercando quase hogne cosa per insine al Ponte dela seda, e poe se voltò da Sam Suolvestro e poi al Fontego dala farina per insine al Ponto de Rialto, menando quase hogne cosa a testafacta per insine al dito ponte; e lì intorne, che mai da persona alcuna ie fu perviste per la dita suoa gram furia, e poi per la gram selentia che ie mese dito Senato inmediate come suoi gram bande, che hogn'ome dovese lasare fare al so corse al dito fuogo per lore miore buom respeto, dubitande dito Senato dal pegio. Sì che per queste, siando brusato dita gabella e dovana, fu tenute che dito popule avese receuto uno gram danno et masime in tanto nobile edificie sencia quelle so gram tesore che in quelle loco se era scholato e guasto, et al simile hogne altre suoe zoie; tamen pur arezento e ore asai se ne trovò; per modo che fu retrovato tale peze d'arizento, secondo al mio riporto, che ie volea dui fachino a portare. Sì che, dilecte nostri lectore, iudicate mo voi (*) secondo che facea al Consolato romano sopra tale prodicio acaduto per insine al presento in dita magnifica ciptà de Venetia contra dito nobile suo Senato Venitiano, a denotare le grande infortunio per lore acaduto ala zornata da certi suoi tenpo in qua com inento in suoe instorie ad plenum io n'ò parlato: sì che io ò voluto durare questa poca fadica a ciò che le liture de verità possano intendre le cose preterito, com lor suom pasato de tenpo in tenpo ala zornata.

M.ª Catarina Sforcia morta.

La dicta M.ª Catarina Sforcia intravenno la dita suoa morte corande gli anne dal Signor 1509, inela magnifica ciptà de Fiorencia, in queste modo e forma (**). Conciò fusse cosa che suoa Excelentia, dipoi le suoa partita dala ciptà de Forlì, lei fuse andato ad abitare com

---

(*) Fol. 163 b.
(**) In margine leggesi: « Catterina Sfortia S.ª d'Imola et di Forlì mori in Fiorenza l'anno 1509 d'eta di 42 anni, bellissima et generosissima ».

suoi figlioli in dita Fiorencia, dipoi la morte del conte Ieronimo Rearia zià suo marito, che fu quando la Excelentia de Cesaro Borgia de
Forlì la cacioe: la quale suoa morte, secondo li signor medeci, pare
che fuse stato causato de male de costa: tamen per quelo lore non
steteno per contento, che de volontà de chi era a lei mazore, dito
medece la fecene aperire per lo corpo; per mode che fu retrovata
che lei avea al figato atacato ale rine, secondo che a mi fu reporto. Tamen o per quello o per altre, suoa Excelentia rese al spirito a Dio a dì 28 dal mese de mazo, die luni, anno predictis. La
quale potea avere cercha anno 42; ed era de gram statura, bianca
e colorita, molte bene proportionata, testa tonda e capile bianco,
hochie grose e nase e boca de comuna statura, lengua velocissima
de suo animo. È 'no secondo Cesaro come molte severità, perchè zià
lei avea in suoa vita tucta spaventata la Romagna et facto castigaro
palese e secreto alcuno suo delinquento che nocere i avese voluto,
com de mia mane neli suove instorie ad plenum ne parla; per eSer
lei stata gram tenpo dominatrice de doe ciptà, zoè Imola e Forlì, et
de continuvo aver lei molte bem governato suoi popule. Et abondan-
ta de hogne suoe helementatione, et faciando senpro stare al povere
aprese al rico. Morte che la fui, de lei romasti Ilotaviano e Cesaro
e Galiazzo, lizitimo e naturale, et Spione inlezitimo fiole dal dito
Ieronimo; e de lei uno figliole che fu dal magnifico Zohano de Medeci,
zià incognito suo marito. E poi fu sepolita nel monestere de   (*)
com suoe grande honore et veneratione, per eser stato da quelle popule Fiorentino bene amato e reverito. Laus Deo (**).

La cità de Pisa retornata sota Fiorentino.

La prefactà ciptà de Pisa retornata suota la iuridicione e stato del
magnifico Senato Fiorentino, corande li anne dal Signor zoè 1509 a
di 8 dal mese de zugno, die venus; conciò fuse cosa che dipoi la
venuta in Italia dela M. tà de Carlo Re de Ferantia, lore se fuseno
rebelato e dipoi de continuvo dito Senato Fiorentino i avea fato guerra mortale come al consentimento de molte potentati; tamen la mazor parte dal tenpo i aveano dato a' guaste per insine al presento.
Tamen vedando lore dala fortuna eser al tuto abandonato per la forcia del braze dela gram lega zià partorita dela S.tà de papa Iulio secondo pontifico, et avere lui come suoa lega molte spontate li rabiose dento deli amice antico et profeto de dito lor Pisano; per al che
lore non aspetando secorso alcuno da poterse salvarse, per modo che
lore se resene al dito Senato Fiorentino a dì dito di suopra, com suoi
capitole e conventione infra lor facto.

(*) Lacuna del ms.
(**) Fol. 164 a.

Conto Lodovico dela Mirandola morto.

Al prefacto conto Lodovico zià signor del castelle dela Mirandola dela proventia dela Lonbardia intraveno la dita suoa morte; conciò fuse cosa che al presento suoa Excelentia e Signoria se retrovase al servicio del' arto militaria com Alfonso da Este marchese de Feraria menbre dela lega ederenti dela M.ᵗᵃ de Lodovico Re de Ferancia; et perchè dito conto Lodovico zià era pervenuto in gram deschoncordia com Iulio per la divina providentia papa secondo, per al che a lui era stato forcia da casa suoa partire et eser venuto com dito Alfonso; per al che lui recevito la dita suoa morta a dì 15 dal mese de dezenbro, anno Domini 1509, die sabati, per via de una artelaria, pugnando contra l' armata del Senato Venitiano, pur menbre ederenti dela gram lega dal dito pontifice e suoi hederenti. Morti che al fui, dita lega de suoa M.ᵗᵃ ie fece venire uno gram secorso insemo com l' aiuto Bentivole che a Bologna se ritrovavano, et in quele loco fene uno gram suo sforcio per volere andare asaltare l' armata de dita Signoria de Venecia com bem cercha 36 boche di fogo, come lore feceno.

La rota dela Signoria da Franciose dreto al Po.

La dita armata del dito Senato Venitiano fu rotta dal' armata dela dita lega dela M.ᵗᵃ dal dito Lodovico Re de Ferantia dreto al fium Poe (*), in loco chiamato Francolino, com cercha 36 buoche de suoe artiglarie et quase tante o più quele de dito Senato Venitiano, dove che in quelle loco fu comenciata dita bataglia a dì 21 dal mese de dezenbro, die veneri, ano 1509, cercha l' ora decimo otavo; et durò per insino ala sesta ora dela note, che l' una parte e l' altra fortemento pugnavano l' una parte e l' altra; per al che fu prese uno gram rico zentilomo ferareso che era intrato per suoa gaiardeza com al so cavale con la lanza in resta infra al canpo de nomice; per modo che fu prese a presone de una suoa gram taglia: tame' infra lor conpagne che l' aveano preso, veneno in gram divisione infra lor, per tale via e modo che a lui lor ie detene la morto. Tamen dita armata venitiana tucta fu rota, salve che al capitanio so de dita armata schapulò lui com certo suoi cape de ligno, che fu cercha la sesta hora de dita note, come ut supra. Rota che la fui, dite Ferarese se n' andone a casa com la suoa gram vitoria, faciando zorne e noto tucta suoa lega gram iubilatione, et masime, secondo al mio riporto, a dita ciptà de Bologna, et altre. E più, per dita vitoria parse che in

dita ciptà de Feraria s' amazase alquanto Franciose e Spagnole com
nostri Taliane infra lore.

La benedicione dela Signoria dal papa.

La prefacta facta a dicta Signoria de Venecia per la S.^{tà} de papa
Iulio second fu in questo modo e forma: conciò fuse cosa che de
continuo i anbasatore de dito Senato fuseno stato senpro de continuvo
ali pede de suoa S.^{tà}, pregando quella per l' amor del' onipotento
eterno Idio che quela se voglia degnare d' aperire li suoi hochie corporale et com la suoa mente pura bem iudicare de volere cognosere
la gram perdicione de tanto numaro de animo racionalo, che tante
tenpo tale criature suone stato tanto tenpo intradito dentro da suoa
ciptà de Venecia sencia alcuna suoa contricione per insine al presento, pregando lore caramento suoa S.^{tà} che quella se voa degnare a
questa sancta Pasqua, che serà l' ultimo zorne dal mese de marzo,
de aperire al manto de Sancto Petro e tute quelle tali suota retirari-
le, a ciò che lor se possano confesaro e comunigaro a dicta·sancta
dita Pasqua de resuratione; parando a lore Senato più non eser meritorio de tale schomunigatione, per avere zià lore restituvite hogne
suo male tolite incerte de dicta santa romana Eclesia. Alora suoa
Sanctità, cognosando la suoa pura e mera verità, sole ie concesse
che lor se (*) potesene confesaro che fu a dì 17 dal mese de februari,
die dominicho, prima dela quatrazesima, dove la suoa S.^{tà} fece cantare una suoa mesa pontificale in ghiesa de Sancto Petro, dove lì
nento ale schale prima che lore intrasene dite sei anbasatore per tre
volte se feceno nante a suoa S.^{tà} et a quela inzonichiata domandandie tale perdone per parto dal suo Senato; per al che ala dita tercia
volta lore tucte insemo le basone lci suoi pedi. Alora lui ie deto la
suoa benedicione. Facto queste, lor dito anbasator funo menato in
dita eclesia com suoe bole in mano apresentato nanto al suo altare,
et lì per suoa S.^{tà} fornita dita mesa, ie fornì de dare suoa benedicione com hogne suoi capitole infra lor concluse; che fu a dì 17 dito
anno Domini 1510. Facto che fu hogni cosa, al Senato Veniciano fecene fare a dita suoa ciptà gram procesione com festa solenisima,
come rechedea a tale sancta cosa; dove per suoa S.^{tà} fu mese al so
iubileo ala ghiesa del' observantia de Sam Ieronimo per quilli tri zurne de Pascha predicta de resuratione prosima ad venire per aiute
dela fabrica dela dita ghiesa dal dito Sancto Pietro, come lui avea
facto a tucto li altre ghiese dela proventia dela Romagna.

Castelo de Legnagho preso dal marcheso de Ferara.

Al prefacto Alfonso da Este marchese de Feraria, queste anno dal

Signor 1510, a dì 12 dal mese de mazo, die domi[ni]co, avando suoa Excelentia zià messe molte bene in punto suoa artegliarie per volere armare 9 de quelle galere, over barche, che lui avea tolte al Senato. Venitiano quando lui roppe suoa armata com l'aiuto dal gram bratio de suoa lega per vole in canpo intrare, che fu a dì 20 dal mese de mazo, al zorne benedeto de Santo Hostacio et Bernardine; e poi presene al castelo de Legnagho per al grando aiuto de 100 lanze franciose che zià erano arivato per suo favore de dita suoa lega come multa fantaria. Al quale castello al tratone molte male, che veramento poche ie ne remaso che non fusene morte e male tratado; secondo al mio reporto, fu uno sacomanno mai più non viste. E dipoi detene la bataia al bastione, che fu a dì 3 di zugno, die luni; e po' a dì 4 dite, die martis, l'abene per forza, che quase hogn'ome de lor fune morte. Tamen in queste tenpo fu retolto Vicentia dala dita lega inperiale.

Alora vedando dita Signoria de Venecia d'avere perso dito Legnago et Vicentia, fecene retornare al so canpo dentro da Padua et lì fortificarme grandamento, dubitando del gram bracio de dita suoa lega inperiale et franciosa (*).

Lega dal Papa come Veniciano.

La prefacta dita lega nova, facta per la S.^{tà} dal dito pontifice papa Iulio secondo insemo com al Senato Venitiano per aver lore così concluse a suoa beneditione de dita Signoria per dito pontifice contra la M.^{tà} Cesaria et M.^{tà} del Re Cristianisimus Lodovico Re de Ferancia et Ercole da Esto marchese de Feraria et Bentivole et altre suoi hederento; per al che parande che più volte dito Alfonso sia stato richesto dal dito pontifico che lui dovese andare ala magnifica ciptà de Roma nanto al conspeto de suoa S.^{tà}, tamen lui no i avea mai voluto andare. Al quale lui era al presento Confalonerio apostolico, e di poi era lui stato facto barone dal dito Re de Ferancia, et eser in dita lega come lui per al tenpo pasato de volontà dal dito pontifico, et avere prese li suoi dinere, et ancora non escre fornito al suo tenpo, per a' che lui potese lasare dita suoa M.^{tà} come el suo honore. Per al che dubitando lui come l'avese lasato, che di subito come suoa lega per tale dispeto venerebbono a canpo a Feraria e de quela per suoa gram posancia se ne faria patrone, che per modo alcuno dito pontifico non i al poteria vetare et non aiutare; sì che per le rasone asegnato, secondo al mio reporto, parse che dito Alfonso marcheso vedando che dito pontifico non era suficiento de poterele salvare lui come sua lega, a lui fu forcia a romanere come dito Re de Ferancia. Alora suoa S.^{tà} molte se turbò com dito Alfonse e di subi-

(*) Fol. 165 b.

to fece andare uno bando per tucta la Romagna, che da mo inanto non sia persona alcuna che ardischa e non presoma andare al solde dela lega dela M.^{tà} da' Re de Ferancia et masime in spicilità d' Alfonse da Esto marchese de Feraria, suota la pena de ribilione et confuschatione de lore beno. E poi fece venire Monsignor R.^{mo} cardenalo de Pavia Legato zeneralo dela proventia de Bologna insemo con la Excelentia de Franceschо dala Rovere duca de Orbine suo capitanio zeneralo de sancta romana Eclesie; et arivone ala ciptà de Bologna prima a dì 4 dal mese de mazo, anno Domini 1510. Et infra al tenpo vedando dito pontifico che dito Alfonso non la hobidire, deliberò al tucto de castigarele come suoe censure et intraditorie, et poi com la verga dal ferro, et per hogne via che lui polise. A queste dito Alfonso avea facto e facea suoe gram schiuse contra al dito pontifico, dicando che vera cosa era che lui se retrovava Confalonerio apostolico, com ut supra, et volea esere; mo che al presento lui non volea lasare la M.^{tà} dal dito Re de Ferancia per le rasone suopra asegnato: basta che mai lui per alcuno tenpo non vignirà contra al stato de sancta roma' Eclesia, nè lui, nè suoi popule. Ance lui e lore volene (*) esere suota al titole del vicariato de santa Ghiesa, pagande lui hogne lor suo censo et senpro a quella eser lor obdientissimo. Sì che per queste non facea bisogna de tale suoe censure e intraditorio, come ut supra, per a' gram danno che á patite e patirà al culto divino.

Depo' le sopradite cose, al canpo apostolico andò al dito castello de Fusignano el al prese; che fu a dì 12 dal mese di luglio 1510. E poi Vitileschо se meseno a traschore per al Poleseno de Rovico, et lì faceano gram butino; per al che zorne e note non se cercava mai altre se nè da potere fare crudelle guerra contra Alfonso.

E di po' al dito Monsignor Legato insemo come la Excelentia dal dito Duca de Orbino suo capitanio determinono de seguir la vitoria contra dito Alfonso per la Romagna, zoé alentare Bagnacavalle e Lugo: et ordenone de volerie mandare al dito suo canpo al dito castello de Lugo, che fu a dì 22 dal mese de luglio 1510. Et lì l' abene a lides al dito capitanio senza la roca. Alora al dito Monsignor Legato mandò per uno canone che se retrovava nela roca de Forlì et le fece menare ala pugna dal dito castello de Lugo, zoé de dita suoa roca, et le molte altre artegliarie: per modo che zorne e noto forte la bateavano. Alora al dito suo castelano feze intendro al so signor Marcheso che lui i avese a mandare secorse per al quale lui se potese defensare da tale canpo. Alora, secondo al mio reporto, lui ie feze intendre che lui se teneso per insino a dì 29 dito, che tal suoa lega e lui ie mandarano tale secorse che de tal canpo de dito suoi nomice non arano paura nè facti. Intese che abene dito canpe apostolico tale

(*) Fol. 166 a.

suoa hoferta dal dito castelano, vedandese in quelle loco non tropo potento, di subito se levone per tale suspete et retirosene nel teritorio de Imola ala segura; che fu a dì 20 dito, nela seconda hora dela noto, die luni. Et menone hogne suoe artegliarie, per modo che nel suo alozare funo asaltato dali nomice; per al che veneno morto del'una parte e del'altra.

Infra questo tenpo, a dì 30 dito, arivò a Forlì uno suo Comesario, chiamato M. Ramondo, com gram numaro de dinaro; et lì dete dinaro com fu in canpo; per al che di subito se levò al dito canpo et retornò al dito castello de Lugo; che fu a dì 2 dal mese d'agosto, die veneri. Alozato che lor funo, l'abe dito castello de Lugo d'acordo senza la roca.

L'altro zorne, che fu a dì 3, die sabati, abene Codignola pur d'acordo, che volentiera tucto retornavano suota al manto de Sam Piero. E pur tuctavia forte bateano la dicta roca de Lugo zorne e notte come tucte quelle cose che fusse posibile a fare: tamen parea che per modo alcuno non la poteseno avero (*).

Partita del cardinal de Pavia da Bologna in canpo.

Al prefacto R.^{mo} Monsignor cardenalo de Paviglia et Legato de tucta la proventia dela Romagna, questo anno dal Signore 1510, a dì 6 dal mese d'agosto, die martis, fece suoa dita partita dala ciptà de Bologna per volere andare nel canpo apostolico, che al presento se retrovava atorne ala roca dal castello de Lugo. E in tale zorno alozò al castello de Codignola, e l'altre zorno arivò in canpo. Arivato che al fui, di subito zorne e note forte pugnava, come senpro da precipio aveano facto; per al che al dito M. Zohane Paule Baglione nobile perosino, zià a dì 3 dal dito, per tale suo pugnare a dita rocha lui era stato ferito int uno flanco da uno schiopete de dita roca: tamen per la Dei gratia non abbe male, per al quale lui se liberò sencia alcuno suo inpedimento de suoa persona. Tamen vedando dito castelano che zià le promesse del marcheso so patrone e de suoa lega erano stato nula per lui, per modo che lui se reso al dito Monsignore d'acordo a dì 10 dal dito meso d'agó, anno predictis, die sabati, salvande lui et hogne suoa cosa. Facto queste, com lui fu partito de dita roca, dito Monsignor ie meso per suo castelano uno nostro nobile Berto zià de Iacomo da Horiole, al quale era castelano et comisario de tucta la Romagna; et lì steto alquanto tenpo e poi in quelle loco recevito suoa morto. Fornito hogne suo opperare se levò dito canpo e andò ad alozare suso al teritorio de Bologna dreto al suo flum Reno; che fu a dì 12 dito, die luni; tamen a dì 15 fune asaltato dali nomice per al so viazo: tam' poco ie nocino.

(*) Fol. 106 b.

Duca de Termino veno a Forlì.

Al prefacto mandatario dela M.^{tà} del Re Catolico Ferdinando Re de Spagna, al quale avea nomo M. Andrea nobile Capuano et conto de Canpovechio et capitanio zenerale in questa proventia dela M.^{tà} dal dito Re de Spagna e duca de Termino, al quale andava ala M.^{tà} Cesaria per suoventione del' arte melitaria, et arivò ala nostra ciptà de Forlì a dì 12 dal mese de zugno, die martis, anno Domini 1510, com la conduta de 400 lanzo. Arivato che al fu, da nostra Comunità fu bem visto et venerato et apresentato, per eser lui homo dabeno et honestisimo de suoc zento; per che lore pasone per nostre teritorie senza alcuno nostro danno: andavano com bele spose, pagando hogni cosa che lore tolevano. Per al che lui mai non s' alozava se prima n' avea alozato tucto suoc zento. Et poi lui (*) se reponsava, per modo che per tucta la Romagna fu tenuto home da bene, com veramento lui [era] et di suoe amoreveleze lui parea una sposa: per modo che lui andò e retornò a dì 2 dal mese de decembro, die luni, anno predictis 1510. Et pure a suoa retornata alozò in queste loco, di fora dela ciptà, per non se volere dare alcuno danno ala suoa persona al'ostaria. Et lì pagò hogni cosa: tamen suoc zento alozone per nostre vile, faciando lor com de prima. E stetie sole una note, et po' s' andò per al suo viazo com humanità.

Castelo de Monseleso prese da Francioso.

Al prefacto castello de Monseleso fu preso da dito Franzose a dì 22 dal mese de luiglio anno Domini 1510, zoè al zorne benedeto del' apostela Maria Madalena; per modo che lore ie dete tre bataglie nante che l' aveseno auto; che lore l' abeno per forcia. Io crede veramento che dale pene del' enferno e quelle non ce erano stato deferencia alcuna, perchè veramento, secondo al mio riporto, poco de lore ie n' avanzoe. E queste fu per una inzuria che al zorno denanto lore aveano receuto dala signoria de Venecia; conciò fuse cosa che quella con ingano avese facto piaro a soi contadino uno favorito de dita lega franciosa nela vila de Saletto, chiamato M. Soncino Benzone et nobile da Crema, al quale al presente se trovava ala guardia dal canpo de dito Franciose. Et per eser lui rebello de quela Signoria, e di subito, come lore i' abeno nele suoe mane, di subito al feceno asaminaro, e poi strangolarle, e poi atacare per uno pede, a denotare che lui era stato suo gram traditore. Et per questo al poverino castelle portò tanta amaritudine per dita Sihnoria inocentomento, com ut supra.

(*) Fol. 167 a.

La ciptà de Modena presa per la Ghiesa.

La dicta ciptà de Modena, questo anno dal Signore 1510, a dì 18 dal mese d' agosto, die dominico, la notte prosima ad venire, a hor cinque, fu fato intendro a Monsignore R.^{mo} Legato cardenale de Paviglia che al presento se retrovava nela magnifica ciptà de Bologna, che inmediate lui dovese andare a dita ciptà de Modena, che per la mazor parte de quello popule voriano retornaro suota al manto de Sancto Petro et eciam suota la vera hobidentia de la sancta romana Eclesia. Facta tale suoa anbasata, di subito montò in sella com suoa (*) guardia; et arivate che al fu, la matina per tenpo ie fu aperto una suoa porta et lui fece suoa intrata; che fu a dì 19 d' agosto. Per dito die luni tucto introne con suoe lanze in resta et armata manui, perchè, secondo li mei riporto, in quelle tenpo dicta ciptà se retrovava in doe parte. Et alcune altre diceano in tre: la prima era eclesiastica, la seconda inperiale, per eser stato ab antico tale ciptà suota l' enperio; la tercia era la parte de casa da Este che molte tenpo avea tetato et eciam ancora arebheno volute tetare. Fate quello, di subito dito Monsignor Legato fece andare inanto al suo canpo apostolico che se retrovavano alozato propinque a Bologna dreto al suo flum Reno. Arivato che lor funo, dito Monsignor ie mese per suo castelano in suoa roca uno nostre nobile Bastiano zià d' Andrea Moratino da Forlì. Fornito che abbe dito Monsignor hogne suo bene operaro, ie messo per suo Governatore uno M. Vicentio Deva nobile cremoneso et Protonitario apostolico. Fato questo, dito canpo se levò dala dicta ciptà de Motina et andò ad alozare propinque al dito Finalo; e poi se fece tanto inanto che, secondo al mio riporto, s' apropinquò ala ciptà de Feraria cercha 5 miglia, in loce chiamate Sam Martino. Et lì stete per insine al' ultima setemana dal dito mese d' agosto, et poi se levò de quelle loco et retornò ad alozaro al dito Finalo; perchè tuctavia venea gram secorso de Franciose per alturio dal dito Marcheso e suoa lega; le quale veneano per la via drita per volere secore quele altre suoe ciptà e castello dal dito Marcheso. Per modo che arivato che lor funo, s' atacone come al dito canpo apostolico; che fu a dì 4 dal mese de setenbro, die mercurio, 1510; per modo che veno morto uno bandiraro dela Ghiesa, e fu tra Rubera e Motina, de certo suoe boche de fogo che avea dite Franciose, perchè con quelle faceano gram guerra. Facto questo, andone al castello de Sasole et al presono; et lì se fortificone per tenere asidiato quella rivera, aciò che per li suoi nomice ie potese andare alcuno secorso ne eciam vituarie. Alora vedando dito Monsignore tale suo gram secorse, determinò insemo com suo dito capitanio de volere piare dui buom partito da potere salvare dito so canpo et dita ciptà de Motena per casone de quelle parte che dentro se retrovavano, com ut supra: per modo che dito Monsignor retornò in dita ciptà de Motena per le rasone sopra asegnato; che fu a dì 12 dal mese de setenbro 1510. E intrato che al fui, di subito steva in quelle loco com suoe gram vegilio per paure che tal parto non feceno movimento (*); e di poi dito Monsignore intendando che nel dito canpo Franciose se retrovava li Bentivole presentialemente asai lui e dito suo capitanio che per le lor parento e benivole de quilli tali, che per quelle rivere se retrovavano, che non fecene qualque nocimento al dito suo canpo apostolico; per a che lui al fece dal Finale levare et a Castello Sam Zohane in Perseceto andare ad alozaro, per eser dito Castello subdito dela ciptà de Bologna; che fu suoa partita a dì 12 dal mese de setenbro, com ut supra. Et lì stevano com suoe gram vizilio zorne e notto.

La seconda tornata de papa Iulio a Bologna.

La prefacta 2 retornata dela S.ta de papa Iulio secondo pontifico nela proventia dela Romagna per andare ala suoa ciptà de Bologna, dove in quelle parte se retrovava al suo canpo apostolico, sole per persiguitare Alfonso da Este marcheso de Feraria et suo confalonerio apostolico; la quale dita retornata se fu in queste modo e forma. Conciò fusse cosa che ali orechie de suoa S.ta fuse andato che molte lentamento fuse pasato et pasavano le vitorie dal dito suo canpo contra dito Alfonso suo disubdiente; per che al se fuse, parea che lui non potesse sapere la casone; per modo che a dì 16 dal mese d'agosto anno Domini 1510, die dominico, suoa S.ta se era ziá partito da Roma et andato al porte de Ostia per volere lui alquanto in quello loco reponsaro. Tamen per le dito tardo novo che i andava de dite suoe vitorie, fece lui int uno suo momento deliberatione plenaria de volere venire presentialemento in dita proventia dela Romagna, sole per volere castigaro dicto suo Confalonerio Alfonso da Este per dito. Facta la dita deliberatione, suoa S.ta se partì dal dito porto de Hostia et veno a Civitavechia; che fu al secondo so viazo. Al tercio viazo se fu a Corneto; al 4 fu a Toschanella; al 5 a Viterbo, et lì fece al so concistorio per al quale fu concluso de volere venire, com ut supra. E di poi fece intendro al resto de dito suoi signor cardinale, che a Roma se retrovavano, che ie dovesene venire dreto, che lui s'aviava. Et nanto a suoa partita fu constituvito so Locotenento dentro da Roma al R.mo cardinalo (**). E di poi al so 6 viazo partí da Viterbo a dì primo dal mese de setenbro, die dominico, 1510, et arivò al Pichiaglia. Al 7 so viazo se fu a Torechiano; lo 8 riposo se

(*) Fol. 168 a.
(**) Lacuna del ms.

fu a Santa Maria dali Anzelo; al 9 (*) se fu a Foligna; al 10 se fu
a Beldilecto; lo 11 se fu a Macerata int una hostaria sopra la flumana; al 12 a Sancta Maria da Loreto, e lì suoa S.ᵗᵃ ie celebrò una
suoa mesa piana a laude de quella inmaculata Maria regina de vita
eterna e di poi fece cantare una mesa granda eposchopale, cantando
molte suo hoficio divino. E po' se partino, che fu al decimo tercio
suo viazo, et arivone ale Tavernello da Castello Figardo. Al 14 so
ripose se fu ala ciptà d'Ancona: al 15 se fu ala Casa Brusata; al 16
se fu a Sinighaia; al 17 ala Bastia; al 18 ala ciptà de Fano; al 19
a Pesaro; al 20 ala Catolica; al 21 se fu a Rimino; al 22 se fu al
castello de Savignano; al 23 se fu ala ciptà de Cesena; al 24 a Forumponpilio a desenaro e po' a cena; al 25 repose se fu ala nostra
ciptà de Forlì, che fu a dì 18 dal mese de setenbro, die mercurio;
e fu cercha l'ora vigesima prima, et alozò nel nostro palazo magno.
L'altro zorno andò a descnaro nela nostra roca. E di poi le aspete
celeste comencione a metre aqua non tropo granda; per al che suoa
S.ᵗᵃ fece suoa partita, al'ora decimo hotava, nela suoa lanterna,
dove lui era portato da suoi cavale com uno papagallo inanto in dita
suoa lanterna; che fu al 26 so ripose, a dì 19 dito. Et lì stete tucto
l'altro zorne, die veneri, per dicta pioza; e poi a dì 21 dito, die
sabati, se partì et arivò a Imola, che fu al 27 so riposo, che fu al
sabato deli 4 tenpore. E di poi l'altro zorno, che fu a dì 22 dal dito mese de setenbro, die dominico, anno 1510, cercha l'ora vigesima seconda, arivò ala magnifica ciptà de Bologna; che fu al suo 28
repose da dita ciptà de Roma per insine in dite loco. Et lì intrò in
pontificalo com suoe gram solenità e da quello suo popule molte bene venerato; et dipo' andò al Dommo et a Sam Petronio a fare quelle
cerimonie che a lui convenca; e di po' andò a reponsaro nel suo palazo magno dal suo Senato, dove abitava al suo R.ᵐᵒ Monsignor Legato cardenalo de Paviglia, che zià era partito da Motina et in quello
loco andato. E di poi ie veno dreto dito signor cardinale de tenpo
in tenpo.

Zohano Francescho da Gonzagha Confalonere dela Ghesa.

Al prefacto Zohano Francescho da Gonzagha marchese de Mantova, retrovandese al presento eser venuto ala ciptà de Bologna a rivisitare la S.ᵗᵃ de papa Iulio, per al che suoa S.ᵗᵃ de volontà et comisione deli suoi signor cardinale fu alete e criato e deputato Confalonerio apostolico et capitanio dela Signoria de Venecia com al consentimento de suoi anbasatore (**) de dita Signoria che lì presencialemento se retrovavano; che fu a dì 8 dal mese d'octobre, die sabati,

nela ghiesa dal so protetore Sancto Petronio, anno Domini 1510.
Facto che fu questo, di subito dipoi, a dì 8 dito, die martis, se partì
da Bologna per andare al Senato dito Venitiano per tala suoa reconfermatione, et dipoi per al suo gram tema e instrucione de quele che
lui ama a fare; per modo, como al fui a Chioza, a lui ie fu forcia
più inento non andare per paura dela potencia del gram brazo dela
lega dela M.ta del Re de Ferancia suo adversario. Et retornò nante
al conspeto dela S.ta dal papa che infra quelle tenpo lui avea fato
retornaro al figliole dal dito Zohano Francescho a Bologna, al quale
suoa S.ta l' avea retenuto per suo hostadise nela ciptà de Orbino.
Arivato che al fui, da lui fu liberato, zoè al padre e 'l fiole, che
l' une e l' altre se retornase ala suoa ciptà de Mantova, da poi che
per li nomice a Venecia non era potute andare; che fu suoa partita
da Bologna per andare a Mantova a dì 15 dal mese d' octobre predicto, die martis. E più, che a dì 17 dito la S.ta dal papa fece fare
ali signuri cardinale lo esequio dal dito cardinalo Franciose, che zià
era morto ala ciptà d' Ancona; al quale esequio fu molte copiose de
suoc mese et hoficio divino com suoa granda aluminatione de cera
et altre so bisogne.

Papa Iulio andò ad abitare in casa de Marischoto.

La dita infirmità dela S.ta dal papa parse che lui avese alcuna
altaratione nela suoa persona, per al che per li suoi signuri medici
ie fu dato conseglio che lui se partis' dela suoa habitatione del dito
suo palazo, et andò ad abitaro in casa deli Marischoti, et lì stete per
insine a dì 15 da' mese de dicenbro, die dominico, 1510. E poi lui
retornò habitare in dito so palazo. Per la quale suoa infirmità fu de
tale natura e forma che era andato la nova per insine ala ciptà suoa
de Roma che lui era morto, et eciam per tucta la Lonbardia e la
Romagna: tamen per la Dei gratia fu per al contrario, che suoa S.ta
se liberò senza alcuno suo inpedimento, et senpre andò de bene in
meio per insine che suo S.ta andò ala Mirandola; che fu a dì 2 dal
mese de zenaro 1511, die iovis, come inento parlarò ad plenum de
hogne suoe cirimonie.

Vicentia represa da Viniciano.

La dita ciptà de Vicentia fu retolta ala M.ta Inperiale per al canpo dela Signoria de Venecia, che fu, secondo al mio reporto, cercha
la prima setemana dal mese de setenbro, che dito canpo (*) zià prima era usito dela suoa ciptà de Padua et era andato asidiare dicta
ciptà de Vicentia, et zià l' avea auto d' acordo, come ut supra. E di

(*) Fol. 169 b.

poi pur aveano tolto doe suove castello per forcia, zoè Sam Felise e
Sam Martino. Fato che fu quelle, dicta Signoria avea deliberate de
volere seguire le lore vitori; per al che feceno levare dito suo canpo
dal dito teritorio de Vicentia et andone asidiare dicta ciptà de Verona,
che era stato a dì 17 dal mese de setenbro 1510; et lì i aveano mese intorno cercha 16 boco de fogo che faceano zorne e noto gram
crociare; per mode che pure a dì dito, la note prosima ad venire,
secondo li mei riporto, al' ora suoa quinta, li Todischo et Franciose
e Spagnole, che se retrovavano dentro ala guardia de quella dicta
ciptà, una parte de lor usino fuora incognito per volere inchiodare
parte de quelle suoe buoche di fuoco, over artigliarie, ne' quale erano posto suso al fosso: tamen mai lore non fune sentuto da lore suoe
guardie, per insino che lore non funo in suso al fato. Per modo che
dui caporale, che se retrovavano a dita guardia, se resentino. Al nome deli quale fune quisti: al Citole da Perusia; l' altro, uno M. Le-
tancio a mi incognito. Per al che dito Citole se era levato et meso
suoa coracina, e poi chiamò al suo ragaze e detie al so celadone al
brace et aviose inverso dito artegliarie; per modo che inmediate se
inschontrò int uno nomice, credando che fuse amice; per modo che
di subito ie deto de una suoa ronca in suso la testa, per tale via e
modo che lì rese al spirite a Dio. Per al che se levò gram remore,
et in quelle loco se feze una meza bataglia; per al che lore obteno
che tale suoe artegliarie non ie funo nè inchiodato e no tolto; per
tale via e modo, per retrovarsie valento homine del' una parte e
l' altra, che de tramedoe dite parte pur alquanto ne ven morte e ferito, et masime al dito M. Letantio morto. Per modo che al corpo
dal dito Citole fune portato ala ciptà de Padua a sepelire com grando
honore, com quilli erano meritorio; per al che al dito canpo dela
Signoria ie fu forcia de quelle loco partirse et retirarse indreto per
insino al castello del dito Sam Martine deinstanto cercha cinque mia
per più suoa salvatione, de volontà de suoi mazore.

Castel de Carpo prexe da Franciose.

Al dito castello dela proventia dela Lonbardia fu prese da Franciose a dì 4 dal mese d' octobre, die veneri, anno Domini 1510;
conciò fuse cosa che al presento dito castello se retrovava in porte-
cione dela santa romana Eclesia al tenpo che presedea nela santa
sedia (*) 'postolica papa Iulio secondo al quale se retrovava presentialemento per abitatione ala ciptà de Bologna. Et per esere in parte
dito castello, una parte ce fu quando sentino venire dito Franciose a
canpo; di subito feceno avi fato quella parte che presedea in dito
castello per la Ghiesa, che breviter lor s' aveseno andare con Dio

(*) Fol. 170 a.

per dubitacione de tal canpo Franciose: se ne no, poterebbeno tucto andare per al file dela spata et lor sachezato. Tamen, secondo al mio reporto, tala sua anbasata per lore era stato de per che in al suo partimento lore per la mazore parte fune sachezato e morto, com ut supra. Et lì presene dito castello dito Franciose a tucta suoa voglia a dì 4 dito, com ut supra. Alora vedando la Signoria de Venecia che dito Franciose aveano prese dito castello de Carpo, molte s'atristone, e di subito andone a canpo ala dita Stelata i' nome dela sancta romana Eclesia; che fu cercha la prima setemana dal mese d'octobre 1510; et quela abene per potere andare asidiare al bastione dala punta, com lor feceno. Per modo che ie meseno gram numaro de suoe artigliarie intorne, per mode che zorne e noto ie faceano gram guera: tamen dita Signoria n'avea facto tre parto de suoe zente d'arme: una parte se retrovava alozato al castello de Sam Martino al'asedio dela ciptà de Verona; l'altra parte erano ala guarda dela ciptà de Padua; el resto intorne al dito bastione. Alora intendando la parte Francesa tale suo ordene de dita Signoria, ancora lore non vosene stare de suota; per al che inmediate se comencione a smascharare da buom seno, per tale via e modo che com la parte deli Bentivole insemo com gram numaro de Todischo veneno asidiaro al castello de Spilinberto et Panzane e Castello Franco; et quilli abe tute tre d'acordo suota l'onbra de dito Bentivole, stracorando lore tucta quella rivera per insino in suso al fium Reno, propinque ala ciptà de Bologna, faciandese lor patrone de quella, perchè ala coperta quelle suo abitante ie faceano gram presento. Alora intendando queste tale cose al dito Senato Venetiano, che tala parte Bentivola se era tanto apropinquato a dita ciptà de Bologna, et in quelle loco eser lore bem visto, com lore erano, retrovandese la S.tà dal papa dentro da dita Bologna, com la era, per al che suoe Signorie faceano molte cozitatione nele mente suoe a quel che potese advenire; per al che deliberone d'aiutare la S.tà dal papa.

Anbasatore Veniciano andò dal Papa a Bologna.

Al dito anbasatore del Senato Venitiano mandato ala S.tà dal papa ala ciptà de Bologna, che fu a dì 17 dal mese d'octobre 1510, che i (*) arivò ala nostra ciptà de Forlì e alozone nel nostre epischopato com alquante suoi cavale e cercha cara 6 de suoi forcieri, infra le quale fu obtenuto per le molto persone che in quelle ie fuseno gram tesore; deli quale lore deteno gram favore ala S.tà dal papa per dito suoi canpo. Alora intendando al canpo Francese tale cosa, fecene venire inenzo la parto Bentivole per avere zià lore asidiato la ciptà de Motena et prese dito suoe castello; per al che lor fecene ferma

(*) Fol. 170 b.

deliberatione de volere venire atentare fortuna, per la quale lore per alcuno modo poteseno intrare in dita ciptà de Bologna con l' aiuto de dita parte Bentivola, che lor crede d' avere dentro, et dipoi piare la Sta dal papa che quela i avese a fare a lore li capitole a so senno, e poi tore quelle gram tesore a dito anbasatore del Senato Venitiano, e dipoi mandare dito papa a Roma a reponsare, com lui doveria fare, per eser quello l' oficio suoi et non andare per le rivere tapinendo, com lui facea. Per modo che a dì 19 dal dito mese d' octobre, die sabati, anno 1510, dito Bentivole com gram favore de dita suoa lega Franciosa veneno per insino ala dita porta de Sam Felise de dita ciptà de Bologna per volere in quella intrare per le rasone suopra esegnato. Arivato che lore funo, potea eser cercha l' ora decimo otavo; et nanto a tuto i era M. Anibalo Bentivole com tucto li suoi favorito, cridando a suoa voce piena — Sega, Segha —; credando lui tuctavia che la parte Seganta, che dentro se retrovava, se dovese levare et venire ala dita porta, et com al suo favore metre lore dentro, e di poi fare lore la voglia suoa. Arivato che lui fui ala dita porta, trese una suoa zaneta dentro da quella drete ali nomice et altre suoi favorito: per forcia introne una parte dentro dal suo borgo per la suoa gram furia che lore avea menato, aspetando l' aiuto, com ut supra: tamen fu per contrario, che homo alcune de dita suoa parte non se mote in suo favore; per al che tucto erano ale lore suoe botego ala vera hobidentia dela Sta dal papa, stando lor saviamento senza alcuno peze de arme, com belle spose, per insine a tanto che per suoa Sta no i abbe dato buona lecentia che lore piase l' arma e drete a nomice pugnare, com lore feceno; che int uno momento al populo fu levato com l' altre suo alturio, et dreto a tale nomice andone, faciando com palatino, ale porto e dreto ale mure, tutavia spugnando hogne volontà cativa che se retrovasi dentro da dita ciptà per dita parte Bentivola. Alora avando inteso dito M. Aniballo che li suoi penseri suone revesuto scharso et che al tucto lui vede dala fortuna esere abandonato, per al che a lui ie fu forcia de quelle loco partirse et indreto retirarse ala secura per aspetare al tenpo che per lore piatà se mova; considerando lore, pur che la furia (*) non passa al segne, la sancta pacientia vinze hogne desdegno. Alora avando intese al tucto al suo magnifico Regimento deli Quaranta la volontà dela Sta dal papa e dal dito suo populo, le quale eser lore stato tanto fidelisimo al pacifico stato dela dita santa romane Eclesia, tucto de comuna concordia preseno ardire et andone a parlaro ala Sta dal papa et a quella confortare, che per modo alcuno quella non se volesse piare alcuna pasione mentale suopra la venuta de dito canpo Franciose, nè eciam de dita parte Bentivola, che per modo alcuno nocere ie porano al dito suo pacifico stato, nè

_____

(*) Fol. 171 a.

ceiamdio a suoa S.^{tà}, per eser lore tucto fidello sudito, com suoa S.^{tà} n' à viste la suoa vera espariantia nel pugnare et caciare via dito canpo Franciò com dicta parte Bentivola, com lore abene la vera lecentia et comisione de suoa S.^{tà}; sì che per quelle lore pregavano suoa S.^{tà} che per modo alcuno non se dovese volere partire del dito suo palacio per andare a stare nela roca, com deliberato lui avea, perchè lor se oferiano aparatissimo de defensare com suo popule lui e dita suoa ciptà dala forcia dal gram bracio del dito canpo Franciose et de parte Bentivola, sencia alcuna suoa debitatione. Perchè tuctavia arivava gram n.° de cavale lizere dela dita Signoria de Venecia che stevano aloziato de fuora ala canpagna, che de continuvo faceano stare tale Franciose indreto, che poco nocere ie poteano. A queste suoa S.^{tà} ie fece, secondo al mio riporto, una dignissima risposta, dicando. — Dilecto nostro figliole amantissimo apostolico, per avere intese al tucto da vostro Signorie io me retrovo molte contento e satisfato da quelie, com al presento lui ie ne faria vedere la suoa vera espariantia per via de uno so bando, com quelle poterano al tucto intendre —. In prima andò al dito bando ala renghiera dal suo palazo magno in loco consueto, che per parte de suoa S.^{tà} che tucto li conpagnie overe Consele de tucte li arte dovesene venire in piaza com suoe confalonere inanto, come suoe bandero et armata manui, che fu a dì 22 dal mese d'octobre, die martis, 1510; et che prima lore se dovese andare a metre in punto in suso al canpo dal mercato, com lor feceno; e po' veno in piaza come suoe gram iubilatione de tronbe e tanburi. Arivato che loro funo dove ala renghiera dal dito palazo se retrovava presentialmente al dito papa, et in quello loco facta che fu tal suoa rasegna, la suoa S.^{tà} ie dete la suoa benedicione come quelle suove voce — Iullo, Iullo — che penetravano insine al cielo. Facto quello, di poi li presento fece andare queste suo secondo bando, che per parte de suoa Sanctità che da mo inento che tucto al popule e contà e distreto de dita ciptà de Bologna debia eser ascento de tucto punto per insine in cappo del presento anno, comenciando a dì 22 dite, come ut supra (*): fornito che serà al dito anno, suoa Santità vole che suoa tale ascentione debia durare perpetualemento per dicta ciptà e contà e destreto, com ut supra, notificando lui che questo vole che sia la suoa ultima volontà per la nocentia e gram fedilità deli dito suoi popule inverso dita Ghiesa, zià per lui visto, come ut supra. E di poi fu dato licentia ad ogn'ome che andase a suoe habitantie e a eser bone e fidilissimo. Avando zià intese dite Franciose et Bentivole la granda unione facta per la S.^{tà} dal papa com tale Senato Bolegneso, molte se turbone, com tu poi pensare, e poi avere intese che al canpo dela Signoria com al signor Fabricio Colona se apropenquavano per venire

(*) Fol. 171 b.

ala defensione dela ciptà de Motena; per modo, avando lore inteso al tucto, feceno retiraro dito suo canpo per insino al dito Castello Franco ala secura, et lì se fortificone, faciando lore com quilli homini che al suo nomice aprecia, et lì aspetare de vedere che boca farà al tenpo.

Canpo dela Signoria arivò a Modena.

Al dito canpo dela Signoria se arivò ala ciptà de Motena per liberare quela dala forcia de dito Franciose, che fu a dì 2 dal mese de novenbre 1510, die sabati. Alozato che lor fune, in brevità vene al dito Castello Franco et abele, che zià dali Franciose era abandonato. Et lì se fortificone per liberare quela rivera per favore de dita ciptà de Bologna. E dipo' infra al tenpo al canpo apostolico se fece inento et andò a piare al castello de Sasole, che fu a dì 23 dal mese de novenbro dito, die sabati; al quale fu prese per liberaro quela rivera, a ciò che al canpo de Franciose più non potesene andare per quela dita rivera a Bologna, com zià lore aveano facto. Al quale castello i era per suo castelano uno Zohano da Casalo a peticione ed instancia de madona Anzelica moiero dal signor Alesandro di Pio, che, secondo al mio reporto, fu dite che lei i al vendito; e poi per castelano novo ie fu meso uno nostre nobile Bastiano Moratino da Forlì; per tale via e modo che da queia hora inanto molte stete streto tale dito paso.

Festa facta a Bologna per la coronatione de papa Iulio.

La dicta festa solene facta et ordenata ala ciptà de Bologna e de tucta la provencia dela Romagna se fu per memoria deli annali dela coronatione de sua Santità, e che era stato in quello tenpo facta e celebrata ala ciptà de Roma, che era stato a dì 24 al mese de novenbro, die dominico. La quale fu tuta celebrato per dito ciptà e a Bologna e la Romagna da quile suoi populi com suoa granda veneratione (*).

Et infrà al tenpo, zoè a dì 3 dal mese de decenbre, die veneri, al canpo de dito Francioso fecene uno gram sforcio e stracorse per al teritorio de Motena com grando inpido, vinendo a trovare li nostro non tropo lontano da dita ciptà; per modo che lore feceno uno buom butino. Et vene morto e prese del'una parte e del'altra com lore danno.

Castelo dela Mirandola preso dala Ghiesa.

Al dito castello della Mirandola veno suota al manto de Santo Pe-

tro ala vera hobidentia dela sancta matre Eclesia, conciò fuse cosa
che a dì 17 dal mese de decenbro, die martis, anno Domini 1510,
ie fuse andato al canpo apostolico asidiarle, perchè in quelle loco se
retrovava M.ª Zohana Traucia, zià mogliero dal conte Lodovico de
dita Mirandola, al quale era zià morto da una artegliaria ala ciptà de
Feraria, che lui stasea com la lega dela M.tà del Re de Ferancia al
servicio de Ercole da Esto marcheso de Feraria: per al che dita Madona per escre lei bene amata da quello suo popule, lore tucto insemo se erano molte bene provisto de hogne suo bisogno d'aspetare
al dito canpo. Per al che zorne e notto lore bateano dito castello:
tamen poco male ie poteano faro; per modo che al fu forcia ala Santità dal papa i andase presentialemento, che se retrovava per suoa
habitatione ala ciptà de Bologna. Arivato che lui [fu], al fece granda interogatione a quella dita Madonna, che lei guardase bene quelle
che lei facese a non volere venire suota al manto de Sam Piero, com
ut supra, per modo che lei se ne poteria pentire; perchè s'al so dito canpo al pia per forcia, tuto lore serano mese a fogo e saco com
suoi ribelle, che lor suone, per eser lore andato al' aiuto de dito
Franciose contra al pacifico stato de sancta matre Eclesia: tamen,
secondo al mio riporto, quela dita M.ª ie fece questa risposta dicando: — Padre sancto, s'el Conto suo marito era andato al servicio
de dita lega Franciosa, a lei molte ie ne rencresea, perchè mai contra la dita Ghiesa lui non dovea andare: tamen che l'era stato per
li gram superchio e dispeto che pro tenporo i avea facto suoi familiare de dita suoa S.tà, recordando a quella che senpre lui era stato
buone et fidello al stato apostolico, com suoa S.tà sapea al tuto quelle che avea facto dito Conto so marito ala rebilione de Bologna per
dita Ghiesa contra parte Bentivola; che lui era stato boia a piare dite Bentivole e dare nele mano a Monsegnore Legato de Bologna cardenalo de Pavia, come lei credea veramento che sua S.tà de queste
lui ne fuse informato ad plenum. Sì che per le rasone asegnato, Padre sancto, per al proverbio se spando che al dispeto se fa l'omo
traditore: tamen Dio voia perdonare al Conte mio marito; che quanto (*) per lei e suoi familiare, che contra la sancta matre Ghiesa
non volea esero, purchè la suoa S.tà se volese dignare d'arecoiere
suota al dito manto de Santo Petro com hoc modo, che lei e suoi
haredi et familiari posano e dehano romanere in dito suo castello
suota al titole de suo buom vichariato de dita sancta matre Eclesie
in gremo de dito suo bom popule, et altre suoi capitole —. Et queste dicea, quante per lei, credando che tale popule serà contentissimo com vere buom cristiano, che lore erano. Non più: basta. Io voie
metre fino, per al che sua S.tà fu contento de hogni suoa cosa, per
la quale ie fu asegnato la posesione dal dito castello com la suoa

(*) Fol. 172 b.

vera hobidentia, a dì 20 dal mese de zenaro, die luni, anno Domini 1511, zoè al zorne benedeto de Fabiano et Sabastiano martiro.

Fato tucto le suopra dito cose, com ad plenum inanto n' ó parlato nele suoe instorie, suoa S.^tà de quelle loco se partì et veno al castelle de Cento che già più volte, al tenpo che lui era ala milicia dal suo capelle apostolico, lui era stato per suoa habitacione molte volte, per eser in quele tenpo al suoi per al titole dal dito capello; che fui dita suoa partita a dì 5 dal mese de februari. Al quale lui era stato in dito loco mo suo gram senestro atorno a dita Mirandola per la gram moltetudine dela neve e ghiaze che in quelle tenpo crociava, per avere tenuto quella vernata de suoa natura, zoè freda e secha com dito gram ghiazo. E di poi lui stete in dito castello de Cento per insino a dì 7 dito, die venere, com suoa granda veneratione de quelle dicto suo popule. E poi se partì e tornò ala suoa ciptà de Bologna, e li aterminò tucto li fate suoie.

Seconda volta che al Papa se partì da Bologna andò a Ravena.

La seconda volta che la dita S.^tà dal papa se partì da Bologna per andare ala ciptà de Ravena, che fu a dì 12 dal mese de februari, anno Domini 1511, die mercurio, et arivò ala ciptà de Imola et lì steto la noto e l' altre zorne. A dì 13 dito arivò al castello de Rusio e li steto per insino a dì 18 dito februari, die martis; po' partì.

Prima volta che al Papa andò a Ravena.

La prima volta che la S.^tà dal papa arivò ala ciptà de Ravena, che fu a dì 18 dal mese de februari, die martis, anno Domini 1511, che venea dala ciptà de Bologna, che potea eser cercha l' ora vigesima seconda; et fu da quelo suo popule bem viste e solenizato. Et alozò int una certe ghiesa nova che avea fato fare li frati de Sancta Maria in Porte, la quale era posta com suoe grande habitatione, dove li se retrovava uno suo ortelano che avea dal piacevole, al quale da teneri annis era stato alevo de suoa Sanctità, et molte com lui fabulava com gram suo piacere, dicando lui de volerele menare con esa lui et farie dal beno; e lui dicea, secondo (') al mio reporto, che non ie volea andare; per al che no ie volea dare alcuna cosa del suo horte se lui no i al pagava; stasando lore tuctavia in suli berto, recordando al papa lui quanto male lore aveano fato insemo. Tamen in quele loco lui era gram maestro, s' al fuse stato savio. E dipo' queste, a dì 21 dito, suo S.^tà vose andare a marina a piare alquanto suo piacero. Et queste fece le molte volte, per insino che lui ie steto; e dipoi a dì 25 dal mese de marzo, zoè al zorne benedeto

(') Fol. 173 a.

che fu anontiato al Verbo divino ala inmaculata Maria razina e madre de vita eterna, die martis, che in quela hora la piogia celeste forte abondava: et con esa a lui menò cercha 6 deli suoi conpagne signuri cardinale, et andò ala ciptà zià de Cervia, et alozò int uno suo palazo magno. Et in quele loco i era stato per quile suoi Cervese bem properato hogne suo bisogne e da quille fu bem visto et venerato com sove iubilatione, et masime no ie lasando mancare alcuna quandità de quelle suo sale bianco, che per la Dei gratia ie n'era per al suo bisogne.

E dipoi l'altre zorne, che fu a dì 26 dito, die mercurio, cercha l'ora vigesima, trese uno gram teremoto com suo gram terore, per modo che suoa S.ta per la gram paura che lui recevite vene zose del palazo com gram furia lui sole per una suoa schala non tropo utile. Arivato che al fu in tera, fece lui alquanto suoa resistencia per insine che suoi cardinale ed altre arivone, e di poi usí fuora per la porta dela roca et intrò int uno suo praticello bene hornato de fronde e fiure, et lì stete alquanto a reponsare per insine che parse a lui che fuse fornito al dito gram terore. E di poi se partì et intrò int uno altre certo palazo, parande a lui d'esere più ala secura: tamen lui cavalcò la noto et andò dreto a' lito dela marina per più suoa salvatione. Et li steto per insino ala sera. E dipoi l'altre zorno, che fu a dì 27 dito, die iovis, se partì et andò al porto Cesenadico, che lui montò in suso una suoa chinea; et com lui fu montato a cavallo, trese per tera li suoi guanto e andò senza. E di po' se partì et retornò ala dita ciptà de Ravena, faciando lui, com ut supra, de hogne su piacere.

Canpo dela Ghiesa roto dal marchese de Feraria.

Al dito canpo apostolico zià era stato roto dal canpo dela lega Franciosa in loco chiamato ala Fraschata, non tropo lontano dala bastia dal fosato de Zaniole, che fu a dì 28 dal mese de februare, die veneri, anno Domini 1511, in queste modo e forma. Conciò fuse cosa che Alfonso da Este marchese de Feraria com al so grando inzegno, avando lui intese che dito canpo apostolico in quelle loco era aloziato com poca misura sencia (*) alcuno suo comito, et parando a lor che le guardie del dito canpo non steseno tropo vizilanto com doveria fare quelle che suoi nomice aprecia, per modo che avando visto dito Alfonse tale suoi disurdine, fece fabricare uno suo ponte com gram mesura bene inteso da potere pasare quela aqua lì propinque et andare a ronpre tale canpo apostolico, come lui fece, in queste modo e forma; che al zorne inante avea mese insema gram parte de suoa zento com multe cape de suoe artigliarie a quele propriato, per eser stato lui maestro de quelle; e dipoi erano usito la sera de fora per tenpo ala sacreta, com li suoi pase intorno bem guardato, a ciò che suoi nomice non fuseno fato avisato. Pasato che lor funo, com gram terore detene adose a tale suoi nomice et rupe, com ut supra, perchè una gram parte de nostre zente d'arme se erano partito com multe cavale lezere, et erano venuto a Camarina a rivisitare l'armata dela Signoria che in quello loco se retrovava. Per modo che le nostri per la mazore parte vene rote et prese a persone, et gram n.° morte e ferito de suoe tale artegliarie, senza quilli che se erano anegato in quilli padule per volere lore pasare ala secura, et anco più presto volere morire, che eser persone de tale suoi nomice. Per modo che tale zorne fu uno mal zorne per quilli poverite sventurato; perchè dove non se trova ordine, forcia conveno che in quele loco ie nasa desordine, com ut supra.

Modena e Carpo e Sasole rese alo Inperio per al papa Iulio.

La dicta ciptà de Motina e la Mirandola, el castello de Carpo e de Sasole rese per la S.ᵗᵃ de papa Iulio secondo ala M.ᵗᵃ Cesaria et Inperiale, conciò fuse cosa che suoa Santità le avese lui aquistato com l'arma in mano, com inento nele suoe instorie ad plenum parla. Conciò fuse cosa che al signor Prospere Colona mandatario de dita M.ᵗᵃ Inperialo avese prese e corse dita città de Motena et altre, com di suopra, a suoa peticione ed instancia, com al contento de suoa S.ᵗᵃ e deli suoi signore cardinale; e di poi questo, a dì 4 dal mese de marze 1511, die martis, dita M.ᵗᵃ Inperiale ie mandò uno altro suo sustituto a piare dite suoe posesione, che fu al marte de carnuale, quele zorne tanto veloze da unzere le nostre gole, com fecene quili suoi Modenese in farse honore com suoe gram iubilatione de feste solenissimo et altre. Fato hogne suoa cosa, dito suoi sustituto, le quale erano Todischo, fecene andare uno bando solenisimo a dita Motena a suoa renghiera per parto dela suoa M.ᵗᵃ Inperialo; che da quello zorne inento se faceva intendro che tuto li dito suoi subdite posano andare e retornare a tucta suoa voglia a Regio e a Robera, a Parma, ala Mirandola, a Carpo et a Sasole et in tucto al teritorio dal duquato de Milano; et più, che tucto (*) suoi contadino poteseno stare di fora zorne e note ad usare la suoa arte del'agricultura et altre a so beneplacito, sencia alcuno suo inpedimento. E poi ultimamento fecene fare sopra le porto suoe arme inperiale.

Criatione de 9 cardenalo a Ravena.

La creatione de quiste 9 infrascripto cardinale novelle facto et

---

(*) Fol. 174 a.

ordenato ala dita ciptà de Ravena se fu de consensu dela volentà de Iulio per la divina providentia papa secondo, insemo com al resto de suoi conpagne signuri cardinale, che fu a dì 14 dal mese de marzo, die veneri, anno Domini 1511, in queste modo e forma.

Al primo se fu M. Cristofano epischopo Eboratensis, anbasatore dela M.^{tà} del Re de Ingliterra.

Al secondo se fu uno archepischopo Spontino, chiamato M. Antonio da Monte, per soi titole chiamato cardinale de Sam Vitale.

Al tercio M. Mateus epischopo Sedinensis.

Al quarto M. Piere de Coltis episcopo d'Ancona.

Al quinto M. Achile de Grase, nobile dela celeberima ciptà de Bologna et epischopo dela ciptà de Castele, al quale per suo sucesore romase in dicto epischopato uno M. Baldisera suo [parente?].

Al sesto se fu uno M. Francesche Arezentino Venitiano et al presente Dactario de suoa Sanctità.

Al setimo uno M. Baldinele de Salvolis.

L'octavo M. Alfonse de Petrucio.

Al none ed ultimo uno M. Matio epischope Cruciencis. Queste per le più persone fui tenuto incognite. Et più, come noi avereme al titole dal cardinalato, qui di sota al farema aparere.

M. Badesera de Grase epischopo de Castel criato.

Al prefacto M. Baldisera dito, dela nobile famia de Grapsis, nobile Bolognexe, come sanguinio dal dito so R.^{mo} Monsignor cardinale, per suoa socesione queste anno dal Signor 1511 prese la mitria epischopale dela magnifica ciptà de Castelle come hogne suoe cerimonie, de volontà et comisione dela S.^{tà} de Iulio secondo pontifico, come al consentimente deli suoi R.^{mo} Monsignor cardinale, inmediate dipoi la criatione dal dito M. Achile de dite Grapsis (*).

Partita dela S.^{tà} de papa Iulio da Ravena per tornare a Bologna.

La dicta partita dela S.^{tà} dal papa da Ravena per retornare ala ciptà de Bologna, dove in quelle loco era aspetato da uno anbasatore inperialo, se fu a dì 3 dal mese d'aperile, die iovis anno 1511. Partito che al fu, andò a Codignola, e po' la sera andò ad alozare al castello de Lugo, et lì steto dui zorne. Et infra al tenpo lui fece fare la mostra de suoe zento d'armo et Spagnole e Vaschono, suopra le quale i era al R.^{mo} Monsignor cardinale de Inglitera, per nome chiamato Borgiense; per modo che suoa Santità insemo con lui fecene ferma deliberatione de volere in quello loco criaro uno altro suo canpo de dece milia persone per volé pasare di là dal'aqua per pia-

(*) Fol. 174 b.

re la bastia e po' andare asediare la ciptà de Feraria per vendicacio-
ne del suo canpo apostolico, che dito Marcheso l' avea roto, com ut
supra. Fate queste, fece lore venire suoi comisario per tucto li ciptà
de Romagna a fare providimento dele alementatione dal dito suo canpo. Hordenato che lore habene hogne suoe cosa, suoa S.^{tà} se partì
et andò ala ciptà de Imola, che fu a dì 6 dito aperilis, die dominico; e lì steto una noto. L' altro zorno, zoè a dì 7 dito aperilis, arivò ala suoa ciptà de Bologna. Arivato che lui fu, di subito suoa
Santità comenciò a fare properaro uno bello presento da potere do-
nare a dito anbasatore inperialo, che zià lui, secondo al mio reporto,
era venuto dala suoa ciptà de Motena ala ghiesa dela observatia, che
se retrova nel teritorio de dita ciptà de Bologna, per aspetaro la dita
Sanctità dal papa che venea da Ravena, com ut supra; et eciam per
eser zià arivato i anbasatore Venitiano et altre che erano stato a una
suoa dieta fata ala ciptà de Mantova per dita suoa lega.

Anbasatore Inperialo venno dal Papa a Bologna.

Al dito mandatario et anbasatore inperialo che venea dala dita
suoa città de Motena, et era zià, secondo al mio reporto, alquanto
zorno reponsato ala ghiesa dela observatia, propinque a dita ciptà de
Bologna, per aspetaro suoa Santità dal papa che venea da Ravena,
com ut supra; per modo che nal tenpo predito che lore aspetavano
dita S.^{tà} dal papa parse che dito anbasatore Venitiano al fuseno andato a rivisitare dito anbasatore per volerie parlare: tamen lore mai
non le vosene ascholtaro; per al che lui, siando venuto a dita ciptà
de Bologna et intrato per porta Sam Feliso e da quelle popule bene
revisità et venerato insem com li signuri cardinale. Alozato che al
fu, dipoi a dì 10 dal mese d' aperile 1511, die iovis, la matina per
tenpo, dito anbasatore andò a rivisitaro la Santità dal papa (*) com suoa
molta veneratione del' una parte e del' altra; et li parse, secondo al
mio reporto, che palesemento di poi hogne suoa congratulatione che
suo S.^{tà} ie feze intendro al tucto dela medola dela gram suoe dieta,
zià per suoe leghe fate ala ciptà de Mantova suopra al facto de lore
guerre zià facto e partorito in spicialità contra la Signoria de Venecia, et che facea intendre a quella insem com li altre che seria
buom facto a metre qualque buom fine a tale suo zanbello. Alora se
fece inanto un' altra volta dito anbasatore Venitiano com suoe zinochie in tera e a suoa S.^{tà} et a quello aricomandarse per parto dal
so Senato che lore voleseno aperire le lor manto et suota quelle re-
tirarie, com a lore parcano d' esere meritorio, per avere observato
hogne lore censura et precepto per insine al dì presente; tamen, se-
con al mio reporto, dito anbasatore feceno com de prima, che per

(*) Fol. 175 a.

modo alcuno non ie vose ascholtare, nè eciamdio dare alcuna suoa risposta. Per al che lore se feceno indreto, et lui respose a suoa Santità che avea intese al tanto quanto quella i avea preposto, che in brevità lui ie responderia ad plenum. Facte queste, suova S.^{tà} ie feze fare queste bele infrascripto presento. In primis ciriole de cira biancha per suoa tavola, maze 14, che pesone in soma libre 150: dupieri de cira bianca, maci 28; per ciascuno maci ie n' era oto, che pesone in soma libre 450; et piato d' arzento numaro 12 pieno de schinalo, zoè dui per ciaschuno, in soma n.° 24; e più piate 54 pieno de miiuramento salati, et per ciascuno ie n' era 8; in soma numaro 432. E più, i era 4 vaselino de malvasia, e più i era schatole 4 pieno de (*); e più, i era cara 13 de vino pure; e più, cara 35 de biava, zoè saco oto per ciascuno caro; che asendo ala quandità de corbo, in soma, n.° 320, le quale erano atorno ala piaza di verso Sam Petronio dal' altro canto de dita piaza. Di verso al palazo dal Podestato i era mule n.° 75 cargo de formento, che erano in suoma corbo 300. El resto dal dito presento erano in schera in meze dita piaza, a ció che dite anbasatore al potese vedere quando al pasaso, che venese zose dal so palazo' magno, dove la S.^{tà} dal papa i avea dato suoa hodentia. E quando lui venno fu aconpagnato da Monsignor cardinalo de Pavia per insino ala unsita dal dito palazo, che più inento non potè andare per la granda inondatione del'aqua che facea la pioza: tamen fu aconpagnato per insino al so lozamento da molte altre nobile e prelate. E dipoi dito presento tucto ie fu apresentato nanto al so conspeto in dito suo alozamento, al quale a lui e tucto li suoi altri ie fu molte agratissimo per eser veramento una preciosa cosa secondo li tenpo, com ut supra. E di poe certe altre volte dito anbasatore insemo com quelle del Re Catolico Ferando Re de Spagna andavano da suo Sanctità a hogne lor voglia per vedere la vera suoa (**) conclusione per quelle che lore erano stato mandato, senpro pregando esortando dita suoa Santità, com vere e buom pastore dela sancta fede cristiana, che lui volese bene aprerire li suoi hochie corporale et suoc horechie da potere bem vedere et hodire et iudicaro per questa povera svinturata proventia de Italia, la quale al presente se ritrova sopra al tolere com suo gram danno. Alora intendando tale popule Bologneso tale suo cordiale suplicare, com al papa per al beno dela republica per dito anbasatore preseno lor ardire; una gram parte de lore se convocone nela ghiesa dal so protetore Sam Petronio, e lì per lore fu concluse de volere suplicare ala S.^{tà} dal papa che quela se volese dignare de fare e curare ita e taliter che lore poteseno avere dal formento per licipto precio per li suoi dinero, a ció che lore non moreseno de fammo. Et lì per lore de comuna concordia fecene fare tale suoa dita suplicatione, e tucto insemo a viva voce comencione a cridare — Abondantia, Abondantia —; et introne nel palazo dove steva la S.^tà dal papa. Et quela tale suplicatione la deteno a suoi portere che l' avese a dare al papa; che fu a dì 14 dal mese d' aperile, die dominico, zoè la domenega dale palme anno Domini 1511. Tamen tale suplicatione non abene resposta alcuna. Di subito ne fecene un' altra; tamen per le sacretario dal papa, secondo li mei riporto, ie fu trabaldata. Alora tale popule montoe in colara et per al conseglio d' alquato suoi homine savio ne fecene fare un' altra, et a suoa viva voce andone presentialemento ala camera de suo S.^tà pregando quella che volese eser contenta de dignarse de lore ascoltare. Alora al dito anbasatore catolico parse che lui abbe a dire: — l'adre santo, a V. S.^tà toca d' ascoltare le vostre pecorelle com buom pastore che voi site —. Alora fu aperto e data tale suoa suplicatione, la quale narava al tuto; per modo che per intercesione deli suoi signure cardinale e dal dito anbasatore suoa S.^tà hordinò che da quello zorne inento s' avese a dare la corba dal grano per precio de soldo 40, che prima valea solde 55; et che lore ne potese avere a tucta suoa voglia per li suoi dineri. E dipoi a dì 20 d' aprile dito, die dominico, zoè al zorne benedeto dela resuratione dal nostre vere Redemptore M. Iesù Cristo, la S.^tà dal papa volande lui fare l' antica usancia, che senpro in tale zorne lore pontifice ave dato la benedicione a lore popule, dove lor se sone retrovato, per al che siando al presento suoa Sta in dicta suoa ciptà de Bologna, ancora lui vose fare al simile, e dete suoa benedicione al dito popule Bologneso in questo modo e forma. In primis a dì dito suoa S.^tà se aparò in pontificalo et vene ala renghiere dal so palazo di verso al monto, dove lì com lui se retrovava Monsignore R.^mo cardinale di Graso, no[bi]le suo bologneso, al quale, com al papa dicea, e lui replicava al (*) popule a suoa viva voce hogne suoe cerimoni: per modo che veramento in tale zorne se retró in suso quela piaza più de dece milia anime, stasando in quelle loco com suoa gram devotione, com recheda a tale cosa. Fornite de dare suoa benedicione, retornò in camera.

Infra queste tenpo dito anbasatore inperiale determinò de volere fornire per quello che l' era venuto e non stare più in tale loco, bemché zià al sabato santo suoa S.^tà i avea donato tre some de cavrite et stramo per suo use; per al che a dì 24 d' aprile dito, die iovis, retornò da suoa Santità per tore licentia, credando veramente che infra lore fusene d' acorde per eser stato le molte volte insemo ala vera conclusione, credando che suo Santità stese lui per contento de quelle che lore aveano parlato insemo. Tamen fu per contrario, che a dì dito, ala quarta hora dela noto, suoa Sta ave mandato per

(*) Fol. 176 a.

lui, dicando che per niento non volea che fuse concluse suoe facendo in quelle modo che lore aveano fato. Secondo al mio reporto, suo S.ᵗᵃ non volea per modo alcuno che dito Veniciano rendese la ciptà de Padua alo Inperio, nè eciam romaneseno fuora de suoa lega in guera per le promisione et beneditione che zià lui i avea facto. Alora dito anbasatore da lui se partì disconcordanto, dicando che lui non avea tale otorità dala suoa M.ᵗᵃ Inperiale de potere resolvere queste.

L' altre zorne, a dì 25 dito, la matina per tenpo, cercha l' ora nona, retornò da suoa Santità insemo com dito anbasatore de Spagna, e tramedui iterum de novo pregone suoa Sanfità che non volese guardare ala suoa bramosa voglia inverso dito Venitiano; per al che suo S.ᵗᵃ molte bem lui avea apute quele de suoa ghiesa da lore; et che lui ancora volese considirare quele parole che dicano — Que sunt Cesaris Cesari —, e considirare che dita suoa M.ᵗᵃ Inperiale vole al suoi inverso de dito Veniciani, come lore dito anbasatore credeano veramente fuse concluse; recordando a lui quele che prima i aveano dito, d' aperire suoi hochie et horechie et bene considiraro quele che a lui ed a altre ie poteria incòntrare per esere tucta Italia in s' al tolere, com lui vedea. Per al che suoa S.ᵗᵃ et altre se ne poteria pentire, per sapere bem lore la volontà de lor M.ᵗᵃ corone, perchè al pentire tardo poco vale. Per al che vedando lore suoa S.ᵗᵃ eser cor Faravonis, tosene bona licentia per andare inverso suoa ciptà de Motena, com ut supra. Et partise a dì 25 dito, aconpagnato dala guardia dal papa e dal cardenalo de Pavia molte lontano.

Alora intendando tucta la Lonbardia e la Romagna le gram discordie che zià era romaste tra la S.ᵗᵃ dal papa e dito anbasatore, molte quilli suoi habitanto s' atristone, aspetando de ora in ora al frazelle dela gram fuorcia del braze de dita lega Franciosa; per modo che intendanto al (*) papa tale grando lamento, se rechò la barba al peto e fece lui penseri novo, et fece adunare tucte le suoe zente d' arme insemo ala Finalo e Sam Feliso al' incontra de nomici, et lì fortificandise ad ogne suo potere, considirando suoa Santità quele che ie poria venire. E dipoi, secondo li mei riporto, parse che suoa S.ᵗᵃ retornase incognito al dito suo castello de Cento, et lì feze certe suoa mostra, e poi dete dinare; che fu a dì primo dal mese de mazo.

Fate che lui abbe al tucto dal suo volere, retornò a dita ciptà de Bologna, et qui com li suoi signuri cardinale comencione a pensare et deliberaro quello che lore voleano fare: per modo che infra lore fu concluse de volere de quelle loco partire et ala ciptà de Ravena venire per più suoa salvatione. Per al che lore feceno caregaro 22 mule de suoe robe per mandare ala suoa ciptà de Roma per eser più franco, e poi fare che al so canpo faza fato d' armo com le nomice.

(*) Rol. 176 b.

L' ultima partita dal papa per andare a Ravena e po' a Roma.

La dita ultima partita dal papa per andare a Ravena e poi a Roma, che fu a dì 14 dal mese de mazo, die mercurio, 1511, et arivò a Imola, e lì steto quela note. L' altro zorne, a dì dito, veno a Faenza, die iovis, et lì fece al so desenare. E po' veno a cena ala nostra ciptà de Forlì, et qui steto quela note. La matina per tenpo se fece dire la mesa nela camera dali Ninfo, e dipoi dete odencia zenerale ad ogn' omo coram populo, e di poi fece lui suoa partita et andò a desenaro ala dita ciptà de Ravena; che fu a dì 16 de mazo dito, die veneri, 1511. Per modo che suoa S.ᵗⁱ se fermò in quello loco per avere suoa via francha, aspetando lui tuctavia che al so canpo facese fate d' armo com li Francieso, credando veramento che tale nomice fuseno roto, dicando lui d' avere rasone somaria aprese a Dio ed al mondo. Tamen nel zorno del suo partimento da Bologna, siande tucte dui tale canpe de là dal fium Panare, dito Franciose s' atacone, faciando lore gram scharamuza; per modo che li nostre i avea prese 40 homine d' arme com la morte d' alcuno valentomine del' una parte e del' altra; perché zià a dì 15 de dito mazo se era arivato ala nostra ciptà de Forlì, al quale tornava ala vera hobidentia dela M.ᵗⁱ dal dito Re de Spagna al dito signor Fabricio Colona per le rasone de dito anbasatore suopra asegnato; e più, per esere zià stato prese M. Zohane Paule Manfione che se retrovava per la lega ala costodia dal castello dela Mirandola. E dipoi al canpo apostolico nostre parse che fuse andato ad alozare a Castele Sam Zohano Perseceto; per al che parse che lore aveseno la spia che al dito canpo franceso volea venire insemo com parte Bentivola asidiaro la ciptà de Bologna, per eser zià partito al papa et venuto ala ciptà de Ravena, com ut supra, et quela piare (*) siando al dito canpo dela Ghiesa et Signoria de Venecia aloziato al dito castello Sam Zohano Perseceto, et avando inteso la partita dal papa, lore comencione fortemente a dubitare che al popule de Bologna non faciano fare inento al canpo Francioso per metre dentro la parte Bentivola per fare dispeto a chi ie n' á fato a lore; per al che dito canpo se levò incognito et veno drete al flum dela Samoza per insine ala strata che venea da Motena, dubitando lore che tale canpo Franciose non venese ad alozare a Bologna prima de lore: tamen lore serebeno po' stato a gram suo pericolo, che le Ferarise non le avese rotto. Per al che li nostri alozone intorno a dita ciptà de Bologna in queste modo e forma: parte n' andò drete dala ciptà, et al Duca de Orbino capitanio alozò di verso al monte, e parte n' alozò di verse Feraria, et al canpo de dita Signo-

ria alozò pur di verso al monto dreto al flum Reno, denstanto de
ciptà cercha doe miglia, in loco chiamato Ponto da Casalechio, per
suore de guardia per guardare quela via dal zoe del' Alpo de Toschana, che zente contrafata per quela rivera non veneseno ad ofendere;
che fu a dì 16 de mazo, die veneri.

Avando zià inteso dito canpo Franciose le deschordanto cose che
erano romaste infra la S.^{tà} dal papa com li anbasature inperiale et
Re Catolico per la suoa gram dureza de suoa Santità, e poi quela
zià eser partita com l'avere e la persona da dita ciptà de Bologna,
et esere venuta presentialemento a dita ciptà de Ravena, et quella lì
retrovarse più preste de fuzere che stare, di subito veno dito canpo
ad alozare dreto al flum Ren, in loco chiamato al Ponto da Panigalo,
dreto ala via Flaminia che venea da Motena, et com lore menone la
parte Bentivolo com hogne suo potere, sole per volerie retornare in
dita ciptà de Bologna. In al so alozare li nostri i andone a trovare,
e lì fecene una scharamuza, per modo che vene morte certe valenti
homine del'una parte e l'altra, et masime uno capo de squadra de
M. Anibale Bentivole; et ali nostri ie fu tolte le multe sarune et altre drappe de seda. Alora vedando al Senato Bologneso d'avere al
canpo deli nomice et amice nel so teritorio, intorno et propinque a
dita ciptà de Bologna, et esere dal dito mese de mazio com substinimento de suo gram danno, per eser lore aloziato nel flore de suoi
zardino, per modo che inmediate fecene intendro ala S.^{tà} dal papa
com quella caramente pregaro che volese eser contento de mandarie
tale sforcio che almanco al canpo deli nomice se debian partire. Alora, secondo al mio riporto, suoa Sanctità ie fece resposta, se lore
non voleano tale nomice in quelle loco, che tuto lore popule se meta insemo com dito suo canpo e dare adose a tale nomice: che se
così faciando lore ronperano tale suoi nomice, et lui serà contentissimo; et laudandela lui et benedicandole lui com cosa bem facta (*).
Alora intendando tale mio popule Bolegnese la risposta de suoa S.^{tà},
di subito ie comencione a fumare li suoi camine, per eser lor de suoa
natura alteri; perchè lore domandava aiuto a lui per restauratione de
lore bene, che per la canpagna se retrovavano, et lui ie volea dare
conseglio per dita suoa risposta, com ut supra; considirando lore che
conseglio non cacia canpe, mo forcia sì; perchè lore se retrovavano
suopra al tolere, com i era stato dito. Non sapevano lore de chi fidare; non d'amice e non de nomice: dubitando, se lore esisine fuore per spugnare le nomice e lasandò lore roba e moglie e figlioli,
che forsa poteria bene esere che queli che lore tengano per amice ie
seraria le porte drete et sachezaria suoe case, e poi s'andaria con
Dio, com suo gram dane e vergogna. Tuctavia de novo fecene intendre a suoa Santità che tale cosa lore non poterebbe fare et che lui

(*) Fol. 177 b.

doveria comandare tucto li ciptà de Romagna che ie dovese mandare
uno o dui homine per casa, che queste serebbe zoghe de poco tavole, che di subito le ronperia, hoferendose lore a dare vituaria a so-
ficientia; e così faciando, lore arano vitoria da cazare li Gali fuora
de Italia com suo grando honore. Et casu che suoa Santità non al
faza fare, se ne poterà pentire lui e tucte dite ciptà. La rasone era
questa: — Se tal nomice ronpe al nostro canpo et pia la ciptà, poteria eser che tale Galli vorano seguitare vitoria per tucta dita Romagna, per eser quele suoi populi sbatude, che di subito lore se ren-
dirano et a Roma venirano dreto a vostra S.ta — Et che lui ie ponese
gram cura, perchè al bisognava. Tamen suoe resposto a dito Senate
Bologneso a mi incognito, salvo che per al vulgo se obtenea che lui
ie comandava che al soi canpo sopra hogni cosa doveseno fare fato
d' armo com suoi nomice, et quilli ronpre. Alora vedando dito Senato
Bolognese che tale suoe parole erano verba ad Efesios, che hogne
zorne andava via al so pane coto e crudo, zoè che taiavano tucte
suoi grani; per al che, secondo al mio reporto, una famia deli Arioste com multe altre de noto tenpo se erano convocato e deliberato al
tucto de volere retornare dentro da suoa ciptà dita parte Bentivola
com suoi cetadine e nobile che lore erano, fecene suoi anbasatore
incognito che andasene in canpo per al dito M. Anibale, che fu a dì
21 dal mese de mazo, die mercurio, cercha l' ora tercia dela prima
parte dela note prosima ad venire, anno 1511. Alora intendando dito
M. Anibalo la voglia dal so populo Bologneso, che vorebeno che lore
retornase a casa suoa a rinpatriare, di subito, secondo al mio reporto, convocò al Senato dal suo canpo et a quelle fece intendere al tucto. Per al che alcuno dicea: — No i andate, perchè voi serite menato ala tracta per eser in quello loco Monsignore cardinale de Pavia
com una suoa gram guardia; e di poi avere li suoi canpo intorno al
fosso com suo tanto gram sforcio, poi la roca fornita (*) de hogne
suo bisogne, e di poi la S.ta dal papa esere in quelle loco com al
grando aiuto dela Signoria de Venetia; dubitando lore per forcia de
suoi dinare e de capelle apostolico che voi non siato inganato da dito vostre populo, per eser voi povere orfanelli. Per al che quilli tale
de voi mai bene alcuno non pone aspetare; per modo, se voi andato
e che ie siato dato nele mane al papa per le rasone asegnato, lui ve
farà male capitare tucte voi povere frateli, a ciò che al tuto sia stri-
pada la parte dela sega, a ciò che al tuto sia liberata tale ciptà de
Bologna. — Per tale indicio et per lore fu deliberato che non venese
per modo alcuno: tamen da lore fune reingratiato, dicando per modo
alcuno non volere venire. Intese che lore abbe tale cosa, considerando lore che per lui non ce era pericole alcuno, de subito remandone.
Tuctavia lui fece com ut supra. Alora vedando lore d' avere hordito

_____

(*) Fol. 178 a.

tale tela, se costui non veno, che tuto serano inpicato per la gola, per modo che la note pasava, determinone lore de volere chiarirele per hogne via, et lì a viva voce comencione a cridare — Sega, Sega; Francia, Francia; Libertà, Libertà —; per modo che tale voce andò del' une in l' altre per tucta la ciptà; per al che int uno momento la mazore parte dela città fu armata manu, sonando la m[aggi]ore parte de suoe canpane necesarie, com li burgo tucto iluminato per insine atorne ale mure. E di subito butone zose la porta de Sam Felise et andone per al dito M. Anibale, al quale lore l' aveano molte bem chiarito dela suoa gram fede che lore i aveano dato. Et li fone ferito uno Achile dai Calese et cinque altre per mane deli Marischoto a dita porta.

Et infra quele tenpo se partì dito Monsignore de Pavia incognito per la porta dela roca e dipo' arivò al dito M. Aniballo com cercha trecento cavale et molta fantaria, aconpagnato dal dito populo, da homine e done, zoè zovene e vechie; perchè, secondo li mei reporto, ce era tale vechio et vechia avea più de anno 70, com forcati et gramoline in mane, che tuto voleano basare dito M. Anibalo, come quele suoe voce — Sega, Sega — che penetrava per insino in cello: e tuctavia la tera aluminato per le strato e finestro che parea de belle zorne. Per modo che inmediato presene al palazo e di poi le case deli nomico a saco, et avando lore populo profesione insemo, amice e nomice, che più preste volere li suoi che li altru'; considirando lore che tale Bentivole erano stato de continuvo suo buom cetadino et zentilomine et amatore dal so bene dela republica. Et in quelle estanto li contadino del suo contá, avando intese tale suo suom de lor canpane, ziá era andate suoe voce del' una vila in l' altra, sonando suoe canpane al' arma al' arma; per modo che tucto veneano ala ciptà ale voce e suom de canpane de quela, che ziá al Duca de Orbino capitanio com tucto al so canpo se era levato et era drete al foso di verso al monto, dove lore erano aloziato. E tuctavia se ne fugiano per venire (*) nele parte de Romagna ala secura. Tuctavia per la lore gram furia, che lore menavano, stanpezavano tale suo contadino che cridavano a suoa voce piena — Sega, Sega; Mora, Mora tucte al reste deli traditori —: per modo che avande inteso al canpo Venitiano tale strepedo che se retrovavano re de guardo del dito suo canpo, le quale erano aloziato dreto ala flumana, com ut supra, di subito se armone e vene streto inseme verso ala ciptà, non sapande quelle che al se fuso, che a lore non i era stato fato intendro cosa alcuna dal suo capitanio. Per modo come lore fune propinque ala cità, intendanto al tucto, se mesene a pasare drete ali altre, lasando lor hogne suoi cariazo et artegliaria; per modo che se vedene a male partito: tuctavia voseno salvare la vita che la roba, che tutavia

(*) Fol. 178 b.

usiva fora la ciptà, schufando lore quele che poté avero; perchè al
simile avea fato li altre che erano pasato, lasando quelle che non
aveano potute portare, per eser quile loco streto de pasazo che forcia era andare cavale nante a cavalo dreto a quelle fosso. Et vene
via in quele modo che lore potene per insino al flum Sam Provele,
perchè le Imolese no i avea voluto aceptaro. Et lì steno quela noto.
L'altro zorno, che fu a dì 23, die veneri, se partino la matina per
tenpo et veno alozare neli nostri prati dal Caserano. Alozato che lor
funo, al popule de Faencia e 'l nostre ie devano vituaria, vedando
al canpo de dito Francioso che zià tale canpo dela lega del papa zià
era quase tucto roto et fracasado per averie lore tolto hogne suo mio-
ramento, com ut supra. Et più veramento lore arebene fato, se lore
non aveseno auto a pugnare com alcuno suo nomico in dita ciptà,
che, siando de noto tenpo, lore serà forcia atendere ali nomice presento et non ali abisento. Per al che in tala hora queste tute nostro
canpo schapolavano, com ut supra. Per modo che la matina per tenpo al dito canpo Franciose, che zià tuta la ciptà era presa, salvo che
la roca, se veno dreto ali nostri per insino ala ciptà de Imola et a
Doza per tucta quela rivera; tamen lore aveano fato forte al dito
Castello Sam Piero per seraro quela via Flaminia che al papa più
non potese dare secorse ala roca de Bologna; per modo che al castello de dita Docia ie dea vituaria. Et al simile a me fu riporto che
dita ciptà de Imola facea; perchè lore coreano hogne zorne in suso
le porto, faciando lore gram guardia, com fano quilli che suoi nomice aprecia.

Orama' io voie tornare a vedere com al dito Senato Bologneso èno
romaste concordanto insemo da conservare dale gram forcio de dita
lega dal papa dita parte Bentivole in dita ciptà de Bologna. In prima,
l'altro zorne, zoè a dì 23 dito, M. Anibale, secondo al mio reporto,
la matina per tenpo, com quelle che veramento lui volea prima fare
al suo fondamento nel suo popule che in altra persona (*) per eser
lore stato quille i quale l'áno retirato nele suoe brace et retornato
lui e suoi fratelle a renpatriare in dita ciptà de Bologna tanto cordialemento, com lore aveano fato. Per al che suo Magnificentia com la
volontà et consentimento del Senato Franciosio suo preceptore fece
lui convocare in loco consuveto al conseglio del dito suo Senato Bononiensis, et in quele, dipoi hogne suoa cordiale a lore per lui preposta, fu concluse che se avese alezere et criare e deputare homí 31
suopra al rezimine de dita suoa ciptà; le quale insemo com dito M.
Anibalo aveseno hotorità plenaria de tal suo governo lore poteseno
fare la voia suoa, la quale serano quiste infrascripto.

Al primo se fu al dito M. Aniballo Bentivole.
Al 2, M. Zohano de Marsilio.

(*) Fol. 170 a.

Al 3, M. Ieronimo da Sampiero.

Al 4, M. Zohano Gozadino.

Al 5, Hericolese Felesino.

Al 6, M. Agaminone de Graso.

Al 7, conto Andrea de Pepoli.

Lo 8, conto Hericoleso Bentivoglie.

Al 9, Iulio Malvezo.

Al 10, Hericoleso Marischoto.

L' undecimo, Francescho Fantucio.

Al 12, Alesio di Urso.

Al 13, Alesandro dala Volta.

Al 14, Zohano Francescho Andruvando.

Al 15, Iacomo Maria da Lino.

Al 16, Anzelo Ranucio.

Al 17, Ghinolfo de Branco.

Al 18, Alesandro Barzolino.

Al 19, Bartolomio da Monte Calvo.

Al 20, Cornelio Lanbertino.

Al 21, Felipo de Manzole.

Al 22, Iacomo de Ingrati.

Al 23, Baldisera Cataneo.

Al 24, Verus Magnano.

Al 25, Laurentio Biancheto.

Al 26, Laurentio de Ariosto.

Al 27, Zohane Galiazo Poeta.

Al 28, Castelano da Castello.

Al 29, Gaspara dala Renghiera.

Al 30, Alovise Maria Grifono.

Al 31 et ultimo, Zohano de Salustio Guidoto.

Ale quale, criato che lore fune, per dito suo Conseglio ie fu
conceso com ut supra, reservando la observantia de hogne precepto
dela santa romana Eclesia et quante che per quella se aparteno reconfermando hogne suoa vera hobidentia lore a quelle che presede et
presederà in dita suoa ciptà per dita santa Eclesia, com ut supra. Et
eciam confermone quele potestato che al presente lì se ritrovava et
altre suoe intrate che a quella fuse pertinento.

E di po' queste, dito suoi Senato andone ala suoa roca e a quelo suo castelano, chiamato M. Iulio de Vitelli protonitario apostolico,
nobile dela ciptà de Castello, al quale sole era in quelle loco com
60 conpagne male fornito de suoi bisogne, perchè Monsignor de Pavia la tenea a dieta de suoe vituverie dita roca; et qui lore ie feceno
intendro per parto dal gram brazo dela lega dela M.tà de Lodovico
Re de Ferancia se volea dare quela roca al dito Regimento de Bologna, che lore ie farano festo e salvatione. A queste lui respose che,
una volta la Santità dal papa l' avea mese in quella a peticione ed

instancia dela sancta romana Eclesia, che mai lui no se renderebbe
sencia lecentia dal papa; che prima lui se lasaria (*) cavaro in pezo:
tamen più volte ie feceno tale domanda; senpro lui respose come ut
supra. Per modo che a lore ie fu forcia a metre intorne cercha 15
boco de fuogo de quelle che se retrovava nel so palaze et altre canuno deli Franciose, et lì la comencione a batre zorne e noto; per
modo che, avando lui sole dui bonbardino, inmediate da nostre artegliarie ne vene morto uno et le molte de quili fanti navorati de
quile suo scope de suoi casamento per la furia de dito artellaria di
fora. Et medico alcuno dentro non c'era; per modo che dito castelano se vido a male partito; et fece lui determinatione de volere fare
intendre ala Santità dal papa, che presencialemento se ritrovava ala
ciptà de Ravena, com ut supra, che, parti lui, volea che lui piase
de poterse in quelle loco salvarse per esere lui stato inganato da
Monsignore de Pavia e dali suoi fratelle de lui, le quale se retrovavano in canpo, che senpro dito Monsignore i avea promese de fare
venire in dita roca alcuno de dito suoi fratelli com cercha trecento
fanto per eser lore valente homine et buom contere dela Ghiesa. Tamen era stato per al contrario; che zià lore erano arivato a Cesena
com al dito suo canpo e dito Monsignor de Pavia partito incognito,
com ut supra. Et qui a lui ie fu conceso dal dito Senato Bologneso
che lui avese termino recipiento da potere fare intendro tale suoa ultima volontà al papa. Intese che lui l'abbe, suoa resposta a mi fu
incognito: tamen vedando dito castelano d'avere al canpo de dito
Francioso aloziato al dito Castello Sam Piero, per al quale avere lui
serata quela suoa via, che per modo alcuno salvare non se potea
d'aspetare suoi secorso, et eciam li Ferarise dal'altro canto, per
modo che a lui era forcia a piare partito, e determinò de volere dare quela roca al dito Regimento de Bologna com suoi capitole, salvo
la roba e le persone et altre: che fu a dì 27 dal dito mese de mazo,
die martis, cercha l'ora decimo quinto, anno Domini 1511. Resa che
la fui, dito castelano se partì. Partito che al fui, di subito per esere
romasta aperta li sachardeli, la comencione a sachezare.

L'altro zorne, che fu a dì 28, avando zià hobtenuto per suo Conselio dito Rezimento de volere guastare quella roca, com zià fu fato
altre volte, et non volere lore quelle steco neli ochie, per modo che
M. Anibalo Bentivole veno insuso la piaza, et lì a viva voce fece intendre al popule queste suoe parole dicando: — Popule nostre, io so
certo che alquanto de voi ve trovaste a guastare le nostri palaze per
fare dita roca; del che nui v'avema perdonato rialemento, pur che
voi andate a dita roca a fare al simile —. E di po' inmediate de
volontà dal dito Regimente fu andato uno (**) bando, che tuto li Con-

_____

(*) Fol. 179 b.
(**) Fol. 180 a.

sele deli arte doveseno andare com suoi stendardo ala dita roca et quili comandare a soi artifici che quela doveseno spianare insine ali suoi fondamento, come lore fecene. E di poi tucto le caso dela suoa murata che se retrovava lì propinque di verso ponente funo donato a uno suo ceptadino, che era suo quli tale tereno dove le era posto. Al nome dal quale fu questo   (*). Fato che fu questo, dito Rezimento feceno retornare al dito vecio Legato et Potestato apostolico in palazo ale lore suoi governo, prestando a quilli vera hobidentia com di prima: e che tale cosa lore non avea fato per volere tori al stato ala santa romana Eclesia, ance l'aveano fato per volé retornare li suoi citadino a casa per non volere stare più suota al rezimento de preto, se nè in quelle cose de iure prevenirano a lore, com ut supra: perchè al Cardenalo de Pavia era doventato becaro dele carne suoe contra al debito dela rasone, com ad ogn'om fu manefesto, per eser stato lui tropo credibile contra de quili tale morte. Avando zià inteso al dito canpo Franciose la suoa gram vitoria et conventione fenitivo, fato per dito Regimento de Bologna, al tucto de comisione de suoi mazuri se levone dal dito Castello Sam Piero et veno ala dita ciptà de Bologna, che fu a dì 29 dal mese de mazo predito, die iovis. E dipoi in brevità se partino et s'andone con Dio a Parma ed a Cremona. La quale suoa partita fu molte memorando et recordevele per dito populo Bologneso; conciò fuse che tucto quelle vechiaze de 15 anne de suoe done tucto se le menone che ie fuso pervenuto ale suoe mane, et eciam altre serore de suoi monesterio de fora dela ciptà, et al multe suo bistiamo tuto se le inmenone con sua gram vergogna e danno, sencia i altre suoi dscunze da lore receuto, come inento ad plenum parlarò.

La morto del Cardenalo de Paviglia a Ravena.

Al prefacto R.ᵐᵒ Monsignore Cardenalo de Pavia M. Francescho de Aledusi vicio Legato dela proventia de Bologna, questo anno dal Signore 1511, a dì 24 dal mese de mazo, die sabati, intravenne la dicta suoa morte cercha l'ora undecima nela ciptà de Ravena in queste modo e forma. Conciò fusse cosa che per la S.ᵗᵃ de papa Iulio secondo dito cardinalo fuse stato constituvito Legato de dita proventia de Bologna per tucta la Romagna, e parando che in dito tenpo dito pontifico pure avese constituvito capitanio zeneralo dela sancta romana Eclesia Francescho Maria dela Rovere suo nepote, le quale tramedui al presente aveano hoperato (**) et hoperavano sopra l'arto melitaria nela dita proventia dela Romagna e de Lonbardia a peticione ed instancia dela magna lega facta e partorita per la S.ᵗᵃ dal papa,

com inento ad plenum n' ó parlato; e perchè siando al presente venuto la S.^{tà} dal papa presentialemento ala ciptà de Ravena, et quele
loco zià lui avere nova che l' era perse la dita ciptà de Bologna per
dita sancta matre Eclesia per averela prese al gram brazo dela lega
Franciosa insemo com la parte Bentivola, chiamato dentro da quele
suo magnifico Regimento de dita Bologna; et perchè siando stato dito Legato in quela ciptà alora presentialemento et avando lui auto
poca cura, com l' abbe, del governo de dita ciptà; per esere lore
aloziato de fuora ala canpagna non tropo denstanto a dita ciptà a
partirse, et era venuto ad alozare ne' teritorio de Forlì neli nostri
prati dal Caserano; dito Legato era andato ala ciptà de Ravena dala
S.^{tà} dal papa; per modo che la Excelentia dal dito capitanio, la matina per tenpo, parse che dito capitanio fuse andato ala dita città de
Ravena com poco suoe persone, credando le più persone che fuse lui
andato a rivisitare la S.^{tà} dal papa per schiusarse e reindolese dele
cose acadute. Tamen, fuse com se volise, dito capitanio duca de Orbì
parse che se inscontrase in dito cardinalo che venea da casa de uno
M. Brunora zià d' Antonelle di Cavidone da Fuorumponpilio, che andá
a corte; per modo che, siando per una suoa certe viocela che va dala ghiesa de Sam Vitale, lui se butò denanto al dito cardinalo et se
ie dete, secondo al mio reporto, certe bote de uno suo stiletto com
l' aiuto de quiste suoi familiare; zoè uno chiamato al Contino, zià
de Felipo di Asphischo e de uno Diamanno da Carcia et altre suoi
staferi, che infra tucto lore ie deteno cinque ferito; per tale via e
modo che lore per quele fene partire l' anima da quelle corpo: tamen lui canpò cercha una hora e mezo, che lui potite armarse dele
armo divino, perchè lui confesò et comunigò com gramdenissima contricione, perdonando lui a tucto quelle persone che i aveano ofeso
alora et senpre mai. Et abbe la benedicione papale. Et poi rese al
spirto a Dio, com ut supra. Et fu al' ora predita. L' altro zorne, fu
sepelito a grando honore nela ghiesa dal Domino int uno suo deposito.

Facto che lui abbe questo, inmediato lui retornò ali suoi dito alozamento neli nostri prati dal Caserano, et com al fu al pasare dal
nostro fiune Montone, propinquo ala porta nostra de Schiavania, per
che altro non avea potute passare, lui abbe, secondo al mio reporto,
a rebelare hogne suo male hoperaro in quelle loco, dicando lui: —
Homine da Forlì, io ve fo intendre com io ó morto ala ciptà de Ravena Monsignor Legato de Pavia vostro gram nomico —: (*) parando
do ancora che lui per la via l' avese dito ale multe altre. Tamen,
fusse stato la cosa com la se volese, infra lore deschordantie per li
multi se obtenea che fusene partorite per le lore verghogne receuto
a tale suoe administratione in dita ciptà de Bologna et in altre in
dito proventie. Avando zià inteso la S.^{tà} dal papa al grando et hori-

bile case acaduto ala suoa corte romana per la morte dal dito povere mischino svinturato R.^{mo} M. Cardinalo de Paviglia, suo conpagno e fratello, per al che a lore molte ie ne rencrebbo, com hogn' om deveria pensare, che uno tanto hommo suo ministre sia morto in dito loco tanto vituperosamento, com l' era; et masime nel gremio de suo magnifica corte: tamen siando stato forcia a lore Colegio de romanere per conteto de quello che fortuna vole, considirando lore donde fortuna vole, sapere no ie vale; per modo che inmediate lore fecene com fane li bone nuchieri, che per dito suo Colegio aleseno et crione e diputone al dito R.^{mo} Cardinale Rezino suo Legato zeneralo com piena rasone suopra hogne suoe ocurentie; che fu a dì 24 dal mese de mazo dito, die sabati. Et criato che al fu, di subito veno lui da cavalare ala nostra ciptà de Forlì; per modo che, arivato che al fu, di subito fece adunero al nostro Conseglio secreto, et in quelle lui prepose dicando: — l'opule nostro de Forlì, io so che vostre Signorie zià áno inteso al tucto dele nostro grando infortunio acaduto, per al che io ve ó asortare per parte dela Sta dal papa che V. S. dovate esere buom et fidelle al pacifico stato dela sancta romana Eclesia, com de prima, che V. S. non dubitano del canpo Franciose, per eser già rebelato nostra città de Bologna, che lui ve darà talle secorso e favore che da hogne suo rabiose dento ve poteriti salvare. Et qui a mi ve prego che V. S. faciano tale lore dimando che io liberalmento suone qui per asequrlie —. A queste respose suoe S. dicando: — Monsignor nostro R.^{mo}, quante che per la parte dela Sta dal papa e suo colegio, che lore ve apiano constituito in dita vostra legatione, nui ve respondema tuto d' eser molte contentissimo per esere V. S. R.^{ma} stato ed esere nostre padre et protetore de questa nostra magnifica ciptà de Forlì, et che dito vostro colegio abiano facto hotima e bona electione de vostra criatione, oferando nui a quella che nui funne e sema et sereno bom et fidelissimo subdito al dito pacifico stato dela sancta romana Eclesia —; et che lore pregava suoa S. R.^{ma} che quela volese eser contento de mandare per suo aiucto fantaria numaro 500 (*), tucto Spagnole; parte ne forni la roca; el resto alozone in palazo. Fate queste, andò a Faencia et a Imola faciando al similo, provedando a tuto li soi bisogne com grand' advertentia per so repare.

Partita ultima dal papa da Ravena e po' a Roma.

La seconda et ultima partita dala ciptà de Ravena per retornare ala suoa magnifica ciptà de Roma se fu a dì 24 dal mesc de maze 1511 dite, die sabati; conciò fuse cosa che suoa Sta, avando viste al tuto che la fortuna ie sia nomica, che dali cativo homine esere

stato inganato, et considirando lui donde vole fortuna sapere non vale, per al che lui s' avió inverso dita ciptà de Roma, per modo che
lui arivò a quela la vezilia del suo protetore santo Petro, che fu a
dì 28 dal mese de zugno, die sabati, anno Domini 1511. Arivato che
al fui, fecero al so concistorio com li suoi signore cardinale per volere al tuto castigaro quelle suo popule sbravato dela ciptà de Bologna, che grandamento da quilli se tenea inganato; per mode che per
sua penetentia contra quilli ie fermò de volontà del suo colegio una
suoa schomunica, overe censura, de tale natura e forma, che mai
ali zurne nostri io non credo che fuse viste una de tale suoa natura,
non andande ali pedi de suoa S.^{tà} per la vera suoa remissione, com
inente nela suoa instoria ad plenum parlaroe. Partito che fu al papa,
al suo canpo se partì dal nostro teritorio et andò al teritorio de Cesena e de Rimino; che fu a dì 25 dal dito zugno, die dominico. Et
in quele zorne li aspeti celeste fecene toni e fulghere.

Canpo dela Ghiesa retornò a Bologna.

Al prefato canpo dela Ghiesia retornò ali danne dela ciptà de Bologna e suo teritorio, conciò fuse cosa che dipoi che la S.^{tà} dal papa
insemo com suo colegio aveano viste che per suoe censure overe in-
intraditorio, lore non poteano avere hobidentia alcuna dal popule Bolognese, determinone lore al tuto de volere spuntare quilli suoi ra-
biuse dento, per modo che lore con suoa lega aveano remeso dito
suoi canpo insemo et comandato uno homo per ciascuna casa per tucta
la Marcha; e tucto insemo retrovandise al R.^{mo} Monsignor Legato cardinale Razino presentialemente ala città de Imola, et in quelle loco
avea lui fate fare le molte cose da pugnare contra nomici e gram
numaro de schalo et altre cose da dare bataglia. Et in quele loco se
mese in punto dito canpo e poi (*) a dì 15 dal mese di luglio la
matina per tenpo, die martis, anno Domini 1511, andò al dito canpo
dela Ghiesa a Castello Sam Piero in queste modo e forma, che dito
Monsignore Legato i andò presentialemente et mandò uno so conditeri
chiamato M. Zohane da Sasadello inento per la via de sota per insine
al flune dela Quaderna per metre de meze al dito Castello Sam Piero. Arivato che lor fune, l' abene d' acorde; tamen zià l' era stato
sgonberato hogni cosa e areduto ala ciptà de Bologna nele brazo
dela parte Bentivola; tamen pur ne fu morte alquante. Et fu devol-
gato che i avea prese uno deli Bentivole chiamato M. Heremes che
dovea esere ala guardia dal dito Castello: tamen fu nula, che zià lui
se era areduto a salvamento.

L' altre zorne, che fu a dì 16 dito, die mercurio, la matina per
tenpo, se levò dito canpo et andò ad alozare in suso al flum Lidese,

(*) Fol. 182 a.

cercha lontano cinque mia dala ciptà de Bologna; e di poi la note prosima advenire, cercha la quarta hora, se levò dito canpo et andò ad alozare a Ponte Maore, propinque ala ciptà uno mio, dove nante a tucto i era al dito Monsignor Legato com 4 torce inanto. Et li se fermò senza alcuno suo strepede de tronbe e tanbure; et li inmediate cridando lui de potere quela note intrare a Bologna, credande d'avere la parte dela Ghiesa per suo ordine fato com al vasile dela santa croce inante; e dovea intrare per Porta Stramaore e Sam Vitalo. Et li per suo tema mandò dui suoi contestabile, zoè Carlo d'Avezano com 500 fante et l'altre era contestabile de' venturere com suo gram numaro; li quali doveseno andare de sopra da dita ciptà dala Ghiesa de Santo Michele in Monto, dove in quele loco tenere asidiato quele pase che venea da Fiorencia, che alcune secorse a lore potese venire. Et li ie fu apresentato le guide le quale le avise a menare a salvamento. Partito che lore fune, fecene per contrario; che lore le guidone per altra via, di meze a quile suoi zardino et vigno; per al che tuto funo mese in mezo ali nomice; per al che quase tucto funo preso e morto. Tamen pure fu salvo le dito contestabile, e tutavia la ciptà sonava al' arma al' arma come le suoe gram vizilio e favore, et faciando lor com paladino. Alora avando intese tale mala nova dito Monsignor Legato, lui molto se turboe, credando lui d'andare inento et intrare in dita ciptà per le dite porte per suoi hordine fato: ance ie fu per contrario, che lui ie fu forcia de quele loco levarse et indreto returnare, dubitando che tale populo no usiso fora, com lore feceno, che veneno alozare al dito fium Lidise, com di prima. Et in quele estanto quase tuto quele venturere se ne fuseno. Non valea prego alcuno dal (*) dito Monsignor Legato, tucto tornando ali soi lozamento. Alozato che lor funo, le molte cavalo lezere dela ciptà ie vene dreto, seguitando per insino al dito fium Lidese di verso Bologna, et li se fermone da quelo molendino, suopra quela levata che tute vedeano, al dito nostro canpo apostolico; che del'altre canto dal dito fiuno erano alogiá, et masime dito Monsignore a quela hostaria di sota dala strata; per modo com l' alba fu nata, vedando tale nomice che in quele loco la vitora non c' era, di subito retornone a casa; per al che zià a lore era stato fato 'ntendro che era arivato al Ponte da Panigaro sopra al fiuno Reno ducento lance franciose, ch' erano venuto ali suoi securse. Arivato che lor funo, di subito mandone uno so tronbeta al dito Monsignore, al quale ie mandò per parte dela M.ta dal Re de Francia che inmediate lui dovese sghonberare come suoe zente tucto al teritorio de Bologna; et contra fasando, che lui ie facea intendro chi arà male serà suo danno, et le molte altre. Intese che abbe dito Monsignor tal mala nova, che al tucto dala fortuna esere abandonato, di subito de quelo loco se levò, che fu a dì 17 dito, die iovis; et veno ala ciptà de Imola, et lì alozò. Et al reste de suoe zente d'arme pasò quele suo fiuno et dreto a quelo alozone per suoa salvatione. Alozato che lor funo, dito Monsignore spaciò a stafeta al conte Nicolo da Ghiazole che aveso a-dare a Roma e tale mala suoa nova portare ala S.ᵗᵃ dal papa.

L'altro zorno al canpo veno ad alozare a Castello Novo et M. Ra-mazoto romaste ala guardia dele castelo de dita ciptà de Imola; e di-po' a dì 25 e 28 dal' osto dito lui se levò quele zente d'armo, e fu alozato per suoe ciptà de Romagna, et lì stare ad aspetare la volon-tà dela Santità dal nostro Signore.

L' anno 1508. Abondancia e carastia.

Nel' anno presento fu le molte e varie cose sopra tera, conduto per le constelatione celesto. In prima la prima quarta fu tenperata: valse al stare del grano dal meso de maze solde 32, 35; d'aperile solde 38. Item a dì 20 dal mese de mazo, die sabati (*), la note prosima ad venire, venno una gram tenpesta come le molte fulgore come gram quandità de aqua. E più, che a dì 23 dito vene al simi-le, per modo che nela Vila de Ravaldino e Sam Martino per tuto que-le rivere dete gram danno. E più, che in dita quarta trese uno gram tremoto nela proventia de Candia; per al che, secondo li nostri re-porto, ali zorne nostre non fu mai viste al simile; per modo che ta-le proventie recevitene gram danne, et eciam venne morte gram n.° de persone maschio e femeno. Item valse al grano per tucto luglio solde 33, 34; tamen a dì 20 dal dito, cerca l'ora 22, die iovis, ve-ne una gram pioza com gram tempesta; per modo che per la dita granda inondatione quase intrò per tuto le nostre case. E più, che a dì 14 d'agosto, die luni, cerca l'ora vigesima seconda, de novo ven-no una gram tenpesta che durò cercha dui terci de ora, come gran-da aqua e fulgore; per modo che le vigno dal dito Sam Martino et Busechie stetene male. Valse al stare dal grano l'ultima mediatà d'a-gosto s. 25. E più, che a dì   (**) dal mese de setenbro vene gram pioza, per al che feze gramda inondatione a Rimino per via dal so flum Marechia. Valse al grano s. 25, et steto per insino a mezo al meso de februari 1509: e po' andò a s. 30: fava s. 16, e po' andò nal dito tenpo a s. 24. Item in questa dita quarta hotonale fui la ma-zore copia de mele che mai ali nostre zorne fu viste zeneralemento; per al che uno Cristofano dal Rio, in quelle tenpo lavoratore de uno nostro Nicolò de Todole, se retrovò cavare de 4 samo per tucto al dito anno libre 1248 a libre 4 al cento; restoe ancora sei samuse in semento, che fu tenuto una cosa incredibile. Tamen fui altre che

---

(*) Fol. 183 a.
(**) Lacuna del ms.

n' abe mazore quandità che io laso per brevità. E più, la prima setemana de maze al grane valse s. 36.

Lo inverno fu in suoa natura com poca pioza, come gram nevo: tamen nel so partimento de dita nevo durò asai, com gram danne facea li teti dele case; per al che non se potea provedere, che se marció una gram quandità de grano e biavo, che nè se potea salvare. Le altre cose funo al so precio consuvete. Valse l' asazo dal vino 4, 6 $^1/_2$; al care del' uva L. 7; legno, care; olio s. 4 la quartarola. Tamen fu alquante infermità de male de cataro: pure alquanto ne perì. Per al che queste fui uno male anne, come ut supra (*).

L' anno 1509 come suoa fertilità. 1509.

Del' anno presento fui le molte cose sopra la tera conduto per la signoria de Jove e de Marto signore dal presento. La prima quarta comenció a dì 11 de marce, la note seguenta, a hor 7. Item valse al stare dal grano la prima mediatà dal dito marzo s. 45 al stare; fava 27; e poi l' ultima mediatà retornò al grano a s. 40. La quale prima quarta fu molte suta come gram frede, perchè la luna de februari fornì a dì 20 dal dito marci, che ancora non era era mese erba alcuna che bestie potese vivere; per modo che abene gram streta. Et più, per tuto aperile valse al grano s. 40; fava, s. 28.

Item a dì 18 d' aperile, cerca l' ora decimo nona, veno uno teremoto de poca pusancia, die mercurio; e più, che era stato la eclise dela luna com al sole a dì 2 dito, a hor 11 dela noto, al quale fu poco. E più, che a dì 23 dito, la note, veno un altro teremoto de poca pusancia.

La seconda quarta fu più suta che ne convene a suoa natura. Item valse al grano s. 45 la prima mediatà d' aperile; e poi l'ultima parte dal dito meso valse al grano s. 50; e più, la prima mediatà de zugno tornò al grano a solde 35. E più, per far intendere a nostre lecturi cose maravigliose, valse a dì 8 dal mese de zugne, die venus, la libra dela foglia dal more solde uno e dinare quatre, che venea al cento libre 6, s. 13, dinare 8, per eser stato al zorne denanto la festa dela representatione dal corpo de Cristo. E poi per narare al tucto, a dì 10 dito, tornò a solde 24 al cento: a dì 13 tornò a libre 5 al cento; e poi a dì 15 tornò a dinare 8 la libra. E più, per tuto zugno tornò al grano a solde 35 al stare. E lì stete per insino a dì 12 de luio, e po' a dì 14 retornò a s. 30. e po' tornò per tucto agosto e setenbro a s. 25, e poi la prima setemana d' octobre valse s. 30. Vendema bona. Valse al care del' uva libre 7; quela dal piano s. 50, e l' asaze dal vino L. 3, al pure. La tercia dita quarta quase 'n soa natura. La quarta vernale fu in suoa natura. Item fu uno teremoto

---

(*) Fol. 183 b.

ala ciptà de Modena de poco momente, che io potese intendre. Valse
al grano la prima mediatà de zenare s. 28 al stare; fava s. 30; vino
L. 4 l' asazo. Fu pochisima nevo et poco infermità. Fu uno gram
teremoto a Perosa de gram dano.

L' anno 1510 como soe infortunio.

Del' ane presento fui le molte e varie cose sopra la tera; leziando, intendirai per esere al Sole e Saturno e Mercurio (*) signore dal
dito. La prima quarta dela primavera fu tenperata. Valse al stare dal
grane l' ultima mediatà de marce s. 25; fava soldi 27. A dì 8 de luio valse al grano s. 28. E più, che a dì 10 dito trese dui taramoto
qui a Forlì sencia alcuno nostro impedimento. Item la quarta estiva
fu in suoa natura; e valse al stare la prima mediatà de setenbro s.
27, 28, 29, 30. La quarta hotenale valse al care de l'uva libre 7, 8;
vino novo, pure solde 30, 35, 40 l' asaze. Questa quarta fu molte
umida per la forcia dela coniontione dal Sole come Saturne signor
predito, che fu a dì 25 de setenbro com multa fregiditade e mai più
non piobe per insine a dì 21 de novembro, che di poi comenciò la
pioza e durò quase per tucto quelo meso, che non fui mai e dì e note che non piovese: tamen piovea più la note. E valse al grano s.
30, e poi comenciò a nevare e non tropo; e poi se fermò al sereno
e durò a mezo febraro, e durò per insino a dì 12 marce, e poi nevò
dui zurne come fulgure e grandine; per mode che la tera stete coperta per insine a dì 17; per modo che questa dita quarta vernale fu
molte atediosa; per al che fu causato grando infermità de male de
costa improviso et male de fluse et schalentia, come senpre de continuvo ie dolea al core, et ventro e testa, per al che ne morì gram
numaro; per modo che li signur medeci venea tanto che non sapeano che faro et più non voleano medicaro, che poche ne guariva; et
atacavase come pesta, et non canpavano più che sete o otto zurne.
Tamen le molte erano morte subitania. Et era tale infortunio per tuto al mondo, secondo che a mi fu reporto: per al che per al nostro
teritorio ne fu fata bona resegna, che dal mese de luglio per tucto
februari prosimo ne mancò cercha persone 1500. Al simile faciano in
altro loco, com ut supra; per modo che la nostra Comunità fece per
suoa devotione tri zurne procesione solena, portando intorno una figura dela madre de vita eterna la quale se retrovava nel nostro Domo nela capela de santa Maria dal Fogo; la quale figura era miracolosamento salvata in una casa i' nostra ciptà, che tuta la quale era
brusata, salve che quela dita figura in carta; che era stato del' anno
dal Signor 1428; e poi fu lì depositada, et chiamase Santa Maria dal
Fogo. E dita procesione andava cantando come facea li Bianco, di-

cando: — Misericordia, eterno Idio: pace (*) pace Signor mio, et non guardate ali nostre male fare —. Perchè invere i' nostra ciptá morivano come voi parlando. Et morì più done e pute che homine; per modo che questo se potea chiamare uno male anno come tre male pasque. Per al che noi s' atrovavano avere gram paura.

Ultimatamento vale al grano per dita, come ut supra; vino libre 4 ½ l' asazo, legno, carisimo; stramo per le bestio, care; altre cose, al so precio. Fu uno gram teremoto a Perusa a gram dano.

L' anno 1511 come suoi infortunie.

Del' anno presento fu le molte varie cose. Et comenciò a dì 11 dal mese de marce, dove quela prima quarta comenciò a noi ed a altre com gram terore, conciò. fuse cosa che a dì 20 dal dite marce, die mercurio, cerca l' ora vigesima, trese uno gram teramoto qui a nostra ciptá de Forlì; et fu de tanta posancia che fece sonare a bote nostra canpana dal popule, dove batea lo erelogio: tamen per la Dei gratia non fece male alcuno. Item nela prima mediatà dal dito meso valse al grano s. 35 al stare. E fu uno bando che mandò qui a Forlì uno Comesario apostolico; chi portaso grano in canpo, al potese vedre solde 40 al stare. E di poi a dì 28 dito valse i' nostra ciptá solde 40. Item a dì 5 d' aperile, die sabati, la note prosima ad venire, per la gram pioza che aven crociato dui zorne e doe note andò via quatre varghe dal ponte nostre sopra al fium Montone; e più, che dito fium rope in suso al teritoro de Ravena in pete ala vila suoa de Feleto. Item tornò al grano a solde 35 la prima setemana d' aperile. Item a dì 11 mai vene una gram tenpesta in suso al teritorio de Faiencia di verso la Pié de Corleto et vene per al traverso de Forlì et arivò insino al molendino dela Cocolia nel teritorio de Ravena. Item a dì 13 zugno, zoè al zorno benedeto de Santo Antonio da Padua, vene una gram tenpesta nel teritorio de Fiorencia come grande inondatione et 5 fulgore, per le quale vene morto alquanto persone et cascò le molte case. Item a dì 15 de luglio, die martis, a hori 21, vene un' altra gram tenpesta nel teritorio de Cesena, per la quale in quele loco dete gram danno.

La seconda dita quarta fu molte dita contraversa; per al che valse al grano la prima mediatà d' agosto solde 43 (**); vino pure libre 7 l' asaze. Item valse al grano la prima setemana d' octobre solde 50, 55; al care del' uva per al comune valse libre 15, 16; mosto L. 45 l' asaze: l' uva in piano, bona derata. Al grano la prima setemana de novenbre valse per li fornare L. 3 al stare; faba s. 37, d. 8. Item a dì 30 dal mese d' octobre la nota prosima ad venire veno

---

(*) Fol. 181 b.
(**) Fol. 185 a.

una gram pioza per la quale andò via la nostra chiusa dal canale et
le molte altre cerconstante et al nostre ponte dal fiune Montone; et
fu per la forcia dal vento Boria che tenea che la marina non potea
inghiutire le aque de nostre fiumane: per al che fece tale nostre fiune tale suove somercione per nostre teritorie ed altre, che mai per
le vive non fu viste tal cosa: et più, che s' afondò dui deli nostro
molendino da Schiavania, per tale mode che se guastò le molte saco de grano, che per mode alcuno non potene provedere per la gram
somità del'aqua. Item valse al stare dal grano per tucto zenare L. 3
per li panevindole; e per la ciptà s. 55: fava solde 34, 40: la carne
dal porco L. 4 al centonare. E poi a dì primo de februari vene una
neve de gram statura; e fu per lo oposito dela Luna com al Sole. I-
tem valse la prima setemana de februari L. 4, s. 13 al stare dal
grano: vino valse l' asuze libre nove: faba s. 50 al stare; le altre
cose al so precio consuveto. Et questo anno non fu tropo infermità:
pasò le cose asai beno.

Ora, discrete nostre lecture, voi poteristive forsa maraveare che
noi abiamo mese quiste soprascrite quatre anne l' une drete l' altre:
la casone è stato questa, che noi non li abiame mese del' une anne
in l' altre, come al consuveto, sole è stato per non avere potute rompre le suoe instorie, per eser stato senpro legato insemo; per al che
noi non abiamo mai potute intrá come tale nostre dite anale de dite
carastia e abondantia.   .

Una nova che papa Julio era morto.

La prefata nova devolgata che la Sta de Julio per la divina provedentia era morte, conciò fuse cosa che a dì 22 dal mese d'agosto,
anno Domini 1511, la matina per tenpo, secondo li mei riporto, parse che venese a suoa Sta uno parasisimo, che per modo alcuno per
li signor medeci era iudicato che a quele (*) poco providimento se
potea fare: per al che per tal cosa più presto lore ie pronontiavano
la morte che la vita. Alora al Senato, suoi signor R.^{mo} Cardinale come
al popule romano stevano molte admirativo, per eser sua Sta in aità
decripita, secondo al senso de suoa nativltà: lui poterebbe bene morire de tale cosa, tamen multi multa locuntur. Chi dicia de sì, chi
dicia de noe; chi aria volute et chi non aria voluto: tamen inela
mediatà de suoa note prosima ad venire sua Sta molte pezerò, per
tale via e modo che in lui non se trova' senso alcuno in lui veridico. Per al che dito signori medici iudicone che lore credeano veramento che de quelle male lui morerebbe; per mode che sopra quele
parole la ciptà se levò de voce in voce et presene l' arma, faciando
lore la suoa antica usantia. Alora tucto li secritario deli Potentate che

(*) Fol. 185 b.

.

li presento se ritrovavano, biade più era quele che potea andare a portare tale nova a dite suoi mazure de tale suoa morte: tamen come alo eterno Idio piaque, in cape de sette hore pròsimo retornò, et in brevità lui se fece gaiardo. Alora al dito populo romano reponsò l'arma come suoa grande veneratione: tamen zià era partito tale secritario; come fui uno M. Cichino da Imola, che era venuto per tucta la Romagna a dare nova per insino ala dita ciptà de Imola, dove se retrovava Monsignore cardinale Ragino, come ut supra, per esere in quele loco Legato de dita proventia de Bologna. Intese che abbe dito Legato tale nova, di subito fece ferma suoa deliberatione de retornare a Roma; che fui suova partita a dì 25 dito, die lui; et con esa lui remenò dito M. Cichino come poco cavalo, faceando granda asortatione a dita Imola e Faencia, che lore dovesene stare saldo suota al manto de Santo Petro; che lui volea andare a Roma, et che credea veramento per al Colegio romano presto se criaria un altro pontifice che a tute lore piaceria; per modo che arivò ala nostra ciptà de Forlì che potea eser cerca l'ora seconda dela noto. Inmediate fece chiamare li nostri magnifici signor, zoè M. Antonio Chelino e soi conpagne, dicando come era piaciuto al'onipotente Idio de tirare l'anima dela S.tà dal dito papa Julio secondo nel santo paradiso, et asortande lore, come ut supra. E poi fece colatione de hove et certe sosine dansasane, e poi tose licentia et partise (*) et andò per lo so camine. Tamen zià lui era tucto smarite. Et aveano gram numaro de torce da vento; per al che cavalcavano molte forte. E fu al tenpo che per nostre governo i era M. Marco Antonio Razino suo familiare et protonotario apostolico. Partito che al fui, arivò a dì 27 dito ala ciptà de Rimino et li abe uno brevo apostolico come al Colegio romane facea intendro che la S.tà dal papa era liberato; che, quanto per quela volta, mediante la divina gratia più pericole in lui non c'era. Et al sim[il]e tale brevo andone per hogne so teritorio de Roma, dubitando lore che li populi non avesene a fare alcuna mudatione per tale devolgo zià andato per dita suoa infermità, dicando che lui era morto o che veramento morerebbe de quela, com ut supra. Alora dite nostre Legato mandò tale brevo per tuto nostre ciptà de Romagna; per modo, come al fui a Forlì, dito nostro Locotenento fece andare al nostro Conseglio magno, et li in pulpito al fece lezere, faciando noi ed altre feste soleno. Alora avando inteso dite Monsignore Legato tale bona nova, fece lui ferma deliberatione de volere lui retornare indrete per tucto le ciptà de Romagna et in quele volere intrare lui, aparate come suoa melicia apostolica, secondo l'ordeno de suoa dita legatione; per modo che lui se partì da Rimine a dì 5 dal mese de setenbro, die veneri. E da quele soi Senato fu bem viste et solelizato. Arivato che al fui, in brevità se infermò de una

---

(*) Fol. 186 a.

suoa malatia non trope grava; per modo che li signore medece ne
facea poca cura: tamen ordenone che lui s'avese a fare portare a
Forlì per avere alquanto miore aiara. Tamen infra quele tenpo pezo-
zorò, et lì rese al spiritu alo eterno Dio; che fu a dì 22 dal dito
mese de setenbro, die luni, la note prosima ad venire, cercha l'ora
quinta. Et in quele loco fu sepelito nela suoa ghiesa dal Domo: per
al che in quele tenpo parbe che la morte fuse più potente che dito
signor medici, per al che lei ie fece la figa ala casa e dite so corpo
ale ritiroi, perchè lore diciano che da quela infermità no moreria: tamen fu per contrario, a denotare quele che dice al sacro avangelio,
dicando — Estote parati —. Le quale medeci fu per uno al nostre
M.° Bartolomeo (*) Lonbardino. Al quale so corpo stete in dito loco
per insino a dì 8 dal mese d'octobre 1511, che al dito Monsignore
nostro Locotenento so familiare, come ut supra, al fece portare a
Roma, die mercurio, int una suoa casa in sopra dui cavale, come
doe torce inpizate inanto. Arivato che al fu a Roma, de volontá dela
S.tà dal papa fu sepelite solenemento. Al quale era homo bianco e
colorito, facia curta e tonda, hochie grose, non tropo de gram statura, mo d'ogne so menbre ben proporcionato, belo parladore: potea 'vere cercha ane   (**) et per so nome chiamato Pietro, prima
epischopo de Regio de Calabria e poi Governatore dela magnifica ciptá de Roma; e poi per intercesione de Cesaro Borcia Duca de Valentia fu fato dito cardenalo d'Alesandro sesto pontifico. Et per suo
titole se chiamava Petri titoli Sancti Ciriaci presbitari dito cardinalis.
Al quale veramento era homo neutrale et amatore dal culto divino,
et molte venerato da altri parlati, per tale via e mode che la S.tà dal
papa l'avea mandato l'anno 1503 per suoa legatione nel regno d'Ongaria, et con esa lui i andò uno nostre nobile et graduate M. Jeronimo Maseria; che fu a dì 5 del mese de decenbro, anno predictis,
quando suoa S. R.ma arivò a nostra ciptà de Forlì, dove qui presentialemente se retrovava per nostre signore al dito Cesaro Borgia. E
di poi a suoa retornata, al nostre Conselio de suoa volontà de lui,
come al fu retornato a dita Roma, et sempre fui per insine a dita
suoa [morte]. Dela quale lo eterno Idio ie vòi perdonare li soi peccate e poi donarie la gloria beata. Seguita la instoria.

Lega nova conposta per papa Julio.

La prefacta lega conposta et hordenata per quisti infrascripte: prima, la S.tà de papa Julio secondo pontifico e la M.tà de Ferando Re
Catolico de Spagna e la M.tà del Re de Inglitera e la Signoria de Venecia et uno altre loco se salvava, che al presento per lo mèi se

(*) Fol. 186 b.
(**) Lacuna del ms.

tacea: conposta che la fui, la Santità dal papa fece cantare la mesa del Spiritu Sancto nela ghiesa de Santo Petro a dì 5 dal mese d'octobre, die dominico, anno Domini 1511, e poi per tucta Roma fu publicata dita lega, e poi per tucto al mondo, dove la dita sedia postolica presedea (*).

Legato novo veno a Bologna M. Zohane C. Medici.

Al prefacto Legato novo nela proventia de Bologna M. Zohano zià figliole dal magnifico Laurentio de Medeci nobile fiorentino et cardenalo R.ᵐᵒ, queste anno dal Signore 1511, siando morto Monsignor cardenalo Ragino, precedento dito Legato per Julio secondo pontifico, come al contento deli Signore cardinale crione e deputone dito cardinale a dita legatione in dita proventia. Criato che al fui, di subito vene a tala dita anpresa, aconpagnato da tale so colegio cardinalo fora de Roma come suoa gram veneratione, dasandie lora al tema de hogne so bem operaro: per modo che lui arivò a nostra ciptà de Forlì a dì 16 d'octobre, die iovis, et qui stete per insino a dì 18. E poi partì et andò ala ciptà de Faencia, et lì stete senpre presentialemento per insine ala venuta dal Viciorè de Spagna per andare a metre canpo a Bologna, come inento parlaroe.

La seconda volta che al Viciorè de Ragona tornò in Romagna.

La dita venuta a Roma et in Romagna dal prefato Viciorè de Spagna come suoa cometiva per satisfatione dela parte suoa dela dita lega, fata ala ciptà de Roma come al contento dela S.ᵗᵃ de papa Julio secondo e soi conpagne, et in quele loco zià publicata a dì 5 dal mese d'octobre prosimo pasato; per al che volande suoa M.ᵗᵃ observare hogne promesa per lui facta a dita lega, siando al presente suoa cometiva ali dane dela Maistà del Re de Tunise de Barbaria, et quela zià avere molte male tractato, e da quela tolte dal so teritorie; tamen lui abandonò hogni cosa et constitul per dito so Locotenento al dito dom Ramondo Cardona come la cometiva; zoè cavale tri e mezo per ciascuno so homo d'armo, che asendo ala quantità de 7991 cavale, e fantaria cercha 12 milia. E poi la S.ᵗᵃ dal papa aveva constituvito per so capitanio dela santa romana Eclesia al Duca de Termino; per modo che tucto se mese insemo a dita ciptà de Roma, sole per volere venire a piare la ciptà de Bologna e de Feraria, et quele retornare suoa al manto de Santo Petro, come così infra lore era hordenato, et in hogne altre loco che fuse desobidiento a dita sancta matre Eclesia. Per al che la Sancità dal papa ie dete la suoa benedicione (**) e poi i' nomine Domini s'aviglione per venire in di-

---

(*) Fol. 187 a.
(**) Fol. 187 b.

ta proventia de Romagna, et lì fare la vera hobidentia deli soi mazuri: per modo come lore funo a Civita Castelana, parse che intrave-
neso la morto dal dito Duca de Termino capitanio predicto dela sancta
romana Eclesia ; tamen come se fuse tale malatia de dita suoa morte, io non al potete mai intendre ; tamen lui rese al spiritu a Dio in
quelle loco a dì 15 dal mese de decenbro, anno Domini 1511. E lore cavalcone via, per tale modo e forma che arivono ala nostra ciptà
de Forlì a di 21 dal mese de decenbro, die dominico, bem che zià
prima era arivato a dì 16 dito, die martis, a dita nostra ciptà un altro Locotenento de dita M.ᵗᵃ del Re di Spagna capitanio sopra dite
suoe fantarie, per so nome chiamato al conte Petrinavara, zoè conte
d' Oliveti. Al quale se trova gram valento homo et homo de granda
suoa espariencia et fama, et masime le grande inmortalità facto inel
sopra scrito regno de Barbaria. Al quale dite conte l'etri stite qui a-
lozato per insino a dì 18 dito, die iovis. E po' se partino ; et erano
ad alozare a nostra Vila Francha et eciam suso al tenitorio de Faencia, perchè lore senpre erano venuto nanto ale zente d' arme per la
via dela marina per insine a qui, sole per la helementatione de suoe
vituarie. E po' l' altro zorno, a dì 19 dito, die venus, andone ad a-
lozare a Ruse et eciam per tucto quelle castele da quella rivera ; le
quale loro tucto le aveano auto d' acordo. E poi a dì 22 dito, die
luni, se partì et andò ala ciptà de Imola do' 'nto lì se retrovava al
R.ᵐᵒ Monsignore Legato de dita proventia de Bologna, zoè M. Zohane de Medeci nobile fiorentino e dito Monsignore cardinale, al quale
era stato in quelle loco alquanto zorne, et avea facto fare al molte
providimento da potere andare a metre dito so canpo ala ciptà de Bologna et contra de quella da potere pugnare. Arivato che lui fui, soi
Senato se adunone insemo et per lore fu concluse de volere piare
tucte le castele del teritorio de Bologna et eciam quele dela ciptà de
Feraria dal canto de verso lore, da potere fare pasare al signore Fabricio Colona dal canto dela dita ciptà de Bologna, quelle al quale
abia a tenere reparate al canpo del' altra lega, zoè dela M.ᵗᵃ dal Re
de Ferancia et Ferarise et altre soi hederente (*) ; perchè al presento dentro da dita ciptà de Bologna sole se retrovava la parte Bentivola come al secorse dele sopra dito 200 lanze franciose come altra
so adiuto de dito Bentivole, le quale parea che già fuseno venuto in
discordia insemo dito Bologneso ; per al che ne intraveno la morto de
queste tri infrascripto homino. Conciò fuse stato cosa che per lo pasato fuse partorito alcuno rancore et hodie per suspete dal canpo a-
postolico prosimo pasato, che era stato un'altra volta atorne a dita
ciptà de Bologna tra uno Aloviso Maria Grifone et Galiazo Marischoto
et uno Jeronimo da Ledovisio come altre soi hederente ; per al che
lore feceno suoa adunatione, e dipoi armata manu andone a casa dal

_____

(*) Fol. 188 a.

dito Galiazo et lì l'amazone. Infra quele tenpo in quele loco se ritró uno so nobile Antonio Moleto parento dal dito Galiazo, per modo che, secondo al mio reporte, parse che dito Aloviso Grifone ie fece domanda: dicando: — Antonio, che fa' tu qui in questa hora? Si tu venuto per volere consigliare dito Galiazo to parento de volere retornare al canpo dela Ghiesa dentro da Bologna contra dita parte Bentivola, al quale canpe in quest' ora se retrova alozato al flum Lidise, come ut supra? Non sa' tu, cativelle, che tucto abiamo zurato de mai più volere caciare le nostre per li altru' per li male portamento che lore se áno fato? — Fata la preposta, inmediate in quele loco l'amazone. Al tercio se fu uno Jeronimo d'Aledovisio al quale era sopra la porta dela suoa casa; per al che le dito tri zentilomine fune male tractá. E po' tuctavia andavano per la ciptà cercando i altre. Alora avando intese queste al Regimento e dita parte Bentivole, fecene hogne so potere per avere nele mane dito Aloiso e soi conpagne: tamen ziá erano partito, a denotare che tal cosa era stato contra lor voglia. Tamen a mi fu reporto che per lore Senato ie fu registrato dreto una taglia, o vivo o morto.

Et per la rasone sopra segnato dito Vicioré mandone al canpo dela Ghiesa. Andò ala dita Bastia dal fosa de Zaniole nel teritorio dela ciptà de Feraria; che era stato a dì 21 dal mese de dicenbro dito, die dominico, 1511, che al magnifico conte Pietro Navara come suo fantaria i era andato et apresentato a uno so bastione dal canto de qua dal dito (*) fosato, propinque a quela suoa hostaria. Et lì dito conte s'apropinquò come molte cara de feno baguato, per tale via e modo che tale artegliarie de dito bastione nocere no ie potea. Et inmediate presenc dito bastione e tuta via venea suoc zente d'arme, de mane in mane, dreto dito fosato, com nostre gram n.º de artegliarie, nante, drete a una suoa transea che dito conte avea facto fare. Di subito pasone dito flune, che fu a dì 23 dito. Pasato che lor funo, di subito comencione a metre tale cara de feno denanto a suoc dite artegliarie et come dui soi canune batre forte le mure de dita bastia, per mode che a dì 31 dal mese de decenbro dito, die mercurio, lore l' abene per forcia; che durò tale bataglia cerca una hora ¹/₂, in queste modo: che lore inpizone al fogo in dite cara de feno e dipoi li Spagnole per forcia montone di sopra ale muro et intronc dentro e tucto fune morte, salve che dui che schapulone incognito. Fato queste, al reste de quili tri bastione, che i erano intorne, tucto i abandonone. Alora dito conte de novo fornì tale bastia e bastione a peticione de dita suoa lega apostolica, e di po' tucto suoe zente d'arme tornone ali soi logiamento al castelle de Budrio, che ziá erano stato in quile loco alogiato. Alora avando intese queste Alfonse da Este, in quele tenpo marcheso de dito Feraria, che tale

(*) Fol. 188 b.

suoa bastia zià era presa, come ut supra, di subito fece lui uno so
gram sforcio et vene in persona, e de novo la represo, e poi tucta la
spianò per sine in tera; e tucto quele che dentro se retrovone, tucto
per al file dela spada ie mandò: che fu a dì 13 ianuari, die martis,
1512, la matina per tenpo. Tamen parse che se levase M. Zohane da
Sasadelle da Imola per venire a tale secorse: tamen fu tardo. Alora
dito canpe apostolico determenò d' andare a Bologna.

. . . .

Al prefacto canpo dela lega apostolica andò per volere piare dicta
ciptà de Bologna a peticione ed instancia dela dita sancta matre E-
clesia, come suoa che la era; che fu a dì 14 dal mese de zenari,
die mercurio, anno Domini 1512, in queste modo e forma. In primis
una parte de quelle dito capo alogiò per la via drita propinque a uno
espitale de Sam Lazare, lontane cerca tre miglia da dita ciptà (*);
el dito magnifico conte Pietro Ramire et Ramazote contestabile bolegneso s' andone ad alozaro di sopra dala ghiesa de Sam Michele in
Boscho sopra dita; e dal' altro canto di verso Modena i era andato
dito signor Fabricio per tenere guardato quela rivera. Et lì si era
molte fortificato. Alozato che lore fune, dito conte Petro ie feze portare doe colovrino et certo falconite in suso al dito Monto de Sam
Michele, et zorne e note trasea per la ciptà, faciando gram rovine
de quili soi magne palaze et amaciando le molte creature per esere
per linea drita ala mità de dita ciptà per quele so traverso. L' altro
zorne, che era stato a dì 15 dito, die iovis, la Excelentia dal Vicioré era venuto per insine a porta Strà' Maoure. Alora al Senato Bole-
legneso come suoi sequaze mesene fora alquanto soi cavale lizere et
ie vene dreto per insino a Ponte Maore. Et infra al tenpo dito Monsignore Legato facea condure zorne e note suoe schale e trabache et
altre cose necessarie da pugnaro, che lui avea fato fare a dita ciptà
de Imola, perchè già lore avea de boi e cara e cavale, che avesce-
ne a portare dite vituvarie in canpo; e tucto caparato secondo le lore precio, et facto notificare tale soi comisario per nostre banditore,
chi perdese buoi o care et altre, che dito Vicioré staria a nostra men-
da de tucto nostri dane. Et ecia' al simile de tucta la Romagna. E
di poi queste, a dì 19 dito, die luni, fu poste soe artegliarie propinque a dita porta Sam Stefano, et zorne e note batea dito suoe mure
di verso Porta Stramaore. Et infra queste tenpo dito magnifico Conte
Petre Novara comenciò a fabricare una suoa gram transea per volere spacare et zose butare gram numaro de dito suoe mure, per
modo che zorne e note ie facea lavorare come grando ordino.

Et infra queste tenpo vene nova in canpo che al capo de' Fran-

(*) Fol. 180 b.

ciose erano apropinquato al Castello de Cento e là pei castelo de Bologna, le quale i aveano mandato uno so tronbeta al comesario de
dito Castello et a quelle i aveano facto domandare pase et vituvaria
per volere lore andare all' incontra dela forteza dela Sestelata ne' teritorio dal marcheso de Feraria: per al che lì dovea pasore al canpo
dela Signoria de Venecia, che veneano ali dano de dita ciptà de Bologna in favore de dita suoa lega apostolica, come ut supra. Per modo che per tale domanda dito Comesario de dite Castelle (*) se partì
come suoi castelano et vene nela Romagna per suoa vita canpare:
che fu a dì 25 dito, die dominico. Alora intendando al dito signor
Fabricio che se retrovava aloziato dal canto de là da Bologna, come
ut supra, tale nova, de subito de quele loco se parte et vene alozare in campo come gli altre. Alora vedando al Viciorè che una porta
era intera et gram numare de dito suoe mure, per al che lui fecene
ferma deliberatione come suo Senato de volere dare suoa bataglia a
dita ciptà; considirando lore, chi à al tenpo non aspeta tenpo; per
modo, dove se retrovava batute tale mure in pete a certe ghisola,
dove zià la madre de vita eterna per vertù divina i avea fato alquanto gratio, et li in quele loco feze renpire al foso come suoe fogato e
poi di sopra fece fare uno ponto de tera molto fortificato. Fato che
al fui, fune alquanto de quile Spagnole che fecene alquanto suoa representatione come quili dentro; per modo che, secondo li nostre reporto, parse che dito Spagnole ie tose una suoa bandera, dove se
ritrovava sopra pinta la sega. E di poi parso che tri altro bandirero
spagnole piaseno grando ardire, et come suoe schale montone in suso uno torione de dito mure et li facea suo gram iubilatione. Alora
quile dentre inmediate ie dricione uno so canone a tale torione, per
modo che ala prima bota butone tute tri dito bandirero nel fose per
la forcia de quile soi cupe e predi; per mode che dui ne morì e l'altro fu menato dal Vicio a notificare che canpado lui abia avere certe suoa provisione a vita, come se retrovava per lore con-
suetudine. Fato questi, dite Bolegnese ie tose tale dite tre suoe bandere, e di poi, secondo li nostre reporto, parse che lore dentro me-
tisene una suoa gata ligata in cape de una suoa lancia come dui
pane bianco a qualque suoa significatione; e poi fecene la efigia
contrafata dal magnifico Petro Navara e poi la mesene a sedere suopra le suoe mure. Et po' avando lore intese al tucto de lore di fora,
di subito come la punta de suoe lancie com gram furia la butone
nel fosse. Alora parse che dito Viciorè e soi Senato montase in colara,
et al tucto fecene ferma deliberatione de volere dare dita bataglia;
che fu a dì primo dal meso de februari, die dominico, anno 1512;
che inmediate fecene metre dite suoe zento in ordenanza (**) per vo-

(*) Fol. 189 b.
(**) Fol. 190 a.

lere dare dare dita gram bataglia. Facto che fu questo, al magnifico dito conte Petro dete al fogo a dita suoa transea per volere butare zose tale mure, come ut supra, a ciò che tale suoe cometive potisene intrare dentro a tucta suoa voglia. Alora la dita transea, come vose la soa poca ventura, s'uperì in molte loco come tanto terore che, secondo li nostri reporto, audava tale peze de suoi legne in gram somità nel' aiara, et suo fume e strepeto crede che andase per insine ala spera dela Luna: per modo che non operò in so favore per quela volta, che lore poteseno intrare. Item la note prosima ad venire, per la vertù del' influse celeste, zoè per la oposizione dela Luna com al sole et uno sestile de Saturno com dita Luna e lo osito de Jovo com dita Luna et lo oposito de Mercurio com dita Luna. tamen per non si n' esere inpazato Marto in alcuno loco, dita bataglia male potea avere afeto; per al che tucto inseno partorino una nevo d' altecia de dui palme, com granda aqua e vento: per tale via e modo che queli povere fanti a pedi stevano sota al tecto dal cielo. Tamen a lore era forcia a fare dele cavamento in tera, et in quele coprirse come fronde e paglia, per non potere resistre ala gram forcia dal dito vento; per al che veramento era gram compasione a vedere tale cosa. Per modo che io veramento non potea credere che natura umana in quele loco potese vivere, come ut supra. Et anche li altre tucte stasivano male, come tu poi pensare.

Et infra queste tenpo arivò uno gram secorse de Franciose a dita ciptà de Bologna, zoè quille che doveano andare a dita Stelata contra al campo de dita Signoria, come ut supra; per al che arivato che lor fune, unsì fora alquanto suoi cavali lezeri trascorando la rivera per vedera come tale nostre canpo era alozato. Alora la guardia dal dito canpo ne prese dui, et per interogatione de quille parse che al dito Vicio ie fuse revelato tale so secreto, che a dì 5 dal dite mese de februari, die iovis, 1512, cercha l' ora vigesima tercia, fece come gram terore fece levare dito so canpo, tolande tucte quante le boi e cavale et altre bestie necesarie che in dito canpo se retrovavano, lasande lore hogne lore cosa che per forcia caregavano dele cose dal dito canpo et li boi tirava (*) sove artegliarie et auglianse quanto lore più poteano in verso Castello Sam Piero per dita via Fleminia; per modo, come lore fune partite, inmediate comenciò la gram piogia, per tale via e modo che come lore fune arivato al dito fiune Lidese, che già era molte ingrosato; per al che a lore povere zentilomine i era forcia a pasare come lore poteano. Tamen ziá era la note che per forcia de suoe torze da vento vene al canpo. Considrá mo, discrete nostri lecture, come dovevano fare quele tale creature, siando del quele mese e da quella hora, et la neve in tera, et al gram frede che crociava; per modo che pasone a salvamento et arivone ala Vila

---

de Sam Nicolò et al dito Castello Sam Piero, dove in quele loco non non aveano nè padre, nè madre, nè eciam nesuno suo amico lialo che a lore potese de lore pane mudare. Per al che hogne cosa per lore era sghonberato per tale via e mode, che a lore povere mischino ie fu forcia a stare come lor poteano per quella notto. L'altre zorne, che fu a dì 6 dito, al Viciorè divise quele so canpe in tre parte: una li romaste; l'altra andò nel monto a quelle Castele, zoè a Varagnana 'el monte dal Re; et l'altra ultima parte al Castele de Budre per tucta quela rivera. Facto queste, dito Viciorè fece menare alquanto sove boche grose de artegliarie ala cìptà de Imola, et lì fune mese in conservo; et così steno per insino a dì 14 dal dito meso de februari, die sabati, che poi tuto andone ad alozare al dito Brudio et a Castel Gelfo e Medecina et a Minerbio et in ogne altre loco per quela rivera.

Alogiato che lore funo, di subito al dito Viciorè de novo mandò soi Comesarie per la Romagna a fare intendre che lore dovesene portare vituaria secondo l'usato. Alora la nostra cìptà de Forlì ie fece intendre che per modo alcuno più vituaria non ie volea dare, nè eciam mandare più bove per insine a tanto che suoa M.ta interamento non ce avese pagato et satesfato le nostre mende; per al che lore aveano perdute ne' levare so canpo da Bologna per avere precara e vituaria et homine presonate come suoa gram taglia sencia li altre suoe mercantie, come de prima lui avea fato promete per dite suoi Comesario et per nostre banditore fato intendre i' nostro loco consuveto. Alora dite Comesario respondea come suoc parole dolce, dicando che quelle era la verità; tamen che lore non stese per quele de remandare, che al Vicio so re farebbe per lore hogne cosa promesa. Alora nostro Senato ie mandò soi aubasadure a intendre al tucto in canpo (*) et al simile faceano tucto al reste de dite cìptà de Romagna, perchè hogn' ome recevite gram dane, perchè quile Bolognese erano usile fora piando e schufando hogni cosa che lore trovavano et preseno le molte prisune, le quale non voleano lasare sove robe, come ut supra. Tamen fu forcia a remandare hogne so bisogne; et chi avea perse, avese al male anne come tre male pasque.

E di poi a dì 21 de februari dite, die sabati, dito Bolognese corsene per insine a Castello Sam Piero e di poi zose per quelle riveri per insine ala Vila di Sarte, rastelando hogne cosa: tamen li povere biolche lasavano le cara, fogiando le lore boie: tamen li nomice se ne portavano li sove vituarie e poi smembravano le cara togliando hogne lor fere. Tamen ne fu prese alquante a presone, perchè lore venene molte quode, per modo che al fu tale contadino che fu de peze tra boe e cara e roba più de cento 50 libre, sencia quille che se bisognava reschodre a presone; per mode che veramento fu una mala coreria per quille tale.

Item a dì 8 dal mese de marce, die luni, parse che venese gram discordia in canpo de dita Ghiesa; per al che parse che tuta la piaza del canpe per quille Spagnole fuse mese a saco, rebotande le cara e togliandie le loro vituarie e robe. Alora vedande le nostre Talici quele che faceano dite Spagnole, le comencione a reprendre dicando che lore non doveria fare in quele modo a tore la roba de quilli che l'aducano; per al che più non non adurano. Alora dito Spagnole montone in colara et s'atacone come dite Talice et n'amazone alquanto. Alora certo homine d'arme dal Duca de Orbino, se partino et veno ad Orbino, dicando de più non volere stare suota l'ira de' Spagnole, dubitando lore tuta via de non avere al pegio.

La ciptà de Bresa rebelata da Franciose alla Signoria.

La prefacta ciptà de Bresa queste anno dal Signore 1512, a dì 3 dal mese de februari, die luni, già se era rebelata dala M.tà de Lodovico Re de Ferancia e data ala Signoria de Venecia in queste modo e forma. In prima dita Signoria mese inseme uno grando esercipto sopra al quale i era per so preucipalo (*) M. Andrea Grifo per suo Proveditore, et uno M. Zohano Paulo Manfrono, et come l'alturio de uno conto Aloviso Ongaro nobile Bresano, come gram numaro de quile soi contadino, zoè montanare et pianesano, come suo gram numaro de schopito; che fu a dì 12 dite februari. Le quale s'aprestone gaiardamento a dare la bataglia in queste modo e forma. In prima tra al castello e la porta dale Pelle, l'altra se fu rento ala Garzeta, di verse meze zorne, dove lì se trovava la usita de uno torento chiamata la Garza, dove in quello loco se retrovava una granda grada de fere, che lì tenea serata, dove dita aqua usiva; la quale lore levone per forcia de sove livere, et lì comencione per forcia intrare. E depoi intravano come suo schale da dita porta dale Pelle per suoa debilità dal mure, che quile che erano nal dito castello nocere no ie potea; per al che introne a poco a poco, come ut supra. Alora quili tale Franciose, che dentro se ritrovavano, per una gram parte se ne fuse in castele et un'altra parte fune resposto incognito in dita ciptà; perchè era andato al bando per parte lore che tuto quele popule Bresano suota la pena dela forcha se aveseno a stare serato in le loro case, che contra nomice non avese a pugnare, se nè l'asercipto Franciose. Per tale via e modo che, intrato che lore fune, a di tri dito, la matina per tenpo, era arivato tuto al resto del dito asercipto de dita Signoria, et li prese dita ciptà i' nome de dita Signoria de Venecia sencia la roca, che molte era fortificata, come

_____

(*) Fol. 191 b.

ut supra. Per modo e via quanto lore poteno avere, tucto i amazavano come gram so vituperio. Fate queste, de subito dita Signoria
comenciò a scrivere litre a tucta suoa lega, domandando alturio per
dubitatione dela gram forcia dal braze dela M.^tà del dito Re de Ferancia, che lui non manda gram secorse a dita roca; per al che lore zià l'abateva zorne e note, et aveano mandato al dito M. Zohane
Paule Manfrone drete Alidese de Peschera, al quale avese a guardare
tucta quela rivera, che dite secorse de Franciose venere non potese
a dita roca. Tamen dita lega avea tanto da fare come altre Franciose; che se retrovavano atorne et secorse dela ciptà de Bologna, che
per modo alcuno lor (*) no ie potene mandare alcune so secorse da
poterse lore salvare dala dita forcia de dito Franciose; conciò fuse cosa
che al Marchese de Feraria i era nomico. Per al che male se potea
andare per insine a dì 19 dal dito mese de februari, die iovis, 1512,
che la M.^tà dal dito re de Ferancia mandò uno tale secorso de tale
natura a dita roca de Bresia, per al che lore la riquistone un'altra volta; conciò fuse cosa che l'aiute de dita lega per dita Signoria de Venetia et le guardie che faceano dito M. Zohane Paulo Manfrone in dito so loco fune per similitudine ale guardie che faceano li Fariseli al
sepolcro dal nostro vere Redemptore, quando per al so rectore Pilato
a lore ie fu comeso che tale guardie non potene tenere lui che non
facese la suoa vera resuratione. Et al simile avea facto dito Franciose, che lore aveano pasato et intrato in dita roca, et poi erano rein-
trato in dita ciptà a cavale nento cavalo. Et quela fo presa per lore
come gram bataglia del'una parte e del'altra; al che ne vene morte gram numare per le strade e de verso Sam Pedre Lovere et nela
ghiesa del Domo et 'n altre soi palaci magne, dove lore erano apia-
tato per suoa vita canpare; perchè zià era intrato al resto dal dito
so canpo franciose per un'altra suoa porta, chiamata Porta Salezare,
che avea zià fato aperire uno so comesario de dita Signoria sopra cavale lezere, che zià erano schapulato et quile intrato per forcia. Et
al reste de dita Signoria pugnavano, come ut supra; tamen poce ne
schapulò che tuto non andaseno per al file dela spada. Et al simile
quele povere mischino Bresano, che per lore io crede veramente che
la destrucione de Troglia a tanto per tanto fuse nula aprese a questa; perche dito Franciose aveano, secondo li nostri riporto, gram
numaro de zudio con esa lore, le quale non aveano alcuno resguardo
a loco piatuse nè eciam ad alcuna suoa reliquio santo; conciò fuse
cosa che toleano una nostra croce d'arezento dove se retrovava al
nostre Signor in croce, et quela spacavano come le manare, et altre
suoe cordilità inastimabile. Et masime de quili montanare et pianesano che avea conduto al dito Conte Aloviso Ungaro so nobile predicte,
che dito Franciose al squartone. Et la tene dita ciptà per insino a

dì 8 dal mese d'octobre, anno predictis 1512, che la dita lega ie mandò al so escercipto spagnolo, perchè zià tucto al resto de dito Franciose aveano sghonberato la Italia. Per al che vedando al tucto dito Franciose (*) dala fortuna esere abandonato et al presento per lore secorse alcuno potere venire da poterse in quele loco salvarse, per al che Monsignore de Benino come i altre soi conpagne, che erano dominatore de dita ciptà de Bresa, fecene ferma deliberatione de volerse prima rendre a dito Spagnole che dare dita città ala Signoria de Venecia. Et lì per lore parte fu concluse che dito Spagnole i avesene a condure fora de Italia tucto dito Franciose a salvamento, dagando l'una parte e l'altra bone cautione; una fora d'Italia, l'altra al dito castelano, come so contento del'una parte e del'altra.

Acordato che lore dito Franciose, se partino; che fu a dì 8 dal mese d'octobre, come ut supra. In modo che ciascuna de lore parte se observone le lore fede e remastine contento, romanando dito Spagnole come piena rasone dominatore de dita ciptà de Bresa i' nome de dita suoa lega. Si che pesa mo, discreti mei lecture, come debe romagnere quela povera et svinturata ciptà, siando tanto populosa et dell'prencipale tere de Italia de suoe mercantie, et esere romasta in mane de tramontane et usita de mane a Gali, et sachezata tante volte, perchè nè l'une nè l'altre no ie potea portare amore. Tamen romagna mo come la voglia, a noi molte se ne rencresute: tamen io ve voglio fare intendro che ancora le influventie celeste n'avea pronosticato qualcuna de dito suoe infortunio. Conciò fuse cosa che del'ano 1508 prosimo pasato, a dì 15 dal mese d'agosto, zoè al zorne benedeto del'Asontione dela inmaculata razina de vita eterna, trese una saeta dal ciele et dete int una tore rodonda, la quale è posta in meze al castele de dita ciptà, chiamata Mirabile, et zetò via uno pomo d'oro che era di sopra da quela, et reboti un'altra tore retonda piena de polvere de bonbarda, la quale tore era int uno so angolo de muro de fora da dito castele. Per al che li strepite de quile suoi sasi de gram statura come tanto impito e terore in dita ciptà, che veramento che loro credeano tucto de andare in perdicione. Et zetorne tale sase per tera 'n altore int uno altro angolo de dito castello, che l'una butava zose l'altra come so gram dane e ditrimento de dita povera svinturata ciptà. Item del'ane 1510 dede un'altra dita saeta nela suoa tore dal popule, chiamata la Palata, la quale se retrova in meze dita ciptà; tamen poco ie fu nocimento. E più l'ano 1512 trese uno gram teremoto in (**) dita ciptà cerca ale dece hore, zoè l'ora di tercia, die dominico, de tale natura e forma che tucto quele popule i era forcia ad usire dele ghiese e de lore case per al gram terore che quele menava. Sì che a mi è parse de volere durare questa poca fadica

per dita magnifica ciptà a denotare che prima tale suoe infortunio era
stato pronosticato dai cele che dali homine tereste, a denotare che
nui se dovema guardare dal nostre male fare, per al che le cause
sopriore ce governa le inferiore; dele quale l' onipotento Idio ce ne
voglia liberaro.

Canpo dela Ghiesa se partì da Budri et ven a Castel Sam Piero.

Al prefacto canpo dela Ghiesa se partì dal Castello de Budrio et
vene ad alozare a Castello Sam Piero per suspeto dal canpo franceso,
che fu a dì 18 dal mese de marce, die iovis. Alozato che lor funo,
inmediate quele de tale dicto canpo franceso se levone da Bologna et
venno alozare al dito Castello de Budrio, perseguitando dito canpo e-
clesiastico. Alozato che lore funo, inmediate mandone uno so tronbeta a fare intende al capitanio dal dito canpo, zoé al Viciorè cato-
lico et a Monsignore R.^{mo} Legato apostolico, che per parte dela M.^{tà} de
Lodovico Re de Ferantia che infra termino de tri zorne prosimo ad
venire, comenciando a dì 20 dito mese de marcio, che quele tali
debiano avere sghonberato al teritorio dela magnifica ciptà de Bologna: casu che non vogliano sghonberare, che lore se debiano metre
in punte, che inmediate d' aspetare de fare fato d' armo come lore.
Alora intendando queste tale prefacti, secondo li mei riporti, dito Viciorè fece resposta a tale dite tronbeta, e poi ie fece uno belo presento: et lui per al soi viaze retornose. Partito che al fui, dito Viciorè fece fare la mostra, et metandise in punte come fane quile che
li soi nomice aprecia; che fu a dì 21 dito, die dominico. Fato queste, lore stevano come suoe gram vigilie. Alora al dito canpo francioso se partì da Budrio et andò per riquistare queste infrascripto
Castello: zoé, Bagnacavallo e la Masa et dito Ruso et altre loco li
propinquo, che zià dito canpo dela Ghiexa le avea tolto, come (*)
ut supra; che fu a dì tri d' aprile dito, die sabati, 1512, che l'abene
dito Rusio per forcia, che mai lore non se voseno dare d' accordo.
Et introne per la via dela Palata, che se retrovava propinquo ala
suoa roca; per modo che fu male tratato. Et vene morto le molte de
lore. Tamen fu salvate le sove done in certe suoe ghiese: e più che
avando visto dito canpo dela Ghiesa che dito canpo francese se era
levato dal dito Budre per volere venire a piare dito Castello dal Marcheso, come ut supra, et avere prese dito Rusio, per dubitatione dito canpo apostolico se levò dal dito ponto; che fu a dì tri dal dito
mese d' aperilo, et veno ad alozaro propinquo a dita ciptà de Faencia di verso ocidento, perchè li Franciose faceano gram sove corcrie
per dito so teritorio; per al che ogne zorne l'uno e l'altro s'atrovavano
insemo. Per modo che dito Fantino, una parte de lore avando facto

sonare la suoa canpana dal populo, usino fora et andone a fare intendro al dito Viciorè che se lui fuse contento che tucto dicto so populo voleano morire per conservatione dal pacifico stato dela sancta matre Eclesia, che lore presentialemento voleano andare ad asaltare dito canpo franceso, et quelo a suoa zusta possa volerele rompre. A queste respose dito Viciorè, che per niento lui nè Monsignore Legato non voleano che lore i andaseno; ance più presto che lore doveseno atendro ala defensione de dita suoa ciptà. Et qui grandamento ie rengratiò, dicando che breviter Monsignore Legato e lui tal suoa bona volontà la farano intendro ala Sta dal N. S., a ció che quello ie potesse metre nel numaro deli bom servitore dela sancta romana Eclesia. E poi vedando al canpo de dito Franceso d' avere zià requistato dito Castello dal Marcheso de Feraria et altre al presente potere fare contra dita ciptà de Faientia, per esere al dito canpo apostolico come ut supra, deliberone de volere lore siguire suoa vitoria et andone a dita civita de Ravena e a quela pugnare contra zorne e noto per doverela conquistare. Et partino lore come dito so canpo dal Castello de Lugo, che fu a dì 8 dal meso d' aperilo, die iovis; et alozone dreto al fluno Montono in loco chiamato li Gatinello, (*) propinquo ale case de Strigone, non tropo lontano a porta Adriana. Alozato che lore fune, la note prosima advenire, andone a metre suoe artegliarie a Porta Sam Mano, et in quelle loco per insi' a Tor Zanchana determinone de volere lor dare bataglia. Alora avando inteso al signore Marco Antonio Colona, nobile romano, che ala guardia de dita ciptà se retrovava, per eser lui novamento stato dal dito canpo apostolico mandato, et in quele loco lui reponsava come suoe gram vigilio, come fa quili homini che so nomice apreciano; per al che parando che fra lui et le multe zuvine de dita ciptà per eser lor desideroso de vedere la guera avevano zià lore facto capitole e conventione come dito S. Marco Antonio de voler eser lore le primi che aveseno a respondre ala spugnatione dela prima bataglia de dito Franciose, come lor fene, che quela dita note ie deno una gram bataglia; per al che ropeno et fracasone gram quantità de dito suoe mure, non tropo lontano da dita Porta. Tamen per quella volta altre lore non potene fare, intendando che dito canpo apostolico i andava, come lui fece, che se partì da dita Faencia a dì 8 dito aprilis, die iovis, et vene ad alozare ala dita Cosima per insine in suso al fosso dela nostra ciptà de Forlì.

L' altre zorne, che fu a dì 9, die veneri, al zorne benedeto dal dito venere de pasione dal nostro vere Redemptore, dito canpo se levò et pasò per suso li nostro fose de Forlì et andò ad alozare drete al nostro flune Aquadutus per insine ala Vila de Durazano. Alozato che lor fune, vene gram nova a Forlì, che zià al canpo francese a-

---

(*) Fol. 194 a.

vea dato altre bataglie a dita ciptà de Ravena et zià butato zose le
molte suoe mure; per al che l'altre zorne prosimo ad venire, die
sabati, lore voleano fare fato d'armo; per modo che, avando intese
tale nova, dita nostra Comunità di subito, non estanto che al fuse
al venere santo, fecene dare ala canpana dal popule et volere lore
fare uno gram sforcio per volere andare ad aiutare dito nostro canpo eclesiastico; dubitande noi asai, quando quello fuse rote, che
depo' inmediate la sorta tocaria a dita nostra ciptà, per eser lor tal
Franzose nostro nomico capitalo, per volerese lor vendicare dela rota
che ie deto queste nostro popule l'anne   (*) quando fu fato (**)
quelle nostro deposito dove li fu messe gram numaro de soi morto
in dito nostro forum, sota quela croseta che in quele loco se ritrova; le quale venene morto per dita nostra rota al tenpo de Martino
     (***) pontifico; le quale lui i avea facto venire tale so asercipto
ali nostre dane. Per al che dicto nostro popule, avande gram temore
de lore, come ut supra, se mese insemo in tale zorne gram numaro
del nostro popule insemo come la excelentia de uno M. Bastiano zià
d'Andrea Moratino eques et comes et al presento capo deli nostri
magnifici S. Conservatore, piando hogn'ome l'arma, preti e frati,
et eciam dito nostre ebreo; che tucto, non estanto che in tale zorne
che lore se fusene serato de comisione del dito nostre popule, usino
fora armata manu tucto come una croce rosa in peto et pugnande
lore verilemento per la santa madre Eclesia. Al quale dito S. M. Bastiano avande zià lui facto una conduta de fantaria, andone a dì dito per l'adunatione de dita canpana dal popule in favore de dito nostro canpo apostolico per nostra defensione per le rasone sopra asegnato per paura de dito canpo franceso.

Et infra queste tenpo nostro Senato fecene aterare doe deli nostre
porte, zoè quela de Sam Piero e di Codugne, et faciando gram reparatione a nostra ciptà dove fuse stato bisogna. Alora intendando dito capo apostolico che zià grandamente avea pugnado e pugnava dito
canpo franceso contra dicta ciptà de Ravena, dubitande asai che quela non vada in preda per la gram soliciptudine dal favore che zorne
e note ie dea Alfonso da Esto marcheso de Ferara; per al che dito
canpo apostolico se levò da Durazano et andò ala Cocolia per tucta
quela rivera; che fu a dì 10 dito, die sabati; e po' se partì et andò
alozare dreto al dito fluno di verso Cesena, luntano cercha quatre
mia a dita ciptà de Ravena, per volere guardare quela rivera, per
insine a Porta Sisine. Perchè dito canpo franceso erano passato al
flune et andato in pigneta a fare carne, per al che li nostre fecene
coreria et de lore ne prese alquanto et svalisoe; et al simile, secon-

(*) Lacuna del ms.
(**) Fol. 194 b.
(***) Lacuna del ms.

do al nostro reporto, avea fato a dì dito M. Zohano da Sasadello da Imola, perchè avea tolte le molte (') vituvarie che veneano al dito canpo francioso per la via del Poe: per modo che, seconde li nostri riporto, tal Franceso stevano male usai et in quele loco come suo gram sinistro.

. . . .

Al prefacto canpo dela Ghiesa fu rotto a Ravena dal canpo deli Franciose al tenpo che presedea la corona de Francia la M.tà del Re Lodovico contro al dito canpo apostolico al tenpo che presedea nela sancta sedia apostolica Julio per la divina providentia papa secondo, come suoa lega insemo come suoa S.ta; zoè la M.tà de Masimiano Re deli Romane nostro Inperatore et la M.tà del re Catolico Ferdinando Re di Spagna et la M.tà del Re de Inghilterra contra la M.tà dal dito Re Cristianissimo de Ferancia et dela Signoria de Venecia e d'Alfonso da Esto Marcheso de Feraria e de tucta la parte Bentivola da Bologna. Le quale tucto lore aveano dui grose canpo, come ut supra; et che al presento tramedui se ritrovavano ala spugnatione e dane de dita ciptá de Ravena; che fu corande gli anni dela salutifera incarnatione dal Verbo divino 1512, a dì 11 dal mese d'aperile, die dominico, dominica sancta dela resuratione dal nostro vere Redemptore M. Jhesù Christo, cercha l'ora decima quinta, che dito canpo apostolico fu roto, in queste modo e forma. Che siando alozato dito canpo franceso propinque a dita ciptá de Ravena dreto al fiume Montone et in suso al fose de dita ciptá per insino a porta Sam Mane, et masime int una suoa ghiesa de Sam Mane, propinque a dita porta, dove abitava li frati observante de Sam Jeronimo, et cciam per tucta quela rivere per insino al ponto dali asse, che se retrova sopra al so flumisello chiamato l'Ausa, et zià avere fato suoa domanda al popule de dita Ravena che per parte de Monsignor R.mo Legato del Concilio pisano cardenale de Sam Suovrino, e de Monsignore di Foglia, tramedui mandatario dela dita M.tà de Lodovico, Re Catolico e de tucta suoa lega, che ie dovese dare dita ciptà de Ravena per eser quela a lore concaduta a tale so Concilio pisano e per la contumatia de dito Julio secondo pontifico, per eser lui stato chiamato per lore a dito ('') Concilio e non conparse; per al che a lore pare che liciptamento dito Ravenato ie doveseno dare dita suoa ciptá per le rasone sopra asegnato. A queste dite Ravenato, secondo al mio riporto, i avevano fato questa resposta: che lore non cognesevano altre Colegio, salvo che quello de Julio pontifico romano, come lore da lui receuto tale suoa invistitura de so bone lore vicario apostolico; et per modo alcuno lore non voleano altro signore che lui i' nomine dicta Eclesie; et che lore non sapeano se dita suoa lega l'avea fato chiamare a dito so Colegio pisano. Tamen dito Franciose avando intese dita suoa voglia, zià l'aveano molte batute suoe mure, come ut supra: per al che avande zià lore viste venire dito canpo apostolico suo adversario dreto al dite fluno Aquaductus, et eser posto del'altro cante de lore, dove lì se retrovava molte bene in punto come suoe artegliarie del'una parte e del'altra, che asime quele dela Ghiesa che aveano le molte careto caregato de gram numaro de suoi spide com lore punta innanto de gram statura, che menava li omini come suoe mane da fare uno so gram repare postize, come altre soi targone che in tera se ficavano al'encontre dove suoi nomico poteseno venire; per al che avando viste lore canpo Franciese che per modo alcuno dito Ravenate non i áne volute dare dita ciptà per la gram vizilio dal dito S. Marco Antonio Colona et per lore rasone sopra segnato, per al che oramai lore non poteano stare et non andare; fecene ferma deliberatione infra lor Senato de più in quele loco volero staro, per modo che lore deliberono de fare fato d'armo, considerando lore se ronperano li nomice, che tal ciptà no i poterá mancare; dicando lore che, remote la causa, remote i afecti.

Per modo che a dí 11 in l'ora predicta se mesene per volere fare dito fato d'armo in queste modo e forma. In prima dito Francese fecene doe ale dal dito so canpo per metre tale nostro canpo apostolico in mezo: una pasò al dito flumo ali Beverature, aprese di porta Sisena, propinque al so porto, come so gram numaro de suoe artegliarie, a ciò che dito canpo apostolico non potese intrare in dita porta Sisena, et intrare in dita ciptà, perchè tale porta era francha per dito canpo (*) apostolico, per esere da quele canto dal dito flune dove lore erano alozato. E po' siando in dita ciptà, poteano usire per la porta dela Roca et venire intorno a dita ciptà incognito per insine dove era alozato dito canpo francese, et lì scrarie di meze a quele dui flune, per tale via e modo che i arebbene mese a male partito come l'aiuto dal populo de dito ciptà. La seconda dita suoa aila de dito Franceso pasone dito flune Aquadutus in peto ala tore de Claso, che se retrova suso la marina tra quela tor de Sam Sovere et quela dal porto, dove lì fecenene gram spianuti, et pasando come suoe artegliarie a tuta suoa voglia a despeto del'aute guarde dal dito canpo apostolico, metando de meze da dito soe ale dito nostro canpo. Et lì se comencione a fare fate d'arme sopra quela pradaria chiamata de Meleta, di verso la marina; per modo che nel prencipio dito canpo apostolico se portò molte verilemente, et masime al magnifico M. Pietro Navara come sova fantaria e cavale lezere; per al che n'amazone gram numare de dito Franciose. Per al che li più

(*) Fol. 196 a.

s'astimava che li nostre dovesene romanere vincidore et esere morto
dui so prencipale di capi da suoa artelaria. Una havea morto al pugnare dela ciptà e l'altro era morto zià lì; per modo che, secondo
li nostre riporto, Alfonso da Este marcheso de Feraria zià lui se era
reso a fede per presone dal so sig. M. Antonio Colona, dubitande lui
veramento che dito so canpo romanese rote per eser la mazore parte
de lore afamato per la gram carastie che in quelle se contenea. Tamen vedando dito Monsignor de Foglia so Viciorè come i altre suoi
Senato dala fortuna esere abandonato, di subito fece sonare al'arma,
dicando: — Su, sui, zente nostra lizadra e peregrina, che qui se pesta al dulcio e 'l forto: chi vole honore non tema la morte, che oze
per nui è al zorne dela gram vitoria. Chi de noi romanerà, perpetua
memoria [avrà]. — Alora tucto comencione a non cognosere pericole
alcuno, dicando lore: — O cesare, o nichil —; butandise in quele
fiune, in ogni loco pasandi aduse ali nomice, trasande suoe artegliai-
ria per drito e per traverso, che li nostri non se poteano schoprire
per via alcuna che tucto era guasto, che più non ie valea sapere alcuno, che zià era pino fosse e fosato de lor morte del' una parte e
l' altra. Et masime in dito fium, che zià ie n' era le cadastre, che
quase l' aqua non potea corere, perchè dite Francese più presto voleano in quele loco morire che canpare in verghogna (*), sapande
bem lore che perdando ad ogni modo lore aveano a bere a quele calice, per eser tucto lore nomico capitale de tucta la Italia, batande le
lor dento che pareano cani rabiati.

Ora vedande una gram parte de nostri cavale lizeri che per modo
alcune in quele loco poterse salvare, prescne lor per so prencipale
partito, e tucto s' avigline in verso nostra ciptà de Forlì quanto più
lore poteano venire. Et arivone cerca l' ora vespertina. Al simile fecene a Forumponpilio: tamen per la mazor parte erano Spagnoli. A-
lora intendando al dito nostre Vicie Re che al tucto dala fortuna esere abandonato, et lui per suoa salvatione insemo come suoa guardia
se partino e in verso Cesena andone per suoa vita canpare; per al
che fu forcia che dite nostre canpo apostolico romanese da dite Francese rotto e fracasato come gram numaro de morte del' una parte e
l' altra; che fu a dì 11 dito, die dominica, ala suoa hora predicta,
1512. Sì che veramento fu una mala rota de persone e dane de lor
robe e honore, per avere perso lor cariaze de valuta e eciam perse
sete buco d' artegliaria grosa tra colovrino e canuno et curtaldo et
falconite e serpentine in gram numaro, et gram numaro de so tesore. Et più seria stato se dito signor Marco Antonio Colona fuse stato presc e rote come suoa zento, quando dito Alfonso marchese de
Feraria l' avea fato chiamare sopra al fose de dita ciptà de Ravena et a quele lui se era rese a fede, credando veramento che dito

---

(*) Fol. 196 b.

so canpo franceso fuse dali nostri rote; che per tale soa nova dito
S. Marco Antonio era usito fora per la porta dala dita roca come suoa
gram cometiva et era venuto dreto al fose per insine a dita porta
Andriana per volere al tuto quele loco seraro, a ciò che dito Franceso per quelo loco non poteseno schapolare. Ance fu per contrario,
che zià tuto dito nostro canpo era roto, come ut supra, che a pena
se potè tornare indreto. Et intrò in roca a salvamento, e suoe zento
ala guardia de dita ciptà: tamen romase presone de dito Francese al
dito nostro Monsignor R.ᵐᵒ Legato cardenalo de Medeci nobile fiorentino et al dito M. Pietro Navara et al signor Fabricio Colona et altre.
De dita parte francisa veno morto al dito so Viciorè, Monsignor de
Foglia, et quili dui soi cape sopra suoe artegliaria, zoè homine fa-
muse che io poteso sapere, sencia al reste deli altre soi zeneralo numaro infenita, le quale al presente a mi sone incognito: al corpo dal
quale (*) so Viciorè fu portato in Francia, curato come suoe oncio-
ne aromatico da poterele conservarele insino al so loco deputato,
et mese int una suoa casa coperta prima de panne negre e poi de
drape d'ore come le molte altre suoe solenità. Et al simile fecene
portare tale so butino a nostri biolcho e boi che se retrovavano so
presone; et al simile a tucto li altre dela Romá che lì se erano retrovato: per modo che al numaro de tal morto del'una parte e l'altra potea esere, secondo nostra resegna, de numaro cercha   (**)
miara. Le quale parse che ne fu tenuto conte per quelo Senato Ra-
vegnano, tolande lore quatre deputate che avese a sepelire quile tal
corpo che se potea avere tra fose e fosato, come ut supra; salve che
quile che dito fiune menò ala marina e altre che lì soterone; che
durò molte zorne che per tal fetore non se potea apropinquare. Tamen i era più Francese che altre, perchè volontiera aveano tolto la
gatta, come ut supra, per lo so honore veramento esere romasti gram
valenti homini.

Ciptà de Ravena sachezata dal canpo Francexe.

• La dita ciptà de Ravena, corando gli anni dal Signor 1512, a dì
12 dal mese d'aperile, die luni, zoè al lune benedeto de Resuratione, fu tolta da' Franciose, che prima era dela Ghiesa, in queste modo e forma. Conciò fuse cosa che la S.ᵗᵃ de Julio pontifico avese con-
posto una suoa lega contra la M.ᵗᵃ de Lodovico Re de Ferancia e suoi
hederenti, per al che zià l'una parte e l'altra erano venuto ala e-
spedicione de dita ciptà, per al che al zorne denanto era venuto roto
dito canpo apostolico, per modo che dito Francese vogliando siguitare
sova vitoria deliberone al tucto de volere piare dita ciptà i' nome dal

dito Colegio Pisano; perchè siando zià lore stato intorno, et quela molte batuta da so canpo, et una gram parto de suoa moraia in tera butata. Alora vedando tal Senato Ravenato de non potere per modo alcuno resistre ala forcia de dito canpo Franceso, la note prosima pasata, zoè la dominica note, lore aveano fato suoi anbasature de comuna concordia et mandato nel so canpo a Monsignor R.ᵐᵒ so Legato del dito so Concilio Pisano cardenalo de Sam Soverino come so altre Senato come soi capitole fermative de volere dare et avere data dita suoa ciptà al dito Concilio (*) Pisano; et zià dito Monsignor Legato e soi Senato in dita note i avea segnato soi capito, infra le quale lore i avesene a properaro al presento vituaria per lore bisogne. Et inmediate lui in dita note mandò dui soi secretario a solicitare tale suoe vituarie per eser lore quase afamato: per modo che zià la più parte dela ciptà avea ponsata l'arma et atendeano a tale vituvarie. Et eciam ala batitura de soi ripare poche suoe guarde i erano, credando lore veramento che sove cose fusene acordato et aspetando lore tutavia che venesano tale concilio a corere dita suoa ciptà et quela piare, come per dito soi capitole erano romasti d'acordo, come ut supra. Per modo, come vose la suoa poca ventura, a dì 12 dito, cercha l'ora decima quarta, avando zià properato le molte cara de suoa dita vituaria, hogn'home e donc picole e grando se erano afadicato a fare lore tale vituarie, et masime quele zentile, e masime per la gram paura che lore aveano receuto al zorne denanto dela gram cordilità dela dita rota dal nostre canpo; per modo che avando aperto dito so populo porta Andriana per volere mandarie dite vituarie in canpo; infra quele tenpo siando gram numaro de Vaschone dal dito canpo Francieso aloziato nela dita suoa ghiesa de Sam Mano suoa observantia, como ut supra, non tropo lontano da dita batitura, inmediate lore se mese in bataglione et s'apropinquone a dita batidura; et vedando la suoa guarda debile, presene lor ardire de volere per quele loco in dita ciptà intrare, come lore fecene incognito. Intrato che lore fune, inmediate, a vedere e non vedere, se sparsene per tuta la ciptà per più rasone, zià per tale suoi capitole segnato; la più parte de lore aveano ponsata l'arma, come ut supra, non avande lore altra legreza, se nè de farie cosa che a lore ie fuse in piacere. E tutavia era pino le case de quili loco deputati, dove se lavorava dite suoe vituarie; e masime a dite zentile done et altre, che poco persone de lore per dita ciptà se retrovava per le rasone sopra asegnato. Alora vedando dite Vaschono contra lore avere alcune contraste, a lore ie parbe al tempo de fornire suoa voglia et quela ciptà sachezaro; per modo che comencione amazare hogn'ome zeneralmento che lore poteano, et masime tucto li contadino. Et non ie valea (**) a fare de suove braze croce faciande lore

(*) Fol. 197 b.
(**) Fol. 198 a.

cridare so dito Concilio, come lore faceano, ali repare zorne e noto — Julio, Julio —, e taiande le lor teste, et aperendie per al so ventre, e togliando le loro teste e corade et metando per la ciptà inchiodate sopra li pali ale molte usite de vie.

Alora intendande la ciptà tale suove curdilità, et masime tale zentile done e donzele che non se n'era separate niuna, nè eciam mote alcuna lore cosa per la suoa repentina venuta, senpre sperando lore nel'adiutore dal dito nostro canpo apostolico, zià roto, che veramento le suoe voce penetravano per insine al cele, non sapevano quelle che lore dovesene fare; no stare e non andare, per esere lore homine per paura la mazore parte se era inaschosto e fozito, come feze li santo Apostole ala catura dal so Maestre morte, che lore n'abine quele che a lor parbe. Comencione a piare le molte de quilli nobile a presone, et sachezando zeneralemento hogn'ome, non avando alcuno respeto ali loco piatuse et masime nela suoa ghiesa dal Domo, che tucto al sachezone, et masime suo gram numaro de calice e pianeto et palio d'ore de suoa sagrastia, et masime uno so palio che era reposto sopra la ghiesa, depese a certe suoa seratura del'ochie de suoa ghiesa, di verso hocidento, per eser lui tucto d'ore, ornato come le molte suoe zoie de gram valuta. Et più, che destacone gram numaro de suoa arzento fino che se retrovava sopra soi canzele, che queste tucto erano coperto, fu mese per insino al tenpo che Sam Vitale e Apolonare et le molte altre epischo et arcepischo in quele loco lore presedeano per suoa sanctitado, per eser quela terra antica. Per modo che quase no ie remase cosa alcuna. Et al simile fecene in tucto li altre loco piatuse, et masime, secondo li nostro reporto, fecene una cosa che nel'enferno serebbe stato bastanto; che a uno certe loco de parochia ie tosene uno tabernaculo d'arzento, dove in quele stava contenuvo al Sagramento divino consagrato; et quele apersene et in tera butone dito Sacramento et alo tabernacole lore amacone. Alora, come alo eterno Idio piaque, li aparbe uno so zentilomo francese e inmediate fece chiamare li frati de Sam Dominico, le quale come suoa gram veneratione al tosene et portole in suoa ghiesa nel so loco deputato a reponsare. Ulterius non remasti alcuno monesterio che non andase a saco; tamen fu uno zentilomo che salvò le monico de uno et le robbe a saco; et al simile tuto li altre loco, aperendo lore le molte sepulture et andande butande aqua per ghiese et altre case; dove tale aqua fuse preste intrata, li comenciavano a vangare et schoprire (*) dicando che in quele loco era nascosti l'argens. Al simile fecene nela sometà dele mure, che li bateano; dondo fuse resonato, li ronpeano, faciando come ut supra. Quanto al robare e sachezare, queste erano le lore cerconstantie: al'omicidio, come ut supra, a dito povere contadino

(*) Fol. 198 b.

per li soi desonesto parlare, quando lore aveano lavorato a dito: per al che lore i era forcia nante a suoa morte renegare dito nostro papa Julio et adorare al so papa Andrea, già per lor Concilio fato, che a suoa voce pina bisognava che lor cridasene — Papa Andrea, papa Andrea —. E poi ie devano in suso al cole et so cape tagliavano, faciando lore come ut supra. Ulterius quanto ale vergogne dele povere sventurate mischinelle done, io laso ad voi, discrepto mei licture, iudicare. Che piacere dovea eser quele de lor Franciose ed altre, siando lore patrone dal tucto: tamen per suoa passione de tale svinturato, qualque cosa per questo ve farò intendere, secondo che a mi fu riporto.

In prima per l'oniversità dovi lì le trovava, teneano de falcone, che sota suoe zinochie se le meteano, tolandone lor per so bisogne, et poi suvignando ad altre suoi amici ad beneplacipto, e poi lasandile tuctavia in camisa, che voleano la roba e l'onore. Et più, quando erano nele case d'altre, li soi povere padre e madre se le i arecogliava nele sove braze, domandandie per la morte de Dio che de sova roba lore ne facesene la voia sova; me che tale done so figliole veleseno salvare. Tamen faceano lor per contrario, che ala dita madre i era forcia a tenere nele suoe braze et lì ala suoa presentia faceano li fati soi. E s'al fuse stato alcuno so padre e madre che i avese contradito, inmediate i amazavano, come pur ne fu alquanto che prima vosene recevere la morte che mai consentire. E dele maridato qualche cosa ne vol dire. Oltra le suoe verghogne che ie n'acadea, tamen pur lore s'acordavano al mèi che lor poteano insemo, considirando lor come li soi pani era zose, che tale so cosa se retrovava dal meno danno dela casa. Mo che se sia, quanto per mio, tale zentile done, come ut supra, io credo che prima arebbeno volute recevere la morto che a tale verghogna venire per al so honore e deli soi zentilomine marite. Et al simile aria volute fare quelle povere svinturate monice de hogne lor sorta per eser lor le spose dal nostro vere redemptore M. Jhesù Cristo. Sichè la dito povera vichiarella ciptà fu presa da dito Francese et male tractata; perche in dita ciptà se ritrovava gram numaro de ghiese et multa corpora Sanctorum che tuto fune male tractato, et lore inganato come ut supra: perchè no ie valse suoa signadura de dito soi (*) capitole, come ut supra, perchè veramento, come v'ò dito di sopra, dale pene del'enferno e quelle non ie serebbe stato deferencia alcuna per al gram plorare et cridare che in dita ciptà se facea, per eser lor stato zunto inproviso e non pensatamente. Tante più ie dolea suoe fortunio per avere lore senpre sperato in dito adiutorio dal dito so campo apostolico. La quale dita ciptà remaste molte misera de hogne lor cosa et masime tucte le veste de hogne sorta de lor zentile done,

___

(*) Fol. 199 a.

per eserne in quelle tenpo in gram numaro in dita ciptà. Per al che quele zentile dona me perdonarano. Al molte lore pavonezavano, perché non z' era così miserabile dona che non volese a soi pani la coda: tamen lore tucto romastine sencia coda, perchè proter peccata veniunt adversa: che fu a dì 12 dito aperilis, die luni, hor 14, 1512, che lore presene dita ciptà sencia la suoa roca.

Ora vedando dito Francise d' avere zià roto dito canpo apostolico et prese dita ciptà de Ravena sencia dita roca, inmediate fecene intendre a quele so castelano apostolico che pensere era al soi de volerie dare dita roca. Lui ie fece resposta de noe; che una volta la S.ᵗᵃ de papa Julio in quelle loco l' avea mese, et quele volea che al cavase. Alora ie deteno una gram bataglia, et avando zià lore renpito le fose de veze e legnano, tamen non la poteno avere; per modo che vedando lore Francieso che per lore non esere al tenpo da pedere in quele loco, inmediate fecene conventione come dito castelano de volere metre con esa lui uno so sostituto. Et lui fu contente de fare de quela suoa roca quelle che farebbene tucto li altre roco dela Romagna. Et dito Franceso fune contento per potere seguire le lor vitorie.

Ora avando visto dito Senato Franceso la gram vitoria che zià lore avere auto, per non volere al tucto disfare al teritorio de dita ciptà de Ravena, fecene partire dito so canpo da dita Ravena et andò ad alozare ala suoa vila de Massa, di verso Cervia, per tucta quela suoa rivera, tenporezande lore per insine che suoe nove fuse retornato de Ferancia, overe de in altre so loco deputati, per saper al tucto al tema de quele che lore avesene a fare. Et lì steto dito canpo per insino a dì 5 dito mai, die mercurio; e po' se partì et vene ad alozare molte repintinamente in la nostra Vila Francha da Forlì; che potea esere cercha l' ora vigesima seconda. Et lì stevano como gram vizilio (*).

. . . .

A dita nostra ciptà de Forlì, corande gli anni dal Signor 1512, a dì 14 dal mese d' aperile, die mercurio, cercha l' ora decima quinta, se dete zoe al nostro popule al Concilio Pisano in queste modo e forma. Conciò fuse cosa che avando zià al canpo Francese rote al nostro canpo apostolico et sachezato la ciptà de Ravena, per volere seguire la lor vitoria, per suo Senato fu electo et criato e deputato quiste dui soi infrascripto Comesario che avesene a venire a nostra ciptà de Forlì, come lor feceno: che fu a dì dito, cercha la matina. Al nome deli quale fune quiste: al primo M. Piero Jacomo da Mantua; second, uno M. Andrea cappe de Stradioto de conpagnia de cercha quatordese cavale. Arivato che lor funo, di subito fecene domanda de nostra ciptà al nostre Senato per via de suoe litre a noi mandato, pregando lore che breviter noi ie dobiamo daro risposta. Alora al nostro Senato particolaremento che in dita ciptà se retrovava fune quiste infrascripto: al primo se fu uno Zecho da Pamsecho del numaro deli nostri Signore Conservatore; al secondo, M. Nicolao Torniello; 3, M. Bernardino Solonbrino, tramedui legum doctor; 4, S. Stasio de Prugnolis al presento canzelerio de nostra magnifica Comunità; 5, S. Paulo de Guarino; 6, Jacomo dal Toresano antiano come la representatione cercha de 60 conpagne. Altre particolare, zoè dela ciptà e dal contá; infra li quale i era quiste homine de fama: al R.do M. dom Jacomo de Masa canonico de Santa Cruce e Andrea da Pontrole, Lodovico d'Ancona, tucto ver nobile, perché veramento questa nostra magnifica ciptá al presento facea più de 25 milia anime tra ciptá e contá, che al presento n'era absento cercha 25 mía, che per modo alcuno non se retrovava per nostre teritorio dentro e di fora ziá più de mile anime tra picole e grando, e la più parte zente decrepita. Le quale se retrovavano per la più parte nel teritorio del signore Fiorentino per paura che ziá lore s' aveano meso dela forcia dal gram brazo del canpo de dito Franciose, perché lore se erano absentado come sentino esere roto dito canpo apostolico et esere andato tanto repentinamento, che al padre e la madre aveano lasato li figliole et la moie al marito et al marito la (**) moglie et dito fiole lore padre e madre fratelli e sorelle et altre de singolis. Et le molte poco sapevano dove lor doveseno andare per suo tanta repentina partita, lasande le lor case aperto, pieno de hogne so beno, et non avando lore respeto a niuna lor cosa; che veramento io credo che per tale nostra gram paura che dito Franciese se posibile fuse stato a noi a lasare l' anima separata dal nostre corpe, che le multe l' arebbene lasata per salvare in quele estanto le lor corpo, per aver ziá intese la gram lore crudelitade et sanguinosa fato per dito Franciese a queste povere svinturate ciptade, zoè Bresa e dita Ravena.

Ora tornare voie a decidere la definicione dal dito nostre Senato romasti e la conclusione de nostra ciptà. Viste che lore abbe dite soe letre per brevità cercha le dite sesanta homine particolare tra ciptà e contà, come ut supra, tucto de conpagnia andone ala nostra porta de Schiavania, dove quele tale lí s' atrovavano presentialemente. Arivato che loro fune, li fecene intrare in dita ciptà e convoconse le l' oratorio de Santo Spirto, non tropo lontano da dita porta per la via Flaminia, et lì per lore oratore ie fu fato questa domanda dicando: — Nobile viro et in Cristo amantissimo, come vostre Nobilità pone avere inteso, noi de novo ve domandema per parte del nostro sa-

(*) Fol. 200 a.

cro Concilio Pisano de volontà et comisione dela sacra M.^{tà} Re Cristianissimo Lodovico Re de Ferancia e de tucto al so concilio, et masime de monsignor R.^{mo} Legato de quello, zoé cardenalo de Sam Sovrino, la vostra ciptà de For' a peticione ed instancia dela sancta romana Eclesia et sota la iuridicione de quelle ver papa che serà criato et electo e deputato per dito so Concilio Pisano: et voi pregandive, esortandive et confortandive per tucto lore parte che a questa volta vostre Nobilità voia bene aperire li soi hochie et horechie et cognosere al gram pericole che voi ve trovato, per eser roto vostro canpo et prese dita ciptà de Ravena sanguinolentomento come la era. Et contrafasande voi, inmediate dite nostre canpo venirà ali dani vostri, et metande dita vostra ciptà in preda, come veramente voi potite bene esere certo. Sichè, care dilecti nostre, piato mo quele bom partito che per voi pare, che preste noi siama resolto per volere seguire nostra vitoria —: considirando lore che per al proverbio spando, chi á al tenpo non debia aspetare al tenpo, come ut supra (*).

Alora intendando nostro Senato le sove gram preposto come le suoe eficacissimo rasone, et recordandise che l'anno precedento 1511 era stato inela nostra ghiesa dal sarafico S. Francescho a predicaro al dito venerabile in Cristo padre M.° Tadio da Rovigo dito so frato minore cercha al mese de hotobre, e quelle avere a nostre popule anonciato più volte che noi se dovesene mendare deli nostri male operare et l'une contra l'altre de noi volerce perdonare, et che noi se volesemo recordare che al' asoncione del nostro vere Redemptore lui ad noi se lasò la sancta pace in tera e la gloria come lui portò, et eciam amare al prosimo come si modesimo, e dicando ale done che volesene lasare la suoa tanta sensuvalità et vanagloria et che lore se dovesene mozare le lor caude per nonn esere dela conpagnia dal diavole; et contrafasando lore, che ie cometia per parto de Dio che loro dovesene aparechiaro suoe veste dala bruna come suoi vili da corute, che veramento lui era certissimo che non pasarebbe tucto l'anno prosimo ad venire, zoé 1512, che veneria zente contra zente barbaro in Italia, che mai per nui se erano inteso, che se cazarano de nostre case faciandese lore come li fati patrone e noi come leparo, batandise, tolandise la roba, l'onore et le molte altre cose, et masime nostre absentare, che veramente tucto e più sone venuto avere per questa nostra ciptà et eciam per la Romagna, perchè noi avema auto cor Faravonis inverso l'onipotento Idio per non avere volute credere a dito so predicatore, tronba divina. Al quale so predicaro era cercha l'ora dela chionpeda. Sì che, dilecte nostri lectore, abiato paciencia: come brevità l'ó fato, a ciò che quilli che da po' nui posano inpararo a nostro costo che da tale fortuna poterse guardare. Alora avando intese al tucto nostro Senato, dicto signor Zecho Pam-

secho se levò suso et a dito Comcsario Francese ie fece questa resposta nomine dicta Comunitatis; che lore erano contentisimo de fare la
voglia suoa, zoè da dare dita nostra ciptá i' nomo de dicta sancta matre Eclesie, come se conteno in dita suoa domanda. Et lì per quili
tale fu aceptada conclusivamento. Et poi fato queste, fecene intrare
dentro dito so reste de cavale che erano romasti di fora, come ut
supra; che fu a dì 15 d'aprile dito in l'ora predicta, come ut supra, 1512. Fate queste, in quele loco fecene colatione como so gram
(*) contento. E di poi inmediato dito Comesario vose che fuse fato
gram numaro de cara de nostra vituaria: e fevase per la pu parte
nela nostra chiesa de Sam Dominico, dove in quele loco i andava
molte done nostre miserabile ad aiutare, et hogn'omo i andava volontiera per la gram paura che lore aveano, come ut supra. Fate
queste, per nostra Comunità fu alecto uno nostro Piero Paulo alias
l'Amoroto che avese andare in canpo per uno salveconduto da potere
portare a salvamento e tornare dito vituario, como lore feceno; per
al che più nòi lasone mancare vituarie per le nostre gram vizilie;
per al che zorne e note dito Comisario stevano a cavalo a sulici-
ptare.

Et infra queste tenpo fu forcia a nostro Senato de criare dui altre homini deputati che avesene la cura sopra le case de nostri dite ceptadino absento, come ut supra, che erano romasti aperti, perché era fato gram numaro de barufaldo terere e forasteri in dita ciptà che andavano a dito case tolando so grano e vino et altre cose,
e tucte le vendea, et trabaldavalo fora de nostra ciptà: per al che
fu alete quiste dui infrascripto homine, zoè uno dito S. Paulo de Guarino antiano et M.° Batista alias Meladina Rezano et sarto, le quale
presene tal cura come l'aiute che ie dea dito Comisario et proviste-
ne a una gram parte. Dato che fu tal ciptà al dito Concilio, di subito dito S. Stasio al fece intendro a tucto al resto de nostro Senato
absentato, come ut supra, pregandie che lore voleseno tornare ale lore case a ciò che le non andasene in perdicione, come ut supra; perchè queste era de volontà et comisione de dito Comisario Francese,
et che per niento lore non dubitasene de cosa alcuna, che lore ie
faria fare al dito Monsignor Legato che cautione che lor voleseno.
Tamen non ne vose tornare niuno per al presente. Allora avando inteso dicta parte Nomaia, che al presente erano absento da nostra ciptà de Forlì, et per la mazore parte in dito canpo francese, che parto Maratina era tucto fora de nostra ciptà, como ut supra, deliberone
come al contento de dito canpo de volere retornare a Forlì suoa
patria a rinpatriare come lore fecene: che fu a dì 15 dito, die iovis.
Arivato che lor funo, di subito fu mese per castelano dela roca de
Schiavania uno deli suoi primato de dita suoa parte, chiamato Zoha-

(*) Fol. 201 a.

no Spigha, et nela porta de Sam Piero uno so Nicolò dal Piasentino.
Alora intendande nostre castelano che non se era volute rendre (⁕),
che dita ciptà se era rebelata a dito Franciese, et avere mese tale
castelano in dito porto, comenciò lui a usire fora de sova roca gram
n.° de suoa zento, faciando soccorerie per insine ala piaza; per al
che da lore vene prese quiste dui infrascripto de dita parte Nomaia
che continuvamento stevano ala guardia et cura dela dita roca; che
fu a dì 19 d'aprile dite, die luni. Per al che lore stetene in dita
roca per insine al piaito fenito; e poi, secondo li nostri reporte, ie
fu forcia a metrese la taglia tramedui; zoè Ludovico duquato cento
d'ore; al conpagne, a mi incognito. Alora vedando dito Comisario
Franciese che tal borgo de Ravaldino era asidiata dal dito castelano
et ecia' che dita parte Nomaia asai dubitavano che dita parte Moratina de note tenpo non li metese drentro dito castelano, per al che
tucto lore non fusene tagliato a peci, per eser dita cipta male fornita d'aiuto da soldato, che tuto stevano in canpo per eser romasti
non tropo potento a dita nostra rota; tamen uno Galete Itanaldino
deli primati de lor parte andò in canpo suplicando a lore Senato, come ut supra: per al che lore ie mandone dusento fante talici per la
più parte napolitane; che fu a dì 21 dite, die mercurio, che lore introne. E intrato che lore fune, tale soldate mandate per dita parte
Nomaia, come ut supra, per la mazore parte fune alozato nele case
de dita parte Moratina, le quale zorne e note stevano ala custodia
dela dita roca, dubitando lore del dito castelano, come ut supra. A-
rivato che lor fune, l'altre zorne, a dì 23 dito, la noto prosima advenire, dita parte Nomai fece inpicare uno chiamato al dito Morete, zià
familiare de M. dom Bartolomio Moratino, ali fenestre dal palazo di
Signore per eser lui i' norma contra dita parte Nomaia per avere zià
morte lui uno parento de M. Gaspara Bionde et parento del dito Galeto condusitore de dita fantaria, al quale per favore avea morte in
suso la piaza de Forlì. Per al che, secondo al mio vedere, dito Galeto ie ne feze portá a lui la gram pena. Alora intendando dito Comesario che pare che nostra ciptà non sia bem d'acorde, ie mandone
cercha dite 300 Vaschune, che fu a dì 23 dito, die veneri; le quale tute erano capilite. Et per la mazore parte alozone nel bor' quarteri de Sam Piero. Le quale erano homine molte contraverse, perché lore voleano alozaro a so peneplacito, donde a lor parea: perchè
nostre Senato (⁕⁕) ie volea alozare per via de soi boletino: tamen
non al potene fare, che lore s'alozone al so senno, come ut supra.

Alora vedando nostro Senato che dito Vaschone molte male ie tra-
tava, et per eser lore poco non le timia, et male lore ie potenno
provedero, per al che lore s'adunone e de novo lore feceno ferma

(⁕) Fol. 201 b.
(⁕⁕) Fol. 202 a.

deliberatione de volere de novo scrivero a nostri absente che per l'amor de Dio lore vogliano retornare ala suoa patria de Forlì, che oramai più lore non ce pono duraro nè resistre ale gram danno che ie facea dito Vascone nele lor case: se così farano, salvarano le lore suoe case e robe; et che per parte de tuta dita parte Nomaia ie faceano intendere che quante per tute lore non dubitasene de cosa alcuna, che sopra la suoa fede lore dovesene retornare a renpatriare, che erano molto contento. La quale dita litra scripse dito S. Stasio Prugnole per parte de dito so Senato et de dita parte Nomaglia: tamen a queste lore fecene resposta che per modo alcuno non voleano retornaro, nè per sua roba e case, nè eciam per alcuna promesione de dita parte Nomaia; considerando lore, chi fa li capitole li po guastare: et quando lore piaccrà, che a casa lore retornerano. Alora intendando dita parte Nomaglia tale resposta fata contra lore per dita parte Moratina absento per le poco lore fede che contra lore aveano, tucto se convocono insemo e de novo constituvino de volontà del dito so Senato uno dito so anbasatore, chiamato S. Jeronimo figliole de uno Piero Francescho Albecino nobile nostre forliviensis et homo neutralissimo, al quale, per esere ancora lui deli absento, era venuto a dita ciptà per qualque soi ocurentie. Et cognosande dito nostro Senato e dita parta Nomaglia la gram bontà et prudentia e fede de questo dito homo, al feceno chiamare in dito so conseglio pregandole se lui volea tore tal cura d' andare per lore parte a dita parte Moratina et quela pregare, exortare et confortare che tuto lore doveseno venire ale lore case a renpatriare, et che lore per modo alcuno non doveseno avere alcuna dubitacione inverso de lore, che tucto lore voleano esere suo buom patre e fratelle come de prima; et lore intendeano che questo fuse la suoa (*) ultima volentà. Et a queste lui respose et aceptò molte volentiera tale suoa anbasata, et prometando lui sopra la fede suoa che tale cosa a lui ie basta l' animo de conducere a bom porto, quando sia la verità de quelo che lor a lui i ànno promesso. Et partise et andò quase per tucto al zoe del'Alpe deli signure Fiorentino propinque da noi, dove in più loco se retrovava dita parte Moratina absento, et masime nel Castello de Duadula, dove lì se retrovava presentialemento quiste infrascripto: al primo, al magnifico zeneroso cavaleri e conte M. Bastiano zià d'Andrea Moratino et al presento cappe deli nostri magnifici S. Conservatore de dita nostra ciptà de Forlí: al secondo, Lodovico Albertino spicialo, so misero: tercio, Andrea de Minghe dito so conpagno, Conservatore: 3, M.° Bartolomio Lonbardino: 5, Piero Francescho dito Albecino, padre de dito autore: 6, S. Cristofano dito Albicino: 7, S. Francescho Maldento, al presento Sindico de dita nostra Comunità: 8, S. Jacomo de Corobino: 9, S. Andrea Valeria: 10, Piero Martiro de

(*) Fol. 202 b.

Baldo: 11, Tibaldo Aspino: 12, Piero Nicolò Fachino come suoa famia: 13, Bernardino de Girardino come soi altre fratelle. Et le molte altre nostre sacerdoto, come fu M. dom Jacomo da Masa, M. Jeronimo Castelino, dom Zentile Corbino, dom Jacomo Civinello. Queste sono quanto ala civilità del' una parte e del' altra. Et poi dito horator prepose a dita parte Moratina quanto a lui era stato inposto. Le quale per suoa congregatione romase come ferma opinione de fare de volere fare la voglia de dito horatore. Et al simile avea facto quili che se retrova a Castrocare, prometando come ut supra. E de poi lui tose una guida che al guidase per tucto al resto de dito zove del'Alpe, dove se ritrovava M. Jeronimo Moratino et S. Bartolomio Exselio et tucto el resto de dita sova parte, caminando quase tucta quela note et parte del' altre zorne per suoa granda iubilatione che lui se avea de fornire de fare hogne suoa promessa. Et secondo lui, tucto remastine de volere fare la voglia et preposta dal dito horatore. Intese che abe dito M. Bastiane talo oratore, se partì come dece conpagne cantando et vene propinque a Forlì a Remondeto, a una suoa posesione, faciando intendro a Galeto Ranaldino dela parte Nomaia, parento de dito Moratino, che lore venea in quele loco a cena, et che lui dovese venire a cena come lore: ance feze per contrario, che i andò dreto (*) a cena armata manui, incognito, come gram numaro de quili de dita suoa parte, come schiopito ed altre cose, sole per volere piare dito M. Bastiano e soi conpagne, e de quilli fare lui la voglia sova. Tamen, secondo al nostre reporte, dite M. Bastiano e soi conpagno se schapulone ala segura nel teritorio del Castelo de Medula.

Alora intendando dita parte Moratina che al dito e la fedo dal dito S. Jeronimo oratore era stato per contrario, come era stato uno tratato dopie, et masime dal dito Galeto, per eser lui parento et benivolo del' una parte e dil' altra, como ut supra, et eser lui stato in casa suoa deli prencipale, che lui avea pregato dito S. Jeronimo che volese tore tal cura et più volte dato la suoa fede; tamen per eser lui stato per al contrario, che lui è stato al primo autore a venire a tale tradimento, como ut supra; per al che dita parte Moratina molte se inanimone contra de lore, faciande lore ferma deliberatione de venire a casa a so dispeto et lore cazarie. Fate questo, dito M. Bastiano et uno so Zohane Andrea pure Moratino se partino et andone a Roma. Alora intendando al nostre Senato che le deto parte non ce sone acordate insemo, per al che li absento apano potute tornare a casa, per tale via e modo che lore tucto insemo arebbeno provisto a dito Vaschuno che in tucto non arebbene consumato le lore robe e case come lore faceano, nè eciam la roca non aria bursato tanto dele case dal borgo de Ravaldino, come lore aveano facto

---

(*) Fol. 203 a.

per dispeto dela ciptà, che zià se era reso al dito Concilio Pisano, come ul supra: per modo che dita nostra Comunità mandò queste sopra scripto R.do padre priore de Sam Dominico dala nostra ciptà de Forlì, al quale pare che lui fuse so amatore de quele so Senato Francioso: per al che suoa Paternità per suoa parte avese obtenere quale suoa bona gratia come dito so Senato de mandare qualque so Comissario, per al quale lui s' aveso ad liberaro dale grande astrusione contra dito Vaschuni. Per al che avando intese dito so R.mo Legato tale so male operare de dito Vaschone, di subito ie mandò Comesario novo, zoè uno chiamato dito M. Zohano Tomaxo, nobile napolitano et homo neutrale, al quale lui insemo come quele altre soi Comesario primo che preso dita nostra ciptà, chiamato M. Piero Jacomo, nobile mantuano, che quisti tale apiano (*) a provedere ala gram rabia de dito Vaschuno e dito castelano per insine ala venuta sova a Forlì de dito M: R.mo so Legato; la quale non serà tropo deinstanto. Arivato che lui fu, di subito lui fecene andare uno bando, che da quele zorne innante non fuse persona alcuna de che grado e conditione volese eserre e sia, che da mo inante portare alcuna vituaria fora de nostra ciptà sencia boleta, nè eciam segare grano in canpo, nè eciam fare cosa agrata a dite Vaschone contra dita nostra Comunità. Alora dite Vaschune avaude intese tale nova, di subito montone in colara et comencione a far male e pegio non avando alcuno respeto a loci piatuse et masime ali frati de Sam Jeronimo, che ie daseano la bataglia et masime a robe da manzare, che in quele loco erano stato riposto. Alora i andò dito M. Zohane Tomase, caciandoie via come bone suoe bastonade. E poi andone a casa de uno nostro nobile Jacomo Fachino, et lì fene al simile. Alora fu fato intendro al dito M. Zohano Tomase, per modo che molto volentiera in quele loco andò: tamen dito Vaschone se mese a defesa, che lui fu forcia de quele loco partirse; perchè ie veneno come l' arma adose. Fato queste, vedando lui la sova gram superbia et poca hubidentia avea lui da defendrese, ie parbe a lui al mèi a cedre alquanto ala fortuna, e tornò in canpo per insine ala venuta dal so dito M. R.mo Legato; perchè tuto nostra povera sventurata ciptà l' adorava per santo, per avere al so alturio: tamen romaste lore al' arma de Jhesù Cristo per insine a dita venuta dal dito Monsignore, come inento ad plenum parlarò.

Ciptà de Forlì presa d' acordi dal canpo franceso.

Al prefacto R.mo Monsignore so Legato dal dito Concilio Pisano, zoè cardinalo zià figliole dal signore Ruberto de San Sovrino, che al presente era intradito da Julio secondo pontifico per eser lui andato

(*) Fol. 203 b.

come certo soi altre cardinalo contra suoa voglia al' adiutorio dela M.^{tà} del Re Cristianissimo Lodovico Re de Ferancia, per al quale suoa M.^{tà} insemo come suoa lega aveano facto chiamare dito papa Julio a so Concilio Pisano et non comparse, come ut supra; sì che per le rasone asegnato dito M.^{re} era venuto a piare la vera posesione de dita nostra zità, auta sencia suoa roca; et quela al presento lui sole è venuto per spugnarela: che fu a dì 3 dal mese de mazo, die luni, zoè al zorne benedeto dela inventiò dela santa Croce ('). Et avea cercha 70 cavale per suoa conpagnia. Et vene cercha al' ora decima quarta, che nostro Senato non sape cosa alcuna. Arivato che al fu, andò ad alozare nele case deli aredi de M. Lufo Nomaglia. Alora nostro Senato l' andone a rivisitare quele poco che se retrovavano; tamen lui non ie vose dare alcuna hodentia, salve che per uno so Auditore, chiamato M. Julio ie feze respondro a confortarie che lore doveseno atendro a provedero che al so canpo no ie mancase vituaria: niandie, dito canpo molte ie poteria nocere contra suoa voglia. Sì che per al che, secondo li nostri reporto, che lui non i avese volute dare hodentia, sole era stato che dito nostro Senato a suoa venuta no l' aveano solenizato como convenea a tale Legato apostolico, per essere zià dita nostra ciptà al dito so Concilio Pisano, come ut supra. E dipoi inmediato avande lui fato zià venire sete bocho d' artegliarie grose da potere spugnare nostra dita roca per volere castigaro dito so castelano che avea fato tanta guera a nostra ciptà, et avere zià brusato tanto nostro case come lui avea; per modo che fece pore tre boco de fogo grose per la via dala ghiesa dai Servi et comenciò a fare trare ala nostra in al torione che se ritrova di verso Forlì e di verso Faencia, et quele comencione abatre. Tamen poco ie poteano fare, che dito castelano molte bene s' avea lui reparato come veze e tinazo tolte lì propinque i' nostre case: tamen però non faceano però tropo gram traro; per modo che dito castelano dela gram forcia de dito Franciose, tose lui termene otto zorne prosimo ad venire da poter fare intendro ala S.^{tà} dal papa che ie dia mandare tal secorso, per al quale lui se poteso salvare dale forcio del dito gram bratio del Re de Francia. Et non venento secorso alcune, lore feceno quiste capitole: che dito prefato castelano sia salvo lui e suoa roba et eciam hogne soi famigliare, et che tale debiano esere pagato de hogne suo servito per insine al prexento. Le quale dito suoi capitole ne fu rogato uno nostro notario dito signor Stasio de Prugnole.

Fato queste, dito Monsignore Legato, credando veramento che tale secorso per dito ('') castelano non potese venire a nesuno so adiuto, fato queste dito Monsignor montò in pratica de volere fare che dita Comunità volese pagare questa emenda, che potea eser cerca doe milia duquato. Fato tal determinatione, dito Monsignor comeso al dito suo Auditore che facese che tale nostro Senato avesene a comandare et adunare al so conseglio et in quele prepore come ut supra. Adunato che al fui, dito Auditore ie fece questa preposta, come lui ie volea dare una bona nova per parto dal dito Monsignor, che se tale Senato volese eser contento, che infra termino de otto zorno prosimo advenire de' pagare la emenda al dito castelano deli dito doe milia ducate, che lui se andarà con Dio, et dito Monsignor se partire' dali dane nostri come dito so canpo franciese. Fate tale preposta, dito Senato fece comandare al so Conseglio zeneralo, perchè poco persone se retrovava per esere absento, come ut supra. Adunato che al fui, per lore fu resposto che mai per lore sirebbe posibile che tale emenda lore potesene pagare; mo che breviter lore scrivirano al resto deli suoi Mazor et Senato che sono absento, et che breviter lore ie responderebbe. Per modo che per dito cancelerio S. Stasio a lore fu scripto a tucto li nostre absento tale preposta fata per dito Auditore: casu che lore no i voa retornare, ie sarà proceduto dreto per ribello come la confuschatione de lore bene. A queste lore respose, dicando che lore non se credano d'esere fora de suoa patri le tri quarte deli nostre animo abitanto in dita ciptà; ance lore erano usito fora per la gram paura dal cortello de dito canpo franceso, come ancora aveano facto li nostri convicino, zoè Imola e Faencia et Forumponpili: si chè per le rasone asegnato lore non se credevano de esere in pecavisti, per al che contra lore fuse de iure proceduto. Et che quando lore cognoserano esere al tenpo de venire a casa, che lore virano quando a lore piacerà. Intese che lore abene queste, mostrone tale sove litre a tale Auditore, dicando che lore mai serebbe posibile a pagare tale doe milia duquato per le rasone sopra asegnato.

Alora dito Auditore montò in suso un'altra pratica, dicando se tal Senato non poteseno fare quele, che almanco voleseno faro queste altro; zoè che li homine da Cervia veleano daro (*) tanto salo de valuta de duquato 1500 d' ore a Monsignor R.mo so Legato da potere dare la suoa prima paga al castelano dela roca de Ravena, che almanco lore nostre Senato i al volesene fare portare ala ciptà de Ravena come suoi boi, che farebbene cosa agratissima al dito Monsignore; perchè al popule Ravenate non al pone portare per avere loro perso suoi boi. A queste dito nostro Senato fecene resposta, che queste per modo alcuno non al poteano fare: la rasone era questa, che lore i' nostra ciptà non aveano obidencia alcuna; e più, che tucto nostri boe se trovavano absentato, come ut supra. Non estanto questo, dito Auditore, chiamato M. Federico Bogio Lonbardo, per eser stato lui Comesario Ravenato, ie fece a nostro Senato questa altra preposta; che siando lui retornato ala ciptà de Ravena, dove che

(*) Fol. 205 a.

dito Monsignor R.^{mo} Legato avea zià prestato duquato 1000 d' oro al dito populi Ravenate da dare la paga al so dito castelano, et che confortaria grandamento dito nostro Senato che ancora lore, volande-. se dignaro Monsignor de fare a lor tale prestancia, che le dovesene tore come certe tenpo a suoa restitutione per abreviare le lore cose de torse dito canpo dali lor danno. A queste respose dito Senato, che serebbene molte contento de fare quele quando lore le poteseno rendro; mo, per non ce esere soi Mazure, non poteano promettre de fare né l' uni e né l' altre: per al che dito Monsignore molte contra noi remasti turbate, avande zià lui caciato li Vaschune et fato venire cerca doe milia Todischo, le quale tucto erano helementato da nostre Senato. Tamen dito Monsignore per eserie le molte venturere, lui fece andare li bande che s' avesene andare con Dio: tamen non se voleano partire: per al che le multe lui ne fece ligare a suoe care dal' artelaria per so dispretio per fare paura ali altre.

Infra queste tenpo vene nova che dite canpe Franciese se cogneva levare etc.

Partita del Cardinalo Savorino da Forlì Ligato Franciose.

La dita partita da Forlì dal dito Monsignore R.^{mo} Legato dal dito Concilio Pisano se fu a dì 5 dal meso de mazo, die mercurio, cerca l' ora vigesima seconda, anno Domini 1512; la quale fu molte repentina, perchè inmediate (*) lui fece levare suoe artegliarie da dita roca et le fece menare in dito so canpo, al quale era alozato nel nostro teritorio in Vilafranca, al quale era lozato prima nela Vila de Masa del teritorio de Ravena, non tropo lontano da Cervia, come ut ut supra. Fato queste, lui fece dita suoa partita et andò in dito so canpo al' ora predicta. Al quale parse ala schoperta che lui se partise come al so cordoglio contra nostro Senato per le molte rasone. Prima lui non esere stato solenezato, né eciam per nostro clerico non avere volute observare alcune so precepto d' avere volute dire né cantare alcuna mesa nel nostro Dome nela ghiesa de Sancta Croce, come lui presonalemento ie l'avea comandato, et masime a uno dom Antonio de Roseti, che sole lui era nel dito Domo, et quelle negò de non avere ancora cantato mesa: tamen i altre monasterio per modo alcuno non voseno celebrare suoe mese per suoa zià intraditoria che lore avea auto. Tamen (**) quilli Franciose et Vaschuno molte ne fecene lore dire sopra l'altare dela Croseta, che se retrova nel nostro Forum, per le anime de quile soi defonto che in quele loco erano sepelito. Et più, che nostro Senato mai non aveano po-

---

(*) Fol. 205 b.
(**) In margine e aggiunto: « lui ie ne fece dire una in dito Domo a uno deli soi: sonó le canpane ».

tuto fare alcuna voglia dal dito Monsignore, nè pagare nesuna suoa
inposta, nè eciam darie alcune caregio, come ut supra. Sichè per
tale rasone lui vene corciato como nui, e steto corciato come noi,
et partise corciato come noi.

Partito che al fui, per lui lasò Presidento li dito primo Comisario
et M. Zohane Tomaso Napulitano et dito M. Federico, et a quile comeso che infalanter doveseno reschodre da nostro Senato le dito doe
milia duquato da dare al dito nostro castelano come serà fornito hogne suo termeno, per volere lore andare ala espedicione dela roca de
Imola; et che lore tornarebene poi. Fato tal preposta, dito so canpo
Franceso se fezo suoa ultima partita da dita Vilafranca et aviose verso
Milano per retornare nel lore paeso de Ferancia, che fu a dì 6 de
maze dito, die iovis, 1512. Alora al dito Zohano Tomaso Napulitano
come suoi conpagno Comesario tosene bona elecentia per volere andare
dreto al dito so canpo. Alora al nostro Senato ie feze advertire che
lore s'aveseno a guardare da nostri contadino in dito so partimento, che
non ie faceseno alcuno so nocimento, hoferandie lore d'aconpagnarie (*)
molte volontiera. A queste lore ie ne reseno infenite gratie, dicando
lore che veramento non credeano che per modo alcuno ie facese bisogna de tale suoa conpagnia; per al che, considirando dito M. Zohano Tomaso d'esere stato senpre de continuvo zorne e note lui servo deli servo de questa nostra magnifiea ciptà a tuto nostre necesità
e bisogne, come a lore ad ogn'ome era manefesto, sì che per le rasone asegnato lui non credea mai che per lore ie facesse bisogna
suoa conpagnia. Et lì se partino come le suoe lagreme sopra li soi
hochie per al grando amore che lui portava a dito popule de nostra
ciptà. Partito che lore funo inmediate uno gram numaro de nostre
dito vilani, che bem liciptamento se pone chiamare vilano, andone
ala volta de dito Comesario, sole per volerie svaliserie; per al che,
vedando questo, a lore ie fu forcia a retirarse propinque a nostra
ciptà per suoa salvatione, per insino a tanto che lore fecene venire
uno suo squadrone dal so canpo per lore; per modo che tale dito vilano alora fecene come fanno saco de gato quando le sone aperto,
che tuto o per la mazore parto schapulone inverso al monto, et dito
zento drete; per al che asai n'amazone et prescno, come a lor bene
meritò per non avere lore volute cognosere la buona fede e gram
servituto per lore et per noi receuto inverso al dito M. Zohano Tomaso. Tamen dito canpo, quando funo per al teritorio de Faiencia e
di Imola et masime soa roca, pure ie repugnone.

La ciptà de Forlì tolte a' Francese et corsa per la Ghiesa.

La dita nostra ciptà de Forlì recorsa per la Ghiesa per al caste-

---

(*) Fol. 206 a.

lano de dita nostra roca; conciò fuse cosa che avando prese al Concilio Pisano i' nome dela M. tà de Lodovico Re de Ferancia e suoa lega dita nostra ciptà dè Forlì et zià averela poseduta da 14 dì dal meso d' aperilo prosimo pasato per insino al presente, che fu a dì 6 dal mese de mazo, die iovis, 1512, che dito Conciolio Franciose se erano partito, et quela abandonata; partito che lor fune, di subito al dito nostro castelano mese fora de suoa roca al so capitanio come alquanta suoa fantaria et vene lui presentialemente dito capitanio in palazo nostro magno et lì fece intendr a' nostri magnifici Signore che (*) lì se retrovavano come lore voleano recorere dito nostro Forum et de dita nostra ciptà a peticione ed enstancia dela sancta romana Eclesia: tamen suoe resposto a mi incognito, perchè lui vene zose et corse dito Forum come certo altre nostre homine sencia niune de lore, tuctavia cridando lore a suoa voce piena — Ghiesa, Ghiesa; Julio, Julio —. E poi fecene suoa retornata in suoa roca, come ut supra.

Ora avando intese dita parte Moratina che zià parte Nomaglia se era absentato da nostra ciptà, et eciam avando intese al tucto al nostro popule absento che al canpo Franceso se era andato con Dio, et zià recorse nostra ciptá per la Ghiesa per dito nostro castelano come piena rasone, per al che lore fecene piena deliberatione tucto volere retornare ale lore case a renpatriare. Tamen a dì 6 dito, che fu corse dita ciptà, la note prosima ad venire, se partì alquante zuvene de dita parte Moratina et de noto tenpo veneno dentro et zachezone questo infra scripto case de parte Nomaglia. La prima se fu quela de uno S. Andrea Valeria, che al presento se retrovava nel castelo de Duadola amalato. La seconda fu quela de uno nostre nobile Simone de Zafo tintore: tamen a questa parse che li Signuri i andasene a secorere, secondo al mio riporto. La tercia quela de dom Antonio Caputlupi. La tercia (sic) quela de Galeto Renaldino. La 4, quela deli aredi de M. Maso Maldento. La 5, quela de Vicentio Codefere. La 6, quela de Jacomo d' Antonino da Milano. La 7, quela d'Andrea alias Conpadrino di Tomasole. Et in questo arivò la matina per tenpo M. Jeronimo Moratino et le molte altre soi nobile. Arivato che lore fune, di subito ie tosene le arme dele mane, che a lore molte ie rencresea de tale cosa, et lì lore fecene che tale soi delinquento meseno fino a tale suoa dánza per quela volta. E di poi a dì 25 dal mese di zugno andone dita parto Moratina come bandere e tanbure a brusare li ricolto dal dito Vicentio Codifero, 1512, a dispeto de soi lavoratore ale posesione dal dito Vicentio.

Ora intendando al resto de nostro popule tale estrusione, quase hogn' ome retornone a casa: pur alcune lasava le done e la roba, dubitando ancora dela forcia de tale Francieso, che erano fermo dre-

(*) Fol. 206 b.

al' isola de Peschera, che più non tornaseno: tamen nostre dito populi era stato bem visto et acareciato per dito teritorio Fiorentino,
et masime sopra tucto li altre loci nel castelo (') de Duvadola, perchè per la gram forcia de dito Francieso che dito Senato Fiorentino
era colegato ala sacreta in suoa lega; per modo che più volte quele
sove castelo, dove erano aloziato li nostri, li soi capitanio, overe
rectore, mandavano le bando che più noi potiseno in quele abitare.
Tamen per suoe benignità ala coverta tucto lore se portone per insine a dita partita de dito Franciose; et masime dito castelo de Duva-
dula sopra tuto, et senpro ad noi come suoa bela facia confortandi-
se senpro.

L' anno 1512 come suove infortunie.

Del' anno prexento 1512, come ut supra, fui le molte varie cose
sopra la tera, inducto per le costelatione celeste abe eterno ordenato in mento divina. In primis comenciò a dì 11 dal mese de mazo la
quarta dela primavera, et fui molte fredosa et tenperata in suoa natura, perchè al corso lunario andavano inanto l' una al' altra, go-
dando lore l' une mexe per l' altro. Et in questo fu al bisestri. Item
valse al grano per tuta quela libre 3, s. 5; L. 3, s. 10: al vino
valse L. 9, 10, 11, 12 l' asazo: foglia de more valse al centonare
solde 18, et valse L. 1, 2, 3, 4, et erano molto cativo le foglio,
per al che la mazore parte de dito vermiseli se infermone e morino
per la posancia dal dito bisestro; tamen quile che canpone non fune
bone de cosa alcuna, perchè valsene solde 5, 6, 7 la libra. Et più
ancora, che in dito anno fu la rota da Ravena contra al nostro canpo apostolico et regalo; per al che tucta la Romagna molte male le
cose pasone, conciò fuse cosa che per la più parte de noi populo
s' areduseno al' Alpo nel teritorio del Senato Fiorentino, per eser lore in lega ala coperta come la M.ta de Lodovico Re de Ferancia; per
la quale sova lega avea roto dito canpo apostolico, come ut supra.
Per al che per la forcia dal dito bisestro, de volontà divina, come
ut supra, noi fune male tratati.

La quarta estiva comenzò a dì 13 de zugno. In questa valse al
grano novello s. 55, 50 al stare; e po' l' ultima mediatà de luglio
valse s. 35, 36; e poi la prima mediatà d' agoste tornò a s. 40 al
stare. L' uva ale vendemo valse al care 10, 11, 15; vine, come ut
ut supra. La quale quarta fu in suoa natura poco infermità.

La quarta hotonale fu tenperata. Valse al stare dal grano la prima mediatà de setenbre s. 43, e la prima mediatà d' octobre valse
al grano s. 52 al staro; et per tuto novenbre valse s. 55, e de novenbro retornò (**) al staro del grano a s. 55, et per tuto al mese

de decenbro retornò a s. 50. E poi la quarta vernata fu freda e secha in suoa natura insine ala natività dal Signore. E poi zenaro et febraro come multa nevo, siguitando suoa natura. Per modo che questo anno fui per noi come tre male pasque, como ut supra.

Cardenalo de Mantova ven Legato de Bologna.

Al prefacto Monsignore R.^{mo} Cardinalo Mantuano M. Sisismondo da Gonzagha, queste anno dal Signore 1512, la S.^{tà} de Julio secondo pontifico insemo come li soi conpagne signor Cardinalo, siando stato caturato ala rota de Ravena l'altro so Monsignó de Medeci Legato dela Proventia dela Romagna, le quale lore constituvino et criò e deputone dito Mantovano in quelle loco insemo come la Excelentia dal so capitanio M. Zohane Francescho dala Rovere Duca de Orbino, le quale avesene a retornare in dita proventia dela Romagna de voluntà de lucta suoa lega, zoé la M.^{tà} de Ferdinando Re Catolico de Spagna come hogne suoi ederenti, contra li rabiose denti de' Galli et Ferarese et Bologneso, como ut supra. Fate tale suoa deliberatió, fecene tale Legato suoa partita ala ciptà suoa de Rimino ali 12 zorne dal meso de mazo anno predictis 1512. Arivato che lore fune, alozone senza descritione, et masime in casa de contadino, per suoa vendicatione contra lore, per eser stato quilli che ala rota de Ravena quando tale Spagnole sen fuziva che quili tale da Rimino per la mazore parte i avea svalisato et male tratato: per modo che le povere mischino fecene asai bene suoa penitentia inanto suoa partita, che fu a dì 14, che venene una gram parte de lore al'aquiste dela roca de Cesena, et abela d'acorde a dí 16 de dito mazo, die dominico. Auto che lore l'abeno, per una gram parte de lore se partino e veneno dito Spagnolo ala ciptà de Forumponpilio per volerse vendicaro, como ut supra: per al che quando lore se partivano ala rota de Ravena, veneno lì a salvamento per eser tera suoa: tamen parse che una gram parte de lore fusene da quilli svalisato e male tratato. Et al simile fecene lore nele suoe case e robe, perchè tuto aveano sghonberato l'avere e la persona ala ciptà de Bertenore et ala nostra ciptà de Forlì; et qui bem visti et venerato tucti (*). Et al simile erano andato al castello de Medula; le quale introne in dito loco, et lì steno da dì 17 de maze 1512, come ut supra, per insine a dì 7 di zugno continuvo prosimo advenire, che senpre funo le lore patrone dele lore case e robe como so gram danno. Tamen infra al dito tenpo ie retornó pure alquanto de suoe matrone insemo como lore, che mai non fù homo, nè grando nè picole, che ie volese retornare, dubitando dela loro gram vendeta che lore i arebbeno fato. Et lì brusone alquanto case a suoa dita partita, che fu a dì 7 de

(*) Fol. 202 a.

zugno, como ut supra, 1512. E poi retornone in canpo, che zià era partito a dì 18 de mazo, die martis, et andato al'aquiste de dita roca de Ravena. Et intrato che lore fune dentro de dita ciptà, di subito detene tanta aqua nele fose de dita roca che l'afondone per insino ali cordone, batendela zorne e note; per al che dito castelano, vedando de non potere avere alcune alturie per al quale lui se potese salvare; per modo che infra lore e 'l castelano i acade certe soi capitole ad noi incognito, aterminato per tale via e modo che dito R.^{mo} Monsignore Legato et la Excelentia dal capitanio fune contento de metre uno so castelano novello in dita roca de conpagnia de quelle per observatione de lore termine e capitole, per non stare più dito so exercipto ali danne de dita sventurata ciptà de Ravena: che fu a dì 22 dito mai, die sabati, 1512, che dito castelano intrò, como ut supra.

Et infra queste tenpo dito canpo corse alquanto volte ne' teritorio de Bagnacavalo, faciando lor butino: et più, che lore bravavano dicando quili tal Spagnole che voleano venire a nostra ciptà de Forlì per sachezarela per volerese vendicarese, dicando lore: — a dita rota de Ravena erano venuto per volere lore intrare i' nostra ciptà de Forlì per so ripose; tamen, intrato che lor fune, parse che, secondo lore, da nostri Forluvese fusene sachezati et male tractati —. Et per queste lore diciano de venire et vene in queste modo e forma. In prima, avando intese nostre Senato tale so male dire, se n' erano querelato a ehi de lor potea, per modo che infra lore fu concluse, per non volere dare più danne a dita ciptà de Ravena, che nostra Comunità avese a fare le spese 5 zorne a mile fanto spagnole; et faciando queste, che più lore non venerano ali nostri danne de nostre ciptà de dito Forlì. Fata la preposta fu (*) obtenuto al partito de fare hogne suoa voglia; per al che inmediate fu previste a tale bisogne de dito speso per 5, e date a lore suoi mandatarie. Tamen fu nulla; che una parte de lore Spagnole se partino dal canpo et veneno a dì 26 dal dito meso de mazo per volere intrare dentra da dita nostra ciptà. Et come lore fune ala porta de Sam Piero, nostro Senato per modo alcuno non vosene che lore intrase, per insino che non sapeno la voglia de Monsignor R.^{mo} Legato, per averie zià mandato suoi anbasaturi, per non volere preterire suoi precepti: tamen fezene hogne suo potere per volere intrare. Tamen al popule nostre, che era a dita porta armata manu, per modo alcuno non vosene che lore intrase; per al che cerca al meze zorne una gram parte de lore se partino et andone ad alozare di verso al monte int una nostra Villa de Sam Martino. Tamen nostre popule steva como suoa gram vizilia.

Pasato la note, al zorno sequento, che fu a dì 27 dite, die iovis,

---

(*) Fol. 208 b.

arivò una parte dele zente d' arme dal canpo, sopra li quale i era
al signore Troilc Savela nobile romano, insemo uno M. Zentile Baglione nobile perosino. Arivato che lor funo, dito Senato ll ie fe' fare alcuna suoa resistencia, per iusine a tanto che per nostro Conseglio. fu ordenato che uno nostro nobile chiamato M. Bastiano Moratino eques et comes avese andare come le multe altre nostri nobili a-
la dita porta de Sam Piero a intendre la voglia de dito signor Troile
e soi conpagne; per modo che lore feceno risposta che lore non
erano venute per volere intrare i' nostra ciptá per farse male alcuno;
ance erano venuto de volontà deli soi Mazuri per volerse fare hogne
nostre a piacere. Alora dito M. Bastiano e soi conpagne come al
gram so temma fecene intrare dito signor Troile et M. Zentile et uno
so Contestabile chiamato al Gregheto napulitano come tucto soi cariaze: al reste non poté intrare niuno. Tamen quili altre Spagnole
che ll se ritrovavano insemo come i altri fecene granda instancia de
volere intrare per forcia. Et aveano prese al dito ponto; tamen a lore fu forcia che lore romaneso forra. Alozato che lor funo, quele
zorne modesimo, cerca l' ora vigesima, quilli altre Spagnole, che e-
rano alozato al zorne denanto in dita Vila de Sam Martino, ziá a-
veano fato intendre a quilli altro Spagnole che erano a dito Forumponpili (*) a castigare quili soe case, che zente no era che doveseno venire da lore per volere intrare a castigare nui, como ut
supra. Tamen non vosene venire; per al che lore se mese al' ordenanza in suo bataglione et veneno ala porta de Ravaldino, et ll comencione a dare una gram bataglia per volere intrare per forcia. A-
lora nostre popule feze dare ala canpana, sonande al'arma al'arma;
la quale tucto s' aredusene in quele loco a pugnare grandamento.
Alora nostre Senato molte se mareveglió de tal cosa, dicando al dito
signore Troilo e soi conpagne che volese provedere a tale suo incon-
veniento. Alora lore mandone a dita porta, comandando a lore che
se doveseno partire de quele loco: tamen poco conto lore faceano de
suove parole, dicando lore che nostre popule era tucto traditore per
avere bem lasato intrare al canpo Franceso soi nomice; mo che lore
non voleano che lore Spagnole intraseno insemo come multi Napolitano che erano como lore, dicando lore molte bene li fate soi. Tutavia montavo per le more per volere per forcia intrare. Tamen in
quele estanto, como alo eterno Idio piaquo, arivò uno fratello dal
nostro castelano Episcopo de Melia, al quale venea da Roma, per e-
ser stato in que' loco gram tenpo et eser lui al vere castelano. Ari-
rivato che lui fu, di subito fece gram remore al dito so fratello, dicando che lui dovea fare fare indreto tal Spagnole, avando inteso li
gram comandamento che i avea ziá fato dito signor Troilo e soi conpagne; per modo che lui ie feze fare comandamento per suoa parte

_____

(*) Fol. 209 a.

che de quele loco lor s'aveseno a partire et andarse con Dio et staro ad obidentia de chi i è mazore: case che noi, lui ie faria partire per forza, perchè la S.ta dal Papa ie conceso così che soi populo fuse reguardate; perchè se male alcune fuse andate a tale nostre populo, senpre seria stato dito che tal male fuse stato de volontà d'epso castelano: per al che a lui molte ie ne seria recresuto, per eser senpre stato de continuvo amatore de dito nostro populo et molte venerato da nui, per eser lui homo neutrale et amatore del culto divino. Fato tale comandamento lore se partino et andone ad alozare al castello de Medula e li Camineto e Dogaria, et lì fecene uno bom butino. Et infra queste tenpo dito Contestabile Grigheto più volte se era atacato i' nostro Forum como nostro homini. dicando lui la rasone de dito (*) Spagnole; tamen fune alcuno de nostro populo che molte l'abeno per malo et montone in colara per volerle amazare: tamen fune alcuno soi amico armizere che non vosene consentire. Alora dito nostro Senato, faciando como quili homine che suoi nomici apreciano, di subito comencione a fare zorne e note per quarteri gram guarde, dubitando asai che tale Spagnole non facesene qualqua nostra gram novità: tamen nostre Senato, vedando de mai non avere apudi resposta alcuna dal dito Monsignor Legato, se nè che lore aves a dare a tale soldato coperte e paglia e legno, tamen niento no ie zohava; per al che per nostro Conseglio fu alete quisti dui horatore che avesene andare ala S.ta dal Papa e a quela farie intendro che, non estanto d'averie fato le speso 5 zorne a tale Spagnole, a noi comesse da suoi Mazure, como ut supra, che ancora lore se vorebbe sachezare, tamen parea a dito nostro Senato che lore se fesene torto; perchè si bene alcuno nostri delinquento avese fate a dita rota de Ravena alcuno despiacere a lore, como ut supra, tamen erano stato pocho; perchè tuto l'altre nostro populo era absentato per paura de dito Franciose, como ut supra, noi altre non meritavano da dito Spagnole male alcuno. Al nome deli quale dito oratore fune quiste: uno M. Antonio de Chilino e Antonio Todole. La qual suoa partita se fu a dì primo dal mese de zugno, die martis, dipoi meze zorne, che lore partino, et andone ad alozaro a Castrocaro, 1512, a ciò che la S.ta dal Papa s'avese a conosere nui suoe bone pecurelle.

Francescho dala Rovere reconfermato capitanio e ven in Romagna.

Al prefacto magnifico capitanio M. Francescho dala Rovera, al prexento reconfermato dito capitanio dala Sedia postolica, questo anno dal Signore 1512, a dì 9 dal mexe di zugno, die mercurio, fu suoa dita venuta a nostra ciptà de Forlì, che venea dala ciptà de Ravena et Rimino et Cesena, per avere lui, insemo como Momsignore R.^{mo} Legato dela proventia dela Romagna M. Sisismondo cardinale Mantoano, per avere lore zià reqistato sove roco, le quale avea tolto li comisario Francioxo per la suoa vitoria da Ravena al tenpo de Julio secondo pontifex maximus. Et questo era per volere andare (*) al'aquisto delà magnifica ciptà de Bologna per suoa rebelatione. Et quando al foi ala nostra porta de Ravaldino, dove lì se retrovava li nostri Senati, zoè M. Anibalo de Baldo et soi conpagne Conservatore, per al che, arivato che al fui, intrò dentro como suoa guardia et poi lui feze comandamento a soi secretario che facesene serare dita porta che per modo alcuno non avese a intrare altre de lore; perchè dito Senato aveano proviste de hogne so bixogne et aveano mandato zià fora suove cara per la porta de Schiavania. Le quale tucto ie funo sachezato dal resto de suoa cometiva et rote le lore casone, faciando lore al pegio che lore poteano. Intendendo queste la Excelentia dal dito capitanio, che era alozato in casa deli aredi de uno Berto da Horiolo, molte se ne turboe, et de poi ie feze gram provisione. Et desenato che lui abe, andò alquanto a reponsare: tamen dita cometiva, non estanto ale predicto cose, voleano butare zose la porta de dita Schiavania per volere intrare per forcia per venire a bere deli nostri bone vino; perchè zià lore aveano roto le veze et butate via quele che i aveiano mandato. Alora dito nostro Senato ie fu forcia ad aperire dita porta e lasarie intrare a parte a parte che lore veneseno a bero et altre suoi bisogne. Tamen come fu al' ora decima sesta, dito capitanio montò a cavale et andò ala ciptà de Imola per volere lì aspetare dito Monsignor Legato e di poi andare a dita espeditione de Bologna, como ut supra.

Cardinale Mantovano Legato veno a Forlì.

Al prefacto Monsignor R.^{mo} Legato feze dita suoa venuta, zoè M. Sisismondo cardinale Mantovano e dela nobile famia da Gonzagha, che veno a dita nostra ciptà de Forlì a dì 10 de zugne, die iovis, zoè al zorne benedeto dela representatione dal corpo dal nostro Signore M. Jhesù Cristo, anno Domini 1512. Al quale alozò in casa deli aredi de M. Lufo de Nomais, dove lì era properato per nostro Senato de hogne so bisogno. Arivato che al fui, dito nostro Senato l' andoue a (**) rivisitare, aricomdandi nostro populo et a quele recordandie al gram contrato che zià avea dato certi Spagnolle et Napulitano che per forcia aveano voluto intrare i' nostra ciptà. A queste lui respose che molto ie ne rencresea, pregandie che lore se debiano portare in pacientia, perchè al cele vole così, perchè al prexento li soldato rezeno et volere esere li patrone. Tamen se lui et la Excelentia dal capitanio

---

(*) Fol. 210 a.
(**) Fol. 210 b.

le pone condure in canpo, che depoi lore serano li servi et no patrone; per al che lore covignirano fare le voglie suoe.

Ora infra questo tenpo arivò nanto al conspeto dal dito Monsignore al dito Anbasatore dal Senato de Bologna, zoè uno M. Jacomo Bodriolo, al quale lui feze questa preposta per parto de tucto al so Senato. Prima congratulandese como suoa Signoria R.ᵐᵃ dela 'gram melicia che i avea constituvito la Santità dal Papa como li suoi conpagne signor Cardinalo d'avere lore constituito a tale suoa granda alegatione, come a lore so Senato ie parea che de quelle tanto e de maiora suo S. R.ᵐᵃ ne fuse stata bene meritoria, et hoferando a quello per lore parte che dovese andare in dita suoa ciptà de Bologna et in quella intrare et piare al magisterio de soa legatione, come era per suoa antiga usancia; e più che tucto suoi ciptadino posano romanere in dita suoa ciptà et reponsare sota al manto de Sancto Petro, come de prima, et eser so boni subdito et vasalo de dita sancta romana Eclesia. A questo lui resposo d'avere tale instrocione et hotorità dala S.ᵗᵃ de papa Julio secondo pontifico e da dito soi Monsignor Cardinalo de potere intrare in dita suoa ciptà de Bologna insemo como la Excelentia dal dito so capitanio, e de quella piarela come pina raxone a peticione de dita santa romana Eclesia, et cavare et metre come a lore parerano, per eser questa la voglia de dito Senato Apostolico et eser questa la suoa ultima volontato. A queste dito Anbasatore dise che per lui no i acadea alcuna suoa resposta quanto suopra suoa instrucione a lui conceso e dato per dito so Senato de consenso de tucto al so magnifico Regimento, tolande lui dal dito Monsignore bona helecentia per volerse andare con Dio. A queste dito (*) Monsignore caramento al pregò che lui volese aspetare et con esa lui andare insino ala ciptà de Imola, dove in quelo loco se ritrovava la Excelentia dal dito capitanio: et arivato che li lore serano, che tramedui insemo più destintamento lore ie farano suoa vera resposta, come lore fecene ad noi incognito. Per al che come dito Monsignore abe desenato, lui feze alquanto so reposo, per eser lui venuto in careta dali boi menata per eser alquanto infermo: tamen dipoi dito so repose, avea tolto bona lecentia dal dito nostre Senato et partito al' ora decima sesta, et andato a dita suoa ciptà de Imola.

Et dipoi arivato che fu dito Monsignore a dita Imola, de lore comuna concordia mandone dito so canpo asidiare dito castello Sam Piero, che fu a dì 11 dal mese de zugno, die veneri, 1512.

Et infra queste tenpo che dito Anbasaturi Bologneso se erano partito et retornato a dita Bologna, pare che infra al dito so magnifico Regimento fuse partorito alcuna suova conventione de volere al tucto retornaro sota al dito manto de Santo Petro, che no per parte Bentivoglia nè eciam per altre non voleno aspetaro al guasto, per eser lore

_____
(*) Fol. 211 a.

neli pieno so ricolto, come lore erano; per tale via e modo, avando inteso uno reverendo padre Protonitario apostolico, M. Jeronimo Canpegio, che al prexento se retrovava per nostro Locotenento a dita nostra ciptá de Forlì, al quale era nobile Bolognexo, di subito lui avea fato fare festa soleno de canpano a dita nostra ciptà, et po' la note prosima advenire lui era partito et andato ala ciptà de Imola a fare intendre tale suoe conventione de dito Regimento de Bologna al dito Monsignore et al capitanio.

Partita ultima de' Bentivole da Bologna.

La prefacta dita suoa ultima partita da Bologna dela parte Bentivola se fu a dì 10 de zugno, die iovis, zoè al zorne benedecto dela reprexentatione dal corpo dal nostro vere Redemptore M. Jhesù Cristo, ano Domini 1512, che dite Bentivole zià a dì dito erano stato a gram parlamento come al magnifico Regimento de Bologna, sole per volere fare dita suoa partita, in queste modo e forma. Conciò fuse cosa che ale suove horechie fuse stato riporto (*) che la S.tà dal Papa avese facto comandare per lucta la Romagna uno homo per casa, le quale tucto aveseno andare a dare al guaste per tucto al dito teritorio dela ciptà de Bologna; et più ancora, che per una gram parte dal dito so popule zià per lore erano al tucto deliberato de volere retornare suota al dito manto de Sam Piero et avere zià lore comenciato a cridare a suoa voce piena — Ghiesa, Ghiesa —. Et avando lore sentuto tale soi movimento, zià erano serato nel palazo del so Senato et avere zià come suoe artegliarie prexo doe bocho dal so Forum; et più, zià al'ora quinta decima, die dito decem zuni, lore aveano mandato suoe donne et figlioli in careta, aconpagnato fora de dita Bologna per più suoa salvatione. Ora avando intese al tucto dito Bentivole che dito so magnifico Regimento aveano deliberato de volere retornare suota al manto de Sancto Pietro, per al che avere lore inteso che la famia deli Ariosto et quilli de Castello zià lore erano serato nele lor case, mostrando lore d'esere in so guarnimento; per modo che Monsignor Protonitario Bentivole andò ale lor case deli prefacti per volere intendro da lore che adunatione è la suoa; a queste lore ie fezene risposta che in quele loco lore stevano per suoe salvatione et non per volere ofendre ad altre persone. Alora dito Monsignore tose da lore bona lecentia et a casa retornoe. Fato questo, al popule menuto se levò ad ordenanza et andone a casa deli prefacti Ariosti e Castelle et fora de suoe case e dela ciptà lore le cacione. Partito che lor funo, di subito vedando dita parte Bentivola che dala fortuna esere abandonato, che per lore più secorso alcuno non aspitaro, per al quale lore se potesceno salvare dale forcio dal gram bracio dela S.ᵗᵃ del dito papa; per al che lore fecene ferma deliberatione de quelle loco voler partiro et cedre al dito Monsignor Legato et dito magnifico capitanio che liberamento lore posano venire a recognosere dita dominatione de dita ciptà i' nome de dita sancta madre Eclesia. Et tosene bona elicientia dal dito so populo. Et molto aconpagnato da suoi hederento, se partino a dì 10 de zugne, die iovis, ano predictis 1512, cercha l' ora vigesima seconda. Et andone fora per porta Sam Felixe et i' nomine (*) Domini andone al so viazo.

Ora, discrepti nostri lecturi, per narave al tucto, al prexento lore aveano preseduto in dita ciptà de Bologna contra la voglia dal dito Stato Apostolico ano uno e zorne 19 e hor 19, vel circha. Partito che lor funo, di subito quele Senato dal dito suo magnifico Regimento fecene intendro al dito Monsignor R.ᵐᵒ Legato e dito magnifico capitanio che volesemo retornaro a piore la vera possesione dela dita suoa magnifica ciptà, como de prima, i' nome de dita sancta romana Eclesia, et che lor tucto erano aparatissimo et buom subdito al felecisimo stato de dita santa romana Ghiesa, como erano stato de prima. Laus Deo.

Intrata de Legato dentro da Bologna.

La prefacta intrata dal dito Monsignor R.ᵐᵒ Legato dentro da dita ciptà de Bologna M. Sisimondo cardinalo Mantovano dela nobile famia da Gonzagha, insemo como la Excelentia dal magnifico suo Capitanio Francescho dala Rovre et Profeta de Sinigaia, como ut supra, questo anno dal Signore, 1512 a dì 13 dal mexe de zugno, die dominico, cerca l' ora decimo tercia, fecene suoa dita intrata in dita ciptà de Bologna, per eser' zià partita la parte Bentivola, como ut supra. Et introne lore sole como suoa guardia, perchè al reste dal dito so canpo era romasti dreto al flume da Ponte Maore: e da quelle so populo fune bem viste e solemizato. Intrato che lor funo, la Excelentia dal dito capitanio, como quello che avea de tucta l' arte la dotrina, fece corere suoa piaza como era per antica usanzia. Fato hogne suoe cerimonie, tucto al resto dal dito canpo salariato introne in dita ciptà, e li venturere tucto abene lecentia; et al simile a tucto li guastadure, tornando lore ale lor rezione. Et dite soldato alozone ali soi lochi deputati come grando so ordine. Et li dito Monsignore e dito Capitanio romastine al governo de dita ciptà como pina raxone, a peticione ed instantia dela dita sancta romana Eclesia, nele braze del dito so magnifico Regimento et populo, como suoa granda humanità et hobidentia al dito pacifico Stato de dicta sancta romana Eclesia dipoi dita suoa ultima partita de dicta per dicto Bentivole (**).

(*) Fol. 212 a.
(**) Fol. 212 b.

. . . .

Al prefacto facto d' armo de Franciose et Sovizaro et zento dela
Signoria de Venecia ala ciptà de Paviglia per l' ultima partita de I-
talia de dito canpo Franzoso, dipoi la rotta dal canpo apostolico dala
ciptà de Ravena, se fu in questo modo e forma. Conciò fuse cosa
che uno R.^{mo} Monsignor Cardinale Sovizare in brevità lui se era partito dala magnifica ciptà de Roma denanto al conspeto dela S.^{tà} de
papa Julio secondo, et parea che infra lore avesene concluso insemo
come suoa lega de volere al tucto caciare dito Franceso de nostra
proventia de Italia; per al che dito Monsignor come al contento de
tucto al so Senato Sovizero se mese insemo uno grando exercipto come al Senato dito Veniciano; e più, de ora in ora aspetavano al Viciorè de Ragona che venea inseme como Francescho dala Rovere Duca de Orbino, Capitanio zeneralo de dicta sancta romana Eclesia, che
al prexento lui se retrovava ala ciptà de Bologna per avere reauta
quela zià rebelata a dita Ghiesa. Et con esa lui i era per so Viciole-
gato Monsignor R.^{mo} Cardinalo de Mantova, che in quele loco lui
presidea in dita legatione per eser caturato Monsignor de Medici R.^{mo}
Cardinalo so ver Legato; perchè in quele estanto lui se retrovava caturate nele forcio de dito Francise: per modo che tucto insemo a-
veano deliberato al tucto de volerie caciare dito Franciese de Italia
per li soi gram vitorie. Alora intendando tal so grando ordine uno
M. Zohane Jacomo Traucio, nobile Milaneso et primato de dito Franciose, como quello che avea di tucta l'arte la doctrina, di subito fece
lui come fa quilli che soi nomice aprecia; per al che lui feze adunare al dito Monsignor so R.^{mo} Legato Cardinale San Soverino come
i altre soi cinque conpagne pur cardinale, come tucto al resto del so
Senato; et lf, per eser lui homo esperiento dela Italia, feze intendre
al tucto a lore del dito grando hordino che zià avea partorito dita
lega apostolica contra lore; e più, che dito Senato Venitiano aveano
facto comandare tucta la Marcha Trivisana che a tuta suoa voglia a-
vesene a venire quanto lore poteano, armata (*) manu; per al che
pregando lor Senato che a queste lore vogliano beno aperire li soi
hochie e horechie et bem consideraro como lor prudentie de fare et
curare ita e taliter che non caschano nele forcio de dito nostri Talici. — Per al che lore farane ad voi come avite voi facto a lore; e
tanto più per eser voi nele lor forcio, como ut supra —. Et però
lui se schiusava a lore Signorie per intendro al modo Talici, como
ut supra; per al che lore piaseno mo quel vero partito che a lor
piaceso. Alora tal Senato di subito se partino et andone indreto ala
suoa ciptà de Paviglia per più suoa salvatione.

_____

(*) Fol. 213 a.

L' altro zorne, avando inteso al resto dal so canpo che se retrovava dreto a Lago de Peschera alozato per tucta quela rovera, che dito soi Mazore erano schapolato et che tucto la rivera de Verona in punto erano per lor venire insema come li altre, come ut supra, di subito se mese una gram paura, metandise lore in ordinanza, et li cavalcando quando lore più poteano; et introne in dita ciptà de l'aviglia che ziá era partito dito so Senato et in Asto erano andato. Et li dito canpo Franceso molto se fortificone aspetando tutavia che dito soi nomice dreie i andase. Alora intendando dita Lega apostolca che al tucto al canpo Francese se erano mese in fuga et serato in dita ciptà de Pavia, come ut supra, di subito dito Monsignor Cardinale Sovizaro come al so exercipto dreto i andone a dita Pavia et al simile suoa dita lega; per modo, come lore fune li arivato da uno cante de dita ciptà, ie posene gram numaro di suove artegliarie, et li fecene gram bataria dasandie dipoi un' aspera bataglia; per modo che ne vene morte gram parte de lore: per tale via e modo che tal reste di dito Franciose ie fu forcia incognito per una suoa porta usire et andare ala ciptá d' Alessandria per più suoa salvatione. Tamen drete i andò dito soi nomice; per modo che nel pasare al Po, gra' numaro de lore se n' anegò; et più, che le molte de lore vene prese e morte; che fu a dì 18 dal mese de zugno, die veneri, anno Domini 1512. Alora, secondo li nostri riporto, tale nostri Talici ie usone a tale soi corpo gram cordulità; conciò fuse cosa che gram numaro de lore corpo ie legava insemo come le cordo, e poi l' une drede al' altro come soi brevo che diciano: — Lasame pasare, che io vade a pagare mei debito de mio malo operaro —: et (*) più che che gram quandità de tal de lore vivo ferito da morto ie meteano sopra li zate de legnano, ligato in suso in dito fiune, come gram numaro de cani mastini incadenati aprese a quili tale; per al che andando zose, drete al file del' aqua, quili tal cane per suoa necesità dal so vito i era forcia a manzare tal suoi corpo, che so bero no ie mancava. Tamen però queste aprese ali fidelle cristiano molte era biaxomato, dicando che ancora lore erano criatura humana et fidele cristiano: tamen per quili dito poveri svinturati a lore no ie valea pasione alcuna, che le cose chigneano passare, como ut supra. E tuctavia dito canpo apostolico i andava drete de ciptà in ciptà, persiguitandie come fu facto a Jhesù Cristo: tamen hogn' ome de quelle ciptà aveano sghonberato l' avere e la persona; et però al resto de dito Francios tuto se erano fortificato in Aste per suoa salvatione per volere lor tornare neli suoi regne; perchè ziá era perso per lore hogne cosa, salvo che la ciptà de Zenuva et Bresa et al Castello de Milano; et pur, secondo li nostri riporti, qualque castele, over forteze, dreto questa rivera de Pischera. Per modo che dito povere Frau-..

(*) Fol. 213 b.

ciose fune asai male tratade, per eser stato dito fato d' armo molte
contrario a lore: tamen dicta città de Bresa se teno per dita M.^{tà} del
Re de Ferancia per insino al' ultimo mediatà d' octobre 1512, die
iovis: che al Viciorè de Ragonia i era venuto, et caciato dito Franciose, como ut supra. Et quela avea prese d' acordo sencia alcuno
inpedimento de dita ciptà: tamen la roca se teno pur alquanto ad
noi incognito, como inento ad plenum parlarema come lei se serà
resa, e dite altro sove forteze; perchè se lore non arano alcuno secorso, forcia ie serà arendrese ai supriore: perchè donde vol fortuna,
saper non vale.

La benedicione de Bologna facta per al Papa.

La dicta benedicione facta al dito popule de Bologna per la Sanctità de Julio secondo pontifico per la ribilione che contra al pacifico
stato stato de sancta romana Eclesia lore aveano facto, per avere lore chiamato al canpo de Gali et per posancia de quilli avere retornata parte (*) Bentivola dentre da dita ciptà, e de quela lore avere-
ne facto le lor voglie contra al Stato apostolico, che dita benedicione
era stato publicata ala renghiera de dita magnifica ciptà a dì 23 dal
mese de zugno, die mercurio, como suoe gram solenità, anno Domini 1512, in queste modo e forma. Conciò fuse cosa che più e più
volte li anbasaturi dal dito Senato Bolognexo fuse stato nante ali pedi de suoa S.^{tà} et quela avere caramento pregato come gram suoa
lungheza de tenpo, tamen suoa S.^{tà} per modo alcuno non se era mai
volute dignare in conto alcuno de umiliarse inverso de tal Senato,
parando a lui che lore aveseno auto inverso al dito Stato apostolico
cor Faravonis, per queste raxone infrascripto a lore asegnato. In primis dicando che lore aveano tirato zose suoa statua de bronzo che
lui avea facto metre int una capeleta nela faciato dal mure dela ghiesa de Sam Petronio suo protetore, di verso so Forum, como una ca-
peza al collo come se fa ali bestie de becaria: et più, che di poi
l' aveano spacato in gram numaro de pezi e de quilli lore n' aveano
facta la voglia suoa; et al simile aveano facto ad altre suoe fighii
posto sopra la porta del palazo so magno de dito Senato. E tucto
queste so male operare era in crimina leze Maiestatis. Et più ancora,
avere dito Senato facto guastar tanto grando et inastimabile edeficie
come era stato quela suoa magna roca et ciptadella, la quale erano
venute gram numaro de dinare. Ultimatamento avere seportato che
dito so canpo apostolico era venuto ali dane de dita suoa ciptà come
suo gram danne dela Sedia apostolica et eciam de suoa lega e de
tucta la Romagna; per al che lore mai non avea voluti cognoseri tal
suoi grando crore e senpre mai male e male azunzendo; et però que-

(*) Fol. 214 a.

ste tal so pecato se può chiamare peccato in Spiritu Sancto inremisibile. Tamen suoa S.ᵗᵃ interamento lui vose observare al so precepto divino, como recipta l' Avanzalista per buca dal nostre vere Redemptore: lui dise — Tu es Petrus et super anc petram quia · ediſicabo Eclesia meam —. E — Se 'l pecadore pecase sete volte al zorne, voli tu che io ie perdona? —: lui resposo di sì: mo io non dico setto, mo eciam setanta volte setto —. Per al che (*) sua S.ᵗᵃ insemo como al so Colegio apostolico se mosino a conpasione et liberalmento retirone dito popule Bologneso suota al manto de Sancto Petro, et a quilli dasandie sova benedicione iu secula seculorum amen; dicando a lore al so gram tema, come feze al dito nostro vere Redemptore ala Samaritana a suoa solicione, dicando — Vade e iam plus non peccare —. Et però avando (?) suoa S.ᵗᵃ insemo come dito so Colegio che tanto corpe e anime patiano per suoa intradictoria, che erano sepelito como cane, et quanto bene divino se serebbe facto in dita suoa ciptà che non se era facto, per tal via e modo che lore de suoa comuna concordia aveano facto como ut supra. Laus Deo.

Alfonse da Esto andò per hobidencia dal Papa a Roma.

Al prefacto Alfonso da Este marcheso de Feraria, queste anno dal Signore 1512, a dì 23 dal meso de zugno, die mercurio, lui feze dita suoa partita dala suoa magniſica et nobile ciptà dita de Feraria, aconpagnato como al signor Fabricio Colona nobile romano; per al che conciò fuse cosa che la S.ᵗᵃ de Julio secondo pontiſico avese mandate per lui insemo como al dito S. Fabricio, al quale dito Fabricio al prexento lui se retrovava caturate nele forcio dal dito Alfonso dala rota dal canpo apostolico da Ravena per insine al prexento; la quale dita suoa partita per andare da dita suoa S.ᵗᵃ a suoa magniſica ciptà de Roma se fu i' nomine Domine a dì 23 dito; et arivò quele zorne ad Arzento. Et lì reponsò quela noto. L' altro zorno, che fu a dì 24 dito, zoè al zorne benedecto dal Batista Sam Zohano, lui veno a reponsare nela nostra ciptà de Forlì, et alozò in casa deli arede de M. Berto da Iloriolo: el dito S. Fabricio alozò in casa deli aredi de uno M. Lufo nostro Nomaglie. Et qui fu molto venerato da nostro popule. E dipoi l' altre zorne feze suoa partita et andò al so viaze, per eser lui conduta da suoa S.ᵗᵃ per fede dal dito signore Fabricio che l' avea tolto lui a menare e retornare da dita Roma a salvamento sopra la fede suoa, come lui feze. Per al che, como suoa S.ᵗᵃ l' abe nante ali soi pedi, secondo li nostro riporto, i avea facto grandenisima asaminatione come suoa gram reprensione più e più volte, per eser lui senpro inanto a lui inzenochiato, dicandie (**) — O

Alfonse, Alfonse, tu pare a ti che la sancta madre Eclesia merita queste inverso de ti, abiandete facto so Confalonerio e tanto venerato come l'avea? Come á' tu mai potute soferire de consentire ali Galli che siano venute tante volte i' nostra proventia de Italia, et masime avere lore e ti dato tanto favore ala parte Bentivola che siano retornato i' nostra ciptà de Bologna, e de quela esere lore fato primato contra nostro stato apostolico, et esere stato casone de tanto nostro gram dano, per avere lore roto canpo a dita ciptà de Bologna et al simile a nostra ciptà de Ravena, per eserie stato tu como hogne tuo favore armata manu? Del che n'è resoluto ad noi e la M.ta del Re Catolico de Spagna grandenisimo danne e vergogna; et masine quanto povere donzele et serore et altre donne da beno sone andate ale verghogne dal monde! Per al che lo eterno Idio como gram dificoltà te vorà perdonaro, per eser in crimina leza Maestatis —. E tante altre infinite rasone i asegnò lui, le quale noi lasamo per mazore brevità. Et lì stete a tale suoa examinatione, secondo li nostri riporto, per insino ala prima mediatà dal mese d'octobre prosimo advenire, 1512: et poi suoa S.ta ie feze suoa liberatione, dicandie, come feze al nostro vere Redemptor ala Cananea. Tamen più volte per al volgo fu dito che i avea fato taiare al capo in castello Sancto Agnelo: tamen mediante la divina gratia lui non abbe alcuno so dispiacere. Et soi capitole tra suoa S.ta e lui ad noi incognito. E poi feze la suoa partita i' nomine Domini, et retornò ala suoa patria, como l'avea promeso dito signor Fabricio. E da quele soi popule fui be' visto et venerato.

Liberatione dela catura del Cardinalo de Medezi.

Al prefacto Monsignor Cardenalo de Medeci nobile florentino, Legato zenerale dela proventia dela Romagna, questo anno dal Signore 1512, fu liberato de una suoa catura dele mani de' Franciose; al quale lui era stato prese ala rota dal so canpo apostolico ala ciptà de Ravena et menato in Ferancia. Et quando fu in piacere alo eterno Idio, lui se liberò de tale catura per (*) dicto adiuto divino et per favore de certo altre persone et masime contadine et altre ad noi incognito; per al quale dito suo adiuto schapulò et arivò ala dita magnifica ciptà de Bologna a dì 23 dal mese de zugno, die mercurio, anno predictis. Et tale zorno reponsò a uno so horatorio, chiamato la Certosa, e da quili soi padri venerando fu bem viste et solenizato. E dipoi l'altre zorne, che fu a dì 24 dito, die iovis, zoè al zorne benedeto dal Batista sam Zohano, fece suoa intrata in suoa ciptà de Bologna como suoa granda rivisitatione et iubilatione da

---

(*) Fol. 215 b.

quelle suo magno popule, como so ver Legato che lui era et lì meso da dita suoa Sedia apostolica.

Canpo apostolico se partì da Bologna; andò per secorso de Parma.

Al prefacto canpo apostolico feze suoa dita partita dala ciptà de Bologna per andare al secorse de Parma e Piaxencia, Stato apostolico in Lonbardia, per avere intese la S.^tà dal papa che la M.^tà del Re de Ferancia venea per volere requistare al duquato de Milano che zià tucto da suoa M.^tà era rebelato, come in dreto in questo ad plenum n' ó parlato. Sopra al quale canpo i era la Excelentia de Francescho dala Rovere Duca de Orbino et Profeta de Sinigaia, per avere zià lore requistata dita ciptà a peticione de dita sancta romana Eclesia. E fu a dì 26 dal mese de zugno, die sabati, anno salutis 1512. Andato che lui fu, zoè dito capitanio, abe per inteso che al Viciorè de Ragona retornava per secorso dela dita lega apostolica; per modo, dubitando lui che dito Viciorè no ie volese fare alcuno so danno e verghogna in el dicto suo duquato de Orbino, di subito suoa Excelentia anticipò al tenpo de dita suoa venuta, et partise lui a dì 6 dal mese di luio anno predictis; et vene incognito a suoa ciptà de Orbino. Et lì steto per insino a dì 18 dal mese d' agosto anno predictis, che suoa Excelentia retornò a Bologna.

Venuta a Forlì dal Vicio Re de Ragona.

Al prefacto venuto a Forlì de dom Ramondo Vicio Re de Ragonia se fu a dì 19 dal mese de luio, die luni, anno 1512. Et alozò di fora da dita ciptà neli prati dal Caserani como so grando hordine. Alozato che al fui, al nostro Conseglio, vedando suoa humanità, hordenone de farie uno so bello prexento de bona valuta, como lor feceno: ábele lui agratissimo (*).

Ora infra questo tenpo como suoa M.^tà fu alozata, fece suoa dicta partita et retornò a dita ciptà de Ravena, dove quela al so canpo era sto rotto. Et come lui avea li molti suoi baruni, a ciò che quili potisino vedere in che modo i era intravenuto dito suove gram fortunio; a ciò che como l' ochio vede, como suo cor crede: perchè multi multa locontur. E più, che, secondo li nostri riporto, suoa M.^tà quando lui se trovò in suso al facto et avere viste lui per modo alcuno potere lor vinire ad nui, fu riporto che lui avea facto butare zose certe suoi edificio, che prima i avea lui soterato certi soi gram tesore, a ciò che niuno al potese ritrovare. Altre diciano, che i avea soterato sota a uno pagliare di paglia et po' l' avea facto tucto spanto. Tamen fuse como se volese, suoa M.^tà andò et retrovò hogne

(*) Fol. 216 a.

suoa voglia ad plenum. Et quele lui l'aduse ad ogne suoa voglia
como bela facia deli patrune dal loco dove l'era depositato; del quale tala biastema ad noi potese venire, como bene gram bisogna nui
arebbene da poter pagar carta e inchiostro.

Arivato che lui al fui al so canpo, l'altre zorno, che fu a dì 21
dito, die mercurio, lui feze suoa levata et andò ad alozare nel teritorio de Castel Bologneso; e dipoi andò a Castello Sam Piero: tamen
pasò per la ciptà de Imola, che fu a dì 24 dito, die sabati. L'altre
zorne, che fu a di 25 dal dito mese de luglio, die dominico, suoa
M.^{tà} arivó a dita ciptà de Bologna la dita suoa seconda volta, anno
1512, che venea dala magnifica e sancta ciptà de Roma, mandato da
suoa magna lega. La quale era questa: prima la S.^{tà} dal dito papa
Julio secondo et la M.^à Cesaria de Maximiano Inperatore Re deli Romane e dela M.^{tà} de Ferdinando Re Catolico de Spagna e dal Re de
Inglitera contra la M.^{tà} del Re Cristianissimus de Ferancia e dela magna Signoria de Venecia et Hercole da Esti Marché de Ferara et parte Bentivola, como ut supra. La quale dita lega zià la S.^{tà} dal papa
avea fato publicare in dita Roma nela ghiesa de Sancta Maria dai
Anzelo a dì 25 dal mese de novenbre 1512, zoè al zorno benedecto
dela verzinella et matira Catalina, zià per similitudine sposa dal nostre vere Redemptore.

Ora, discrepti nostri lectori, voi ve poteriti forsa maravegliare che
questa iosa de dita lega è stata per anticipare al tenpo intraducta
qui; sole è stato per c'esere stato tale nova incognito ad noi per
insine al prexento.

Al quale dito Vicio Re alozò di fora da dita ciptà, di verso al
monto, como suoa fantaria, nel monesterio dela Certosa; e le zento
d'armo (*) alozato dal cante de sota da dita ciptà per tucta quela
rivera. L'altre zorne, che fu a dì 26 dito, die luni, la note prosima advenire, dita suoa fantaria fecene una suoa consuatudine che
cerca l'ora tercia de dita note mesene dui casune da pane a saco.
Alora li suoi M.^o de canpo ie fecene gram remore: tamen comenzone a cridare a suoa voce pina — Dinari, dinari; paga paga —: et
andone al'alozamento dal Vicio Re per volere per forza intrare. Tamen li labarderi ie mesene selentia. Tame' al fu forcia al dito Vicio
Re de quele loco partirse et andarse dove era dito suoe zente d'armo alozato. Tamen in brevità abene suoa paga da suoa lega. Tamen
lore quela note fornino de sachezare dita suoa piaza, e poi in brevità se levone de quele loco et andone ad alozare a Castello Franco
per tucta quela rivera di verso al monto, et al simile dal'altre canto, per insino a Castello Sam Zohane Perseceto. Et lì steteno per insino che dita suoa lega retornone dentro dala ciptà de Fiorencia la

parte de' Medeci per intercesione dal dito Monsignó Legato de dita Bologna, Cardinale de dito Medcci.

La parte deli Medeci retornò in Fiorencia.

La dita parti deli Medeci retornono dentro dala dita ciptà de Fiorencia corande gli anni dal Signor 1512, a dì 2 dal mese de setenbro, die iovis, in questo modo e forma. Conciò fuse cosa che in quele tenpo Monsignor R.ᵐᵒ Legato dela proventia de Bologna e de tucta la Romandiola, Cardinalo M. Zohano de' Medeci, al tenpo dela Santità de Julio secondo pontifico e de tucta la suoa lega, ciové la M.ᵗᵃ dal Catolico Re Ferdinando de Spagna et la M.ᵗᵃ dal Re de Inglitera et altri suoi hederenti, aveseno facto uno so gram canpo de zento d' armo, le quale se trovavano nela proventia dela Lonbardia alozato per la via Flaminia in loco chiamato Castelle Franco, nel teritorio dela ciptà de Bologna; sopra al quale i era per la M.ᵗᵃ dal Re Catolico uno so Vicio Re dom Ramondo Cardona al quale se ritrova' lì presencialemento a dito Castello Franco sopra tucto al dito axercipto de dita lega: per modo, volando dita magna lega recognosere tanto grando beneficio zià lore receuto come tanta suoa servitù dal so dito Monsignor R.ᵐᵒ Legato per eser (*) stato per suoa servitù in dita lega caturato nele mane de' Gali et altre etc.; per al che dita lega l' arecoseno suota al so manto come capo et prencipalo de dita parte de' Medeci, per eser lui figliole zià dal magnifico Laurentio de' Medeci; per tale via e modo che dita lega mandò al dito suo Vicio Re come hogne suo potere per metre dita parte de' Medeci dentro dala magnifica ciptà de Fiorentia in queste modo e forma.

In primis zià la suoa parte aversa di Paze aveano molto fortificato al castello de Prato come gram numaro de quili soi hataglione comandato per soe montagno, dove tale canpo de nostra lega dovea pasaro per andare a metre dentro da Fiorenza dita parte de' Medeci; per modo, come lore fune al dito castello, ie comencione a fare intendro che lore ie dovesene lasare pasare per volere lore andare a metre dentro da dita ciptà la parte dele Palle. Tamen per modo alcuno non voseno che lore pasasene: per al che lore ie dasie una gram bataglia; per tale via e modo che lore al mesene a sacomanno, in tal modo e forma che, secondo li nostri riporto, al presento non c' era persona humana viva che peze avese potute vedre. Con ciò fuse cosa che quile Spagnolo faceano come cani rabiato, non avando alcuno rispeto nè a Dio, nè al mondo; che loco piatose de hogne sorta non ne fu salvato nesune, nè eciandio serore, nè altre donzele, che tucto a lore posibile andone in cativà. Per al che quele suoe voce penetravano per insino al cielo: tamen per lore niento no ie zovava; perchè quili tali fecene hogne suoa voglia. E dipoi le robe et altre, pensa, discré lectore, come le andoue: che fu a dì 29 dal mese de setenbro, die dominico, anno Domini 1512. E dipoi introno in dita Fiorenza d'acorde. Tamen, secondo li nostri riporto, se partì al so Confaloneri et gram numaro dela parte de dito Paze: per al che al dito Monsignor R.ᵐᵒ Legato cardinale de dito Medici intrò come tal canpo de dita lega a tucta suoa voglia. Et in quele loco lui prese la suoa vera abitacione come tucta suoa parte, come suoa granda veneratione; che fu a dì 2 de setenbre dicto, come ut supra, anno predictis 1512, die iovis. Et lì steto dito Monsignor legato in suoa paze e in tranquilità come dito suoi popule per insine a dì 9 dal mese de novenbro anno predictis 1512; che poi lui retornò al so bom governo de Bologna, die martis, i' nomine Domini Amen.

Pur sequitendo (*) la instoria, al dito canpo dela lega, vedando che al prexento Alfonso da Esto Marcheso de Feraria se trovava ala magnifica ciptà de Roma nele forcio de casa Colona, come desubidiento dela santa romana Eclesia, che lui era, di subito fezene che la Excelentia dal capitanio Franceschо dala Rovere Duca de Orbino, che era alozato a Imola et a Castelo Bolognese per quela rivere ala guardia che Ferarise non fusene andato per secorso de dita parte de Pazi a Fiorencia contra Medici, per che ancora lore erano intradito, per tale via e modo che se mesene dreto a quele castele dal dito Marcheso che tucto le riquistone per intercesione de M. Zohano da Sasadello da Imola, salvo che dita Masa che fu mesa a sacomanno dal dito canpo de dita lega; che fu a dì 11 dal mese de setenbro, die iovis, anno salutis dito e dito 1512, che dito capitanio andò ad abitare nel castele de Lugo in casa deli Rondaneli. Et lì steti per insine a di 23 dal dito mese, die iovis; e po' se partì come l'aiuto del'armata dela Signoria per volere audare a pasare al flum Poc per volere perseverare per tucta quela suoa rivera. Tamen per la granda inondatione che in quela era, per modo alcuno non poteno passaro; per al che a lui fu forcia a retornare indreto et intraro nela ciptà de Ravena; che fu a dì 23 dito setenbro, die iovis. Intrato che al fui, di subito alozò in casa de uno so nobile M. Zirotto Gocimanno, et lì steto alquanto zorne, per insino che la inondatione fuse declinata. E poi feze ferma deliberatione, per non eser più tenpo da guerizaro per dito malo tenpo, de volere lui retornare ad Orbino a suoa habitatione, come lui feze. Tamen lasò la mazor parte de suoe zento alozato a discritione nel nostro teritorio de Forlì. Et li steno quase per tucto al mese de decenbro, che lor se partino. E di poi ie veno li Colonese conducto dale nostro parto de Forlì. E poi vene il signor Lodovico da Petignano, et alozò in casa de M. Lufo Nomaglie; et lì

<hr>

(*) Fol. 217 b.

394

stete insino a dì 5 de zenaro, die mercurio. E poi se retornò a Faenza.

Ora sì che, discrepti lectore, fu ariquistato tucto le dicto castelle del Marchese de Feraria, che se trovava nela Romagna per la forza de dita lega a peticione ed instancia de dita sancta romana Eclesia, et fornito lo introito de dita parte de' Medeci a tucta suoa voglia dentro da dita suoa ciptà de Fiorenzia, come i avea promese dita lega dal dito Monsignor R.^{mo} Legato per le suoe gram fatico et vizilio che lui avea durato in servitù dal dito stato apostolico, como lui vere et fideli so menbro che lui se ritrovava (*).

. . . .

A dita partita da Bologna dal dito R.^{mo} Monsignor cardinale M. Zohano de Medeci dito, Legato de Bologna, per retornare a dita suoa ciptà de Fiorenza, se fu a dì 15 de februari 1513, die sabati; nel quale zorno era stato la matina prexento e capitato M. Bastiano Moratino ala ciptà de Bologna so grande amicisime, quasce fu dito che per suo benevolentia; per tale dolore dito Monsignor si era partito per non se ritrovar. O che al fuse, o che non al fuse, lo eterno Idio sapeva al tucto. Tamen dito Monsignore Legato se ritornò a dita suoa ciptà de Fiorencia, et lì star pace e tranquille come suoa parte infenita secula seculorum amen. Et lì romasti per suo vicio Legato in dita ciptà de Bologna al dito Monsignor M. Orlando Careta arcioveschove apostolico dela proventia d'Avignone de Ferancia; al quale era stato sova criacione nela ciptà de Roma per la S.^{tà} dal papa et deli R.^{mo} suoi Monsignore cardinale a dì 26 zenuari 1513. Et sempre lui avea tenuta la bacheta dela santa iustia in mane, et non avando mai auto lui respeto ala paura; anze senpro che avea peccato, i avea fato portare suoa penetencia; durando queste insino ala morto dela S.^{tà} dal dita papa Julio, comi qui di sota parlarò ad plenum.

Julio secondo pontifico morto.

La prefacta morto dal dito Julio secondo pontifico intraveno questo anno dal Signore 1513, a dì 21 dal mese de februari, die luni, cercha l'ora decimo octavo, in queste modo e forma. Retrovandise suoa S.^{tà} nela magnifica ciptà de Roma nel gremio deli soi conpagne R.^{mo} Monsignor Cardenalo, et lì reso al spirito al' onipotento eterno Idio, como ut supra. E poi, secondo li nostri riporti, fu sepelite aprese ala ghesa de Sancto Petro, nela capela che feze fare Sisto 4 pontifico, di dreto dal suo altare, int uno suo deposito: tamen bene ad noi fu dito che suoa Santità in suoa vita per vigore de' suoi

(*) Fol. 218 a.

Legato avea lui alasato a dicta ghiesa cercha 15 milia duquato d' o-
re, a ciò che quella se potese fabricaro et cunzare per dita suoa sepultura et per altre suoi necesario bisogno (*). Al quale dito Julio
per suoa natione dala magnifica ciptà de Savona, et per suo nomo
naturale se chiamava Juliano dala Rovere et cardinali titoli Santo Petro ad Vincola. Al quale poté avere per suoa nativatà cercha anni 70.
Et era de comuna statura, como suoe menbre bene proporcionato et
altre, come indreto in questo ad plenum n' abiamo parlato. Et vis'
lui in dito so pontificale anno n.° 10, m[esi] 4, z[orni] 20 como suo
grando afanno; perché senpre suoa S.ta stete come la sancta bacheta
dela iusticia in mano per ariquistare et mantenire li bene dela sancta
romana Eclesia; et maxime contra al Senato Venitiano, le quale a-
veano e teneano et posedevano de dita sancta madre Eclesia queste
infrascripte ciptà. La prima era la ciptà de Ravena che multi anni
l' aveano tenuta insemo come la ciptà de Cervia, la quale, secondo
li nostri riporti, erano a lore stato inpignato. Tercio era la ciptà de
Rimino che Pandolfo Malatesta l' avea contratata come dito Senato
per eser lui in quele tenpo presidento et vicherio de quela. La 4 se
fu la ciptà de Faiencia che al presento, siando morto Cesaro Borzia
zià patrone et vicario de quela, et po' pervenuta ale mane dal dito
Senato dito Venitiano come hogne altre suoi casteli et subditi hederenti del' una parte e l' altra; per al che dito Senato tucto l' aveano
restituvito a dita sancta mater Eclesia per via de suove gram censure et guerre. E più, che suoa S.ta i era venuto prexentialemento come la croce sopra la spala, como inento ad plenum parlaroe. Conciò
fuse cosa che uno Zohano Bentivole parea che fuse più anni che lui
per la gram forcia avese hocupadi la ciptà de Bologna; tamen quando al dito M. Zohane piaque, ie cedito lui come suoi hederenti. Ulterius, al simile la ciptà de Imola, che posedea i aredi zià de Jeronimo Riario. La setima se fu la nostra ciptà de Forlì, che in quelle
tenpo posedea i aredi che fu de uno Cecho Ordelaffo in suoa vita signor et vicario de dita nostra ciptà. Le quale dito aredi avando al
canpo apostolico ale mure, al nostre popule retornoue suota al gremio de sancta matre Eclesia, et dito heredi fu salvo la persona e
l' averi. L' otà, 8, Forumponpili ciptà. La nona ciptà de Bertinori.
La decima Cesena; che tucto al prexento erano stato suota al dito
vicariato de Cesaro Borgia Duca de Valentia. Le quale suoa S.ta l' a-
vea ariquistato armata manu come dito suoe censuri. Et più, che a'
popule Modenese chiamò Monsignor R.mo cardinale de Paviglia, et lì
lui andò per eser in quelle tenpo ala legatione de Bologna, per al
che dito Modeneso introne sota al mante de Santo Pietro, che fui la
undecima ciptà. E più, al simile (**) abe le molte de quele suove ca-

(*) Fol. 218 b.
(**) Fol. 219 a.

steli, et masime al castelle dela Mirandola, dove era la vernata. Per al che lui se retrovava in quelle loco presentialemente a fare soi capitole; per modo che parse che fuse scharegato certe boche de fogo de suove artegliaria: una ie ne deto non tropo lontano da suoa testa; tamen como ala divina M.tà piaque, a lui non ie feze alcuno dispiaceri. Alora suoa S.tà feze cercaro de tal palota, e poi la feze aprexentare nauto al'altare dela inmaculata Maria nel so horatorio da Loreti, ligato como una suoa cadena d'arzenti che hogn'ome la posa vedere, che vista se retrova. Sole feze suoa S.tà quele per notificatione de suoe infenite gratie che lui se reputava avere auto dal nostre vere Redemptore per intercesione de quela. E più, la duodecima cità se fu quela de Regio como suove castelle e distrituali, la quale i asegnò la M.tà Cesaria. La tercia e decima se fu la cità de Parma. Et la quarta e decima se fu la cità de Crimona como hogne soi subdito et hederenti et distrituali. Le quale tucto in suoa vita le prese et posesi i' nomine dicta sancta matre Eclesia, como piena rasone; sencia tucto le castelle dal Marcheso de Feraria che lui le abe et posedé, como ut supra; zoè quele che se retrovano nela proventia dela Romagna, et eciam la Badia dal Fosato de Zaniole. Sì che veramento queste homo se feze grando in dito stato apostolico sencia suoe melicie; perchè s'al non fuse stato inghanato dali cati homine, ancora aria reauto la cità de Feraria che tanto tenpo i era stato dreto como hogne suo potere de suoe censure e de potentia.

Tamen non estanto questo, fu molte invidiato. Conciò fuse cosa che la M.tà de Lodovico Re de Ferancia per eser in lega come al Senato Veniciano et al dito Alfonso da Esto Marcheso de Feraria et Zohano Francescho da Manto' de casa Gonzagha, so Marchese in quel tenpo, et come parte Bentivola, le quale tucto insemo, chi ala coverta, o chi ala schoverta, parse che contra dite pàpa Julio i avesene ordenato uno so concilio et facto chiamare ala cità de Pisa per volcrele lore prevocare de tale so papato. Al quale per lore fu le molte volte chiamato in quelle loco e non comparso; ance più presto, suoa S.tà li fezi chiamare lore denanto al so concilio romano: tamen nè l'une, nè l'altre parte mai non comparse nè a dito concilio romano e non al concilio pisano. Per al che, passato dite tenpo de suoe aceptatoni de dito concilio pisano, la dita M.tà de Lodovico Re Cristianissimus fece suova M.tà come suo adiuto; perchè per alcune se obtenea che la Cesaria M.tà de Maximiano Inperatore et Re deli Romani (*) se obtene come dito Concilio Pisano: tamen al Senato Fiorentino parea che lor fuseno homini neutrali. Fuse la cosa come se volese, la M.tà del dite Re Cristianissimus come al consenso de dita suoa lega crione e deputone Monsignor R.mo Cardinale Sam Soverino so Monsignor Legato sopra dito so Concilio Pisano, dicando

(*) Fol. 219 b.

de volere lor criaro uno altro so papa per nome chiamato Andrea, insemo come 4 altre suoi cardinale demese dal'apostolato per la S.tà dal dito papa Julio come suoe intraditorie.

Et facto queste, dito Concilio Pisano come dito suo Legato prese quase tucta la proventia de dita Romandiola d'acorde contra la voglia dal dito Concilio Romano, salvo che la ciptà de Ravena che lor la sachezone et ropeno dito nostro canpo apostolico, come indreto in questo noi n'abiamo parlato ad plenum per suoe capitole de instorie.

Ultimatamento, queste Julio fu senpre persiguitate, et masime d'Alesandro sesto pontifico, che per suoa potencia, per eser dito Julio ala melicia del so capelle apostolato, ie fu forcia absentarse come altre soi conpagne et transferire nel regno de Ferancia, et quele conducere la M.tà de Carlo so Re, al quale vene et castigò dito Alesandro pontifico et al Senato Fiorentino. E dipoi siando zià morte Ferdinando Re de Ragona, dito Carlo prese quele regno e de quele se ne feze al vere patrone, como ad ogn'ome fu manefesto. E poi retornò a Roma et pacificò dito Alesandro pontifico come dito Julio, restituvandie lui hogne suo hoficio et beneficio como pina raxone. E po' tornò al so regno de Ferancia. Tamen dito Alesandro pontifico fece come per al proverbio se spando, al quale dice, hem che nostro parlare non sia honesto; — chi dice e tal promete per insino che io t'al mete; mese e tracto che al serà, tucto rote no io poti (?) — Per che in brevità per paura dito Julio che ne retornase nel gremio dela M.tà dal dito Carlo re de Ferancia, et lì steto per insino ala morto dal dito Alesandro pontifico. E poi suoa M.tà dal dito Carlo mandò a Roma a cerchare suoa ventura. Tamen come fu in piacere ala M.tà divina, lui, come fu al tenpo, veno ala dita suoa melicia dal pontificato, che fu l'anne 1503, a dì primo dal meso de novenbro, come nela dita criatione indreto in queste a c[arte] 36 ad plenum noi n'abiamo parlato, come ad noi fu forcia, per esere pasati li tenpo, in quele loco metre non più.

Discrepti mei lecture, noi abiamo volute durare questa nostra poca fadicha a ciò che voi altri n'abiati perfecta zoglia dele dito grando inmortalità dela S.tà del nostro caro dilecto dito Julio pontifico, al quale a noi se à facto hocupare tanta menbrana, come lui se comesso quando nanto ali pedi de quela se ritrovone per aver mandato per noi a Forlii (*).

. . . .

Hora retoniamo a vedere che ordine tenno al Consolato apostolico in criaro uno altro suo papa novello. In prima, depo' fornito hogne suo esequie et altre cerimonie per lore facto per dita Santità dal di-

(*) Fol. 220 a.

to papa Julio, come se retrovava per antica usancia, in primis dito Consolati se messe insemo quiste 26 infrascripti R.^{mo} Monsignor Cardinale, le quale insemo e de comuna concordia come l' altro Senato Romano ordenone et afermone certe gram numaro de suoi capitole per la criatione dal dito suoi papa novello, per ziä esere infra lore acaduto le molte suoe parole: per al che parse che per dito suoi capitole per lore formato l' une e l' altre romanese tacipto. Per al che dito Monsignor Cardinale ie fecene suoa signatura de suoa propria mane, e po' ordenone de intraro in conclavi per fornire hogne suoa hordenatione. Le quale soi capitole al presente ad noi sone incognito, come inento ad plenum parlarema. Et lì per so hordene nela ghiesa del' apostolato Sancto Piero nela capela de Sam Sisto fu ordenato 4 canzeli. Nel primo a mane destra fui asetati:

al primo Monsignor Cardinali Anglicus
al secondo dito Cardinale Stiborensis
3, Cardinali de Grasis
4, Cardinali Ulterani
5, Cardinale Liberto.

Nel secondo posto cancelle:
6, Cardinalo Anconitano
7, Cardenalo Fernese
8, Cardinalo Cornarius
9, Cardinalo Stragonia
· 10, Cardinalo Sam Vitali
11, Cardinalo Gurensis
12, Cardinali Sam Petri ad Vincula.

3 canzeli a destris:
n.° 13, Cardinalo Mantuano
14, Cardinale Grimano
15, Cardinalo Astensis
16, Cardinali Suvetino
17, Cardinali Strigonensis
18. Cardinale Sam Giorgio.

4 ed ultimo posto canceli:
19, Cardinali de Savolis
20, Cardenali Flischo
21, Cardenal Genensis
22, Cardinal Finalis
23, Cardinali Fluxitanus
24, Cardinal Petencius
25, Cardinale Hadriano
26 ed ultimo, Cardinali de Medeci.

Le quale tucto insemo introne in dito conclavi in dita capela et dito soi canceli a dì 3 dal mese de marci, die iovis. Prima la matina per tenpo fecene cantare la mesa dal Spiritu Sancte nela capela de

Sancto Andrea, e poi fecene suoi iuramento et altre suoe cerimonie. E po' a dì dito i' nomine Domini, cercha l'ora 24, veni et introni in dito conclavi como hogne suo hordine et providimento. E di poi a dì 7 dito, die luni, come vose la fortuna parse che al dito Monsignor de Medeci la natura suoa fuso ofesa da certi suoa postimatione per la quale come fu al so tenpo (*) debito, dito Monsignor mandò per uno M. Jacomo da Bresia cirusico, et quela fecela tagliare et curare, per al che medianto la divina gratia lui non abe male alcuno; ance più presto per lui fu segnale de sposalicio; perchè lui vene al papato. Perchè per al proverbio se spando: l'uno che à bugno a quele significa sposalicio; como inento ad plenum parlaremo, como dito excelso spose serà criato.

Papa Lione decimo criato.

Al prefacto sanctissimus in Cristo p. dominum Joannem de Medicis diaconum cardinale Sancta Maria in Donnica, corando gli anni dela salutifera incarnatione dal Verbo divino 1513, a dì 10 dal mexe del marce, die iovis, la note prosima advenire, cercha l'ora 11, fu a-lecto et creato e deputato in so conclavi per dito suoi Monsignor R.mo Cardinali et publicato a suoa fenestra dal dito so conclavi a suoa viva voce, metando fora al santisimo so vesilo dela sancta Croce, dicando: — Ad voi annoncio gaudio magno: papa abemus Leo decimus —, como ut supra. Per al che è mo fornito al dito vere a-nontio dal sposo divino, como ut supra. Criato che al fu, per so ministro deli cirimonie fu asentato in s'una carega pontificale, aconpagnato da tucto al clere, cantado Te Deum laudamus, per insine ala ghiesa de Sancto Petro, aprexentado propinquo al so altare magno. Et lì per dito clero fu cantato salme et oratione divino, et faciando lore hogne suoe cerimonie consuveto como suoe gram benedicione. Et per la ciptà gram festa et iubilatione contenuvo, zorne e note, se faceano; et masime per certo suoi mercadanti et bancheri fiorentino, che in quele loco se retrovavano: e più, despensando lore gram numaro de pane e de vino per tucta dicta ciptà ad ogne suoa usita de via.

Et lì steto le cose senpre iubilanto per insino a suoa coronatione, che fu a dì 19 dal dito mese de marzo, die sabati, la quale fu in questo modo e forma. In prima che in suso le schalo de dita ghiesa del dicto Sancto Petri fu fabricato uno grando palcho sopra 4 colone, molte bene inteso, come suoe grandenisimo solenità de so adornamento de tapezarie et versi et sonite e canzone, che tanto se spandevano a laude de suoa S.tà Fornito che al fu hogne so bene operare, fùi aparato suoa Santità in abito pontificalo et conduto in dita ghie-

(*) Fol. 220 b.

sa (') nela capela de Sancto Andrea, e ponsato in quele loco per dito so clero fui cantato hogne suo salmi et horatione, como ut supra. Fornito hogne suo hoperaro, fui aparato in abito sacerdotale per celebrare la suoa prima mesa et poi tolto da dita capela et menato al' ara de Petro como al so M.° dele cerimonie, tuta via inate faciando lui hogne suoe bisogne, dicando queste parole: — Pater Sancte, sic transit gloria mundi —. Pervenuto che al fui ala dicta sacra ara de Petro, et lì come suoa grandenissima devocione celebrò la suoa dicta prima mesa. Fornita che la fui, suoa Santità se montò sopra al dito palco et lì demorò alquanto per suove cerimonie. E poi da quiste infrascripto dui cardinale, zoé Farnesio e Ragona, per lore fu posto uno regno de tre corone et cercondato dele molte varie perle e zoi intorno; et como granda iubilatione de tronbe et altro instromento de più sorta del populo suoa S.tà fu coronata in dito palco coram homnibus. Fornito hogne suoe cerimonie, dete suoa benedicione plenaria a tucti quilli che lì circonstanto se retrovava, e poi pontificalemento nel dito so palazo al retornone; et poi al so tenpo debito andò ad aceptare la possessione del suo epischopato Laterenensis. Et le multe altre grande infinite cose de suove representatione se fece in dita ciptà, che, secondo li nostri riporto, per homini vivo mai più non fu viste al simili. Dele quale noi volema lasare la cura a quilli suoi signuri historici, per eser lore presentialemento in dito loco. Laus Deo Amen.

Coronato che al fui, sua Santità feze spazare uno suo brevo a tucto suove ciptà et parte de castelli del stato de sancta romana Eclesia, neli quale dite brevi se contenea suoa prima dicta criatione, faciando a lore intendro come suove dolce parole, le quale portava suoi mazeri; e tucto voleano al so beveragio nela forma de suoa posibilità: et masime qui ala nostra ciptà de Forlì, che da dito nostre Senato ie fu donato per suoa bona mano duquato dui d' ore in ore molto volontera, per eser lui in nostro Conseglio.

Magnifico Regimento facto a Bologna.

Al prefacto Regimento facto ala magnifica et celeberima ciptà de Bologna et novamento criato deli dito Quaranta per la Santità dal dito papa Lione decimo novello ('') e de consensu deli suoi conpagno Monsignor R.mo Cardinale, fune quiste infra scripto.

In primis se fu al magnifico conto Alesandro de Pepolis.

2, al conte Hericoles de Bentivolis.

3, M. Agaminon de Grasis.

4, M. Antonio dala Volta eques.

(') Fol. 221 a.
('') Fol. 221 b.

El 5, M. Carlo de Ingrati eques.

El 6, M. Zohano Antonio Gozadino eques.

El 7, M. Verzilio de Ghisileri.

Lo 8, M. Ercules Felixini.

El 9, M. Jeronimo da Sampiero.

El 10, M. Cristofano d'Anzelino.

Lu XI, M. Anibal da Sasone.

El 12, Juliano Alvecio.

El 13, Aloviso de Ursis.

El 14, Hericoles Mariscoto.

15, Jacomo dali Armo.

16, Francescho de Fantucio.

17, Piero Oxelano.

18, Antonio Maria da Lignano.

19, Alberto di Albergati.

20, Lodovico Foscharara.

21, Cornelio Lanbertino.

22, Verzilio Pueta.

23, Marchiono de Manzoli.

24, Ovidio Barzolino.

25, Tadio de Bolognini.

26, Agostino de Marsilio.

27, Orelio Guidoti.

28, Paulo de Zambecare.

29, Laurentio de Biancheto.

30, Galiazo de Castello.

31, Jacomo Maria dal Lino.

32, Antonio Paltrono.

33, Felipo de Guastavilani.

34, Bornino de Bianco.

35, Anzello dai Coppo.

36, Antonio Maria da Canpegio.

37, Felipo Maria de Androvando.

38, Lodovico Carbonexo.

39 ed ultimo, Gaspara dela Renghiera.

L'altro insino ai dito Quaranta, secondo al nostro reporto, pare che la S.^{tà} dal papa se l'avese observato nel so peto, che como al tenpo volere metre in dite loco preservati: Anibal Bentivoli. O che al foso, o che non al foso, per al vulgo se obtenea così. Al quale dito magnifico Regimento, criato como ut supra, era stato per intercesione de suoi anbasatori nanto ali pedi di suoa Santitade, e di poi arivato che lor fune a Bologna, che fu e dì 4 dal mese de luglio, anno Domini 1513, fune publicato nanto al tribunali dela resedencia dal so presidento, chiamato M. Baldo epischo.

Signore Bartolomio da Luigliano fu liberato de catura.

Al prefacto Signore Bartolomio da Luigliano dela nobile famia de casa Horsina et zentilomo romano, queste anno dal Signor 1513, a dì 8 dal mese de mazo, die dominico, arivò ala magnifica et celeberima ciptà de Bologna, che venea del Regno de Ferancia, aconpagnato come multi soi baruni, per eser stato a lui facto dita liberatione. Conciò fuse cosa che l'ano 1509 fuse lui stato prese et meso in dita suoa catura ala rota (*) che fe' la M.ta del dite Re de Ferancia al canpo Venitiano al castello de Revolta, per eser dito signor Bartolomeo in quele tenpo condutere de dito Senato Venitiano; per al che del'anno predicto era stato caturato et menato in Ferancia a dì 14 dal mese de maze, die luni, et lì stato per insino al prexente che fu liberato, come ut supra. Tamen in brevità, siando stato lui da quele Senato Bolegnese bem visto et honorato. tose lui bona elecentia et andò ala magna ciptà de Venecia, per eser come lui quele zentilomo al quale l'avea prese a soa dita catura, per volerele lui come proprie mano apresentarile al dito Senato Venitiano come so conditere che l'ere. Arivato che lor funo, ie fu fato tanto honore come quase intelecto humano poteria comprendere; che fu a dì 15 dal mese de mazo, die dominica de Pintecostes dal nostre vere Redemptore; che in tal zorne dito Senato i asegnò al so gram bastone et fecele so zenerale capitanio. E dipo' vogliando siguitare la voglia dela M.tà dal dito Re de Ferancia, feze che quelle Senato, como al fu criato, in brevità se mese in punte suoa cometiva et corse per insino le porto de Verona, che fu a dì 11 de zugno, die sabati. Et lì feze lui uno buom botino: tamen dito Veronese usino fora ala gaiarda et ne prese et n'amazone et ferino alquanto, per tal via e modo che a lore fu forcia de quele loco partire e tirare indreto ala secura. Et andone a metre canpo al castello de Legnagho per seguitare la volontà dela M.tà dal dito Re Cristianissimo de Ferancia, considirando lore, se non pone avere al prexento li capi, de piare suoi menbre. Et lì comenciole a crutiale zorne e note; per tale via e modo, non aspetando lore alcuno suo secorso, a lore fu forcia a fare la voglia de tale signor capitanio M. Bartolomio d'Aviano. como ut supra. Et lì al povere castele fu meso a sacomano come suo gram vituperio e danno.

Facto questo, che fu a dì 19 dal mese di zugno, die dominico, e di poi in in brevità se levone et andone a tendre ad maiora, zoè per tore la roca dela ciptà de Cremona, credando che la M.tà dal dito Re de Ferancia ie la vole dare a dito Senato Venetiano, che an-

---

(*) Fol. 222 a.

cora non era resa lei al Duca novello de Milano; perchè zià era ,per via l' asercipto franceso che venea al' aiuto da' castello de Milano. Tamen, come lore fune arivato, fu nula al fato suoi (*).

Franciose retornò a Novara.

La prefacta [ritornata?] de dito Francioso ala ciptà de Novara se fu a dì 5 dal mese de zugno, die dominico, anno Domini 1513, in queste modo e forma. Conciò fuse cosa che la M.ᵗᵃ de Lodovico Re de Ferancia Re Cristianissimo avese zià preso tucto al duquato de Milano, salvo che certi suoe roche, per al che lui avea zià facto lega como la excelsa Signoria de Venecia et Alfonso da Esto Marcheso de Feraria et como parto Bentivola da Bologna per volere retornare a suoa liberatione da dito duquato de Milano, et per secorse de dito suoe roche, che zià la lega apostolica suoa adversaria, zoè la S.ᵗᵃ de Lione decimo pontifico et Ferdinando Re de Spagna Re Catolico, de volontà dela Cesaria M.ᵗᵃ Maximiliano Inperatore et Re deli Romano, et la M.ᵗᵃ del Re de Ingliter e de Maximiliano Sforcia duca novele del dito Milano, per esere al prexento stato suoe exercito de dita suoa lega ala expugnatione del castele de Milano, et per esere al dito exercipto franciose per venire al dito aquisto de Milano, parbe mèi al dito Maximiliano duca novelo de quele loco partirse et esere andato a dita ciptà de Novaria per suoa mazore defensione, et in quele loco molto fortificato; et però avere inteso tale exercipto franciose che dito duca novele esere in quele loco per volere a lore inpedire dita suoa venuta, lore fecene ferma deliberatione, et veno a dita Novaria per avere zià al secorso dal canpo dela lega de dita Signoria de Venecia ala ciptà de Crimona in so favore. Per modo, como lore fune arivato a dita ciptà de Novara, como so gram terore comencione a dare una granda et aspera bataglia a dita ciptà per volé de quele loco cavare dito Maximiliano duca novele; la quale durò gram tenpo. Per al che vene morte quase tucta la fantaria de' Franciose et prese cercha 200 lanze et tucto li suoi cariaze; et secondo li nostri riporti, le molte boche de suoe artegliarie ie tosene, per modo che veramento funi male tractati per dito suoe cordilitade: per al che al reste de lore ie fu forcia a ritirarse li dinstanto cercha doe mia per più suoa salvatione a spetare al tenpo che per lore piatà se mova da seguire suoa voglia (**).

. . . .

Al prefato tratado facto over schoperto ala dita ciptà de Padua

(*) Fol. 222 b.
(**) Fol. 223 a.

ordenato, secondo li nostri riporti, per dita Cesaria M.tà Inperialo contra dicto Senato Venitiano in questo modo e forma. Conciò fuse cosa che uno Contestabile de dita zià Signoria, Albaneso, per so nomo chiamato Mercurio, al quale era al prexento al servitio de dito inperio, per eser lui in pecavisti contra dito Senato Venitiano, e da lore aver una gram taglia dreto a chi lui ie l' avese dato vivo o morto; per al che cognosando lui al prexento d' esere via e modo de torse tale dita taglia de dreto, et da quella senpro esere liberato da tal Senato, fece lui ferma deliberatione per eser lui a tale dito tractale inperiale uno deli prencipale suoi secritario, avando considerato suoa M.tà che tale Mercurio se retrovava vere ribello del dito Senato per le rasone suopra asegnato. Et per queste lui se era fidato de lui: tamen fu per contrario; che dito Mercurio feze intendro a tal Senato che quando suoe Signorie voleseno eser contento de retorele suota la granfa de Sam Marco et a lui perdonario li soi peccato, che lui virebbe da lore conspeto et a quilli farebbe intendro la più grata cosa che mai per lore potesene intendro. Facta la preposta, di subito ie fu facto la resposta; et per lui fu mandato come suoe bone caulione. Arivato che al fui, per suoa revelatione secretamento del dicto tratade fu prese alquanto soi nobile Paduano et secretamento menato, secondo li nostri riporte, in feri a dita suoa ciptà de Venecia. Et ne feze morire alquanto ad noi incognito. Per al che dito Mercurio ie fu perdonate, et iterom de novo fu meso nel numero de bom servitor, et da lor fu facto più grando che al n' era come suoa gram fede. E poi inmediate dito Senato avea facto retornare dito so canpo che era a dita Crimona dentro da dita Paduva, dubitando de tal tractato, como ut supra.

Canpo de Spagnole veno a Paduva.

Al prefacto canpo de Spagnole veno ala ciptà de Paduva, a ciò che dito Senato Venitiano avesene a lasare. Al canpo Francese non potè seguire suoa voglia contra al (*) dito Maximigliano Sforcea Duca novello de Milano, nepote de dicta Cexaria M.tà; che fu dicta suova venuta a dì 18 del mese de luglio, anno Domini 1513, die luni, como cercha 13 milia persone bene in punte. Et lì s' acanpone di verso porta Sancta Crucis, overe al Basanello; et lì stevano como suove gram vizilio, dubitando de quelo gram gorero signor Bartolomio d' Alvigliano che dentro i era intrato, como ut supra. Et zorne e note quili dentre trasia in canpo per eser lor propinque; per al che n' amazavano gram numaro. Et più, che quase hogni zorne dito signore Bartolomio facea usiro fora suove zento et ie coriano per insino in lor repare. E più, per esere al Signor Zohano Paulo Baglione

et le multi altre bene in punto ala guardia de Trevisio, per modo
che a lore era forcia a stare zorno e noto come suoe gram vizilio;
per al che vedando dito canpo Spagnolo che li soi pensieri i erano
riusito falato, che mai alcuna parto de dita ciptà non se era mota
per lore, como i era stato promeso, como ut supra; e più, che per
lore non potea venire secorse alcuno che zohare ie potese, lore Primato fecene ferma deliberatione de quele loco partirse, per eser giá
stato in quele loco zorne numero 31.

E po' se partino: che [fu] a dì 19 dal mese d'agosto, die veneri, 1513. Et andone ala dita ciptà de Vicentia per più suoa salvatione. Tamen nel so levare le molte gram novità lore fecene per più so
disdegno; che una gram parte de quili suoi palaze, dove lore erano
aloziato, tucto le brusone et per tucta quela rivera. Alozato che lui
fune in dita povera sventurata ciptato, che noi crediamo che l'asen-
dento de suoa edificatione fuse in mala hora et in male punto; perchè senpro quela è stata la più cruciata de quela rivera; perchè hogne vento che se levava, tucte ie nociano; perchè era stata abandonata quase da tucto li soi habitanto, dal tucto considirando lore, et
aveano facto piare altre suove habitatione. Et qui steto dito canpo
per insino a dì 25 dal meso de setenbro. E po' fezene suoa partita,
et andone ad alogiaro ad Albareto et ala Vila dela Piebe de Saco,
et quela brusone. E di poi a Mestruvo; e tucto sachezando e brusan-
sando, non avere alcuno rispeto ala piatá et misericordia de Dio. E
di poi fecene alto e forti aprese a Canpo Sam Piero; che fu a dì 2
dal mese d'octobre, die dominico, como so gram furia (*).

Canpo dela Signoria rote da Spagnole.

Al prefacto canpo de dita Signoria de Venecia, questo anno dal
Signor 1513, fu roto e svalisato dal dito canpo Spagnolo et canpo
dela lega 'postolica in queste modo e forma. Siando aloziato dito
Spagnole aprese a canpo Sam Piero per la rivera della Marcha Trivisana, et zià sachezato le molte de quele suove vile et brusato, et
non avando lore auto alcune respeto al timore de Dio, per modo che
l'andava insine al cielo la schlamatione de quile suoi povere abitante; per al che se motto de compasione al dito Senato Venitiano ad
avere sentuto tanta estremità et verghogna, come lore aveano de tale canpo Spagnolo, determinone de fare usire dala ciptà de Paduva
al so capitanio S. Bartolomio d'Alviano et andare a retrovare al canpo de dicto Spagnolo, et con quelo avere a fare; credando lor ve-
veramento de conquitare li suoi rabiose dento, per eser lor tanto nemico dal nostro stato talico, como lore erano. Tamen fu per contrario, che li poveriti Veneti vene roti in queste modo e forma. In pri-

ma a dì 3 dal mese d' octobre, die luni, 1513, al dito signor Bartolomio capitanio dal dito Senato per lo suoi precepto usì furo de dita ciptà de Paduva molto bene in punto per volere andare a trovare dito canpo spagnolo. Alora dito Spagnole ancora lore sè levone incognito et s' avione ala via de Citadela e de Basano, costezando lore al monte, come suoe gram vizilio del' una parte e dil' altra, per insino di suopra dala ciptà de Vicentia cerca tre miglia; che fu a di 7 dal dito meso d' octobre, die veneri, cerca l' ora decimo hotava; che lì feceno so fermamento. Per modo che ali dito Spagnole alora ie parbe al tenpo de seguire suoa vitoria. Per modo, come quilli che aveano de tucta l' arte la doctrina, comencione a dire: — Su su, zente nostra lizadra et peregrina, che qui se pestarà al dulcio e 'l forto: chi vole honore non tema la morte, che oze per noi serà al zorne dala gram vitoria, dal quale per nui n'á aparere perpetua memoria —. Et lì i andone adose come cano rabiato, batando le lor dento che pareano serpenti; per tale via e modo comencione a pugnare che tucto al povere sventurato canpo Veniciano tucto schapulò al mèi che lore potene (*), salvo che quiste povere sventurati valenti homine, che vosene la gata, infrascripto, che quase tucto vene prexe e morto et ferito. Li morti sone quiste:

M. Andrea Lordano Providitore de dito Senato Venitiano:

al secondo se fu al signor Zohano Baptista Savella nobile romano:

 3, al conto Carlo da Montono;

 4, al conto Guido Rangono;

 5, M. Sagramora Vischonto;

 al 6, M. Agostino da Barignana;

 al 7, M. Ermes Bentivole nobile bologneso;

 lo 8, se fu al fratello dal conto Bernardino da Montone;

 al 9, M. Francescho da Sasadello nobile imolexo;

 al 10 se fu M. Melagra di Cavidone da Fuorumponpili;

 l' undecimo, uno capitanio francioxo;

 12, Monsignor da Corna francioso;

 13 ed ultimo se fu uno capitanio de Palma francioso.

Li preso sono quisti;

 M. Zohano Paulo Baglione nobile perosino;

 2, al signor Malatesta de Sugliano;

 3, al signor Otivis conti;

 4, al signor fratello dal Duca de Savoglia;

 5, M. Antonio di Pio;

 7, M. Alesandro Forghoso:

 8, M. Panfolo Bentivoli;

 9, M. Paulo de Sancto Agnelo.

(*) Fol. 224 b.

Homini d' arme de più sorte, cercha numero 200 ad noi incognito. Et la mor parto de suoa fantaria svalisata et male tractata. Et le
le molte altre cose fu infra lor ad noi incognito. Che fu a dì 7 dito
hotobre, die veneri, cercha l'ora decimo hotava, anno Domini 1513,
in loco propinquo a uno fiumo chiamato flum Bagharon, al quale,
secondo li nostri riporti, pasa per meze dita cìptà de Vicentia. Ora
sì che, amantissime nostri lectori, non è valute al dito Senato Venitiano a moverse de compasione avere mandato suo exsercipto a pugnare contra dite Spagnole per le lor gram curdelità che lore faceano
contra suoi popule, como ut supra; considerando noi come per al
proverbio spando, al quale dicano: donde vale fortuna sapere non
vale; tamen, pure che la furia non pasa al segno, patientia vinze
hogne desdegno. Sì che, adoncha, segue al tenpo e lasa fare fortuna. Per modo che le cose pasò male per lore.

L' anno 1513.

Del' anno prexento fui le molto vario coso sopra la tera produito
per li influso celesto, como voi legiando intenderito. La quarta dela
primavera se fu molte (*) suta piu che non convene a suoa natura.
Valse al grano solde 40 al stare per insine a meze zugno, e po' valse s. 47: faba, 42, 43, 44, 47 per non esere stramo per le bestie.
Tamen fu asai bom ricolto, per modo che al tornò al grano a s. 35
al stare, e po' a s. 30 per tucto dito zugno; e per tuto lui tornò a
s. 24, 26, 28. Al vino, L. 8 ¹/₂ l' asazo e 9: fructe asai.

La quarta dela stade fu calda in suoa natura; tamen steto al grano al dito precio s. 24, 26, 28. E più, che a di 30 de zugno vene
una tenpesta nel nostri teritorio de Forlì nela tera de Murano e Sam
Varano como graudenisimo nostro danno per tucta quela rivera. E
po' steto al grano a' sopra dito precio.

La quarta hotonalo, suta per la mazor parte: al care del' uva de
monte valso L. 7; quela de piano, nel prencipio, valse L. 5 al care
e poi retornò a libre 3: vino pure L. 3 l' asaze e L. 2 ¹/₂, L. 2.

La quarta vernale fu in suoa natura. La prima nevo fu a di 6
dal mese de novembro, die dominico, non de tropo gram statura; et
vene gram copia de nevo. Al grano valse per tucto decenbro s. 25 e
26. Item a dì 22 ianuari, die dominico, cerca l' ora vespertina, caschò la dita casa de uno nostre nobile Juliano Beltracano, la quale
era posta nela contrata de Sam Zohane avanzalista nel borgo de Ravaldino; e fu per la forcia dela gram neve che sopra se retrovava;
per al che caschò al teto e la mazore parte de suoi solare et soi
berdonale: tamen per la Dei gratia non se ritrovò alcuno de lore famia avere alcuno despiazere, per eser alcuno so figliole conservato

(*) Fol. 225 a.

sota l' onbra de tal suoi burdunale, per eser uno capo in tera e l' altro nel so loco debito. Tamen per eser quela quarta gram vernata, stete dita neve in tera per tucta la prima mediatà de marce. Le altre cose ali soi precio consuveto, como poco infermità de hogne sorta.

L' anno 1514

Del' anno prexento fu le molte gram contraverso nela nostra proventia dela Romandiola, come inento in questo al tucto intenderito. La primavera fu tenperata. Valse al stare dal grano s. 26, 27; faba, s. 28. E più, che a dì 31 dal mese de mazo, la note a hor 5, die mercurio, ven una gram tenpesta nel teritorio de Bologna, di verse (*) al monto, che quase tenpestò uno quarto del so teritorio; et per la gram furia caschò ghiexe e case in gram numero, per tale via e modo che dita ciptà recevito uno gram dano. E più, che a dì 3 dal mese de luglio, die luni; per modo che dete gram dane ale vigno da Castelecio et per tucta quela rivera; la quale vene como gram forcia e durò alquanto, che gram danne abe le fructo per tucto quele rivere.

La stade fu in suoa natura; per modo, como vose la suoa poca ventura, intravenene uno gram case ala nostra ciptà de Forlì a una certa famia, chiamata dite Spagliafeno. che per verità dela posancia dal gram vento meredionale caschò la dita casa, posta nela contrata de Sam Biaxio, la quale era de gram statura; che fu a dì 30 dal mese de setenbro, die mercurio, cerca l' ora decima quarta. E fu in questo modo e forma, e fu quele zorne benedecto del doctore dela Ghiesa Sam Jeronimo; per al che vene morto tre criature; zoè doe done gravede et uno pute de anno cercha   (**). E perchè la dita casa era posta da levanto a ponento et andava più lunga e più alta de quele deli suoi convicino, per modo, siando quela fazada de mure di verso dito vento meredionale sole de doe teste dal solare in suso, per sova debilità, per la granda suoa alteza, dite vento la butò innentio; per al che caschò tucto al coperto; et per esere debile ancora le mure dal solare et male chiavato. Per al che, come vose la suoa poca ventura, i era tre done e uno puto in casa: una era al telare et una ala cosina; l' altra per casa: una avea nome Bela e l' altra Bianca e l'altra Cilia. Quela dela cosina di subito morì senza favelare; quela dal telare chiamava la Cilia, che era in casa sota uno bordonale che l' avea salvata, per eser como uno capo nel mure: tuctavia era dale prede tucta amachata. E dicea: — Cilia, oimè che schopo sota legne e prede —. La Cialia respondea per suo conforte: — Non avere paura, sorela cara, che avignirà le bone persone preste aiutarce, tolandise tal nostre graveza da dose, che Dio s' aiutarae —. Tamen fu nula. Così sclamando, la poverina chiopoe; e al pute per esere fuse al' use del' andavenio, dal canto de dreto, per volere usire, quando sentì la furia dal coperto, tamen zià era serato l' usi et (*) lì morì. Se lui fuse stato advertento de venire a quele dinanto, lui schanpava, per eser quela casa denanto a Biscanteri et al solare miore. Tamen tucti le tri povere sfortunate morine sencia alcuno so repare; zoè le dito doe povere zentile done gravedo e dito puto; che veramento nostra ciptà tucta sclamava de compasione, per eser lore doe polite zovene. Una era deli suoe proprio de casa, che era maridata in casa de uno M.° Matio Bisighino, la quale era venuta in parento per eser stato al zorne denanto la festa del' anzele et arcanzele Michelo: lei fu quela che morì in dita cosina. L'altra era una suoa in quela casa maridata dela linea dela casa de Benzoveno. Veramento questa per suoa natura parea una dea, che da hogne persona per suove zentileze e poledeze et formosa de so corpo era desiderata; tamen quele zorne avea domandato al so marito de volere andare a casa dal so patre per suoa curentia; tamen per eser l' altra suoa conpagna lì in parento, e più per eser quele dito zorne la festa dal dito Sam Jeronimo, per eser lì propinque, per modo alcuno dito suo marito no ie vose dare lecentia; per al che la povera mischina antedito, per volere observare li precepto dal dito suo marito, per al che vene ala dicta crudelle morto, como ut supra. Per al che per le molte persone fu interpetrato che al spiritu de quelei zià avea cognosuto che per la suoa granda inocentia et purità l' arebbe voluta salvare da tanta granda infortunia: tamen fu tenuta gram cosa per lore et per dito criature che neli lor corpo aveano. E la dita Cilia canpò como suoa granda amaritudine, per eser lei figliola dal dito M.° Matio Bisighino et vedua zia per suoa prudentia per lungo tenpo.

Valse al care del' ua per al comune precio L. 6, 7; al vino pure s. 40 l' asaze, e 50. Al stare dal grane valse s. 25, 26, 27, 28.

La quarta hotonale dita, humida più che non convenea a suoa natura.

La quarta vernale observò suoa natura como poca nevo, salvo che a dì 21 dal meso de marzo nevò uno gram peze quele zorne como gram vento molte ferdose, zoè vento stenterionale: feze gram danne ali fluri et vide et altre fronde. Valse al stare del grano la prima mediatà de marzo como tucto februari s. 25; faba, s. 20, 21, 22. Tamen queste anno fu poche infermità. E li altro coso al so precio consueveto. Pur fu alquanto tenpesta, como ut supra, et altre (**).

(*) Fol. 226 a.
(**) Fol. 226 b.

Lega fata per al Re de Ferancia per venire in Italia alo requisto dela cità de Milani.

La prefacta lega novamento facto per al dito Francescho Re de Ferancia per volere venire al'aquisto del suo duquato de Milano, zià rebelato contra la M.^{ta} de Lodovico pur de Francia, al prexento Re morto, per Maximiliano Sforcia, al prexento dal dito duquato posesore; la quale lega era questa: dita M.^{ta} dal dito Francescho Re Cristianissimo de conpagnia dal Senato Veniciano e de dom Alfonso da Esto Marcheso de Feraria, et altre; dal'altre canto la Cexaria M.^{ta} de Maximiliano Inperatorio et Re deli Romane como l' aiuto del gram Senato deli Sovicero; et eciam più volte fu prontiato che i era la Sta de Lione decimo pontifico como l' aiuto del gram bracio de Ferdinando de Spagna Re Catolico et altre soi ederente; tamen ala scoperto poco se ne inteso, come inento ad plenum noi ad plenum parlaremo: criata et partorita che fu dita lega nova per la M.^{ta} dal dicto Re Francescho de Ferancia Cristianissimo, come al contento dal so Senato, per eser zià morto al dito Re Lodovico l'anno dal Signore, secondo li nostri riporti, 1515, cercha al mexe de zenaro, per eser stata ad noi incognito per insino al prexento per la gram dinstancia dela via, per eser lore nostri nomice, poca zento andava e venea: al quale dito Lodovico era per suoa natione figliole de una dona dela magna casa de' Visconti et ziù duca de Loriense; per al che, morto che fu Carlo Re et lui creato l'anno 1498, cercha al meso d' aperilo, et coronato a dì 24 dal mese de mazo, die iovis, quele zorne benedecto che asonse al nostro ver Redemptor M. Jhesù Cristo in cielo, fu dal so Senato coronato como suoa granda veneratione, e poi l' anno 1507 suoa M.^{ta} per eser de dita linea casa Vischonta, como ut supra, cercha al mese de luglio, venno ala magnifica ciptà de Milano e da quele so popule fu bem visto et honorato, et eciam d' anbasature da tucti li potentati de Italia, le quale tucto l' andone a rivisitare et honorare. Et veramento lui fu homo neutrale et magnanimo, et vivuto, secondo li nostri riporto, in tal mazistrato cercha anno 17. Et vene poi le mole volte in Talia, masime per le disconcordie del popule de suoa ciptà de Zenua et altre, come indreto ad plenum noi abiamo parlato (*). Et perchè siando ziá morto al prefacto Re Lodovico, come ut supra, et poi ziá era stato criato et electo e deputato dito Re Francescho cercha al mexo de zenaro, anno Domini 1515, secondo li nostri riporti; criato che al fui et coronato da quelo so magnifico Senato, in brevità per lor excelso Conseglio de comuna concordia fu creato et partorito la dita suoa

---

(*) Fol. 227 a.

scripta lega per venire al dito grando aquisto dal dito so duquato de Milano, ziá per dicto Maximiliano Sforcia rebelato dala magnifica corona de Ferancea, como ut supra. Et più, che per dito so Conseglio fu obtenuto che dita suoa M.^{tà} avese a venire presentialemento al dito aquisto ad ogne suo beneplacipto como questo suoe infrascripto exercipto, como voi legiando poteriti intendre a partita per partita particolaremento. In primis noi farema la suoa somma dele somme.

Item lanze n.° 2300
cavali lizeri 500
arcieri 500
peduni 29,125.

Artegliaria de più sorte, boche n.° 110: zoè in queste modo e forma :

In prima Monsignore dala Tramozeia, come lanze numaro 100, arcieri 300.

Al signor M. Zohano Jacomo Traucio, lance 100, arcieri 300.

Queste tale se retrovavano li cappi del' antiguardie de suoa M.^{tà}:

Monsignor de Inberioto, capitanio de lanze 50, arcieri 150.

Monsignore di Bieno C. de lanze 50, arcieri 150.

Al barone de Birro, C. de lanze 50, arcieri 150.

Al bastardo de Savoglia, C. de lanze 50, arcieri 150.

Al signor di Piro, C. de lanze 50, arcieri 150.

Monsignor d' Entrecti, C. de lanze 50, arcieri 150.

Le quale dito capitanio sopra scripto sone l'antiguardi de cavale.

Fantaria dal dito antiguardi :

Cadetto di Raicomo, n.° otto milia fanti Vaschuni, balestrere 500, schiopito 21,500.

Hormanni como lanzuni 400.

Malver M. di Motarda, Bertoni e Vaschoni n.° 1500.

Li prenominati como multi altri sono dito antiguardio como trenta peze de artegliaria.

Seguita l' armata. Li capitanie sone questi in conpagnia :

L' arciduca de Borgogna como lanze 300, arcieri 900,

Duca de Sason, lanze 100, arcieri 300.

Al fratel dal duca de Savoglia, lanze 150, arcieri 325.

Duca de Vandome, lanze 100, arcieri 300.

Alberto, alias al gram Diavole dela Marcha, lanze 100, arcieri 300.

Monsignor di Lois de Hatarra insemo como al gram schoderi, lanze 150, arcieri 325.

Fantaria dela bataglia. Suoi (*) Capitanio :

Aldu di Gualdres, lanzechinech 1225, como dito boco di fogo n.° 50.

(*) Fol. 227 b.

Retroguardia :

Monsignor dela Pelicia capitanio zenerallo, como lanze 100, arcieri 200.

Monsignor de Birro, lanze 50, arcieri 150.

Monsignor dela Rochia, lanze 50, arcieri 150.

Monsignor de Zurichie, lanze 50, arcieri 150.

Monsignor di Durascho, guaschono, lanze 50, arcieri 150.

El bastardo d' Alegra como la conpagnia de Monsignor d' A-legro, zià morto apreso dela ciptà de Ravena, lanze 100, arcieri 1500.

Fantaria dela retroguardie :

Al figliole del signor Ruberto dela Marca Anconitana como la conduta de peduni n.° 1300.

Petro da Erba ghuaschone, 1300.

Gratiano Picardo, n.° 2000. como boco 30 de dito artegliarie e como altro coso molto bene intexo.

E poi come la persona dela M.^{tà} dal dito i era Monsignor da Micasa et il Locotenento dela M.^{ta} del Re d' Ingliterra como lanze 500 et caval lizeri n.° 500. piduni 8 milia, schiopiteri 1000 ; che asende-ne in tucto ala dita somma. como ut supra, secondo la rasegna deli nostri riporti da homine digne de fede.

Adunati che abbe suoa M.^{tà} tal so exercipto, ala suoa hora debita et congruva, tose lui dal so Senato bona licentia et i' nomine Domi-ni feze lui suoa dita partita per venire al graindo aquisto dal dito suo Duquato de Milano; requistandole, lui se reporterà lo excelso ho-nore de dicta magna corona de suoa Ferancia. la quale fu ad noi incognito : tamen parse, secondo li nostri riporti. Per venire al so desiderato, como quello che lui avea de tucta l' arte la doctrina, fe-ci scharpelari et aperire certi suoi monti per poter venire per aliam viam in rezionem suoam. per avere intexo suoa M.^{tà} che Monsignor R. ^{mo} cardinalo Sovizaro como al contento dela Cesaria M.^{tà} Inperialo e tucta suoa lega zià erano andato como so grando exercipto nel te-ritorio del Marcheso de Salucio per volere spuntare li soi rabiose dento de dito Gali. che più nanti non potesceno venire ad alcuno so desiderato. Et erano fermo al so castelle de Vila Francha, et lì ste-vano como suoe gram vizilio. Alora suoa M.^{tà} determinato avea al tu-cto de venire. come ut supra. Et lì de zorno in zorno veneano co-me suoa gram prudentia, come fa quilli che suoi nomico aprecia ; per modo che lore veneno via como suoa gram victoria. la più parte incognito, per avere, secondo li nostri riporti. zià capitolato como al popule dal dito castello de Vila Francha : per al che (*) come lore funi lì arivato al dito castelo. di subito s' apresone. L' una parte e l' altra s' atacone insemo, faciando lore hogne suo potere ; per tale via e modo che dite Franciesi detene al peze a diti Soviciari, et de

_____

(*) Fol. 228 a.

lore ne vene prese le multi, et masime al dito signor Prospero Colona et nobile romano, et le molte altre ferite et morte. Per al che fu forcia al dito exercipto Sovizaro retirarso per suoa più salvatione propinque a dicta ciptà de Milano. Alora vedando questo suoa M.ta che la vitoria per lor prosperava, di subito ie vene dreto faciando la via da Torino, e da Torino a Chivase, e poi a Sancta Ada, e poi a Sam Sigondo, e poi a Verceli, e da Verceli a Novara: et lì pasò al fiuno Texino, e poi vene a Galarà e poi al castello de Merengana, tuctavia piando de quele suoe ciptà e casteli ad noi incognito. Al quale dito castelo de Merengane se retrova tra Lodo e Milano, dove in quele loco fece resistencia suoa M.ta Arivato che al fui, credando suoa M.ta che al popule Milanexe fuse bem desposto de volere caciare dito Maximiliano Sforcia duca novello, como ut supra, per esere pervenuto quele Duquato al Re Lodovico per lineia materna, como ut supra, e poi eser stato tolte a lore, come ut supra; per al che fece lui che M. Zohane Jacomo da Traucio como una suoa gram cometiva vene per insine a porta Toriana, zoè porta che veno da Torino, per asentire se dito popule de Milano sone in alcuna voglia per lore. Arivato che lor funo, di subito dove in quelo loco se ritrova una gram forteza per la quale se mesene a pugnare insemo, perchè al dito popule mai per lor se meso a cosa alcuna; ance più preste ie fune per contrario, per tal via e modo come al gram bracio de dito suo Viciaro de comisione dal dito Maximiliano duca che cacione dite Galle per insine ali suoi alozamento como so grando impito, per tale via e modo che, secondo li nostri riporte, s'al non fuse stato certe voce falso che se levone dicando, a viva voce — Volta, volta, et più inento non andato —, che veramento per le lor gram forcio serebbe per insine dove s'atrovava al resto dal canpo, dubitando asai de qualque suoe gram contraversie. Per al che dito M. Zohano Jacomo Traucio quela volta se retornò indreto como so poco honore. Alora siando suoa M.ta chiarito dal tucto, che s'al vole dita ciptà de Milano, altra via conveno piare, di subito (*) feze lui intendro al Senato Veniciano che avese a venire como al suo exercipto ad aiutaro a suoa M.ta che quela possa esequire hogne suoa bramoxa voglia contra dicta ciptà de Milano. Per al che dito Senato fecene andare al so capitanio signor Bartolomio d'Avigliano, nobile romano de casa Orsina, da suoa M.ta et quele avese a fare la voglia suoa: al quale se retrovava per suoa habitatione nel dito castello de Maregnano. Per al che intendando suoa M.ta tale venuta dal dito signor Bartolomeo, di subito feze metre in ordenancia una suoa bona schorta, la qual avese a venire al'incontro dal dito signor Bartolomeo, per eser per al paese uno grando exercipto del Vicio Re de Ragona, che quele no ie potese fare alcuno inpedimento per eser lore dela lega inperiale, como ut supra,

Al quale dite facto d'armo per dito potentato in dito loco se fu a dì 13 dal mese de setenbro, die iovis, anno Domini 1515, cercha l'ora vigesima seconda. Conciò fuse cosa che avando intexo al dito Maximiliano Sforcia, al prexento duca de Milano como l'aiuto da so gram brazo de dito Soviciare e de altra suoa lega, che tal schorta de la M.^tà dal dito Re de Ferancia erano mese in suoa hordenancia per volere andare per secorso dal dito signor Bartolomio capitanio dal dito Senato Venitiano, la quale dita schorta siando lor in via per andare dito Soviciaro se fecene al'incontre, per tal via e modo che ie tose gram numaro de suoe artelarie et le molte de lore amazandine et exvalisendio et maltratando; che fu nel'ore predicta che lor s'atacone, non tropo lontano da Milano. Et qui l'une e l'altre grandamento pugnavano, non avando alcuno respeto ala paura, faciando lore come vere paladino; per al che dito Soviciare per forcia ie retenea che lor non poteano pasare. Alora vedando, secondo li nostri riporti, cercha 6 milia de quili soi zentilomine milanese, homine neutrali, che zia la vitoria per al so Ducha e lor presperava contra suoi adversario, di subito armata manu se meso in ordenancia et usino de Milano per volere andare per secorso dal so canpo dreto ala vitoria; per modo, como volse la suoa poca ventura, parse che se inschontrase lore nel dito signor Bartolomio d'Alviano che ziä arivava (*) come cercha 12 milia combatante bene in punto; et masime li homine d'arme como al corpo de lor corazo, solamento batando al dito signor capitanio le deuto che parea cano rabiato, per aver intese lore che ziä al canpo so Franciese erano stato male tractato. Per al che erano venuto da cavalare, per tale via e modo che comencione a pugnare como dito povere zentilomino Milanese per averie trovato in desordine et male armato et poco pratico; per al che, secondo li nostri riporto, venne morte quase tucto, che poco ne schapulone per non poter lor non andare e non stare. Intese che abe queste, li Franciose se refranchone contra Soviciaro, l'une da uno cante e l'altre dal'altro; per tale via e modo s'acese la vena, che era comenciato tale so prencipio de pugnare a di 13 dito cercha l'ora vigesima seconda, che durò tuta quel zorno e tucta la noto et al zorne prosimo advenire; che fu a dì 14 dal dito mese de setenbro, zoé al zorne benedecto dela inventione dela sancta Croce de M. Jhesù Cristo, die veneri; che meritamento se potea bem chiamare ancora lui veneri de pasione, perchè durò per insine al'ora decimo nona, che veramento penetrava quele suoe voce per insino al cielo como tanto so terore che parea che tucto la machina mondiale tremasse como suoe tante sclematione cordiale et amare. A chi tocava tal sorta credea lor d'eser al fino dal mondo. Per tale via e modo che, secondo le lore resegno, per a' comune mancò cercha 25 milia del'una parte e l'altra, seucia li ferito e maltractato.

(*) Fol. 220 a.

Pensa mo, discrepti lectore, che gram crudilità potè eser quella, considerande noi per la gram lungheza dal so pugnare et per la schurità de dita suoa note quanto n'era perito contra suoa voglia; perchè quanto amico avea morto l'altro amico, per eser l'une e l'altre incognito. E più, quanto ne caschava in tera per le lor gram fatica del'arma et lungheza dal so pugnare; per al che, come lore erano in tera, non potando avere alcuno so adiuto, la furia deli cavale ie montava adose et per forcia le facea crepare, perchè in quele loco non valea aclamare adiuto, per eser lore incognito per dita schorità de dita note. Ultimatamento, quanto n'era ferito de poca valuta, se i avese potute usire, che serebene canpato; che tucto morino per le lor gram furie. Sì che considirando a tanto suoe grando infortunio, noi non potiamo (*) fare de non sclamare, considirando noi a quelle suoe povere anime topino che Dio sa como le sone pasato de quilli suoi corpi bene disposto. Sia como se voglia, la divina M.tà po sapere al tucto. Et quela continuvamente poi pregarcina che la se voglia per suoa infinita misericordia e bontà perdonarie li suoi pecati et poi donarie la gloria beata per infenita secula seculorum, amen.

Per modo, como tal dito combatante fune al'ore 19 predicta, per suoa gram stracheza li romanento ie fu forcia a destacarise de semo como fani li galli quando lor creste sone rotte et ciaschune ale lor loco secure retornare. Alora avando viste la M.tà dal dito Re de Francia le gram crudilità del'una suoa parte e l'altra, molto lui, secondo nostri riporto, molto se n'atristoe, considirande ali anime de quili povere sventureto, como ut supra. Per al che suoa M.tà feze ferma deliberatione de volere tirare ad efecto al so desiderato, considerando lui como più è caldo al ferre e tui al martello: per al che lui comenciò a fare intendro ala ciptà de Paviglia per suoi bande, chi volese dinare da lui dovese andare; et in multi altri loco notificando per volere remetre quilli suoi tal smanchati. Per modo che de novo refeze suoa cometiva, pagando le lor baile d'alevarie como suoi poco dinare, che più a lui non i era doluto le rine, overe schena, per averie in corpo portato: et lì dicando: Suse homini nostri, et non dubitati de cosa alcuna; che per noi è adeso al tenpo dala gram vitoria, dela quale n'á aparere perpetua memoria —; considerando lui como per al proverbio se spando; — chi à tenpo non aspeta tenpo —.

Alora intendando monsignor cardenale Suoviciaro como tucta la parte ducale al grando amanamento che contra lore avea facto suoa M.tà, et che la S.tà dal papa avea facto fare alcuno suoe movimento per lore, nè eciam la M.tà Cexaria, nè eciam per la parte dal Re Catolico quili suoi Spagnole che lì al prexento se retrovavano, como credando lore veramento tucto li prenominati fusene in dita suoa le-

---

(*) Fol. 229 b.

ga per le rasone suopra asegnati, per modo, lore, zoé dito Monsignor cardenalo. d'esere stato dal tucto inganato; et maxime, siando l'a-scripto dito apostolico lì a Parma et a Piasentia; per modo (*) alcu-no mai non se erano motto in alcuno suo favori: per al che dubitan-do lore dela furia dal gram braze de dita M.ᵗᵃ del Re Cristianissimus de Ferancia, lore preseno per so prencipale capitole de retornare nel lor regno per più suoa salvatione.

Partito che lor fune, la excelentia dal duca Maximiliano intrò nel castello de dita cìptà, considerando lui como per al proverbio se spando : — purchè la furia non pasa li segne, la sancta pacientia vinze hogne desdegno —. Et così stete le cose per insino a dì 17 dito.

La città de Milano reauta dal Re de Feranza.

La prefacta cìptà de Milano, zià reauta per la M.ᵗᵃ de Francescho Re Cristianissimo de Ferancia, che fu a dì 17 dal mexe de setenbro, die luni, cercha l'ora vigesima, anno Domini 1515, quando suoa M.ᵗᵃ retrovandise a Pavia prexencialemento, fece piare la suoa vera invistitura de dicta magnifica cìptà de Milano como suoa grandenisi-ma prodentia, per eser zià partito dito Monsignó R.ᵐᵒ cardinale Suo-viciaro como tucta suoa cometia e la excelentia dal Duca intrato in castello, como ut supra. Facto questo, suoa M.ᵗᵃ feze fare tri zorne di procesione in dicta cìptà dal suo clero a laudo et honore delo e-terno Idio et eciam per gloria dela sancta lega per lui facto como la S.ᵗᵃ de papa Lione decimo pontìfico: per al che dita suoa S.ᵗᵃ se sia dignata d'arecogliere suoa M.ᵗᵃ suota al manto de Santo Petro. Facto che abbe questo, suoa M.ᵗᵃ di subì' fece fare intendro ala dita Exce-lentia dal duca Maximiliano Sforcia, che se retrovava in dito so ca-stello, como ut supra, che volontà era la suoa de volerie dar tal castelle: le suoe resposte ad noi incognito. Per al che, secondo li nostri riporto, parse che non fusene ala voglia de suoa M.ᵗᵃ, perchè inmediate avando lui in suoa catura uno M. Petri Navara Spagnolo, zià prese per dito canpo Franceso ala rota dal canpo apostolico ala cìptà de Ravena l'anne 1512; al quale era homo aprobatissimo so-pra la custodia de l'artegliaria; et le molte volte de lui eser visto grando grando experientio; et maxime al Vicio Re de Ragonea inento suoa catura l'avea facto so primato in ogne suoe facoltade (**).

Alora suoa M.ᵗᵃ, avando inteso la voglia dal dito Maximiliano Du-ca, deliberò al tucto volerele da quelle loco cavarelo, et ordenò che per lo inzegno dal dito Petro Navara fuse cercondato dito castelle in-torno como 50 boco de artegliarie grose, e zorne e note batrele de continuvo, et fabricando lui altre suoe transeo per volerelo lui spacarele in più parte, e poi per forcia dentro intraro. Facto lui hogne suo prencipio, in brevità parse che lui ie tolese hogne suoa defesa, che più per la ciptà non poteseno traro, nè eciam poco poteseno nocere ad altre; per modo como al tenpo vedando la excelentia dal dito signor Duca che, non avando lui secorse alcuno, che mai lui non se poterebbe conservare dala dita gram potentia dal braze de suoa M.ta, per al che parse che infra lore fuse partorite certi capitole e termino, tolando zose lore defeso. Et parse che, secondo li nostri riporto, dite Duca s'avese aricomandato e facto arecomandare de novo a dita suoa lega dela Cexaria M.ta: tamen era stato nula; ed era a denotare che a uno male anno debitamente convene che lui abia tre male pasque per le rasone suopra asegnato. Tamen parse che lui alciase li suoi hochie al cieli et pregando la divina M.ta che quela per suoa infenita misericordia e bontà se volese dignare de mostrarie quela bona via da potersi conducere lui al bom porte. Et parse che per intercesione del signor M. Zohane da Gonzagha e de altre suoi confiderato fuse per lore concluse che dito Duca avese a fare la voglia de suoa M.ta, come lui feze, per eser ad noi incognito. Tamen fu dito che lui ie deva nel regno suo de Ferancia uno altro duquato in scambio, simile a quelle, come inento ad plenum nui parlarema. Et concluse hogne lor suoe deferentie, dito Duca ie deto la vera potestato dal dito castello; considerando lui che donde fortuna vole, saper non vale. Al quale so partimento a noi incognito.

Ora avando la M.ta dal dito Re Cristianissimo de Ferancia auto hogne suoe desiderato dal dito Duquato de Milano come al grando adiuto de dita suoa lega, mo al prexento a lui s'aspetava de cognosere li suoi benefìcio receuto de tal dicta suoa lega; per al che de lor comuna concordia dicta mandò al dito suo canpo come al favore dal so gram braze de suoa M.ta ala dicta ciptà de Bresa per volerela requistare per dito Senato Venitiano, como tucto al Bresano et Marcha Trivisano, come zià per altre tenpo fu suova (*); che fu cercha la prima mediatà dal mese d'octobre anno Domini 1515. Arivato che lor fune nel teritorio de Bergamo, zoè al signor Bartolomio d'Alviano capitanio de dita Signoria, de conpagnia de uno M. Piere da Lunghena conduteri dela dita, come grando exercito et gram n.° de suoe artelarie, lì in dite loco Bergamascho se infermò al dito capitanio signore Bartolomio dela suo infermità mortalo; per al che tardò dito exercito cerca 18 zorno nante che l'andase a dita suoa expugnatione de Bresa; che fu cercha a dì XI dal mese d'octobre, die veneri, la noto prosima pasata, quando dito exercito arivò intorno a dita cità come sove artelarie. Et lì faciando granda bataria in loco chiamato la Garzeta, dove, per esere quela città al prexente sota la dominatione dela Cexaria M.ta Inperiale, quela avea zià bem proviste ala defensione de quela: dove lì se retrovava al' incontre uno so condoteri chiamato M. Luvis Incardo, homo valentissimo et esperto, come la conduta de 1000 pedune todischo; le quale molte bene ie respondevano, perchè durò dodece zorne che senpre in dito loco bateano zorne e note; per al che lore fecene gram suoa bataria. Alora la parte dentra, vedande per modo alcuno de più non poter resistre, usine fora incogniti, et per al so mirabile inzegno tene tal via e modo che inchiodone 12 peze de dita artelaria de nomice, zoè doe colovrino e sei canune e dui sagri; le quale lore ie tosene et per via de argano le tirone dentre da suoa cità. Per al che fu forcia a dito nomice de quele loco partirse e tirarse in dreto ala segura, per insine a 25 zorne prosimo a venire; e poi retornoe, e posese propinque a Tore lunga; et lì zorne e note faceano al simile, faciando a lore gram nocimento; per tal via e modo che infra lore fu necesaria cosa a conpore una suoa trega per 20 zorne prosimo ad venire, che la Cesaria (*) M.tà non ie dia secorse alcune, per al quale lore se posano defensare dale forcio dal gram braze del canpo de dita lega Fracesia, che veramento, fornite al tenpo lore, s'acordarano. Tamen infra al dito tenpo non vene secorse alcuno, che a dite Bresano a lore fu forcia a seguire tal so acordo in queste modo e forma: che lore non voleano per modo alcuno più retornare suota la iereducione dela granfa de Sam Marco; per al che zià altre volte erano stato inganato da lore, per eser lor date a quela e po' averie lasato andare in preda et sachezato dal tucto. Alora uno conditere zenerale dela M.tà dal dito Re de Ferancia, chiamato M. Zohane Jacomo Traucio, nostre Talice, tose tale asonte in dito so acorde i' nome de suoa M.tà dal dite so Re, et intrò in dita città de Bresa inseme come dite exercito Veniciano. Intrato che lui fu, dito M. Zohane Jacome fornì suoa roca a peticione dela M.tà dal dito Re; et lo exercito Veniciano dominarà la città per insine a tante che dita suoa lega serano veramente d' acordo. E poi inmediate fecene andare uno so bande: che tuto li forasteri s' avesene andare con Dio ala pena dela forcha. Alora siando stato in quella città de Bresa per so oficiale uno dito M. Pino Nomaglie, legum doctor e zià figliole de uno nostro nobile Forluvese, chiamato M. Luffo Nomaglie, conte e cavaleri, come tuta suoa famia lui era abitato in dita città; per al che dubitando lui, se feze fare a quili primate uno salvo conduto da poterse conservarse per insine a tante che tuta quella zurmaia se fuse andato con Dio, per più so honore de lui e de dita suoa famia. Et per bom respeto lui si era conservato in uno so monesteri de frati; perchè lui veramente era molte amato in dita città zeneralmento per la suoa gram conversatiotione. E di poi, come a lui parbe al tenpo, usì fora per volerse partirse. Inmediate da dito Franciose fu preso. Tutavia lui dicea le suoe raxone, mostrandie dite salvo condute: tamen lore a quelle respondeano dicando; chi facea salvo condute li potea guastare; avande zià lui preterite al tenpo de non esere partite e andate nel tenpo dal dito bando come li altre. E di poi li soe molte parole dal dito M. Pino, come homo savio e prudente che lui era, cognobbe lui come (*) per al proverbio spande: — Donde vole fortuna sapere non valle — et — Segue al tenpo e lassa fare fortuna —. Per al che inchinò al so cape et feze acorde come lore in la quandità de duquate tre milia et cinque cento: le doe milia per lui; el reste per al so unico fiole. Pagato che lui abbe, tose bona elicencia e retornò ala città de Ravena, dove lì reinpatriava. Tamen, secondo le nostri riporto, dita città de Bresa romase al tuto sota la dominatione dela granfa dal dito Sancto Marco de comisione e volontà dela M.tà dal dito Francescho Re Catolico de Ferancia e de tucta suoa lega promisive, come ut supra.

Signor Bartolomio d' Alviano morto.

Al prefacto signore Bartolomio d' Alviano dela nobile casa (**) nobile romano, queste anno dal Signore intravenne la dita suoa prefata morte, che fu a dì cinque dal mese d'octobre anno Domini 1515, in queste modo e forma. Conciò fuse cosa che al prexento lui se retrovasse capitanio zeneralo del Senato Veneciano, per eser lui al presento stato per dito so Senato al' adiutorio dela M.tà de Franceschо Re Cristianissimo de Ferancia, quando lui intrò per so aquiste nela magnifica città de Milano; e di poi per dita soa lega de volontà dal dito so Senato eserse partito da Milano per volere andare al' aquiste dela celeberima città de Bresa per dita suoa lega; et quando lui fu arivato nel teritorio de Bergamo al castelle de Gheti, lui se era in quele loco romaste amalato da morto int uno palazo dela excelentia dal conte de l'etigliano so legitime fratelle. Et lì solo canpò quatro zorno; e poi rese al spirtu al'onipotento Idio: che fu a dì 5 dito hotobre, come ut supra. Et parse, secondo li signor medeci, che dita suo morte fuse stato per vertù de omuri colico (***).

Vici Re de Ragona retornò al so regno.

Al prefacto Vicio Re de Ragona, chiamato M. dom Ramondo Cardona, queste anno dal Signor 1515 fece lui so retorno nel dito so regno in queste modo e forma. Siande lui venute l'anne 1512 per al servicio de Julio secondo pontifico e de suoa lega, et intrate nela Marcha Trivisana e quela avere poseduta a voia dela dita lega, et eciam la città de Bresa come al Bresano, et eciam la celeberima città

(*) Fol. 232 a.
(**) Lacuna del ms.
(***) Fol. 232 b.

de Verona, che, secondo li nostre reporte, lui i era intrato per a-
bitacione dentre a dì 6 dal mexe de decenbro, anno dito 1512, come tuto al Veronexe; et per eser zià morto dito Julio pontifico et
creato Leone per la divina providencia decimo pontifico, et per eser
fornito dita suoa lega et avere zià retolto la M.^tà de Francescho Cristianissimo Re Catolico de Ferancia la cità de Milano contra la voglia
de Maximiliano Sforcia, zià duca de quello; et però nonn era più necesaria cosa che lui avese ad abitare in queste nostre provencie, e
dali soi mazure chiamato a casa, et dal dito som pontifico et altre potentati de Italia avere apude suoa bona helecencia. Et eraso
partito et arivato al Castello Sam Zohane Persiceto del contà e destreto dela magnifica et celeberima cità nostra de Bologna; che fu a
dì 30 dal mese de setenbro 1515, die dominica. E tuto i alozone dentro al dito nostro Castello; che poteano eser cercha otto milia, molte
bene in puto, per eser lore tute doventá rico in questa nostra Italia.
Tamen fu forcia per li soi gram discunze che lore faceano al dito
povere popule, che al R.^mo Monsignore Legato de Bologna i andase
al dito Castello per so adiutorio cercha tre volte nante suoa partita.
La prima se fu a dì 2 dal mese d'octobre; la seconda se fu a dì 4
dito; la tercia ad noi incognita: tamen lui dite Vicieré, seconde nostre riporte, senpre i era venuto incontra, dicando lui — Non tibi,
sed Petro —, per eser cardinale di Medici nobile florentino. E po' fu
suoa partita a dì 11 dal dito mese d'octobre, die iovis; et venene
ad alozare ala Vila de Sam Nicolò et a Castelle Sam Piero, pur teritorio de Bologna. L'altre zorne, a dì 12 dito, die veneri, venne a-
lozare a Castelle Boleghese. Et pasò per la cità de Imola dito Viciorè come suoa guardia; e fu, seconde nostre riporte, venerato da
quelle so popule per intercesione dela magnificencia del so M. Zohane da Sasadello, per sapere lui navegare quando al bisogna: perchè,
seconde che per al proverbio spande, — Tenpo è da perdere e tenpo
è da guadagnare: savio è l'omo che sa bem tenporezare —; comi lì
al dite castello, laso mo iudicare ad voi, discreto mei lictore (*).

L'altre zorne, che fu a dì 13 dal mese d'octobre dito, die sabati, dito Vicio Re vene ad alozare in dita nostra città de Forlì in queste modo e forma. In primis, anno Domini 1515, conciò fuse cosa
che al presente nela provencia dela Romandiola ie preseдca uno per
so governo uno M. Alesandro Vascho et nobile Alesandrino et episcopo de dita suoa cità d'Alesandria, et al presente lui abitava ala cità
de Ravena, et per comisione de Monsignore R.^mo Legato de Bologna
cardenale de Medeci, nobile Fiorentino, era andate lui dite Presidento ala cità de Imola, prencipio de dita suoa provencia, ala custodia
de tal exercito dal dito Viciorè, che non i avese a lasare mancare
nè pase nè vituaria per li suoi dinare; in modo che lui avea fate

intendre a tuto sove cità che avesene a provedere, come ut supra.
Et più, che a nostra città de Forlì i avea fato intendre che lore, dipo' al dito so providimente de diti vituarie, che lore debiano fare
sghomberare tuto al nostre borgo di Codugno, a ciò che la guardia
dal dito Viciorè posa in quele loco alozare. Et lui vole alozare nel
palaze deli Signure: et queste sie de suoa comisione et volontà; el
reste de dita suon comitiva pasare et andare ad alozare a Forumponpili et a Bertenore. A queste parse che dite nostre Senato molte se
ne fuse agrevate, per escr ziù publica famma che la parte Nomaia,
per eser fora absente, de suoa comuna concordia retornava dentre
come dite Viciorè, contra voglia de dita parte Moratina. A queste dito Senato avea fato intendre al dite Presidente che volese eser contente de queste: non volerie agrevare per le pratico ziù partorito in
dita città, come ut supra. Lui a queste respose che tal dubie per modo alcuno non ce era sopra dela fede suoa; ma che l'era volontà dal
dito Monsignor Legato che dito Viciorè potese alozare a tuta suoa voglia inte sove città de Romagna. Alora dubitando dita parte Moratina
de non andare a sacomano lore e tuta la città, di subito montone in
colara, solevando al popule, che per mode alcune non dovesene lasare intrá dentre dite Vicierè per le rasone sopra asegnato.

Infra queste tenpo era comenciato a venire sei fereri per volere
comenciare ad alozare, come ut supra. Alora intendande al tuto dite
nostre Senato, che l' è de volontà dal dito R.ᵐᵒ Monsignore Legato
che debiano venire ad alozare dentro, i arebene consentito, s'al non
fuse stato la parte Nomaia e dito popule per lore solevate, che dubitavano d' andare a sacomano, come ut supra, dicande che dite Presidento (*) tene come parte Nomaia, per avere lore apremiate come
cosa sova promesiva. Alora dite fereri solicitavano, dicando che l' a-
sercito s' apropinquava. Alora vedando nostro Senato la dita mala
disposicione deli prefati, inmediate mandone uno nostro eques, chiamato M. Francescho dali Aste al dito Presidente, et quele caramente
pregare che volese esere contento de non alozare in dita nostra città
tal zento, come de sopra, per le rasone sopra asegnato. Tamen infra
queste tenpo arivò certe epischopo Comisario apostolico zeneralo. A-
rivate che lor funo, fece chiamare dite nostro Senato nela Badia de
Sam Mercuriale, et lì ie fecene intendre per parte de Monsignore R.ᵐᵒ
Legato de Bologna che lore dovesene solicitare vituaria et alozamente
i' nostra città, et fare la voglia dal dito Viciorè: case che dito Senato n' al fazano, che lore úno dal dito Monsignore Legato comisione
plenaria de farie intrare per la roca. Alora nostre Senato a queste
respose molte umanamente, dicando, per quanto se astendo la forcia
dal so brazo, che lore èno molte contentissimo de fare interamento
la voglia dal dito Monsignore Legato e dal dito Viciorè: tamen a lo-

---

(*) Fol. 233 b.

re parea che dite nostre popule se fusene molto desdegnato, come ut supra. Tamen dito epischopo se partino descordanto. Alora tutavia venea tale exercito et se fermavano propinque a nostra porta da dita roca molte cruciate, per esere tuto al reste de nostre porte serate come suoa gram guardia dela parte Moratina. Et era al nostro Forum properato sopra le cara tuto dite vituarie amanate per dito nostre Senato, come loro aveano promeso.

Et infra queste tenpo arivò dito Vicio Re come dito so exercito a dita porta dela roca; che fu cercha l' ora vigesima seconda. Et lì atrovando sove zente, che ancora nonn era alozato niuno, molte lui se turbò, considirando lui che uno tanto homo fuse retenuto in quelle loco da nostre popule contra la voglia dal dito Monsignore Legato e dela suoa. Alora tutavia li nostri cetadino sghonberavano hogne so bene mobile, portandole in citadella, per averela asegnata al castelano al dite popule; et che lore in quele loco avesene a conservarse sove dite robe e done e figliole, et guardarela; perchè fu alete certo nostre cetadino che i andase per guardia. Alora dite Viciorè comese ali dite epischopo e al dito Presidento che dovesene venire a nostre dite Senato ed a quelle fare intendere che ordene era per lore properato al dito so introito, come (*) ut sopra. Alora arivato che lore funo al nostre palaze deli Signore, lì se trovava gram numaro dal nostre popule armato, le quale chiamavano l' amiranto dela tore dal popule per suoa adunacione: tamen mai lui non avea volute sonare sencia spresa helicencia dal dite Presidento e dili nostre Signore. Le quale dite Signore erano queste infrascripto:

M. Bernardino Exelio legum dotore, caput.

2, Zuliano Bertracano.

3, Paule Laciose.

4, Batista Castelino.

5, M.° Francescho Oroxeto.

6 ed ultimo, Jacomo de Minghe. Queste non se fu per esere absento.

Le quale per niente non vosene consentire che tal amirante sonase. Et li infra lore, acade le molte pàrole de gram medola; per al che fu necesaria cosa che dito signor M. Bernardino e dito S. Paule Laciose et dito S. Batista Castelino avesene andare i' nome del resto del so Senato come dite Monsignor Presidento nante al conspeto dal dito Viciorè, al quale era a dita porta, come ut supra. Arivato che lor fune, dite magnifici Signore se butone in zonichione nante al conspeto dela serenità dal dito Viciorè, et quello caramento pregaro per suoa infinita humanità se voglia dignare de cognosere al gram pericole che al presente se retrova questa nostra poverina sventurata città de Forlì, che senpre per so instinte naturale à prese et pia la parte

_____

(*) Fol. 234 a.

negativa per l' afermativa. Per al che, dipoi le molte suoe parole del'una parte e del' altra, dite Viciorè comese a dite Signore che ite e taliter facesene, et curasine in tal modo e forma, che lui e tuta suoa cometiva potese intrare ad alozare in dita nostra città, come e-ra stato determinata per M. S. R.^{mo} Legato. Et questa era la suoa ultima volontà. A queste respose suoe Signorie, secondo nostri riporto, dicando che per modo alcuno non s' atendeva ala forcia dal so braze de poterie fare intrare', dubitande lore dele gram descordie del dito nostro populo, che lore non i amaciaseno; concordandise come quello verso de litanie che dice: — a furore populi etc. —; mo che la Signoria R.^{ma} dal Presidente, al quale era lì presento, lui per suoa potencia poteva fare che lore intrasene per eser dominus constituvido dala Sta dal N. S., come lui era. Alora dite Vicio Re fece retenere tute tri dite Signore, et protestando al dito Monsignore Presidento che lui avesse a fare quel tante de lui e de soi che i era stato inposto dai suoi mazure, come ut supra. Fato questo, dito Presidento mandò a dire al castelano dela rocha per uno so barisello che per parte dal papa e suoa che inmediate (*) che lui debia fare partire dite nostre populo che se ritrovava ala guardia de dita porta, armata manu. Tamen dito castelano non vose hobidire dito barisello, che a dito Presidento ie fu forcia andarie lui in persona et cautarele in che modo lui vose. E po' inmediate fece intendre a tal nostre homine hogni cosa, come ut supra. Tamen a lui ie fu forcia a trare alquante bote de artegliarie nento al so partimento.

Et infra queste tenpo uno M. Antonio da Chilino legum dotor, de conpagnia de uno S. Bernardino di Mingo, cancelerio del nostre Conseglio, veneno batando per insino al nostre palaze magno, dove abitava nostre Senate, et a quilli fecene intendre al tuto come dite Viciorè avea fate retenere dite nostri tri Signore, et dito Presidento avea fate cazare via nostra guardia come ut supra: per al che dito M. Antonio fece comandamento al dite amirante che dovese sonare dita canpana dal populo al' arma al' arma; se ne no, che lui se ne poteria pentire. Alora lui dete alquanto bote ala dita, a ciò che al populo potese intendre al tuto: tamen poco ie zovò, perchè zià aveano comenciato de intrare cercha l'ora vigesima tercia, die 13 dite dal mese d' octobre, die sabati, come ut supra. Per al che dito Vicio Re alozò in casa che fu deli aredi de uno M. Lufo Nomaglie: tamen zià per intercesione dal dite M. Presidente avea lasate dite tri nostre Signore, dicando dito Presidento che sove Signorie erano nocento di tale cosa, per non avere lore potuto dispore dal dito so populo, per essere stato solevato, como ut supra; perchè la paura mai non se poteria armare. Et la zente d' arme alozó in la mità dela città, di verse la porta di Schiavania; e la fantaria nel'altra mediatà de dita città,

(*) Fol. 234 b.

partendo al Borgo de Ravaldino e quelle de Sam Piero, durande per insine a meza note nante che fusene alozato. E queste fu che dite zente d' armo erano andato ali ascholte di verse la montagna, che non fuse calato dite montanaro i' nostre favore; per mode che s' a-lozone come nostre gram dischunze, come gram terore per li nostre disordine, ziá contra lore fato per nostre populo, come ut supra. Per che tuta la note andone in pratica, come fane li signor Medici, ron-pando alquanto botego intorno al nostro Forum, et masime una cal-zolaria de uno M.° Rondone e una de M.° Francescho Rosete et una speciaria de uno di Minghi et altre. Per modo che la matina nante al so partimento quiste tale andone dal dito Viciorè a lamentarse; per al che lui feze metre duquate 20 d' ore in deposto (*) aprese de uno nostre citadino et spiciale, chiamato Lodovico d' Albertino, le quale lui i avese a despensare a quilli tale che a lui se erano lamen-tade ala voglia sova. E poi per dite so gram terore, come ut supra, le molte nostre aveano abandonato dal tuto suoe case per condurse in loco de suoa salvatione. Alora li sachardelli aveano fato la voglia suova; tamen le molte altre nostre nobile et altre citadino e merca-dante fune da lore tractato da homine da bene, come lore erano. Pur tutavia fu tenute che dita nostra citá avese receuto gram danne, per-chè in dite case, come li erano arivato, era forcia che ie fuse aper-te tute sove casse, e po' lore faciano la voglia suoa et altre.

L' altre zorne, che fu a dì 14, la matina per tenpo, die dominico, lore fecene suoa partida et andone per al so viazo. Partito che lor funo, nostre Senato feze andare uno so bando, che hogn'ome i ave-se a dare in scrito hogne so danne.

Fato che fu queste, dito nostro Senato mandò dui nostre legum dotor, zoè M. Antonio de Chilino et M. Zohane dali Aste come tal suoa ra-segna a quarelarsene a Monsignore R.ᵐᵒ Legato de Bologna, come ut supra, et pregare quelle che per suoa humanità se volesse dignare de cognosere tale dite so gram danne, et fare contra quilli tale sia a noi refata l'amenda. Tamen viste che lui, seconde li nostri riporti, lui feze questa risposta: se noi aveano male alcuno, che de quelle noi n' erano molte bene meritorio per li nostri gram disordine avere fate contra suoa voglia e dal dito Vicio Re, come ut supra; sì che per queste al male anne romase a chi l' avea come suoe tre male pasque.

Arivato che al fu a Cesena, intrò dentre come suoa guardia: al reste alozone nela valle. L' altre zorne alozò a Santo Arcanzello, et li mese a sacoman Sam Zohane Varaguana. Tamen fu forcia che i andase dito Vicio Re in presona de note tenpo, et salvò done e puti et altre bone robe. El reste per soi disordine fune salvati. E poi pasone per al Duquato de Orbino come so grande ordine, e tornò al so regne.

Canpo apostolico tornò alozare in Romagna.

Al prefacto canpo dela Ghiesa, siandose partito dela parte de Lonbardia, per eser ziù intrato la M.^{tà} de Francescho Re Cristianisimo de Ferancia in la città de Milano, et avere caciato Maximiliano Sforcia, et eciam esere partito al Vicio Re (*) de Ragona pur de dita Lonbardia, et tornato nel suoi regno, et eser venuto dito canpo per suoi alozamento nela Romagna, che fu cercha l'ultima setemana dal mese d'octobre, anno Domini 1515; per al che i' nostra città de Forlì ie vene ad alozare uno so conditeri M. Troilo Savella et nobile romano et alozò nel nostre Burgo dei Codugno in casa dei aredi de uno M. Nicolo Torniello. Et lì stete alquante zorne e po' partì. Et ie venno al dito M. Simone Tornabone nobile florentino et Comisario zeneralo apostolico sopra suoe zente d'armo, che fu cercha la prima mediatà del mese de novenbre 1515. Et alozò nel' ultima camera del nostre palaze magne di verse meze zorne: e 'l reste de suoa comitiva per la cità.

Arivate che lui fu, per non c'esere in queste loco Governatore, comenciò lui a volere che nostra città stia suota al pacifico et honesto vivero; per al che suoa Excelentia fece fare la rasegna de nostre vituarie et altre bene helementale, le quale fune fate per 8 homine alete per nostre Conseglio; zoè dui per quartieri, come suoa gram delizentia: tamen parande a suoa Excelentia che tale dito 8 homine non apiano fate dita rasegna a suoa voglia, di novo feze lui notificaro per uno altre so bande, a dì 19 dal dito, die luni, che tuti li abitante in Forlì de novo debiano dare in scritis tuto dito suoe biave, come di sopra, infra li soi tenpo, a uno deputati de suoa Excelentia sota la pena etc. E più, che al sabato inento era andato uno altro so bande, che tuto li confinate et altre che fuse fora absente dele parte dovesene retornare a casa et apresentarse nante al conspeto de suoa Excelentia, suota la pena etc.

E di poi, infra al dito tenpo, vene M. Tiberto Brandolino et Todole d'Antonio de Todole et le multe altre dela parte Nomaglia. Arivato che lore fune, fecene tute suoa hobidencia dal dito Comisario. E di poi dite Comisario se partì et andò a Cesena, dove lì era M. Alesandro Vascho et epischo Alesandrino et Presidento dela Romandiola; et come lui i andò dito M. Tiberto et M. Jeronimo Moratino e dite Todole et altre: che fu a dì 26 de novenbro, die luni, 1515. Et ste' dito Comisario insino a dì 10 de decenbro, die luni; e po' tornò a Forlì. Tamen se partì da Cesena dito M. Tiberto incognito, molte

---

(*) Fol. 225 b.

descordanto; perchè, secondo nostri riporti, dito Presidento al volea caturare per altre suoe discordie vechie fra loro partorito, come indrete in questo ad plenum n' abiamo parlato. Et qui steto suoa Excelentia per insine a dì 12 dito; e po' andò a Bologna dal papa che li era (*).

Papa Lione vene a Bologna.

Al prefacto dito papa Lione fece suoa prima partita da Roma per venire ala suoa patria magnifica et celeberima cità de Fiorencia, la quale meritamento se po chiamare Fiorencia, zoè flore dele altre, e po' venire ala inclita e digna cità de Bologna [che] se po chiamare mater studiorum et bona per omnia; che fu a dì 27 dal mexe de novenbro, dipoi el parte de Maria Verzine, 1515, che suoa S.ta vene ad alozare propinque a dita suoa cità apreso a una suoa ghiesa, chiamata la Certosa, in uno camineto de uno chiamato Zanifrazo. Et lì ie fu proviste de hogne suoa helementatione per dita suoa magnifica Comunità de dita Fiorencia. Et lì stete insine a dì 30 dal dito mese, die veneri, che suoa S.ta fece so introito in dita suoa cità per la porta de Sam Piere Galatino. Et fu quelle zorne benedeto del' apostole Andrea, aconpagnato et venerato da tuto al so clero et soi Senato, come dui soi bele bandachino de gram valuta, dele quale lore ie ne fecene prexento a suoa S.ta, zoè uno per lui e l' altre per venerare al Sacramento divino, le quale portava per insine al so reposo. Dite Senato ultimamente i asegnone le chiave de dita suoa cità, aconpagnati dal numaro de 60 zuvene, tute nobile, de dita cità, tuto vestito a livrea de pane ranze e pavunacio et crimisino come suoi zupone rose, listado de brucato d' ore, et tuto mese al' ordinanza. Et come suoa S.ta i era questa suoa infrascrita famia. In primis avea 18 Monsignore R.mo Cardinalo et suoi cocubiculario et camereri et canonici de Sam Piere; et avea cento cariazo molte bene ornato, et avea dece chinco et tri mulle ricamento coperto. Et dipoi i era 54 epischo et abati numero asai. E di po' i era le molte soi nobile, tuto vestite de novo come la magna representacione dal so magnifico Laurencio, in mezo de 200 homine dela guardia dal so magnifico palazo, tuto vestite di novo a suoa livrea. E tuto i nomine Domini andavano in suoa conpagnia a suoa ordenanza per venerare dito Sacramento, che porta dite Signore canonici, et suoa S.ta: la quale lei era vestita pontificalmento, come al so regno in capo, come dui altri suoi regne inanti, dasande lui suoa benedicione plenaria. E di po' lui era al so tesorerio che butava gram soma de dinare, zoè lione e duquate d' ore ad ornamento dela dita porta dal so introito e de tuta la cità. La quale dita porta era de questa medola: zoè, archi grandi come la instoria del' Epocalis, pinta (*) come alquanto figure vivo, che recitavano gram numaro di soi verse in laude de suoa S.ᵗᵃ E poi a Sam Felice in piaza i era fabricato uno arco trionfale molte rico et bene inteso; et poi al ponte dela ghiesa dela Sancta Trinità uno altre al simile, et per tuta la via dal so ponsamento ornata de dece cara trionfale, tute bene intexe, senza la gula e la colona Antonina che se contrafeze, sencia una altra figia de uno Carlo d' oro et uno Ercole de brongio; tute le quale cose erano beletissimo et bene intexo. Tamen non erano fenito per al poco tenpo che ne fu casone. Et più, che ala ghiesa de Sancta Maria dali Fiuri, zoè Sancta Liberata, i era adificato uno palco in meze come soe gram numaro de lume come le molte altre suoe sontivosetade. Et per quela suoa S.ᵗᵃ pasò presencialemento come suoe grandenisimo veneracione. E di po' arivò ala ghiesa de Santa Maria Novella, dove lì lui feze al so riposo. E di poi hogne suoe cerimonie, lì era properati una suoa bela sala come tre altre soe bele camare hornate, una de velute et de raso crimisino, l' altra de pane luchesino, alias rosato, tute adornato de tele d' ore; et al simile so lette, come le molte altre sontivositade ad noi incognito per la nostra absencia.

Fornite che abbe suoa S.ᵗᵃ in dita suoa patria hogne so bene hoperare, fu necesaria cosa che lui se partise da dita città de Fiorencia et venese ala dità città de Bologna; per al che in quele loco breviter se retrovarà la M.ᵗᵃ de Francescho Cristianissimo Re de Ferancia presencialemento per lore suoe grando ocurencie. Per al che suoa S.ᵗᵃ, siandose zià partito, et vene ad alozare al castello de Pianore, che fu a dì 6 dal dito mese de dicenbro, die iovis, 1515, lontano da dita città de Bologna cercha otto mia. L'altre zorne che fu a dì 7, die veneri, vene ad aloziare propinque a dita città nela ghiesa deli Crosati per la Via Flaminia, et lì steto quella note. L' altre zorne, che fu a di 8 dite decenbre, die sabati, zoè al zorne benedeto zoè quelle zorne benedeto (sic) dela concetione dela inmaculata Vergine Maria, che suoa S.ᵗᵃ arivò ala porta destra mavore cercha l'ora vigesima seconda, dove lì se retrova tuto al clero de dita come hogne suoe cerimonie, come convenea a tele misterio, e poi tuto al so Senato, avande dito religiose alquante areliquie de suoi sancti et masime la testa de Sam Dominico et quella de Sam Provelo, di conpagnia deli Confalorerio de iusticia, come soi signuri Anciani, e tuto al resto del Regimento, come tuto le sove chiave dela città int uno (**) bacile d' arzento de conpagnia de tuto li Confalonerio deli arte. Ultimatamente, i era 50 zuvine, tuto nobile dela città, tuto vestite de brocato d' ore per suoi staferi, come suoe maze in mano; et era tuta coperta la dita strada de pane de lana per insine ala ghiesa del Do-

---

(*) Fol. 236 b.
(**) Fol. 237 a.

mo. Et i era tri ponte de legnano, ornate e molte bene intexo, ala similitudine de quili de Cesaro ali trionfe romano, come soe gram numaro di verse de divarie materia. E più, ie n' era uno altro in porta, che avea fato fare uno M.º Matio dala Lana, al presente masare dela conpagnia del' arte dela seda, como uno so brevo che dicia — Beneditus chi venit i' nomine Domini —. E più, sopra la botega dal dito M.º Matio i era fabricato uno belo balcó, molte bene inteso et ornato come soi drapi, come alcuna figura molte fantastiga, como uno so gram tendo, nel quale i era l'arma dela S.ᵗᵃ dal papa, la quale era sostenuta da dui anzeli e dui lioni; le quale anzele ie meteano al regno in testa; e di sopra i era uno altre brevo che dicea — Al divo pontifico maximo Lione decimo Medici et dela republica cristiana moderatore —. Et da mane drita i era l'arma dela M.ᵗᵃ dal dito Re de Ferancia como uno so brevo che dicia —. Franceschus primo Galorum Regi Cristianissimus —. Et a mane stanca i era l'arma de Monsignore R.ᵐᵒ Legato, zoè Julio de Medici, nobile florentino, cardinale apostolico, come uno so brevo che dicia — Patre dela patria —, come 4 pifaro in suso, che tuto quele zorno non fecene che sonare le suoe molte galantarie. E più. per dito borgo per sine al Dome i era altri 6 ponte molte bene ornate come suoi gram numero de diverso soi brevi de più medolle. Et suoa S.ᵗᵃ i' nomine Domini i era intrato per dita porta et venuto come dito sontuvosità per insine in porta dala Tore deli Axenelli, dove lì se ritrovava aparate epischopale come so piviale et mitria in testa coperta de gram zoe preciosisimo, de conpagnia dal Sacramento divino int una cassa coperta de pane d' ore, in suso una chinea. Ed era sota uno bandachino d' ore tirato biancho. Et per narare al tuto, avea suoa S.ᵗᵃ nanti quatre capelli da cardinale et nove chineo bianco, tuto fornito d' ore e d' arzento, coperto de crimisino, come tri mule bianco ornato a simile modo; le quale veramento erano astimato gram valuta. Et lì in dito loco suo S.ᵗᵃ fece alcuna suon resistencia per non potere andare più nante per la gra' moltitudine de dite persone. Et lì se mese uno so hochiale grando per vedre tante grande solenità che lie se trovava (*). Et era portato in suso una sova carega coperta de crimisino, tuta lavorata de oro fino. Et lì come suoa boca alegra comencià a lezere de quili tale dite breve de quili verse. Et lì in dite loco, in peto ala botega dal dito M.º Matio, se retrova uno zenere dal dito M.º Matio, vere auctore dele suoe predicto cose, al quale se chiamava M. Feriano di Ubaldino, historico veridico et nostro precetore; al quale dito Feriano a sua voce piena diccia — Viva, viva la magnifica casa reale de Medeci —. Alora suoa S.ᵗᵃ ie guardò in suoa facia come suoa risa in bocha, e po' a lui ie dete suoa benedicione, perseverando per dito so viazo insine ala dita ghiesa dal Domo, faciando lui lì hogne

suoe cerimonie, et lasande lì al Sacramento. E po' andò nel so palaze magne ad habitare di verse al monto ·nela capella et camera,
che zià feze fare Julio secondo pontifico in suoa vita, quande lui in
quelle loco habitava.

L' altre zorne, che fu a dì 9 dito, die dominico, suoa S.ᵗᵃ andò
ala ghiesa de Sam Petronio so protetore, et lì fece dire una suoa
sancta mesa apostolata per boca de uno so cardinale, e po' retornò
nel dito palaze a suoa abitacione. E tutavia facea inobilire dita cità
aspetando infra dui zorne la venuta dela M.ᵗᵃ dal dito Re de Ferancia.

Pur seguitando la instoria, l' altre zorne, che fu a dì 10 dito, a-
vando zià fato fare al magnifico Regimento so de Bologna uno gram
balchó molte bene inteso in dita ghiesa de Santo Petronio in queste
modo e forma: in prima, comenciando dal so pergulo, andando per
fine in cavo dal so coro di verse al monto, al quale ·dito balcó sopra al dito so core, sole piando la nave de mezo de dita ghiesa e
non al resto, et era alto eminento; e sopra quelo i era fabricato u-
no magno altaro et lì properato al core de dito soi canonice e cantu-
re et altre reliziose, al quale venne gram dinare; per al che a dì 10
dito, die luni, suoa S.ᵗᵃ retornò a dita ghiesa molte sontuvosamente
vestito, come de prima, alo abito epischopato, in compagnia de 18
S. Cardinalo et altre epischopo e prelati et altre signuri furasteri, et
maxime al signore Alberto da Carpo Mandatario dela Cesaria M.ᵗᵃ. Secondario, uno Mandatario dela M.ᵗᵃ de Ferdinando Re di Spagna, zoè
Re Catolico; tercio, l' anbaseria dela serenissima Signoria de Venecia,
zoè quiste infrascrito: al primo, uno M. Andrea Grito; 2, M. Antonio
Grimano; 3, M. Zorzo Cornaro; 4, M. Dominico Trivisano; 5, M.
Marino Giorzo como tuto al Senato de Bologna; et altre numaro infe-
nito. Perchè, secondo li nostri riporte, ia potea esere cercha 14 milia anime tra homine e done. E poi per lo epischopo (*) de Pesaro,
zoè M. Paris de Graso, nobile bologneso, ie fu celebrato una sancta
mesa. E di poi suoa S.ᵗᵃ ie dete la suoa sancta benedicione, e poi
retornò ala suoa abitacione in dito palaze. Et lì feze al simile de darie suoa dita benedicione; che potea esere cerca l' ora vigesima.

E di poi a hore 22 arivò a Bologna M.ᵃ Jacoma, dona che fu de
M. Ernes Bentivole, per la porta de Galera, la quale venea da Feraria; et a quella i andò incontra le molte soi citadino magnamento.
Et quando lei arivò a dita porta, le molte fanciule et altre homine
comenciò a gridare a suoa voce piena — Sega, Sega —. Alora la parte nomica de dito Bentivole se montone in colara e presene l' arma,
per al che fu fato intendere ala S.ᵗᵃ dal papa; per al che lui se feze
alli finestre del suoi palaze per vedere al tuto; per modo che tuta
quella note lore stetene sota bona guardia. E più, che a dì dito, die
luni, pure arivò M.ᵃ   (**) moglie dal Magnifico Zuliano de dito Me-

dici a hore 24, la quale venea dala cità suoa de Fiorencia. Et era suso una chinea biancha, coperta de brocato d'oro, et lei vestita de seda biancha in testa, avea sova conciadura francexa. Et avea 12 donzele come doe altre suoe matrone; et avea 46 cariaze, coperto de roxato, come una suoa croce biancha, et le multe altre suoe galantarie.

Re de Feranza venne a Bologna.

La prefacta M.ᵗᵃ dal dito Francescho Cristianissimo Re de Ferancia, queste anno, di poi el parto de Maria Vergine, 1515, a dì 11 dal mexe de decembro, die martis, cerca l'ora decimo nona, fece so dito introito nela dita magnifica et celeberima cità de Bologna, che venea dala suoa preclarissima cità de Milano. Al quale dito suo introito fu in queste modo e forma. Prima i andó li R.ᵐᵒ Monsigore cardinale et multe epischopo et protonitario come tucto al so clere e tuto soi Senato et altre nobilisimo; le quale i andone incontra insine ala porta de Sam Felixe, che lui venea da Castelle Franco. Et lui avea nanti li magnifico anbasature del Senato Veniciano, le quale erano quiste infrascrito: M. Andrea Grito; 2. M. Antonio Grimano; 3, M. Zorgio Cornaro; 4, M. Dominico Trivisano; 5 ed ultimo, M. Marino Giorgio; et le molte altre zentilomine, tute vestite de brocato d'oro. Aprese lore i era sei suoi aralde, di meze da dui cardinale, zoè Sam Severine et quelle de Feraria. Et suoa M.ᵗᵃ avea in dose uno saione de raso bianco, listà de borcato d'oro (*), come una breta de veluto negro, come uno bel zoiello in suso, come una pena negra inentro; aconpagnato dala suoa guardia, zoè balestrero e zanitere de gram numaro, come la conpagnia de tute li suoi cavaleri e baruni et altre soi zentilomine al prexento ad noi incognito. Per al che dito Senato Bolognexo aveano fato properaro dala suoa porta de Sam Felise per insine al so palaze magno, dove lui avea ad alozare, tuta coperta de pane de lana; et per dito borgo de Sam Felixe i era fabricato le molte suoe porto, molte bene inteso, come suoe gram iubilatione de suoe musico e troube e canpane et artelaria, come tanto gram numaro de persone che quase intilecto humane non al poteria capire. Arivato che al fui al dito palazo, feze lui suo introito come suoa gram sontuvosità, et alozò nel'altra mità dal dito palazo di verso stenturione, inte quelle nobililisimo camare che zià avea fate fare Monsignore R.ᵐᵒ cardinale de Pavia al tenpo de Julio secondo pontifico, per esere alozato la S.ᵗᵃ de papa Lione decimo al prexento nel'altra parte dal dito palazo, di verso meze zorno; al quale al presente lì lui avea aspetato la venuta de dita suoa M.ᵗᵃ come suoa granda alegreza; che potea eser cercha hore 21 quando lui fu aloza-

(*) Fol. 238 b.

to. Alozato che lui fu, di subito mandò ala Sta dal papa quiste infrascrito horaturi; zoè, el R.^{mo} Monsignore cardinalo suo franciese
et al cardinale de Sam Suvrino e dui altre suoi epischopo; e po' suoa
M.^{tà} i andò presencialemento. Al quale da lui fu viste molte volontiera, come suoa bela facia, coram populo, come granda veneratione.
E poi lui tornò a dita suoa abitacione. L' altre zor', che fu a dì 12
dito, die mercurio, la matina per tenpo, suoa M.^{tà} andò ala ghiesa
de Sam Piere so Domo; et era vestito tuto de brocato d' oro; et lì
per dito S. canonici ie fu dito una suoa solenissima mesa. Et era a-
conpagnato molte sontuvosamente, come rechidea a tale e tanta suoa
granda corona. E più, che dipoi l' altre zorne, che fu a dì 13 dal
dito mexe de dicenbro, die iovis, zoè el zorne benedeto de quella
verginella et martira Luxia, dita Sta dal papa retornò a dita ghiesa de Sam Petronio, de compagnia de tuto li suoi R.^{mo} Monsignore cardinali, le quale fune de numaro 21, tute vestite epischopale, come tuto dito suoi piviale de drapo et sove mitria dalmaschino
bianco. E li epischope aveano dito piviale come suoe mitri de raso
bianco; et suoa S.^{tà} avea (*) indose dite so piviale de brocato d'oro
come suoe stole de gram valuta: in capo avea al regno regalo come
suoa croce inante. Aprese de suoa S.^{tà} i era la M.^{tà} dal dito Re como una suoa dita vesta de brocato d' oro, come una breta in testa
de drapo negro. E poi inante a suoa S.^{tà} i era portato doe mitrie e-
pischopale, tuto cargo de zoie de gram valuta, come dui altre regne
pur cargo et adornate de dite zoie, come le molte altre inastimabile
cose lì i era. Et inanto al' une e l' altre, seconde li nostri riporte,
se retrovava cercha doe milia pedune, tuto beno armato come armo
da asta.

Arivato che lore fune in dita ghiesa, montá suoa S.^{tà} e la M.^{tà} dal
dito Re in sopra dito balcó, como cercha 6 milia persone deli più soi
graduati et favoriti, tuto ali soi loco deputate; et masime la Santità
dal papa, propinque a uno so altare lì fabricato in meze a dita ghiesa, in capo dal so coro, in peto al' altre so altare inferiore, a ciò
che hogn' ome potese vedere. E la M.^{tà} del Re pure propinque al dito altare, in certo so loco eminento. Asentato che fu hogn'omo, suoa
S.^{tà} se aparò in abito sacerdotale per volere dire i' nomine Domini
la dita suoa sancta mesa. Aparate che al fui, comenciò a dire la suoa
confesione: et, secondo nostre reporto, suoa M.^{tà} fece una gram parte dele cerimonie de dita mesa come suoa S.^{tà}; le quale ie convenea
al so oficio dal suota diacano, come suoa M.^{tà} li se retrovava, perchè, secondo le condicione dela sancta romana Eclesia, la Cexaria
Maistà Inperiale lui è stato constituvito diacone, e suoa M.^{tà} de tale
dite Re suota diacone, come lui feze. Per al che, quando fu l' ora
suoa debita, la S.^{tà} del papa dete la pace per boca suoa ala M.^{tà} dal

_____

(*) Fol. 239 a.

dito Re, e po' lui la dete a M. R.ᵐᵒ cardinalo de Sam Zorzo. E po'
lui tose la pace in mane e detela ad altre cardinale che lui l' avese
a despensare sccondo al so ordene debito, come lui fece. E poi suoa
M.ᵗᵃ avea dato al lavabo l' aqua ale mano a suoa S.ᵗᵃ. E di poi, secondo nostri riporto, suoa S.ᵗᵃ comunigò come suoe mane 25 deli
prelibati suoi baruni ; e di poi suoa S.ᵗᵃ al' ora suoa debita dete la
suoa sancta benedicione. Alora suoa M.ᵗᵃ se chinò in tera et a lui
basò li suoi sancti pedi: che potea eser cercha l'ora vigesima tercia.
Fornite hogne suoe cerimonie, tuto tornone de conpagnia, como ut
supra, ali suoi alozamento.

L' attre zorne, che fu a dì 14 dito decenbro, die veneri, suo S.ᵗᵃ
fece so concistorio, nel quale, secondo nostre reporto, suoa Santità
de volontà de tuto al so colegio deli signore suoi cardinalo fu per lor
alette et criato e deputato uno cardinalo franceso a noi incognito (*).
E più, che la M.ᵗᵃ dal dito Re a dì 14 decenbro dito, die veneri, feze adunare al so dito band' in loco consuveto in dita città de Bologna : che s' al fuse alcuna criatura racionale che se trovase esere i-
navorato del male dele scrove, quili tale voiano eser contento, volan-
dese liberare mediante la divina gratia, l' altre zorno prosimo ad venire andare ala dita ghiesa de Sancto Petre, so Dommo, che lì pre-
sencialmento se retrovava suoa M.ᵗᵃ a schonzurare dite suo male dele
scrove: fato che lui arà quelle, veramento quilli tale serano liberato.
Pasato la note, al dito zorne propinque, come ut supra, suoa M.ᵗᵃ
più non tornò al dito Dommo ; tamen gram numaro de tale infermo
andone da suoa M.ᵗᵃ nel dito palaze, e lì a tute ie feze suoa sconzu-
ratione come suoa granda reverencia ala presencia deli soi signor medeci et eciam deli multe altre nobile barune. Fate che lui avea tal
suoe cerimonie, ie facea dare uno so grose lucheso de valuta de solde tri per ciaschuno ; dove che veramente per hogn' ome fu tenuta
una bella et caritativa cosa, che una tanta corona se fuse degnato a
tal cosa.

Ora fornito che abe suoa M.ᵗᵃ hogne suo bene operare come la
Santità dal dito papa, tose bona licentia da lui come suoa benedicione, et partise i' nomine Domini per andare ala suoa magnifica città
de Milano : che fu a dì 15 dal dito meso de decenbro, die sabati,
1515, cercha l' ora decimo hotavo, quando lui meso so pedi nela
stafa. Et fu aconpagnato molto sontuvusamento molte deinstanto per
suoa viglia. E po', per narare al tuto, suoa M.ᵗᵃ fu da quile soi popule molte bem viste e honorato. E stete nel gremio de quili soi
Milani, secondo nostri riporto, per insino a dì 8 dal mese de zenare,
die martis ; e po' feze sova partita e tornò nel so magno regno de
Francia, 1516.

Arivato che al fui, pesa mo, discreti mei lituri, che granda alegreza ne dise sentire la suoa bella et magnifica razina come tuto li suoi Senato, che veramento lui come gram lungheza de tenpo dise volere acelebrare tuto le suoe magnanimità a suoi Senato, receuto dala Santità dal papa, e masime nele braze de dita suoa magnifica razina nel so lette; per al che in quele loco se fa hogne bone operare.

Pure seguitando la instoria, havando la S.ᵗᵃ dal papa fornito hogne suo bene operaro in dita città de Bologna come dita M.ᵗᵃ del Re de Ferancia et altre, lui fece dita suoa partita da dita Bologna per retornare a dita suoa patria città magnifica de Fiorencia, et eciam per retornare a dita Roma sancta: che fu a dì decimo otavo dal dito meso de decenbro, die martis, cercha l'ora vigesima prima, 1515. A conpagnato come 6 suoi R.ᵐᵒ cardinale, et usite per porta Sam Stefano a cavale de una chinea bianca, come uno so capello de crimisino in testa. Et andò alozare a Pianore (*). L'altre zorne a Scargalaseno; e po' in Fiorencia; che fu a dì 22 dite decenbro, die sabati, cerca l'ora vigesima seconda. Intrando como poco persone e poca ponpa per porta Sam Gallo, pur lì i era alquanto so ornamento ad noi incognito. E di poi la matina dela sancta natività dal nostre vere Redemptore celebrò una suoa sancta mesa nela ghiesa de Sancta Liberata. E di poi lì tenea gram corte; per la quale infra lore Colegio apostolico fu concluse de fare al so concistorie, che [fu], secondo li nostri riporto, a dì 29 dal meso de zenaro, die mercurio, 1516. Nel qualo per lore fu liberalmento determinato de volere fare intendre al Duca de Orbino, Fancescho Maria dala Rovere, che voglia eser contento de sghonberare tuto quelle so duquato, che dito Colegio apostolico ne posa fare la voglia suoa. E di poi suoa S.ᵗᵃ stete in quele loco bem viste et venerato per insino a dì 28 dal mese de februari, die iovis, anno predictis; che lui feze suoa partita e tornò a Roma, aspetando quel so populo romano dita suoa retornata come facea li sante padre la resurecione dal nostre Redemptore.

Et per narare al tuto, suoa S.ᵗᵃ a suoa partita da Bologna i avea lasato Monsignore cardinale M. Julio so parento per so legato; et lui si era partito a dì 22 dal mese, pure de zenaro, da Bologna et era andato a Fiorencia da suoa S.ᵗᵃ Et lì avea lasato per so Locotenento M. Laurencio Flischo episcopo de (**); et con esa lui avea menato lo epischopo de Polo, zià Presidento in dita Bologna, parande che al Senato Bolognese se fuse alquanto quarelato de lui ala S.ᵗᵃ dal papa.

L'anno 1515.

Del' anno prexento fu le molte variato cose sopra la tera per le descondanto suoe constelacione, come nente parlarò ad plenum. La primavera freda et humida più che non conveno a suoa natura. Vale al stare dal grano per tuto quello s. 27 al stare, e po' la prima setemana d' aperile s. 30; e di poi steto dito grano a solde 30 per insino alo recolto, e po' a s. 33 per tuto hotobre. La stato calda e seca in suoa natura, come gram copia de tenpesta: et masime a dì 19 dal mese de luio, die dominica, che tenpestò a Castelutio. L'otono molte humido et ventose, come gram piogia per tuto novenbro. Valse al grano per tuto novenbro s. 35 al stare. La prima mità de decenbro valse s. 40 al grano. Fava s. 25, 30; e poi de zenaro tornò la faba a s. 28; gram s. 42. L' altra mità, s. 46, 47; faba s. 28 (*). Pioza granda: al verno molto humdo; per al che a dì 8 de zenaro vene una gram pioza; e di po' a dì 27 vene l' altra, die dominica; per tal via che andò via tramedoe le nostre chiuse dal molendino. Al grano valse l' ultima mediatà de febrare s. 50; faba s. 28, 30; et eciam per insino a meze marzo valse al care del' uva L. 8, 9, 10; vino pure, L. 3; L. 3, s. 13 l' asazo. Et fu poca nevo e poco infermità. Carno dal porco, L. 4, s. 15; L. 5 al centonare. Caso, caro: fruto, carisimo; legno, care; altre cose, ali loco soi.

Ferdinando Re di Spagna morto.

La dita morte dela M.tà de Ferdinando Re Catolico dela corona del Regno de Spagna ie intraveno l' anno 1516 dipoi al parto de Maria Vergine, a dì 26 dal mexe de zenare, die martis, in queste modo e forma. In primis, stasando suoa M.tà suspeto de dita morto, como doveria fare ciascuno fidelle cristiano, lui hordenò li fate suoi in spirituale e in tenporale in queste modo e forma. Prima lui zià avea hordenato questo suo testamento per vigore di suoi capitole.

Nel primo lui lasava l' anima suoa al' onipotento eterno Idio per vigore e raxone de suoa vera restitucione.

Secondario, la suoa sepultura volea che fuse apre' ala suoa capella dela razina, posta in Granata, et a questa dita capella ie lasò tuto al so altare d'arzento che valea de comuna astima cercha duquato 20 milia d' oro in oro.

Tercio, che se apia a vendre tuta la suoa retrocamara e de quello se debia pagare tuete li soi credituri, et parti si abia a destribuire ali suoi criati: al reste, ad pius causis.

El 4, lasa per iure legati ala razina de Napole suoa sorella lo Stato che teno in quello regno, e più duquato 100 milia quando la razina zovene se maridarà.

5, lasa la signoria Infante don Heramondo lo prencipato del destreto de Galipole et altre terre nel regno de Napole, et 50 milia duquato hogne anno, che se debiano cavaro sopra la dovana deli pegore. Et queste debia esere ad beneplacito dal prencipe in Caxali.

6, dicono eser una clausola nel testamento che renonciava el magistrato al prencipi per facultà dela bola gli concese la S.ta de papa Julio secondo le quale gli erano venuti da Roma; et per questo potere suoa M.ta mandò ali comandaturi che non alezesseno altro che 'l principe per maestro, che così era bene steseno in la corona reale.

7, lui instituviva universale so herede et prefato principo (*) dom Carlo. Dicano etiam esere una naracione nel testamento dela causa perchè al feze el matrimonio como quela Razina suoa consorta , che per la pace dela cristianità che secorese al serenissimo Re de Napole e so regno, che la prefata Razina senpre ha operata molto per la pace fra al serenissimo Re et questa corona de Castelle e tanto ditamento el prefato regno de Napolo.

8, lasa che 'l duquá de Calabria sia menato al principe dom Carlo quando venerà in Castella; et bem che epso duca, como ha confessato di boca suoa propria, temptase cose triste contra suoa reale persona, che pur li vole perdonare et amarele come prima l' amava cordialmente; et roga al principe lo tenga in quello amore e tratamento che epso facea como sobrino et figliolo, et che le doni la provisione che epso le donava de duquato 12 milia l' anno, et che s'astrinca al principe subito che li piaaza, e che il duca subito sia liberato.

9, nominava per Gubernatore del regno de Castello el R.mo cardinalo Tolentano una com lo conseglio reale; et che tuta la iusticia del regne non se mutase: et che questo gubernio duri donec princeps veneri vel alter provederelo; nomina al R.mo Cexaro Agustini per gubernatore del regne de Valencia et donec venerie vel aliter provederelle.

11, li suoi executore testamentarii nominò el R.mo Cexaro Augustiensis, Duca de Alva, la Duchesa de Cardona, e dom Ramondo suo Vicio Re de Napole, et lo confesore, et il prothonitario di Salerna, che rogato del testamento. Et lo dito testamento era zià fato in sanità; e pur in morte multa fuveront adolita. Et qua hè stata tenuta disposicione di quella tanta sapiencia che era la vita suoa. Ex Guadalupo etc.

Sichè, caro nostri dileti lecturi, queste se ritrova dito so testamento de suoa M.ta de verbo ad verbum, come dito suoe clause; sì che per queste e per altre, come voi intenderite, meritamente suoa M.ta se poteva chiamare dite Re Catolico, per avere lui volute conciare li soi fati in tenporale, come ut supra; e più, in spirituale lui se armò come le arme divine, come tute li sacramente dela sancta

---

(*) Fol. 241 a.

matre Eclesia. E po' rese al spirito al' onipotento Idio; che fu a dì
27 dal dito mese ianuari, come ut supra.

Ultimàtamento se resta ad notare qualque cosa dela suoa dita vita
sancta et felicissima et honesta. Come fu cercha li anne dal Signore
1480 (*) che M.ª suoa Razina e lui feccne convocare uno so gram
conseglio, donde li intravene hogne suoi primate; che fu al dì dela
natività dal nostre vere Redemptore; nel quale de tute lore comuna
concordia liberalmente determinone de volere al tuto somerzere et in
preda mandare al regne de Meles Bleusem Re de Granata, nomico
dela nostra sancta fede, come lore feccne, durando insine al' anne
1492 cerca l' ultima parte dal me' d' agosto, che per lore fu fornite de somerzere hogne lor cosa a fortificacione de dita nostra sancta
fede, come nel primo altre nostre libro coperto de brasilio, n' è parlà de dita suoa instoria dal principio ad finem, de verbo ad verbum,
a carte 225. Sichè veramento suoa M.ta in dita suoa vita fu molte a-
matore dal culto diví, come ut supra; del che noi de contenuvo pre-
garem la divina M.ta che se voglia dignare de donarie la gloria beata.

Pur seguitando la instoria, per nostra granda denstancia dela via,
per la ocupacione dele nostre gram guerre de continuvo se cruciava-
no, et per la gram carastia de nostri riporte, ad noi è stato forcia a
fare uno dito capitoletto moze dela prefacta morte dela M.ta del dito
Re d' Ongaria e de Bovemia dito Vadeslao, che, seconde li nostri riporte, fu del' anne 1516 cercha al mese ianuari, come inento ad
plenum parlaremo (**).

(***) Maximiliano Inperator ven in Talia.

La prefata Cexaria M.ta de Maximiliano Inperatore Re deli Romane, queste anno depoi al parte de Maria Verzine 1516, vene nela
provencia de Italia presencialemento nela parte de Lonbardia, che fu
cerca l' ultima mediatà dal mese de februari, come al so exercito,
zoè de 35 milia combatanti, in queste modo e forma: zoè doe milia
homini d' arme burghognone et gueti et todischi, e poi al signor
Marco Antonio Colona nobile romano come li altri multi fanti todischi e soviciaro, como so gram numaro de soi capi de artegliaria et
altre sove cose necesarie da potere pugnare contra soi adversarie; et
masime la M.ta de Francescho Re de Ferancia, che zià lui se era
partito de Italia dala suoa cità de Milano et andato in Francia dal mese de zenare 1516, die martis, come inento ad plenum noi avema
parlato. Al qual avea lasato per so Presidento et Vicio Re in dita cità de Milano Monsignor de Barbone, pur franciose et fiole lizitime e

(*) Fol. 241 b.
(**) Il resto della pag. é bianco.
(***) Fol. 242 a.

naturale de una sorella del signore Zohano Francescho da Gonzagha Marchese de Mantova, come la conduta de 25 milia persone conbatenti; tre milia homine d'arme et tre milia cavale lizere, come molta suoa artelaria et altre soi bisogne. Ora dipoi che noi abiamo fata la rasegna de dito, suoe venute in Italia come dito suo exercito fui per quaque suoe cause zià per lore partorite, seconde la comuna oponione; conciò fuse cosa che la dita M.tà dal dito Cristianissimo Re nel' anne precedento avese cavato Maximiliano Sforcia dal Duquato de Milano e de quele al prexente suoa M.tà tenere et posedere a tuta suoa voglia, come in queste indreto al capitole de suoa hinstoria ad plenum n' avema parlato, et per le molte altre suoe cause. Al quale dito Maximiliano Sforcia, per esere nel vincole lui de parentela come dita Cexaria M.tà, molte bene se po conprendere che a lui ie n' era recresuto et recreseva; dove che al prexente, siando morto Ferdinando Re Catolico de Spagna, come ut supra, e di poi esere romasti uno so nepote, per suoa vera instituicione primato de dita corona de Spagna e de Ragona (*) et altre suoi etc. Per al che parea a dita comuna opponione che dita Cexaria M.tà fuse venuto in Italia sole per andare a dita tale anpresa de Milano per volere retornare dito so Maximiliå Sforcia in dito Duquato de Milano, et de quelle et altre so pertinento farele so ver signore e duca; et al simile volere fare suoa Cexaria M.tà contra al Senato Veniciano, parande che lore teneso et avese tenute le multe soi bene inperiale suceso ala zornata contra la voglia de suoa Cexaria M.tà Per al che lui feze andare al so exercito a metre canpo ad Asola; che fu cerca l' ultima mediatà dal mexe de marze 1516. Et quela facea batre zorne e notte. Alora in quel tenpo lo exercipto dal dito Cristianissimo Re suoe adversarie se retrovavano adunato a granda ordenanza a Cremona, a Soncino et a Pontovigho et a Remona, luntano l'uno dal' altre cercha 15 mia, come hogne suoe gram vigilio, come fanne quilli che soi nomice aprecia, per insine a dì 20 dal mese de marze anno predictis, come ut supra. Tamen dipoi, secondo li nostri riporte, suoa M.tà pars' che se reterese indreto ala secura per insine a Trenta, et li Sovizare per insine a Belenzone.

Magnifico Zuliano di Medece morto.

La prefacta morte dal dito magnifico Zuliano deli Medeci, nobile fiorentino et coxino dela S.tà de Lione decimo pontifico, ie intraven in quisti modo e forma del' anno 1516 dipoe el parte de Maria Verzine, a dì 17 dal mexe de marze, die luni, la note prosima ad venire, e fu quel zorne benedeto del dito lune santo de pasione dal nostre ver Redemptore. Et morì alquanto deinstanto de suoa abitacio-

(*) Fol. 242 b.

ne in una suoa certe ghiesola. Morte che al fui, lui fu portate a casa suoa come suoa gram veneracione. Et li fu messe int una suoa
carega a sedere armato a tutto arme, a denotare che dela milicia
del' arme aveva la dotrina. Et li steto tuto quelle zorno. L' altro zorne fu sepelite como so grandenisimo honore a una suoa ghiesa al
prexento ad noi incognito. Al quale veramento era stato amatore dal
culto divino, et homo neutrale, et molte amato oniversalmento e dala S.ᵗᵃ dal papa molte opperato in ogne suoe grande ocurencie zeneralmente per tuto li soi bisogne (*).

M.° Feraldo da Imola morto.

La prefacta morte dela excelencia dal dito M.° Feraldo nobile I-
molexe, arcium medecina doctor et fisceo dignissimo, intravenno in
queste modo e forma a dì 8 dal mexe de aprile, depo' al parte de
Maria Verzine 1516, per eser lui uno digno astronomo: et avea lui
zià più volte viste e calcolate, et pare che trovà che la suoa vita doveva esere breva et preste lui andare al' antiga madre. Tamen lui
non se vogliando però confidare del so proprio conseglio, suoa excelencia transferì ala città de Bologna, dove in quelle loco se retrovava
quelle dignissimo astronomino et M.° iudiciale de Luca Garico; et a
quelle, per aver lui suoa familiaritade, ie feze intendre che lui per
al so amore volesse esere contento de volere calcolare suoa nativitá
et farie suoa figura. Et li lui ie dete l' anno e 'l dì e 'l mese e l'o-
ra de dita suoa nativita, come se convene a tal suo dite cerimonie.
A queste lui respose dicando: — Voi, M.° Feraldo, site al M.° e seti
da noi venute che sema vostre disipole; tamen noi sema per fare la
voglia vostra, purché soficiento se retrovema — Et come tal resegna
se n' andò al suo zenase; et li bem viste e calcolate che lui abbe,
fece dita suoa figura molte de mala voglia asai, per al che lui trovò la brevità dela dita suoa morte, et quela ie portò. Arivato che lui
fu', disse M.° Feraldo: — Nostro caro, noi non avema potute concludere dite vostre case per mancarse uno libro definitive de quella: mo
retornative a casa et state de bona voglia, che noi arema dito libre
e poi formerema hogni cosa e poi ve la manderema insine a Imola —.
Alora dito M.° Feraldo: — Queste non voglia miga fare, perché io
sone venute ad animo deliberato de mai partirme che per insine che vostra excelentia non m' á chiarito dal tuto —. Alora vedando la suoa
ultima volontà, come suo gram fervore i apresentò dita figura, et
dito M.° Feraldo i apresentò la suoa; per al che tramedoe erano concordanto insema, salve che quella dal dito M.° Luca ie deva de termino cercha cinque hore più dela suoa. Tamen dito M.° lui ie feze
gram renpresione che lui non dovese però credere a influse dele stel-

---

(*) Fol. 243 a.

le, pronunciandie l'autorità dal gra' Tolomeo, al quale dice volgarmento che li sapienti dominarano li cieli; et le molte altre parole de gram medolla acade infra lore per eser dui valenti homini. Tamen lui come suoa bella faza al rengraciò asai de quelle che per lui i'avea fate, e po' tose da lui bona elicencia et tornò a casa. Tornato che al fui, di subito (*) per tuta suoa città devolgò tuti li dite suoi secreti, come ut supra, et masime a tuto li suoi infirme che acurava. Et quando fu la suoa hora debita, tose tuto licencia da lore et confortandoe che lore stesene di bona voglia che de quelle male dal presento non morirebbe. E poi i' nomine Domini aconciò li suoi fate in spirituale e in tenporale: tamen tuta la città ie facea remore che non credese tal cosa; et credandila, se retrovà contra la voglia divina, per al che lui serebbe danato, seconda le consticione de dita nostra sancta matre Eclesia. Tamen lui senpre steto forte e constante neli soi termine per insine al suo ultimo, che lui se butò in leto; tamen, secondo li nostri riporto, uno so nobile chiamato M. Zohane da Sasadello fece fare al zorne notte, che mai non sonò canpane per eser lui in suoa camera rechiusa, a ciò che lui non potese sentire tale dite suoe hore aterminato sonare, a ciò che lui usise de quela suoa fantasia. Tamen, come alo eterno Idio piaque, lui rese al so spirto al' ora predicta dal dito M.º Luca, come per l'orizinale de dita suoa figura parea. E poi fu sepelito nel so loco deputato come grandenissima veneracione per la suoa grandeza, che lui era; non estanto dita suoa città stese mirativa de tal suoa morto, mo eciam tuti li omine e done dal mondo che al sapeano granda e dificile cosa.

Magnifico Laurencio de Medeci Duca de Orbino criato.

Al magnifico prefacto Laurencio deli Medeci, nobile florentino et in vincole de parentella come la S.tà de Lione decimo pontifico, et Confalonerio et Capitanio zenerale dela sancta romana Eclesia, l'anno di poi al parte de Maria Verzine 1516, cercha al mese de mazo, suoa Excelencia, insemo come l'adiutorio dal dito so canpo apostolico, suoa excelentia era andato in canpo per al teritorio de Rimine, sole per volere pugnere contra la Excelencia de Francescho Maria al prexento Duca de Orbine per la suoa desobidiencia contra al Senato apostolico, como a partita per partita inanze in queste ve farò intendre neli soi infrascrito. In prima, l'anņe prexento, cerca a dì 29 dal mexe de zenaro, die mercurio, retrovandise la S.tà dal papa presencialemento nela suoa magnifica città de Fiorencia et suoa patria, per al che lui avea fate a dì dito so concistorio come li suoi conpagne signure cardinale, in al quale per lore fu concluse uno so vere acetatorio contra dite Francescho Maria Duca de Orbino, come ut supra.

_____

Al quale viste al prexento, che inmediate lui dovise transferire nante ali pedi dela S.ta dal dito papa Lione e da quelle (*) a lui ie serà fato la exequicione dal tuto dela medola dal so dito acetatorio, come ut supra; tamen parse, secondo dito colegio apostolico, che quele tal molte volte lui fu acetato e non conparse; per al che secondo le lore consticione et stato, licita e onesta cosa a mandarie al dito so capitanio come dito suo canpe, come ut supra, et quelle castigare come la verga dal fere. Per al che dita ghiesa inseme come suoa lega mese inseme in dito loco uno bele canpo, et fecene venire cerca 14 boco d'artelaria dala suoa cità de Bologna; zoè doe colovrino, una come l'arma dal Senato bologneso et l'arma de Bentivole, e di poi 5 canuni: ie n'era dui come dite arme e uno che avea una ranochia in suso per insegna; e poi i era dui curtalde; e poi i era cinque tra sacri e falconeto. Le quale tuto arivone qui a Forlì a dì 28 dal dito mese de maze, et pasone per nostra cità: e più, ne vene nove capi da Castrocaro, zoè sacri e falconetto che avea fato venire uno M. Simone Tornabone, nobile fiorentino Comesario zeneralo per tuta la Romagna, la quale tuto fune menate in dito canpe; e tutavia se facea fantaria, dasande dinare in più loco.

Et infra queste tenpo la excelencia dal magnifico Laurencio capitanio predito vene a nostra cità de Forlì, che fu a dì 28 dito maze, die mercurio, la matina per tenpo, al quale zià era aconpagnato da 4 nostri anbasatore mandato da nostre Senato. Al primo se fu uno M. Antonio de Chilino; 2, M. Andrea Bonucio; 3, M. Nicolò Marius Vandino, legum dotor: 4, Zohane Andrea Moratino. Arivato che fu suoa excelentia non tropo lontano dal nostro ponto dal pane, i' nostro forum, smontò suoa excelentia da cavale et vene a tocare la mano a' nostri magnifici signor Conservatore, e tuto per boca ie basò, insemo come al dito M. Antonio de Chilino suo cape anbasatore predito. Et lì feze suoa excelencia al simile ale molte altre nostre nobile, faciande lui suoe gram proferto; e po' tose bona licencia, et montò a cavalo, et i' nomine Domini an[dò] per dito suo viaze.

E poi a dì 30 dito mai andò uno bando i' nostra cità de Forlì per parte dela S.tà dal papa e suoa lega, zoè al gram braze dela M.tà de Francescho Cristianissimo de Ferancia et altre suoi hederente: che tuto li subdito dela sancta madre Eclesia, che se retrovase al solde del Duca de Orbino Francescho Maria so adversario, che inmediate lore se dovesene retornare a casa et andare al servicio dal so solde de dita (**), che tuto ie serà date dinare per la suoa paga condicento: casu che non retorna, caderano in pena dela forca e rebilione. Per al che se feze uno so gram canpo per andare ali dane dela cità de Pesaro, destreto e teritorio dal dito Duca so Francescho Maria, corando tutavia per so teritorio.

(*) Fol. 244 a.
(**) Fol. 244 b.

Aló al dito Duca Francescho intendando la gram rovina che contra le venia, tu poi pensare, discreto mei litore, che animo dovea eser al soi, considirando ala forcia dela S.^{tá} dal N. S. e suoa lega, et parande a lui de non aspetare al prexento alcune suo secorse per al quale lui se potese salvare; perchè tuta la suoa sperancia, secondo nostri riporte, era in la Cexaria M.^{tá} de Maximiliano Inperatore Re deli Romane, e perché siando zià morto Ferdinando Re de Spagna, et esere suceso dita suoa corona al' Arceduca de so vincule de parentella; tamen lui ancora non era stato creato da soi popule spagnole; per al che dita Cexaria M.^{tá} avea tanto da fare da casa suoa che quase lui dubitava che non se smentigasse quella d'altre. Sì che per le rasone suopra asegnato lui non aspetava al prexente alcuno suo secorse. Per al che lui determinò de volere alquanto cedre ala fortuna, dicando lui: — pur che la forcia non passa el segno, la sancta paciencia vince hogne desdegno —. E di poi lui fece convocare alcune deli soi primati et a quilli ie feze intendre al tuto, come ut supra, dicando che al presente lore dovesene piare quelle bom parti, che a lor piacese, per poterse salvare lore e soi ricolte; considerando veramente lui che come dita Cesaria M.^{tá} Inperiale arà fornito le lore suoe facende, che se degnarà de prestarie al so grande adiutorie, per al quale lui come al tenpo potrebbe retornare a casa suoa. E poi parse che lui fece suoa partita per volerse incognito andarse con Dio: tamen, secondo nostre riporto, lui retornó in la cità suoa de Orbino, et lì feze inpicare certe suoi delinquento, le quale pare che avesene ordenato certi suoi tratate come al canpo apostolico contra lui. Fate che lui abbe questo, feze suoa partita incognito et veno ala cità de Manto a narare al tuto de dito suoi guai a Zohane Francescho da Gonzagha suo cognato. Et lì, secondo nostre riporto, fece suoa abitacione in quelle modo che Dio e natura lo inspirirà, come inenzo in suoa instoria ad plenum parlaremo (*).

Partito che al fui, di subito al popule de dita cità de Orbine se andò come dito canpo apostolico e suoa lega, et detie dita suoa cità de Orbine; che fu cercha l'ultima mediatà dal meso de mazo 1516, como ut supra: perchè al presente altra chiareza noi non potine fare per non poter sapere al tuto alora.

E di poi inmediate la cità de Pesare, vedando che la Excelencia dal dito so duca Francescho se era partito e a lore dato al so tema, come ut supra dito, fecene suoi conseglio, preponande come ut supra; per al quale per lore fu concluse de dare dita suoa cità a dito canpo apostolico come suoa observatione de hogne lore criatura et altre lor bene. Et mandone suoi anbasatore ala Excelencia dal dito magnifico Laurencio capitanio zenerallo, come ut supra, al quale presencialemento era in dito suo canpo nel teritorio de Rimine, come

(*) Fol. 245 a.

ut supra. Arivato che lor fuuo, inmediate, facta la lore preposta, lui ie feze la resposta, che lui acetò hogne suoi capitole, et quelle lui ie ne feze suoa rasegna liberalmente. E po' i' nomine Domini feze so introito a dì 4 dal mese di zugno, die mercurio, cerca l'ora nona, in dita cità, anno Domini 1516, in queste modo e forma: che lui intrò come sole suoa guardia, come grandenisima honestade; bemchè poco in quella cità se potea tore, perchè zià era stato quase tuto sgonberata; et eciam, secondo li nostri riporto, i era una pochissima vituaria. Fato che fu queste, di subito comencione a pugnare suoa roca; tamen dito castelano, avande zià intese al gram tema dal Signore recetato per l'avanzalista canzelerio, al quale dicano — Per crucem pastorem desperzentes oves —; perchè siando zià andate via dito so duca et non sapiande lui suoa retornata et eciam non aspetande lui secorse alcuno da poterse salvare dale forcie dal gram braze de dita lega apostolica, per al che lui prese per so preucipale capitole de volere piare alcune acorde come dito canpo, come lui feze: perchè lui tose termino 20 zorne. Tamen la Excelencia dal capitanio feze tuta la suoa voglia, sapiande lui che posibile non era in al fradite tenpo venere per lui secorse, et che per dito capitanio manco male era per lore a fare dito termino, che vole pugnare come dita roca per le lore suoe gram spese, e poi per l'omicidio che lì poteria acadere, et sencia al gram dane dele mure de dita roca et altre (*). E di poi tuto al resto dal dito Duquato de Orbino in brevità tuto se resene al dito canpo apostolico. Pasato al dito termine, dito castelano non se vose rendre, come lui avea promese; per al che di novo fu forcia a fare pugnare dita roca, per modo che quili fante che erano in dita roca per caucione del'una parte e l'altra s'acordone como capitanio tuto de comuna concordia, per tal via e modo che presene dito castelano e poi abene dita roca ad noi incognita. Per modo che tuto al dito Duquato era reauto, salvo che questa infrascrita forteza de Sam Leo, la quale se abe al magnifico capitanio [che] come al so mirabile inzegne tene tale ordine come li suoi confidato che como al tenpo l'abbe in queste mode e forma. In prima cercha la prima mediatà dal mexe de setenbro, pur 1516, per la via de certe suoe schale, in queste modo: a uno so cantone de dita forteza era alquanto concavo et di sopra dui bastione che continuvo faceano bona guardia zorne e note; tamen fu per contrario, che le fu tolte. Per questa via fecene fare tra schale de lungheza de 45 piè l'una, et per suoa largheza ie steva cinque homine armato in para, le quale fune conficato l'una in capo del'altra; e poi in cape del'ultima ie fecene per via de scharpello in dito sasso tanto riposo che ie steva dui armati in para, che quilli di sopra non potea nocere per via alcuna. Et lì cacione doe gram caviglie de ferre, et come forte

(*) Fol. 243 b.

legnano legone dito schale, e dipoi senpro andone zuntando dita schale per insino di sopra, come tal ordine che mai non fune visti nè sentuto da quele guardie di sopra per la vertù dal dito concavo, come ut supra. Per mode che une de lore montò de sopra ale suoe hor debito, e poi ne tirò di sopra alquanto come 5 suoe bandere; perchè quile de fora non aveano maie lavorato se nè al zorne, quando dito guardio dormivano. Et come lore funo montato, introne in quele suoe guardiole et lì n' amazone XI de lore guardie; et al resto intrò, secondo nostri riporte, inela roca lì propinque per suoa salvacione. Per il che dito Duca Francescho stete privato dal dito Duquato, per insine che lui retornò la dita suoa seconda volta, in queste modo e forma, come vuoi, nostre discreto lectore, poterite intendere infrascripto a partita per partita, de verbo ad verbum, come serano sucese le cose ala zornata, zoè a dì e mexe e anne.

In primis, dipoi la suoa partita dal dito Francescho Maria, come ut supra, parse come per suo mirabile inzegne che lui abia fato et curato ita e taliter che (*) lui mese insemo cercha dece milia conbatante molte bene in punte come l' adiutorio de gram numaro del populo Robinato, le quale tucto i erano andato contra la voglia del Senato apostolico et eciam contra la voglia dela Excelencia da' so magnifico Capitanio et Confalonerio M. Laurencio de Medeci nobile florentino, et al prexento Presidento e Duca dal dito Duquato de Orbino, constituvito et inovato per al dito Colegio apostolico, come ut supra. Adunato che lui abbe tute le dito conbatante, se mese insemo, secondo li nostri reporto, nel teritorio dela citá de Mantua, e de quelle loco fecene suoa partita, et vene ad alozare a dì 20 dal mese de zenare 1517 in suso al teritorio de Bologna e dal Marcheso de Feraria, propinque al castelle de Cento e dela Peve; et lì stene per insine a dì 25, fornendese in quele loco de hogne lore bisogne. E poi cavalcone per dito teritorio de Bologna per insino a Castelle Gelfo e a Medicina e Budrio. L' altre zorne, che fu a dì 26 dito, venene ad alozare a Lugo ed a Codignola per tuta quela rivera. Alora avando intese questa nostra cità de Forlì dita suoa venuta, fune alcune nostre guardie, zoè certi zuvene dela redità che fu del' Orse caporale, bene armato, e bene a cavalo, com altre di suoa conpagnia (**), che andò ale ascolte per insine al nostre paso da Vigo dreto al flune Montone, dove in quele loco se inscontrone nele guardie dal canpo deli nomice, et lì favelone, per esere lore del canto de là dal flune. Domandavano se a Forlì i era al magnifico Laurencio Duca de Orbino: dite nostri disene di sì, che lui i era come soi zento. Fato queste, dito nostre guardie tornono a Forlì et fecene tal suoa relacione

(*) Fol. 246 a.
(**) In margine é aggiunto: « Jeronimo Chim..... e conpagne M. Cechone da Perusia e André zià de M. Zohan dall Selli ».

a nostri Comisario, dicando lore che tal guardie aveano fato bene. E fu al tenpo deli nostri magnifici signore Conservatore, zoè:

uno M. Zohano dali Aste legum doctor;

secondo, Bernardino di Checho de Contrario;

3, Zohane Batista Fachino;

4; Valirano Orselli;

5, S. Paule Bonucio: tamen questo non vose aretare dita Signoria;

6, Agostino dei Agostino.

Le quale intendando insemo come altre nostro Senató che dito Francesco Maria venea, di subito comencione a fare gram guardie zorne e notto, dubitando de qualque contraversia. Et per esere molte ghiazato li nostri fosse, di subito le fezene taiare dito ghiazo propinquo ale ripo, e poi ie tosene l'aqua dal dito fose, et po' (*) inmediate dito ghiazo calò, che male se arebbe potuto pasare.

L'altre zorne, dì 27, vene nova che dito Franceschо Maria avea pasato al dito paso da Vigo et alozato tra li dui fiune. Alozato che lui fui, inmediate fece lui venire certi suoi tronbcte ala nostra città de Forlì come litre ad instancia de uno so maestro de canpo, spugnolo, al quale lui facia domanda de 1000 scudi d'ore per suoa retauracione de suoi danne e intrese che recevito dal popule de dita nostra città ala rotta da Ravena. A queste lore respose al dito Francescho che de tal cosa lore non ne sapeano niento; e quando dito suo maestro de canpo ie facese constare che quelle fuso la verità, che dita Comunità se obligava spontaniamento a tal suoa emenda et satisfacione; le quale litre de dita suoa risposta vose nostre dito Senato che quilli signore Comisario, che al presento qui in dita città se se retrovavano, sotoscrivisse tal dito suoe litre per più suoa salvatione. E po' per dito tronbeta ie le mandone. E di poi non acade altre suoc resposte; per al che l'altre zorne, che fu a dì 28 dite, die mercurio, se levone e tuto pasone al fiune d'Aquadutus, e tuto alozone dal canto de là per più suoa salvacione. Tamen Francescho Maria alozò personalmento nela ghiesa, overe convente de Santa Maria da Fornoi. Et lì, secondo al reporto de quilli padre reverende, ie detene gram danne.

E più, pur seguitando la instoria, la Excelencia dal dito magnifico Laurencio de Medice nobile fiorentino, Capitanio zeneralo dela santa romana Eclesia e Duca de Orbino, avande intese tale suoa nova, che dito Francescho Maria dala Rovre ziå ese' retornato per volere intrare nel Duquato de Orbino, ziå soe contra la voglia dal dito magnifico Laurencio Duca predito; per al che lui vene ala nostra città de Forlì, che fu a dì 29 dal mese ianuari, die iovis, 1517, che lui venea da Castrocaro; et nel so arivare i andò incontra certa comitiva de

_____

(*) Fol. 216 b.

fanti de uno M. Vicentio de Naldo de Valle de Lamone come tuto nostre Senato molto solonegiando suoa Excelencia. Arivato che al fui, alozò in casa deli aredi de M. Lufo Nomaglie; che potea eser cerca l'ora vizesima tercia. Alozato che al fui, de nove lui comese al dito M. Vicencio che facese retornare dita suoa comitiva et pasasene a uno a uno nante a dita suoa abitacione, et che lui ie volea vedre a suoe fenestre de dita casa (*).

L'altre zorne, che fu a dì 30 dito, die veneri, suoa Excelentia feze notiflearo uno suo bando soleno in suso al nostro forum per suoi tronbeta, che hogn'ome di suoa comitiva debiano stare ad obidencia deli soi mazuri suota suoa bandera nel so partimente, ala pena dela forcha; et non debiano dare inpaze ad alcuna persona. Fate queste, suoa Excelencia feze al so partimento i' nomine Domini, siguitando suoa vitoria, et andò ala cità de Cesena: tamen nanto a suoa partita, seconde li nostre riporto, avea dato bona helicientia al dito M. Vicencio de Naldo dipoi dita suoa mosta, che era stato a dì 30 dito, die veneri. E po' suoa Excelencia feze suoa partita da Cisena e andò a Rimino. Tamen conciò fuse cosa, partito che lui fu da Forlì, parse che partorise una gram descordia fra dita cometiva e nostre popule; conciò fuse cosa che siando stato alozato dita comitiva nel nostre palacio, et parse che lore avesene guaste le molte suoe use e finestre dal dito palazo: et siando stato fato intendro al nostre Senato tal so male hoperare, di subito ie mandone uno so familiari a fare intendre a quili tal male operante che più in tal cosa non voleseno hoperaro; tamen infra al dito mandatario e dito male hoperante i' acade gram numaro de suoe parole inzuriose; per al che tale mandatario per forcia vose caciare zose de una schala dal camarino uno da Brisigallo. Alora uno, chiamato Cesaro de Naldo, menò de una suoa ronca per dare a nostri dito mandatario, dove lì propinque se retrovava uno nostro M. Jeronimo Moratino: parse che tale ronca contra voila dal dito Cesaro ic taiase alquanto dal mantello dal dito M. Jeronimo. Alora li nostri comencione a cridare a viva voce — Arma, arme; popule, popule, che l'è stato ferito et asidiato dito M. Jeronimo —: per al che int une estante fu armato tuta la piaza e la cità, sonande la canpana dal popule. Alora dita comitiva se vide a male partite, faciande lore retornare dentre da nostra cità una gram parte de lore che se retrovavano di fora dala porta di Schiavania, che zià lì infra lore era acadute la morte de uno de quilli da Cavina nobile faventino. E poi tute insemo vene in piaza. Alora dito nostre popule se mesene drete ale multe da Brisigalo; per al che ne vene ferite alquanto che se retrovavano per le contrate. Tamen, come vose la suoa poca ventura, vene ferite de uno schiopeto in suso al cantone dal nostro forum, in peto a suoa gabella, uno S. Anselmo (*) dal Sere, per la quale dita suoa ferita lui in brevità recevito la suoa morte la note prosima. Tamen s' al non fuse stato dito M. Jeronimo Moratino, che s' areduse dito Cesario a casa suoa per suoa salvació et mese selencia a tal nostre popule, che veramente se serebbe fato gram male: e più, per nostri citadino ne fu de lore le molte salvate nele lore case tra ferito e non ferito, dasande li nostri la bataia a nostre case per avere tal delinquento; per al che grando e picole, e homine e done, tuto i erano nomico per la vocie sopra andato, come ut supra. Tamen fornito tal furia, hogn' ome fu liberato. E di poi arivato che fu suoa Excelencia a dita città de Rimine, di subito comenciò a metre uno grando hordine a fare in quelle loco uno so campo per tenere asidiato quelle golfo de mare e tuta quela rivera, che non vaga secorse alcune al dito Franceschо Maria. E di poi de zorne in zorne arivava zente fresca, zoè Vaschone e Lanzechinecho, le quale tute le feva andare ad alozare ala guardia dela città de Pesaro suota la obidencia dal signor Ilenzo da Cera. E po' al resto de suoa cometiva suoa Excelencia ie metea per quelle rivere dal dito Duquato de Orbino più necesario suota la obidencia tle altre homine excelentissimo et esperto ala defesa de dito suoi nomici. E più, che tutavia arivava gram numero de valenti homini che veneano dala città de Verona e de Bresa e de tuta la Marca Trivisana; le quale per esc' ziià acordata la Cexaria M.tà Inperiale come al Senato Veniciano, per lore era stato necesaria cosa a dare suoa bona liciencia; dove che la Excelencia dal dito magnifico capitanio Laurencio, come ut supra, tuto i acetava volentiera ali suoi servicio.

E così steto le cose del' una parte e l' altra suota bona guardia per insino all' ultimo dela vernata, che poi l' una parte e l' altra se comencione apropinquare per al teritorio dal dito Duquato de Orbino. Alora suoa Excelencia, parando a lui al tenpo de siguire vitoria, fece suoa partita da dita città de Rimine per andare ala città de Pesaro; che fu a dì 9 dal mese de marce, die luni, 1517. Per al che in quele tenpo suoe zente erano stato bem proviste de hogne suo bisogne; tamen parse che al capitanio deli Vaschone che se trovava in dita città de Pesaro non i avese dato suoa paga a lore Vaschone che i avea mandato la Excelencia dal dito Duca; per modo che lore erano montato in colara et era stato forcia al dito so capitanio a (**) entrare in suoa roca per suoa salvatione. Alora al dito signor Rencio da Cera intendande tale cosa, per esere in quele loco Governatore, como ut supra, per al che avande la molta fantaria taliana come lui, vose provedere a tale suoe placacione; tamen, seconde li nostri riporte, fu per contrarie; che tal Vaschone se mese a defesa, per tale

_____

(*) Fol. 247 b.
(**) Fol. 248 a.

via e mode che fu forcia al dite S. Rencie et suoa comitiva ancora a lore redurse in dita roca. Fato che fu queste, dito Vaschone comencione a cridare a suoa voce piena — Dinare, dinare —; et prese suoa piaza a sacho come le multe altre fonticho come so gram danne. Alora intendando quele tal soi capitanio e dito signor Rencio, di subito mandone fora de dita roca soi canceleri et ie dete suoa paga; et secondo nostro riporto, sape sì bene fare diti Vaschone che se retrovò avere più de suoa debita rasegna più de otto milia duquato de bande. Per al che la Excelencia dal Duca, tra per quelle e per altre, era andato a dita città de Pesare. Arivato che lui fu, di subito mese fora de dita città tal Vaschoni per la rivera contra dito soi nomice nele loco soi proibito, per eser lore molte homini coriose; e più, avando intexo zià la S.tà dal papa al gra' devolghe che facea li populi sopra la prosperità deli prefati canpi, per al che, secondo per li proverbio se spando, che multi multa locuntur, per al che suoa S.tà volea metre qualque selencia ali ditraturi, lui feze in dito canpo et in ogne altra suoa ciptà queste dito prexento bando. Conciò fuse cosa che suoa Santità faceva intendro che da mo inento non fuse persona alcuna che per favore de tuto li potentati del mondo che ardischano et non persomano dare sosidio e non favore a Francescho Maria dala Rovre, che al prexento se retrova avere ocupato la iereducione del Duquato de Orbino contra la voglia dela santa matre Eclesia, avisandie che quilli talli che contra farano se intendano d'esero de schominigacione mazore incorsa de volontà et comissione de tuto al Colegio apostolico: e più, che per via alcuna non se debia favolare. Al quale dito bande per noi fu notificato ala nostra città de Forlì de verbo ad verbum; che fu a dì 16 dal mexe de marze, die luni, 1517. E più, che nostri canpe cavalcone drete al fiune Metri cercha 4 mìa deinstante da Pesaro; che fu a dì 11 di marci; al'incontre de una colina, dove lì dal'altre cante dal fiume al'incontre i era li nomice. Per al che se favolavano a faza a faza, trasandese l'une al'altre; et li soi capilite corivano (*) per tuto quelle riveri, faciando lore gram butino, tolando le multe cariaze ali nostre: e po' tutavia al canpo apostolico piava et sachezava le molte de quelle soi castelete de dito nomice, e pur tutavia scharamuzando insemo l'une e l'altre da valenti omine. Per al che, secondo li nostri riporti, avande zià prese e sachizato dito castello li nostre, come ut supra, tornande indreto, che fu a dì 19 de marzi, die iovis, li nomice erano al'encontro in certe so loco deputato per volere piare li nostre; tamen per suoa prodencia aveano con ese a lore 6 falconito carico. Et siando zià lore avisato, di subito ala suoa hora debita scharicono tuto a uno trato li prefate falconeto, per tale via e modo che amazone molte deli nomice; per al che ali altre ie fu forcia de quele lo-

(*) Fol. 248 b.

co schapolare; per tal via che dito caupo apostolico, zoè li nostri, come ut supra, tornone per dita suoa prodencia a casa a salvamento. Et più, a dì 27 de maze, die veneri, li nostri presene al castello de Sam Costancio a saco; per al che vene morto le molte persone. Et più ancora, li nomice presene al castelle de Monte Baroze et de quelle, secondo li nostri riporte, ne fecene la voglia suoa.

Pur seguitando la instoria, siando la M.^{tà} de Francescho Re de Ferancia in lega come la S.^{tà} dal N. S. ie mandò queste infrascrito 400 lanze francexe, le quale erano guidato da uno nobile bolognexo per so Comisario apostolico, chiamato M. Lododovico zià d' Alberto Carbonexo dal n.° deli 40 dal Senato Bolognexo, per sovencione dal dito so canpo apostolico contra dito Francescho Maria dala Rovere, come ut supra. Per al che arivò nel nostro teritorio de Forlì, zoè a nostra Vila Francha et al pase dal Vigo per tuto quelle castelle lì cerconstante; che fu a dì 28 dal mexe de marci, die sabati, anno Domini 1517. L' altre zorne, dì 29, die dominica, pasone per nostre dite teritorio et alozone incontra per tuto nostro ville, salve che soi Comisario alozone nela città; perchè lore voleano tuto alozare a discricione nela città s' al non fuse stato uno bello prexento che ie donò nostre Senato de pane e de vino. Le quale Comisario alozò dito M. Lodovico Bologneso in casa deli arede dal Belle Bello de M. Bello nel Borgo de Codugne, alo qualo per uno Zohane nepote dal dito Bello ie fu fato grando honore al dito Comisario per insine che lui ie stete al' andare e 'l retornare. Uno altro dito Comisario alozò nel convente de Sam Mercuriale; e l' altre in casa de uno nostre nobile Lodovico d' Albertino spicialo; e a tuto ie fu fate precio et honore. E po' cavalcone a dì 30; andone (*) a Cesena: tamen detene gra' dane per dito nostre contado. Et lì stete a Cesena insino a dì 4 dal mese d' aperile, die mercurie; e po' cavacone per insine a Savegnano e Santo Arcanzello, per tuto quele sove riveri; e poi corevano per al teritorie de Cesena e de Ravena, faciando lore butino.

E più, pur seguitando la instoria, dito castello de Mondolfo fu preso e sachezato dal dito canpo apostolico in queste modo e forma, che, secondo nostri riporto, i andò dito so canpe a dì primo dal mexe de maze, die mercurio, 1517. Arivato che lor fune, comencione a batre zorne e note. Et più, secondo nostre riporto, parso che lore ie feceno fabricaro una suoa transea, e tutavia perseverando per insino al zorne e notto come suoa gram prudencia: tamen le molte volte lore fune atentado per parte dela Excelencia dal dito S. Duca capitanio che lore volese esere contento de rendrese a suoa Excelencia sencia alcuna suoa dubitacione; et che lore per tale suoa oppunione ironica e falsa non voiano esere casone de tanta suoa rovina, come serà quella se dito so canpo la piase per forcia, espetando lore

(*) Fol. 110 a,

al pecato suoe et la penitencia a uno trato. Tamen, secondo li nostri riporte, senpre lore steno forte e constanto, dicando lore che non cognosevano altro so Duca che Francescho Maria dala Rovere; et che lore non dubitavano per modo alcuno dele lor forcie; che lore facesene pure hogne so poter. Alora intendando la Excelencia dal dito capitanio la suoa ultima volontà de tal popule dal dito castelle, come ut supra, di subito lui feze ferma deliberacione, come quelle che avea de tucta l'arte la dotrina, per tanto quanto se stendea le forcie del gram braze de dita suoa lega, de volere fornire suoa voglia de piare dito castello. Et li ordenò de darie una gram bataglia: tamen, come vose la suoa poca ventura, faciande lui de suoa persona como franco paladino, non avande lui respete alcune ala paura, fu ferito, secondo li nostri riporto, nel so colle da una boca d'artelaria deli nomice; che fu a dì 29 dal mexe de marzo, die dominica, 1517. Fato che fu queste, lui fu portato in loco de suoa salvacione; et come al tenpo, medianto la divina gracia, non n'abbe male alcuno. Alora tu poi pensare, discrete nostri lectore, che anime doveva esere al reste de suoa comitiva, vedando lore ferito al dito so cape: fecene lore tuto cor de lione, et fornino hogne so opperare de dita transea et ripare, e po' ie detene al fogo, per avere zià lore in quelle (*) loco fato una gram bataria; per al che la forcia dal fogo de dita transea treva gra' numaro de quele suoe prede de quele mure inn alte, ronpando et fracasando tuto al reste del'altro mure et amaciando le multe homine che se retrovavano a quella costodia. Per al che lore popule, vedando al tuto dala fortuna esere abandonato et non aspetando lore alcuno secorse dal dito so signor Duca da poterse salvare, feceno ferma deliberatione de volerse rendre d'acorde al dito canpo apostolico, salvandese lore robe e persone; che fu, secondo li nostri riporte a dì 3 dal mese d'aperile, die mercuri, 1518; per esere ala guardia de quele cercha 3000 Spagnole. Fato queste, secondo li nostri riporto, la mazore parte de tale suoi habitanto fune meso a saco, e poi fu salvato tuto sove donzele et maritato, et masime in conpagnia de dito donzele molte de quelle suoe matrone, che funo menato a Sinigaia per suoa salvacione per intercesione et presencialemento dal dito signore Rencio. Al quale castelo, secondo nostri riporte, se retrova cercha 6 mia lontano dala cità de Fano. E ziá li nostri aveano Fosanbrone e la Pergula, et li nomice erano lontano cercha sette mia, secondo nostri riporte. E più, siando venuto morto uno nostro conditero, chiamato Colamore, fu aseguata dita suoa conduta al signore Zohanino, alias al signore Lodovico de Medece.

Et infra queste tenpo vene gram discordia infra Todischo e Vaschoni e Talici; conciò fuse cosa che siando uno Todescho int una hostaria a gram discordia come l'oste, da si e noc, parande a diti

Talici che quel Todescho avese auto vino dal dito hosto e non volere pagare come suoa bravaria, alora dite Talici comenciò a fare remore al' une e l' altre per tal via e modo che dito Todescho ie dete
una bota d' arme de drete in suso al cole e poi comenciò a cridare
— Mora, mora tuti li traditore Talici —. Per al che gram numaro
de dito Talici se meso insemo a bela ordenancia et comencione a pugnare come dito Todischo e Vaschone; per modo che ne vene morte
gram numa' del' una parte e del' altra : perchè male se potea a quelle provedere siando zià alcadute al dito gram caso ala Excelencia dal
dito magnifico capitanio, perchè, come per al testo Avanzelio spando — Per crucem pastorem desperzentes · hoves —, per al che era
molto necesaria cosa che dita lega in quele loco avese a constituvire
uno presidento zeneralo, al quale avese a tenere suota al so tema
dite suoa comitiva, a ciò che le cose avesene a pasare per al so
ordine (*).

La prefacta venuta nel canpo apostolico dal dito R.mo Monsignore cardinalo M. Bernardo da Bibena de Vicis titoli Santa Maria
in Porticum, al quale per esere zià stato inavorato da una boca d'artegliaria al magnifico capitanio dal dito canpo M. Laurencio de Medeci
nobile florentino, come ut supra, la Santità di N. S. papa Lione decimo, de volontà et comisione de tucto al so colegio apostolico, l'a-
veano aletto et criato e deputato suoa Signoria R.ma per suo vere
Presidento et Comisario zeneralo per le rasone sopra asegnate sopra
dito tal so canpo, come autorità e posancia e balia de tucta dita
suoa lega. Al quale, secondo li nostri riporto, pare che lui arivase
in dito canpo cercha la prima setemana dal mexe d' aperile dell'anno
1517 dipoi al parte de Maria vergine. Arivato che lui al fu, di subito, come quele che era prodentissimo, prese tal suoa cura come suo
gram fervore non avande lui alcuno rispeto ala paura ; et li metando gram selencia a quilli soi talli descordante. E po' immediate fece
ritirare dito so canpo indreto in verso Nuvelara ; e più, tenendo tutavia suoi canpe frescho come suoi bande e masime queste infrascrite. Conciò fuse cosa che in dito canpo fuse de devariato opunione
et parlamento de più persone ; per al che fu necesaria cosa a suoa
S. R.ma fare publicare questo dito infrascrito bando drete al fiume
Metre per parte de sua S. R.ma, ut supra ; che fu a dì 10 dal dito
mexe d' aperile, die veneri : che da quelle zorne inanto non sia persona alcuna de gradi et condicione voia esere e sia, che ardischa e
presoma a cridare altra voce in campo che — Ghiesa, Ghiesa —.

Pur seguitando la instoria, l' una parte e l' altra de dito canpo
molte se teneano rivisitato l' une e l' alto, et maxime quili capilite
dal dito Francescho Maria tuto al zorne coreano per insine insuso le
fose dela città de Pesaro, faciando de bom butino contra suoi nomi-

ci : tamen era però una gram guardia in dita città, et in quella granda abondancia, et eciam in tuto al so canpe, le quale ie portava nostre città de Romagna et maxime Forlì più che li altre. E più, che al dito magnifico Zohanino de Medici se partì dal canpo e a dì XI de maze, la matina per tenpo, arivò a Castrocare per andare in Toscana, dubitando dal dito Francescho Maria dala Rovere che come al tenpo non se stendese per dita Toscana. E di poi li Franciose i andone drete per la via dela valle de Sam Vitore, che fu a dì 13 dito. E tuto quili tali exercito andavano là per dita suoa salvacione (*).

La prefacta partita de canpo dela Excelencia dal magnifico Laurencio capitanio perdito se fu che siando piaciute ala divina M.tà d'averele conservato dala dita suoa granda infortuna, come ut supra, pare a lui de volere mudare alquante quela aria, a ciò che più preste lui se potese fare più gaiarde: et retornò ala suoa dolce patria magnifica città de Fiorencia bella, et lì stare per insine che al tuto serà liberato. Et arivò a nostra città de Forlì a dì 23 dal mese de maze, die sabati; et era incognito. Et intrò come poco cavali in Forlì per la porta dela roca e po' cavalcò et andò ad alozare al castello de Castrocaro. Et da quilli fu bem viste et honorati. E po' i nomine Domini arivò a dita suoa patria. Et lì fu bem viste et solenizato, 1517, come voi potite pensare.

E più, pure seguitando la instoria, parse che siando stato molte atentato al dito Francescho Maria dala Rovere dala parte absente dela città de Perusa e dala Città de Castello, che lui volese eser contento de volerie prestare l' adiuto dal so gram braze, che lore posano retornare a casa suoa in dito città, che veramente lore ie farano guadagnaro uno bom butino dela roba deli suoi adversario. Per al che lui s' adarì a suoa voglia, non avando alcuno respeto ala paura dal dito canpo apostolico. Et parse, secondo li nostri riporto, che tal popule de dita città non voscne suoe contraverse; per al che parse che se remedesene alcuna suoa quandità de dinare ad noi incognito: tamen zià aveano sachizato alquanto de quele suoe castele. Fate che lui abe tale acorde come dite Perosino et Città de Castello, et avere intese tal Franciò eser andato in Toscana, come ut supra, di subito lui se partì et ritirose ala città d' Ancona e da quella abbe trabute, come ut supra. Per al che in ogne parte che lui andò abbe vitoria come so granda utilità, secondo nostri riporto, per eser ad noi incognito; e più, che per noi dela Romagna male in quelle poteano intendro de dito sove vitorio per al gram tema de nostri bande apostolico, come ut supra. Tamen lui feze dal male asai remescolate come dite suoe vitorie.

E più, avando dite Franciose, che erano andato in Toscana, intexo che Francescho Maria era zià partito de Toschana et andato a-

(*) Fol. 250 b.

l' asedio d'Ancona, di subito retornone ala cità de Cesena, che fu a dì XI del mexe di zugno 1517, die iovis, al zorne benedeto dela representacione dal corpo de Cristo; et ven la matina per tenpo, et intró dentre cerca 100 cavale per forcia. Per al che dito popule molte se turbone, per tale via e modo che (*) inmediate fecene dare a la canpana dal popule, per tale via e modo che a lor fu forcia a usire fora de dita cità: tamen quille et al reste s'alozone lì di fora a bela ordenancia sopra al fosse, et lì stene tuto quelle zorne. La matina per tenpo, uno de quille soi primati se partì et andò per andare al so porte; tamen fu asaltate da quaque suoi nomice; per al che a lui fu forcia a salvarse in dito porto. Intese che abbe lì conpagne tale cosa, se mese in ordenanza et andone per lui.

L' altre zorne, che fu a dì 12, una parte, cercha 300 cavale, se partino e tornone in Lonbardia, pagande hogni cosa ali popule honeste come bele spose: al reste tornone verse la spugnatione de Francescho Maria; et al presento al resto dal dito canpo era lontano da Pesaro, in loco chiamato al Pozo. Tamen dito canpo se levò dal dito pozo a dì 27 de zugno, die sabati, et andò ad alozare a Monte Inperiale. Alora al dito popule de Pesaro, per al che molte s'atrovavano de mala voglia, per tale via e modo, s' al fuse stato aperte le porte la mazore parte de lore se seria absentato in altre loco de più suoa salvacione, dubitando lore de ora in ora andare dita suoa cità in preda; perchè dito canpo se levò dal dito monto per suspete et vene ad alozare nel porte de Pesaro e in la cità. E più, che una parte de dito Franzose veneno ad alozà tra Rimino e Cesena, drete al mare, per più suoa salvacione, per insine a tante che li Sovizare e Todischo, che al presento erano per via, fuseno arivato. Et lì devano gram dano a quili popule circonstato neli soi ricolto, per insine propinque a Ravena, et in bestie e cristiani: che fu a dì 4 dal mese de luio suoa dita venuta, 1517.

Pur seguitando la instoria, li dito Sovizare et Todischo arivone per al teritorio de Forlì a dì 23 dal mese de luio, die iovis, 1517; le quale pasone come granda honistade, pagando ad ogn' ome hogni cosa che lore ie deva. Intendando queste, al dito Francescho Maria se feze levare dito so canpo et vene al' asedio dela cità de Pesaro, considirando lui, come per al proverbio spando, tentare no nocet: che fu a dì 25 dal dito luio, die sabati, secondo nostri riporti. Tamen avando intese tal suoa venuta, al venere note nante, seconde le nostre riporte, dito Monsignore Presidento era venuto a Rimi' come le molte suoi navilio che lì se retrovava; tamen veno gram numare de capilito dal dito Francescho Maria per insine al Monte Inperiale, et avere lor per spia la partita dal dito Presidento: tamen fu nula dita suoa venuta, che zià dito Presidento Monsignore era arivá a Rimine a salvamento (').

La prefacta venuta a Cesena la prima volta dal dito R.^{mo} Monsignore Presidento, zoè cardinale de Bibena, se fu a dì 29 dal mexe de luio, die mercurio, 1517, la matina per tenpo; et intrò come poca zento. E da quili Cesenate fu bem visto et honorato; et po' se partì et tornò a Rimine a dì 31 de luio per avere zià tra lui e dito Francescho Maria dala Rovere fate certe sove fede da potere insemo convocare dela dita cità de Rimine in verse Pesare, dove lì si ritrovava uno certe oratorio chiamato la Colonella. Et lì fecene suoa prima convocacione et li pase, secondo li nostri riporte, che infra lore fuse concluse una suoa certe trega per 4 zorne prosime ad venire, comenciando a dì 7 dal mese d'agosto, die veneri, 1517; nela quale parse che fuse convenuto dito Monsignor Presidento, che, partande dito Francescho Maria d'acorde, che tuto le cità e castele de Romagna siano tenuto de farie le spese a lui e tuta suoa comitiva de pane e di vino per tuta dita Romagna a gratis. Fate tal dita convencione, dito Monsignore al feze intendere a tuto tal governo de dita Romandiola, overe Romagna, che quili tale avesene a stare proviste.

Infra queste tenpo nostre Senato ie mandò per soi anbasatore uno Locotenento che se retrovava a Forlì, chiamato M. Francescho da Ischia et uno S. Dedo de Saso; che fu a dì 9 d'agosto, che lore retronone resolute cercha la tercia hora dela noto. Et con esa lore ie veno Monsignore R.^{mo} Presidento dela Romandiola, M. Alesandro de Vascho epischopo dela cità d'Alesandria, et lui nobile de quella, al quale non fusele mai venuto, come inanto ad plenum parlaremo.

E di po' a dì XI dal dito mexe d'agosto, die martis, dito M. R.^{mo} Presidento se era partito da Rimine e venuto la suoa prima volta a nostra cità de Forlì. Arivato che al fu ala porta de Ravaldino, per nostro Senato ie fu andato incontra e molte venerato a cavale e a pedi come nostre canpane et artegliarie; et avea poco cavalle come lui. Arivato che al fui, potea eser cercha l'ora vigesima tercia; e po' alozò in al nostre palazo magne al'alta camara de verse stenturione. Schavalcato che al fui, per al nostre Confalorerio dal quarteri de Sam Mercuriale fu fata una suoa bella mostra intorno al nostro forum, a bela ordenanza; conciò fuse cosa che dita nostra Comunità avesene zià ordenato 4 Confalonerio per dita nostra cità, uno per porta, et faciando lore hogne sera e note suoe guardie ('') intorno dita nostra cità. Et queste tale ordine per nui fate era stato per paura de 400 lanze franzose che zià erano venuto e alozato i' nostre teritorie per li suoi gram disordine che lore aveano fato per al teritorio de Bologna e dela Romagna; dele quale ad noi se era stato dato advi-

(') Fol. 251 b.
('') Fol. 252 a.

se. Per al che per dito nostre popule se n' era fato nostre conselio
zenerale et obtenuto de fare talle nostre guardie, come ut supra. Et
fu al tenpo de uno M. Folfo de Folfis, cape de' Conservatore, legum
doctor: secondo, Antonio Nomaglie (queste se fu absento): 3, Jacomo dal Conto: 4, Rafaello Punzeto: 5, Jeronimo Paulucio: 6, Jeronimo de Murusi. Per al che se era proceduto et procedea come
grando ordine, come al zornale nostro ad plenum n' avema parlato.
Tamen dito M. R.ᵐᵒ nel so arivaro feze depore le arme a dito nostre
popule. Arivato che fu in suoa camera, dipo' suoa cena, dete gratissima odencia come suoa bela faza a nostre Senato; et cognosiando
la loro inocencia del male opperare deli nostri cative delinquento,
como ut supra. E po' inmediate dite nostre Senato ie feze queste
belle infrascrito presento, zoè pane e vino et uno trentino e dui ca-
struni et alquanto dupieri di cira bianca, stara 18 de orzo, et altre
cose condicento. Et a quele suoa S. R.ᵐᵃ ie ne reso infinite gracie.
L' altre zorne, a dì 12, die mercurio, la matina per tenpo, suoa S.
R.ᵐᵃ ie dete una gratissima hodencia, pregandie lore caramento che
lore dovesene fare la suoa debita provisione sopra la cura dal dito
R.ᵐᵒ Monsignore Presidento sopra la provencia de dita Romandiola
M. Alesandro de Vascho, epischopo d' Alesandria, ziä per li nostre
cativo home morto, come ut supra; che tale nostre popule debia fare et curare contra tale dito delinquento hogne suo potere, per eser
questa la volontà dal nostro Signore e de tuto al so colegio apostolico. Et più, che lore ie ne debia dare la vera rasegna particolaremento de tale delinquento. E di poi desenaro, per nostro Senato fu
fato una bella oracione per uno so M.º di schola, chiamato M. Cristofano Settebuso, al quale lui pregò caramento dito M. R.ᵐᵒ che in
verse de queste nostre popule suoe pecurelle lui voia eser contento
d' aperire le braze dela misericordia et arecorse sota al so mante dela piatà, et altre etc. (*). Et più, siando stato ziä dito M. R.ᵐᵒ a
parlare come Francescho Maria dela dita santa suoa onione et criata
dita suoa trega, come ut supra, et zia pasato suoi termino e poca
suoa deliberacione avere facto, parse, secondo che ad noi fu riporto,
che dito Francescho Maria avea mandato 4 infrascrito capitanio galico a parlare come dite Monsignore; le quale, secondo che ad noi fu
reporto, parse che al fuse per intercesione dal conte   (**) dela
nobile famia de Pepoli da Bologna. Le quale, arivato che lor funo,
nanto al conspeto dal dito Monsignore fune a gram parlamento l'une
come l' altre da volere fare la dita granda onione; tamen soi parlamento ad noi fu incognito, perchè li fati deli gram maistre sone molte deficile da potere intendre. Et queste fu le molte volte che venea
dito anbasatore del dito Francescho Maria: pur alquante volte se par-

---

(*) Fol. 252 b.
(**) Lacuna del ms.

tiano deschordanto come dito Monsignore, faciando lore so gram me-
nazo e dicando lore più non volere tornare, ance più preste volere
lor siguire suoa voia. Et senpre dito M. R.^{mo} come suoe parole dolce dicando che lore non vogliuno fare per modo alcuno, che lui crede veramento che la Sta dal N. S. aconzarà hogne lore deferencie.

E più, seguitando la instoria, l'altre zorne, che fu a dì 15 dal
dito mexe d'agosto, die sabati, zoè quelle zorne benedecto che a-
sonso in celo la inmaculata Razina de vita eterna, suoa S. R.^{ma} dal
dito Monsignore Presidento, zià avande a noi favolato altre volte et
mandato uno so mazor dommo ale case nostre, et avere lui volute
vedere hogne nostra instoria, al quale se chiamava M. Zohane Cava-
letto, nobile bolognexo; per al che a dì dito suoa R.^{ma} avande lui
audite la sancta mesa in dito so palazo e po' dato una gratissima o-
dencia ad ogn'ome zeneralemento, e poi se intrò ala suoa mensa.
Intrato che al fui, per eser noi lì in dita sala come alcuno nostro
nobile, di subito lui se fece chiamare nanto al so conspete, dicando
lui che volea che noi desenase come lui a dita suoa mensa: tamen
noi recusone asai de non al volere fare, rendandie a suoa S. R.^{ma}
infinite gracie; parande a noi de non eser meritorio de stare a dita
suoa mensa. Tamen lui replicò; et faciandese cinne de suoa mane
che nui s'avesene asentare apresa a lui a suoa mane drita, noi a
queste resposene dicando che sove parole se erano ad noi vere comandamento; mo che per niente (*) da quele cante non voleano sentare. Tamen suo S. R.^{ma} disc che volea così; et noi inchinone el
cappe et fecene tuta la soa voglia, sentande noi da quel cante aprese de uno so epischopo romano et a quelle domandandie perdonanza.
E dal'altre cante in pete a noi i era uno M. Jeronimo Camucia, e-
ques et comes et al prexento Governatore de Rimine; et prima era
stato al nostre governo de Forlì. E poi i era altre suoi graduati de
singulis. E più, suoa S. R.^{ma} me feze invide più volte, metandese
nanto de quelle che lui manzava; e più, volea che noi bevesimo vino nel so calice: tamen nui queste recusone per bere per nostra natura aqua; per al che se ne fece portare, sempre mai come suoa facia alegra, e tutavia interogandisc de molte sove facende e del'altre.
E più, dicandise, che dipoi nostre desenare, che noi non se partisine per volere suoa S. R.^{ma} de novo alquanto parlare come noi in
loco secreto. Fornito nostre desenare, lui comenciò così ala dita mensa a dare gratissima odencia ali multi et maxime a uno M. Brunora
zià d'Antonello deli Cavidone da Forumponpilio, al prexento conditero apostolico, e a M. Jeronimo Moratino, e poi a uno M. Alexandro dala Nave, nobile bolognexe, legum doctor, e poi S. Cristofano
Albicino, et Zohane Andrea Moratino, Baioze Pontrole, Nofrio de Matio, exiguitore dela corte, et uno Achilo da Castrocaro, familiare dal

---

(*) Fol. 253 a.

nostro Monsignore epischopo: le quale tuto fune prexento a tuto nostre cerimonie, come ut supra. Fornito suoa hodencia, di novo coram populo, per esere noi levade da dita mensa, per volere noi credere ad maiora, se comesse che noi non se dovesimo partire per
modo alcuno, pur aspetande de fornire hogne suoa hodencia. Fornite
che lui abbe, se fece cenne de suoa mane che nui dovesene andare
a dita suoa hodencia, come nui ferene, nela camera dela regolaria
dal nostre Senato, che se retrovava propinque ala sala dal so Conseglio, dove li in peto al so uso del' introito i era poste dita suoa
mensa; et comese a quele, che avea la custodia de suoa camera, che
per modo alcuno non dovese lasare intrare se ne noi, zoè lui et dite epischopo e noi, sencia suoa espresa eliciencia, come lui feze. Ad
ogn' ome che fuse andate dicea lui che dito Monsignore era occupato, come ut supra. Et se pose a sentare, et noi aprese a lui. Et lì
se domandò dal' a per insino arone, (?) et maxime se noi aveno scrito
alcuna cosa dele inmortalità dela S.ta dal N. S. papa Lione decimo e
de suoa magna casa. Noi decisine di sì; conciò fuse cosa che quando (') lui era venuto Legato de Bologna Cardinalo, vene a Forlì, e
che per intercesione de uno so auditore M. Galavote de Gualde de
Rimine i aveano noi dato in suso uno nostre zornale inscripto tuta
la inmortalità de suoa magnifica casa e de suoa persona de lui, a
partita per partita, da anne 43 in qua. E più, noi i anoncione el
dito so mante de Sam Piere. Alora suoa S. R.ma replicò dicando: —
Quando queste fuse al vere, che bem per noi che se faria senpre
bene per al so amore —. A queste noi resposene, che lui quando
serà retornato da suoa S.ta, che noi al pregavano che de tal cosa ie
ne facese domanda. Et più, se lui avese dito zornalette, che oculata
fide lui poteria vedere al tuto. Per al che lui se feze gram suoe pre-
ferte come suoa bela faza; et senpre da quelle zorne inente se mostrò grande amore.

Et per fornire al tuto, per non rompre capitole, al' ultima suoa
partita da Forlì per retornare a Roma, come inento ad plenum ne
parlaremo dal tuto, suoa S. R.ma siande venuto da Cesena, steto quella noto qui. Siando a suoa odencia de nostre Senato, alciò li suoi
hochie e se vide. Viste che lui se abbe, a viva voce se dise che noi
non se dovesene partire, che lui se volea favolare. E poi fornite suoa
hodencia, lui se poso a sedere, e nui se poscne nante lui: feze serare suoa dita camera, et lì iterom de novo se feze granda intero-
gacione : dove lì c' era con esa noi uno zià fiole de M. Ghisimonde
da Foligno so secritario. Et lì noi ie fecene domanda a suoa S. R.ma
se l' era la verità quelle che ad noi s' avea fato intendre nostre Senato, che prima de dita suoa vinuta al prexento a Forlì i avese fato intendre nostre Senato che, quando lore fusene contento, che mol-

te volentiera verrebbe a stare una notte come dito suoi popule Forluvexe, nanto che lui andase a Roma. A queste lui replicò dicando
che l' era la verità. Et più noi ie dicisime se l' era vere che lui a-
vise dite a Cesena, quando li Sovizaro vose la suoa paga, che presene doe suoe porte et 5 boco de nostre artegliarie; per al che al
popule Cesenate se mese gram paura et per una gram parte s'absen-
tone da dita città; per al che dito Monsignore abbe a dire: — O popule mio de Forlì, almanco, se fuse, la non m'acaderia d' avere
paura, perchè lore per al gram bene che lore me volene se arebbe
defese —. A queste lui ad noi respose, dicando lui che l' era la mera verità, che lui avea dito e dicea come ut supra per amare dite
nostre popule prefetamento. A queste noi respondesemo che suoa S.
R.ᵐᵃ tenese per certo che tal nostre popule facea al simile in verse
de lui: et (') che al sia la verità, lui sa bene quando la suoa prima volta lui vene a Forlì, che dal dito nostre popule era nostra a-
spetativa come facea li sante Padre ala vera resuracione dal nostre
ver Redemptore; perchè noi dito so popule, s' al non fuse stato che
per soa infinita humanità che lui s'aricose suota al so gram mante
dela misericordia per l' orizene deli nostre male opperante operato
nela morte dal dito M. R.ᵐᵒ Presidento prosime pasata, che questa
nostra poverina et sventurata città tuta serebbe andata in preda per
al file dela spada, per esere al prexente cercha 40 milia conbatante
non trope deinstanto da quella, et altre ecc. — E più, al prexento a
dita vostra venuta da nostre Senato site stato molte venerato a cavalo ed a pedi —, come lui sapea. Alora dito so secritario replicò nostre parlare, dicando che così a cavale a cavale alo introito de nostra città avea numarato cercha 80 nostre nobile. A queste lui dito
Monsignore n' abbe granda alegreza, dicande lui che veramente quella era la verità; a ciò che quilli tale secritario avese tale cose a notificare quande lui serano a Roma per suoa consulacione. Infra queste tenpo arivò uno M. Jacomo dal Ganbaro che bati all'uso, al quale era nobile bolognexe et Comisario zeneralo, a dare dinare sopra
suoe zente d' arme; et inmediate ie feze aperire; e po' tuto de conpagnia andò a cena; che potea esere cercha doe hure. Et lì ala mensa dite Monsignore se feze cognosere al dito Comesario nostre bolo-
gné, al quale per amore de Bologna nostra patria n'abbe (**),
arecomandandise al dito Monsignore. E po' contenuvo steno in gram
piacere dele cose che continuvamente l' une e l' altre se domanda.
E po' tose bona licenzia: ala nostra abitacione tornone. L' altre zorne, la matina per tenpo, se feze dire una mesa e poi dete gratissima odencia ad ogn' ome zenerallemento, rendande lui infinite gracie
a tuto nostre popule, a grande e picole, de tanto honore che lore i

(') Fol. 254 a.
(**) Lacuna del ms.

aveano fato, hoferandise senpre lui aparatissimo ad nostre bene placito. Alora noi veneano dreto ala seconda. Alciò suoi hochie et vide-
se in media. Se chiamò per nome cora populo; et uui da lui andone,
dicando se per noi stato dato cosa alcuna. Noi dicissime de noe. A-
lora, mese mane a suoa borsa et se donò tri duquate d'ore larghe,
zoè uno papale, l'altre senexo, l'altre l'arma dela sega de Bentivole, dicando che noi s'avesene a fare tre para de calze per so a-
more, et che lui se volea beno. Alora tuto nostre Senato li abbe in
mane dite duquato et hogn'ome (*), che lí presente era le vide. E
più, che per so amore cerca lontane 40 mía se ne fu fato festa. E
più, che ala roca de Sam Casane alozò quella sera, et avea desenato
a Castrocaro: per al che lì se retrova uno M.° Bastiano Cirvicho, dignissimo et bom poeta, dal quale dito Monsignore ie dise tate bene
deli fate nostre, che lui per suo amore se mandò una bela suoa e-
pistoletta de granda nostra comendacione, et po' se ne dete avise come suoa gram iubilacione, per escre lui nostre grando amatore. Sì
che, amantissime nostre lectore, no ve maraveato se noi abiamo a-
recolto insemo hogne cerimonia acadute tra dito R.ᵐᵒ Monsignore per
non fare capitole rotto; perchè male saria potute condure a dita suoa
proficione.

Ora voglicma mo retornare a siguitare la instora de verbo ad verbum, come voi poterite intendere. E più, che a dì 15 d'agosto dito
Monsignore, overe al nostre Governatore M. Francescho da Ischia legum dotore, feze butare zose queste infrascrito case per orizino dela
morte dal dito Presidento et per parte de penitencia del so male operare. La prima se fu quela de quelo tesare de tela de renso nela contrada dala ghiesa dai Servo: la seconda quela d'Evanzalista dal Bal-
be da nostra Villa da Masa: tercio, de uno Albaneso calzolare.

L'altre zorne, che fu a dì 16 dito, die dominica, cercha l'ora
vigesima, parse che se levase alquanto remore per certe soldate del
Viciorè de Spagna, che zià erano venuto a poco a poco alozare in dita città; per al che nostro populo per suoa zelosia tuto s'armone,
piando l'arma: tamen, intese che fu tal cosa, uno M. Brunore da
Forumponpili, conditero apostolico, ie mese selencia.

E più, a dì 16 dito vene Monsignore de Schuto Viciorè de Francia come poca zento; et alozò in casa delii arede de Berto de S. Berto da Horiole, die dominica. E tutavia parse che molte lui se mara-
vegliase de tal temulte del nostre populo per orizine de tale soldate,
zià per lui intexe, come ut supra; dicando lui che non facea bisogna
al dito populo al prexento avere alcuna suoa dubitacione, che lui e-
ra venuto de comisione deli soi mazure; perchè al presento lui se
retrovava Locotenento dela magnifica città de Milano, e vole qui in
dito loco aspetare tute al resto deli anbasaturi de dita suoa lega; et

---

(*) Fol. 251 b.

maxime dela volontà dela S.^{tà} del N. S., sole per volere tuto insemo vedere de fare qualque placacione contra li rabioxe dente dal dito Francescho Maria dala Rovere, per esere ziá infra lore fornito tuto al tenpo de dito suoe· legho, come indreto n' avema parlato (*).

E più, seguitando la instoria, pure a dì 16 d' agosto 1517, die dominica, venne certe anbasature dal dito Francescho Maria a pregare dite M. R.^{mo} che solecitase de metre fine a dite suoe onione; et questa era la volontà dal dito so capitanio: casu che non faza, lore farane hogne so potere: tamen dito Monsignore senpre come humanità dicando, che lui fa tute quele che a lui sia posibile, et che preste lui crede de metre fine. Et de novo feze solicitare tuto dito citade e castelle e ville che avesene a properare hogne lor vituarie ch'erano a lore stato comeso.

E più, seguitando la instoria, l' altre zorne, che fu a dì 17 dal dito mexo d'agosto, die luni, 1517, vene quiste infrascripto dui anbasatore galico a Forlì dal dito M. R.^{mo} Presidente cardinali de Santa Maria in Porticum, M. Bernardo de Vicis nobile da Bibena et Comisario apostolico zenerale nela provencia dela Marcha Anconitana et dela Romandiola. La quale dito dui anbasature et Vicierè erano quisti. Al primo Monsignor de Schute et Locotenento dela M.^{tà} de Francescho Cristianissimus Re dela magna corona de Ferancia, et al prexento Locotenento dal so duquato de Milano: al secondo si era al magnifico conte Ugo di Cardona et Locotenento del Regno de Ragona, a peticione ed instancia dela M.^{tà} de Carlo Re Catolico dela provencia dela Spagna. Le quale tute dui presencialemente andone nanto al conspeto dal dito M. R.^{mo} Presidente in suoa abitacione de suoa camara i' nostre palaze magno, l' ultima de verso stenturione, dove habitava nostre Senato de Forlì, in peto a una suoa finestra, dove lì s' aretrovava al so studio et la letera dal so reposo; nela quale sentava dito Monsignore di verse al mure; e dito Viciorè de Ferancia sentava in dita letera. Aprese a lui, a mane drita dal dito Monsignore, el Viciorè de Ragona, sentato in suso uno banco tondo, in pete a lore, propinque al dito studio. Et lì i' nomine Domini comencione a prepore le lore fato per quelle che lore erano andato. Et lì l' une e l' altre diceano sue raxone. Per al che siando dito Monsignore de mezo, come ut supra, veramente a suoa S. R.^{ma} fu forcia a cavarse suoa breta per le gram fatico che lui durava a dito suoe replicacione et per la posancia et vertù dal gram luminare dal sole, che al prexento lui se retrovava nela suoa magnifica casa de Lione, cercha l' ora vigesima. E tutavia era colore che erano venuto come lore a solaze per dito nostre palaze, che veramente dal prencio ad finem durò cercha doe hore (**) nante che lor avesene fornito dito suoi rasonamento, per eser lore sustanciose e de gram medola, come veramento hogn' ome doveria pensare. Et maxime sopra l' admiracione granda che si facea per li popule zeneralmente, et maxime a considerare tala suoa adunacione in dito loco deli dite tri Presidento; zoè M. R.mo cardinale per la S.tà dal N. S., capo zenerale de tuta la cristianità; dito Monsignor de Schudo per la M.tà dal dito Re Cristianissimo; la excelencia dal dito magnifico conto Ugo per la M.tà dal Catolico Re Carlo de Spagna, come iudicacione del'altra magna corona dela Cesaria M.tà de Maximiliano Inperatore, et pur membre et Re de dito Romano, per eser lor dui unus et idem, zoè come dito magnifico conte e lui Maximiliano per suoa socesione et linea parentella. Ad notare che li se retrovava tute le preincipale corone de Italia e dela Oropa, le quale per le figure prexento tuto fusene venuto per l' orizino et prexencia dal dito magnifico Zohane Francescho Maria dala Rovre, che al prexento acupava et avea acupato al duquato de dito Orbino contra la voglia dela S.tà dal dito nostro S. papa Lione decimo e di tuta suoa magna lega. Per al che infra le criature humane i era le molte suoe varie oponione, vedando che uno tanto infimo e basso homo aprese a lore corone i apia fato balare e balano per lui al bale dela torcia, zià tanto mixe fa che prima dela venuta deli prefate Vicierè, come ut supra, che per li popule multi multa locuntur. Chi decia una cosa; chi dicea un' altra. Alcune dicea, siando venuto dito magnifico Franc.o Maria come al favore de tanto valento omino spagnole, come l' era, che veramente doveva esere de volontà de dita Cexaria M.tà e dal dito Re de Spagna. Alcune altro dicea, siando inanto a dita suoa venuta stato dito Francescho Maria et abitato nela città de Milano come so dito Viciorè, che lor tute insemo aveano fato intraro nel dito duquato de Orbino, come ut supra. Alcune altre dicia per contrario: ance era stato che dito valento homine spagnole, siando lore partito dal servicio dal Senato Veniciano, che lore sponte se erano acunze come dito magnifico Francescho Maria come al favore de Zohano Francescho da Gonzagha, so cugnato et Marchese de Mantova, e de volontà d' Alfonse da Este marcheso de Feraria e deli gram numaro de soi popule del dito Robino, che zià erano andato per lui. Ultimatamento i era la sentencia d' alcuno signore estronomico che avea predito per la sentencia de soi iudicio che lui tornarebbe in stato, come lui à fato: sì che lui sia mo prudento a starie.

Fornito hogne so parlamento, tosene lore dito Viciorè bona suoa licencia dal dito Monsignó et tornone (*) ale lore viaze. Partito che lor fune, al poverino dal dito Monsignore, non avando lui ancora manzato, ie fu properato una sova colacionzella sopra dito banchete tonde; et così a caval a cavalle manzò alquanto per bere; che al

_____

(*) Fol. 256 a.

bom pro ie posole fare. Et questi vide noi come li hochie nostre, per eser li prexento in dito loco, come ad noi rechedea de intendre tale cosa.

L' altre zorne, che fu a dì 18 dito, die martis, retornò al dito conte Ugo de Pepoli et al signore Rencio da Cera, dicando che lore avea intexo che era fuzite al canpo dal dito Franchescho Maria.

L' altro zorne, a dì 19 dito, die mercurio, arivò dal dito Monsignore dui epischopo et auditore de Camera, che venea da Roma a stafeta, sopra li capitole et onione de dita pace. Arivato che lore funo, fecene intendre al tuto al dito Monsignore, et po' retornó dito conte Ugo e suoi conpagne e tose al vere tema dal tuto dal dito Monsignore. E po' tuto insemo, cerca l' ora vigesima tercia, la Comunità dete li cavale da posta ali dito epischopo, et cavalcone inverso Cesena per andare a portare dito capitole a Franchescho Maria: che fu a dì 20 dito, die iovis. Uno de quile epischopo, chiamato M. Jeronimo Ghinocio: l' altro, ad noi incognito.

L' altre zorne, che fu a dì 21, die veneri, tutavia cavalcava tal nostra comitiva nela provencia de Toschana, zoè cavale lizere e fantaria; le quale andavano al' incontro dal dito Franchescho Maria che grandamente pugnava et avea pugnato contra dita Toschana: ad noi incognito per la distancia dela via. E tutavia de ora in ora arivava anbasatore frescho de dito Franchescho Maria ala S. R.^{ma} di Monsignore.

L' altre zorne, che fu a dì 22 dito, vene nova che al Conte de Potencia vicio Mandatario dela la M.^{tà} dal dito Carlo Re de Spagna, che al prexento era alozato nela ciptà de Pesaro, secondo li nostre riporto, come 600 lanze, volea venire ad alozare nel nostro teritorio de Forlì; et lui come una gram parte volea alozare dentre de nostra città: per al che nostre popule se mese gram paura. Per al che nostre Senato pregò Monsignore reverendissimo che volese esere contento che lui volese fare che dito conte dovese andare per aliam viam in Galiata, come lui volea andare, per eser nostra città tropo sbatuta: tamen lui dito Conte vene a Forlì; che fu a dì 23 dito, die dominica, de agosto, 1517; lui come alcune soi graduati. Arivato che al fui, di subito andò nanto al conspeto de M. R.^{mo} dove lì se retrovava i altri dui prefate Viciorè, che erano zià retornato; per al che lore inmediate (*) che lui potese parlare como dito Monsignore; che poté eser cercha l' ora vigesima. Fato queste, li barone del'una parte e l'altra comencione per caciare al tenpo a zugare insemo; le quale zughone gram n.° de dinaro. Et stete dito Conto come dito Monsignore per insinc ala prima hora dela noto. E po' dito Viciorè de Franza tose bona licencia et andò al so viazo.

L' altre zorne, che fu a dì 24 dito, zorne benedeto del' apostole

---

(*) Fol. 256 b.

Bartolomeo, dito Conto de Potencia retornò dal dito Monsignor, come pur al dito Viciorè conto Ugo; e dipoi dito suoi parlamento, dito Monsignore vose che lore desenasene insemo come lui, tuto sentato ale suoe mane debito.

Per quele zorne non acade altra cosa memorando, salvo che zià al zorne precedento era venuto al dito signore Troilo Savela ad alozare in dita nostra città de Forlì in casa deli arede de M.° Zohane da Monsignano spicialo: el resto de suoa cometiva, parte n' alozava nela ghesa de Sam Francescho, e suoc zente d' arme per la vila de Sam Come e de Silone. Tamen per eser lui andato de noto tenpo nela ghiesa del nostre Santo Agostino de Forlì a zughare come dito Viciorè de Ferancia, che lì alozava, parse che dito Troile s' amalase de una suoa egritudine terciana, che ie durò gram tenpo: tamen come fu fato le paze, come inante ad plenum parlaremo, lui se feze portare a casa suoa a Roma, lui et uno so canzelerio, et lì parse, secondo nostri riporto, che lì lui venese ala suoa morte.

L' altre zorne, che fu a dì 25 dito, die martis, dito Conto de Potencia tornò a desenare come dito Monsignore. E zià avando desenato, se levò gram remore per alquanto Spagnole che erano venuto como dito Conto, sfordando suoe arme: tamen Monsignore l' abe molte per male. Alora dite Conto ie mese selencia. E più, l' altre zorne, che fu a dì 26 dito, pur dito Conto tornò a desenare come dito Monsignore; et po' la sera cenò come dito Re de Ferancia in dita nostra ghiesa de Santo Agostino. Cenato che lore abeno, tramedui tosene bona elicencia dal dito Monsignore; et po' fecene suoa partita, et andone ale lor viaze per seguire la dita sancta pace. Tamen l'altre zorne retornò dito Viciorè de Francia, che era, che fu a di 27 dito, la matina per tenpo, ala porta de Schiavania come suoa guardia e suoi cariazo; et come lui fu a dita porta, per esere serata, lui feze domanda se ancora dito Monsignore se era partito per andare a Cesena. Lore respose che nonn era zià partito. Alora lui intrò come dite suoi cariazo et suoa guardia, et lì comese a nostre guardie che più deli soi (*) non dovesene lasare intrare niuno, perchè quele zorne inante zià era venuto ad alozare tuto sova comitiva per nostre teritorio de Forlì a Vila Franca et lì circonstato per tuto al contá de Ravena. Arivato che al fu, multe deli nostre contadino se se venene a recomandare, per eser lui home amabile e dolce e mansuveto; al quale ie feze bona resposta, che provederia ad ogni cosa.

L'altre zorno, che fu a di 28 dito, zoè al zorne benedeto dal gram doctore dela sancta romana Eclesia Agostino, per esere tornato ad alozare dito Viciorè de Francia in dito so convento, al nostro Senato i andone a parlare; et lì iterom de novo i arecomandone nostre contadine et nostro contado, che lui volese eser contento che non se vo-

---

(*) Fol. 257 a.

lese danezare. A quele lui respose che faria molte volentiera, come ut supra; pure che a lore no ie mancase da manzare. Et chiamò soi tronbeta et fece comisione che tornasene in canpo et che facesene comisione per suoa parte che dovesene lasare vendimare et lavorare dito nostro popule, et per modo alcune non ie dovere dare danne.

Et infra queste tenpo se tramava pure la santa pace. La quale dita santa pace, come alo eterno Idio piaque, fu puplicata ala nostra magnifica cità de Forlì; che fu a dì 29 dal dito mexe d'agosto, die sabati, la matina per tenpo, zoè al zorne benedeto dela degulacione del' apostole Zohane Batista per boca dal dito M. R.ᵐᵒ Presidento de dita provencia dela dita Marcha et Romandiola, come ut supra, M. Bernardo da Bibena, cardinale et zenerale comisario, anno Domini 1517, in queste modo e forma. Conciò fuse cosa, siando piaciuto a-la divina M.ᵗᵃ che le orechie et li ochie dal magnifico Zohano Francescho Maria dala Rovere erano stato tanto tenpo ciego e sordo per avere ocupato et ocupava al dito duquato de Orbino contra la voglia dela S.ᵗᵃ de Lione decimo pontifico e de tuto al so colegio apostolico per la dita santa romana eclesia, perchè più volte suoa S.ᵗᵃ i avea fato intendro che lui, se volese cognosere et observare li soi precepto, et lì lui se dovese partirse et liberare dito ducato de Orbino per intercesione de tante potentate del monde, et maxime per al dito monsignore R.ᵐᵒ cardinale Presidento dito M. Bernardo da Bibena, come ut supra; alora siando lui stato iluminato dala divina M.ᵗᵃ, come ut supra, alciò li soi hochie al cielle et quella caramente pregare che per suoa infinita bontà se voglia dignare de mostraric la bona via per la quale lui e tute li soi hederento posano condure suoa (*) navicola al bom porte de suoa salute dele suoe anime e dal corpo, togliando per el so gram tema al dito avanzalista canzelerio del nostro vere Redemptore, al quale dice: — Chi se exalta è adumliato, et chi se adumilia è exaltato in cielo —. Et più, che al nostre Catone dice: — Cede loco maiori .—. Per al che lui dito Francescho Maria se chinò al so dito magnifico et zeneroxe cappo, et fece quel tanto che vose la S.ᵗᵃ dal dito N. S. insemo come dito soi conpagne R.ᵐᵒ Monsignore Cardinale apostolico, come inento nui parlarema ad plenum. La quale dita publigacione, fata per dito Monsignore a nostre Senato, se fu la matina per tenpo a dì 29 dito, che lore erano andato a pregare lui dito Monsignore che volese fare levare tale dito grando exercito suoe, che se ritrovava i' nostre teritorio de Forlì, per esere stato gram tempo come nostre gram dane, che ora mai più nulla non ci era, non poteande nè vendimare e no lavorare suoe tere alcuna. Al quale dito so exercito era questo: zoè, dece milia lanze franciexe et cinque milia tra Sovizare e Todischo. A questo lui respose molte umanamento, dicando che l' era molte bene raxone,

---

(*) Fol. 257 b.

mo che lui ie vole anonciare gaudio magno; conciò fuse cosa che la note prosima pasata, cercha l'ora quarta, i era venute una stafeta da Roma per parte de dita S.^{tá} dal nostro Signore che i avea aduto li capitole dela dita vera et santa pace. Per al che per lui fu dita publicacione zenerale a dì dito et a hor dito, come ut supra. Per al che lore Senato stesene de bona voglia, che tale rasone, infra termino de tri zorne prosimo ad venire, che lui faria partire de nostre teritorio dito suo exercito.

Et più, pur seguitando la instoria, parse che dito magnifico Zohane Francescho Maria non volese iterom de novo stare per contento ali suopra scrito, fato e otenticato per la S.^{tá} dal N. S. et suoa lega et eciam de lui e suoi mazure, como ut supra; per al che dove derivase suoa causa, ancora noi non l'abiamo potute intendro, per retrovarse li fati deli gram maestro per noi molte deficile da potere intendre. Tamen dito Monsignore senpre lui in tal causa era sucesse molte pesatamento et senpre stato revisitato dal'una parte e l'altra, et lore ascholtato, che l'una parte e l'altra áno potuto dire a lui li fate suoi; per al che lui non sapea conprendere donde potese derivare tal cosa. Tamen per conseglio deli suoi, avando zià mandato al conto Ugo de Pepoli a stafeta al magnifico Laurencio de Medeci, che fu a dì 5 dal mese de setenbre, 1517, e tornato che al fui, di subito Monsignor comenciò a fare metre in puto dito suo exercito che se retrovava i' nostre terité, como ut supra, et fare venire (*) le molte boche d'artegliarie da Castrocaro, e tolando le molte balote dela roca de Ravena et al simile de nostra roca. E po' inmediate, a dì 8 dal mese de setenbro, zoè al zorne benedeto dela nativhà dela inmaculata Maria, 1517, se comencione a levare tuta dita suoa fantaria, che zià era stato alozato sopra al fose de nostra città de Forli, et tuto s'avione in verso Cesena per andare ali dani da dito duquato de Orbino per le rasone sopra asegnato, come ut supra.

E più, pur seguitando la instoria, dito Monsignore R.^{mo} Presidento fece dita suoa partita da Forlì e tornò ala città de Cesena a perseveracione del dito so canpe contra dito Francescho Maria, come ut supra: che fu a dì 10 dal mexe de setenbro, die iovis, 1517. Al quale zià era stato uno mexe de tute punto in dita nostra città, che mai nesuna volta lui non se era partito de tale loco per le grando ocupacione che lui avea auto zorne e note ali risponsorio deli dito parto; che le più parte dele volte non manzava se né la sera; et masime per la causa de lezere suoe litre l'era talvolta che lui n'avea inanto cercha la tenuta de meza preventa da lezere e darie alcune suoc resposta. Tamen inante al so partimento, che fu cerca l'ora vigesima, retornò dito Viciorè Cristianisimo Monsignore da Schuto, e lì se mese a zugare come uno suo familiare et fratello chiamato per excelencia Sancto Agostino; et lì ie vinse cercha ottocento duquato d'ore. Et per nostre popule fu bene aconpagnato et venerato. Arivato che al fui, di subito quili Sovizare che lì se ritrovava, avando zià intese che e- ra per fornire suo acorde la lega come dito Francescho Maria, fecene domanda al dito Monsignore de volere suoa paga: tamen Monsignore, non siando ancora stato mandato tanto dinare a soficiencia da potere darella, tutavia ie deva bone parole de bem fare; per al che dite So- vizare non voleano parole; ance vosene li fati. Per al che inmediate presene doe porto dela dita cità, e poi ie tosene cercha 5 boche di fogo per sova caucione. Per al che la cità se mese a gram paura, et una gram parto de lore s'abisentone e ne morì alquanto de ciascha- duna parte per lo lore volere pugnare: che fu a dì 16 dito, die mercurio. Tamen dito Monsignó, per la suoa gram prodencia, depo' in brevità ie mese selencia e detie dita paga, restituande hogne lor cose. E po' lore fecene suoe partite. Et vene a nostra ciptà de Forlì; che fu a dì 23 dito, die mercurio (*).

Avando dito Monsignor intese al tuto, che dito Francescho Maria di novo romaste contento de hogne capito' et convencione per lo- re fate, di subito lui de novo feceze intende a tuto li cità e caste- le de Romagna avese a metre in punto dito vituarie, recordandie che dito Francescho Maria se vole partire breviter.

Pur seguitando la instoria, avand intese dito Monsignor de Schu- do dito Vicioré de Ferancia che liberalemente lore se covene partire per dito so acorde, zià facto per lore come dito Francescho Maria, come ut supra, feze intendre a nostra cità de Forlì per via de dito suoi bande se 'l fuse stato alcune de suoa conduta che avesene bu- tate zose case overe brusato o altre so dane necesarie contra noi, che quilli tale danezoti inmediate ie ne dehia a lui overe a soi mandata- rie daro la vera suoa rasegna, che lui liberalmento a quilli soi tali ie farà pagare lamento, overe lui per lore. Et queste feze fare lui, secondo nostri riporto, aciò che mai persona alcuna de lui come raso- ne se potese lamentare: tamen in dite contà de Forlì tuto quile, che licitamento se lamentone, tuto fune satisfate.

Ultimatamento, siando stato la Excelencia dal dito Francescho Ma- ria zià illuminato da Dio, come ut supra, per non volere smancare in verso dela S.tà del N. S. papa Lione decimo e de tuta suoa lega niuna particolare cosa per lui facta neli soi sopra scrito capitole co- me hogne suoa hobservancia, fece lui suoa ferma deliberacione de vo- lerse partire totalmento dal dito duquato de Orbino per cedre ala di- ta sancta matre Eclesia e suoa lega. Et li i' nomine Domini avea lui fate suoa dita partita, et arivato suoe zento nel nostre teritorio de Forlì; che fu a dì primo dal mese d'octobre, die iovis, anno saluti- fera incarnacione dipoi el parte de Maria verzine 1517, in queste mo-

---

(*) Fol. 258 b.

do e forma. In primis a dì dito, la matina per tenpo, comencione a
pasare sopra al nostre fose dala porta de Sam Piero a bela ordenan-
zia come sove artelarie et altre suoe cose necesarie; e durò tuto quele zorne e quase tuta la note, perchè la excelencia dal dito Francescho Maria, come ut supra, era andato ad alozare nela nostra Vila
de Bagnole nela casa deli aredi de uno M.° Pirone da Bagnole, insemo come dito Viciore de Ferancia Monsignore de Schuto. E dipo' suoa
cena, lore se levone per al fresco come cercha 200 cavale lezere
per suoa guardia, et vene al foso da dita porta de Sam Piere come
suoa gram veneracione, che ziá tute li altre Franciose (*) che erano stato aloziato per dito nostre teritorie cerca 52 zorne prosimo pasato sencia suoa descricione, e tuto andone une drete al'altre a bela hordenancia, come ut supra. Et alozone per al teritorio de Faencia nela Vila de Basiaga et altre so loco necesarie. Tamen parte de
dita comitiva dal dito Francescho Maria nel pasare aveano mese a sacomanno nostre molendino dela Comunità, propinque ala cità, et nostre popule sonando suoa campana — al'arma, al'arma —; per tal
via che lore usine fora et n'amazo alquanto. Et per narare al tuto,
tuto dito cità e castele i aveano dato dito suoe vittuarie, zoè pane e
vino, et masime nostra cità ie dete per suoa resegna stare 60 de grane, fate in pane et cara   (**) de vino. Et al simile aveano fate e altre per so conto de singolis. Sì che, discrete nostre amantissime lectore, questa tale suoa retornata al dito duquato de Orbino per al dito povere zentilomo Francescho Maria per la omana zeneracione ie
parea eser stato gram cosa, per avere lui per dita suoa potencia co-
mose gram parte dele forcie de tuto le dito corone a venere a tala
suoa expugnacione, come ut supra; et ancora lui eser stato quelle
che de quelle dito loco se sia partite sponte. Per al che per quele tale umane criature i aveano fato sopra de tal cosa gra' iudicio come
suoe parole, aduciando lore per suo parlamento suoe cognosimento,
come di sopra avema parlato ad plenum. Sì che veramento ad noi è
stato necesaria cosa a fare de quel tanto suoa celebracione, a ciò che
quelle umane criature di po' nui naserano possano intendre al tuto
di verità, per quanto lo eterno Idio et umana natura si á a noi dato
insperacione (***).

E più, ultimatamento, avando dite M. R.^{mo} Presidento M. Bernardo dito cardinalo de Bibena fornito hogne so bene opperare sopra la
costodia dela guerra dela retornata ad Orbino per Francescho Maria
dela Rovere, feze lui suoa partita dala cità de Cexena per volere retornare a rendre al so gram tema ala S.^{tá} dal N. S. papa Lione decimo ala suoa magnifica e celeberima cità de Roma: che fu a dì 2
dal mexe d'octobre anno Domini 1517, die veneri; che lui arivò ala

(*) Fol. 239 a.
(**) Lacuna del ms.
(***) Fol. 239 b.

nostra cità de Forlì, per avere zià fato intendre a nostre Senato che
lore l'aveseno ad aspetare quela tal sera a reponsare come tuto al
so populo amantissime nostre forluvexe, come lui feze. Per al che tuto al nostre Senato i andò incontra come suoa grandinisima veneracione a cavale e pedi come gram iubilacione de canpane et artelaria.
Arivato che al fui ala porta, lui ie feze salute dicando: — Siatiie li bem
trovate, Forluvese mei. Come situ stato dipo' i' nostra partita? —
Lore replicone dicande: — Monsignore R.ᵐᵒ noi sema stato bene al
vostre piacere —: dicando lui: — Io v'anoncio gaudio magno zià de
dita nostra santa pace, come vostre Nobilità áno intexo —; tocando
ala mazore parte la mane. E po' cavalcò et vene al dito palaze, scha-
valcando ali soi loco deputati. E di po' ie dete una gratissima odencia. Et alora nostre Senato ie rendene infinito gracie per parte de tuto al nostre populi, done e omine, grando e picolo, del tanto beneficio che lore aveano receuto da suoa S. R.ᵐᵃ (*) la quale avea hoperato et de continuo hoperava per dita nostra povera svinturata cità,
per nostra defensione de quella, per le cativo operacione deli nostre
zià delinquento; considerando lore dito Senato, s'al non fuse stato per
la suoa dita gram benevolencia, che lui s'avea volute e vole, che
dite nostre populo tute serebbe andato per al file dela spada et dita
cità in preda. A queste lui replicò dicando, che tuto quele che lui a-
vea facto per dita nostra cità l'avea fato volontiera per nostre amore. Et più, quando per al tempo advenire lore se degnarano de recorere a lui per so adiutorio, che senpre lui farà hogne suo potere. Et
quelle che lui avea fate per noi, come ut supra, seria nulla aprese
a quelle che lui farà per tuto dito nostro populo molte volentiera. A
queste dito Senato de novo lo rengraciò, dicando veramente queste e-
ra tuto al so credere in verso de suoa S. R.ᵐᵃ E l'ultime che da lui
abbe odencia se fu M. Ieronimo Moratino, e poi noi, chiamato como
ut supra. Pasata la note, l'altro zorne presento, la matina per tenpo, lui se feze dire la suoa santa mesa, e po' de novo dete ad ogn'o-
me zeneralemente gratisima hodencia, dicando a nostri ambasatore che
zià erano amanato per andare a Roma nante ali pedi dela S.ᵗᵃ del
N. S. papa Lione decimo, come ut (**) supra, per la causa dal dito
grando et orendo case dela morte dal dito Monsignore R.ᵐᵒ Presidento prosimo pasato, come inento ad plenum parlaremo. Et che lore se
partisine et andasene inanto; et come lui serà arivato a Roma, che
a lui ie bastava bem l'animo de operare come la S.ᵗᵃ dal dito N. S.
che liberalmente ie perdonarà per la dita nostra granda inocencia; et
le molte altre cose dise lui etc. E po' tose bona suoa licencia, dasandise suoa benedicione, per andare a desenaro a castello de Castrocare, come lui feze. Tamen in quele estanto lui se chiamò coram po-

pulo e dese de bona manza tri duquato d'ore, hoferandise lui ad nostre bene placito, come ut supra.

Seconda nostra confermacione dela laura.

La seconda dita confermacione de dita nostra lauriiacione se fu a
dì XI dal mexe d'octobre, die sabati, cerca l'ora decima quinta,
anno Domini dela salutifera incarnacione di poi el parto de Maria Vergine 1516, in queste modo e forma. In primis siando venuto a nostra magnifica città de Forlì al zorne precedento al R.mo M. cardinalo
lo M. Achille de Grase nobile bolognexo e titoli Sancte Sixti presby-
tero, per eser lui nanto al conspeto dela S.tà dal N. S. papa Lione
decimo protetore e defensore de dita nostra magnifica Comunità de
Forlì, che lui volea retornare ala sancta et magnifica ciptà de Roma; et qui a Forlì era stato adalozato una dita la note dita preceden-
ta. E po' a dì dito la mati per tenpo noi andasime ala camera (*) de
dita suoa abitacione in dito nostro palaze magne, dove lì era l'abitacione del dito nostro Senato, l'ultima de verse stenturione. Et a-
rivate che nui fune, noi comesene a uno so camarero sopra dita
suoa costodia che volese eser contento de fare intendro a suoa S.
R.ma se quela se volea dignare de darse suoa hodencia, per eser noi
bolognexo et so amatore. In brevità vene in suoa camera dal'odencia,
che ancora non era vistite; et lì inmediate se feze chiamare. Intrate
che nui fune, ie fecene salute, domandandie se lui se cognosea. Lui
respose de sì, dicando lui d'averse viste nante al conspeto dela S.tà
de Julio secondo pontifico, quando lui fu qui a Forlì la suoa prima
volta. Alora presene ardire per volere da quela una suoa certa iusti-
ficacione de alcuna suoa inmortalità; con ciò fuse cosa quando suoa S.
R.ma se retrovò nela città de Ravena, quando dito Julio pontifico l'a-
lese et criò e deputò lui et altre soi conpagne nel numaro postolato
come sova confermacione dela milicia del dito suo capelle roso, lui
respose di sí, per esere in quele loco prescncialemento; et quelle
pregai che lui volese eser contento de darse suoi nome particolare,
a ciò che noi potesene celebrare i' nostre quinterno, come noi aveano zià de quelle tenpo fato suoa robrica de cenabre et li lasate una
carta voita. A queste lui respose che era molte contento, et che noi
ie lasaseno vedere tale robrica, come nui fecene. Alora viste che lui
abbe, se pose a sentare aprese a noi ala suoa tavola et vose che a-
la presencia suoa tuto ie registrasene in dita carta in quellë loco; et
lui se mese al quinte de so numaro 12, che lor fune, come apare
indrete in questo a c. 174, tuto li prenominate nel dito so capitole.
E più che, siando lui stato epischo dela Città de Castelle, vose che,
depo' dita suoa criacione dal dito capelle, che nui constituvisono in

(*) Fol. 201 a.

dito so epischopato uno so nepote chiamato M. Baldisera, pur de
Grasis, le quale dita suoa sucesione del dito so epischopate vose che
noi a dita suoa prexencia facesene in dita carta, aprese ali altre dite capitole, dita suoa sucessione dal dito Monsignore M. Baldisera,
come in quele loco apare de verbum ad verbum oculata fide. E poi se
feze domanda se noi aveano de lui e dela suoa magna casa altra inmortalità. Nui disene de sì. Et lì al prexento ie mostrone come al
tenpo dal dito Julio pontifico, quando noi fune prexento a suoa Sta
come lui dicea che lì presente lui i era 'n apiscopato, come ut supra, uno M. l'arise pure de Grasis, M.° de suoe cerimonie, et u-
no altre pure soi ad noi (*) incognito; et i era dito M. Carlo de Grato nobile pur bologneso, al quale era alora lì prexento; et molte altre suoe pure inmortalità de dita suoa case, come aparea indreto in
altre nostri quinterno. Viste che lui abe hogni cosa, n' abbe granda
alegreza. E poi se feze domanda da che casa noi eramo da Bologna.
Noi ie dicissimo che eramo dela casa de Bernarde. Alora lui respose
dicando che al so R.^{do} padre capelario se retrova de nostra dita casa; mo che lui non è ancora arivato. E come piaque alo eterno Idio,
in quele estanto lui arivò. Arivato che al fui, lui ie feze intendre
s' al se cognosia. Alora lui alciò li soi hochie che l'era inbaucato et
guardose, et inmediate vene a noi basandise per nostra boca, dicando: — Monsignore, sì che noi al cognosema, che lui è dela nostra
linea parentella —. E poi ie dise che una volta, al tenpo de Monsignó de Ragusa Legato de latare de tuta la provencia dela Romagna,
retrovandese lui contra Cexare Borgia in questa città ala spugnacione
de nostra roca, dise che lui in quele tenpo era so capelano et che
fu prexento quanto dito Monsignore se feze prexento de uno so magno prevelegio in carta menbrana. Alora Monsignore se fece a noi
domanda se queste era la verità. Noi decisimo de sì; e se lui volea,
che noi l'andarebbe a tore. Lui dise che lui ad noi dui se credea.
Alora noi pione ardire in verse de lui, et pregone che lui volese e-
ser contente de dignarse d'aricomandarse al nostre Senato, siando
lui stato prexento quando la Sta dal dito papa Julio avea mandato
per nui et viste et confermato tuto nostre milicie, come nele suoe
mane, et lì prexento a suoa mensa se retrovano tuto, et come lui
tuto i avea benedeto et conformato, come ad plenum indreto in questo a c. 106 n' è parlá ad plenum, quando lui avea mandato per noi
e dato dita suoa hodencia, come voi sapito. — Se vostra S. R.^{ma} fa
intendro questo al dito nostre Senato, lore se darano nostri servito,
per eser so mazore dommo —; et che lui animosamento lui e dito
M. Carlo facesene tal domanda a nostre Senato che lore arano al tuto: — perchè ve amano cordialemente, come lì ie metea soi vaxilli
pinto per aver lore fato inmediate quando al fu criato a dita città de

(*) Fol. 261 b,

Ravena, come ut supra, inante che voi fusene nostre protetore —. Alora lui se feze resposta che le faria molte volontiera; mo che una gratia volea da noi, che acetasime soi privilegio per volerse lui coronare poeta lauriato. A queste noi responene che per niente noi non al volea fare per più raxone. La prima, nostra milicia dela instoria è nomica mortale dela povesia; perchè lei non dice mai verità, e la instoria non dice mai bosia. E più, che molte anno prosimo pasato noi indignamente fune coronato histórico, come aprese ad noi n'apare tri hotentico privilegio in carta menbrana (*), le quale fune viste et aprobato per la S.tà dal dito papa Julio e da quello confermato, come voi sapito, per eser prexento, come ut supra. A queste lui respose dicando che era la verità: tamen che lui volea et comandavase che per amore de suoa e nostra patria Felsina, e po' per suo amore de lui, e po' per l'onore de tanto nostre gram fatico et contenuvo vizilio, come lui ave intexo da noi, che dovesene eser contento d'acetare tale soi dito privilegio; aprobande per suoa ed altre autorità che instorico e poeta tramedui fune de contenuvo cose notando; per al che l'una non po proibire l'altra; per al che a quela tale ie possa acadere calonia alcuna. Ultimatamento noi ie fecene resposta, che per modo alcuno non voleano come aveano recusato altre volte sopra tal cosa Monsignor R.mo cardinale de Pavia, al prexento defonto. Et li tosene bona nostra licencia, et partisene, et adusene dito nostre quinterno a casa. Partite che nui fune, fece dire la suoa mesa, e poi fece tale nostre anbasato al nostre Senate, et abe de suoc promisione al tuto de quelle tanto che per noi avea fato domando. E poi ie feze intendre come noi non aveano voluto acetare tale soi previlegio, come ut supra. Tamen de novo mandavano dui soi camarere per noi; et zià noi erano per via, che tornavano a sapere come lui avea de nui hordenato come dito Senato inanto a suoa partita. Tamen come nui fune arivato, avea date e deva gratisima odencia. E po' andó ala suoa mensa. E noi aprese lui, comandandise che noi dovesene fare carità dela mensa come lui. Noi fecene resposta che era tropc bon'ora per noi: tamen senpre de continuvo se facea coram populo granda interogatione de molte numaro de cose de gram medole. Tamen noi, secondo nostri recorde, respondeano. Fornito che fu so dito desenare, ne feze comandamento che noi dovesene venire a casa per al nostre capucio de crimisino foderato de vare che noi abeno a dita nostra coronacione dal nostre Senato de Forlì. Arivato che noi fune a dita mensa, al mio primo loco li fu apresentato una suoa lauria de conpagnia de quiste 12 suoi graduati; et aveano tuto una palma de melorio in mane, a bela ordenancia: parea per semelitudine quando la domenega dale palme quando al nostre vere Redemptor andò sopra l'asinello in Jerusalemo. A-

_____ _____

(*) Fol. 262 a.

rivato che lore fune, me meseno dito capucio contra nostra voia, che de tal cosa a noi facea bisogna, come ut supra: tamen dito Monsignore dise: — Io voglie così —. Alora fui contento de tuta la voia suoa. Alora dito Monsignore come suoe mane propria se coronò come dita lauria ala presencia. Et per so testes i era le dite dodece infrascrito graduate.

Al primo, suoa S. R.^{ma}

Al secondo, dito M. Baldisera, Monsignor epischo de Castelle, come ut supra.

Tercio, dito M. Carlo de Ingrato, equito a sperone d'oro.

Quarto, M. Felipo da Sarezana, utriusque dotor.

Quinto, al magnifico Prospere et scultor et musiche.

Sesto, M. Salvatore (*).

Setimo, M. Corade poveta lauriato.

Otavo, M. Persio, alias Confermatore, poveta volgare et musico insignito per M. Zohano Manento.

None, M. Mario Patacaforo.

Decimo, M. Cristofano vexilifero portante in capitaniato magnifico Juliano siniscalco secreto.

Undecimo, M. Johane da Casello, in forma onibus previlegis.

Duodecimo et ultimo, M. Leonardo philosopho polifero palotanto patrocia.

Tuto li quale fune presento et cognobene instante et acetanto a dita nostra coronacione, anno predictis, in loco dito et die tali, ala presencia deli nostri magnifici Conservatore, al tenpo de M. Zohane dale Aste legum dotor caput et soi conpagne, et le molte altre nobile del Conseglio: zoè uno M. Jeronimo Moratino, M.° Lodovico d'Albertino spicialo, Zohane Andrea Moratino, Jacomo dal Toroxano, Zohane Batista Palatino, Bernardino de Mateo, e de hogn'ome che lì se retrovava zeneralmento, per eser piena quela camera.

Coronato che nui fune, dito Monsignore se tocò la mane et basandise per la boca, et al simile fece tuto dite graduati et quili signore che lì se ritrovavano. Et poi per dito Leonardo philosopho atanensis a noi se feze una dignisima e bella oracione, senpre laudande exaltando la vertù; che veramente la durò uno quarte de ora, senpro tenendo suoa mane drita sopra dita nostro lauria. E po' de novo lui s'abraciò et basò da hogne cante de nostra boca. Fornite che fu la oracione, dito Monsignore coram dito popule se feze fare uno prexento per mano dal dito so epischo de uno duquate d'oro per suoa bona mane (**). E po' se de' suoa benedicione. E poi fune menato nela camera dove lui dormiva; et lì era suoa litera tuta ali soi cantone adornata come palmo de laurio. E poi lì se vene dreto per vo-

---

(*) Fol. 262 b.

(**) In margine: « dicando: — Virtus coronatur, viciom ociditur — ».

lerse vestire per caminare. Arivato che lui fu, di subito fune despa-
rato de dito capucio de laurio; et li per dito episcopo, sedando pro
tribonale, se feze pore in zonichione et come la colana dal dito M.
Carlo Grato lui se la mese al cole, e po' dito M. Carlo se cinse suoa
spada, et poi se mese suoi spirone. E di poi ala prexencia dal dito
Monsignore dito epischo se dise una bela horacione. E po se feze levare, dasandise dita spada nuta in mano, faciandise nui brandire tre
volte intorne intorno. Fate tuto sove cerimonie, fune preso per la
mane, et tornato in dita prima sala in abito proprio, et per dito e-
pischopo fu chiamato per so vere testimonio, particolarmento dito M.
Jeronimo Moratino e dito M.° Lodovico d'Albertino spiciale e dito
Zohane Andrea Moratino, ala presencia de tute quilli altre che li se
retrovava in zencrale. E po' fu tornato nanto al dito Monsignore e
de novo confermo hogni cosa, dasandime suoa benedicione. E poi
lui (*) come suoe mane propria se deto per dita nostra benedicione
una corona d'ore, come suoa bela faza alegra, hoferandise lui ad
nostre bene placito per amore dela patria; et che noi avesene a perseverare al dito nostre exercicio dal conpore per utilità universale.
Finis.

Ultimatamente, discreti nostre amantissimo lectore, voi ve pote-
teritive forsa maravigliare dela granda diciaria che noi abimo fata in
questa nostra naracione, bemchè per li dito Monsignore se fu promese, se noi mandase per nostri previlegio, li daria; noi recusone, che
regno nostro non est de oc mondo; per eser noi in aità de anne 67,
che questa dita prononcia fata per noi, come de suopra, ad noi bastava, come tante vere digne testimonio: perchè, seconde nostra leze, dove sone dui o tri, li consta vera testimonianza; per avere tuto li altre previlegio aprese de noi. Et al simile fezene quando noi
fune ala S.ᵗᵃ de papa Julio, come ut supra, come indreto in questo
da quelle tenpo poterito intendere al tuto, come ut supra.

Guera de Salimi 8 Imperatore de' Turche contra Ghusso Soldá de Babilonia 7, [e] altre.

La prefacta guerra dela M.ᵗᵃ del dito Salimi otavo Imperatore deli
Turche contra la M.ᵗᵃ dal dito Ghusso Lonbeco et Soldano dal Chaia-
ro e di Babilonia, se fu del'anno 1516 di poi el parto de Maria verzine. Conciò fuse cosa che dite Salimi Imperatore de Costantinopole e
de dito Turche fuse zià fra lui e dito Ghusso partorito certe gram discordie; per al che dite Salimi era andato ala spugnacione del stado
e dominio dal dito Ghusso, como ut supra: per al che, discreto nostre
lecturi, per le nostre grande deustancie tra quilli soi regne e noi,
per al che ad noi è stato necesaria cosa, a volere noi testificare la

(*) Fol. 263 a.

mera verità, come convene ale milicio deli instorie, a redurse ala
fonte dela soma verità. Conciò fuse cosa che in queste tenpo prese-
desse nela sancta sedia postolica Lione per la divina providencia papa decimo, al quale per eser lui nostre vere e bom pastore dela sancta catolica fede per uno suoi secritario che suoa Santità teneva de
continuvo in quelle parte per le suoe gram vizilie, faciande lui come
quili che soi nomice aprecia (*), a lui per una sua litra de credencia ie fu fate intendre al tuto sucesse de dite sove guer', come qui
infrascrite de verbo ad verbum poterite intendre al tuto.
— In prima avisamo li cristiani signore et potenti come a dì otto dal
mese di zugne Salimi di Octomani esere spulso in guerra e haveri
preso la nobil città di Anagora per haver mancato la fede a Ghusso
Lonbeco Soldano del Cayro; el quale inanimito per la inguria far vendeta si feze chiamare tucti e signuri capitani; fecin conseglio, chiamò suo figluolo Abbel et dettegli la signoria et la corona, che potesse fare e disfare per tuto el suo dominio come vere inperatore. E dito Salimi ha fato uno grandinisimo exercipto, tra cavale e pidoni 60
milia, et lui capitano di tucta la giente, salvo quel capitano dela Va-
lona che andava davanti co' cavalli e pedoni n.° dece milia, sencia
l'artiglieria ch'era restata drieto col Signore, tra boche grosse e picole n.° 300. Et deliberosi di andare con tuta la gente, che fu a dì
20 del mexe de luglio 1516, contro al Soldano. E tanto caminorno
che in trenta giorne arivorno a una città del Soldano che se chiamava Grandono in terra, sul confino dal Gram Turco. Et misse el canpo suota la città senza domandé niente. Et combaté tre dì, e po'
presela pre forcia et mandoroli a filo di simitara. Et partì, et andò
verso Antioopia, et presela con le sove circunstacie; et a dì otte del
mese d'octobre, Alepho. El Soldano havea properato un grandissimo
exercito de pedoni, trenta milia: hebbe animo d'investire el Gram
Turco et rompre la prima guardia. E' mamaluchi si butorno a piede
per sachieggiare la gente. El Turco giunse col canpo et anco l'artiglieria contro costoro, et 'ndò lore adose, et rupegli; perché eran
senza (**) ordine. Vedendo questo, el Soldano fugí con molto suoi
capitani; ma poco li valse, perché furno roto in quel conflicto con
otto suoi conpagni; donde che tucti fur posti in fuga. Poi el Turco si
posò tri dì. El quarto dì andó in Alepho et preselo; et trovò gram copia d'oro et d'arzento; sì che rifece le sue gente. Dimorò li tre dì:
po' andó a Damasco et preselo. Et lì dimorò giorni vinto. Po' andò
verso Hierusalem, et prese trenta citade, et andò al sepulcro di Cristo; et feze ruinare tuto quel muro che i avea facto el Soldano, a
ciò che se vedese dita sepultura de Cristo. Et udì una messa da frati di Santo Francescho et donogli 20 milia aspi ed donogli dua milia

(*) Fol. 263 b.
(**) Fol. 264 a.

duquati de intrata l'anne. Et fece fare uno comandamento dala suoa, che tucti e' cristiani che volessino andare al Sepulcro fusseno securi, nè pagassero altro che dodici aspi, sencia timore di gente nessuna. E posossi dece dì. Dipo' andó ala volta del Cayro et fece fornire Domasco e Alepho di genigeri per guardia di decte terre. Et partisse el signor Turco de Ierusalem a dì 24 del mese de zenari 1517. Et volse andare a vedere Sancta Catharina, quatro giornate lontano di Hierusalem; donde che fece aperire la sepoltura, et vide quel corpo intiero et belle come se fusse morto in quello estante. Et lì fece le suoe oracione et chiamoe Caloiri et dettegli quatri milia serafl d'oro. Et fornissi di vettuvaglia per caminare per lochi sterile, dove non si truova habitacione nessuna, salvo che sabiono. Quatro milia ganbelli portavano la vettuvaglia, tre carette di monicione a nostra usanza. S'aviorno al primo dì de febrare (*). Et caminando, molta gente et cavali moriva di disagio. Fornite che fu li disisete zorne, a hor 18, che fu uno zovedì, e' Mamaluchi investirno li Turchi, et per eser strachi et affannati li feciono rinculare milia n.° vinto; onde el Turco inanimito sollecitava e' suoi capitani et li giannizeri, nè altra gente, che decti giannizeri, tenne la bataglia el giorno et la notte: onde che per forcia rupeno li Mori. Vedando el Soldano tal disgracia, se messe in fuga con quatre milia cavalli per non eser preso o morto. Conpita la bataglia, che fu uno venere a 23 hore, si riponsò el Turco quatro dì, et fece fare la mostra di tucta la sova gente, et tro' morti de suoi 36 milia. Beatissimo Padre, de Mori non ce n'era numero; donde si stima che morisse fra tucto doe le parte più di cento vinte milia persone.

El Signor Turco a' vinte de febrare feze l'entrata nel Cayro. In prima la prima fila era tucti e fui gianizeri e timerati. La seconda fila eran tucti e' suoi Turchi et provigionati; et nel mezo era la suoa persona suotto uno baldachino, vestito di zanbelotto bianco, con una frecera de oro in mano: drieto a lui eran 13 milia cavalli, tucte coperti di finissima armatura. Et al'intrare del Caire tucti e' populi eran usciti fuor dela cità per fare honore al S. Turco, et gridavano: — Questo debbe essere Imperatore del'universo et liberare el Caiero dali schiavi —. Et fu aconpagnate sino al palazo maggiore. Et lì era parata una sedia d'oro, et lì fu posto a sedere; e fugli presentato quatordexe chiave della terra et 22 ganbelli carighi d'oro e d'arzento. Fece poi el Turco comandamento, suotto pena della vita, che nessuno non desse inpacio a' franchi né alle femene de' Mori; onde fu receuto con molti honori. Ma non ho scripto delle mille parti l'una. Dio felicissimamente vi conservi —.

La quale dita litera de volontà et comissione dela S.ta dal dito papa fu stanpata de verbo ad verbum in dita cità de Roma, a ciò che... (**).

(*) Fol. 264 b.
(**) Così imperfettamente finisce il testo.

INDICE

~~~~~~

[I volumi sono indicati così: Vol. I.° parte I.ª, con *a ;*
Vol. I.°, parte II.ª, con *b ;* Vol. II.°, con *c*].

A

Abramo di Giacobbe. Banchiere e-
breo in Forlì, *a*, 239.

Acerra Capriola. Arso dai Veneziani, *a*, 78.

Achille da Castrocaro, *c*, 455.

Agostini Agostino. Conservatore
di Forlì, *c*, 444.

Agostino d'Emiliano di Forlì. Muore, *b*, 282.

Agostino (frate) da Mantova, ar-
chitetto, *c*, 186.

Albarano da Lodi. Contestabile, *a*,
180.

Alberti Francesco. Muore, *c*, 60.

Albicini Girolamo. Commissario ai
lavori della rocca di Forlì, *c*, 61.

Aleotti Alessandro, *a*, 214.

— Antonio. Cappellano della cappella della Canonica, *a*, 309.

— Giovanni Battista. Anziano di
Forlì, *c*, 95.

Aleria, vescovo di. Creato cardinale, *a*, 296.

Alessandro VI. In lega con Luigi
XII e Venezia, *b*, 204. In lega
con la Spagna e Venezia contro il Turco, 347 e sg. Parte
da Roma per venire in Romagna, 349. Visita alcuni Castelli dei Colonnesi, ivi; e poi torna a Roma, ivi. Muore, *c*, 32,
46 e sg. Cause della sua morte, ivi. Sue lodi, ivi.

— frate, da Imola. Predica in Cesena nel 1497, *b*, 96; e in Forlì, 153.

— da Modigliana. Uomo d'arme,
a, 255.

Alidosi Francesco. Viene nel campo della lega in Romagna nel
1509, *c*, 266. Muore a Ravenna, 331 e sgg.

— Opizzone. Governatore di Ravenna, *c*, 289 e sg.

Aliprando da Savona. Governatore
di Forlì, *a*, 276.

Allegro (d') Pier Sante, mastro muratore, *a*, 320; *c*, 105.

Almeida (d') mons. Ferrando. Sua
morte e sepoltura, *b*, 282.

Altis Antonio da Montecchio. Bar-
gello del Comune, *a*, 233. Uc-
ciso, ivi.

Alviano (d') Bartolomeo, *c*, 402.
Muore, 419.

Amalfi (di) duca. Fatto prigonie-
ro, *a*, 106.

Ambrosi Pietro Martire. Milite, *a*,

sg. Impiccato, 207.

Brunetto, maestro muratore, *a*, 320.

Brunori Francesco, *a*, 11.

Brusco. Uomo d'arme di Caterina Sforza, *a*, 258.

Bubano (castello di), *a*, 189 e sg.

Budrioli Giacomo. Ambasciatore del Senato bolognese al Legato, *c*, 382.

Bulciano. Dieta di, *b*, 372 e sg.

Buonafede Nicolò. Luogotenente a Forlì, *b*, 368.

Buonarroti Michelangelo. Sua statua del papa in Bologna, *c*, 224.

Buono (del) Giovanni di Andrelino. Prigione a Forlimpopoli, *a*, 47.

Busone. Congiura in favore degli Ordelaffi, *a*, 218 e sgg.

Butrighelli Antonio, *a*, 41. Carcerato, esiliato e poi richiamato a Forlì, 207. Congiura contro il Riario ed è impiccato, 217 e sg.

C

Caianello (da). Castellano della rocca di Schiavonia, *b*, 104 e sg.

Cagli. N'è creato signore Cesare Borgia, *c*, 9 e sgg.

Cagnaccio (il). Vedi Sassatelli Giovanni.

Calbi Ventura di Massimo. Mandato a confine, *a*, 212.

Calderini, famiglia d'Imola, *a*, 305.

— Pier Paolo, *a*, 31, 189. Ambasciatore al papa, 342.

Caldora Giovanni Antonio. Capitano di soldati, *a*, 140 e sgg.

Camerino. Ne è creato signore Cesare Borgia, *c*, 12.

Caminate, rocca delle. Assalita dai Francesi, *b*, 27, 35. Sotto la signoria di Forlì, *c*, 281.

Caminati Costantino. Governatore in Forlì, *c*, 102 e sg.

Campeggi Girolamo. Luogotenente in Forlì, *c*, 383.

Campofregoso Agostino, *a*, 11.

— Federico. Castellano di Bologna, *c*, 221.

Campomarino. Arso dai Veneziani, *a*, 78.

Cantagalli Pietro da Imola. Podestà di Forlì, *a*, 244.

Cantelmo Cesare. Governatore di Cesena, *a*, 336.

Capoferri Bartolomeo. Anziano di Forlì, *b*, 167.

— Battista di Bartolomeo. Muore, *b*, 281.

— Carlo, *a*, 241.

Cappelletti Cristoforo, condottiere di Nicolò d'Este, *a*, 10.

Caraffa Rubino. Cameriere di Caterina Sforza, *a*, 276. Fatto prigione e, riconosciuto innocente, messo in libertà, ivi. Va a Milano al servizio di Lodovico il Moro, ivi.

Carbonesi Lodovico d'Alberto. Commissario apostolico, *c*, 448. Viene a Forlì, ivi.

Cardella Giovanni. Cancelliere di Pino Ordelaffi, *a*, 36. Cancelliere del Riario, 244. Cancelliere di Caterina Sforza, 318. Cancelliere del Riario in Imola, *b*, 110. Carcerato per la congiura contro il med., ivi.

Cardinali, eletti nel 1489, *a*, 295 e sg.

Cardona (di) Raimondo. Torna in Romagna nel 1511, *c*, 343 e sgg. Viene a Forlì, 390 e sg. Torna nel reame, 419 e sg. Itinerario del suo viaggio, ivi. Giunge a Forlì, 422 e sg.

Carestia, in Forlì, nella Romagna

G

I

vona, è sua amante, ivi. Congiurati per ucciderlo, 280 e sgg.

— Girolamo. Predice la morte di Pino Ordelaffi, *a*, 39 e sg. Sue predizioni e suoi giudizi astronomici, 62, 108, 116, 169, 197, 202, 272, 291, 293, 302 e sg., 313 e sg., 332, 345.

— Gottardo da Crema. Mastro muratore, *c*, 39.

— Lancilotto, *a*, 16 e sgg.

— Ottaviano. Congiura in suo favore, *a*, 283 e sg. Assale Faenza, *b*, 118 e sgg. Non resiste contro Astorre Manfredi e si ritira a Firenze, 119 e sg. Muore, *b*, 221 e sgg. Sua sepoltura, 223 e sg. Ragioni che corsero della sua morte, 224.

— Taddeo. Congiura contro Girolamo Riario, *a*, 215 e sgg.

Mangianti Bernardino. Eletto a guardia della piazza di Forlì, *b*, 262.

— Bernardo *a*, 154.

— Giovanni. Mandato a confine, *a*, 97, 241.

— Marco. Esiliato, ivi.

— Matteo. Esiliato, ivi.

Maometto II. Sua morte, *a*, 58. Suo successore, ivi.

Marcello Girolamo. Provveditore di Venezia, *a*, 180.

— (b.). Ritrovamento del suo corpo in S. Mercuriale di Forlì, *c*, 183.

Marchione di Ghino. Confinato, *a*, 212 e sg.

Marco Antonio da Rimini, Impiccato a Pesaro, *c*, 23.

— Scozacarre. Giustiziato, *a*, 263 e sg.

Marcobelli (casa dei). Saccheggiata, *b*, 105 e sg.

— fazione dei, *a*, 41.

— Agostino, *a*, 307. Carcerato per la congiura contro il Feo, *b*, 104.

— Bartolo. Mandato col figlio a confine, *a*, 242. Richiamato, 269. Carcerato per congiura contro il Feo, *b*, 104.

— Berardo. Sua morte, *c*, 145 e sgg.

— Francesco, *a*, 219. Carcerato per la congiura contro il Feo, *b*, 104.

— Nicolò. Uomo d'arme di Antonio Ordelaffi, *a*, 222. Trattenuto in ostaggio dalla Sforza, *b*, 254.

— Pier Giovanni, canonico di Forlì, *a*, 307.

— Scatarello di Bartolo. Carcerato per congiura contro il Feo, *b*, 104.

Maria, s., dal Peratello presso Imola. Costruzione della chiesa, *a*, 296 e sgg.

Marignano, battaglia di, *c*, 413 e sgg.

Marino. Occupato dal duca di Calabria, *a*, 101.

— (San). Ne è creato signore Cesare Borgia, *c*, 11 e sg.

Maroncelli Napoleone. Partecipa alla congiura de' Pazzi, *a*, 24.

Martinelli, di Cesena. Fazione contro i Polidori, *a*, 334 e sgg.; *c*, 172 e sg. In lotta coi Tiberti, *b*, 83 e sgg. Nuova guerra per il castello di Monteghiottone, 90 e sgg.

Martino (S.) Arso dai Veneziani, *a*, 78.

— (frate) guardiano del conv. di s. Francesco di Forlì. Accusato di congiura contro il Riario e impiccato, *a*, 214 e sg.

Marullo, poeta, *b*, 248 e sg.

Marzanese Benedetto. Castellano

cusato di congiurare in favore
dell' Ordelaffi, *a*, 226.
— (S.) Vescovo di Forlì, *b*, 377
e sg. Sua vita, ivi. Sua sepoltura, ivi. Indulgenze concesse
in suo nome, 378.
Mercuriali Cristoforo, *a*, 208. Accusato di congiura in favore
dell' Ordelaffi, 225 e sg.
— Giovanni, *a*, 208.
— Nicolò di Giovanni. Accusato di
congiura in favor dell' Ordelaffi, *a*, 226.
— Tommaso di maestro Cristoforo.
Arrestato per sospetto da Caterina Sforza, *a*, 298. Punito con
tratti di corda, ivi. Rimesso in
libertà, ivi.
Mercurio. Soldato Albanese, *c*, 404.
Merlini Paolo. Orefice, *c*, 38.
Merlo Giovanni. Vedi Penna (della)
Giovanni.
Mezzoprete da Cotignola. Familiare
di Girolamo Riario, *a*, 232.
Michele, cancelliere del Riario,
a, 247.
Michelini Giovanni. Notaio forlive-
se, *c*, 182.
— Piero Antonio, notaio, *c*, 65 e
sg. Conservatore di Forlí, 94.
Muore, ivi.
Milano. Congresso e deliberazioni
della lega nel 1484, *a*, 76 e sg.
— (Ducato di). Francesco I lo con-
quista, *c*, 410 e sgg. Vi si re-
ca nel 1516 l'imp. Massimilia-
no, 436 e sg.
Minozzi Antonio. Tesoriere di Ca-
terina Sforza, *b*, 195.
Mirafuentes Consalvo. Parte dalla
rocca di Forlì, *c*, 104 e sg.; e
la restituisce alla Chiesa, ivi.
Sua partenza da Forlì, 106 e
sg. Va a Ravenna, ivi.
Mirando Girolamo, *b*, 192.

Mirandola. Occupata dalla Chiesa,
c, 314 e sg.
Modena. Danni del terremoto nel
1505, *c*, 128. Sotto la soggezio-
ne della Chiesa, *c*, 306 e sg.
Restituita all' Imperatore, 318.
Modigliana, Soccorsa da Caterina
Sforza, *b*, 192.
Modona, porto di. Occupato dal
Turco, 309 e sg.
Mondolfo, castello di, *c*, 448. Saccheggiato nel 1517 dal campo
apostolico, 448 e sg.
Monselice. Occupato dai Francesi,
c, 305.
Monsignani ser Evangelista di maestro Giovanni, *b*, 259. Muore,
281.
Montanari Giovanni. Congiura contro Caterina Sforza, *a*, 329 e sg.
— Giovanni detto Gratusa. Congiura contro Caterina Sforza, ivi.
Monte (dal) Pietro. Inviato a Forlì dai Fiorentini, *c*, 62.
Montefeltro (da) Federico, *a*, 46
e sg. Inviato dal re di Napoli
a Faenza, *a*, 18. Riceve doni
da Pino Ordelaffi, 19. Allog-
giando a Meldola, cade e si
rompe una gamba, ivi. A campo presso Ferrara, 67. Muore,
70, 97, 107 e sg. Sue virtù e
lodi, 107.
— (da) Antonio. Capitano de' Fiorentini, *a*, 74.
— (da) Guidoubaldo. Eletto duca
d' Urbino, *a*, 108 e sg.
— (da) Isabetta, *a*, 107. Le muore il padre e il marito nello
stesso giorno, 110.
Monteguido, *a*, 27.
Montesecco (da) Giov. Battista.
Contestabile della signoria di
Firenze, *a*, 23.
Montesi Antonio, medico, *a*, 241.

— (della) Francesco Maria. Creato duca d'Urbino, c, 108 e sg. Creato Gonfaloniere della Chiesa, 222 e sg. Succede a Guidobaldo, 235. Scende in campo colla lega nel 1509, 264 e sg. Viene a Forlì, ivi. Riconfermato Capitano della Chiesa, viene in Romagna, 380 e sg. Perde il ducato di cui è creato signore Lorenzo de Medici, c, 439 e sgg. Si ritira a Mantova, 441. Si allea con Perugia e Città di Castello, 451. Assedia Ancona, 452. Torna a Cesena, ivi. Assedia Pesaro, ivi. Combatte in Toscana, 461. Pace conclusa a Forlì tra il Duca e la Chiesa, 463 e sg. Torna nel Ducato, 466.

— (della) Giovanni. Muore, b, 373. Sue lodi, ivi. Suoi figli, ivi.

— (della) Guidubaldo II. Gli è tolta Urbino dal Borgia, c, 10 e sg. Va a Mantova, dov'era la consorte, ivi. Rientra in Urbino, 16. Ne riparte, cacciato dal Borgia, 19. Torna in Urbino dopo la morte di Alessandro VI, 50 e sg. Viene a Forlì, 101 e sg. Ritrova nella rocca la biblioteca paterna e la fa riportare in Urbino, 107. Muore, 234 e sg. Sue lodi e virtù, ivi. Sua coltura e biblioteca, ivi.

Roveredo (Castello di), a, 178.

Roversi Francesco. Muore a Forlì, b, 280. È conduttore di milizie, c, 115.

Rovigo. Presa da Roberto da S. Severino, a, 68.

Rubini Carlo, c, 115.

Russi. Occupato nel 1509 dalla lega, c, 269 e sgg.

S

Sacchi Giovanni. Legato e Commissario del papa, c, 73. Parte da Forlì, 108. Muore, 132. Sue lodi, ivi.

Salaghi Battista, a, 238.

Salerno (cardinale di). Muore, c, 232. Sue lodi, ivi.

Salimbeni Costantino. Cappellano di Caterina Sforza, a, 191.

Salvaterra Graziano. Prigione con un suo nepote nella rocca di Forlì, c, 73.

Salviati arciv. Francesco. Congiura contro i Medici, a, 21.

Sangilii Andrea, a, 42.

— Girolamo. Anziano di Forlì, b, 167.

Sante Nicola. Famiglio del castellano di Forlì, a, 203 e sg. Impiccato col figlio, ivi.

Sanuto Nicolò, c, 177.

Saraceni Pier Lodovico. Luogotenente in Faenza, b, 373.

Sarti Silvestro del Lago Maggiore, mastro muratore. Opera nella Cappella della Canonica, a, 308.

Sassatelli Francesco, a, 261. Muore assassinato, 292 e sg. Sue lodi, ivi.

— Giovanni. Milite al servizio del Duca d'Urbino, c, 55. Condottiero del papa, 133. Viene a sedar le fazioni in Forlì, 155 e sgg.

Sassi Giovanni. Ambasciatore al papa, c, 98.

— Vincenzo, c, 115.

— Deddo, c, 453.

Sassini ser Giovanni di Antonio, notaio, a, 263.

Sassuolo. Restituito dal papa all'Imperatore, c, 318.

Satanasso, alias Girardone, a, 49.

Savelli cardinale. Fatto prigione, a, 103.

— Monsignore. Invitato ad accorrere a Forlì dopo la morte del

Riario, *a*, 235. Sua venuta presso Caterina Sforza, ivi. Rafforza con dodici uomini la rocca di s. Pietro contro gli Orsi, 236.

— Troilo, *c*, 425, 462.

Savignano. Saccheggiato nel 1503, *c*, 52.

Savoia (di) Bona, *a*, 8, 73.

— Filippo II. Muore, *b*, 159. Sue lodi, ivi.

Savonarola frate Girolamo. È a Firenze, *b*, 56. Predice la venuta di Carlo VIII, ivi. Il papa gl'impone di non predicare, 57. Scrive e fa stampare un suo libro, ivi. Suo processo, 171 e sgg.

— Michele, *c*, 180.

Savorelli. Guardia di A. Maria Ordelaffi, *c*, 59.

— Forlivese, *b*, 192.

Schiavina. Inviato da Cesare Borgia a Forlì, *c*, 50.

Scocciacarri Marco da Forlimpopoli. Uomo d'arme del Riario, *a*, 234.

Scribanari Marco. Suoi giudizi astronomici e divinazioni, *a*, 100, 112 e sg., 116 e sg., 155; *b*, 217, 237, 377; *c*, 126.

Secondo s. (Castello di). Saccheggiato e spianato, *a*, 72.

Selim I. Sua guerra nel 1516, *c*, 472 e sgg.

Selle (dalle) Baldino, cancelliere dell'Ordelaffi, *c*, 65.

— Filippo di Giacomo. Congiura contro il Feo, *b*, 97 e sgg.

— Giovanni, *a*, 31. Ambasciatore al papa, 342. Capo del Consiglio in Forlì, 185. Ambasciatore della Sforza al Duca di Milano, *b*, 81. Anziano di Forlì, 167. Inviato al Borgia, 262.

Luogotenente del Borgia in Urbino, *c*, 15, 20. Inviato a Roma dall'Ordelaffi, 61.

— Pietro, *a*, 14. Esiliato, 208. Arrestato per la congiura contro il Feo, *b*, 103.

Selvole (?) Biagio. Fa testamento e lite che ne derivò, *a*, 148 e sg.

Senio (Valle del). Ceduta a Girolamo Riario da Galeotto Manfredi, *a*, 18, 20.

Senigaglia. Occupata dal Borgia, *c*, 28 e sg.

Serughi. Vedi Ugo (ser).

Settebuchi Cristoforo. Maestro di scuola in Forlì, *c*, 454.

Sforza Anna. Sposa Alfonso d'Este, *a*, 349. In pericolo di vita, *b*, 71. Muore, 159.

— card. Ascanio, *b*, 36 e sgg. Muore, *c*, 132.

— Bianca, sorella di Caterina. Sposa Tommasino Feo, *a*, 299, 310. Muore a Imola, *b*, 126.

— Costanzo. In lega col duca d'Este, *a*, 66. Assedia Città di Castello, 102. Muore, 115 e sg. Sue lodi, ivi.

— Ermes, *a*, 8.

— Galeazzo Maria. Sua morte, *a*, 3, e sgg.

— Giovanni Galeazzo Maria. Eletto duca, *a*, 9.

— Giovanni. Creato signor di Pesaro, *a*, 116. Riprende questa città, *c*, 49. In guerra col papa, 133.

— Giov. Galeazzo, duca di Milano. Viene in soccorso di Caterina, *a*, 247 e sgg. Suo esercito in Forlì, 248. Condottieri del suo esercito, ivi. Sposa Isabella d'Aragona, 292. Congiura contro la sua persona, 300. Svelatagli da

struire un parco presso la rocca di Forlì, 122 e sg. Condanna molti forlivesi ribelli a' suoi ordini, 123 e sgg. Sua abitazione nella rocca, 135. Dà aiuto ai Fiorentini nella guerra contro i Pisani, 194 e sg. Fa continuare la costruzione delle mura attorno a Forlì, 211 e sg. Resta vedova di Giovanni de Medici, 212 e sg. Con un bando concede ai cacciati di tornare a Forlì, 213 e sg. Si prepara alla difesa dello stato contro il Borgia, 248 e sgg. Ha un colloquio col Borgia, 268. Si difende nella rocca, 269 e sgg., 273 e sgg. È fatta prigioniera, 276. Caterina è condotta in casa Numai, 277. Si delibera su la sua sorte, 284 e sg. Il Valentino seco la conduce a Roma, 290. Sue virtù e lodi, 294 e sg. Chiusa in Castel s. Angelo, 295. Si sospetta che volesse avvelenare il papa, 295 e sg. Va a Firenze, 297. Muore, 298, e sg. Suo ritratto, ivi. Sue lodi, ivi. Suoi figli, ivi.

— Riario Stella. Sposa Andrea Ricci, *a*, 243.

— Troilo, *a*, 55 e sg.

Siboni Andreolo, *a*, 208.

— Domenico, *c*, 95.

— Massaro, *a*, 208.

— Nicolò, *b*, 367.

Siena. S' accorda col Borgia, *c*, 41 e sg.

Silvestro, frate, da Firenze. Suo processo, *b*, 171, e sgg.

Simonello da Bologna, *c*, 113.

Simone di Fiorino. Anziano del Comune di Forlì, *a*, 235.

— da Pontremoli. Banchiere ebreo in Forlì, *a*, 239.

— di Stefano di Agostino, *b*, 194.

Sisto IV. In lega coi Senesi nel 1478, *a*, 25. Partecipa alla lega del 1482, 65 e sgg. Muore, 123 e sg. Sue virtù, opere e lodi, ivi.

Soderini Pietro. Eletto Gonfaloniere di Firenze, *c*, 36.

Sogliano (conte di) Alberto, *a*, 131.

— Carlo, ivi. Muore, *a*, 168.

Solarolo. Preso dai Francesi, *b*, 22. Occupato dalla lega nel 1509, *c*, 261.

Soldano. Vedi Bajazet II.

Sole (del) Paolo, maestro « da banbase ». Carcerato per offese a Caterina Sforza, *b*, 108. Muore in rocca, ivi.

Solombrini Antonio. Anziano di Forlì, *c*, 95.

— Bernardino. Esattore del Borgia, *b*, 289. Capo degli Anziani di Forlì, *c*, 66. Sue ambascerie, 75, 78.

— Giovanni di Piero. Congiura contro Caterina Sforza, *a*, 328 e sgg. Giustiziato, 331.

Spagnuolo (Lo). Contestabile della rocca di Forlì, *a*, 57. Contestabile della Chiesa, 72.

Spannocchia Alessandro, banchiere romano e tesoriere del Borgia, *b*, 318, 326, 330, 331, 370. Confidente del duca d' Urbino, *c*, 55.

Sperulo Francesco. Fa versi in lode del Bernardi, *b*, 328.

Stambazzi Andreolo, *b*, 19; *c*, 53.

Stefano di Lorena. Fonditore di campane, *c*, 37.

Sughi. Guardia di A. Maria Ordelaffi, *c*, 59.

T

U

Ubaldini Francesco da Cesena. Castellano in Forlì, *a*, 244.
Ugo (ser) da Forlì, *a*, 42.
Urbino. Ne é creato signore Cesare Borgia, *c*, 11. Si ribella
a lui, 15. Ne occupa il ducato
Lorenzo de Medici, 439 e sgg.
Uzano (da) Girolamo. Congiura
contro il duca di Milano, *a*, 3
e sgg.

V

Vaglino Stasio. Sua morte, *a*, 55.
Vaini, famiglia d' Imola, *a*, 305.
— Domenico. Congiura contro Ca-
terina Sforza, *a*, 325 e sg.
Valdinoce (da) Antonio, alias Pa-
vagliotto. Congiura contro Gia-
como Feo, *b*, 97 e sgg. Si ri-
fugia a Ravenna, 102. Arresta-
to e chiuso nella rocca, 103.
Giustiziato, 106 e sg.
— Bartolomeo, *a*, 37.
— Lodovico, ivi.
Valeri Andrea. Cancelliere degli
Anziani di Forlì, *c*, 95.
Vandini Nicolò Mario, *c*, 440.
Varano Annibale. Sua morte, *c*, 41.
— Giulio Cesare. Spodestato dal
Borgia, *c*, 12 e sg.
— Venanzio. Sua morte, *c*, 41.
Veggiani Luchino. Anziano, *a*, 152.
Venezia. In lega con Firenze nel
1478, *a*, 26 e sg. Guerra nel
1482 contro il marchese di
Ferrara, 65 e sgg. Fa pace
nel 1484, 81. In lega nel
1481 col papa, 139 e sgg. Sua
guerra nel 1487, 178 e sgg.
Pace conclusa nel novembre di
quest' anno, 183. Vi si costitui-
sce e vi si pubblica una lega

contro Carlo VIII, *b*, 51 e sg.
Fa occupare Castelnuovo di Romagna, 116 e sgg. Serie dei
capitani e delle genti d' arme
della Signoria alleata con Pisa,
186 e sgg. Fa lega col papa e il
re di Francia, 204. Fa lega col papa e con la Spagna contro il Turco, 347 e sg. Tenta di ripren-der
Forlimpopoli dall' Ordelaffi, *c*,
63. Ha dominio su Faenza, 109
e sgg. Guerra con l'imp. Mas-
similiano, *c*, 236 e sgg. In guerra contro la lega nel 1509, 240
e sgg. Monitorio di Giulio ll,
242 e sgg. Castelli che le tolse
la lega nel 1509, 259. È scon-
fitta dai Francesi, 275 e sgg.,
300 e sg. Bandisce la guerra
contro Alfonso d' Este, 293 e
sg. Incendio nell'arsenale, 296
e sgg. Ribenedetta dal papa,
301. In lega con lui, 302 e sgg.
Riprende Vicenza, 309. Manda ambasciatori a Giulio II, 311
e sgg. Le si dà Brescia, 350 e
sgg. Gli Spagnoli nel 1513 ne
sconfiggono l' esercito, 405 e
sgg. Catalogo de' morti e pri-
gioni, ivi.
Venuti Giacomo da San Sepolcro.
Luogotenente in Forlì, *b*, 366
e sg.
Verona. Vi si accampa e fortifica
l' esercito di Roberto di San Severino, *a*, 75.
Vicenza. Ripresa dalla Signoria Ve-
neta, *c*, 293, 309 e sg. Danneg-
giata nel 1513 dagli Spagnuo-
li, 405.
Vigliarana (da) Cesare. Fatto cavaliere dal Borgia, *c*, 20.
Villafranca, *a*, 206.
Visconti Carlo. Congiura contro il
duca di Milano, *a*, 3 e sgg.

Lightning Source UK Ltd.
Milton Keynes UK
UKHW031258250422
402015UK00006B/380

9 781247 647838